鉴出齐都
——山东临淄汉代铜镜与镜范的考古学研究

（上册）

中国社会科学院考古研究所
山东省文物考古研究院
山东大学考古学院　编著
淄博市临淄区文物保护中心
日本奈良县立橿原考古学研究所

白云翔　郑同修　〔日〕清水康二　主编

科学出版社
北　京

内 容 简 介

汉代是中国古代铜镜发展史上的第一个高峰期，对整个东亚古代铜镜文化的发生和发展产生了重要而深远的影响，而汉代临淄是迄今唯一从考古学上能够确认的一个铜镜铸造中心。山东省临淄齐国故城及其城郊地区考古发现的汉代铜镜尤其是镜范，为了解和研究汉代铜镜的制作、生产、流通和使用等提供了珍贵的实物资料。本书作为中日合作研究项目"山东省临淄齐故城出土镜范与铜镜的考古学研究"的研究报告书，对2007年以后临淄齐国故城新发现的57件镜范和临淄地区出土的285件汉代铜镜等进行了3D扫描建模和精细的考古学观察、测量、摄影和记录；同时基于镜范与铜镜的对照比较研究，就汉代临淄铜镜铸造业及其制作技术、生产过程、产品类型及产地风格、铜镜流通和社会应用等进行综合研究和专题研究，并由此探索古代铜镜以及铜镜制作技术、生产和社会应用研究的新路径和新范式。本书是我国第一部将3D扫描技术用于古代铜镜研究的研究报告，也是第一部将铜镜和镜范进行对照研究的学术专著。

本书可供考古学、历史学、科技史、中外交流史等研究者和文物、博物馆专业的师生阅读、参考。

图书在版编目（CIP）数据

鉴出齐都：山东临淄汉代铜镜与镜范的考古学研究：全2册/中国社会科学院考古研究所等编著；白云翔，郑同修，（日）清水康二主编．—北京：科学出版社，2024.4

ISBN 978-7-03-078416-2

Ⅰ．①鉴…　Ⅱ．①中…②白…③郑…④清…　Ⅲ．①古镜—铜器（考古）—研究—临淄区—汉代②镜范（考古）—研究—临淄区—汉代

Ⅳ．①K875.24②K875.14

中国国家版本馆CIP数据核字（2024）第080680号

责任编辑：孙　莉　雷　英/责任校对：邹慧卿
责任印制：肖　兴/封面设计：张　放

科学出版社 出版
北京东黄城根北街16号
邮政编码：100717
http://www.sciencep.com
北京中科印刷有限公司印刷
科学出版社发行　各地新华书店经销

*

2024年4月第 一 版　开本：787×1092　1/16
2024年4月第一次印刷　印张：48　插页：8
字数：1150 000

定价：750.00元（全二册）
（如有印装质量问题，我社负责调换）

BRONZE MIRRORS AND MIRROR-MOLDS FROM THE QI STATE CAPITAL OF HAN DYNASTY ARCHAEOLOGICAL STUDY OF THE HAN PERIOD BRONZE MIRRORS AND MIRROR-MOLDS FROM LINZI REGION IN SHANDONG PROVINCE, CHINA

(With An English Abstract)

Compiled by

Institute of Archaeology, Chinese Academy of Social Sciences

Shandong Provincial Institute of Cultural Relics and Archaeology, China

School of Archaeology, Shandong University, China

Historical Heritage Conservation Center of Linzi District, Zibo City, China

Archaeology Institute of Kashihara, Nara Prefecture, Japan

Compilers-in-chief: Bai Yunxiang(China) Zheng Tongxiu(China)

Shimizu Yasuji(Japan)

Science Press

Beijing

本书出版得到

国家重点文物保护专项补助资金资助

本合作研究项目获得如下资助

中国社会科学院哲学社会科学创新工程项目"临淄齐故城冶铸业考古"

中国社会科学院"登峰战略"资深学科带头人资助计划

山东省文物考古研究院科研经费

山东大学杰出人才学科建设经费

日本公益财团法人三菱财团平成30年度人文科学研究助成

以及JSPS科研费（20KK0010·18H00750）

奈良县立橿原考古学研究所是日本著名的考古研究机构，长期以来致力于与中国考古学界的合作，对中日两国文化和学术交流起到了积极的推动作用。这次合作再次取得成功，既促进了学术研究，也进一步增进了彼此的信任，希望今后继续加强与橿原考古学研究所以及日本考古学界的合作，在交流互鉴中携手推进东亚地区考古学的发展。

中国社会科学院考古研究所所长

陈星灿

序 二

现如今，很多的日本人大概都过着"一日不可无镜"的生活，这说明镜子这种器具已深深地扎根在日本人的日常生活之中。

镜子与人们日常生活的关系尽管如此密切，但在人类社会诞生之初，人们大概是通过水面的倒影来照容的。后来，人们便通过容器里盛装的液体来观看倒影、观察自身容貌。即使在西方世界，亦有以水为鉴的事例。众所周知，西语中"Narcissus"一词就是源于希腊神话中纳西索斯的故事。

这样的"水镜"，当然很难通过考古学资料进行确认，但以青铜为主要材质的金属镜的出现，则使之非常适宜成为考古学的研究对象。在中国本土，早在公元前2000年左右已经开始使用青铜镜。在日本列岛，铜镜的使用始于公元前一千纪的弥生时代中期，随后日本列岛也开始了铜镜的制作。这便是居住于日本列岛的人们与金属镜的初次结缘。

弥生时代中后期，被比定为《魏志·倭人传》所载倭地诸国地域内的王墓中随葬有大量的中国制铜镜。自此，铜镜对日本列岛的文化产生了重要影响。继弥生时代之后的古坟时代，以畿内为中心的古坟中大量随葬铜镜，各地古坟中也出土有数量众多的铜镜。近年来，尽管中国古代铜镜的资料呈现爆发式的增长，但考虑到日本列岛国土面积有限，就出土古镜的密度而言，日本列岛仍然是不遑多让的。

弥生时代至古坟时代的人们，对铜镜这种器具的确可以说是十分狂热，而这种情结仍保留在日本文化中。如本序开头所述现代生活中人们与镜子的紧密关系，尽管在世界各地都能看到同样的情景，但毋庸讳言，镜子在日本文化中占据着非常高的地位。日本传统宗教的神道教，神社正殿前方大多放置有镜子，神社在举行祭礼时，经常会把镜子悬挂在进进出出的神轿上。正因为如此，在现代日本的宗教场所或观光场所等还可以经常目睹镜子出场。前些年举行的天皇即位仪式上，自古被视作皇位继承象征物的三大神器，即八咫镜、草薙剑和八尺琼勾玉更是必备无缺。

如上所述，镜子对于日本人来说有着特别的意义。深化对镜文化的理解，有各种不同的路径，而就考古学的路径而言，其研究的主要目的之一便是考古遗物制作技术的解明。日本学者在铜镜制作技术的研究上具有世界最高水平，以此研究成果为基础，2004～2006年，我们与中国社会科学院考古研究所等机构的中方研究者一道，对山东省临淄齐国故城出土的大量西汉镜范进行了合作研究，并且取得了铜镜制作技术研究上面貌一新的可喜成果。

第一次合作研究之后，临淄齐国故城再次出土西汉镜范。以此为基础，2018年日中双方再次启动古代铜镜铸造技术与铜镜流通相关课题的合作研究。在这次合作研究中，日中双方学者对镜范和铜镜实物进行了观察、测量、3D扫描建模、拍照和记录等，本书《鉴出齐都——山东临淄汉代铜镜与镜范的考古学研究》，就是这次合作研究的报告书。本书既可作为今后研究的基础资料，而研究编收录的日本、中国、韩国三国研究者撰写的最新的研究文章，相信又将对于东亚古代历史的解明有所助益。

最后，我要向领导此次合作研究并使之圆满成功的中方主持人白云翔先生深表感谢，向中国国家文物局、中国社会科学院考古研究所、山东省文物考古研究院、山东大学考古学院、淄博市临淄区文物保护中心、富山大学、青山学院大学、京都橘大学、韩国国立清州博物馆、东亚细亚文化财研究院等中国、日本和韩国的相关单位及个人深表感谢。衷心祝愿日中考古界的合作研究能够继续开展下去。

日本奈良县立橿原考古学研究所所长
青柳正规

前　言

　　中日合作项目"山东省临淄齐故城出土镜范与铜镜的考古学研究"历时5年，圆满完成了预定的研究计划。本书《鉴出齐都——山东临淄汉代铜镜与镜范的考古学研究》即为本次合作项目的研究报告书。这里主要就这次合作研究项目的缘起、实施过程、报告书的编写以及其他相关问题做简要说明。

一

　　中国古代铜镜作为中华古代文明的重要物质载体，蕴含着丰富而深厚的物质文明和精神文明内涵，并且对整个东亚古代铜镜文化的发生和发展产生了重要而深远的影响。公元前206～公元220年的汉代，铜镜生产规模庞大，制作技术先进，镜背装饰纹样精美多样，形成了特色鲜明的时代风格，社会应用趋于普及，出现了中国古代铜镜发展史上的第一个高峰。正因为如此，汉代铜镜历来为中外学术界和研究者所重视。

　　早在金石学产生之初的宋代，汉代铜镜就已进入金石学家的视野。近代以来，汉代铜镜更是日益受到金石学家关注。从1916年罗振玉《古镜图录》的印行到1942年梁上椿《岩窟藏镜》的刊行，汉代铜镜无不是其著录和研究的主要内容。在日本学术界，从19世纪对中国古代铜镜的研究到20世纪初对日本出土的汉镜的研究，从1920年富冈谦藏《古镜的研究》的结集出版到1925～1943年间梅原末治的《镜鉴的研究》《汉以前古镜的研究》《绍兴古镜聚英》《汉三国六朝纪年镜图说》等的先后出版，日本学者对汉代铜镜的定名、类型、断代与编年、铭文、花纹以及金属成分等进行了多方面研究。毫无疑问，到20世纪末，中日学术界关于汉代铜镜的研究用力甚多，其著述可谓汗牛充栋、成绩斐然。但值得注意的是，20世纪中日学术界在汉代铜镜的研究过程中，对铜镜的制作和生产虽然也多有关注、从不同侧面进行研究并取得了大量成果，但囿于铜镜制作和生产的相关遗迹和遗物少有发现而无法取得实质性进展。令人欣喜的是，这种状况21世纪初以来得到极大改观。

　　1997年山东临淄齐国故城发现一件汉代镜范残片并报道之后，中国学者旋即对临淄齐国故城发现的汉代镜范进行了收集、整理和研究，并对临淄齐国故城的汉代铸镜作坊遗址进行了专题考古调查。与此同时，日本学者也对收藏于日本有关博物馆和文物收藏机构的汉代镜范进行了收集和整理。以此为契机，中日学术界于2004～2006年间合作开展了"山东省临淄齐国故城出土镜范的考古学研究"项目（以下简称"临淄齐故城镜范研究"），就临淄齐国故城发现的78件镜范进行了多层次、多视点的考古学观察和分析，多领域的科技检测和分析，以及多视角的专题和综合研究，其研究成果《山东省临淄齐国故城汉代镜范的考古学研究》中文版研究报告书于2007年1月在中国出版，《镜范——漢式鏡の製作技術》日文版研究报告书于2009年在日本出版，被誉为"当前镜范研究上最高水平的研究成果"，汉代铜镜乃至中国古代铜镜制作技术和生产的研究取得突破性进展，在国内外学术界产生了重要影响。

毋庸讳言，以往考察和研究的镜范资料，尽管大致可以确认是出土于临淄齐国故城范围内，但绝大部分是当地博物馆或个人的收藏品，只有少数为考古调查采集品，尚无科学考古发掘出土品；临淄齐国故城附近数以万计的汉墓的发掘，出土数以千计的汉代铜镜，而其中的大部分毫无疑问是临淄当地所产，但当时尚未进行系统的整理，难以与当地出土的镜范进行对照比较研究。令人欣喜的是，2011～2014年间，中国社会科学院哲学社会科学创新工程项目"临淄齐故城冶铸遗存考古发掘与研究"（简称"临淄齐故城冶铸业考古"）实施过程中，在齐国故城大城中部略偏东一带的阚家寨遗址B区调查并发掘一处秦汉时期铸镜作坊遗址，发掘出土各类镜范残块180件，采集7件，同时，还发掘清理出房址、水井、灰坑、铸镜坑等与铸镜作坊有关的遗迹，为汉代临淄乃至整个汉代中国铜镜铸造业研究的深化提供了弥足珍贵的科学资料[1]。此后不久，临淄市临淄区文博机构对当地出土的战国秦汉铜镜进行了比较系统的整理，于2017年出版了《山东临淄战国汉代墓葬与出土铜镜研究》一书，详细公布了684件临淄出土的战国秦汉铜镜资料[2]。上述铸镜遗存的考古新发现和汉代铜镜资料的公布，为汉代临淄铜镜铸造业的进一步深入研究提供了新的契机。

2017年8月，白云翔等赴台北参加"亚洲铸造技术史学会2017台北大会"期间，收到了清水康二转交的日本奈良县立橿原考古学研究所菅谷文则所长的来信，信中提出就中国古代铜镜进一步开展中日合作研究的建议。此后，中日双方就合作研究的内容、方法和学术目标等进行了多次友好协商。双方认为，此前中日合作山东临淄齐国故城汉代镜范的考古学研究取得了很大的成绩，但尚有进一步深入和扩展研究的空间；临淄齐国故城阚家寨铸镜作坊遗址的考古发掘以及临淄地区战国秦汉铜镜资料的整理出版，为汉代临淄铸镜技术以及铸镜业的进一步深入研究提供了可能。于是，双方商定以"山东省临淄齐故城出土镜范与铜镜的考古学研究"为题进行为期3年的合作研究，于2018年3月初步拟定了《合作研究协议书》，并由中国社会科学院考古研究所上报国家文物局和中国社会科学院国际合作局审批。

2018年6月15日，中日合作"山东省临淄齐故城出土镜范与铜镜的考古学研究"项目得到国家文物局正式批准（文物保函［2018］644号）。与此同时，也得到了中国社会科学院国际合作局的批准。随后，中日双方代表机构负责人陈星灿所长和菅谷文则所长分别在中国和日本正式签署了合作协议。研究工作随之逐步展开。

二

此次中日合作研究，中方代表机构为中国社会科学院考古研究所，陈星灿所长为合作

中日双方交换《合作研究协议书》文本（2018年6月·日本橿原）

研究的中方管理人，课题组主要成员为：白云翔（中方主持人，中国社会科学院考古研究所、山东大学考古学院），杨勇（中国社会科学院考古研究所），郑同修（山东省文物考古研究院、山东博物馆），吕承佳（山东省文物考古研究院、山东省文物保护修复中心），赵益超、昝金国（山东省文物考古研究院），韩伟东、于焱、王会田、王晓莲（原淄博市临淄区齐文化发展研究中心，今淄博市临淄区文物保护中心），韩茗（南京师范大学文博系）等；日方代表机构为日本奈良县立橿原考古学研究所，菅谷文则所长为合作研究的日方管理人，课题组主要成员为：丰冈卓之（日方主持人，奈良县立橿原考古学研究所），清水康二（日方执行主持人，奈良县立橿原考古学研究所），宇野隆志（奈良县立橿原考古学研究所），梅原章一（摄影师，梅原章一写真事务所），三船温尚、清水克朗（富山大学艺术文化学部），酒井英男（富山大学理学部），菅头明日香（青山学院大学文学部），南健太郎（日本京都橘大学文学部）等。此外，韩国学者李阳洙（国立清州博物馆）、裴德焕（东亚细亚文化财研究院）等应约撰写了有关研究论文。

此次合作研究的基本思路是：坚持实证与阐释相结合，认真总结以往中外学术界在东亚古代铜镜、铜镜制作技术和生产以及流通等方面的研究经验，尤其是21世纪以来汉代临淄铜镜铸造技术、生产、流通和应用等方面的研究实践及其成果，充分吸收和借鉴国际上最新的研究方法和手段，对2007年以后临淄齐国故城新出土和新收集的保存状况较好且有代表性的镜范、临淄地区出土的部分西汉铜镜等，逐件进行3D扫描和精细的考古学观察、测量、摄影和记录，同时将临淄出土的镜范与铜镜进行对照比较研究，着眼于对汉代临淄铜镜制作加工技术、生产、流通和社会应用等进行专题和综合研究，力求在镜范的制作和使用上获得新认知，在铜镜的铸造和加工上取得新收获，在铜镜的流通和应用上取得新进展，并由此探索古代铜镜以及铜镜制作技术和社会应用研究的新路径和新模式。

此次合作研究，自2018年10月正式启动至2021年10月研究报告书（初稿）编写完成，历时整整3年；至本书出版，则是5年有余。这5年间，虽然受到了新冠疫情的严重冲击和影响，但在中日双方课题组成员的共同努力下，最终按计划完成了预定的研究任务，令人欣慰。主要实施过程简述如下。

2018年12月15日：白云翔、郑同修、杨勇、吕承佳、韩茗等在济南讨论商定第一次联合考察事宜并做出具体安排。

2018年12月16～29日：中日双方课题组成员在山东省文物考古研究院临淄工作站进行第一次联合考察，先后考察阚家寨铸镜作坊址出土镜范和临淄区齐文化博物院新入藏的镜范计230件，以及临淄地区出土的部分汉代铜镜。先后参加考察的有：中方人员白云翔、郑同修、杨勇、吕承佳、赵益超、韩茗、韩伟东、于焱、王晓莲、王会田，以及临淄区齐文化博物院侯霞、临淄工作站张斌等；日方人员清水康二、三船温尚、宇野隆志、梅原章一等。另外，此次联合考察期间，中日部分课题组成员曾前往山东省滕州市对当地出土的汉代铜镜进行参观考察。

中方课题组成员考察镜范（2018年12月·临淄）

中日课题组成员共同研讨（2018年12月·临淄）

中日课题组成员考察镜范（2018年12月·临淄）

周晓波副局长、白平和区长和李玲副区长等参观考察镜范（2018年12月·临淄）

　　2018年12月24日："中日合作中国山东临淄汉代镜范与铜镜的考古学研究启动仪式"在山东省文物考古研究院临淄工作站举行。出席启动仪式的有：山东省文化和旅游厅周晓波副局长、王守功处长，淄博市临淄区人民政府白平和区长和李玲、王俊涛副区长，临淄区文化和旅游局宋爱军局长，临淄区齐文化博物院马国庆院长、朱淑菊副院长，中日双方课题组成员，以及当地新闻媒体的记者等。

　　2019年2月：向国家文物局文物保护与考古司提交本项目2018年度合作研究工作报告。

　　2019年8月30日：白云翔、杨勇、韩伟东、韩茗等在临淄工作站讨论商定第二次联合考察事宜并做出具体安排。

　　2019年8月31日～9月9日：中日双方课题组成员在临淄工作站进行第二次联合考察，

中日合作研究启动仪式（2018年12月·临淄）

中日合作研究启动仪式后主要与会人员合影（2018年12月·临淄）

先后考察分别收藏于临淄工作站和临淄区齐文化发展研究中心的临淄地区出土汉代铜镜计331件。先后参加考察的有：中方人员白云翔、杨勇、吕承佳、赵益超、韩茗、韩伟东、于焱、王晓莲、王会田等；日方人员清水康二、宇野隆志、梅原章一等。另外，此次在临淄的联合考察结束后，中日部分课题组成员曾前往徐州博物馆参观考察。

日方课题组成员考察铜镜（2019年9月·临淄）

中日课题组成员考察铜镜（2019年9月·临淄）

中方课题组成员考察铜镜（2019年9月·临淄）

中日课题组部分成员合影（2019年9月·临淄）

2019年9月5日：白云翔就研究报告书编写事宜分别征求清水康二、杨勇、吕承佳、王晓莲等的意见，初步拟定"研究报告编写方案"，并印发各相关人员；白云翔与清水康二就中方课题组部分成员于2020年春赴日本进行交流、有关人事变动后继续按照合作研究协议推进研究并做好研究报告书的编写等进行充分的沟通协商，并就有关安排初步达成共识。

2019年12月：向国家文物局文物保护与考古司提交本项目2019年度合作研究工作报告。

2020年3～12月：三船温尚撰写的镜范考察记录、清水康二撰写的铜镜考察记录、宇野隆志扫描并经过处理后的3D扫描建模由韩茗陆续翻译成中文后转发给杨勇和吕承佳，由杨勇和吕承佳择其要分别整合到镜范资料编和铜镜资料编中。

2021年1～7月："临淄出土汉代铜镜"资料编和"临淄齐国故城出土汉代镜范"资料编，分别由吕承佳和杨勇撰写出样条；中方课题组部分成员撰写的论文、日方课题组成员以及韩国学者撰写的论文陆续提交，其中，中文论文稿经白云翔审阅后返回作者修改，日文和韩文论文由韩茗负责陆续译成中文。

2021年8月2日：白云翔在临淄工作站主持召开中方课题组成员会议，就研究报告书的编写、各编的编写体例和规范要求、各专题和综合研究论文的修改定稿等进行了充分讨论，制定了研究报告书完成的时间表，并将研究报告书的书名初步商定为《鉴出齐都——山东临淄汉代铜镜与镜范的考古学研究》。郑同修、杨勇、吕承佳、赵益超、昝金国、韩伟东、于焱、王会田、王晓莲等参加了会议，韩茗因新冠疫情防控未能到会。会后，白云翔将研究报告书的构成及编写安排等电告清水康二，征求日方的意见。此后，课题组成员之间利用微信、电子邮件等信息化通信手段保持密切的联系和沟通，及时商讨并解决有关问题，研究报告书的编写按计划扎实推进。

中方课题组成员讨论研究报告书的编写　　　　　中方课题组部分成员合影（2021年8月·临淄）
（2021年8月·临淄）

2021年10月14日：研究报告书（初稿）的编写全部完成。

2021年11月：研究报告书（初稿）完成印刷装订，由中国社会科学院考古研究所上报国家文物局文物保护与考古司进行结项。

2023年5月6日：白云翔在临淄工作站主持召开研究报告书定稿会，中方课题组成员杨勇、吕承佳、赵益超、韩茗、韩伟东、于焱、王会田、王晓莲，科学出版社文物考古分社孙莉社长、责任编辑雷英等参加会议，就研究报告书各篇章的修改定稿、体例和规范要求等，逐一进行讨论，并商定了提交定稿以及正式出版的时间表。

2023年7月1日起，《鉴出齐都——山东临淄汉代铜镜与镜范的考古学研究》各篇章定稿并陆续发给科学出版社。

需要说明的是，根据《合作研究协议书》的约定和研究的需要，原定于2020年2月9日～2月15日中方课题组成员一行5人赴日本进行为期一周的学术交流和访问，并且签

中方课题组部分成员与编辑出版人员的定稿会
（2023年5月·临淄）

中方课题组部分成员与编辑出版人员合影
（2023年5月·临淄）

证、机票等都已经办妥，在日活动以及住宿也都已经做了充分的安排，但由于新冠疫情的暴发而被迫取消。

三

本书作为此次中日合作研究项目的研究报告书，主要由上编"临淄出土汉代铜镜"铜镜资料编、中编"临淄齐国故城出土汉代镜范"镜范资料编、下编"临淄汉代铜镜与镜范研究"研究编和图版等部分构成。之所以做这样的构成，主要是基于对本研究项目以及学界研究现状的理解和认识。

一方面，本研究项目的研究对象是铜镜和镜范，学术目标是最大限度地探讨铜镜的制作技术、生产、流通和使用等，而其基础在于对铜镜和镜范资料的科学的、细致的观察、分析和详尽的记录，舍此便无法进行深入的研究和解析。就汉代铜镜而言，它既是当时人们广泛使用的一种日常用品，还是广为流通的一种商品，更是铸镜手工业的产品，通过对其进行科学、细致的观察和记录，可以为研究其制作技术、加工工艺、类型及其特征、产地风格、产品流通和社会应用等提供多方面的重要信息。长期以来，铜镜研究持续受到关注，各地出版了不少铜镜图录，也有不少的研究论著问世，是为可喜，但毋庸讳言的是，有不少铜镜图录或论著，缺乏对铜镜的细致观察和科学、详尽的记录，直接制约了铜镜研究的深入。就汉代镜范而言，它作为铸造铜镜的模具，居于铜镜铸造技术的核心位置，是铜镜制作和生产的关键，即《淮南子·修务训》所言"明镜之始下型"，通过对其进行科学、细致的观察和记录，将为研究镜范的制作工艺技术和使用过程、其铸件——铜镜的类型及特征、产地风格及产品流通等提供多方面的重要信息。实践证明，此前临淄出土汉代镜范研究的做法行之有效，此次研究继续采用之并加以完善。鉴于上述理解和认识，同时考虑到铜镜与镜范的对照比较研究是本次研究采用的一种新的研究范式，因此设立"临淄出土汉代铜镜"资料编和"临淄齐国故城出土汉代镜范"资料编，分别将铜镜和镜范的观察记录、3D模型、照片、拓片以及线图等资料一并详细公布。这既是本次研究的需要，也是此次合作研究成果的一个重要组成部分，还将为中外学界今后的进一步研究提供翔实的基础研究资料。从文化遗产的保护和利用上讲，将这些详细的观察记录和各种图像资料系统整理并公之于世，未尝不是对这些铜镜和镜范的另一种形式的有效保护。

　　另一方面，本研究项目的学术目标在于最大限度地探讨铜镜的制作技术、生产、流通和使用等，因此，从研究的需要出发并结合课题组成员的学术专长，设立若干专题进行专门研究必不可少，并由此整合为下编"临淄汉代铜镜与镜范研究"研究编。本研究编收录研究论文计16篇，其构成及其学术考量大致如下。第一部分，包括《汉代临淄铜镜铸造业的考古学再研究》和《临淄镜范和日本列岛出土镜所见东亚铜镜制作技术及其背景》2篇，主要从总体上对这次铜镜和镜范研究的收获进行论述。第二部分，包括《临淄地区出土战国铜镜概述》和《临淄地区汉代墓葬与出土汉代铜镜》2篇，前者主要是为临淄地区汉代铜镜研究提供先秦时期临淄铜镜发展的背景，以利于对临淄地区汉代铜镜和铜镜铸造业进行历时性观察和思考；后者主要是系统梳理临淄地区汉代铜镜的出土状况、空间分布、铜镜类型和年代等，为临淄地区汉代铜镜的多角度研究提供考古学背景。第三部分，包括《临淄出土蟠螭纹镜及镜范类型的初步研究》《临淄出土汉代博局草叶纹镜初论》《临淄出土汉代铭文镜研究》《临淄出土西汉单圈铭带镜研究》《临淄出土汉代家常贵富镜及相关问题》《汉代四乳四虺镜研究》和《韩国昌原石洞出土星云纹镜的内涵——兼论西汉镜的传世及其特点》计7篇，主要是对临淄以及山东出土铜镜的分类专题研究，以及韩国出土有关汉镜的个案研究，有助于深化对临淄乃至山东地区汉代铜镜的认识，尤其是有助于深化对汉代临淄铜镜铸造业及其产品类型、产地风格和产品流通的认识。第四部分，包括《从临淄出土镜范考察其制范及浇铸技术——基于110件镜范的3D测量、等高线图、密度、硬度及其黑灰色等的考察》《临淄镜范所见指压痕迹的考察》《从镜范浇口的位置论铜镜制作技术的变迁》《临淄齐国故城出土镜范的磁化研究》计4篇，主要是就镜范的制作和使用、浇铸技术等进行考察，是汉代临淄铜镜铸造技术研究的进一步细化和深化。第五部分，即《日本汉镜研究综述》，系根据国家文物局批复的要求而撰写，主要是为汉代铜镜研究提供学术史的背景，有助于更好地理解和认识此次合作研究的背景、意义和成果。

　　要之，此次合作研究按照预定计划圆满完成了研究任务：其一，在中国首次采用3D技术对331件铜镜和230件镜范残片进行扫描建模，并对其进行了全面细致的考古学观察、测量和记录，获取了大量有价值的科学信息；其二，将铜镜和镜范进行对照比较研究，在国内外都是首次，创新了古代铜镜的研究范式，并在研究的实践中加以检验和完善；其三，就临淄汉代铜镜和镜范进行若干专题研究，进一步深化了汉代临淄铜镜铸造业及其制作技术、生产过程、产品类型及其特征、产地风格、铜镜流通和社会应用等方面的认识，对于汉代铜镜乃至东亚古代铜镜的研究将产生积极的推动作用。

　　这里需要说明的是，无论铜镜研究还是镜范研究，本来都离不开科技考古的参与和支撑，但本次研究除对镜范进行磁化研究之外，未再开展科技考古方面的检测和分析。这是因为，目前关于铜镜的科技分析，主要是采用金相观察、扫描电镜等方法对其合金成分以及铅同位素等进行检测研究，而关于汉代铜镜的合金成分，已有相当数量的检测数据，基本揭示出其铜锡铅三元合金的金属特征。就临淄出土的汉代铜镜而言，"临淄齐故城镜范研究"[3]和"临淄齐故城冶铸业考古"[4]等项目实施过程中，也曾先后三次对临淄出土的12件铜镜标本进行了检测和分析，初步究明了其高锡低铅的合金成分以及不同镜类之间的差异；铅同位素分析则表明，铸镜所用铅料主要来源于华北当地。就镜范来说，2005年首次对其进行科学分析以来[5]，特别是在"临淄齐故城镜范研究"和"临淄齐故城冶铸业考古"实施过程中，中日学者曾采用多种科技手段和方法对临淄齐国故城出土的汉代镜范进行检测和分析，在其原料、原料配比、烧成温度、物理和化学特性等方面都已经获得了比较完整的认识——尽管有些认识有待于进一步深化乃至修正。正是在上述学术背景下，本次研究未将科技分析检测纳入其中。当然，在有关专题和综合研究中，还是尽量吸收了迄今临淄出土汉代铜镜和镜范的科技检测分析成果。此外还需要说明的是，对铜镜花纹及其布局、铜镜类型的理解和认识等，往往因学者而异，因此，本书对铜镜类型的划分及定名、铜镜的定名、镜背纹样的称谓及描述等，未做统一，以体现"百家争鸣"的特点。

本研究报告书作为此次合作研究的基本成果，是中日双方课题组成员共同完成的，并得到了中日韩有关学者的大力协助。上编"临淄出土汉代铜镜"资料编，由吕承佳根据中日双方的考察记录和双方制作的图片资料整理编写而成；中编"临淄齐国故城出土汉代镜范"资料编，由杨勇根据中日双方的考察记录和双方制作的图片资料整理编写而成。上述两编中的铜镜和镜范照片，均由梅原章一拍摄；3D扫描及影像处理[6]，均由宇野隆志完成；铜镜拓片，由吕承佳、王会田负责制作；镜范线图，由杨勇负责制作；铜镜和镜范的观察记录，由中日双方课题组成员共同完成，其中的日文记录由清水康二和三船温尚分别提供，由韩茗译成中文；两编成稿后，由白云翔审定。下编"临淄汉代铜镜与镜范研究"的论文，由各署名作者分别撰写。其中，中国学者的论文，由韩茗初步统稿、白云翔审定；日本和韩国学者的论文，由清水康二负责组织；日文的中文译稿由韩茗负责翻译，白云翔、刘治国（江苏理工学院艺术设计学院）审校；韩文的中文译稿由韩茗、陈瑾瑜（南京师范大学文博系博士研究生）负责翻译，赵润雨（南京大学考古系韩国留学博士研究生）审校。图版由吕承佳和杨勇共同选定铜镜和镜范的有关照片，由杨勇负责编排。全书由白云翔统稿定稿。英文提要中文稿由韩茗撰写，由赵星宇（南京大学考古系）、韩茗译成英文。本书的出版得到了科学出版社文物考古分社孙莉社长的大力支持和协助，责任编辑雷英同志付出了大量心血和辛勤的劳动。

四

这次中日合作研究从立项、审批到实施并最终完成，得到了中日两国各级领导和官员、有关专家学者和学界朋友们的关心、支持和帮助。在本研究报告书出版之际，谨代表课题组全体成员向下述各政府机关、管理机构、研究机构和高校以及个人（其职务均为时任职务）表示衷心的感谢！

中国方面：

国家文物局，以及闫亚林司长、张凌处长、王铮副处长、胡传耸副处长等；

中国社会科学院国际合作局，以及王镭局长、周云帆副局长；

中国社会科学院考古研究所，以及陈星灿所长、施劲松副所长、刘国祥处长等；

山东省文化和旅游厅，以及周晓波副局长、王廷琦副厅长、王守功处长、兰玉富处长等；

山东省文物考古研究院，以及孙波院长、高明奎副院长、吕凯先生等；

山东省文物考古研究院临淄工作站，以及魏成敏先生等；

山东博物馆，以及杨爱国、杨波副馆长；

山东大学历史文化学院，以及方辉院长、刘军书记等；

山东大学考古学院，以及王芬院长；

山东省文物保护修复中心；

南京师范大学社会发展学院文博系，以及陈瑾瑜同学等；

南京大学历史学院考古系，以及赵星宇博士、赵润雨同学等；

江苏理工学院艺术设计学院，以及刘治国博士等；

淄博市临淄区人民政府，以及白平和区长，李玲、王俊涛副区长等；

淄博市临淄区文化和旅游局，以及宋爱军局长等；

淄博市临淄区文物局，以及杨新良局长、王国坤先生等；

淄博市临淄区齐文化发展研究中心（今临淄区文物保护中心），以及王金智主任，姜健、贾健副主任等；

淄博市临淄区齐文化博物院，以及马国庆院长、朱淑菊副院长、侯霞女士等；

江苏省徐州博物馆，以及李晓军馆长，李银德先生，原丰、宗时珍副馆长等；

山东省滕州市文物局，以及张桑副局长，文保室吕文兵主任等；

山东省滕州市博物馆，以及吕文书记、聂瑞安副馆长等；

山东省滕州汉画像石馆，以及李慧馆长、狄小卜副馆长；

科学出版社文物考古分社，以及孙莉社长、雷英女士等。

日本方面：

日本奈良县立橿原考古学研究所，以及青柳正规所长、箕仓永子秘书等；

日本大阪梅原章一写真事务所。

这里需要特别指出的是，此次合作研究项目从最初的提议、合作研究协议书的商定到研究计划的设计、合作研究的实施等，日本奈良县立橿原考古学研究所菅谷文则所长倾注了大量的心血，做出了不可磨灭的贡献，但令人痛惜的是，菅谷文则所长于2019年6月18日因病溘然长逝。这里谨以本研究报告书告慰菅谷所长，向菅谷所长表示深切的缅怀和崇高的敬意！

最后，衷心感谢中日双方课题组全体成员在合作研究过程中的紧密配合、辛勤劳动和无私奉献！衷心感谢陈星灿所长和青柳正规所长百忙之中为本书作序！本研究报告书既是中日学术交流的新成果，更是中日友好交流的新见证！我们衷心期待着中日考古学界的友好交流与合作阔步走向未来，取得新的成果。

白云翔　郑同修　韩伟东　丰冈卓之　清水康二
2023年盛夏

注　释

［1］　中国社会科学院考古研究所等：《山东临淄齐国故城秦汉铸镜作坊遗址的发掘》，《考古》2014年第6期。详见中国社会科学院考古研究所、山东省文物考古研究院、淄博市临淄区齐文化发展研究中心：《临淄齐故城冶铸业考古》（上册）第139～142、402～480页，科学出版社，2020年。

［2］　淄博市临淄区文物管理局：《山东临淄战国汉代墓葬与出土铜镜研究》，文物出版社，2017年。

［3］　白云翔、〔日〕清水康二主编：《山东省临淄齐国故城汉代镜范的考古学研究》，科学出版社，2007年。

［4］　中国社会科学院考古研究所、山东省文物考古研究院、淄博市临淄区齐文化发展研究中心：《临淄齐故城冶铸业考古》，科学出版社，2020年。

［5］　刘煜、赵志军、白云翔、张光明：《山东临淄齐国故城汉代镜范的科学分析》，《考古》2005年第12期。

［6］　此次使用的3D扫描仪：Artec社制造Space Spider（点间距离50μm）；3D解析软件：GOM社制造GOM Inspect 2020。

目　　录

上　编
临淄出土汉代铜镜

0   5厘米

图1-1 菱格蟠螭纹镜（LZJ-2019-061）三维模型、拓本与照片

（二）四乳蟠虺纹镜

考察编号： LZJ-2019-062（原编号"棠悦小区采集099"）

特征描述： 三弦钮，半圆形钮孔。钮外一周宽凹带。主纹区在涡卷地纹上均匀对称分布四枚乳丁和四组正反相连的C形蟠虺纹。凸形缘，缘边稍斜。锈迹较多，镜面满覆绿色锈，镜背有少量绿色锈。凹带、乳丁、外区经过研磨。凹带似有刮痕（图1-2）。

尺寸与重量： 面径8.2、缘厚0.2、钮径1.1×0.7、钮高0.3厘米，镜面弧度0.1厘米。重40克。

收藏机构： 淄博市临淄区齐文化发展研究中心

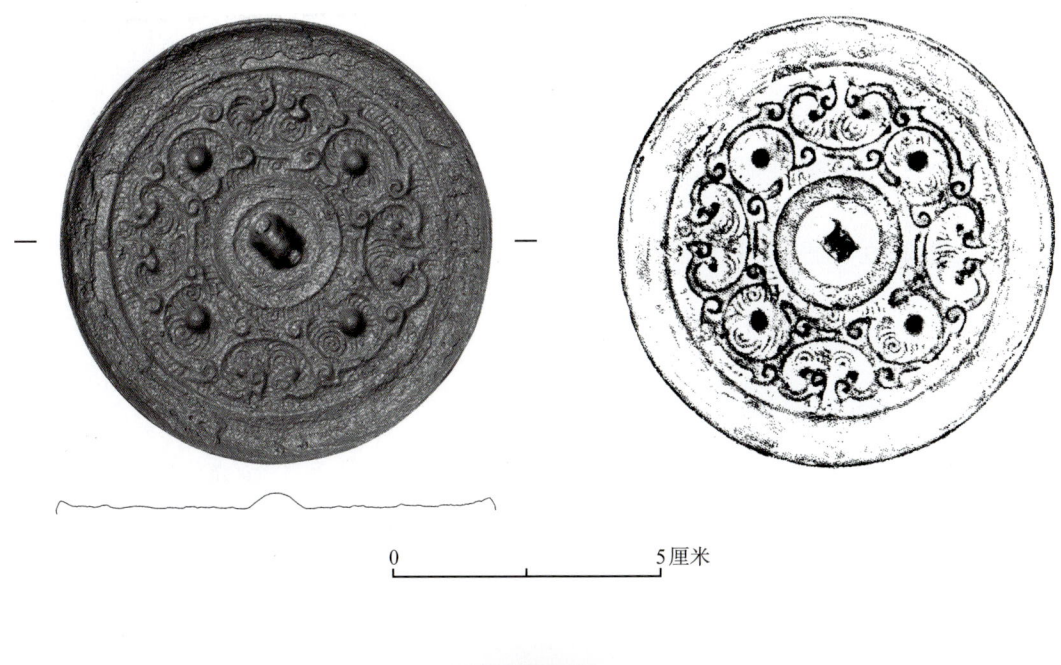

0　　　　　　　　5厘米

图1-2　四乳蟠虺纹镜（LZJ-2019-062）三维模型、拓本与照片

（三）四乳凹带蟠螭纹镜

考察编号： LZJ-2019-063（原编号"淄江花园D区M993：1"）

特征描述： 三弦钮，半圆形钮孔。钮外一周宽凹带与缘内侧一周宽凹带间为主纹区。

主纹区中部对称分布四枚乳丁。一周宽凹带贯穿乳丁，覆压于主纹区蟠螭纹之上。主纹区在涡卷地纹上饰四组由S形和C形蟠螭纹勾连而成的纹饰。匕形缘。镜面满覆红色锈，镜背缘部有绿色锈及红色锈。银白色材质。凹带、乳丁、外区经过研磨。凹带似有刮痕。一侧钮孔有凹陷或不清晰，似为浇口所在（图1-3；图版1-1）。

尺寸与重量： 面径9.7、缘厚0.2、钮径1.0×0.7、钮高0.3厘米，镜体变形。重65克。

收藏机构： 淄博市临淄区齐文化发展研究中心

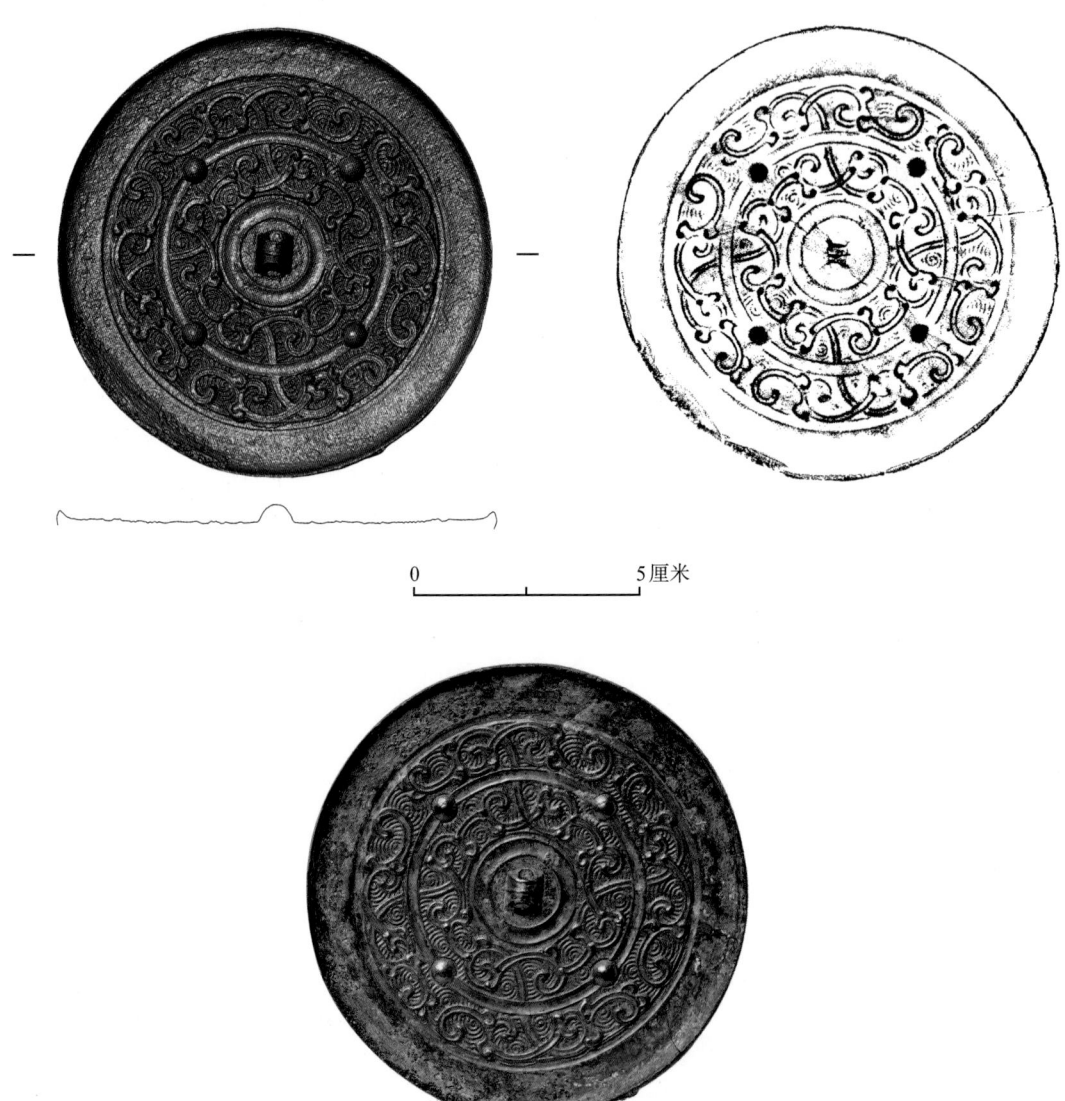

0 ————————— 5厘米

图1-3　四乳凹带蟠螭纹镜（LZJ-2019-063）三维模型、拓本与照片

（四）四乳凹带蟠螭纹镜

考察编号： LZJ-2019-064（原编号"齐鲁塑编厂M9：1"）

特征描述： 三弦钮，半圆形钮孔。钮外一周宽凹带与缘内侧一周宽凹带间为主纹区。主纹区中部对称分布四枚乳丁。一周宽凹带贯穿乳丁，覆压于主纹区蟠螭纹之上。主纹区在云雷地纹上饰四组正反相连的C形蟠螭纹。匕形缘，缘边稍斜。镜面有黄、蓝、绿色锈。镜背有少量蓝、绿色锈。银白色材质。凹带、乳丁、外区经过研磨。凹带似有刮痕（图1-4）。

尺寸与重量： 面径9.8、缘厚0.2、钮径1.0×0.7、钮高0.4厘米，镜面弧度0.1厘米。重70克。

收藏机构： 淄博市临淄区齐文化发展研究中心

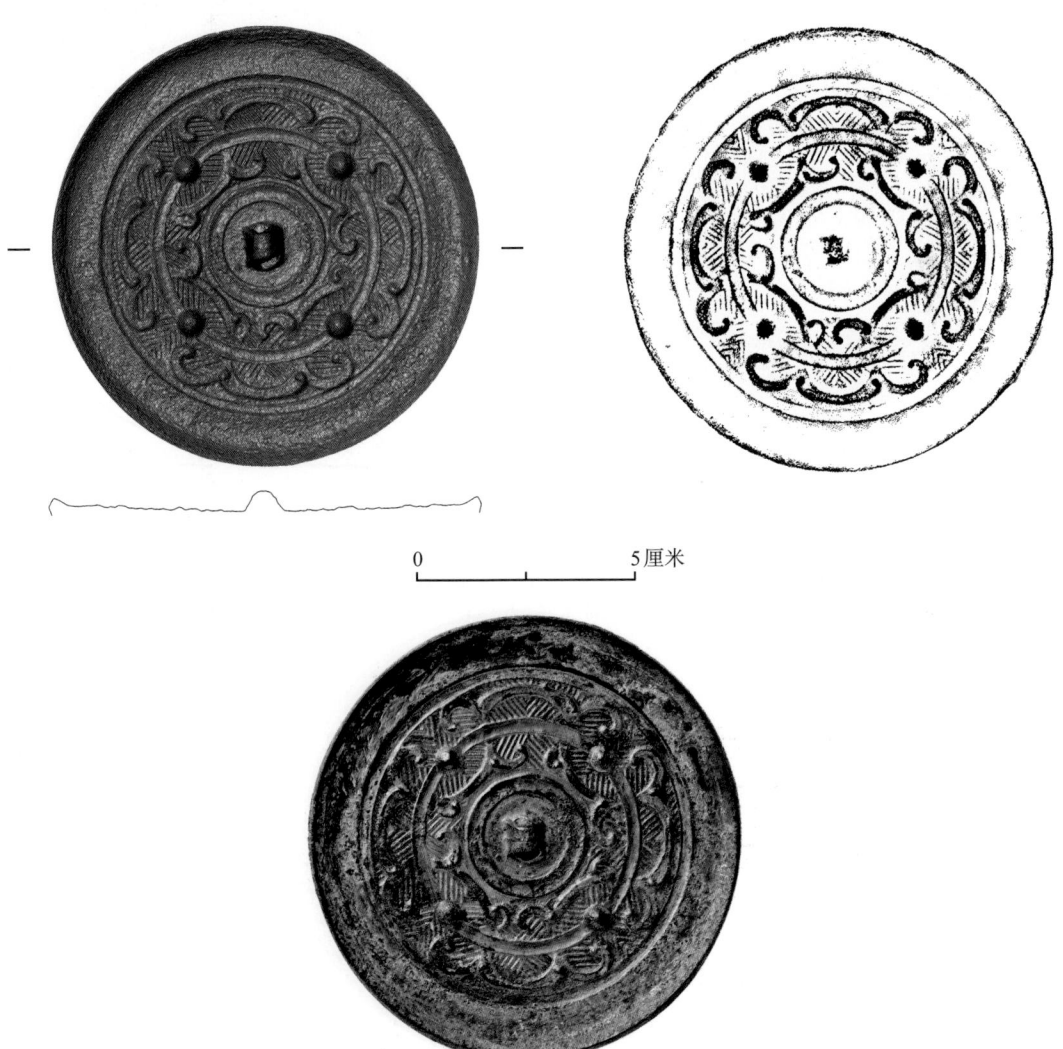

图1-4　四乳凹带蟠螭纹镜（LZJ-2019-064）三维模型、拓本与照片

（七）连弧纹带四乳蟠虺纹镜

考察编号： LZJ-2019-067（原编号"名仕庄园M73：1"）

特征描述： 三弦钮，半圆形钮孔。钮外一周宽凹带与缘内侧二十内向连弧纹带间为主纹区。主纹区对称分布四枚乳丁，在涡卷地纹上饰蟠虺纹。匕形缘，缘边稍斜。镜面覆一层绿色锈和少量红色锈。镜背局部有红、绿色锈。银白色材质。凹带、乳丁、外区经过研磨。凹带似有刮痕。镜体表面有较多凹线痕迹（图1-7）。

尺寸与重量： 面径10.9、缘厚0.4、钮径1.1×0.7、钮高0.4厘米，镜面弧度0.1厘米。重105克。

收藏机构： 淄博市临淄区齐文化发展研究中心

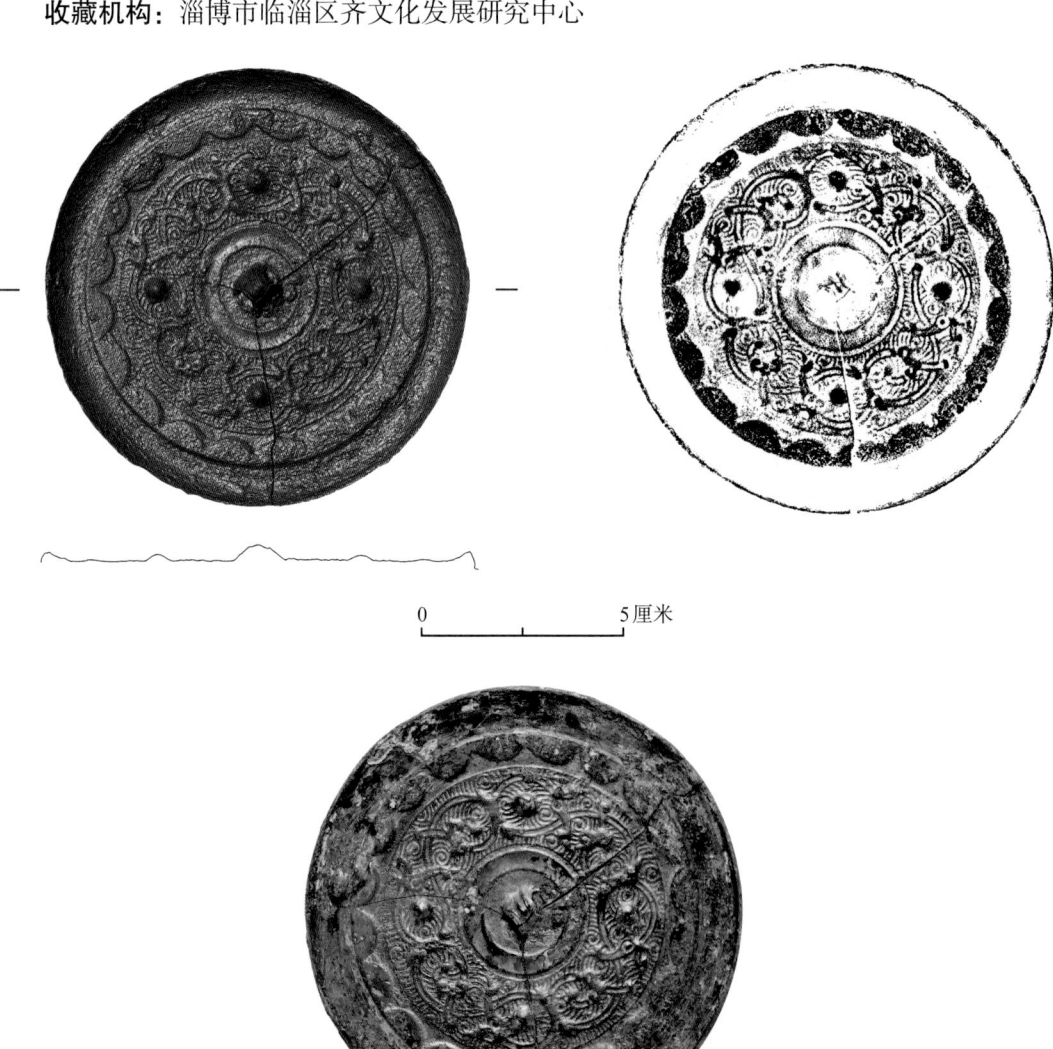

0　　　　　　　　　5厘米

图1-7　连弧纹带四乳蟠虺纹镜（LZJ-2019-067）三维模型、拓本与照片

（八）四乳凹带蟠螭纹镜

考察编号： LZJ-2019-070（原编号"淄江花园D组团M949出土镜"）

特征描述： 三弦钮，半圆形钮孔。钮外一周宽凹带与缘内侧一周宽凹带间为主纹区。主纹区中部对称分布四枚乳丁，一周宽凹带贯穿乳丁，覆压于蟠螭纹上。主纹区在涡卷地纹上饰四组蟠螭纹。凸形缘，缘边稍斜。锈迹较多，镜面有红、绿色锈，镜背有一层绿色锈。凹带、乳丁、外区经过研磨。凹带似有刮痕（图1-8）。

尺寸与重量： 面径10.3、缘厚0.4、钮径1.2×0.9、钮高0.3厘米，镜面弧度0.1厘米。重88克。

收藏机构： 淄博市临淄区齐文化发展研究中心

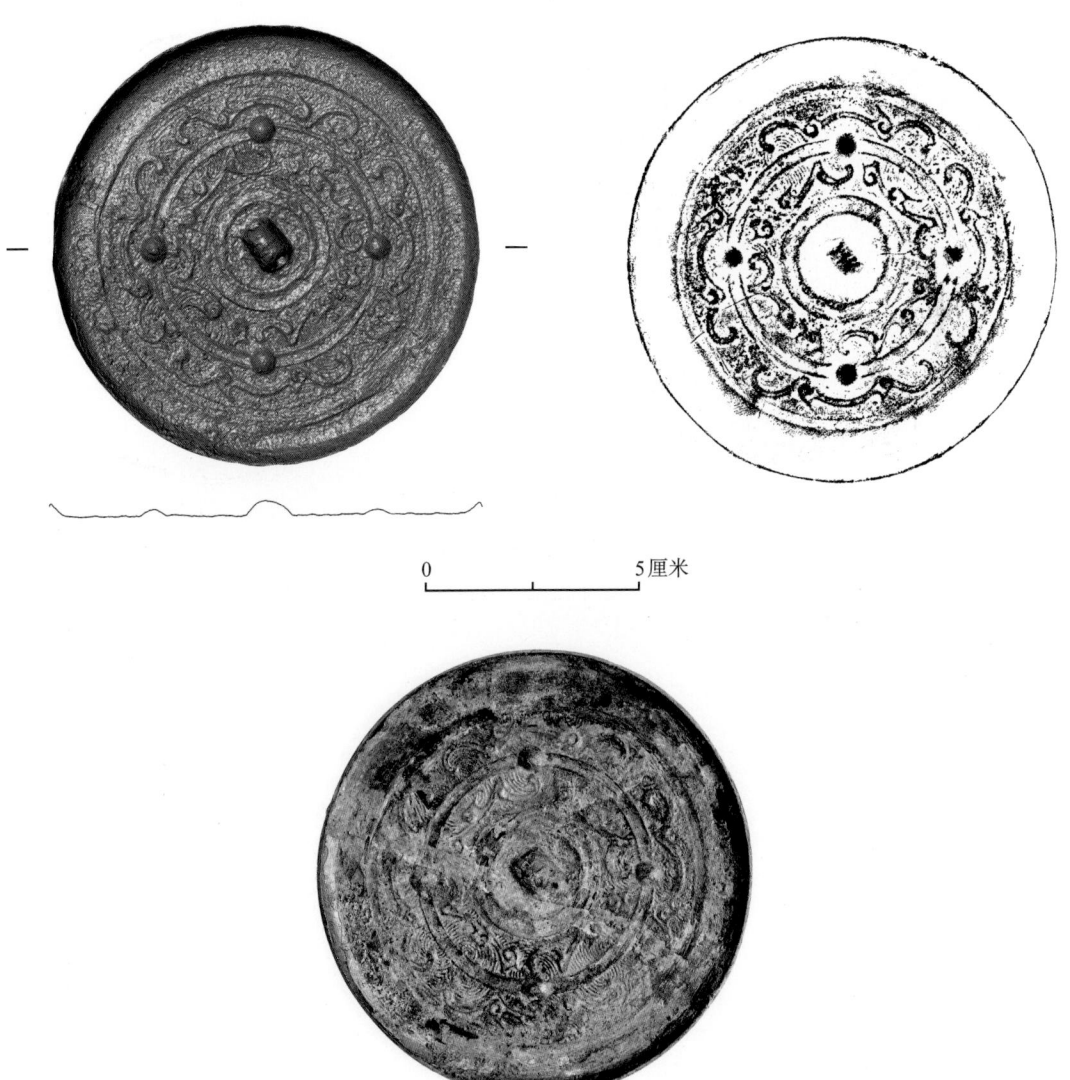

0　　　　　　5厘米

图1-8　四乳凹带蟠螭纹镜（LZJ-2019-070）三维模型、拓本与照片

（九）连弧纹带四乳蟠螭纹镜

考察编号： LZJ-2019-071（原编号"金苊苑M12：1"）

特征描述： 三弦钮，半圆形钮孔。钮外一周宽凹带与缘内侧十六内向连弧纹带间为主纹区。主纹区对称分布四枚乳丁，在涡卷地纹上均匀分布四组C形正反相连的蟠螭纹。匕形缘，缘边稍斜。镜面有蓝、绿色锈和黄斑。镜背有少量绿色锈和黄斑。凹弧面、乳丁、外区经过研磨。凹带似有刮痕（图1-9）。

尺寸与重量： 面径11.5、缘厚0.4、钮径1.4×1.1、钮高0.5厘米，镜面弧度0.2厘米。重136克。

收藏机构： 淄博市临淄区齐文化发展研究中心

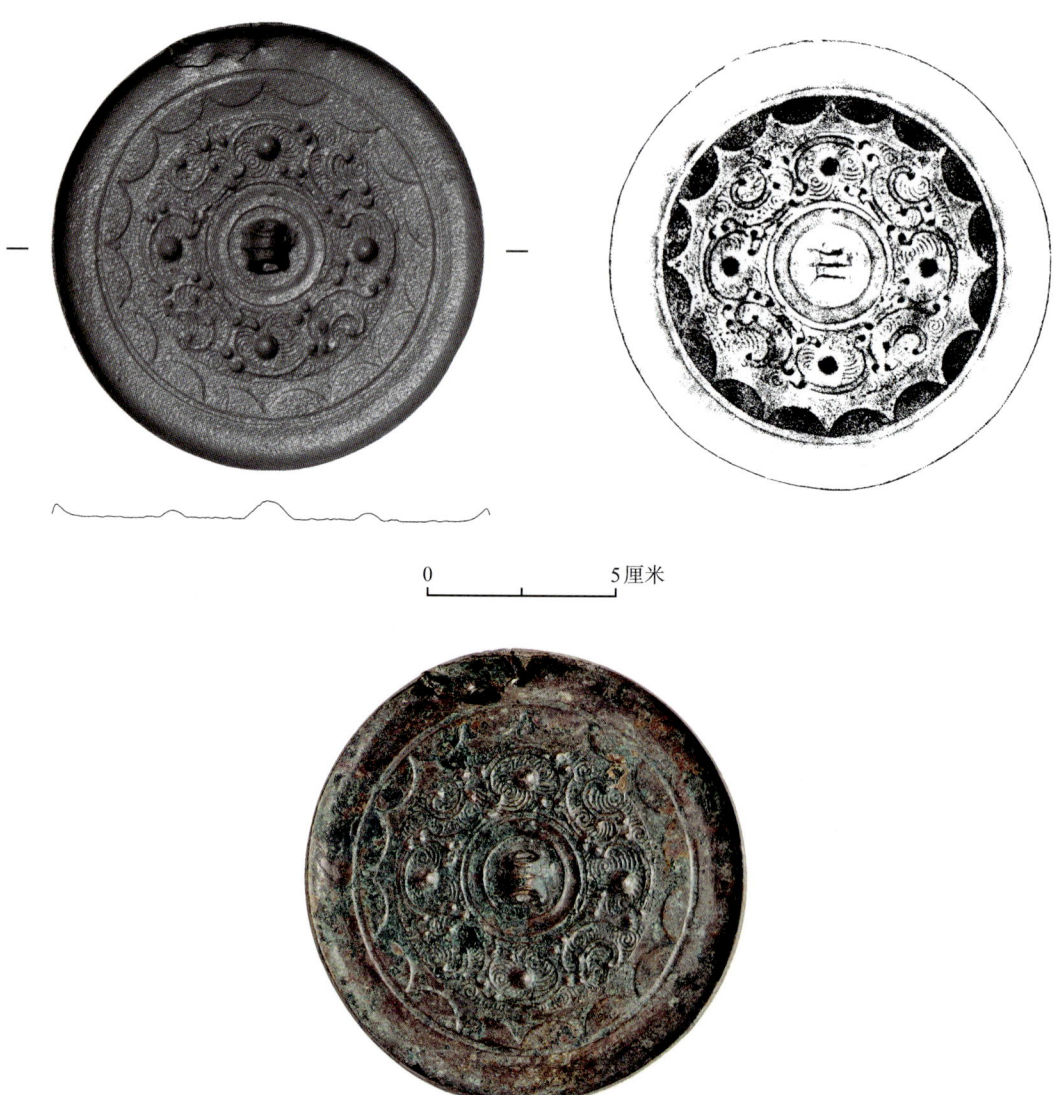

0　　　　　5厘米

图1-9　连弧纹带四乳蟠螭纹镜（LZJ-2019-071）三维模型、拓本与照片

（十）菱格蟠螭纹镜

考察编号： LZJ-2019-072（原编号"金鼎绿城三期 M272：1"）

特征描述： 三弦钮，半圆形钮孔。钮外一周宽凹带。圈带外侧两周单线斜向栉齿纹带间为主纹区。主纹区在涡卷地纹上饰三组蟠螭纹，间饰菱格纹。凵形缘，缘边稍斜。锈迹较多，镜面有绿色锈并残存织物痕迹。镜背有红、绿色锈。凹带、外区经过研磨。凹带似有刮痕（图 1-10）。

尺寸与重量： 面径 9.4、缘厚 0.6、钮径 0.9×0.7、钮高 0.4 厘米，镜面弧度 0.3 厘米。重 125 克。

收藏机构： 淄博市临淄区齐文化发展研究中心

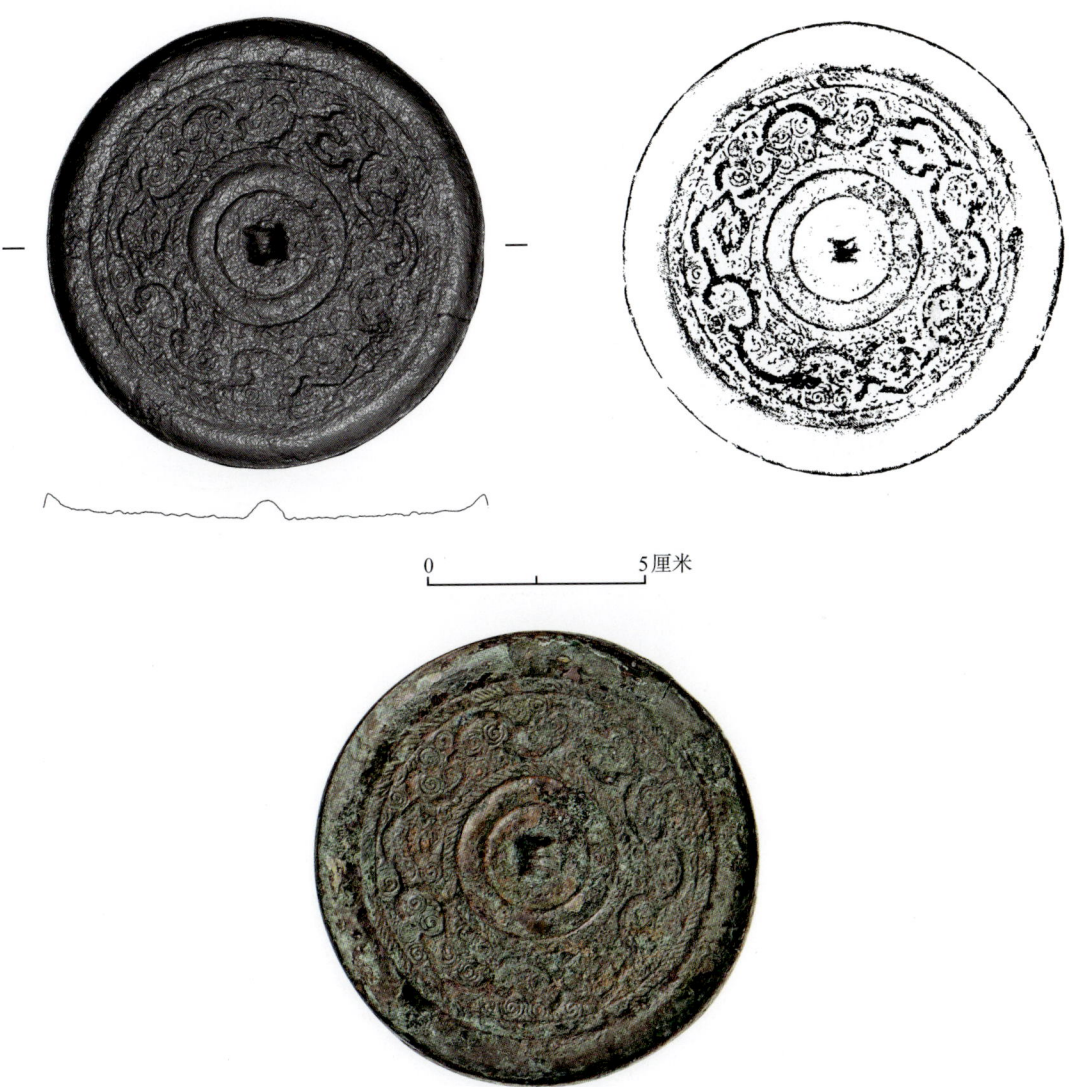

图 1-10　菱格蟠螭纹镜（LZJ-2019-072）三维模型、拓本与照片

（十一）菱格蟠螭纹镜

考察编号：LZJ-2019-073（原编号"淄江花园D区M850：1"）

特征描述：三弦钮，半圆形钮孔。钮外一周宽凹带。圈带外侧两周单线斜向栉齿纹带间为主纹区。三组树木纹将主纹区均匀分为三部分，分别饰有一组蟠螭纹及菱形回纹。匕形缘，缘边稍斜。镜面有绿色锈，镜背有红、绿色锈。银白色材质。凹带、外区经过研磨（图1-11）。

尺寸与重量：面径8.4、缘厚0.3、钮径0.9×0.5、钮高0.4厘米，镜面弧度0厘米。重44克。

收藏机构：淄博市临淄区齐文化发展研究中心

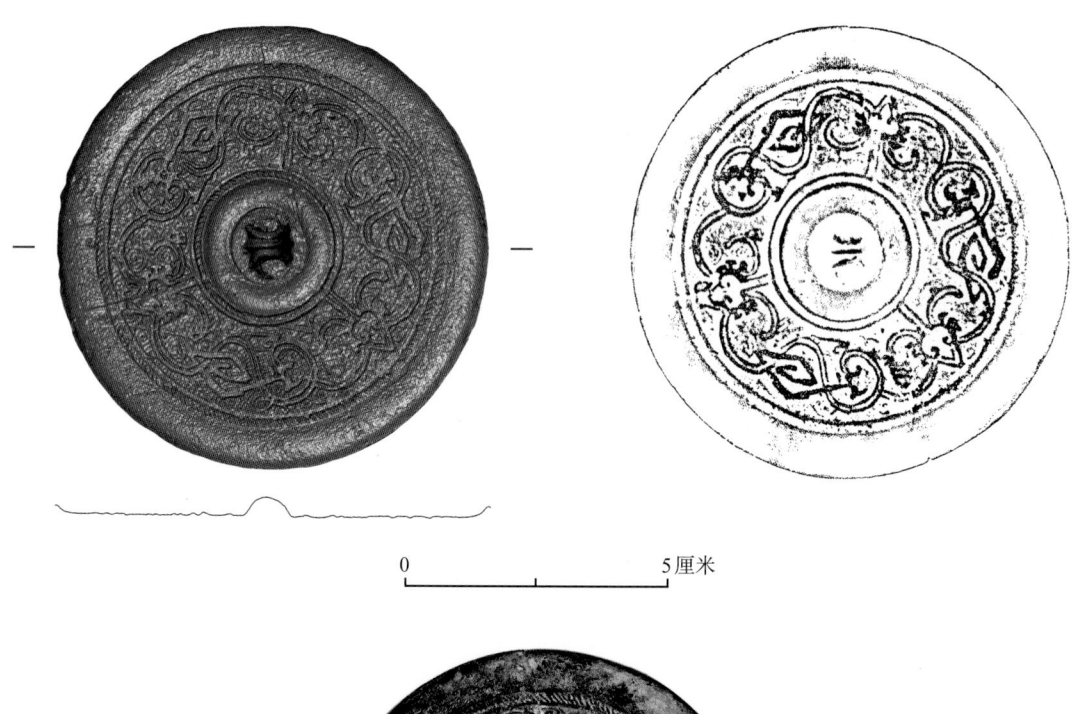

0　　　　　　　　　5厘米

图1-11　菱格蟠螭纹镜（LZJ-2019-073）三维模型、拓本与照片

（十二）树木纹菱格蟠螭纹镜

考察编号： LZJ-2019-074（原编号"金鼎绿城三期车库M897：1"）

特征描述： 三弦钮，半圆形钮孔。钮外一周宽凹带。圈带外侧两周窄凹带间为主纹区。主纹区在涡卷地纹上饰三组简化双线蟠螭纹、树木纹及宽线菱格纹。匕形缘。镜面大部覆有绿色、褐色锈，镜背局部覆有绿色锈。银白色材质。凹带、外区经过研磨（图1-12）。

尺寸与重量： 面径7.2、缘厚0.2、钮径1.0×0.7、钮高0.4厘米，镜面弧度0.05厘米。重36克。

收藏机构： 淄博市临淄区齐文化发展研究中心

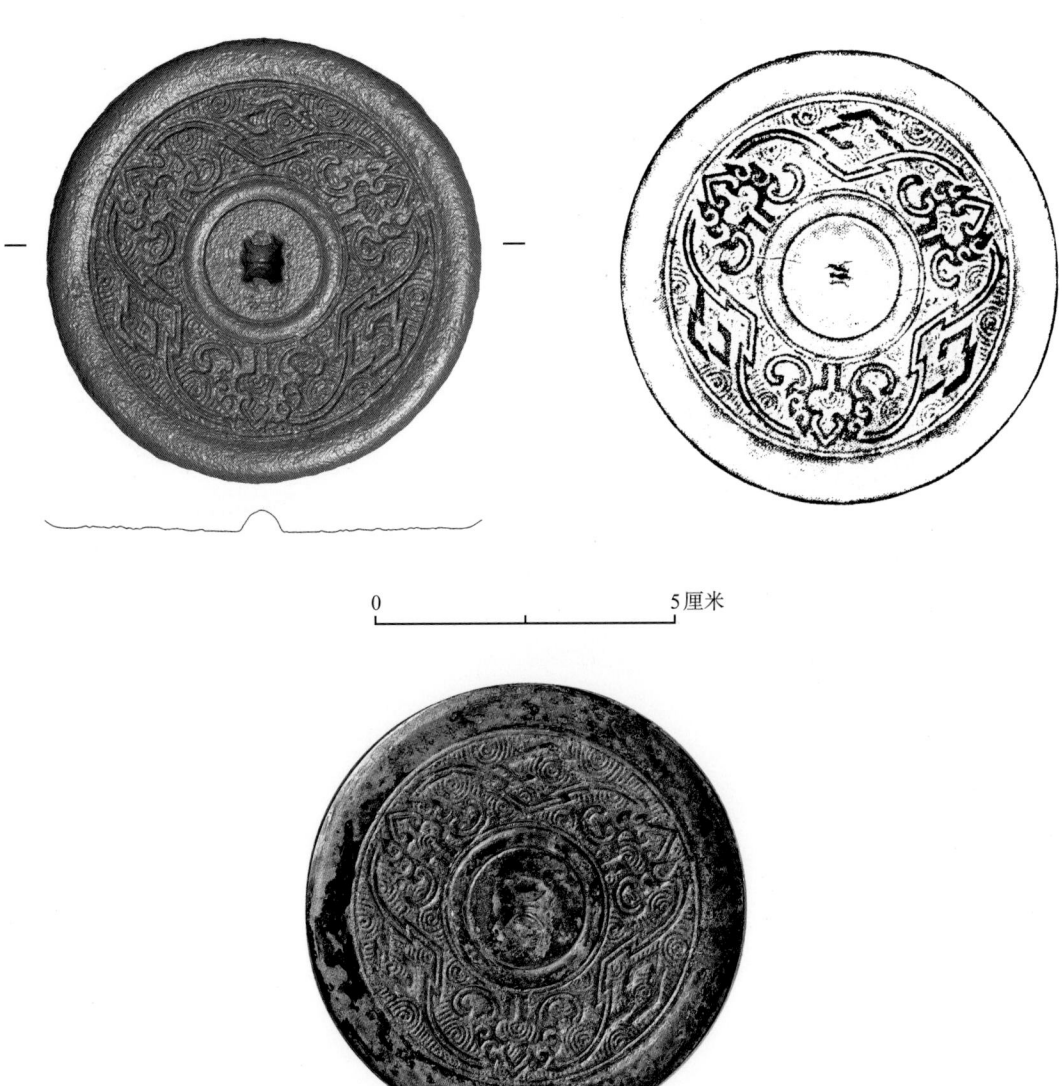

图1-12　树木纹菱格蟠螭纹镜（LZJ-2019-074）三维模型、拓本与照片

（十三）四乳凹带蟠螭纹镜

考察编号： LZJ-2019-076（原编号"淄江花园D组团M347：1"）

特征描述： 三弦钮，半圆形钮孔。钮外一周宽凹带。圈带外侧两周窄凹带间为主纹区。主纹区中部对称分布的四枚乳丁将主纹区均匀分为四部分。主纹区在涡卷地纹上饰四组C形蟠螭纹，首尾可辨。一周宽凹带贯穿乳丁叠压于蟠螭纹上。匕形缘，缘边稍斜。镜面满覆绿色锈，镜背缘部有少量绿色锈。银白色材质。凹带、乳丁、外区经过研磨（图1-13）。

尺寸与重量： 面径9.4、缘厚0.3、钮径1.3×1.0、钮高0.4厘米，镜面弧度0厘米。重83克。

收藏机构： 淄博市临淄区齐文化发展研究中心

0   5厘米

图1-13   四乳凹带蟠螭纹镜（LZJ-2019-076）三维模型、拓本与照片

（十四）四乳凹带蟠螭纹镜

考察编号：LZJ-2019-077（原编号"棕桐城M416：1"）

特征描述：三弦钮，半圆形钮孔。钮外一周宽凹带与缘内侧一周凹带间为主纹区。主纹区在涡卷地纹上饰四组正反相连的简化C形蟠螭纹。主纹区中部对称分布四枚乳丁。一周宽凹带贯穿乳丁覆压于蟠螭纹之上。匕形缘。镜面大部覆绿色锈，局部有红色锈。镜背缘部有少量褐色锈。银白色材质。凹带、乳丁、外区经过研磨。凹带有刮痕（图1-14）。

尺寸与重量：面径8.2、缘厚0.1、钮径0.9×0.6、钮高0.4厘米，镜面弧度0.05厘米。重36克。

收藏机构：淄博市临淄区齐文化发展研究中心

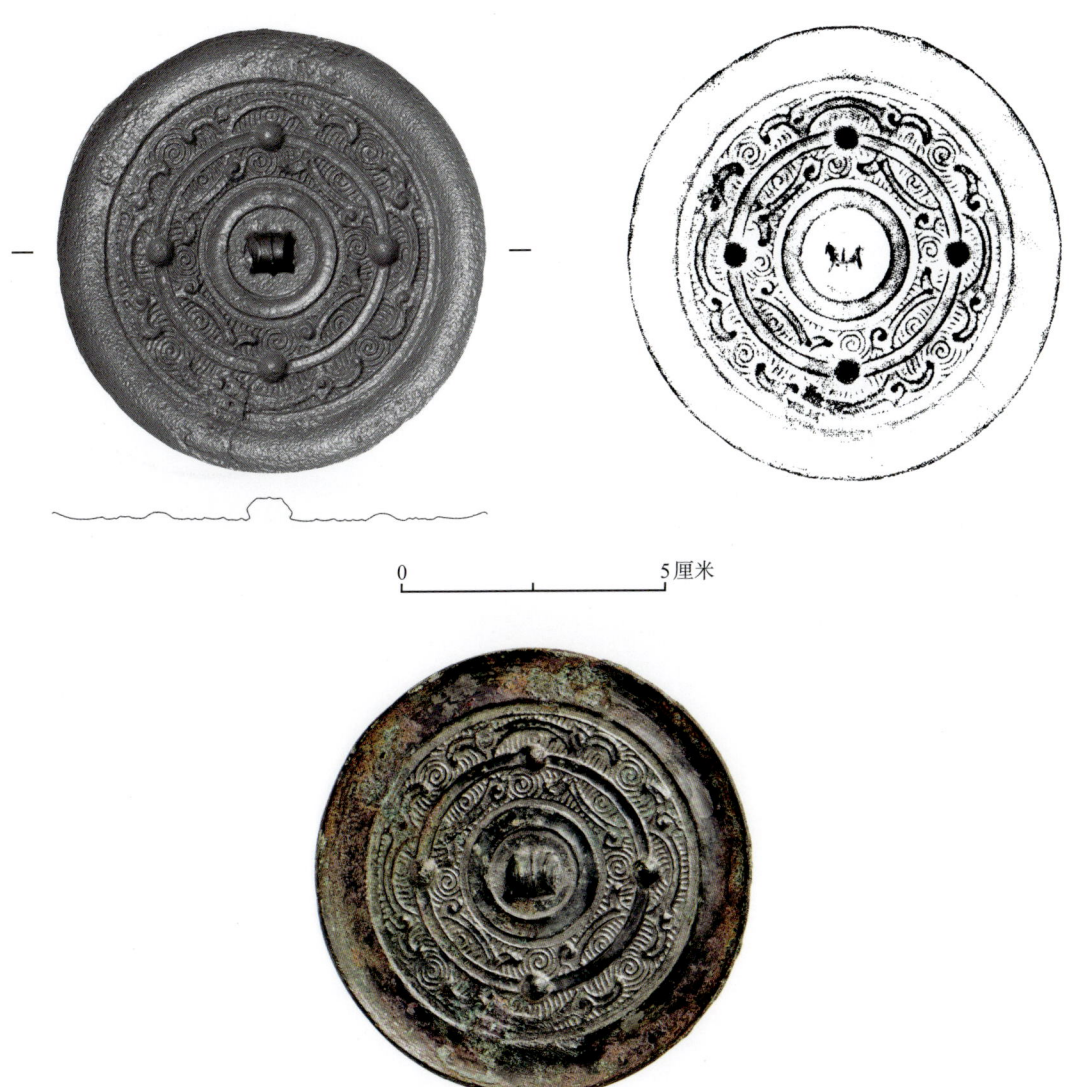

0　　　　　　　5厘米

图1-14　四乳凹带蟠螭纹镜（LZJ-2019-077）三维模型、拓本与照片

（十五）四乳凹带蟠螭纹镜

考察编号： LZJ-2019-078（原编号"淄江花园方正2009M286：1"）

特征描述： 三弦钮，半圆形钮孔。钮外一周宽凹带。圈带外侧两周凹带间为主纹区。主纹区中部对称分布四枚乳丁。一周宽凹带贯穿乳丁，覆压于主纹区蟠螭纹上。主纹区在涡卷地纹上饰四组蟠螭纹。卜形缘，缘边稍斜。镜面有蓝、绿色锈和红斑。镜背有少量蓝色锈和红斑。银白色材质。凹带、乳丁、外区经过研磨。凹带有刮痕（图1-15）。

尺寸与重量： 面径9.6、缘厚0.2、钮径0.9×0.8、钮高0.3厘米，镜面弧度0.1厘米。重59克。

收藏机构： 淄博市临淄区齐文化发展研究中心

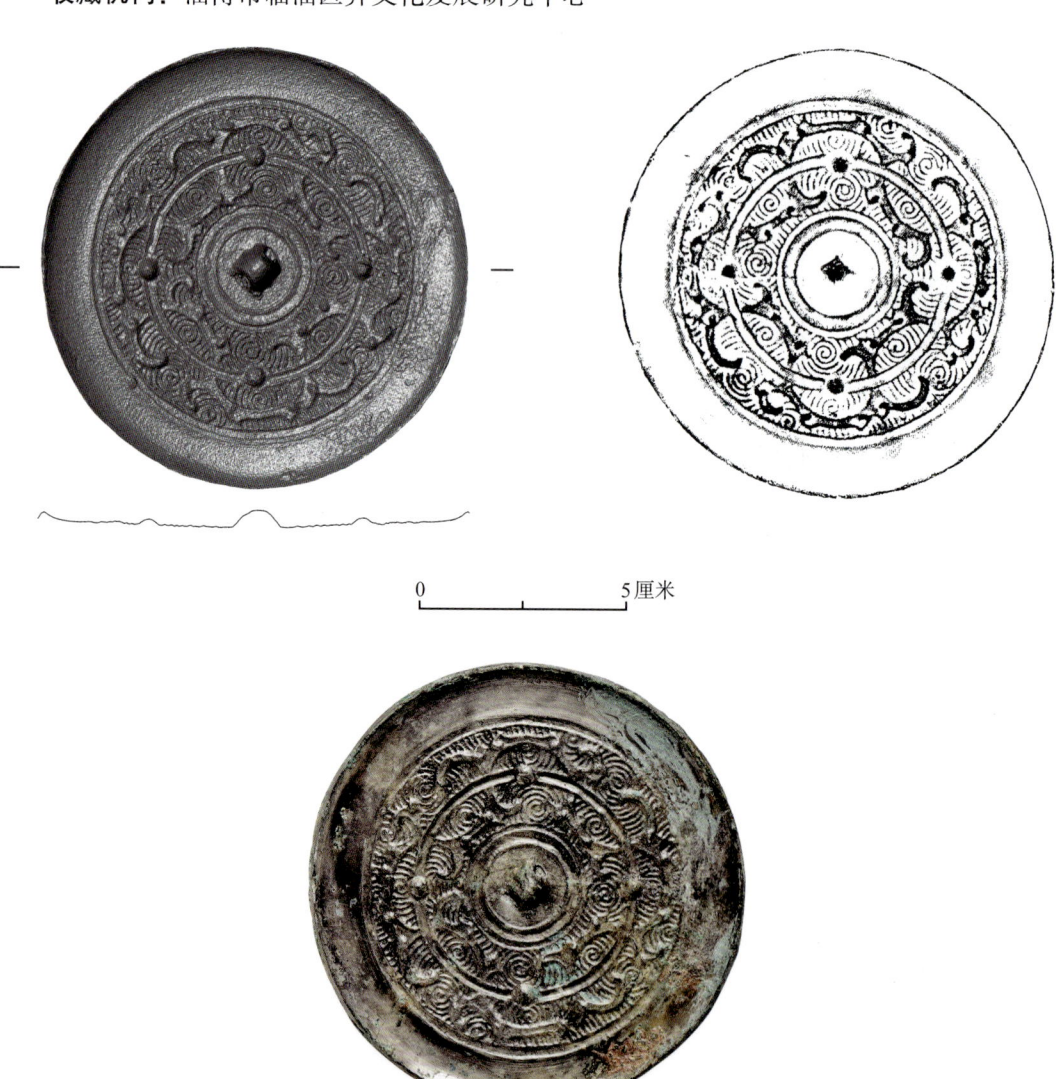

图1-15　四乳凹带蟠螭纹镜（LZJ-2019-078）三维模型、拓本与照片

（十六）凹带连弧蟠螭纹镜

考察编号： LZJ-2019-080（原编号"瑞泉阳光北区M39∶1"）

特征描述： 三弦钮，钮侧面有小孔。钮外一周宽凹带与缘内侧窄凹带间为主纹区。主纹区在涡卷地纹上饰八组C形蟠螭纹。蟠螭纹上叠压一周内向凹弧面八连弧纹带，每一弧形对应一组蟠螭纹。匕形缘。镜面、镜背覆有绿色锈。凹弧面、外区经过研磨（图1-16）。

尺寸与重量： 面径13.2、缘厚0.5、钮径1.6×1.0、钮高0.6厘米，镜面弧度0.02厘米。重210克。

收藏机构： 淄博市临淄区齐文化发展研究中心

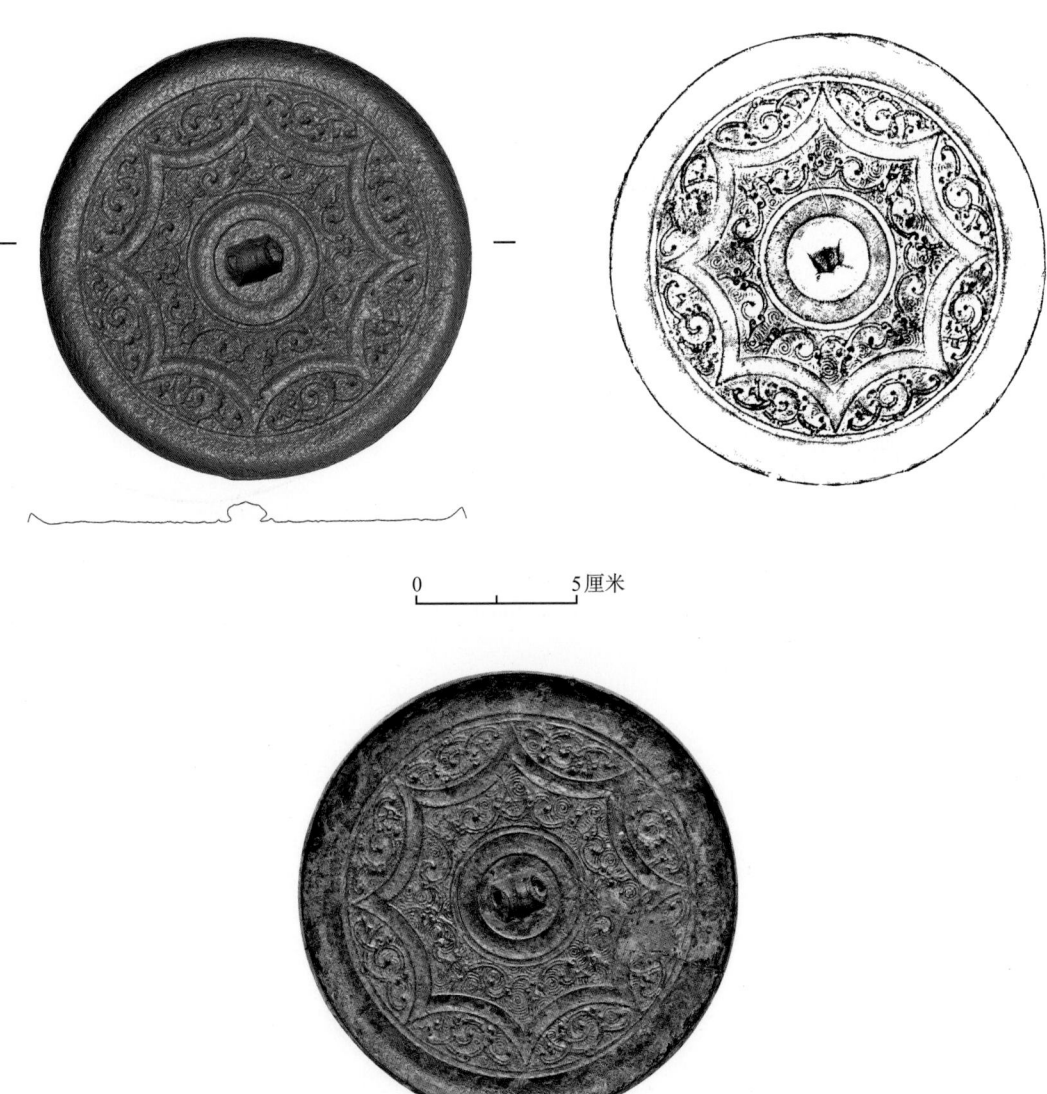

图1-16　凹带连弧蟠螭纹镜（LZJ-2019-080）三维模型、拓本与照片

（十七）蟠螭纹镜

考察编号： LZJ-2019-082（原编号"泰东城二期M39：1"）

特征描述： 三弦钮，半圆形钮孔。钮外一周宽凹带。圈带外侧两周窄凹带间为主纹区。主纹区在云雷纹、涡卷地纹上饰四组蟠螭纹。匕形缘，缘边稍斜。镜体有变形。锈迹较多，镜面有红、绿色锈，镜背有绿色锈。银白色材质。凹弧面、外区经过研磨（图1-17）。

尺寸与重量： 面径8.5、缘厚0.2、钮径0.9×0.5、钮高0.3厘米，镜体变形。重40克。

收藏机构： 淄博市临淄区齐文化发展研究中心

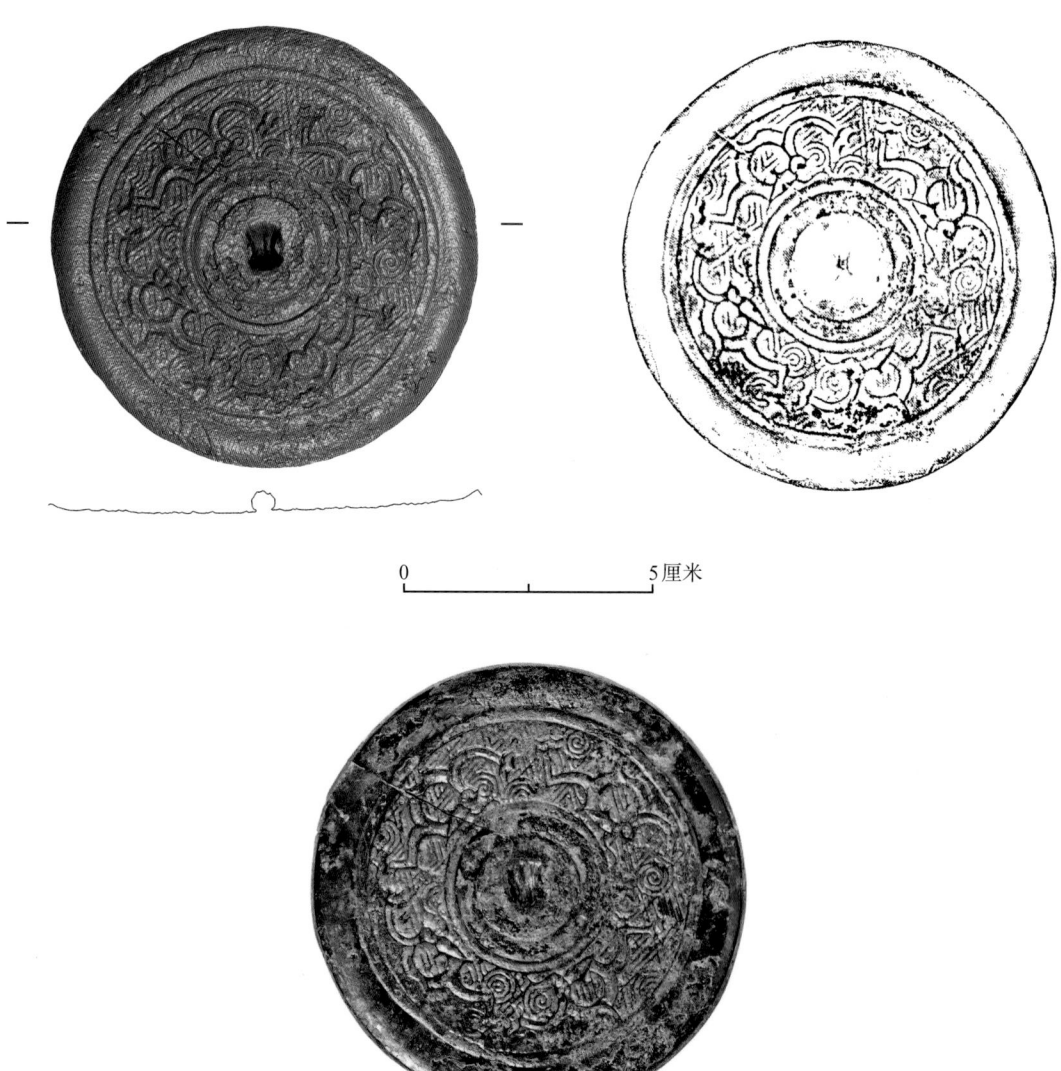

0　　　　　　5厘米

图1-17　蟠螭纹镜（LZJ-2019-082）三维模型、拓本与照片

（十八）菱格蟠螭纹镜

考察编号： LZJ-2019-083（原编号"淄江花园M184：1"）

特征描述： 三弦钮，半圆形钮孔。钮外一周宽凹带。圈带外侧两周窄凹带间为主纹区。主纹区在涡卷地纹上饰三组复线蟠螭纹和宽线菱格纹，中间饰树木纹。比形缘。镜面绿色锈较多，镜背局部有绿色锈。银白色材质。凹带、内区纹样、外区经过研磨（图1-18）。

尺寸与重量： 面径7.6、缘厚0.2、钮径0.9×0.7、钮高0.3厘米，镜面弧度0.05厘米。重35克。

收藏机构： 淄博市临淄区齐文化发展研究中心

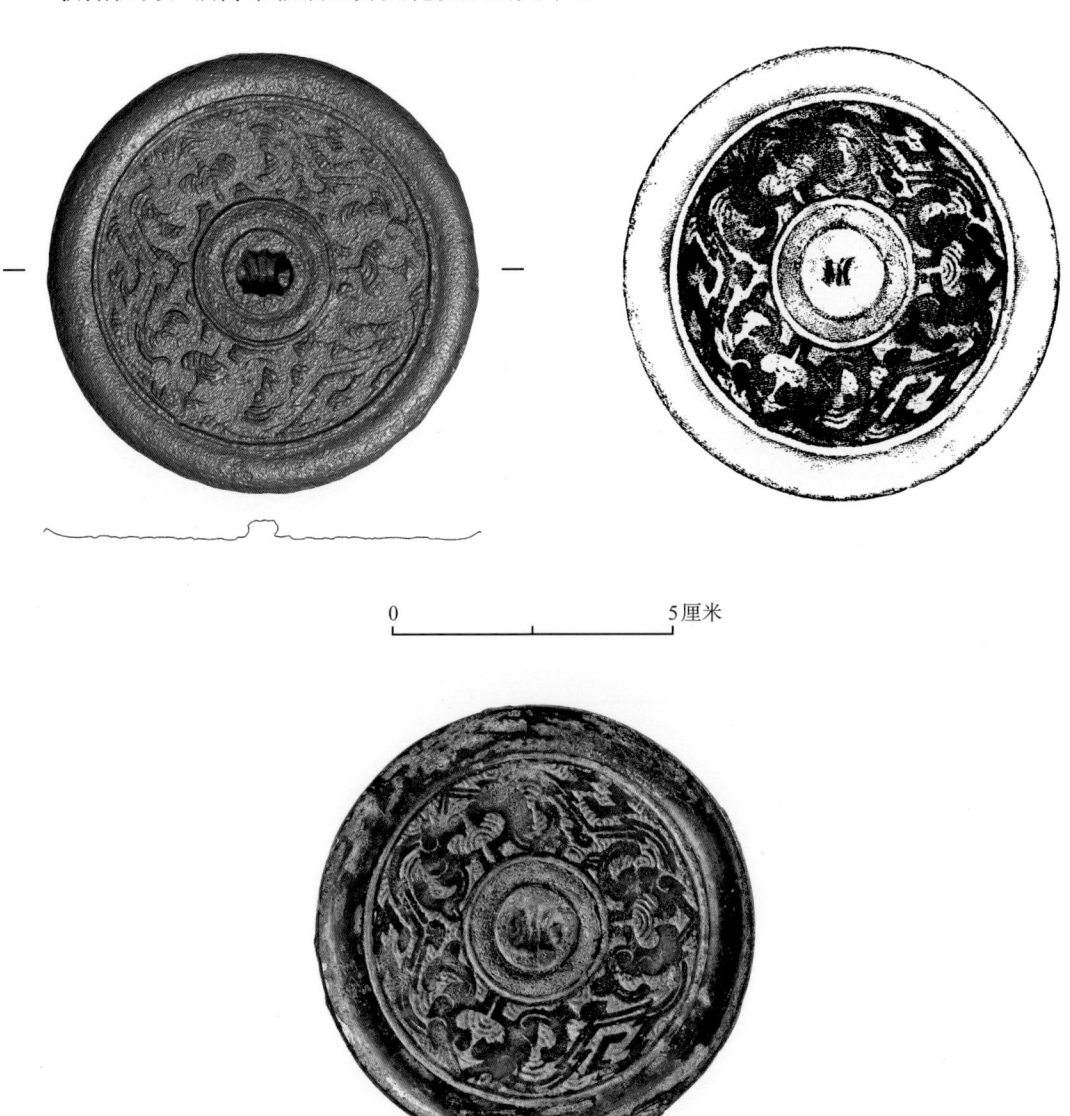

0　　　　　　　　　　5厘米

图1-18　菱格蟠螭纹镜（LZJ-2019-083）三维模型、拓本与照片

（十九）方格铭文蟠螭纹镜

考察编号： LZJ-2019-087（原编号"淄江花园D组团M401：1"）

特征描述： 三弦钮，半圆形钮孔。钮外一周宽凹弧面方框与外侧方形凸弦纹方框间为铭文区。铭文区填以右旋读小篆体"见日之光长毋相忘"八字铭文，每面二字。文字方向按读写顺序纵向排列。铭文框与缘内侧宽凹带间为主纹区。铭文框四边外侧中部对称分布四枚乳丁。主纹区在短斜线地纹上饰一大二小正反向相连的四组C形蟠螭纹。匕形缘，缘边稍斜。镜面、镜背有红、绿色锈。凹弧面方框、乳丁、外区经过研磨。凹弧面方框似有刮痕（图1-19）。

尺寸与重量： 面径7.2、缘厚0.2、钮径0.7×0.5、钮高0.3厘米，镜面弧度0.1厘米。重21克。

收藏机构： 淄博市临淄区齐文化发展研究中心

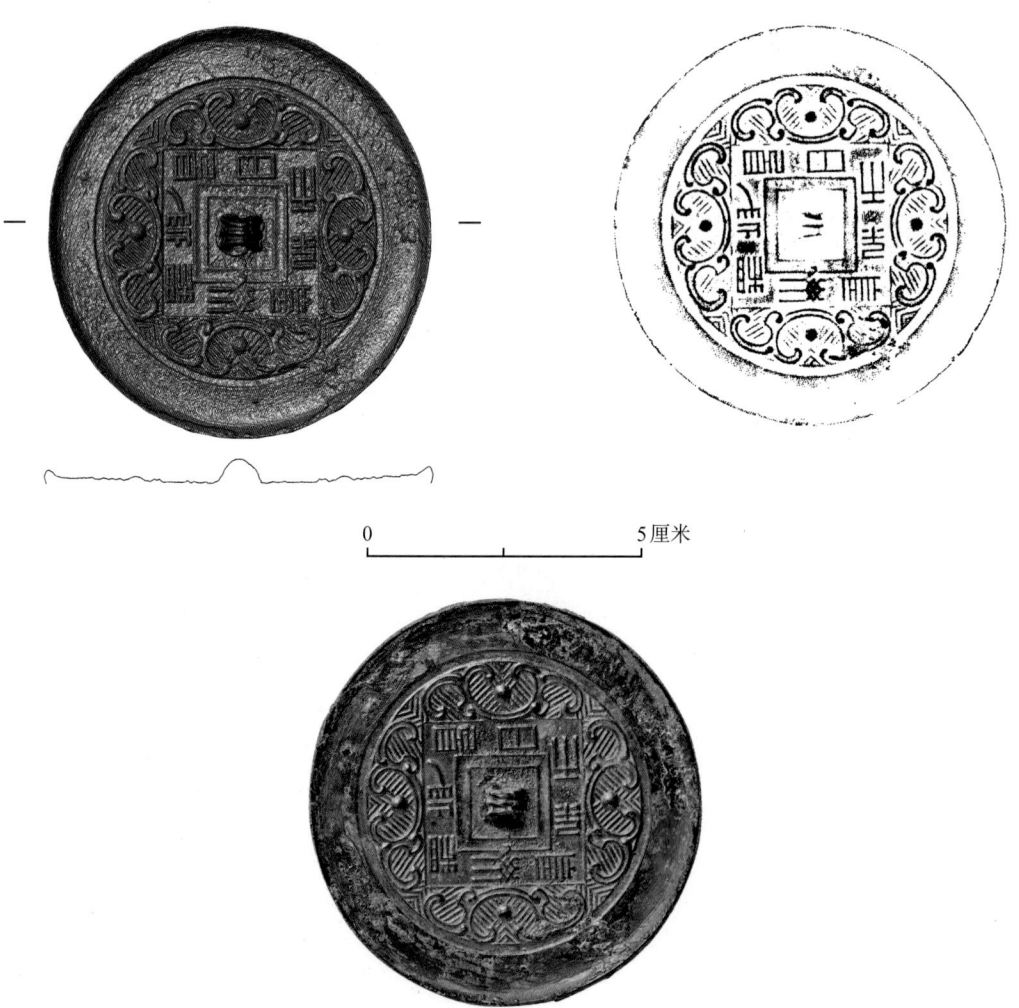

0　　　　　　　　5厘米

图1-19　方格铭文蟠螭纹镜（LZJ-2019-087）三维模型、拓本与照片

（二十）菱格蟠螭纹镜

考察编号： LZJ-2019-088（原编号"金鼎绿城三期车库M980：1"）

特征描述： 三弦钮，半圆形钮孔。钮外一周宽凹带。圈带外侧两周窄凹带间为主纹区。主纹区在涡卷地纹上饰蟠螭纹和宽线菱格纹。匕形缘，缘边稍斜。镜面大部分覆有红色锈，镜背局部有绿色锈。银白色材质。凹带、内区纹样经过研磨（图1-20）。

尺寸与重量： 面径7.8、缘厚0.2、钮径0.9×0.7、钮高0.3厘米，镜面弧度0.1厘米。重33克。

收藏机构： 淄博市临淄区齐文化发展研究中心

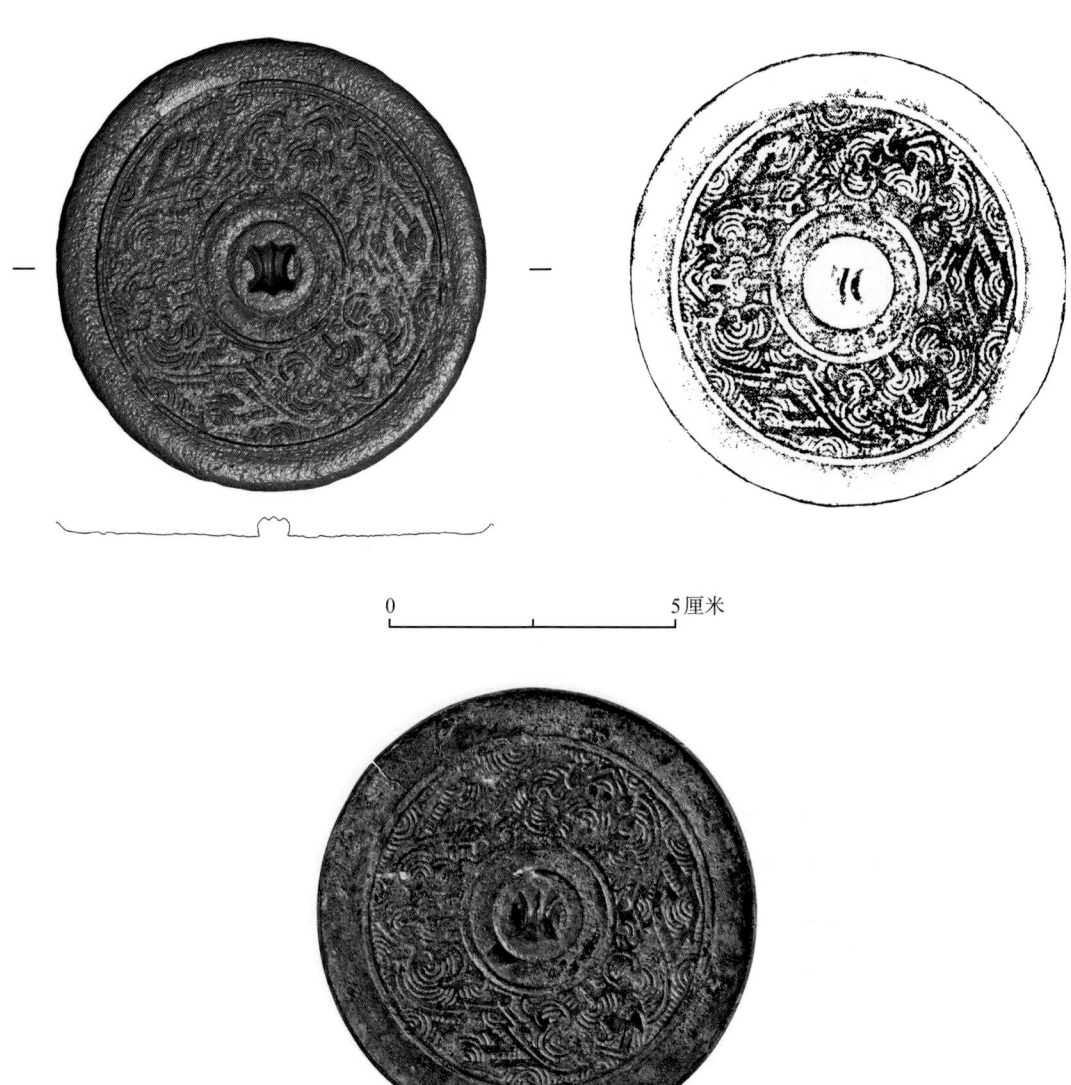

0　　　　　　　5厘米

图1-20　菱格蟠螭纹镜（LZJ-2019-088）三维模型、拓本与照片

（二十三）四乳凹带蟠虺纹镜

考察编号： LZJ-2019-091（原编号"淄江花园D组团M58：1"）

特征描述： 三弦钮，半圆形钮孔。钮外一周宽凹带与缘内侧宽凹带间为主纹区。主纹区在涡卷地纹上饰四组内向C形蟠虺纹。主纹区中部对称分布四枚乳丁，一周宽凹带贯穿乳丁覆压于蟠虺纹之上。匕形缘，缘边稍斜。镜面有少量红、绿色锈。镜背有少量绿色锈。银白色材质。凹带、乳丁、外区经过研磨。凹带有刮痕（图1-23）。

尺寸与重量： 面径8.8、缘厚0.2、钮径1.1×0.7、钮高0.3厘米，镜面弧度0厘米。重56克。

收藏机构： 淄博市临淄区齐文化发展研究中心

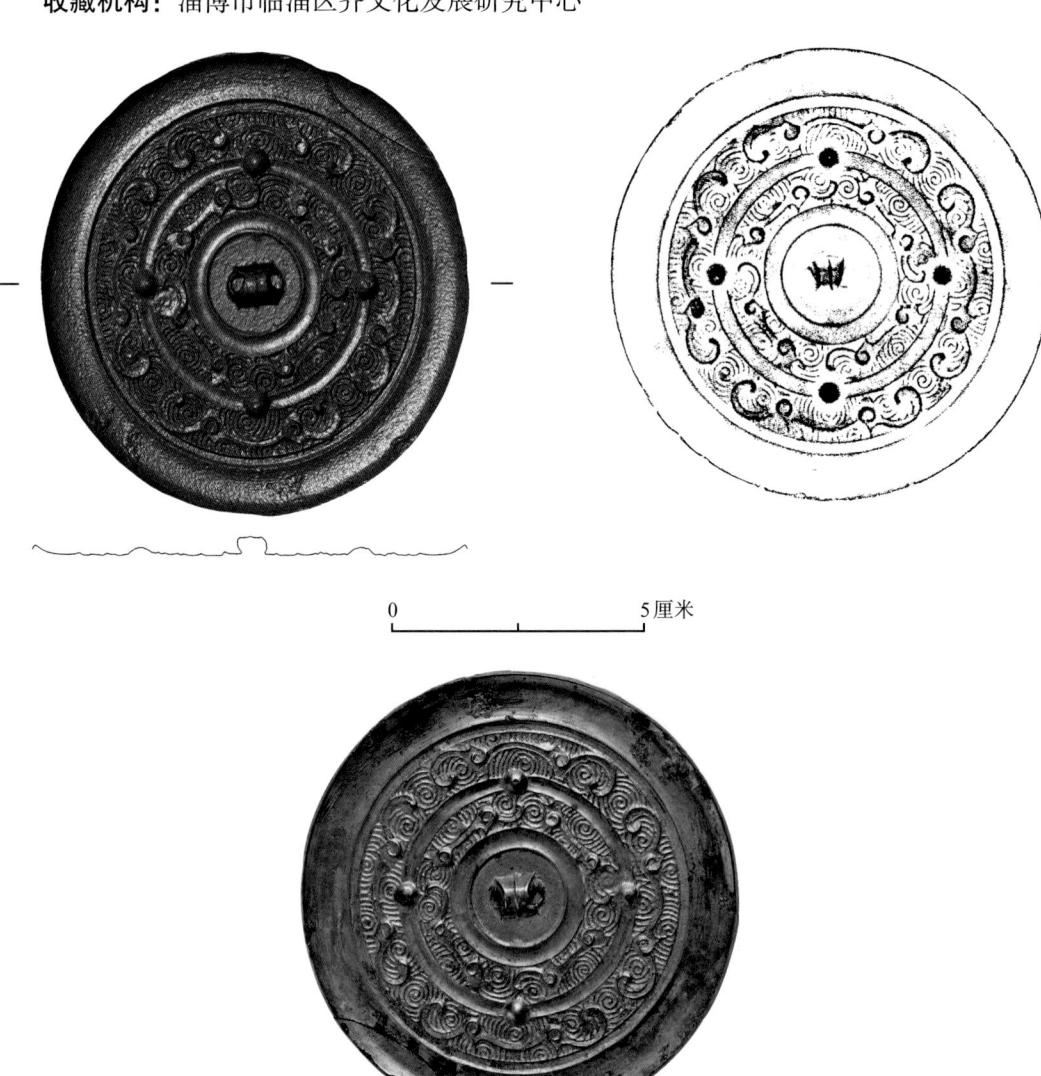

图1-23　四乳凹带蟠虺纹镜（LZJ-2019-091）三维模型、拓本与照片

（二十四）方格铭文蟠虺纹镜

考察编号： LZJ-2019-092（原编号"金鼎绿城三期M270：1"）

特征描述： 三弦钮，半圆形钮孔。钮外宽凹弧面方框与外侧双凸弦纹方框间为铭文区。铭文区填以右旋读小篆体"常贵富乐毋事"六字铭文。钮孔两侧各两字，其他两侧各一字。文字方向按读写顺序纵向排列。铭文框与缘内侧窄凹带间为主纹区。铭文框四边外侧中部对称分布四枚乳丁。主纹区在短斜线地纹上饰四组C形蟠虺纹。乳丁外侧外向蟠虺纹较大，两侧一内向一外向蟠虺纹较小。匕形缘，缘边稍斜。镜面、镜背有少量绿色锈。银白色材质。凹弧面方框、乳丁、外区经过研磨。凹弧面方框有刮痕（图1-24）。

尺寸与重量： 面径8.8、缘厚0.3、钮径0.8×0.8、钮高0.2厘米，镜面弧度0.1厘米。重45克。

收藏机构： 淄博市临淄区齐文化发展研究中心

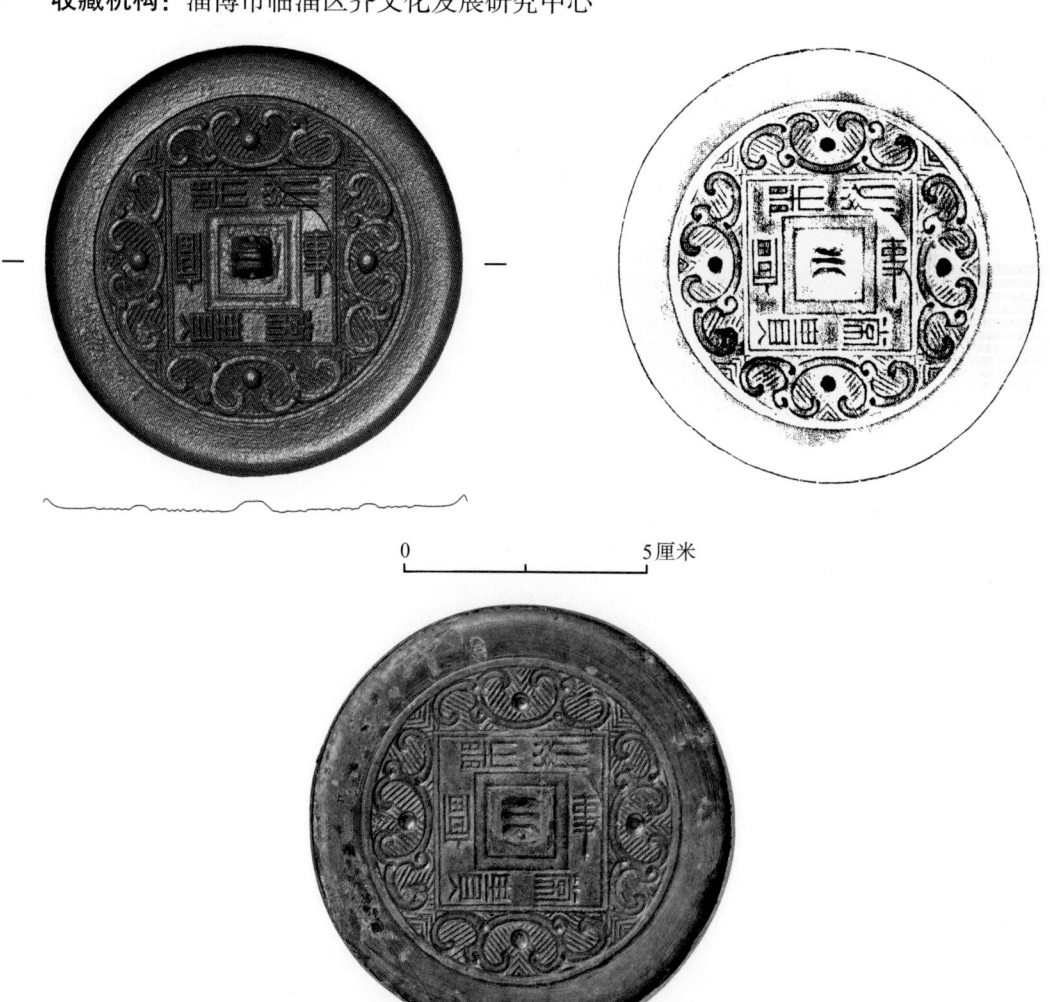

0　　　　　　　　　　5厘米

图1-24　方格铭文蟠虺纹镜（LZJ-2019-092）三维模型、拓本与照片

（二十五）四乳凹带蟠虺纹镜

考察编号： LZJ-2019-095（原编号"淄江花园A-03M20：1"）

特征描述： 三弦钮，半圆形钮孔。钮外一周宽凹带与缘内侧窄凹带间为主纹区。主纹区在涡卷地纹上饰四组蟠虺纹，中间部位均匀分布四枚乳丁，一周宽凹带贯穿乳丁并叠压于蟠虺纹之上。匕形缘，缘边稍斜。镜面、镜背局部有少量蓝、绿色锈。银白色材质。凹带、乳丁、外区经过研磨。凹带有刮痕（图1-25）。

尺寸与重量： 面径9.2、缘厚0.3、钮径0.9×0.7、钮高0.3厘米，镜面弧度0.1厘米。重量77克。

收藏机构： 淄博市临淄区齐文化发展研究中心

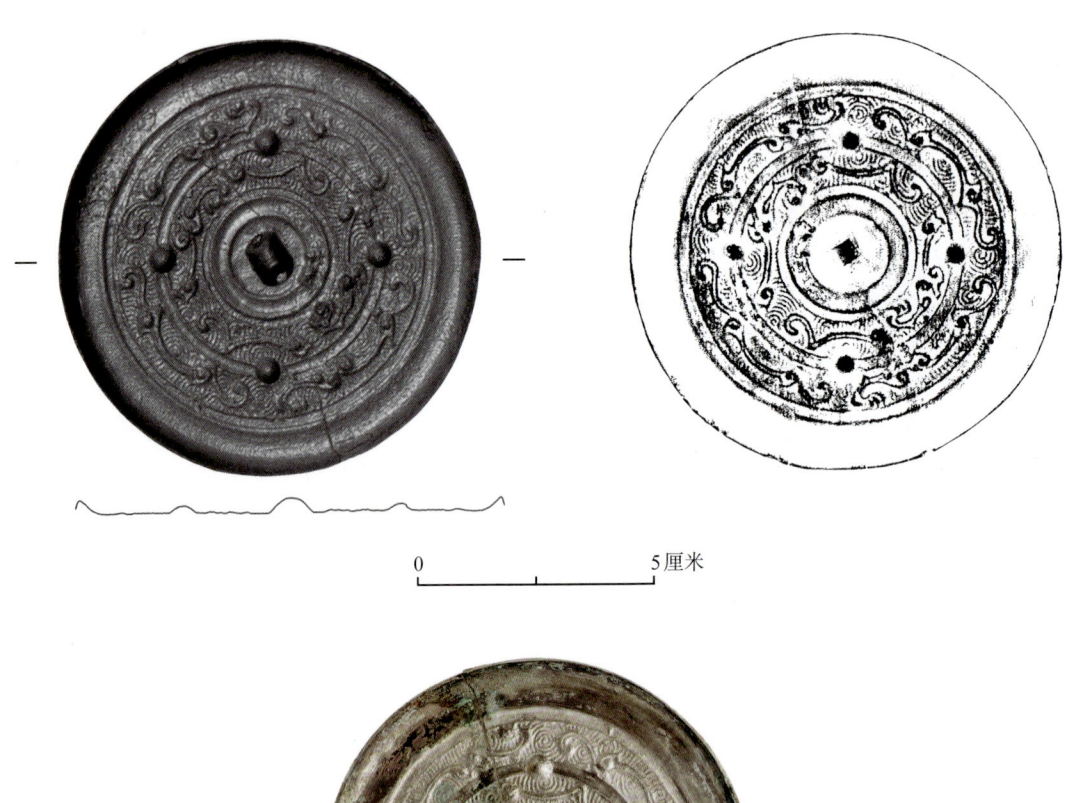

0   5厘米

图1-25   四乳凹带蟠虺纹镜（LZJ-2019-095）三维模型、拓本与照片

（二十六）四乳凹带蟠螭纹镜

考察编号： LZJ-2019-097（原编号"淄江花园北五区 M345∶1"）

特征描述： 三弦钮，半圆形钮孔。钮外一周宽凹带与缘内侧窄凹带间为主纹区。主纹区在涡卷地纹上饰八个正反相连的 C 形蟠螭纹，中部均匀分布四枚乳丁，一周宽凹带贯穿乳丁并叠压于蟠螭纹之上。凸形缘，缘边稍斜。镜面、镜背有少量绿色锈。银白色材质。宽凹带、乳丁、外区经过研磨。宽凹带有刮痕（图 1-26）。

尺寸与重量： 面径 7.2、缘厚 0.2、钮径 0.7×0.4、钮高 0.4 厘米，镜面弧度 0.1 厘米。重量 28 克。

收藏机构： 淄博市临淄区齐文化发展研究中心

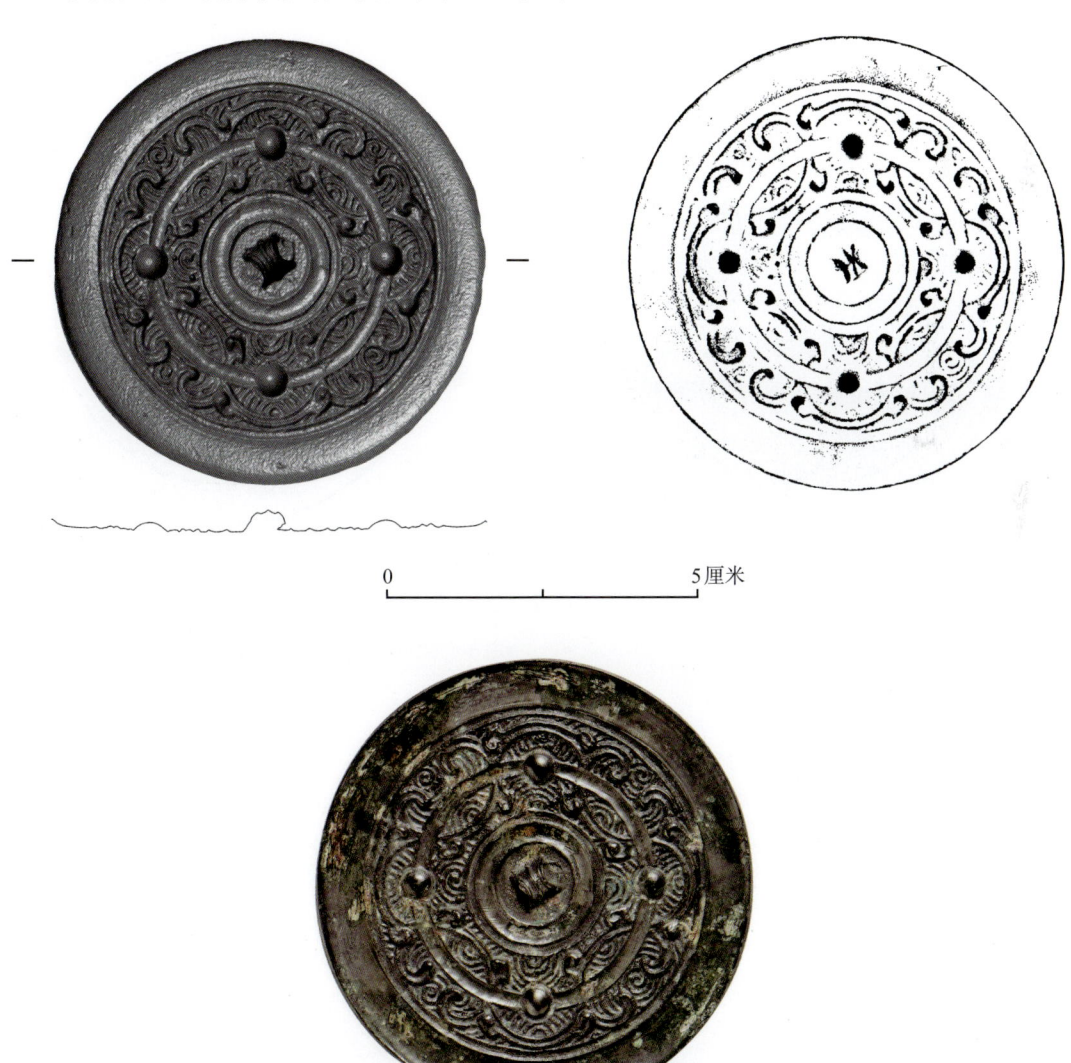

0   5 厘米

图 1-26　四乳凹带蟠螭纹镜（LZJ-2019-097）三维模型、拓本与照片

（二十七）四乳凹带蟠螭纹镜

考察编号： LZJ-2019-098（原编号"淄江花园D组团M965∶1"）

特征描述： 钮残，形制不明（经修复）。钮外一周宽凹带与缘内侧窄凹带间为主纹区。主纹区中部对称分布四枚圆台座乳丁，一周宽凹带贯穿乳丁并叠压于蟠螭纹之上。乳丁周围各有四个心形花瓣纹。主纹区在涡卷地纹上饰蟠螭纹，内外以曲线相连。四枚乳丁间各有一组蟠螭纹。乚形缘，缘边稍斜。镜面、镜背满覆绿色锈。银白色材质。宽凹带、乳丁、外区经过研磨。宽凹带似有刮痕（图1-27）。

尺寸与重量： 面径14.4、缘厚0.5、钮径1.5×1.1、钮高0.4厘米，镜面弧度0厘米。重量240克。

收藏机构： 淄博市临淄区齐文化发展研究中心

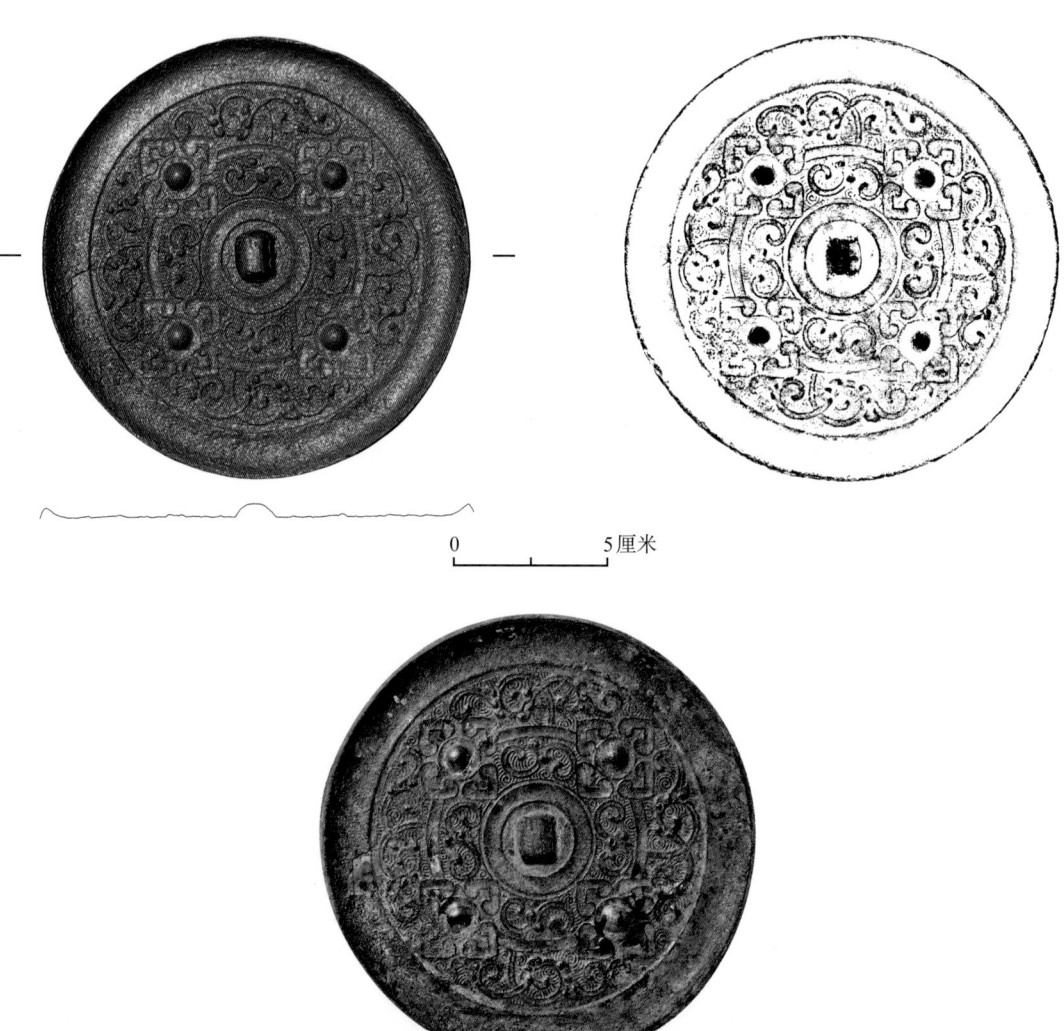

0 　　　　 5厘米

图1-27　四乳凹带蟠螭纹镜（LZJ-2019-098）三维模型、拓本与照片

（二十八）四乳凹带蟠螭纹镜

考察编号： LZJ-2019-177（原编号"中轩污水处理厂M26：1"）

特征描述： 兽首形钮，半圆形钮孔。钮外一周涡旋地纹上饰相对一组龙纹。其外有一周宽凹带。主纹区在涡卷地纹上饰蟠螭纹，一周宽凹带贯穿对称分布的四枚乳丁并叠压于蟠螭纹之上。乳丁周围饰有一站立形态的熊。乳丁之间饰两只站立的凤鸟，凤鸟之间饰有蟠螭纹。匕形缘，缘边较直。镜面满覆绿色锈。镜背局部有绿色锈。银白色材质。圈带、乳丁、外区经过研磨。乳丁周围有较多铸伤（图1-28）。

尺寸与重量： 面径16.2、缘厚0.5、钮径1.3、钮高0.5厘米，镜面弧度0.02厘米。重315克。

收藏机构： 淄博市临淄区齐文化发展研究中心

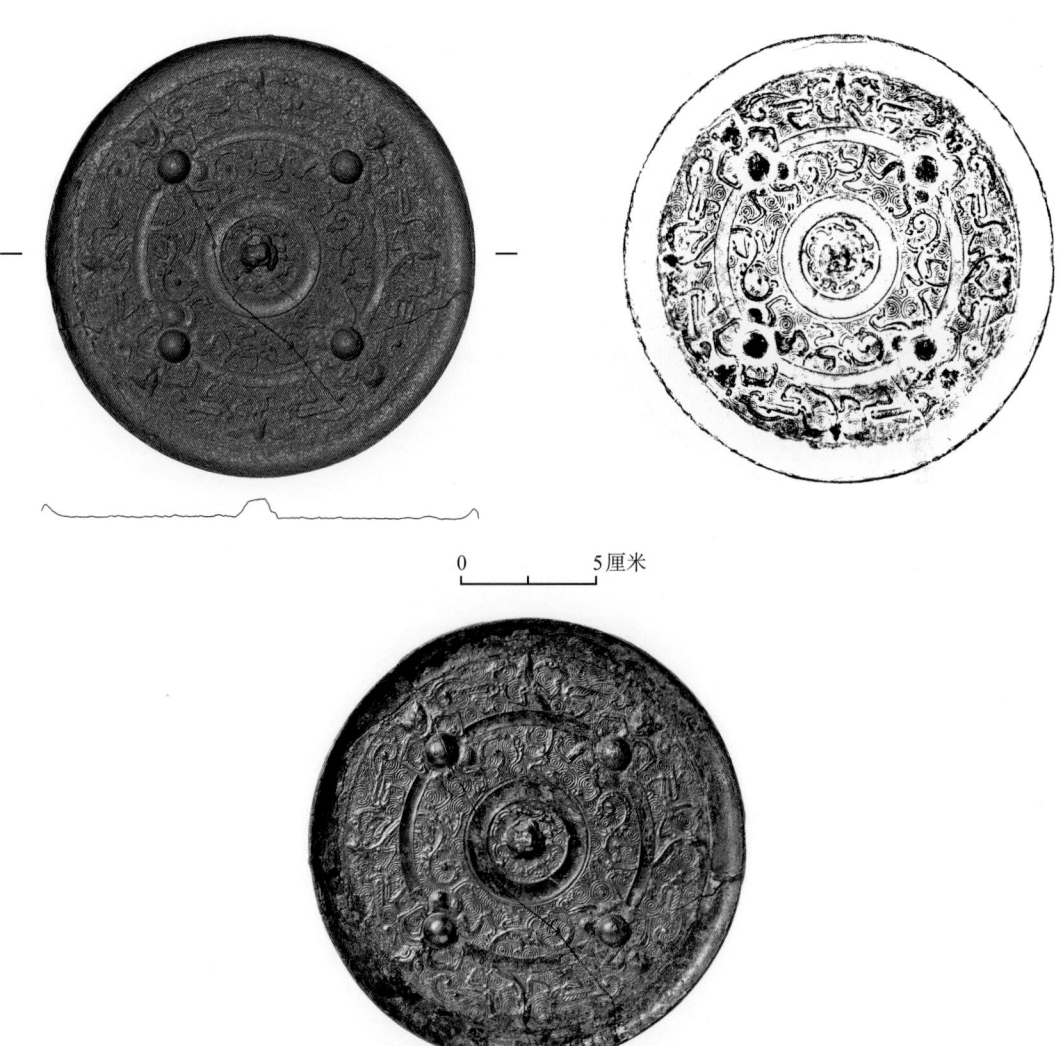

图1-28　四乳凹带蟠螭纹镜（LZJ-2019-177）三维模型、拓本与照片

（二十九）凹带连弧蟠螭纹镜

考察编号： LZJ-2019-157（原编号"淄江花园D区M996出土镜"）

特征描述： 三弦钮，半圆形钮孔。钮外圆形凸线外侧一周涡卷地纹上饰相对双龙纹。其外侧两周单线斜向栉齿纹带间为主纹区。主纹区在涡卷地纹上饰有八组蟠螭纹和四组菱格纹，其上覆压宽凹弧面八内向连弧纹。菱格纹及卷尾位于连弧纹内侧，内外身躯相连。匕形缘，缘边稍斜。锈迹较多，镜面满覆绿色锈，镜背大部覆有绿色锈。银白色材质。钮外整体经过研磨（图1-29；图版1-2）。

尺寸与重量： 面径25.4、缘厚0.6、钮径1.9×2.0、钮高1.1厘米，镜面弧度0厘米。重979克。

收藏机构： 淄博市临淄区齐文化发展研究中心

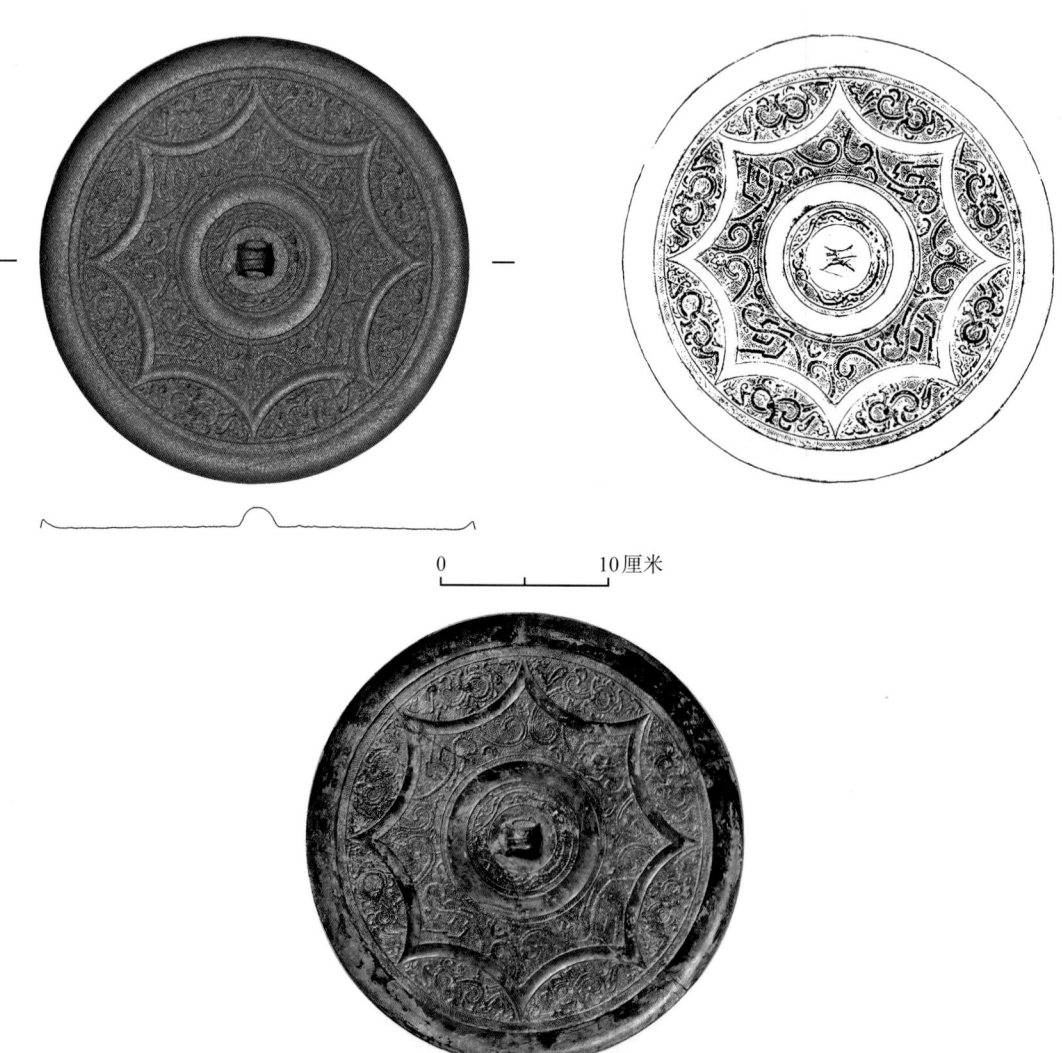

图1-29 凹带连弧蟠螭纹镜（LZJ-2019-157）三维模型、拓本与照片

（三十）凹带连弧蟠螭纹镜

考察编号： LZJ-2019-201（原编号"临淄工作站采集010"）

特征描述： 三弦钮，半圆形钮孔。钮外一周宽凹带与缘内侧窄凹带间为主纹区。主纹区于涡卷地纹上饰八组复线蟠螭纹及菱格纹，八内向凹弧面连弧纹带叠压于主纹区中部。因镜背覆盖绿锈较多，纹饰不清。匕形缘，缘边稍斜。银白色材质。外区、花纹带经过研磨。其余部分因锈蚀具体情况不明（图1-30）。

尺寸与重量： 面径22.7、缘厚0.5、钮径2.4×1.2、钮高0.9厘米，镜面弧度0.05厘米。重666克。

收藏机构： 山东省文物考古研究院

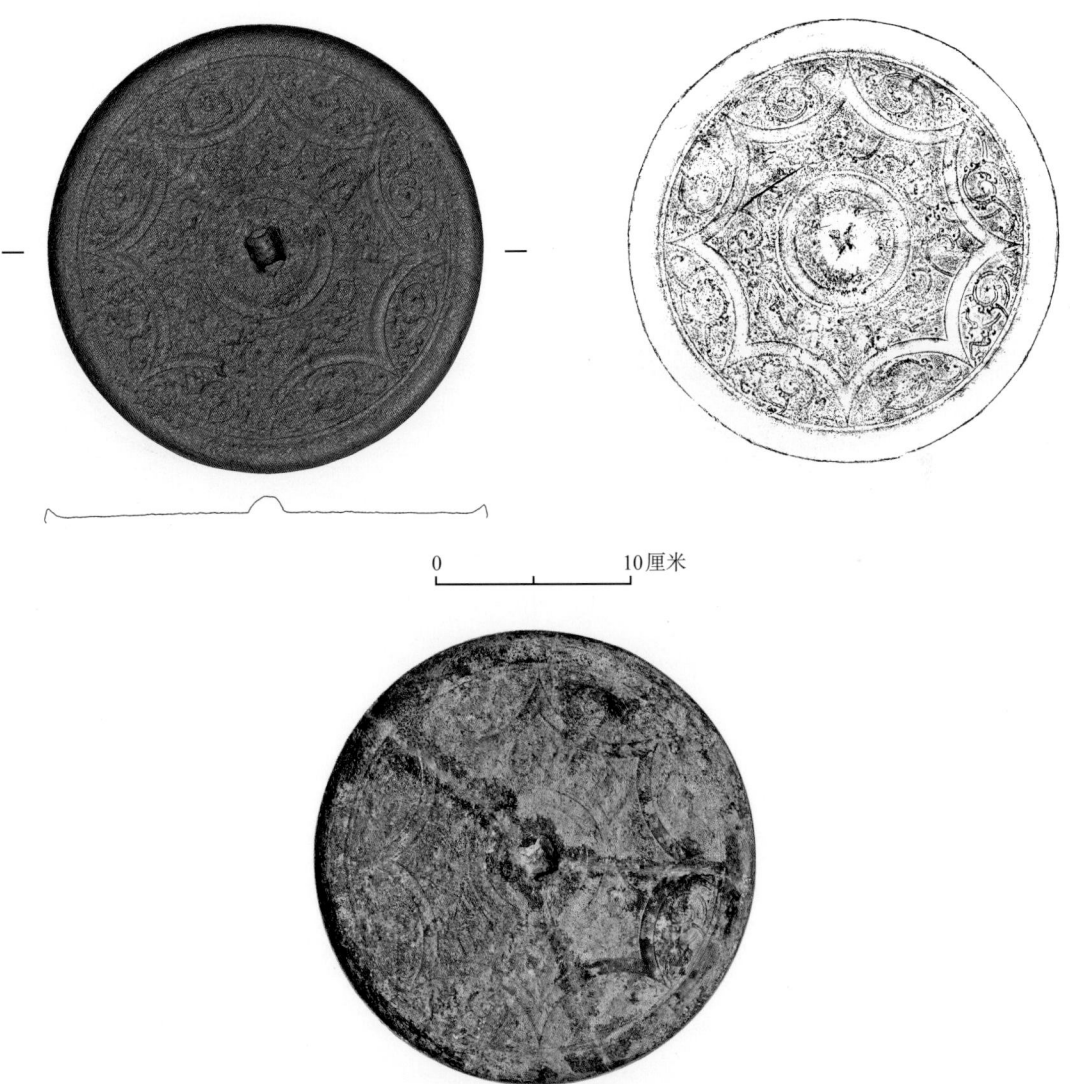

图1-30 凹带连弧蟠螭纹镜（LZJ-2019-201）三维模型、拓本与照片

（三十一）菱格蟠螭纹镜

考察编号： LZJ-2019-243（原编号"乙烯生活区T810M19：1"）

特征描述： 三弦钮，半圆形钮孔。钮外一周宽凹带。凹带外两周单线斜向栉齿纹带间为主纹区。主纹区饰三组桃形叶纹和三组蟠螭纹，螭身简化呈折叠菱形。匕形缘，缘边稍斜。银白色材质。主纹和钮座经过研磨。其他部分因锈蚀具体情况不明。主纹区有砂崩现象和凸起的铸造毛刺（图1-31）。

尺寸与重量： 面径16.2、缘厚0.8、钮径1.5×0.9、钮高0.8厘米，镜面弧度0.1厘米。重463克。

收藏机构： 山东省文物考古研究院

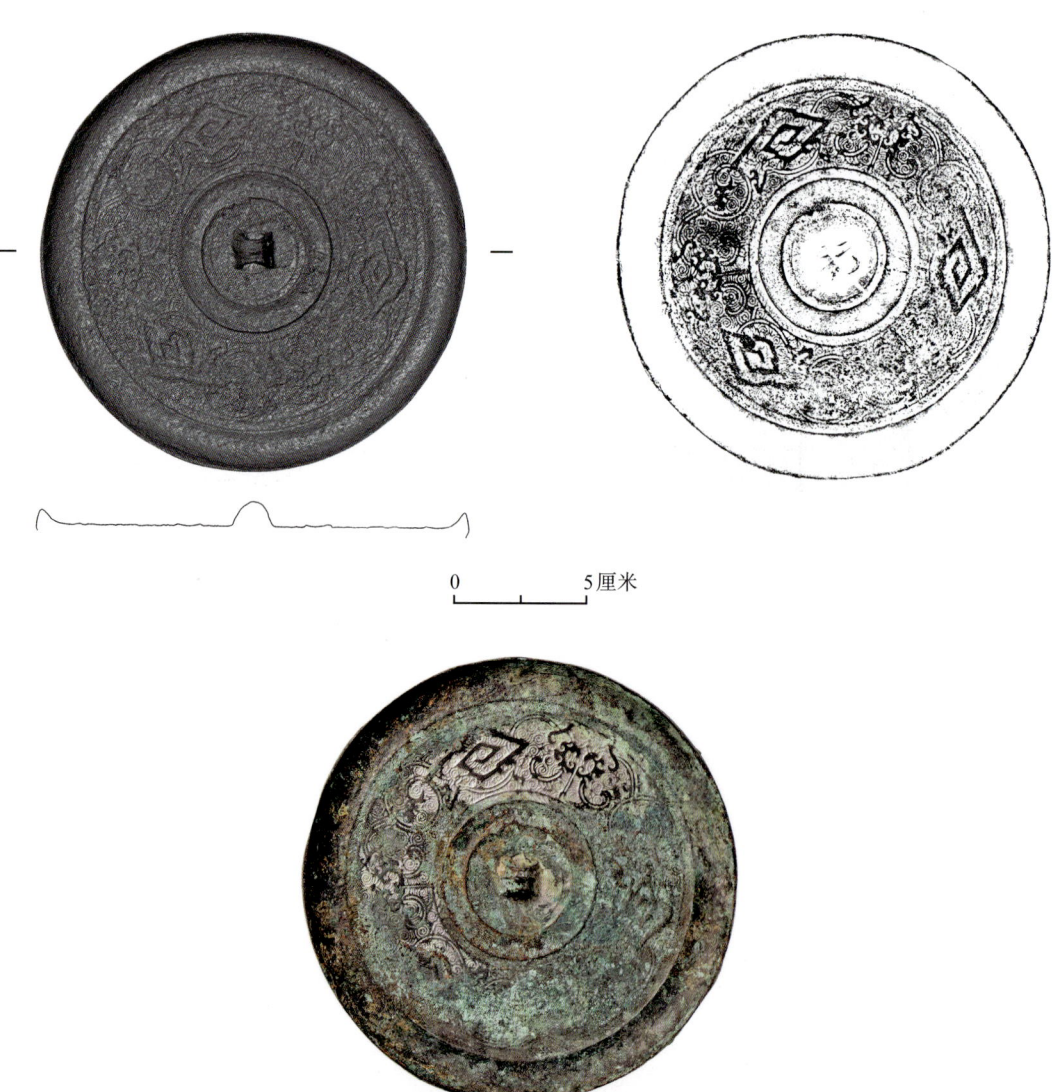

0　　　　　5厘米

图1-31　菱格蟠螭纹镜（LZJ-2019-243）三维模型、拓本与照片

（三十二）方格铭文蟠虺纹镜

考察编号： LZJ-2019-075（原编号"淄江花园 M498：1"）

特征描述： 三弦钮，半圆形钮孔。钮外一周宽凹弧面方框。宽凹弧面方框与外侧窄凹弧面方框间为铭文区。铭文区填以右旋读小篆体"常贵乐未央勿相忘"八字铭文，每面二字。文字方向按读写顺序纵向排列。铭文框与缘内侧凹带间为主纹区。铭文框外侧中部对称分布四枚乳丁。主纹区在短斜线地纹上饰四组 C 形蟠虺纹，每组有三个正反相连的蟠虺纹，中间外向蟠虺纹稍大，两侧内向蟠虺纹稍小。匕形缘，缘边稍斜。镜面、镜背大部覆有绿色锈，局部有红色锈。银白色材质。凹弧面方框、乳丁、外区经过研磨（图 1-32）。

尺寸与重量： 面径 8.9、缘厚 0.2、钮径 0.8×0.6、钮高 0.4 厘米，镜面弧度 0 厘米。重45 克。

收藏机构： 淄博市临淄区齐文化发展研究中心

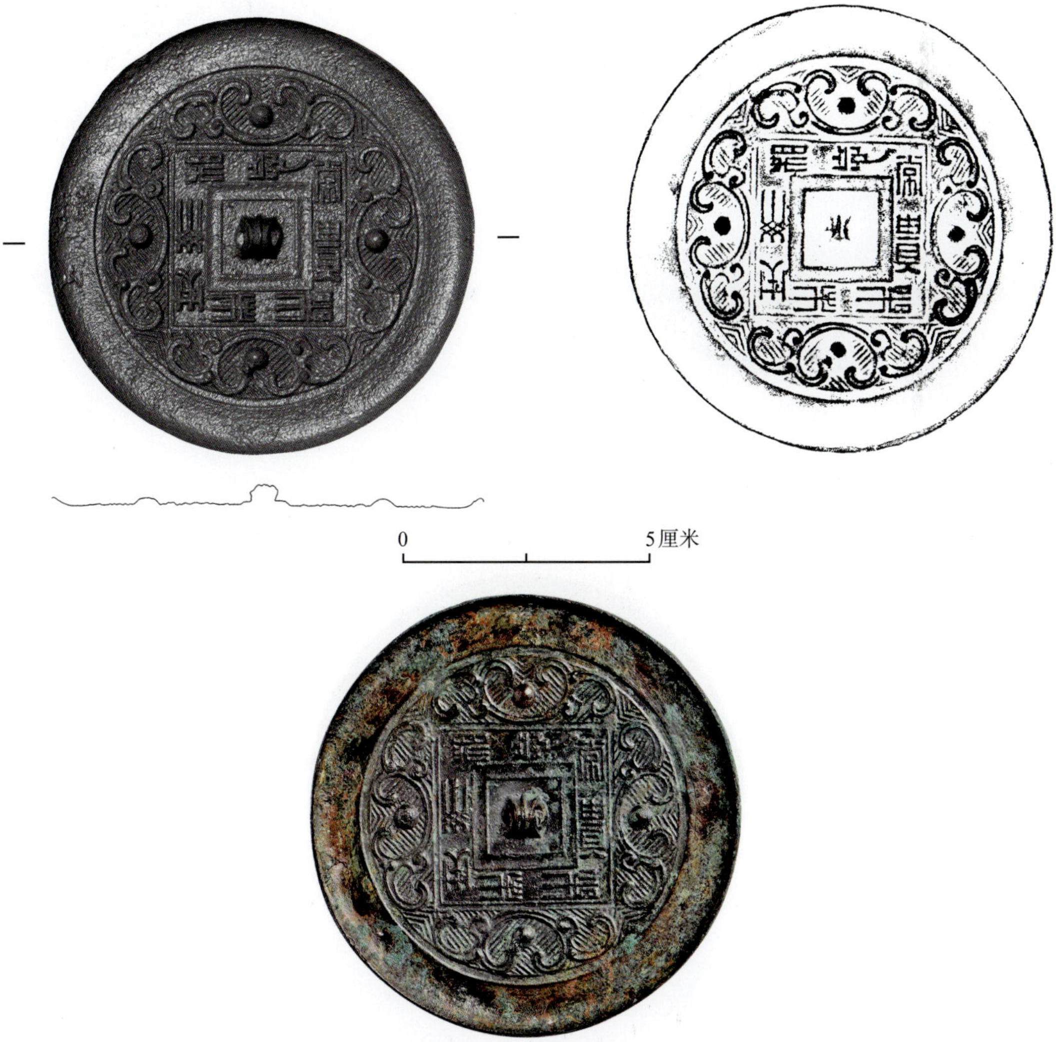

图 1-32　方格铭文蟠虺纹镜（LZJ-2019-075）三维模型、拓本与照片

（三十三）连弧纹带四乳蟠螭纹镜

考察编号： LZJ-2019-084（原编号"棠悦小区M395出土镜"）

特征描述： 三弦钮，半圆形钮孔。钮外两周宽凹带间为主纹区。主纹区分内外两区。内区在短斜线地纹上对称分布四枚乳丁，乳丁之间饰四组C形蟠螭纹。每组蟠螭纹正反相连。外区为十六内向连弧纹带。匕形缘。镜背、镜面满覆绿色锈。凹带、乳丁、外区经过研磨。凹带有刮痕。钮缘部有铸伤（图1-33）。

尺寸与重量： 面径8.7、缘厚0.2、钮径0.8×0.8、钮高0.3厘米，镜面弧度0.05厘米。重50克。

收藏机构： 淄博市临淄区齐文化发展研究中心

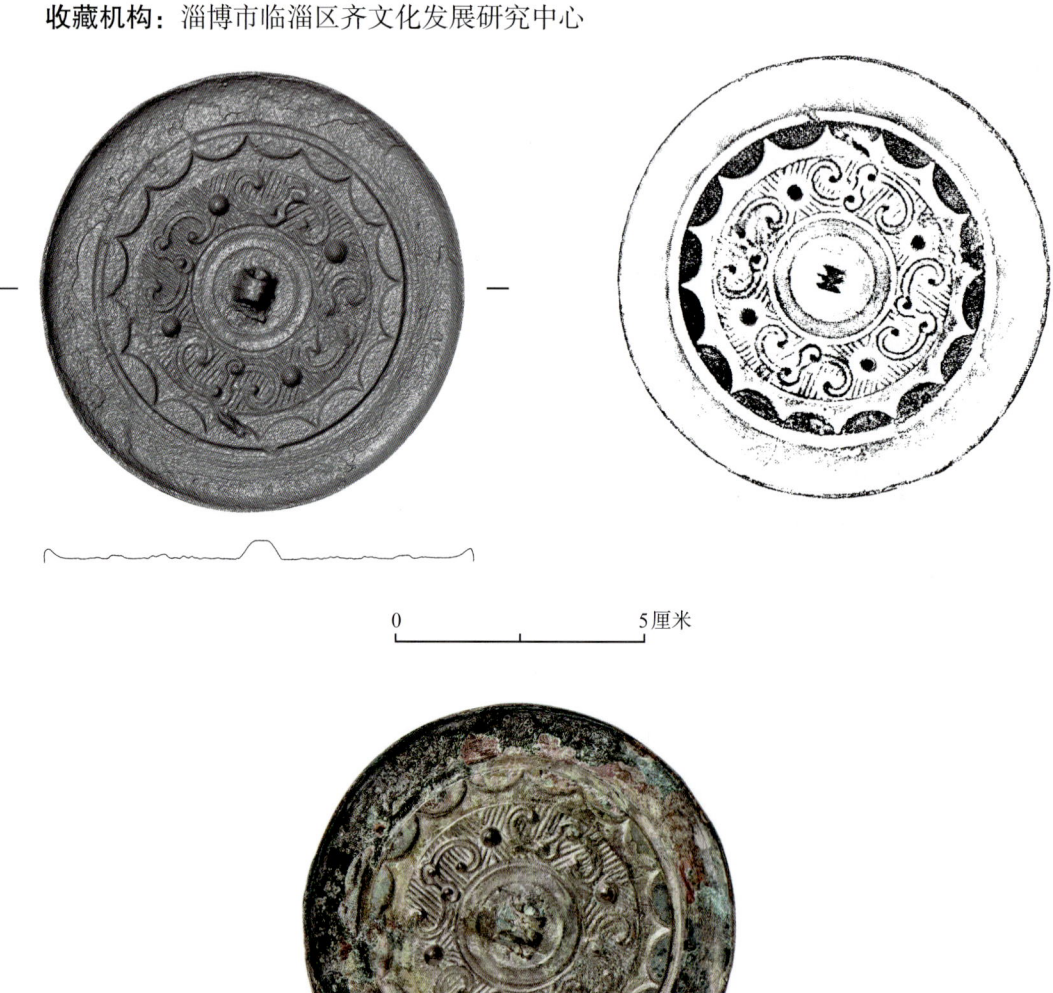

0　　　　　　　　　5厘米

图1-33　连弧纹带四乳蟠螭纹镜（LZJ-2019-084）三维模型、拓本与照片

（三十四）连弧纹带四乳蟠螭纹镜

考察编号： LZJ-2019-085（原编号"金鼎绿城三期M448出土镜"）

特征描述： 三弦钮，半圆形钮孔。钮外宽凹弧面方框与缘内侧一周窄凹带间为主纹区。主纹区分内外两区。外区为十六内向连弧纹带，内区在短斜线地纹上对称分布四枚乳丁，乳丁周围各饰一组内向C形蟠螭纹。匕形缘，缘边稍斜。镜背、镜面局部覆有绿色锈。银白色材质。凹弧面方框、内区纹样、乳丁、外区经过研磨。凹弧面方框有刮痕，四角外有设计线（图1-34）。

尺寸与重量： 面径9.5、缘厚0.2、钮径1.0×0.9、钮高0.4厘米，镜面弧度0厘米。重68克。

收藏机构： 淄博市临淄区齐文化发展研究中心

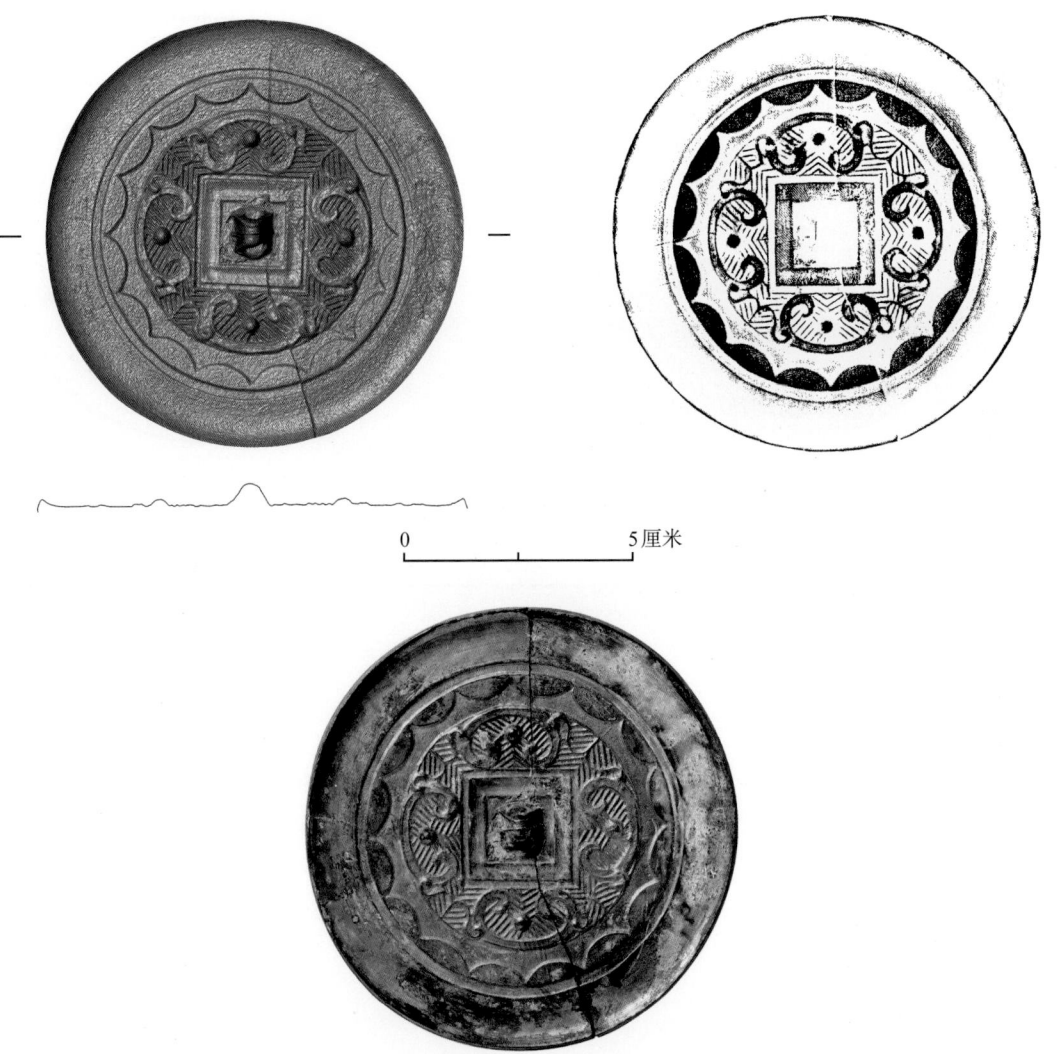

0 ⊢——————⊣ 5厘米

图1-34　连弧纹带四乳蟠螭纹镜（LZJ-2019-085）三维模型、拓本与照片

（三十五）连弧纹带四乳蟠螭纹镜

考察编号： LZJ-2019-086（原编号"淄江花园D组团M430：1"）

特征描述： 三弦钮，半圆形钮孔。钮外一周宽凹带与缘内侧一周宽凹带间为主纹区。主纹区分内外两区。外区为十六内向连弧纹带，内区在短斜线地纹上对称分布四枚乳丁，乳丁之间各饰一组S形蟠螭纹。蟠螭纹身躯中部各向两侧伸出一道短曲线。匕形缘。镜面覆有绿色锈，镜背缘部有少量绿色锈。银白色材质。凹带、内区纹样、乳丁、外区经过研磨。凹带有刮痕（图1-35）。

尺寸与重量： 面径9.3、缘厚0.2、钮径1.0×0.7、钮高0.5厘米，镜面弧度0.05厘米。重66克。

收藏机构： 淄博市临淄区齐文化发展研究中心

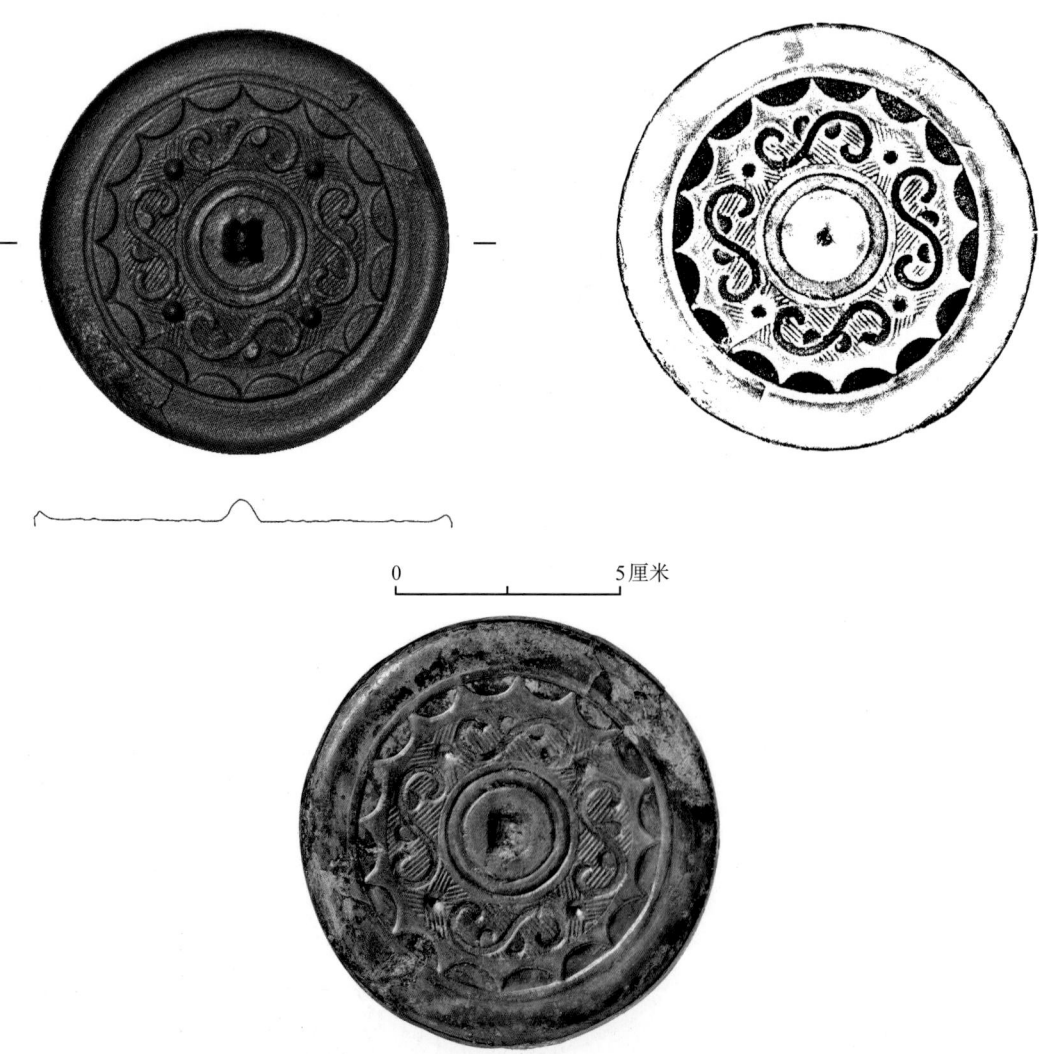

图1-35　连弧纹带四乳蟠螭纹镜（LZJ-2019-086）三维模型、拓本与照片

（三十六）连弧纹带蟠虺纹镜

考察编号： LZJ-2019-094（原编号"泰东城义乌小商品城M182出土镜"）

特征描述： 三弦钮，半圆形钮孔。钮外一周宽凹带与缘内侧一周宽凹带间为主纹区。主纹区分内外两区。外区为十六内向连弧纹带，内区在短斜线地纹上饰四组正反相连的C形蟠虺纹。匕形缘，缘边稍斜。镜面覆有一层绿色锈，镜背有少量绿色锈。银白色材质。凹带、外区经过研磨。凹带有刮痕（图1-36）。

尺寸与重量： 面径8.9、缘厚0.4、钮径0.9×0.6、钮高0.4厘米，镜面弧度0.1厘米。重59克。

收藏机构： 淄博市临淄区齐文化发展研究中心

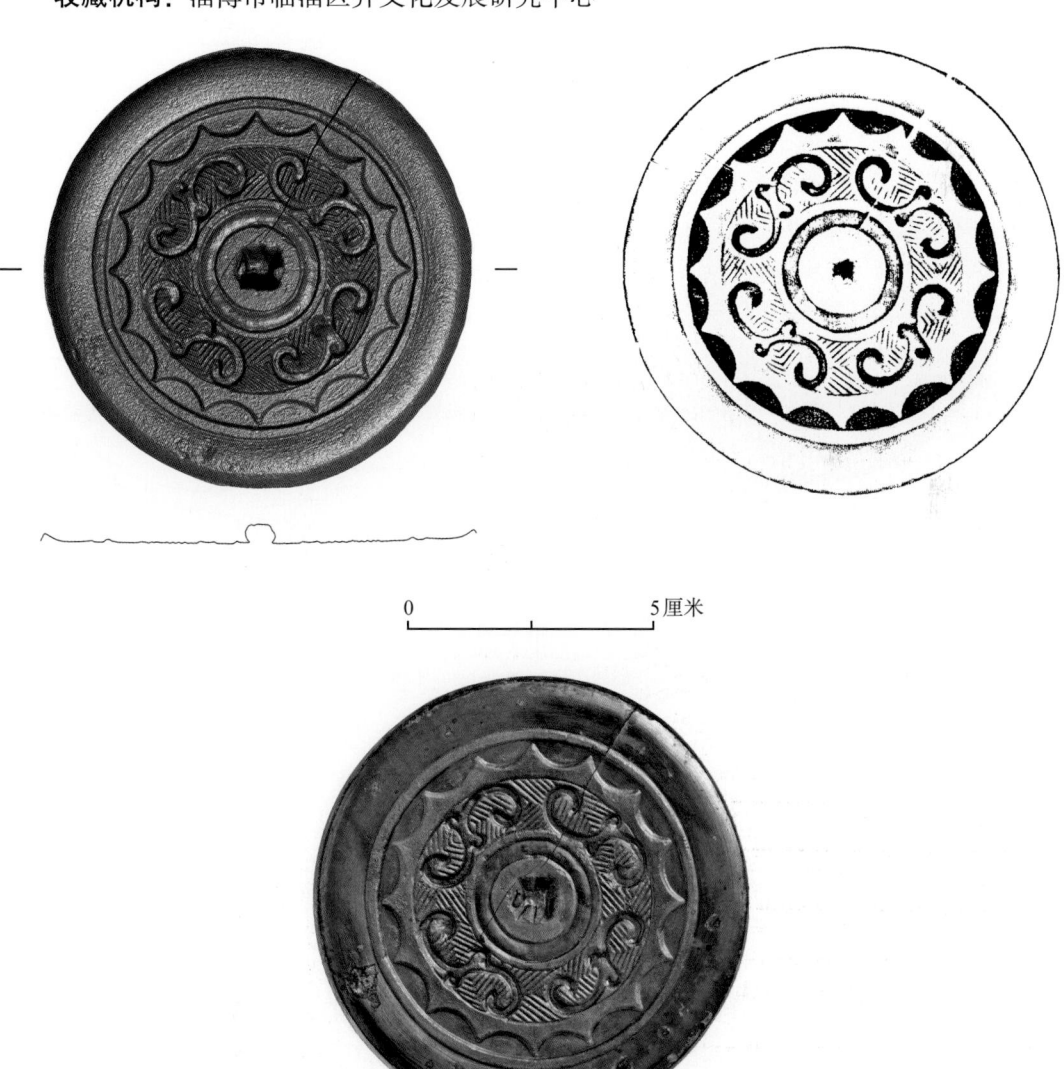

图1-36　连弧纹带蟠虺纹镜（LZJ-2019-094）三维模型、拓本与照片

（三十七）连弧纹带蟠螭纹镜

考察编号： LZJ-2019-096（原编号"凤凰城四期M359∶1"）

特征描述： 三弦钮，半圆形钮孔。钮外一周宽凹带与缘内侧一周宽凹带间为主纹区。主纹区分内外两区。内区在短斜线地纹上饰正反相连的8个C形蟠螭纹，外区为十六内向连弧纹带。匕形缘。镜面、镜背覆有绿色锈。银白色材质。凹带、外区经过研磨。凹带似有刮痕（图1-37）。

尺寸与重量： 面径9.4、缘厚0.2、钮径0.9×0.6、钮高0.3厘米，镜面弧度0.2厘米。重56克。

收藏机构： 淄博市临淄区齐文化发展研究中心

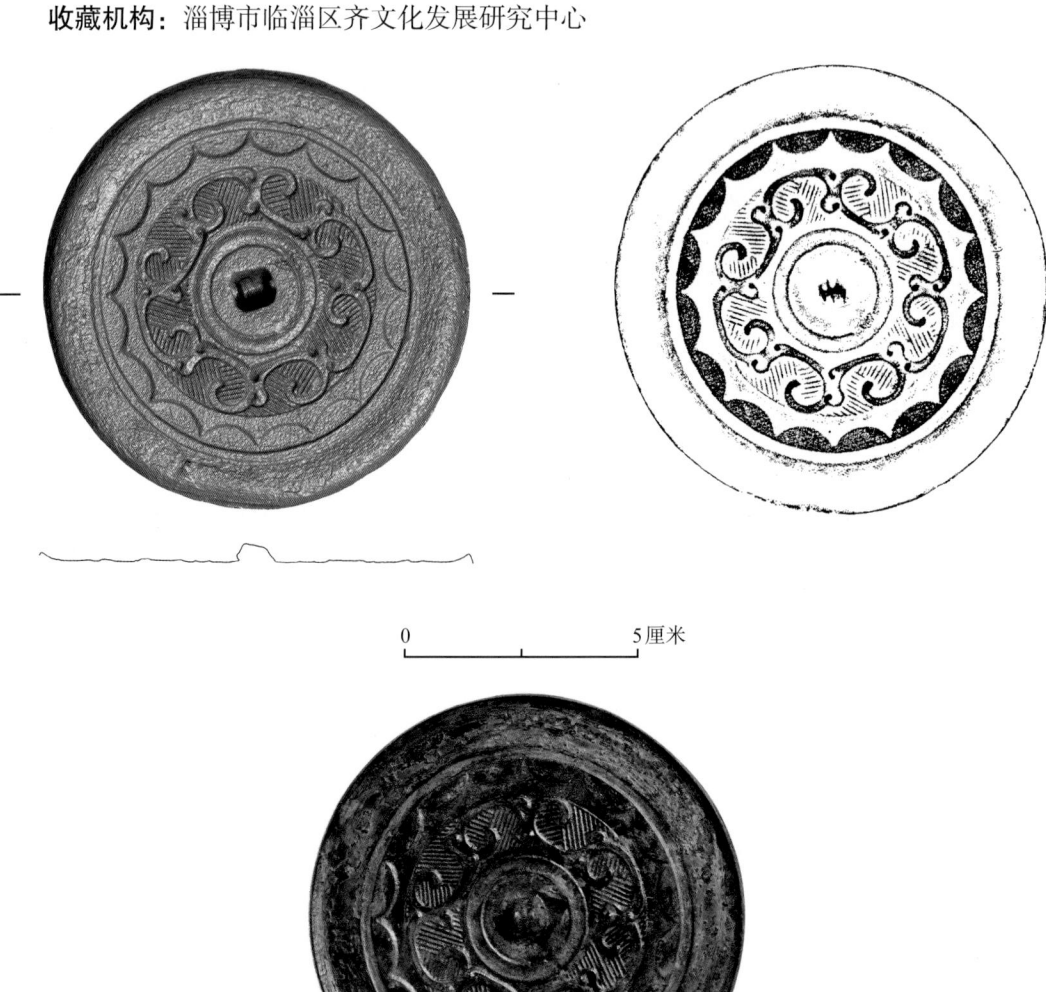

图1-37　连弧纹带蟠螭纹镜（LZJ-2019-096）三维模型、拓本与照片

二、龙　纹　镜

（一）四乳四龙纹镜

考察编号： LZJ-2019-001（原编号"淄江花园A组团M455出土镜"）

特征描述： 三弦钮（残，经修复）。钮外一周宽凹带与缘内侧一周窄凹带间为主纹区。主纹区在涡卷地纹上对称分布四枚乳丁。四条S形龙纹盘绕乳丁。龙圆眼宽鼻，躯体中部向两侧有爪。匕形缘，缘边略斜。镜面、镜背覆绿色锈及少量红色锈。主纹区可见褐色锈。银白色材质（图1-38）。

尺寸与重量： 面径11.5、缘厚0.4、钮径0.9、钮高0.4厘米，镜面弧度0.05厘米。重168克。

收藏机构： 淄博市临淄区齐文化发展研究中心

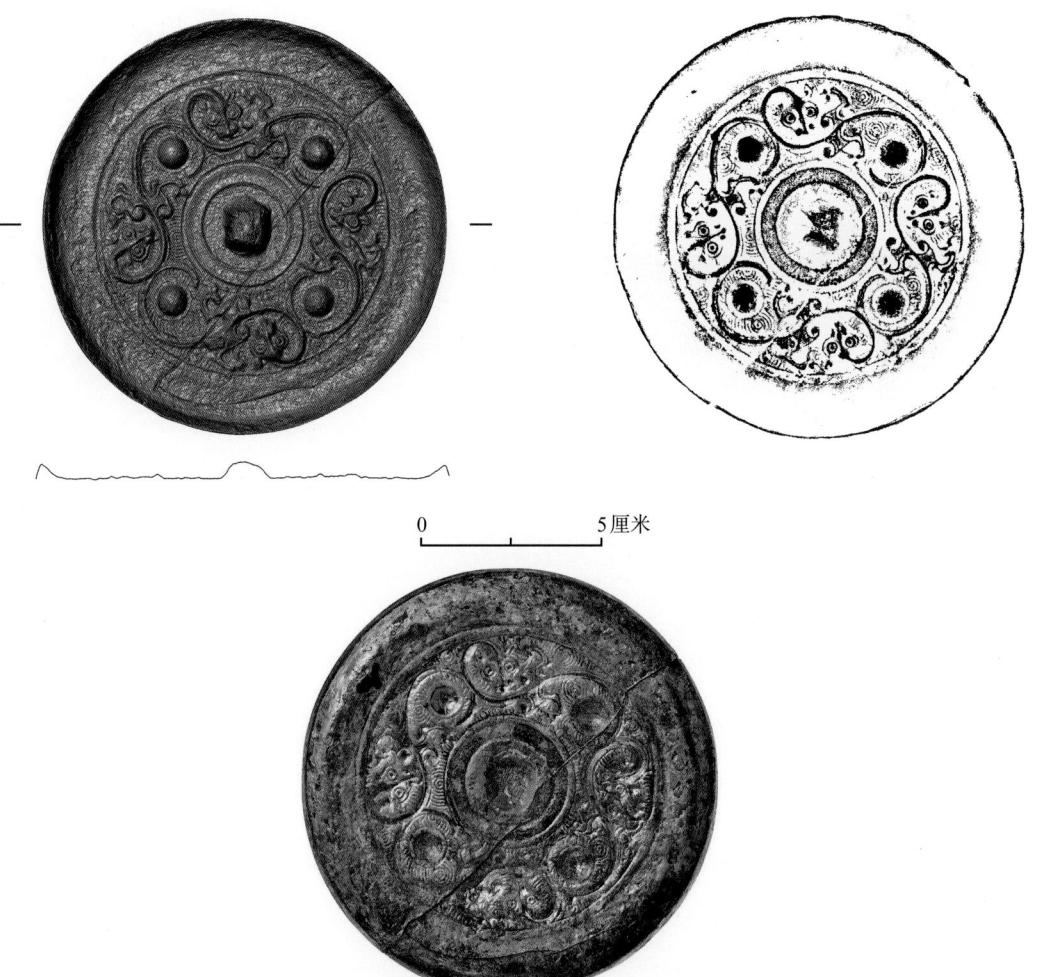

0　　　　　5厘米

图1-38　四乳四龙纹镜（LZJ-2019-001）三维模型、拓本与照片

（二）四乳铭文四龙纹镜

考察编号： LZJ-2019-009（原编号"淄江花园方正2009M340：1"）

特征描述： 三弦钮，半圆形钮孔。钮外一周宽凹弧面方框外侧为铭文区。铭文区外侧隐约可见细凸线方框。铭文区内填以右旋读小篆体"愿长相思幸毋见忘"八字铭文，每侧两字。文字方向按读写顺序纵向排列。铭文框四边外侧对称分布四枚圆圈座乳丁。主纹区覆盖铭文区四角，饰龙纹。四条龙分列四乳丁之间。龙首在乳丁左上近缘，身躯细长盘绕，四足。十六内向连弧纹缘。缘内隐约可见一圈细凸线。锈迹较多，镜面、镜背有绿色锈，局部红褐色锈。纹饰清晰（图1-39；图版2-1）。

尺寸与重量： 面径11.8、缘厚0.3、钮径0.9、钮高0.4厘米，镜面弧度0.01厘米。重199克。

收藏机构： 淄博市临淄区齐文化发展研究中心

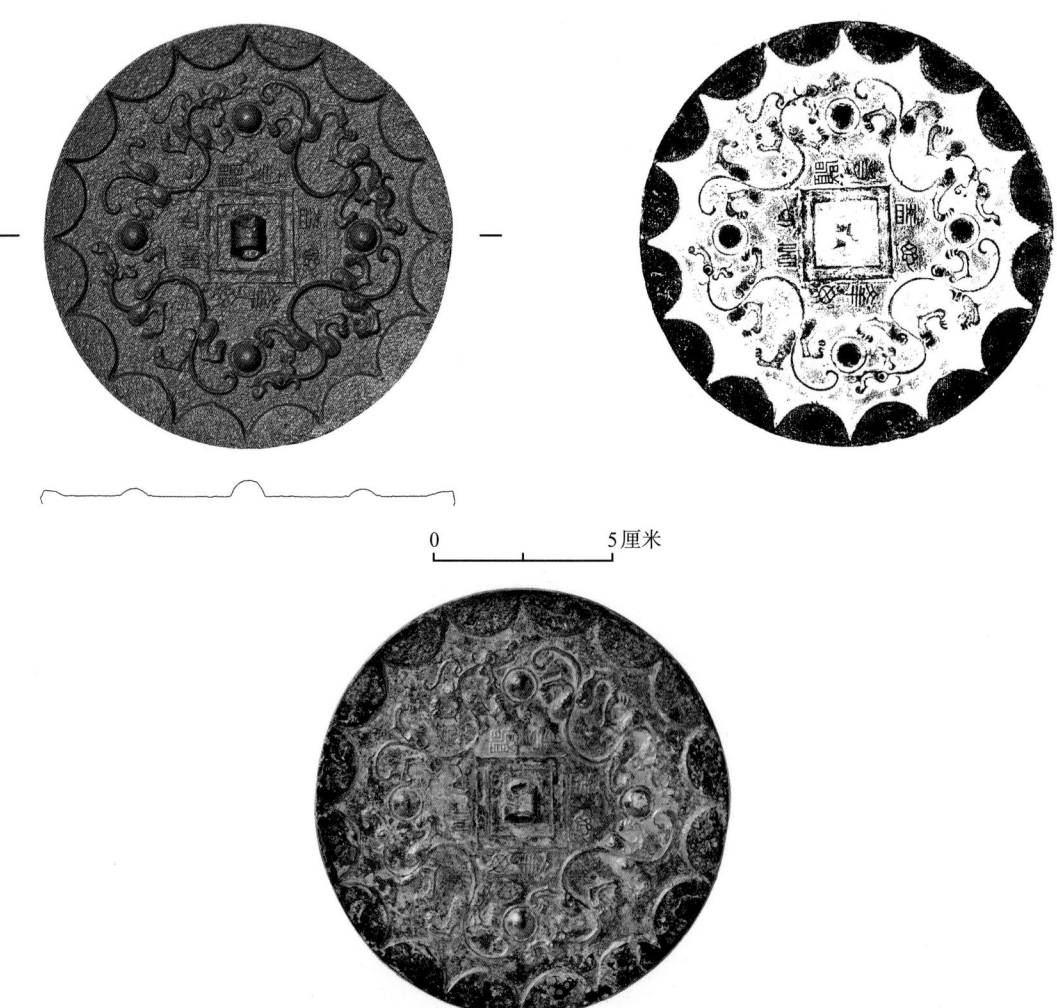

0　　　　　　5厘米

图1-39　四乳铭文四龙纹镜（LZJ-2019-009）三维模型、拓本与照片

（三）三龙纹镜

考察编号： LZJ-2019-069（原编号"牛山园M21：1"）

特征描述： 三弦钮，半圆形钮孔。钮外饰一周穗状纹带。主纹区在涡卷地纹上饰三条龙。龙向右环绕，龙首细小，身躯细长，呈S形弯曲。凸形缘，缘边稍斜。镜面覆一层绿色锈和少量红斑。镜背有红斑和绿色锈。外区经过研磨（图1-40）。

尺寸与重量： 面径6.6、缘厚0.1、钮径0.8×0.6、钮高0.2厘米，镜面弧度0.1厘米。重22克。

收藏机构： 淄博市临淄区齐文化发展研究中心

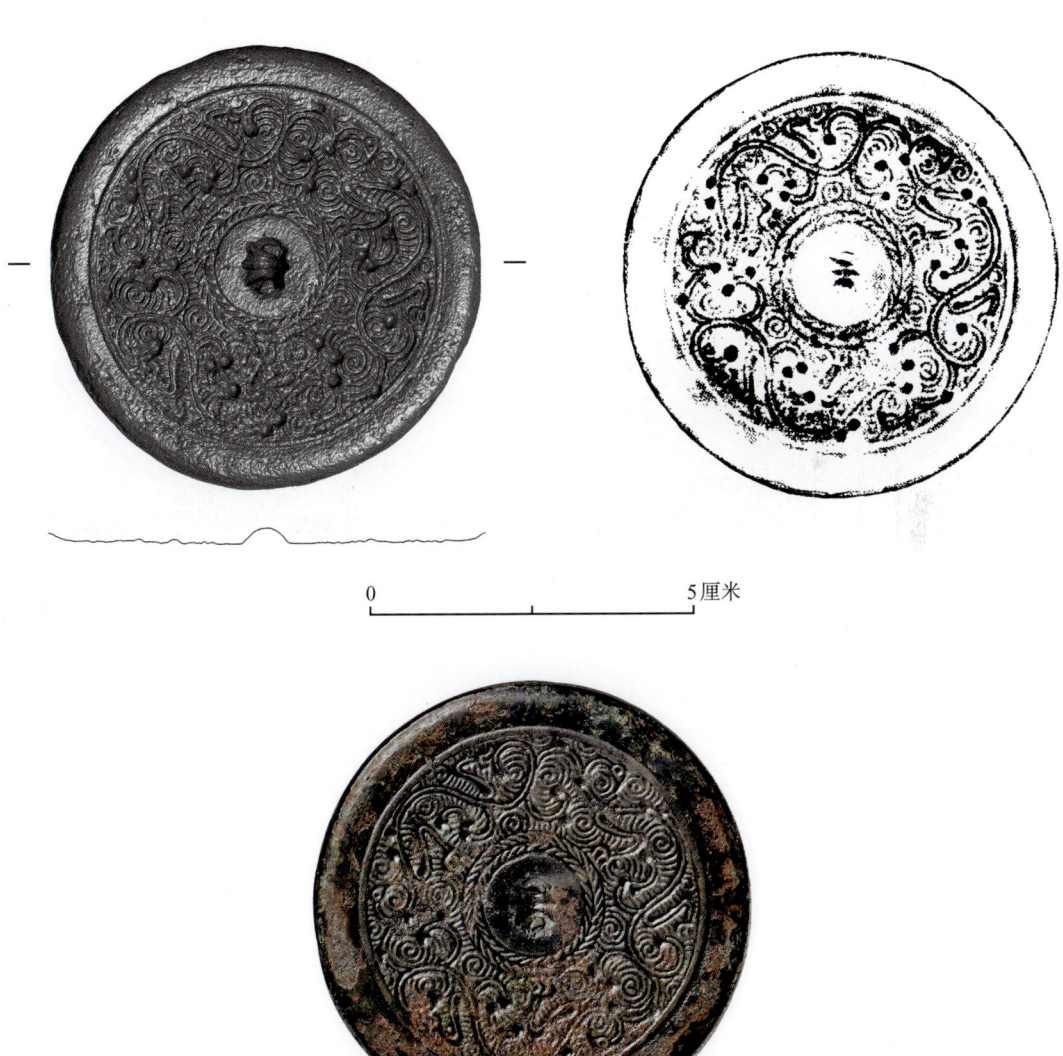

0 　　　　　　　　5厘米

图1-40　三龙纹镜（LZJ-2019-069）三维模型、拓本与照片

（四）三龙纹镜

考察编号： LZJ-2019-093（原编号"淄江小学 M80：2"）

特征描述： 三弦钮，半圆形钮孔。钮外一周宽凹带。宽凹带外侧两周窄凹带间为主纹区。主纹区在云雷地纹上饰首尾相连逆时针环绕的三条龙。龙身细长，四足。匕形缘，缘边稍斜。锈迹较多，镜面、镜背局部覆红、绿色锈。凹带、内区纹样、外区经过研磨（图1-41）。

尺寸与重量： 面径9.1、缘厚0.3、钮径1.0×0.5、钮高0.4厘米，镜面弧度0.1厘米。重57克。

收藏机构： 淄博市临淄区齐文化发展研究中心

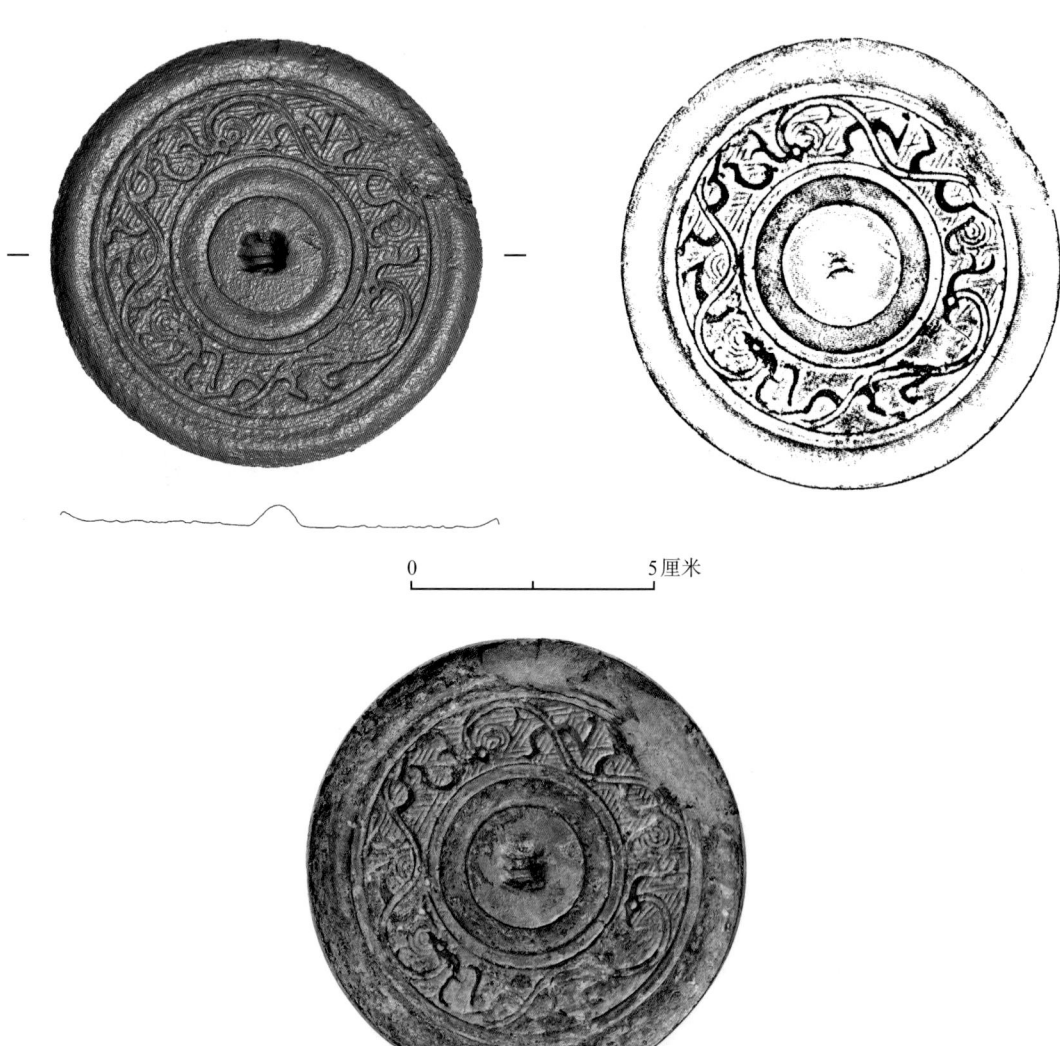

0 ————————— 5厘米

图1-41　三龙纹镜（LZJ-2019-093）三维模型、拓本与照片

（五）四乳双龙纹镜

考察编号： LZJ-2019-235（原编号"临淄工作站采集017"）

特征描述： 连峰钮，钮残，半圆形钮孔，钮座不明。钮座外一周斜向栉齿纹带，局部磨平。主纹区对称分布四枚圆台座乳丁，沿乳丁高浮雕首尾相接的双龙。双龙张口欲吞乳丁状。十六内向连弧纹缘。镜面大部绿色锈与红色锈相间，镜背仅缘部有少量绿色锈。银白色材质。外区、乳丁经研磨。有凹凸不平的铸造毛刺。龙头周边以及钮的铸出情况不佳，出现凹陷或不清晰，似为浇口方向。外区内区交界处砂崩情况较严重。可能存在同范镜。内区有较多褶皱痕迹（图1-42）。

尺寸与重量： 面径6.9、缘厚0.3、钮径1.6、钮高0.6厘米，镜面弧度0.2厘米。重53克。

收藏机构： 山东省文物考古研究院

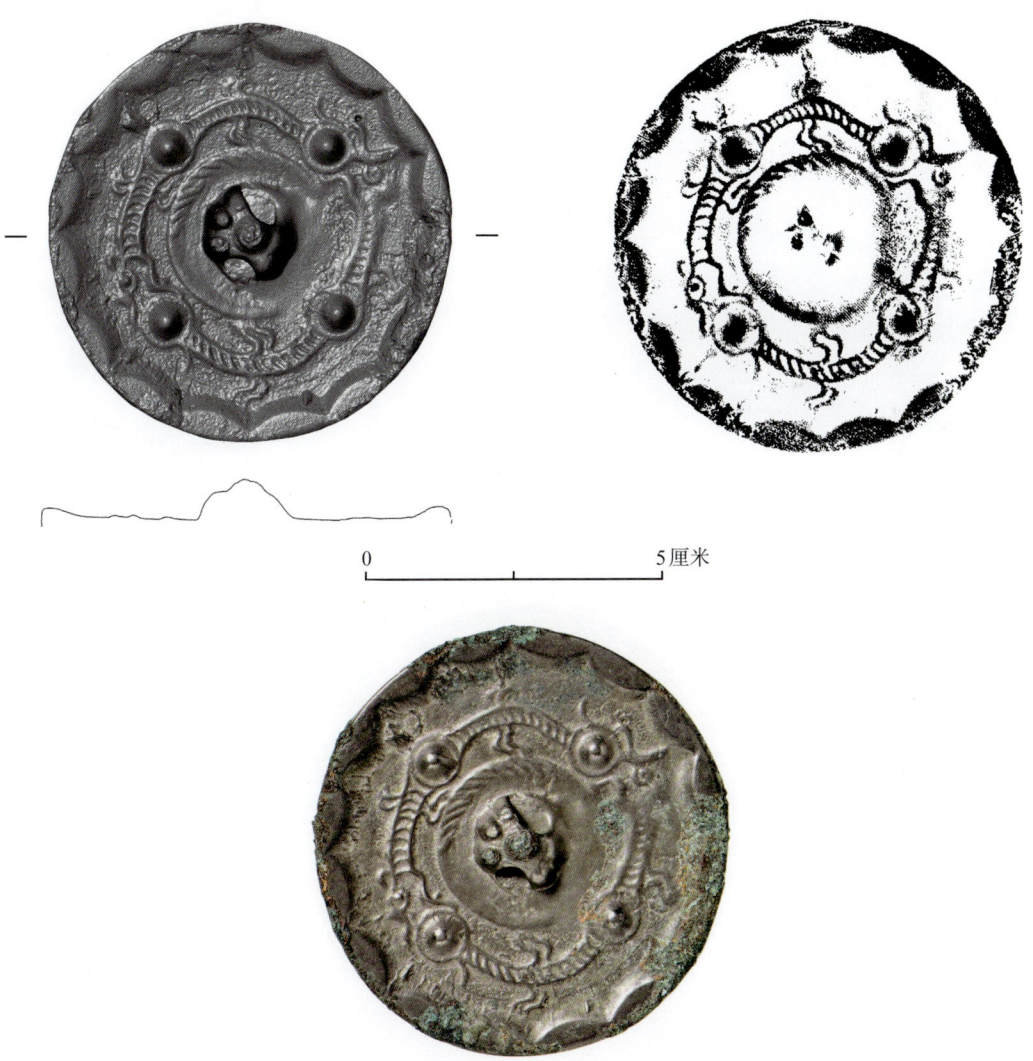

图1-42　四乳双龙纹镜（LZJ-2019-235）三维模型、拓本与照片

三、素　面　镜

（一）素面镜

考察编号： LZJ-2019-068（原编号"淄江北二区M188：1"）

特征描述： 三弦钮（残），半圆形钮孔。镜体较薄，镜面平整，素面。缘边略斜。锈迹较多，镜背、镜面覆有红、绿色锈。银白色材质。镜背面、侧面似经过研磨（图1-43）。

尺寸与重量： 面径10.0、缘厚0.1、钮径0.4×0.2、钮高0.2厘米，镜面弧度0.1厘米。重51克。

收藏机构： 淄博市临淄区齐文化发展研究中心

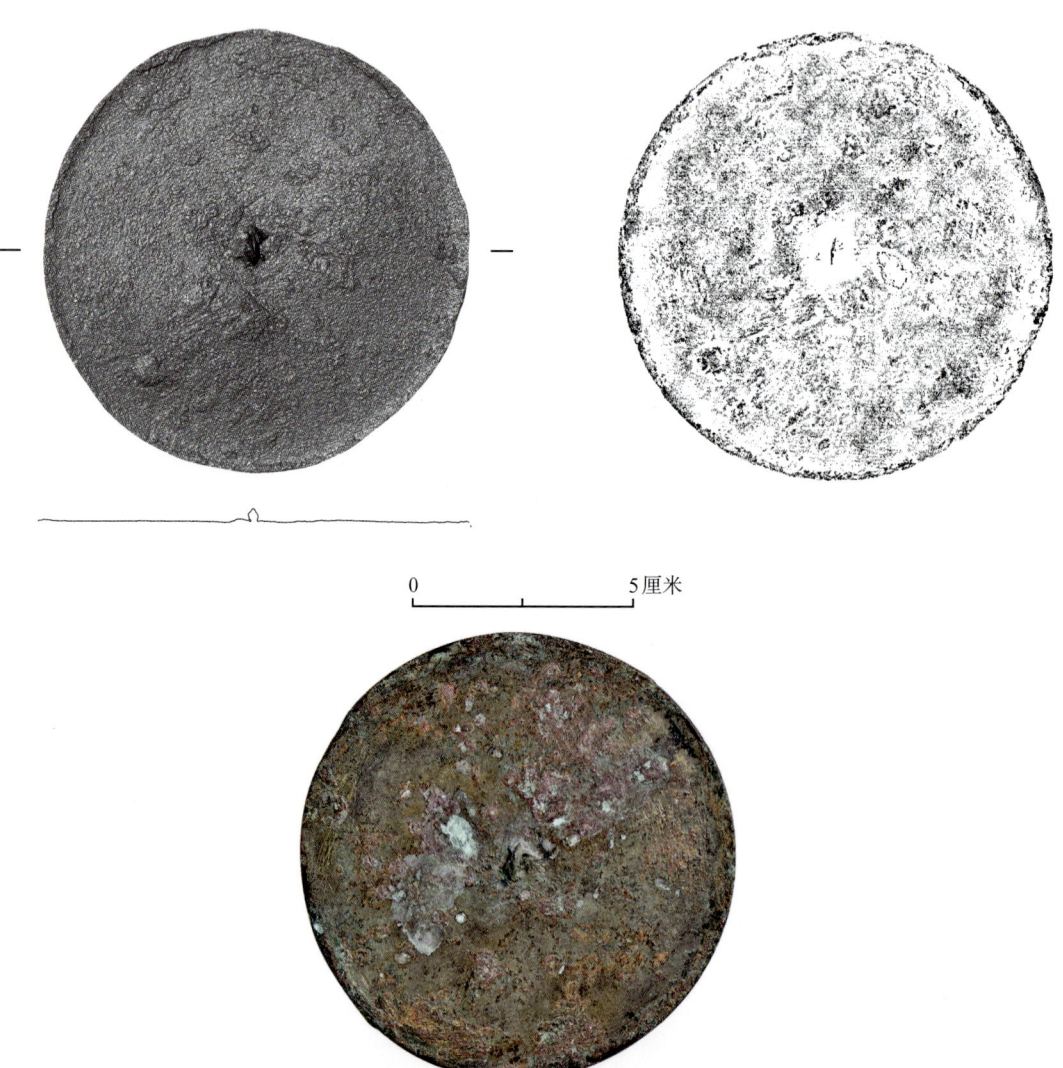

图1-43　素面镜（LZJ-2019-068）三维模型、拓本与照片

（二）素面镜

考察编号： LZJ-2019-123（原编号"金鼎绿城三期M206：1"）

特征描述： 钮残，半圆形钮孔，形制不明。素面。斜缘。锈迹较多，镜背、镜面覆有红、绿色锈。镜面残留布眼（布纤维）痕迹（图1-44）。

尺寸与重量： 面径7.8、缘厚0.2、钮径0.3、钮高0.2厘米，镜面弧度0厘米。重45克。

收藏机构： 淄博市临淄区齐文化发展研究中心

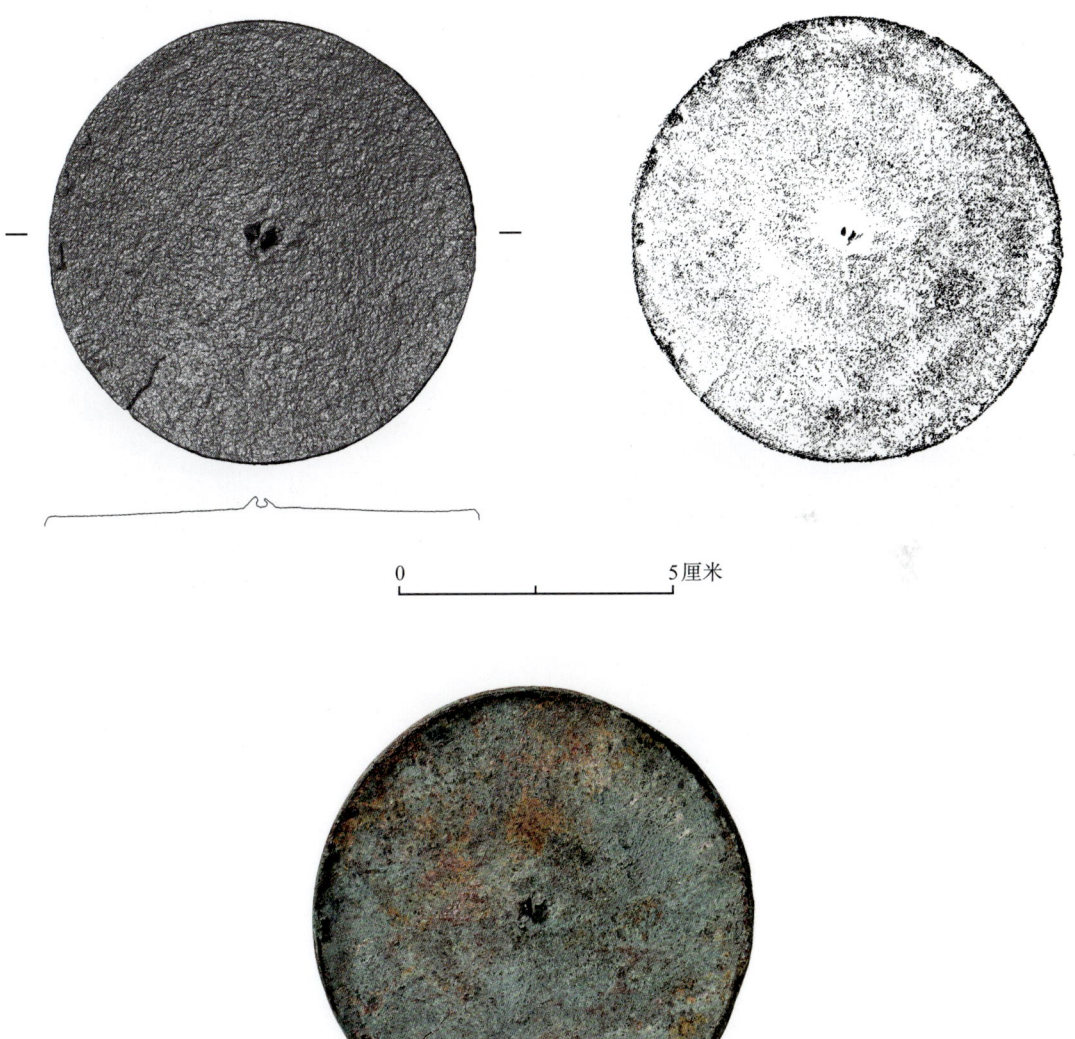

0 ⊢————————⊣ 5厘米

图1-44　素面镜（LZJ-2019-123）三维模型、拓本与照片

（三）素面镜

考察编号： LZJ-2019-125（原编号"金鼎绿城三期M5：1"）

特征描述： 三弦钮，半圆形钮孔。素面，斜缘。锈迹较多，镜面覆绿色锈，镜背覆有红、绿色锈（图1-45）。

尺寸与重量： 面径8.7、缘厚0.1、钮径1.0×0.5、钮高0.5厘米，镜面弧度0厘米。重41克。

收藏机构： 淄博市临淄区齐文化发展研究中心

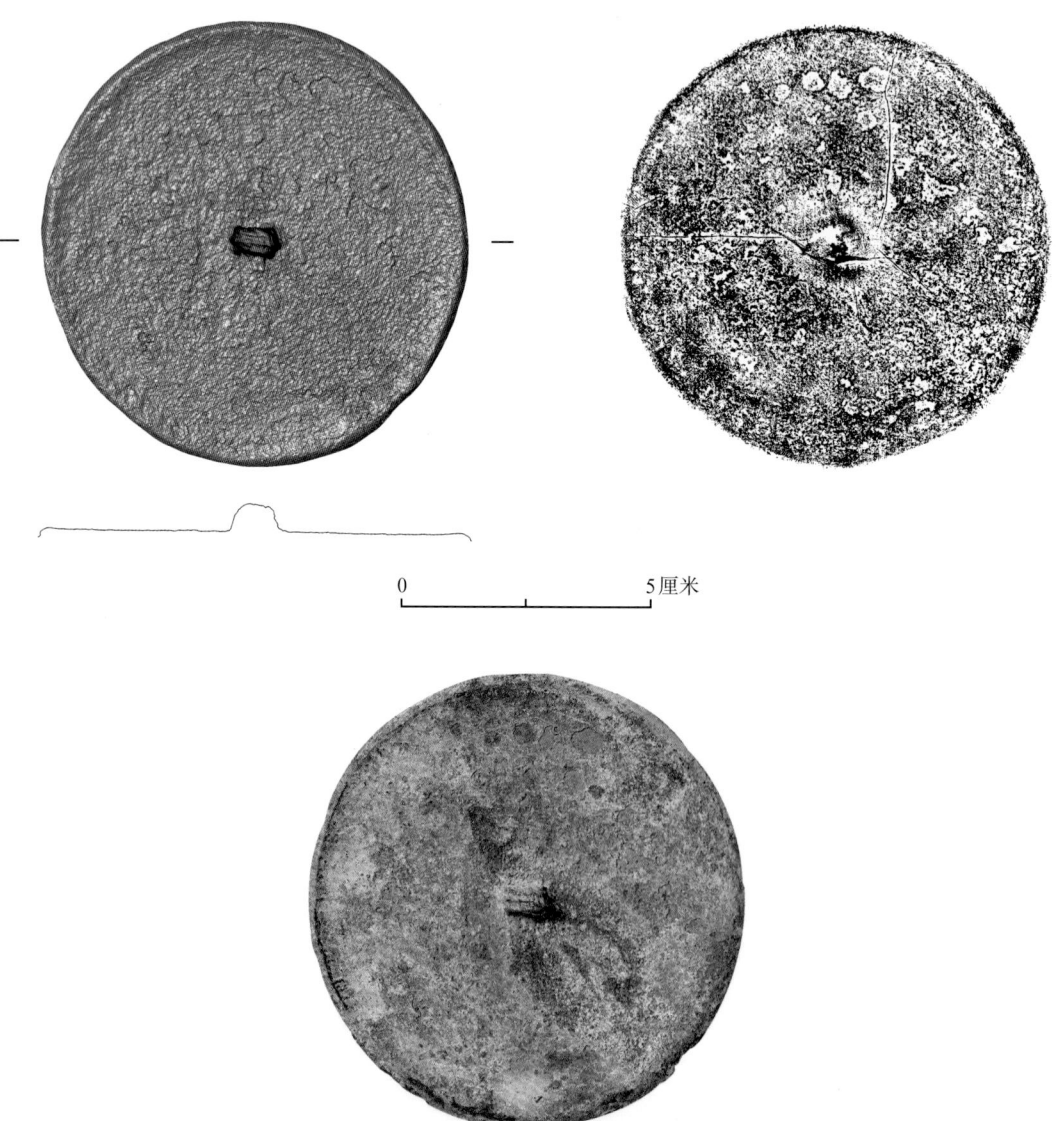

图1-45　素面镜（LZJ-2019-125）三维模型、拓本与照片

（四）素面镜

考察编号： LZJ-2019-126（原编号"临淄博物院 M430：1"）

特征描述： 钮残，素面，斜缘。镜体较厚重。镜背、镜面覆有绿色锈和少量红色锈。银白色材质（图1-46）。

尺寸与重量： 面径9.4、缘厚0.4厘米，镜面弧度0.1厘米。重205克。

收藏机构： 淄博市临淄区齐文化发展研究中心

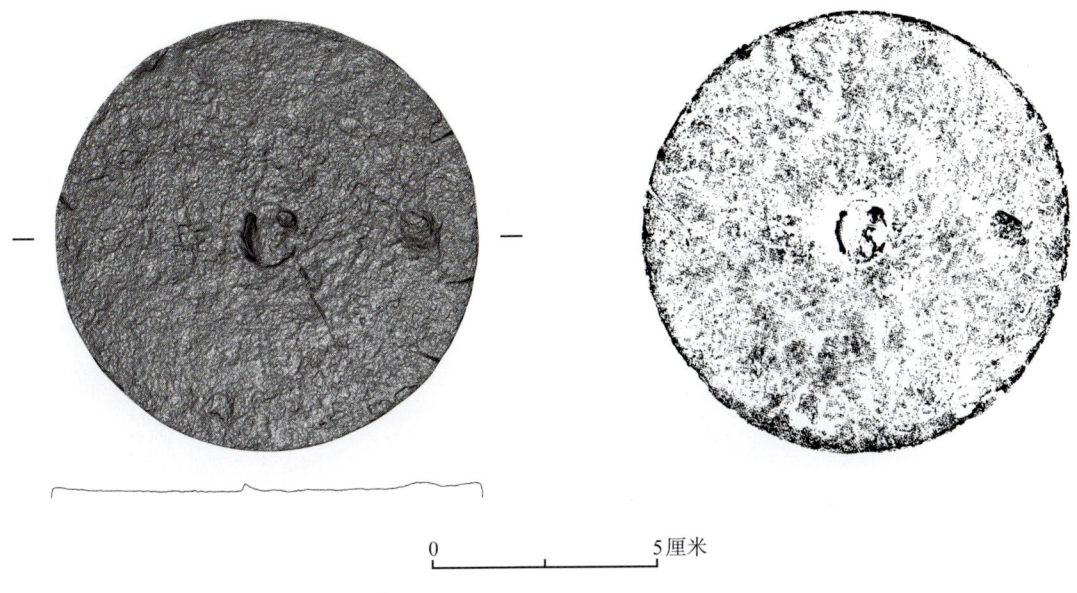

0   5厘米

图1-46　素面镜（LZJ-2019-126）三维模型、拓本与照片

（五）素面镜

考察编号： LZJ-2019-127（原编号"临淄花园D组团M490：1"）

特征描述： 三弦钮，半圆形钮孔。素面。镜体较薄，缘边略厚。锈迹较多，镜面、镜背覆有红、绿色锈。银白色材质（图1-47）。

尺寸与重量： 面径10.3、缘厚0.2、钮径0.9×0.6、钮高0.4厘米，镜面弧度0.1厘米。重64克。

收藏机构： 淄博市临淄区齐文化发展研究中心

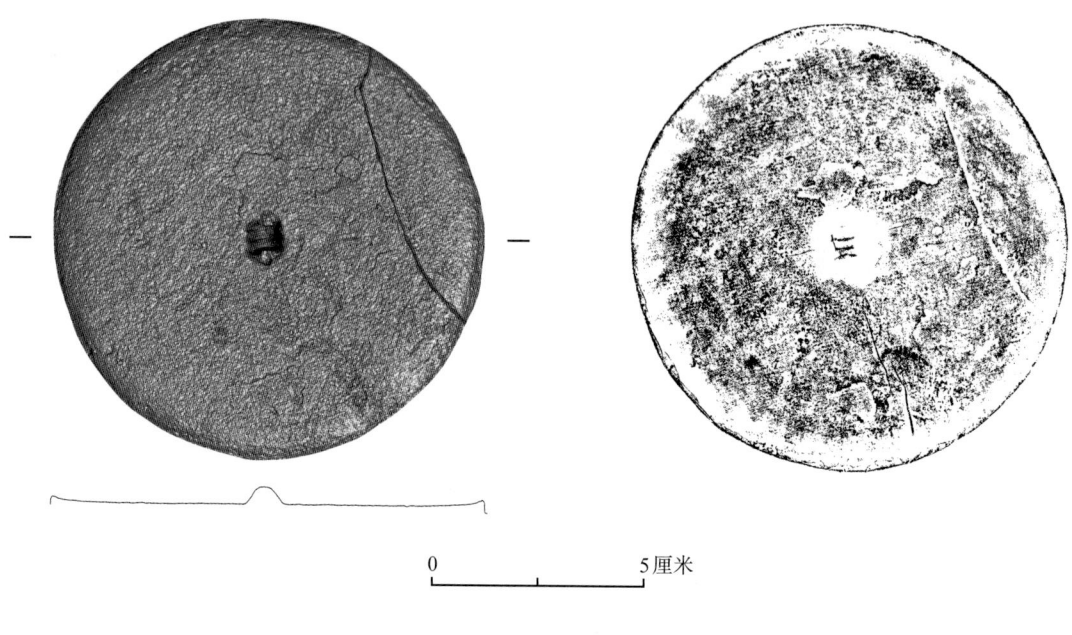

0　　　　　5厘米

图1-47　素面镜（LZJ-2019-127）三维模型、拓本与照片

（六）素面镜

考察编号： LZJ-2019-128（原编号"中轩发酵车间M27：1"）

特征描述： 三弦钮，半圆形钮孔。素面。镜体较薄，缘略呈凸形。锈迹较多，镜背有红、绿色锈。镜面覆有一层红、绿色锈（图1-48）。

尺寸与重量： 面径7.0、缘厚0.2、钮径0.5×0.6、钮高0.2厘米，镜面弧度0厘米。重22克。

收藏机构： 淄博市临淄区齐文化发展研究中心

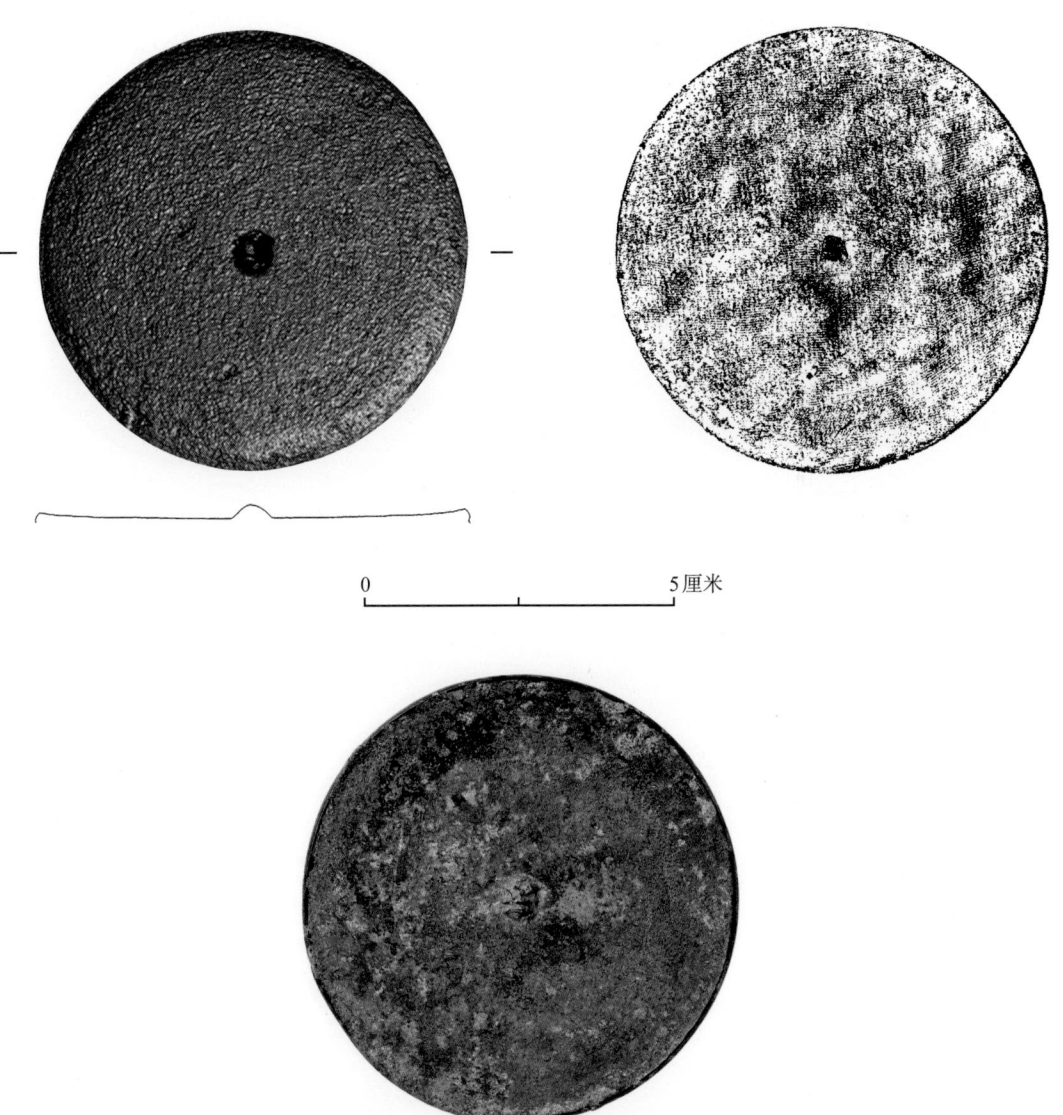

0　　　　　　　5厘米

图1-48　素面镜（LZJ-2019-128）三维模型、拓本与照片

（七）素面镜

考察编号：LZJ-2019-129（原编号"棕榈城M149：2"）

特征描述：三弦钮，半圆形钮孔。钮较小。镜背平整，镜体略变形。素面。缘边较直。锈迹较多，镜背局部有红、绿色锈。镜面覆有一层绿色锈。银白色材质（图1-49）。

尺寸与重量：面径10.6、缘厚0.1、钮径0.8×0.5、钮高0.4厘米，镜面弧度0厘米。重71克。

收藏机构：淄博市临淄区齐文化发展研究中心

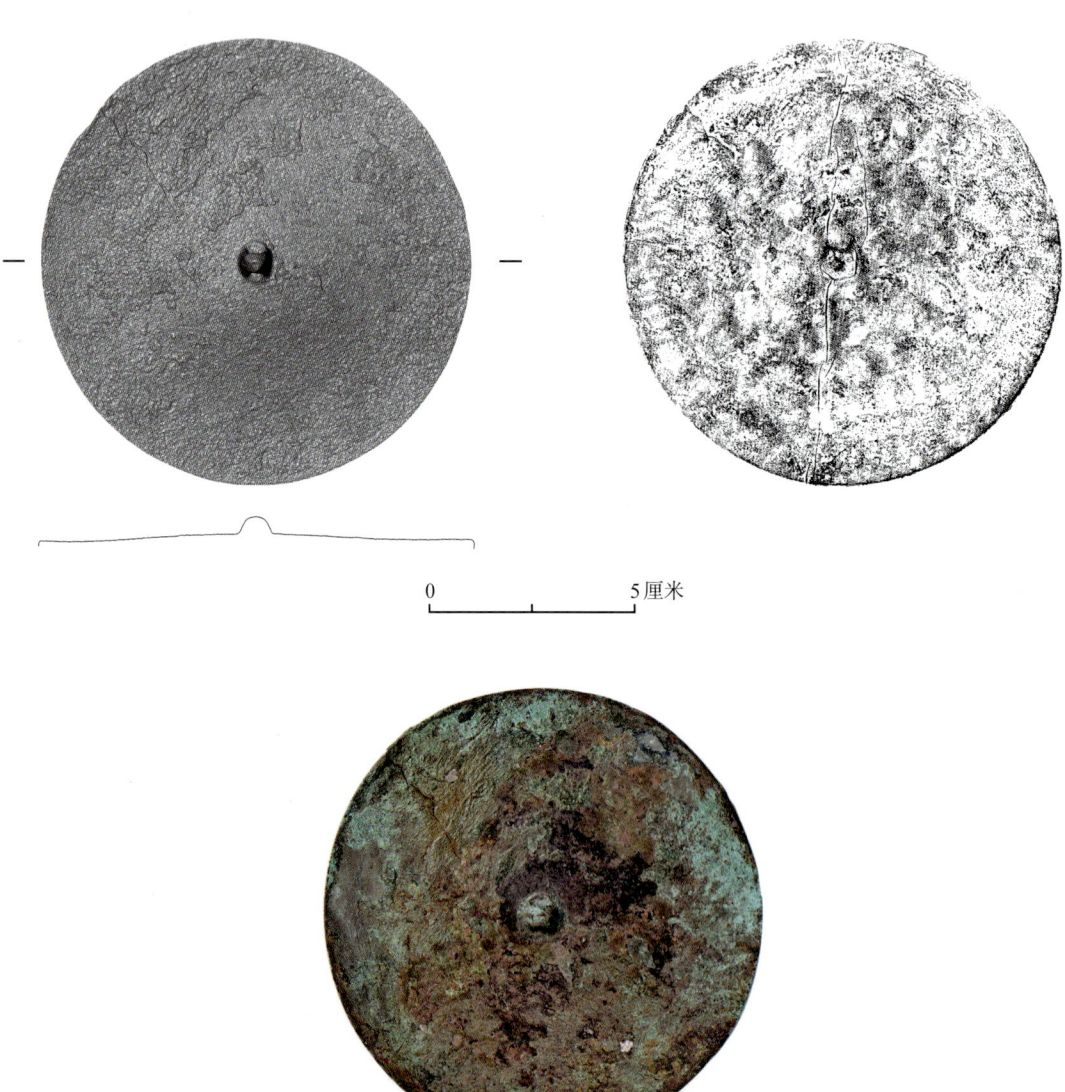

0   5厘米

图1-49　素面镜（LZJ-2019-129）三维模型、拓本与照片

（八）素面镜

考察编号： LZJ-2019-130（原编号"恒光花园M55：3"）

特征描述： 三弦钮，半圆形钮孔。素面。镜背较平整，镜体较薄。缘稍斜。镜面局部有绿色锈。银白色材质（图1-50；图版2-2）。

尺寸与重量： 面径10.5、缘厚0.1、钮径0.8、钮高0.3厘米，镜面弧度0厘米。重63克。

收藏机构： 淄博市临淄区齐文化发展研究中心

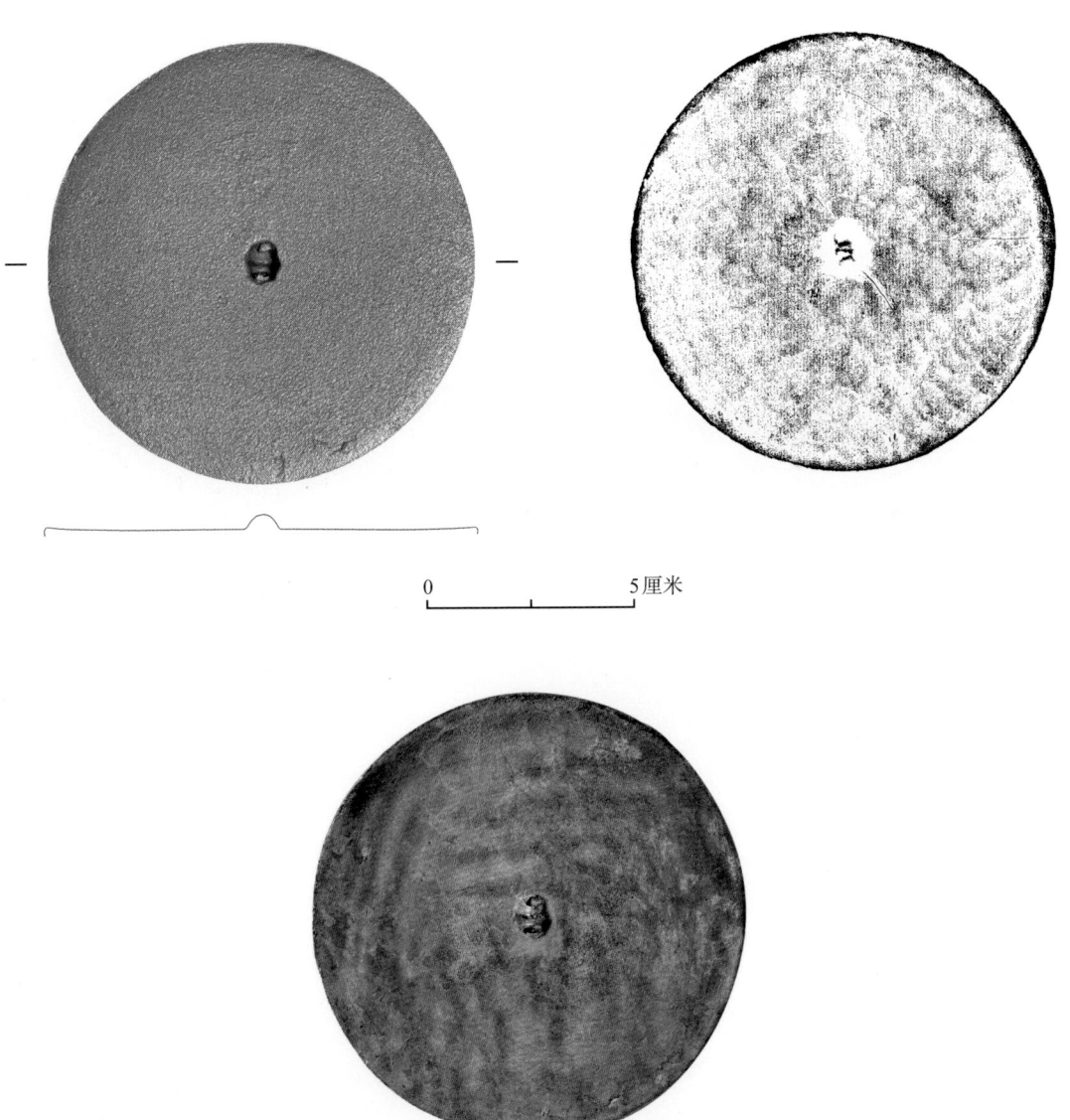

0　　　　　　　　5厘米

图1-50　素面镜（LZJ-2019-130）三维模型、拓本与照片

（九）素面镜

考察编号： LZJ-2019-131（原编号"齐都国际M169：2"）

特征描述： 三弦钮，半圆形钮孔。素面。镜背较平整，缘部略厚，缘边平直。锈迹较多，镜面、镜背大部覆有绿色锈。银白色材质（图1-51）。

尺寸与重量： 面径13.1、缘厚0.3、钮径1.5×1.0、钮高0.4厘米，镜面弧度0.1厘米。重279克。

收藏机构： 淄博市临淄区齐文化发展研究中心

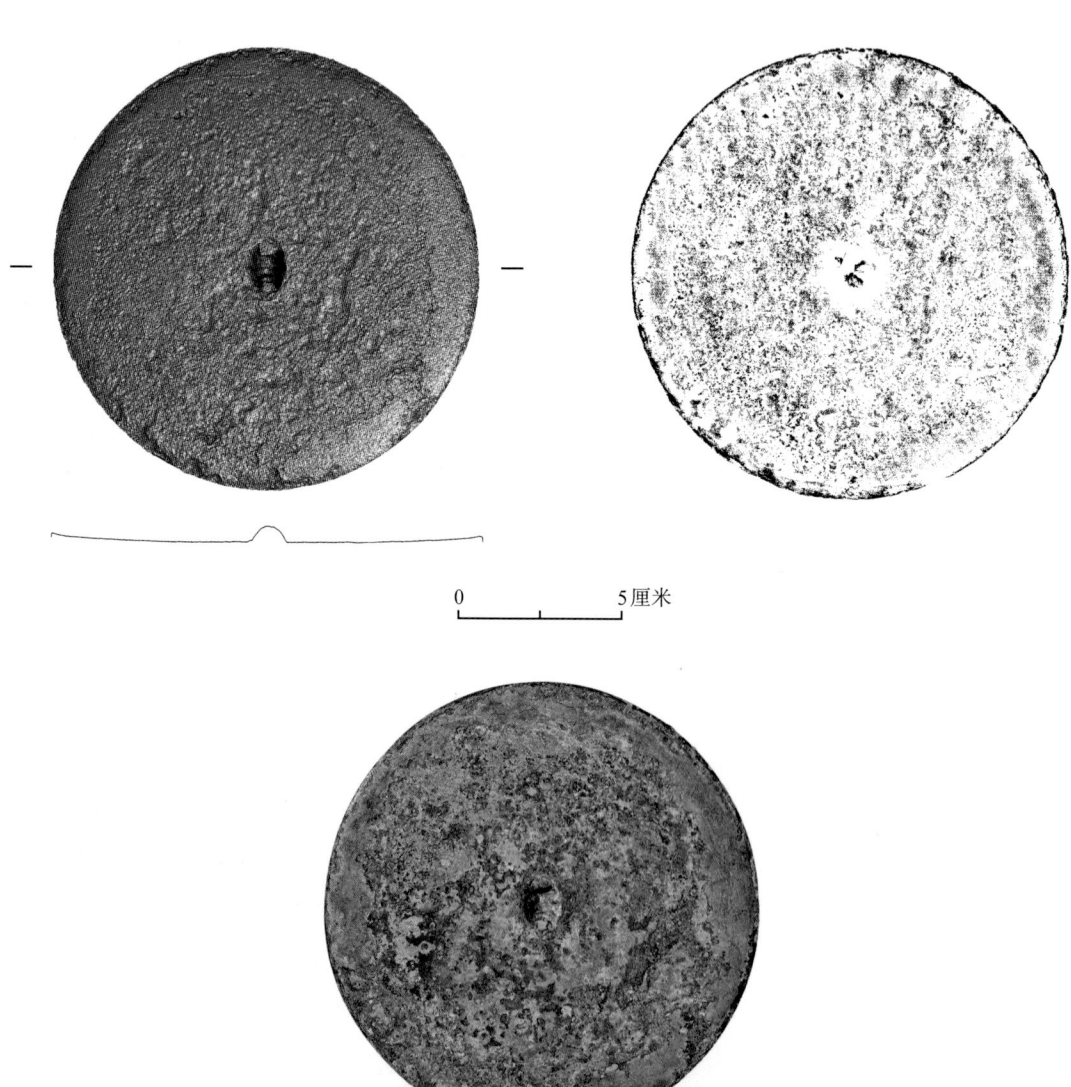

图1-51　素面镜（LZJ-2019-131）三维模型、拓本与照片

（十）素面镜

考察编号： LZJ-2019-132（原编号"盛世豪庭M241：1"）

特征描述： 三弦钮，半圆形钮孔。素面。镜背较平整，缘稍斜。锈迹较多，镜背有红、绿色锈，镜面大部覆有绿色锈，局部有少量红锈（图1-52）。

尺寸与重量： 面径11.0、缘厚0.2、钮径1.1×0.7、钮高0.4厘米，镜面弧度0厘米。重84克。

收藏机构： 淄博市临淄区齐文化发展研究中心

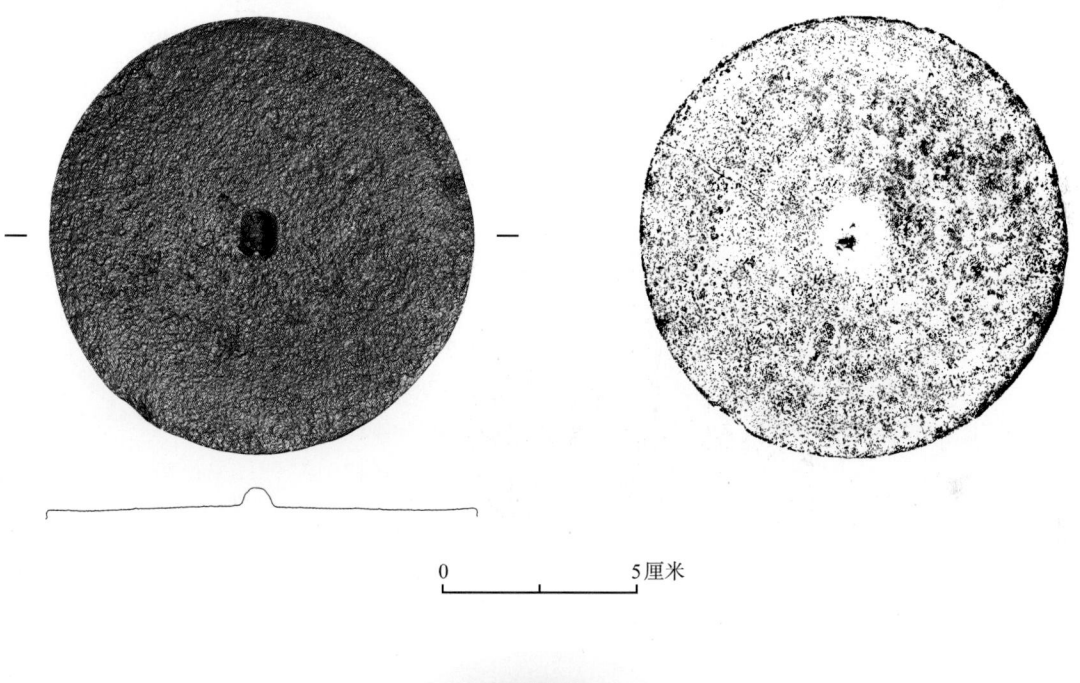

0　　　　　5厘米

图1-52　素面镜（LZJ-2019-132）三维模型、拓本与照片

（十一）素面镜

考察编号： LZJ-2019-133（原编号"淄江花园D组团M382∶1"）

特征描述： 三弦钮，半圆形钮孔。素面。镜背较平整，镜体较薄，镜缘稍斜。镜面、镜背残留织物痕迹。锈迹较多，镜背、镜面大部覆有绿色锈（图1-53）。

尺寸与重量： 面径12.1、缘厚0.1、钮径0.6、钮高0.4厘米，镜体变形。重132克。

收藏机构： 淄博市临淄区齐文化发展研究中心

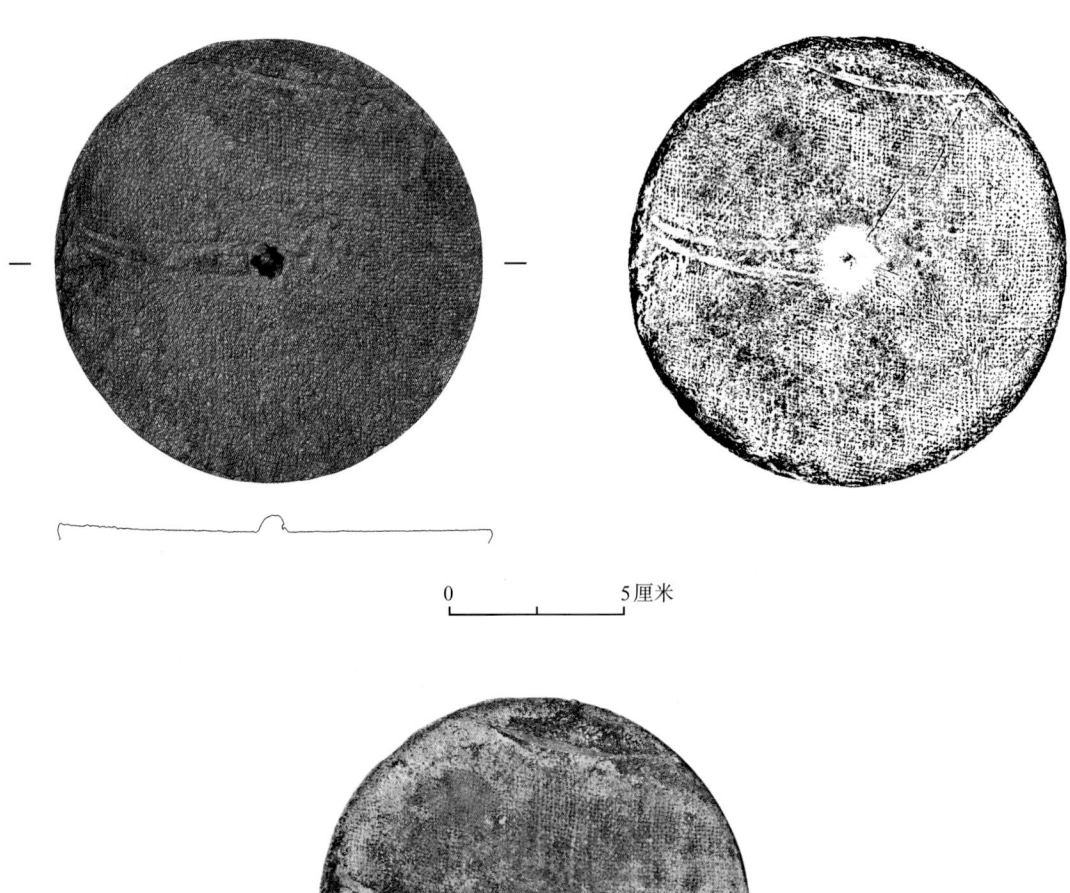

图1-53　素面镜（LZJ-2019-133）三维模型、拓本与照片

（十二）素面镜

考察编号：LZJ-2019-135（原编号"交运公司M9出土镜"）

特征描述：三弦钮，半圆形钮孔。素面。镜背较平整，镜缘稍斜。镜面有少量蓝、绿色锈，镜背有少量绿色锈。银白色材质（图1-54）。

尺寸与重量：面径12.0、缘厚0.2、钮径1.0×0.8、钮高0.4厘米，镜面弧度0厘米。重94克。

收藏机构：淄博市临淄区齐文化发展研究中心

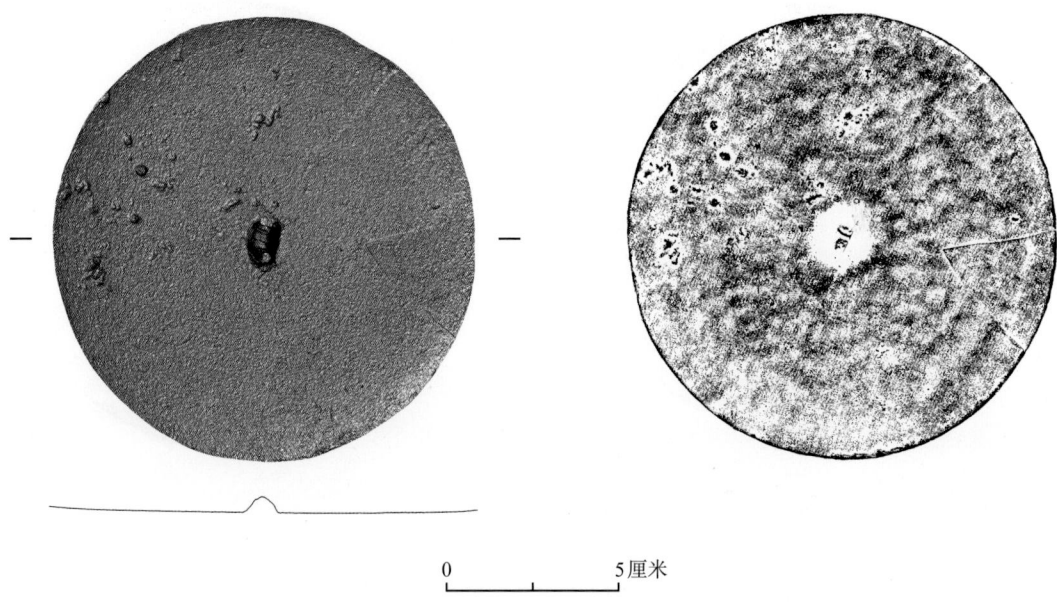

0 ————— 5厘米

图1-54　素面镜（LZJ-2019-135）三维模型、拓本与照片

（十三）素面镜

考察编号： LZJ-2019-215（原编号"乙烯生活区T909M140：2"）

特征描述： 三弦钮，素面，镜体较薄。缘部略斜。镜背、镜面满覆绿色锈（图1-55）。

尺寸与重量： 面径6.9、缘厚0.1、钮径1.0、钮高0.2厘米，镜面弧度0.05厘米。重23克。

收藏机构： 山东省文物考古研究院

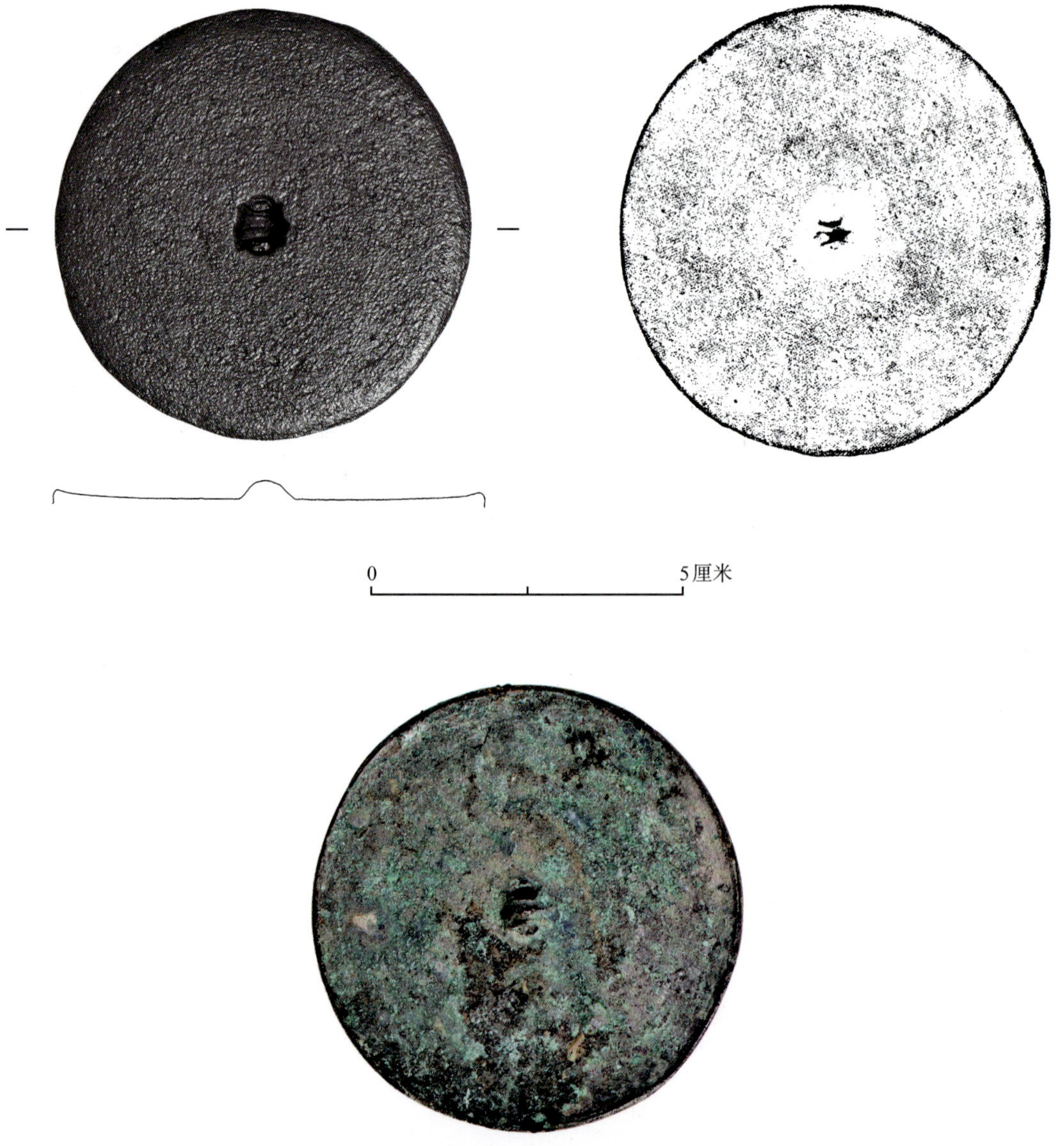

图1-55　素面镜（LZJ-2019-215）三维模型、拓本与照片

（十四）素面镜

考察编号： LZJ-2019-216（原编号"乙烯生活区T609M79：1"）

特征描述： 三弦钮，半圆形钮孔。镜背平整，素面，镜体较薄。缘部略斜。镜背、镜面大部分银白光洁，局部覆有绿色锈。银白色材质（图1-56）。

尺寸与重量： 面径7.6、缘厚0.1、钮径1.2×0.8、钮高0.3厘米，镜面弧度0.05厘米。重35克。

收藏机构： 山东省文物考古研究院

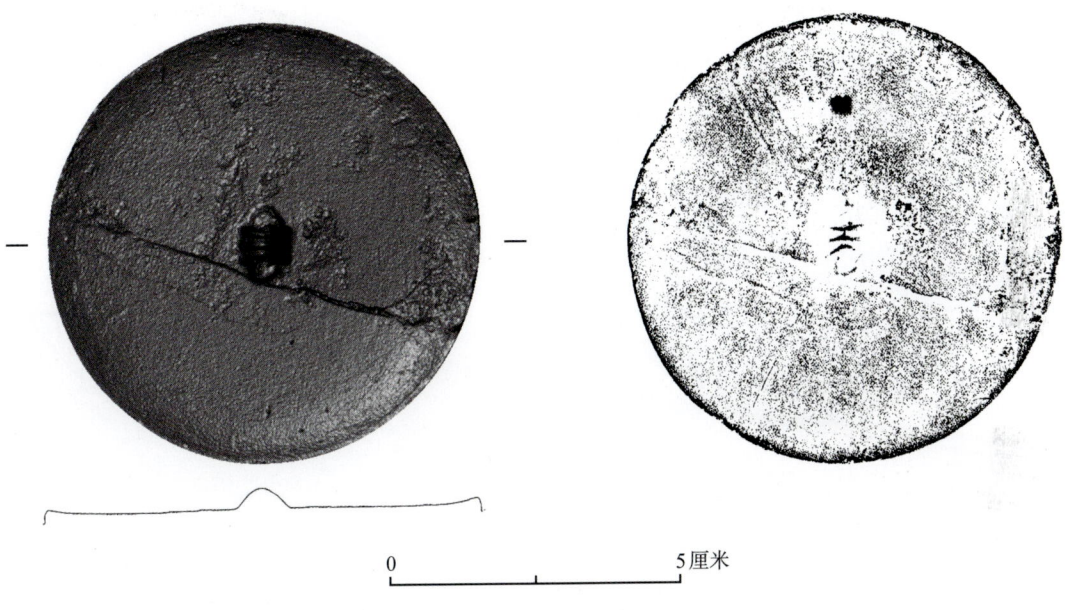

0 　　　　　　　5厘米

图1-56　素面镜（LZJ-2019-216）三维模型、拓本与照片

（十五）素面镜

考察编号： LZJ-2019-218（原编号"乙烯生活区T708M020：1"）

特征描述： 桥形钮，半圆形钮孔。镜背平整，素面。镜面满覆绿色锈。镜背大部覆有绿色锈和褐色锈。锈蚀较多，似为银白色材质。镜面残存有纤维痕迹（图1-57）。

尺寸与重量： 面径12.6、缘厚0.2、钮径0.5×0.3、钮高0.2厘米，镜体变形。重98克。

收藏机构： 山东省文物考古研究院

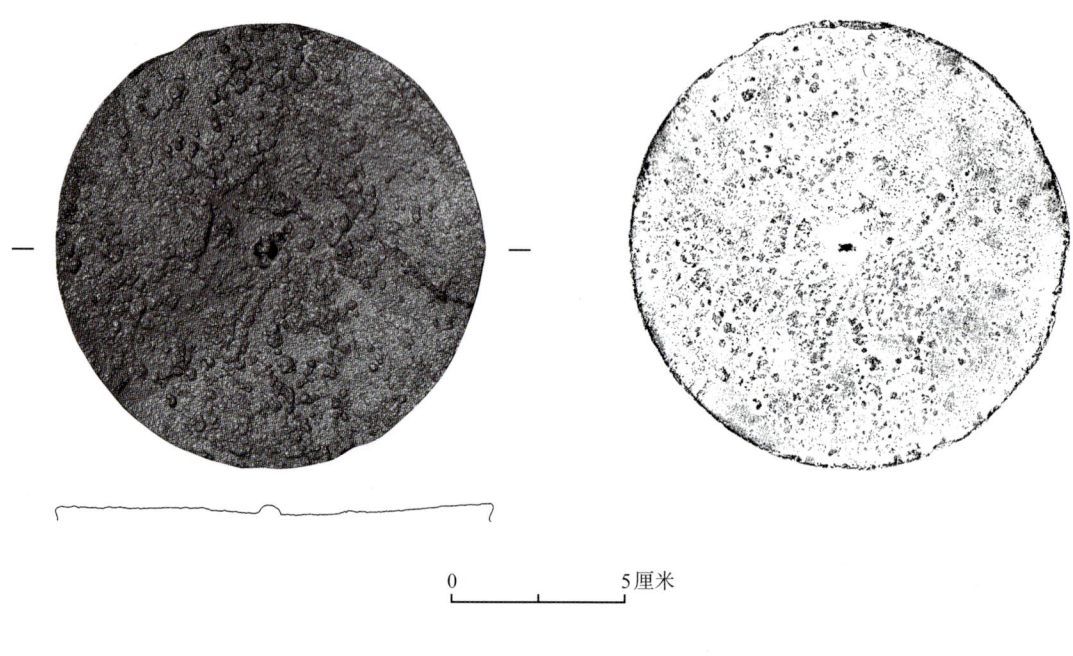

0　　　　　　　5厘米

图1-57　素面镜（LZJ-2019-218）三维模型、拓本与照片

（十六）素面镜

考察编号： LZJ-2019-219（原编号"乙烯生活区 T1010M15：1"）

特征描述： 三弦钮，半圆形钮孔。镜背素面。镜体较薄。锈蚀较多。镜面、镜背满覆绿色锈。银白色材质（图1-58）。

尺寸与重量： 面径7.5、缘厚0.2、钮径0.5×0.7、钮高0.3厘米，镜面弧度0.05厘米。重35克。

收藏机构： 山东省文物考古研究院

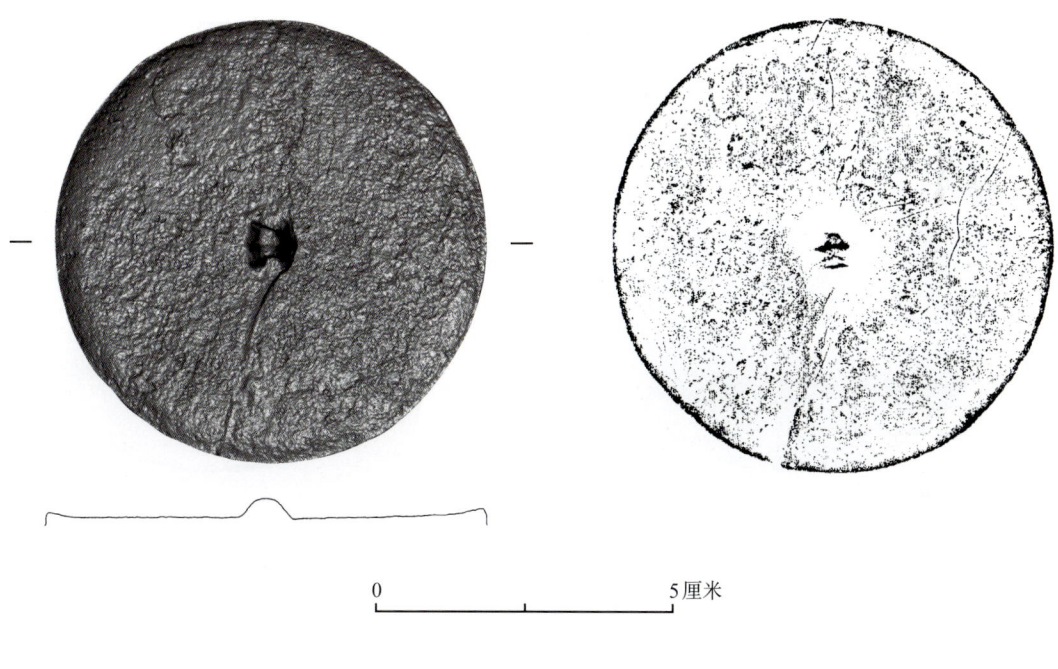

0   5厘米

图1-58 素面镜（LZJ-2019-219）三维模型、拓本与照片

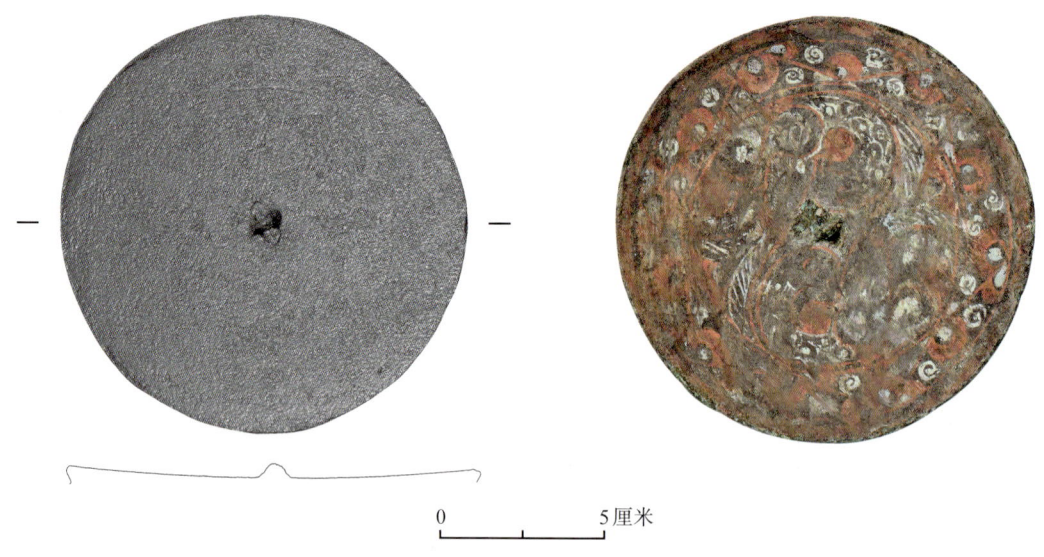

0　　　　　5厘米

图1-61　彩绘镜（LZJ-2019-180）照片与三维模型

（三）彩绘镜

考察编号：LZJ-2019-181（原编号"凤凰城4号车库M98：1"）

特征描述：桥形钮，钮残，圆形钮孔。镜背平整，镜体较薄。镜背以彩绘表现纹饰，残存有红色彩绘，纹饰不清。大致以镜钮为中心，两组纹饰呈中心对称分布。镜缘残存红色彩绘，原有一周红色窄带。镜面满覆绿色锈，镜背局部有绿色锈。银白色材质（图1-62）。

尺寸与重量：面径11.3、缘厚0.1、钮径1.0×0.2、钮高0.3厘米，镜体变形。重62克。

收藏机构：淄博市临淄区齐文化发展研究中心

0　　　　　5厘米

图1-62　彩绘镜（LZJ-2019-181）照片与三维模型

（四）彩绘镜

考察编号： LZJ-2019-241（原编号"乙烯生活区T512M06：1"）

特征描述： 五弦钮。钮外一周宽凹面弦纹带。镜钮部和主纹区残存红色彩绘。缘内侧有一周凸弦纹圈带。凸形缘，缘边稍斜。镜体经粘接修复（图1-63）。

尺寸与重量： 面径21.0、缘厚0.5、钮径2.3×2.1、钮高1.2厘米，镜面弧度0.3厘米。重585克。

收藏机构： 淄博市临淄区齐文化发展研究中心

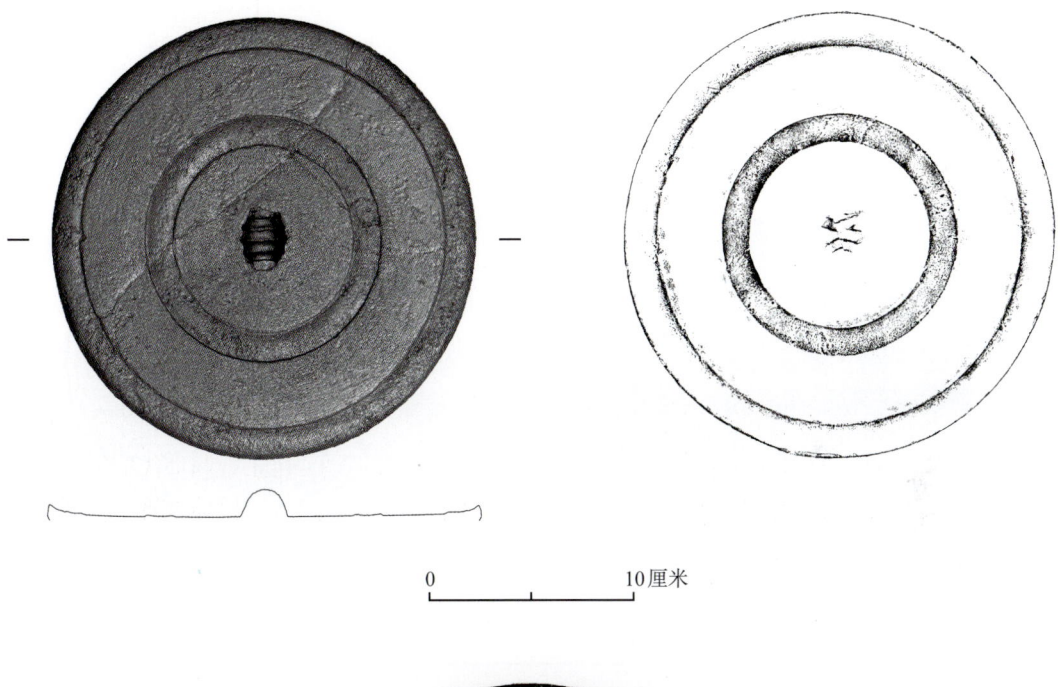

0　　　　　　　　10厘米

图1-63　彩绘镜（LZJ-2019-241）三维模型、拓本与照片

五、羽状地纹镜

（一）羽状地纹镜

考察编号： LZJ-2019-205（原编号"乙烯生活区T804M33：1"）

特征描述： 三弦钮，半圆形钮孔。钮外一周宽凹弧面圈带。圈带外侧两周窄凹弧面圈带间为主纹区。主纹区饰羽状地纹。匕形缘，缘边稍斜。镜面覆有大量绿色锈，局部有少量红色锈。镜背局部有少量绿色锈。因锈蚀严重，制作痕迹不明。银白色材质。外区及凹带经研磨。钮座未经研磨。镜体破损（图1-64）。

尺寸与重量： 面径8.7、缘厚0.4、钮径1.0、钮高0.4厘米，镜面弧度0.1厘米。重55克。

收藏机构： 山东省文物考古研究院

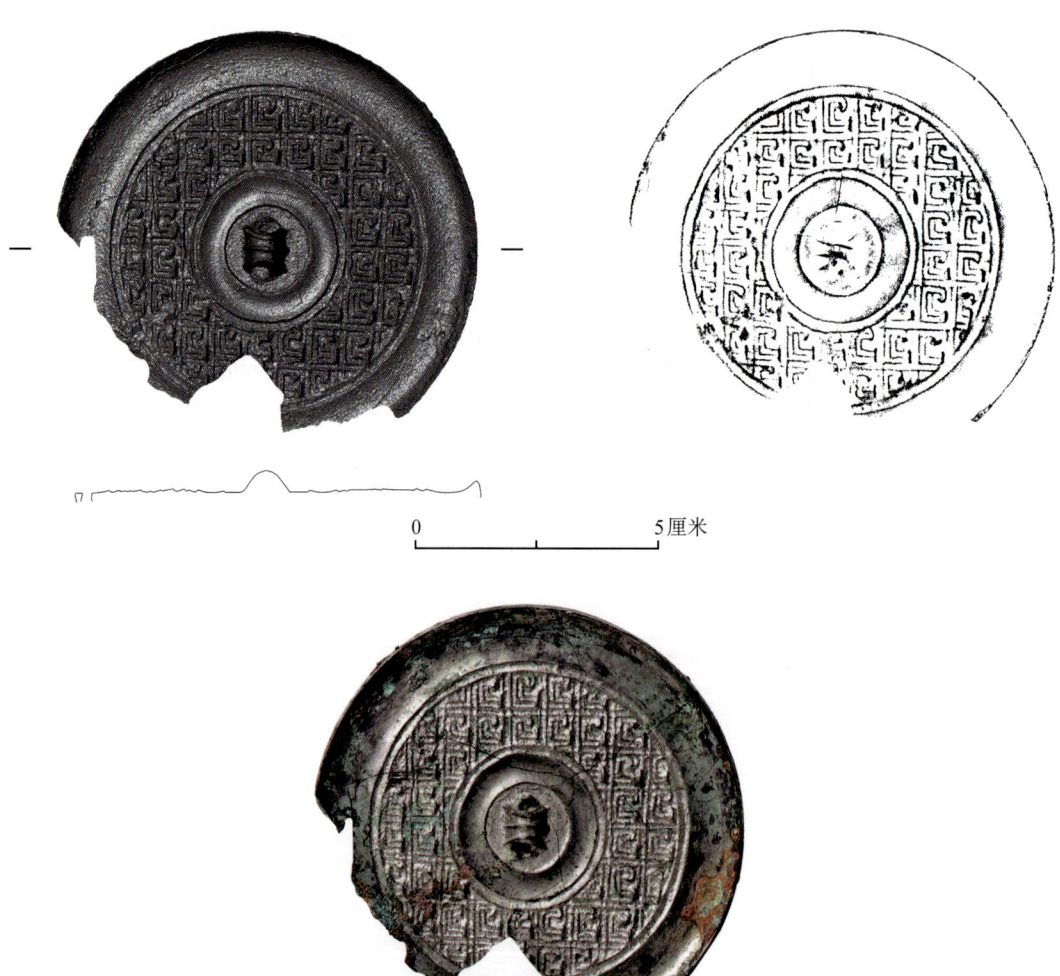

0　　　　　　　5厘米

图1-64　羽状地纹镜（LZJ-2019-205）三维模型、拓本与照片

（二）云雷地纹变形云纹镜

考察编号： LZJ-2019-222（原编号"乙烯生活区T911M025：3"）

特征描述： 三弦钮，圆圈钮座，半圆形钮孔。钮座外两周单线斜向栉齿纹带间为主纹区。主纹区在勾连云雷地纹上对称饰四组变形云纹。匕形缘，缘边稍斜。镜体断为两块。镜面覆有红、绿色锈。镜背局部有红、绿、蓝色锈。银白色材质。因锈蚀具体情况不明（图1-65）。

尺寸与重量： 面径7.8、缘厚0.4、钮径1.1×0.6、钮高0.4厘米，镜面弧度0.1厘米。重59克。

收藏机构： 山东省文物考古研究院

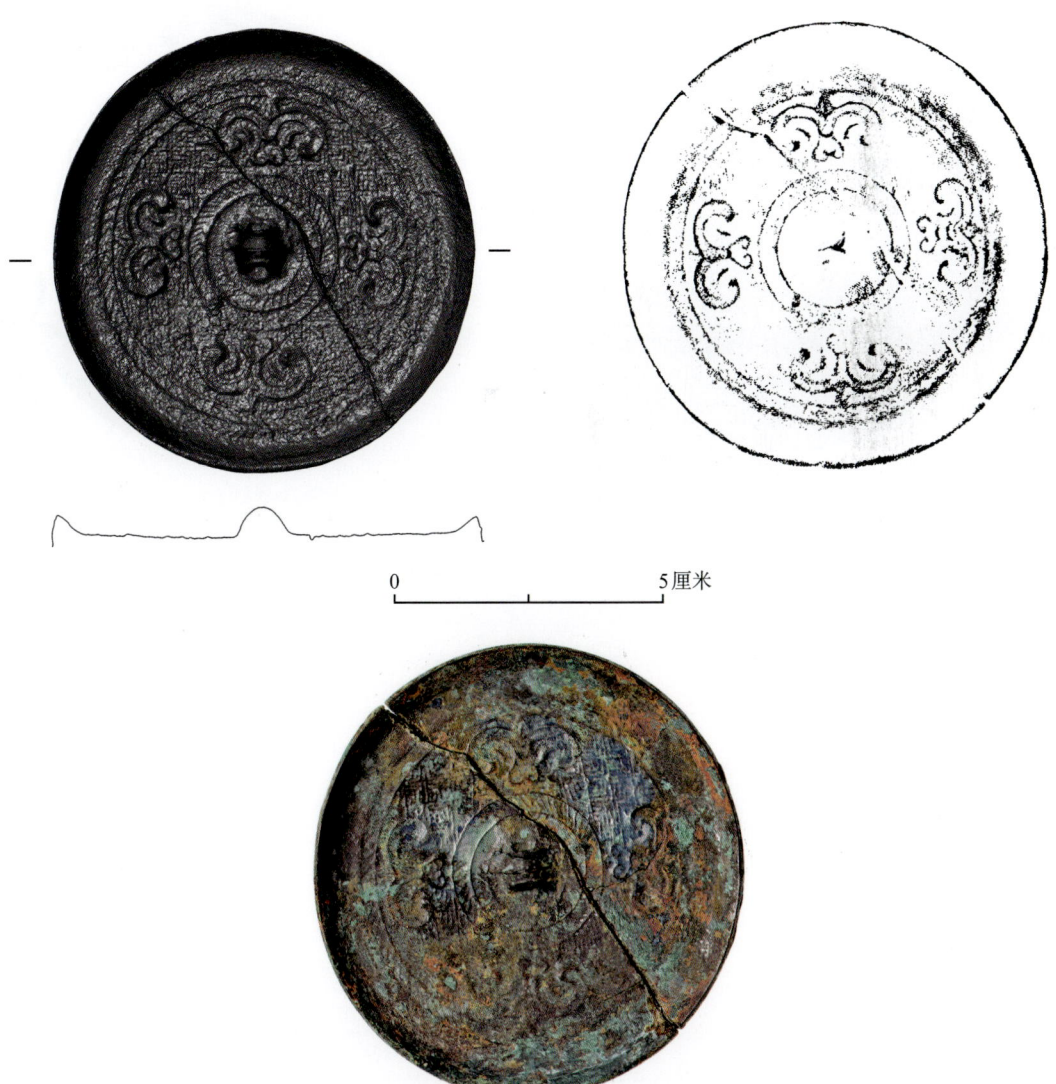

图1-65　云雷地纹变形云纹镜（LZJ-2019-222）三维模型、拓本与照片

（三）方格铭文羽状地纹镜

考察编号： LZJ-2019-329（原编号"凤凰城四期M349：1"）

特征描述： 桥形钮，半圆形钮孔。钮外两周单线凸弦纹方框间为铭文区。铭文区填以右旋读小篆体"常贵富乐未央长相思毋相忘"十二字铭文。文字方向按读写顺序纵向排列。二十内向连弧纹缘，缘边稍斜。连弧纹缘与铭文框之间饰有羽状地纹。镜面覆有蓝、绿色锈。镜背覆有红、绿色锈。银白色材质。外区经过研磨。有少量砂崩现象（图1-66）。

尺寸与重量： 面径7.2、缘厚0.3、钮径0.7、钮高0.3厘米，镜面弧度0.1厘米。重84克。

收藏机构： 淄博市临淄区齐文化发展研究中心

0　　　　　　5厘米

图1-66　方格铭文羽状地纹镜（LZJ-2019-329）三维模型、拓本与照片

（四）四乳连弧纹带羽状地纹镜

考察编号：LZJ-2019-345（原编号"金鼎绿城三期车库 M1028：1"）

特征描述：三弦钮，半圆形钮孔。钮外一周宽凹弧面圈带与缘内侧一周窄凹弧面圈带间为主纹区。主纹区分为内外两区。内区羽状地纹上均匀分布四枚乳丁。外区饰一周十六内向连弧纹带。匕形缘，缘边稍斜。镜面覆有一层绿色锈。镜背局部有少量绿色锈。银白色材质。外区、连弧纹、凹带、乳丁经过研磨。镜背分割线大部分残存。一侧钮孔的乳丁下部有凹陷或不清晰，因同方向的镜缘部有较多的气孔，应为浇口方向（图1-67）。

尺寸与重量：面径11.3、缘厚0.4、钮径1.1×0.8、钮高0.4厘米。镜体变形。重112克。

收藏机构：淄博市临淄区齐文化发展研究中心

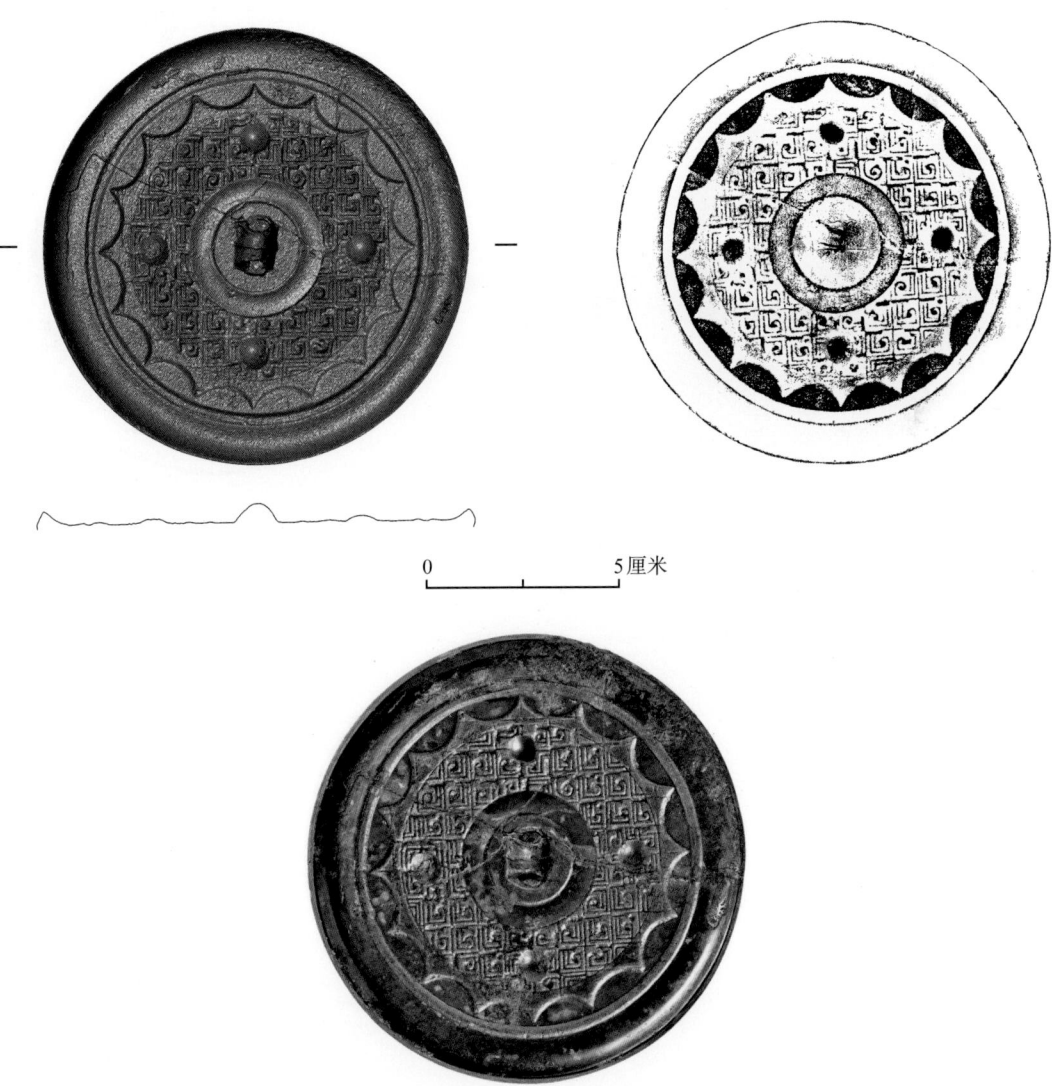

图1-67 四乳连弧纹带羽状地纹镜（LZJ-2019-345）三维模型、拓本与照片

（五）云雷地纹镜

考察编号： LZJ-2019-355（原编号"临淄博物院M289出土镜"）

特征描述： 三弦钮，半圆形钮孔。钮外一周宽凹弧面圈带。圈带外侧两周凸绳索纹间为主纹区。两周绳索纹外侧各有一周窄凹弧面弦纹带。主纹区饰圆涡纹和两个三角纹间隔组成的云雷地纹。凵形缘，缘边稍斜。镜面覆有蓝、绿色锈，残存织物包裹痕迹。镜背覆有红、绿色锈（图1-68）。

尺寸与重量： 面径16.6、缘厚0.7、钮径1.5×0.9、钮高0.7厘米，镜面弧度0.2厘米。重413克。

收藏机构： 淄博市临淄区齐文化发展研究中心

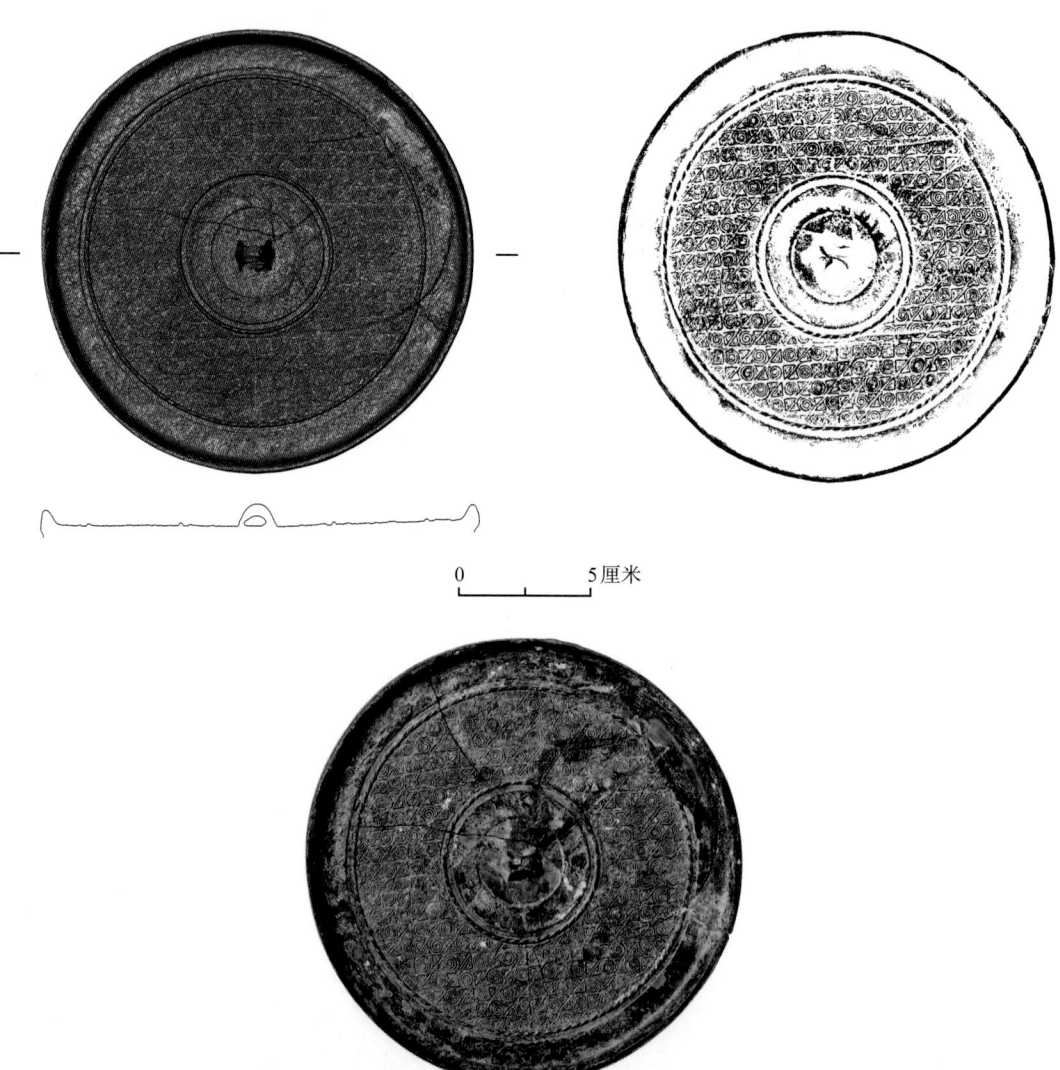

图1-68　云雷地纹镜（LZJ-2019-355）三维模型、拓本与照片

（六）羽状地纹镜

考察编号： LZJ-2019-356（原编号"淄江花园C组团M206：1"）

特征描述： 半球形钮，半圆形钮孔，钮孔较大，柿蒂形钮座。钮座外一周宽凹弧面圈带。圈带外侧一周凸弦纹圈带与缘内侧一周窄凹弧面圈带间为主纹区。主纹区饰长条乳丁和方形图案组成的密集羽状地纹。匕形缘，缘边稍斜。镜面覆有红、蓝、绿色锈，残留织物包裹痕迹。镜背覆有红、绿色锈。外区、钮座经过研磨（图1-69；图版3-2）。

尺寸与重量： 面径16.1、缘厚0.7、钮径1.8、钮高0.6厘米，镜面弧度0.2厘米。重527克。

收藏机构： 淄博市临淄区齐文化发展研究中心

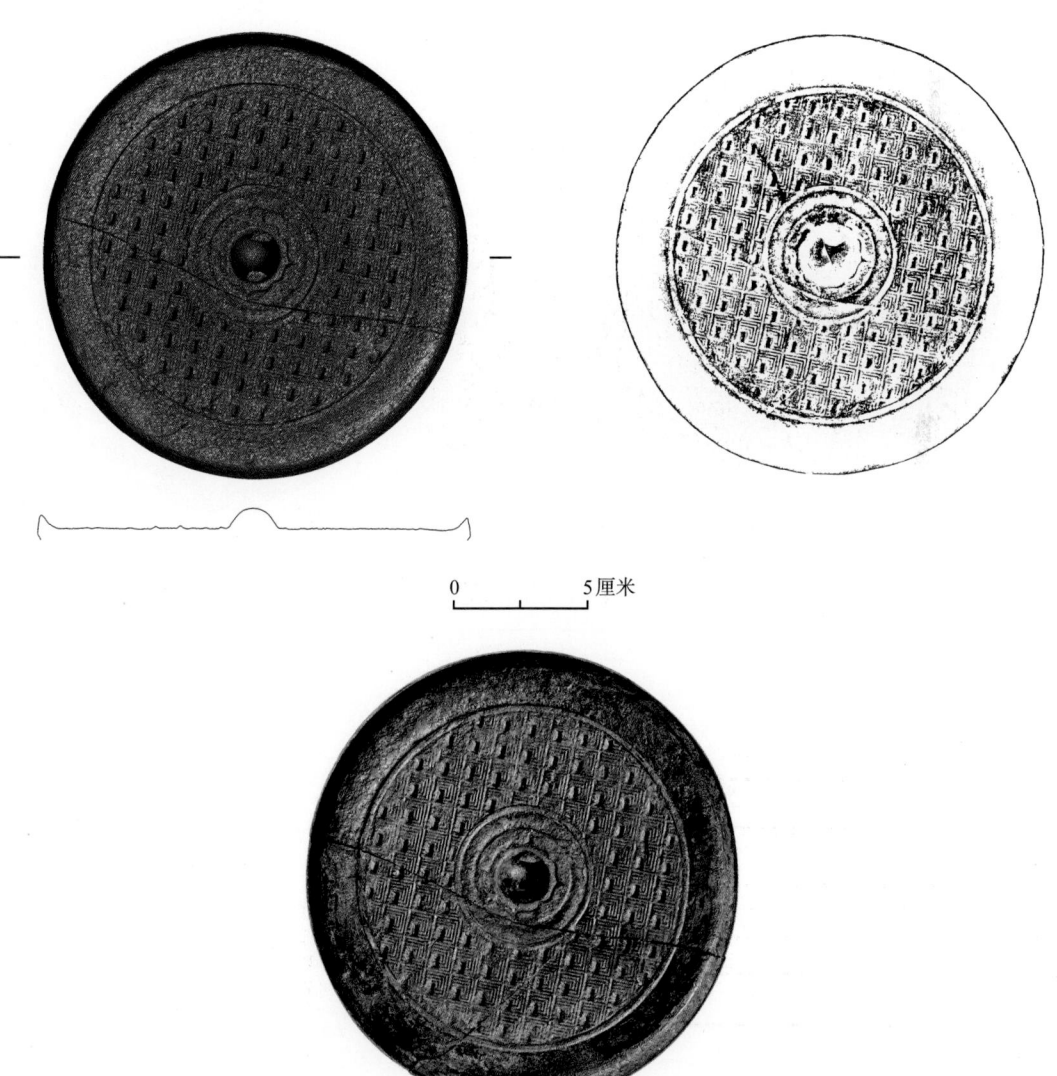

图1-69 羽状地纹镜（LZJ-2019-356）三维模型、拓本与照片

（七）羽状地纹镜

考察编号： LZJ-2019-358（原编号"淄江花园J组团M209出土镜"）

特征描述： 半球形钮，半圆形钮孔，柿蒂形钮座。钮座外一周宽凹弧面圈带。圈带外侧两周凸弦纹圈带间为主纹区。主纹区饰密集羽状地纹。十六内向连弧纹缘，缘边稍斜。镜面、镜背黑亮，局部覆有少量绿色锈。银白色材质。外区、凹带、钮座经过研磨。羽状地纹局部有砂崩现象。外区内周残存较少放射状八分分割线痕迹。镜面残留织物包裹痕迹（图1-70）。

尺寸与重量： 面径12.5、缘厚0.4、钮径1.6、钮高0.6厘米，镜面弧度0.1厘米。重330克。

收藏机构： 淄博市临淄区齐文化发展研究中心

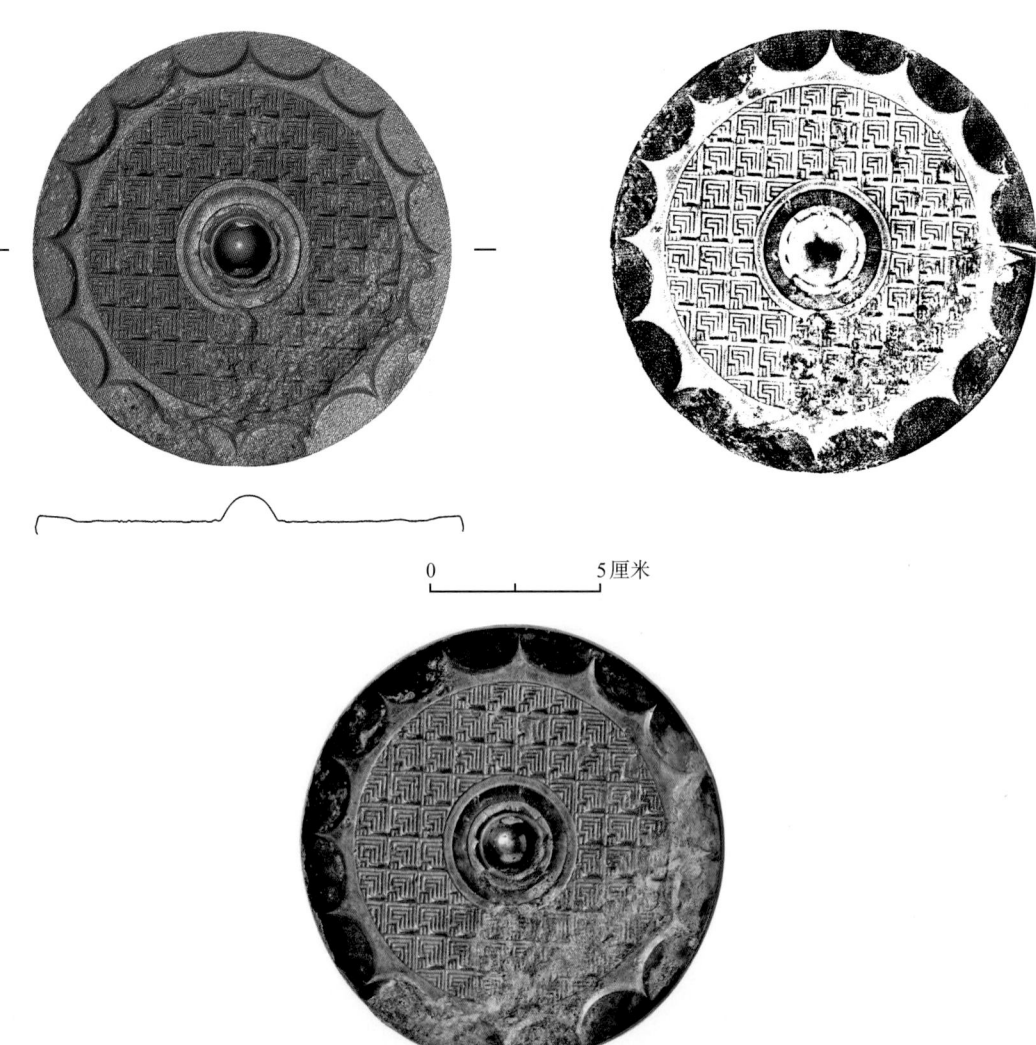

0　　　　　5厘米

图1-70　羽状地纹镜（LZJ-2019-358）三维模型、拓本与照片

六、弦 纹 镜

（一）连弧纹带四乳弦纹镜

考察编号：LZJ-2019-031（原编号"淄江花园A03M143：1"）

特征描述：三弦钮，半圆形钮孔。钮外两周宽凹弧面圈带。外侧圈带贯穿四枚对称分布的乳丁。其外侧饰十六内向连弧纹带。连弧纹带外侧饰一周单线斜向栉齿纹带。凸形缘，缘边稍斜。锈迹较多。镜面覆有红、绿色锈并残存织物包裹痕迹。镜背有少量绿色锈（图1-71）。

尺寸与重量：面径12.9、缘厚0.4、钮径1.2、钮高0.4厘米，镜面弧度0厘米。重183克。

收藏机构：淄博市临淄区齐文化发展研究中心

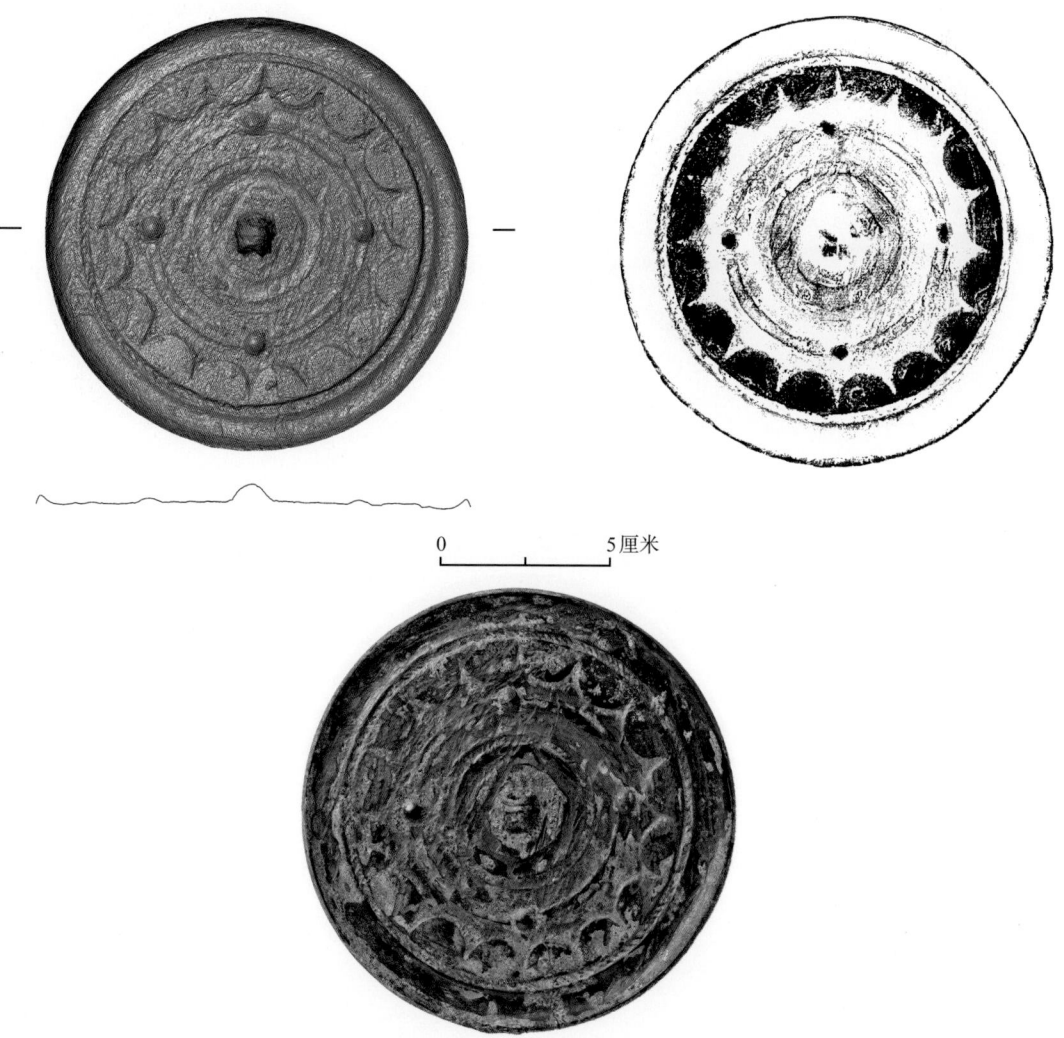

0   5厘米

图1-71 连弧纹带四乳弦纹镜（LZJ-2019-031）三维模型、拓本与照片

（二）连弧纹带四乳弦纹镜

考察编号： LZJ-2019-033（原编号"淄江花园J组团M303出土镜"）

特征描述： 三弦钮，半圆形钮孔。钮外三周凹弧面圈带，中间圈带贯穿对称分布的四枚乳丁。外侧圈带内侧饰十六内向连弧纹带。匕形缘。锈迹较多。镜面覆有绿色锈，附着有机质。镜背经清理，有少量绿色锈。钮座、凹弧面、乳丁、外区经过研磨（图1-72；图版4-1）。

尺寸与重量： 面径10.3、缘厚0.3、钮径1.0×0.6、钮高0.3厘米，镜面弧度0.1厘米。重111克。

收藏机构： 淄博市临淄区齐文化发展研究中心

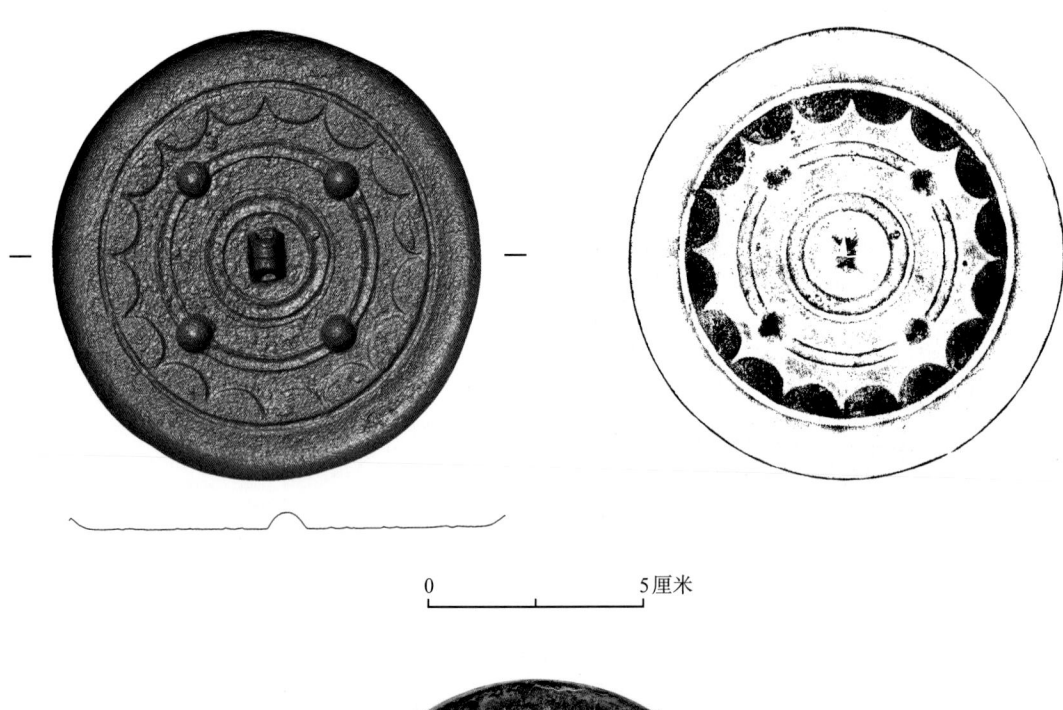

0　　　　　　　5厘米

图1-72　连弧纹带四乳弦纹镜（LZJ-2019-033）三维模型、拓本与照片

（三）连弧纹带四乳弦纹镜

考察编号： LZJ-2019-079（原编号"金鼎绿城三期M125：1"）

特征描述： 三弦钮，半圆形钮孔。钮外三周宽凹弧面圈带。中间圈带贯穿对称分布的四枚乳丁，外侧圈带内侧饰有一周十六内向连弧纹带。匕形缘，缘边稍斜。镜面、镜背局部有蓝、绿色锈。银白色材质。凹弧面、乳丁、外区经过研磨。凹弧面似有刮痕。有微量凹线痕迹（图1-73）。

尺寸与重量： 面径8.4、缘厚0.3、钮径0.8×0.7、钮高0.4厘米，镜面弧度0.1厘米。重46克。

收藏机构： 淄博市临淄区齐文化发展研究中心

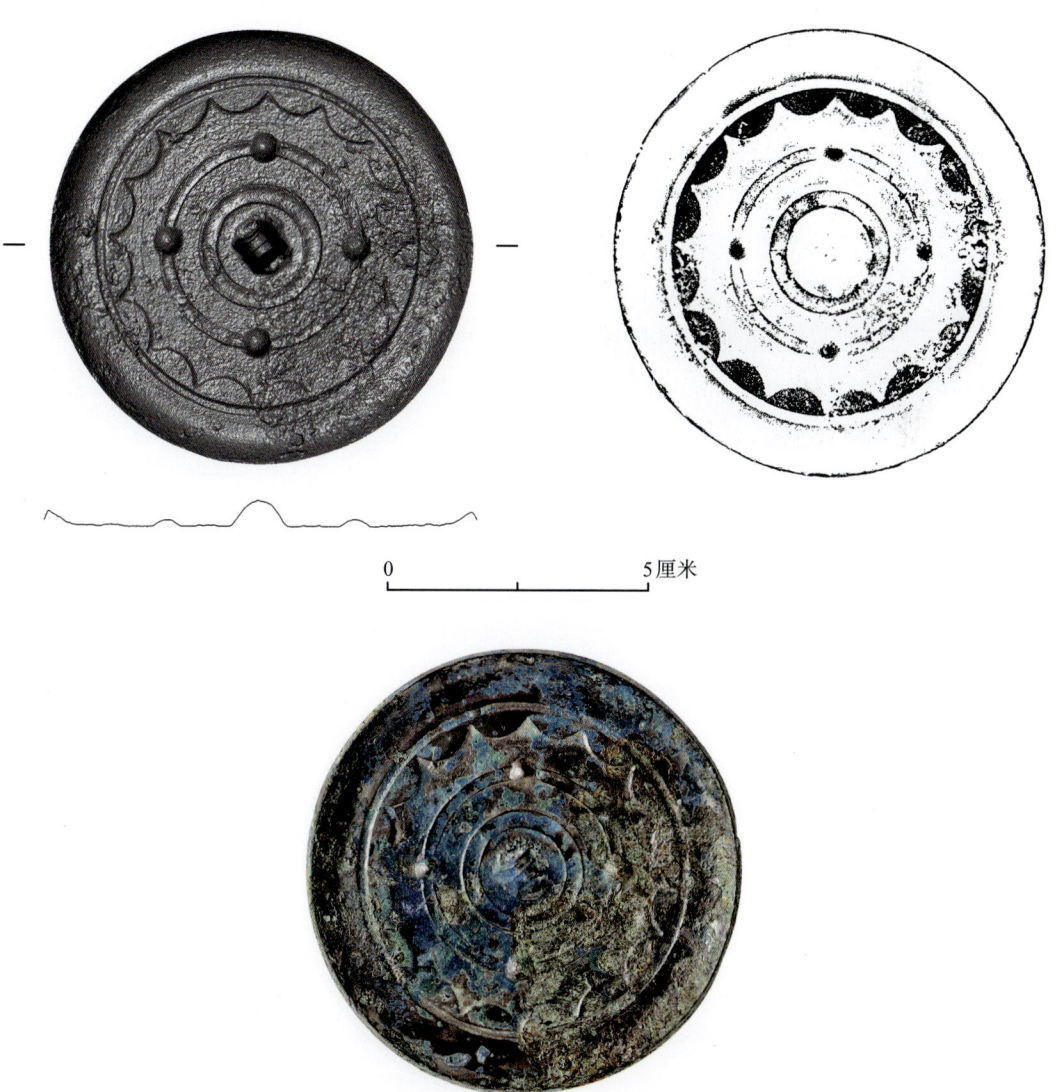

图1-73 连弧纹带四乳弦纹镜（LZJ-2019-079）三维模型、拓本与照片

（四）连弧纹带四乳弦纹镜

考察编号： LZJ-2019-081（原编号"光明小区二期M114：2"）

特征描述： 三弦钮，半圆形钮孔。钮外三周宽凹弧面圈带。中间凹弧面圈带贯穿对称分布的四枚乳丁。外侧凹弧面圈带内侧饰有一周十二内向连弧纹带。匕形缘，缘边稍斜。镜面有少量绿色锈。镜背有少量蓝、绿色锈。银白色材质。凹弧面、乳丁、外区经过研磨。凹弧面有刮痕（图1-74）。

尺寸与重量： 面径9.7、缘厚0.3、钮径1.2×0.9、钮高0.4厘米，镜面弧度0.05厘米。重86克。

收藏机构： 淄博市临淄区齐文化发展研究中心

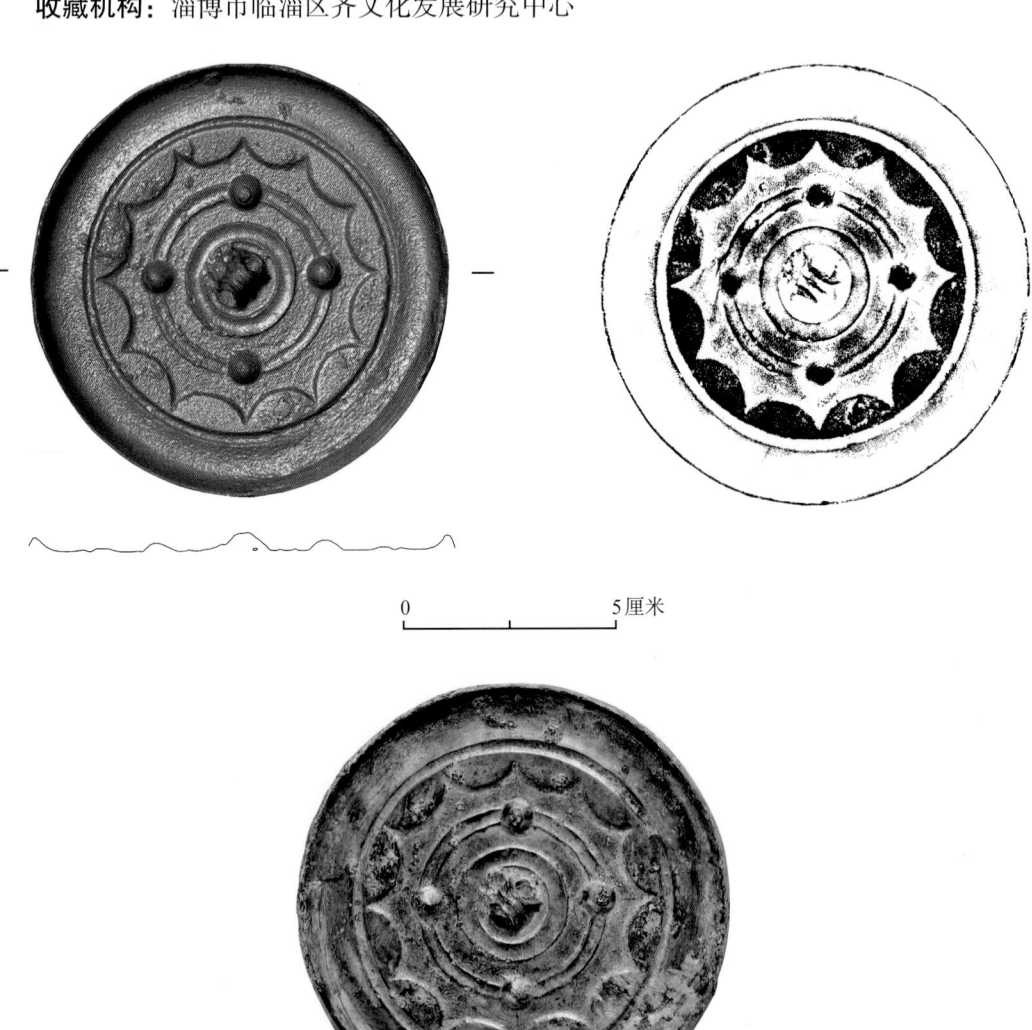

0 ————— 5厘米

图1-74　连弧纹带四乳弦纹镜（LZJ-2019-081）三维模型、拓本与照片

（五）凸线连弧纹镜

考察编号： LZJ-2019-122（原编号"临淄博物院 M223∶1"）

特征描述： 三弦钮，半圆形钮孔。钮外一周宽凹弧面圈带。圈带外侧饰单凸线九内向连弧纹。匕形缘，缘边稍斜。镜面、镜背局部有红、绿色锈。银白色材质。凹弧面、内区、外区经过研磨。凹弧面似有刮痕（图1-75）。

尺寸与重量： 面径11.8、缘厚0.2、钮径0.7×0.6、钮高0.6厘米，镜面弧度0.1米。重106克。

收藏机构： 淄博市临淄区齐文化发展研究中心

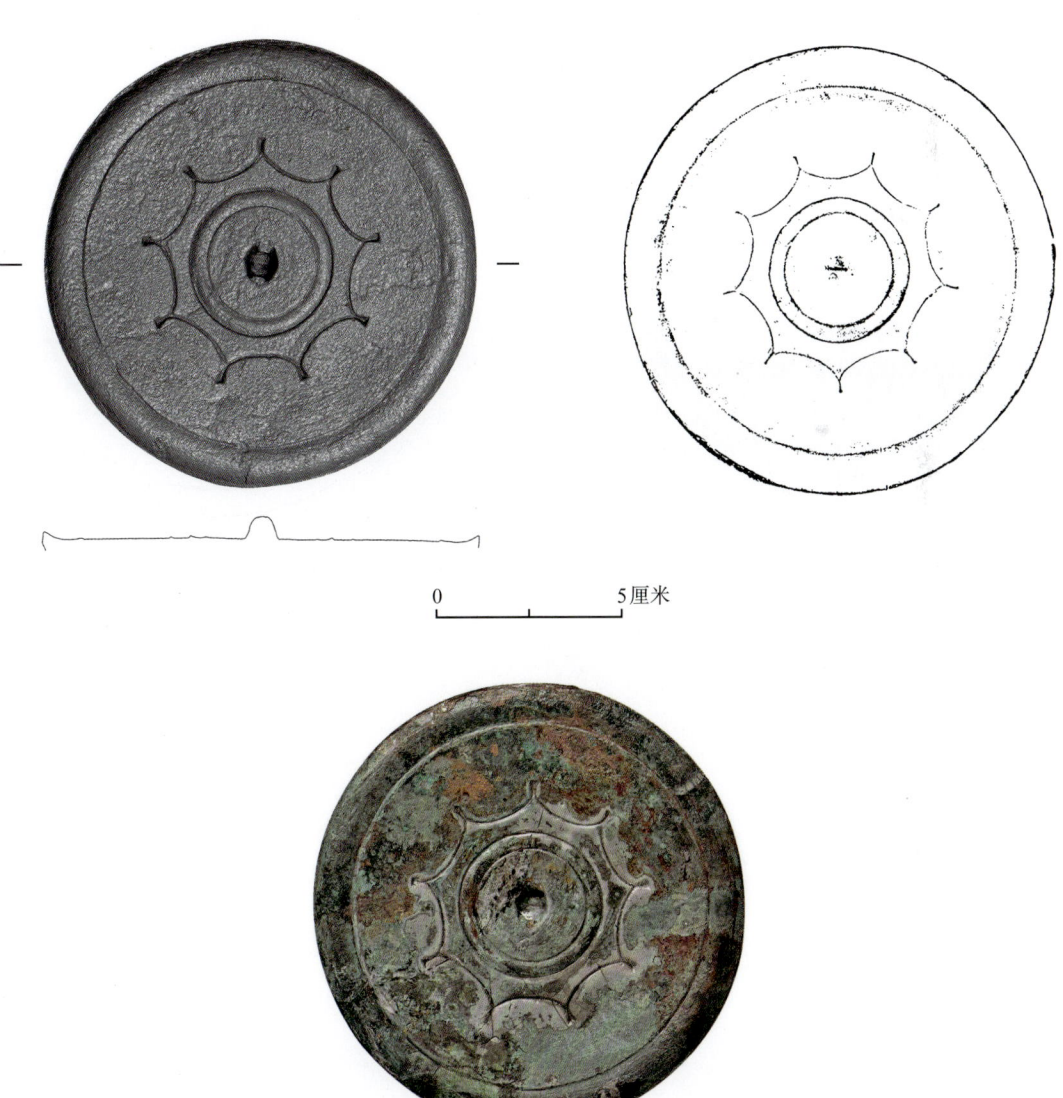

图1-75 凸线连弧纹镜（LZJ-2019-122）三维模型、拓本与照片

（六）弦纹镜

考察编号： LZJ-2019-124（原编号"西高小区C组团M1∶1"）

特征描述： 三弦钮，半圆形钮孔。钮外一周宽凹弧面圈带。圈带外侧饰两周单线凸弦纹带。凸形缘，缘边稍斜。锈迹较多，镜面覆有红、蓝、绿色锈。镜背覆有蓝、绿色锈。银白色材质。凹弧面圈带、内区、外区经过研磨。凹弧面似有刮痕（图1-76）。

尺寸与重量： 面径10.9、缘厚0.3、钮径0.9×0.5、钮高0.5厘米，镜面弧度0.1厘米。重79克。

收藏机构： 淄博市临淄区齐文化发展研究中心

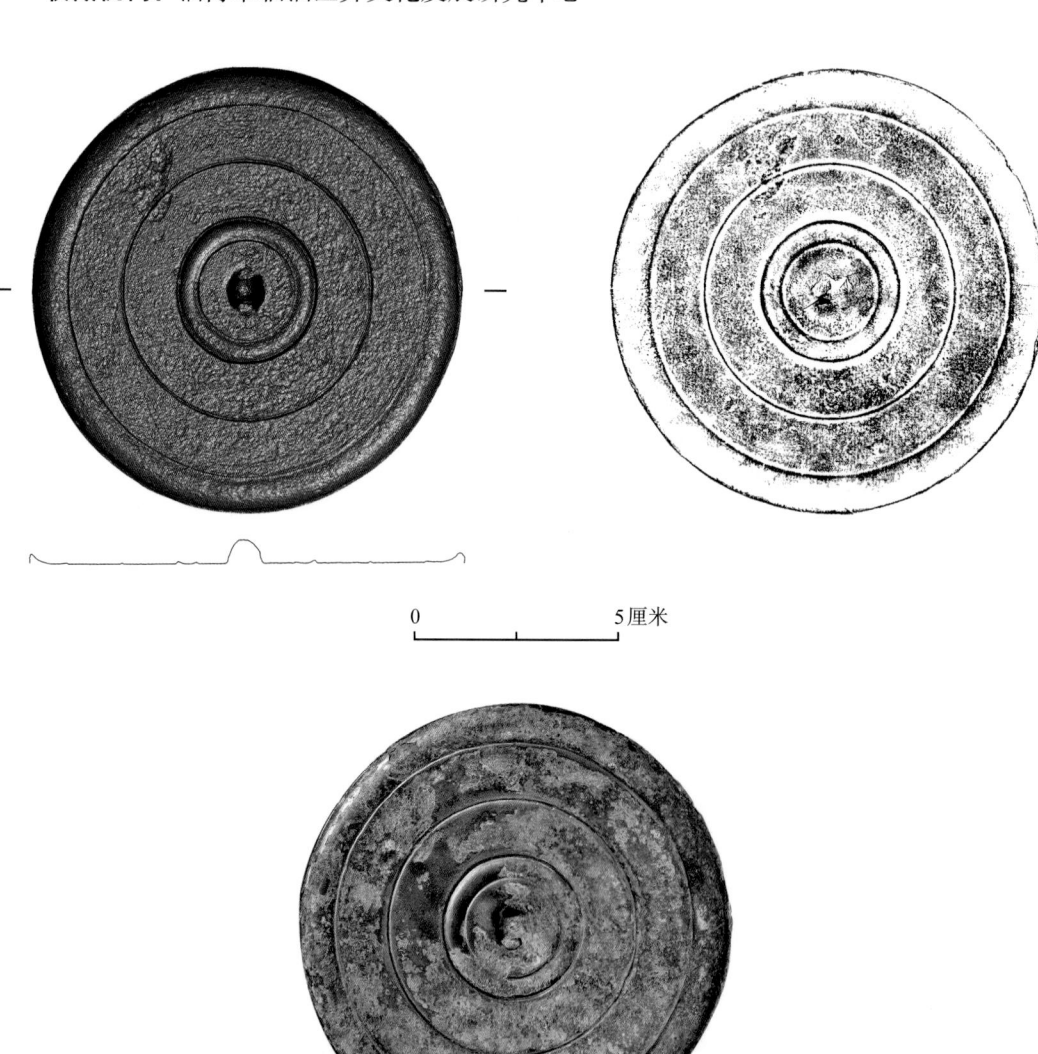

图1-76　弦纹镜（LZJ-2019-124）三维模型、拓本与照片

（七）连弧纹带四乳弦纹镜

考察编号：LZJ-2019-210（原编号"乙烯生活区 T808M049：1"）

特征描述：三弦钮，半圆形钮孔。钮外三周宽凹弧面弦纹带。中间弦纹带贯穿对称分布的四枚乳丁。外侧弦纹带内侧饰有一周十六内向连弧纹带。匕形缘，缘边稍斜。镜面满覆绿色锈，镜背有少量绿色锈（图1-77）。

尺寸与重量：面径11.8、缘厚0.5、钮径1.4×1.0、钮高0.4厘米，镜面弧度0.1厘米。重182克。

收藏机构：山东省文物考古研究院

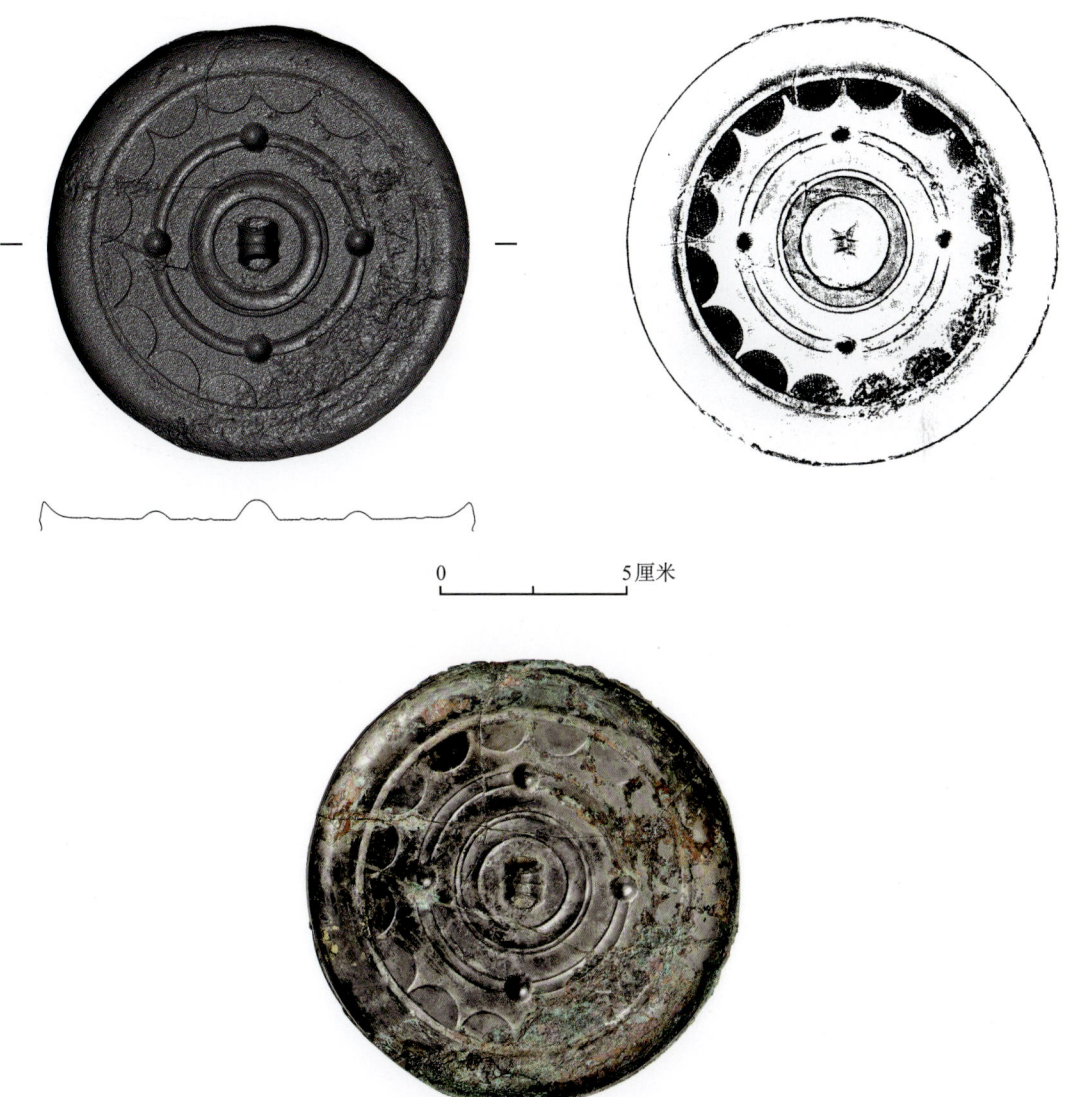

0   5厘米

图1-77　连弧纹带四乳弦纹镜（LZJ-2019-210）三维模型、拓本与照片

（八）凸线连弧纹镜

考察编号：LZJ-2019-211（原编号"乙烯生活区 T811M004：2"）

特征描述：桥形钮，半圆形钮孔。钮外一周宽凹弧面圈带。主纹区饰单凸线十一内向连弧纹带。缘内侧有一周单凸线弦纹带。匕形缘。镜面、镜背残存织物包裹痕迹。钮孔内残存丝织物。镜面、镜背大部覆有绿色锈。镜体残缺（图1-78）。

尺寸与重量：面径10.7、缘厚0.4、钮径0.7、钮高0.6厘米，镜面弧度0.1厘米。重94克。

收藏机构：山东省文物考古研究院

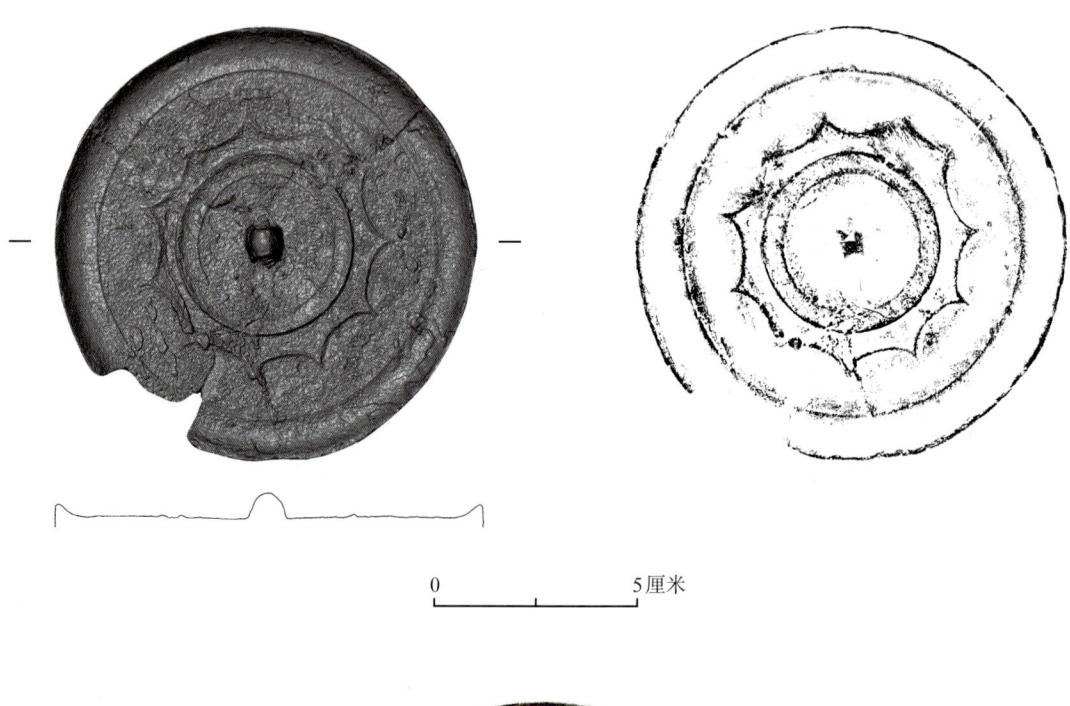

0　　　　　　　5厘米

图1-78　凸线连弧纹镜（LZJ-2019-211）三维模型、拓本与照片

（九）凸线连弧纹镜

考察编号： LZJ-2019-223（原编号"乙烯生活区T905M024：3"）

特征描述： 三弦钮，半圆形钮孔。钮外一周宽凹弧面圈带。圈带外侧饰单凸线九内向连弧纹。缘内侧有一周单凸线弦纹带。匕形缘，缘边稍斜。锈迹较多。镜面覆一层绿色锈，局部有少量红色锈。镜背覆有红、绿色锈（图1-79）。

尺寸与重量： 面径9.6、缘厚0.2、钮径0.7×0.8、钮高0.4厘米，镜面弧度0.1厘米。重51克。

收藏机构： 山东省文物考古研究院

0　　　　　　　5厘米

图1-79　凸线连弧纹镜（LZJ-2019-223）三维模型、拓本与照片

（二）见日之光四乳单层草叶纹镜

考察编号：LZJ-2019-003（原编号"淄江花园北五区M422出土镜"）

特征描述：半球形钮，半圆形钮孔。钮外单凸弦纹方框与外侧宽凹弧面方框间为铭文区。铭文区填以右旋读"见日之明天下大明"八字铭文，每面两字。文字方向按读写顺序纵向排列。铭文框四角内侧饰斜线方格，外侧饰花叶纹。铭文框四边外侧中部各有一小乳丁，乳丁外侧有一桃形花苞，两侧各饰一单层草叶纹。十六内向连弧纹缘。镜背大部分覆有绿色锈，局部覆有褐色锈。镜面大部分覆有红色锈。近缘部覆有绿色锈（图1-82）。

尺寸与重量：面径9.8、缘厚0.1、钮径0.8、钮高0.5厘米，镜面弧度0.1厘米。重65克。

收藏机构：淄博市临淄区齐文化发展研究中心

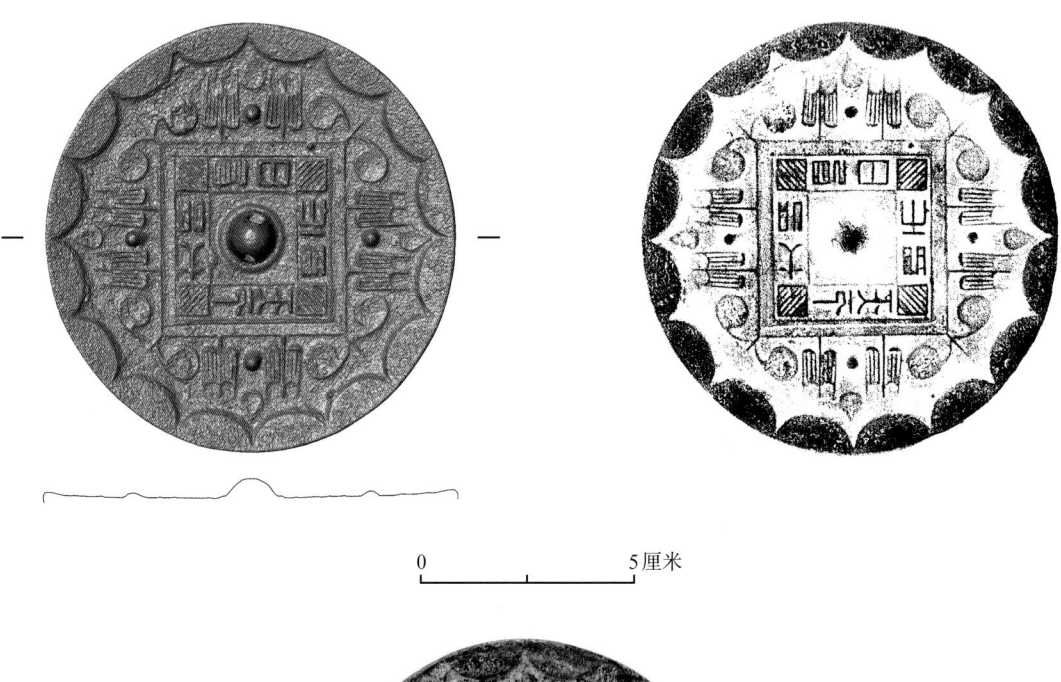

0　　　　　　　　　　5厘米

图1-82　见日之光四乳单层草叶纹镜（LZJ-2019-003）三维模型、拓本与照片

（三）见日之光四乳单层草叶纹镜

考察编号： LZJ-2019-004（原编号"永流小区 M149 ∶ 1"）

特征描述： 半球形钮，半圆形钮孔，柿蒂形钮座。钮座外单凸弦纹方框与外侧宽凹弧面方框间为铭文区。铭文区填以右旋读"见日之光天下大明"八字铭文，每面两字。文字方向按读写顺序纵向排列。铭文框四角内侧饰斜线方格，外侧饰花叶纹。铭文框四边外侧中部各有一小乳丁，乳丁向外伸出一道射线。乳丁两侧各饰一单层草叶纹。十六内向连弧纹缘。缘内可见一周圆形设计线。镜背光洁，镜面局部覆有绿色锈。银白色材质。方格及草叶纹上有刮痕。花叶纹、乳丁上有范伤。外区内侧残留镜背分割线（图1-83）。

尺寸与重量： 面径9.7、缘厚0.1、钮径1.1、钮高0.5厘米，镜面弧度0厘米。重80克。

收藏机构： 淄博市临淄区齐文化发展研究中心

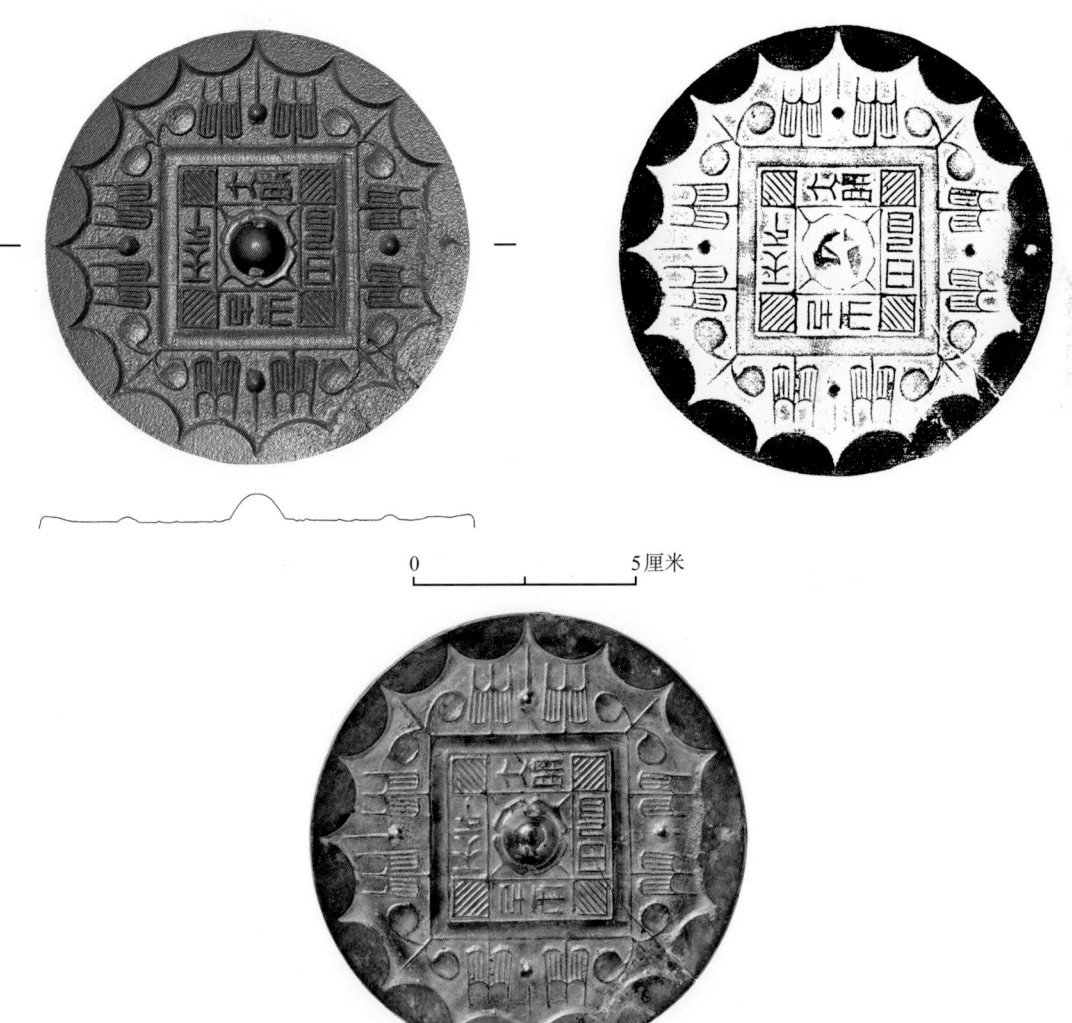

0   5厘米

图1-83   见日之光四乳单层草叶纹镜（LZJ-2019-004）三维模型、拓本与照片

（四）见日之光四乳单层草叶纹镜

考察编号： LZJ-2019-005（原编号"峰尚国际小区M257：1"）

特征描述： 半球形钮，半圆形钮孔，柿蒂形钮座。钮座外单凸弦纹方框与外侧宽凹弧面方框间为铭文区。铭文区填以右旋读"见日之明天下大明"八字铭文，每面两字。文字方向按读写顺序纵向排列。铭文框四角内侧饰斜线方格，外侧饰花叶纹。铭文框四边外侧中部各有一小乳丁。乳丁外侧各有一桃形花苞，两侧各有一单层草叶纹。十六内向连弧纹缘。锈迹较多，镜面、镜背覆满绿色锈（图1-84）。

尺寸与重量： 面径9.4、缘厚0.1、钮径0.9、钮高0.3厘米，镜面弧度0厘米。重68克。

收藏机构： 淄博市临淄区齐文化发展研究中心

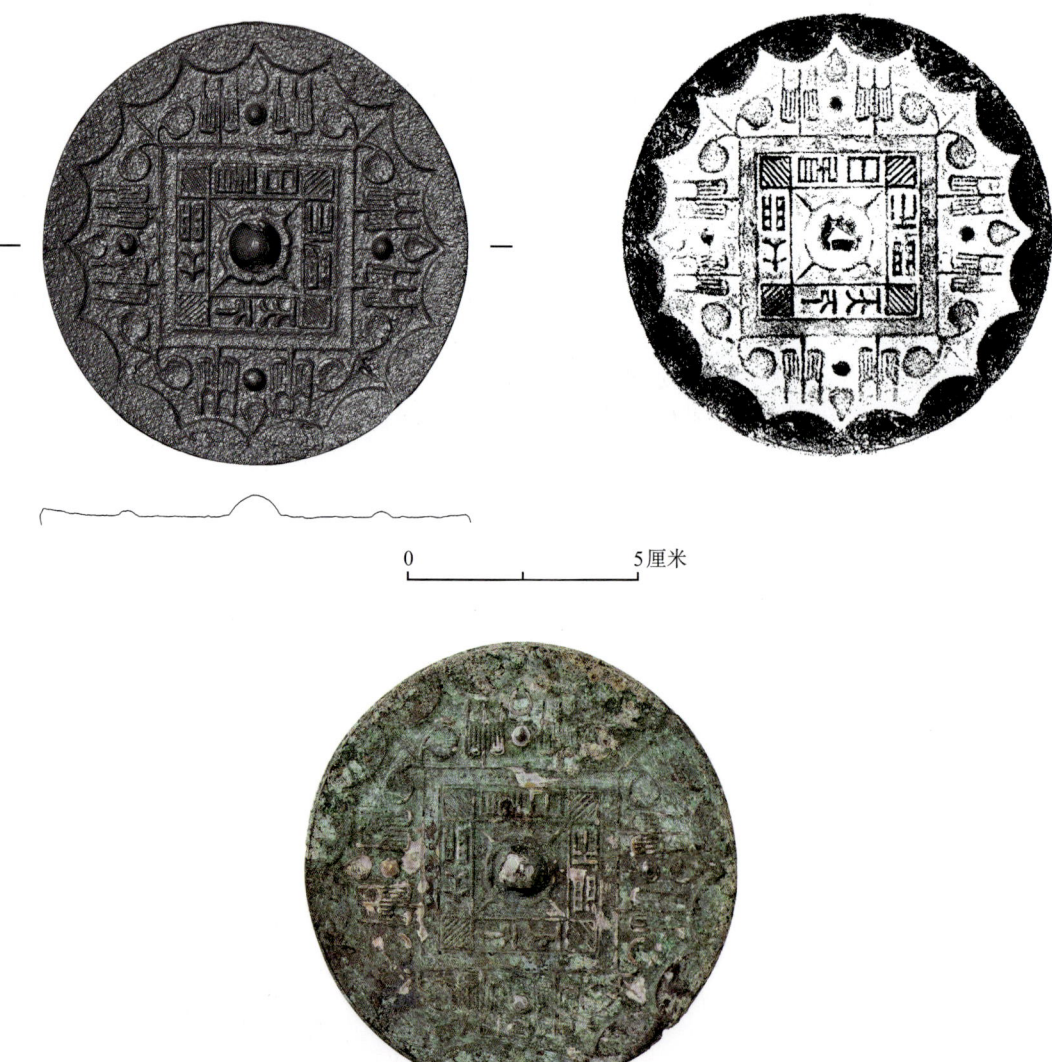

0　　　　　　　5厘米

图1-84　见日之光四乳单层草叶纹镜（LZJ-2019-005）三维模型、拓本与照片

（五）见日之光变体草叶纹镜

考察编号： LZJ-2019-006（原编号"光明小区二期M174出土镜"）

特征描述： 半球形钮，半圆形钮孔，柿蒂形钮座。钮孔一边有明显凹陷或不清晰。钮座外单凸弦纹方框与外侧宽凹弧面方框间为铭文区。铭文区填以右旋读"见日之光天下大明"八字铭文，每面两字。文字方向按读写顺序纵向排列。铭文框四角内、外侧各饰一桃形花苞，四边外侧中部饰有单层草叶纹。草叶纹两侧饰花叶纹。十六内向连弧纹缘。缘边稍斜。锈迹较多，镜面、镜背覆红、绿色锈（图1-85）。

尺寸与重量： 面径10.3、缘厚0.3、钮径1.3、钮高0.5厘米，镜面弧度0.1厘米。重107克。

收藏机构： 淄博市临淄区齐文化发展研究中心

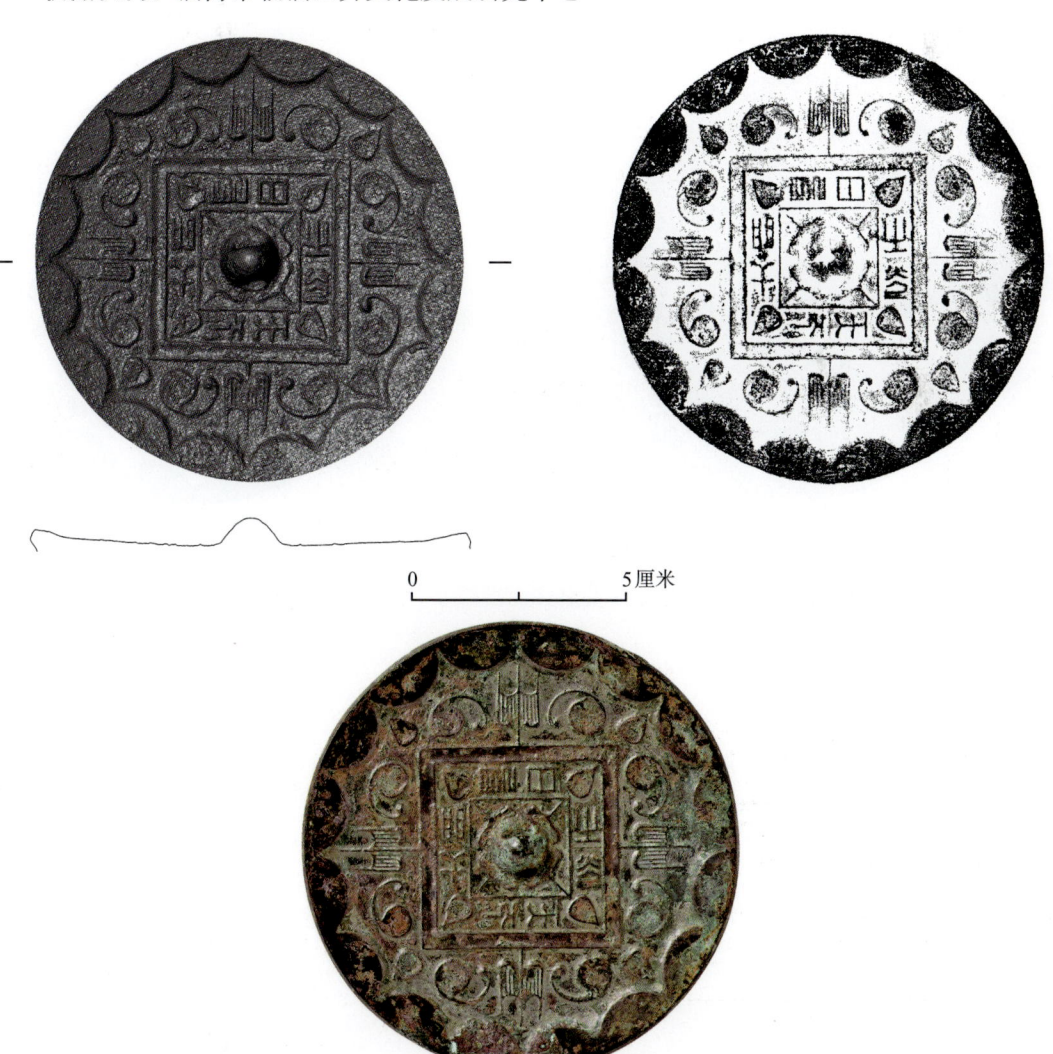

图1-85 见日之光变体草叶纹镜（LZJ-2019-006）三维模型、拓本与照片

（六）见日之光四乳双层草叶纹镜

考察编号： LZJ-2019-007（原编号"淄江花园M34：1"）

特征描述： 半球形钮，半圆形钮孔，柿蒂形钮座。钮座外窄凹弧面方框与外侧宽凹弧面方框间为铭文区。铭文区填以右旋读小篆体"见日之光长毋相忘"八字铭文，每面两字。文字方向按读写顺序纵向排列。铭文区四角内侧饰三角形回纹方格，外侧饰枝叶花苞。铭文框四边外侧中部对称分布四枚圆台座乳丁。乳丁外侧有一桃形花苞，两侧各饰一组双层草叶纹。十六内向连弧纹缘。花叶、花苞、凹弧面有刮痕。连弧纹缘上有刻划痕迹。银白色材质。钮座、乳丁、方格经过研磨。外区内侧残留镜背分割线。镜背银白光洁，镜面大部分光洁，局部有绿色锈（图1-86）。

尺寸与重量： 面径13.8、缘厚0.4、钮径1.9、钮高0.7厘米，镜面弧度0.1厘米。重458克。

收藏机构： 淄博市临淄区齐文化发展研究中心

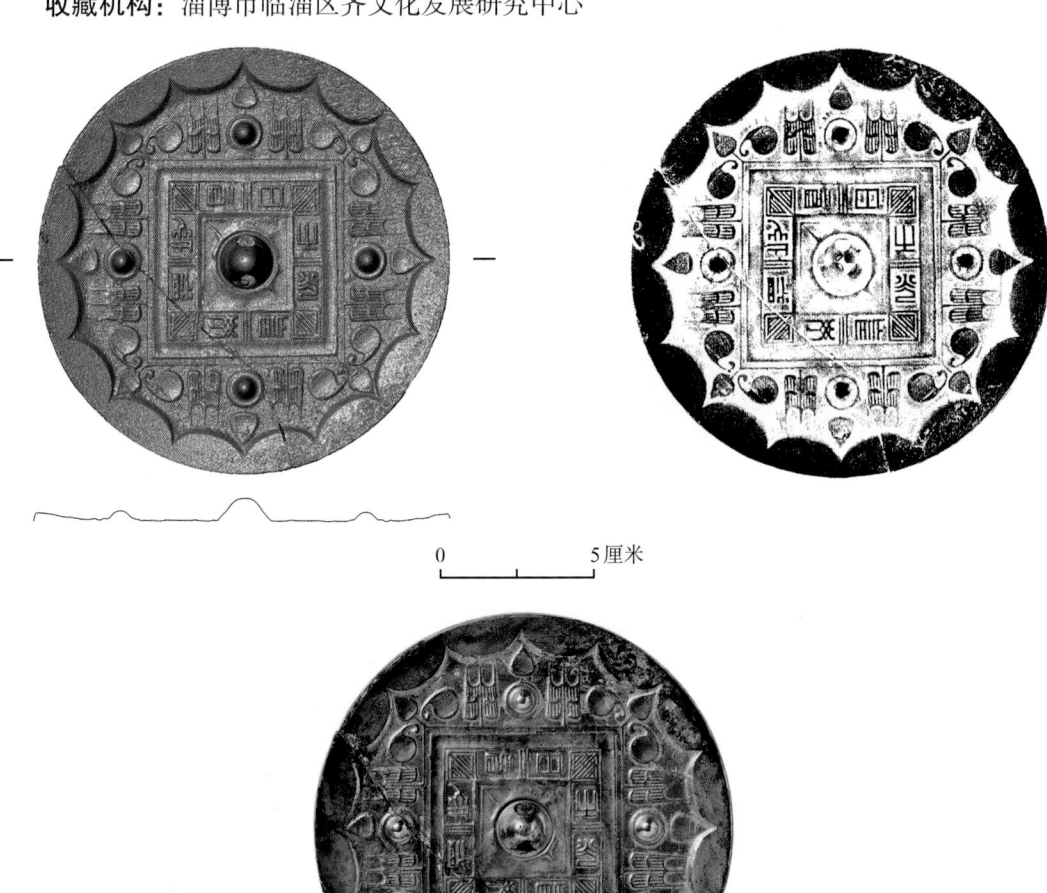

0   5厘米

图1-86　见日之光四乳双层草叶纹镜（LZJ-2019-007）三维模型、拓本与照片

（七）见日之光四乳单层草叶纹镜

考察编号： LZJ-2019-010（原编号"金鼎绿城二期M318：1"）

特征描述： 半球形钮，半圆形钮孔，柿蒂形钮座。钮座外单凸弦纹方框与外侧宽凹弧面方框间为铭文区。铭文区填以左旋读"见日之光天下大明"八字铭文，每面两字。文字方向按读写顺序纵向排列。铭文框四角内侧饰斜线方格，外侧饰花叶纹。铭文框四边外侧中部对称分布四枚小乳丁。乳丁向外伸出单射线，两侧各饰一单层草叶纹。十六内向连弧纹缘。镜背主纹区部分覆有绿色锈，镜面大部分覆有绿色锈和红色锈，局部光亮。银白色材质。方格、草叶纹有刮痕。外区内侧残留镜背分割线。花叶纹、乳丁上有范伤痕迹（图1-87）。

尺寸与重量： 面径11.7、缘厚0.2、钮径1.3、钮高0.6厘米，镜面弧度0.1厘米。重193克。

收藏机构： 淄博市临淄区齐文化发展研究中心

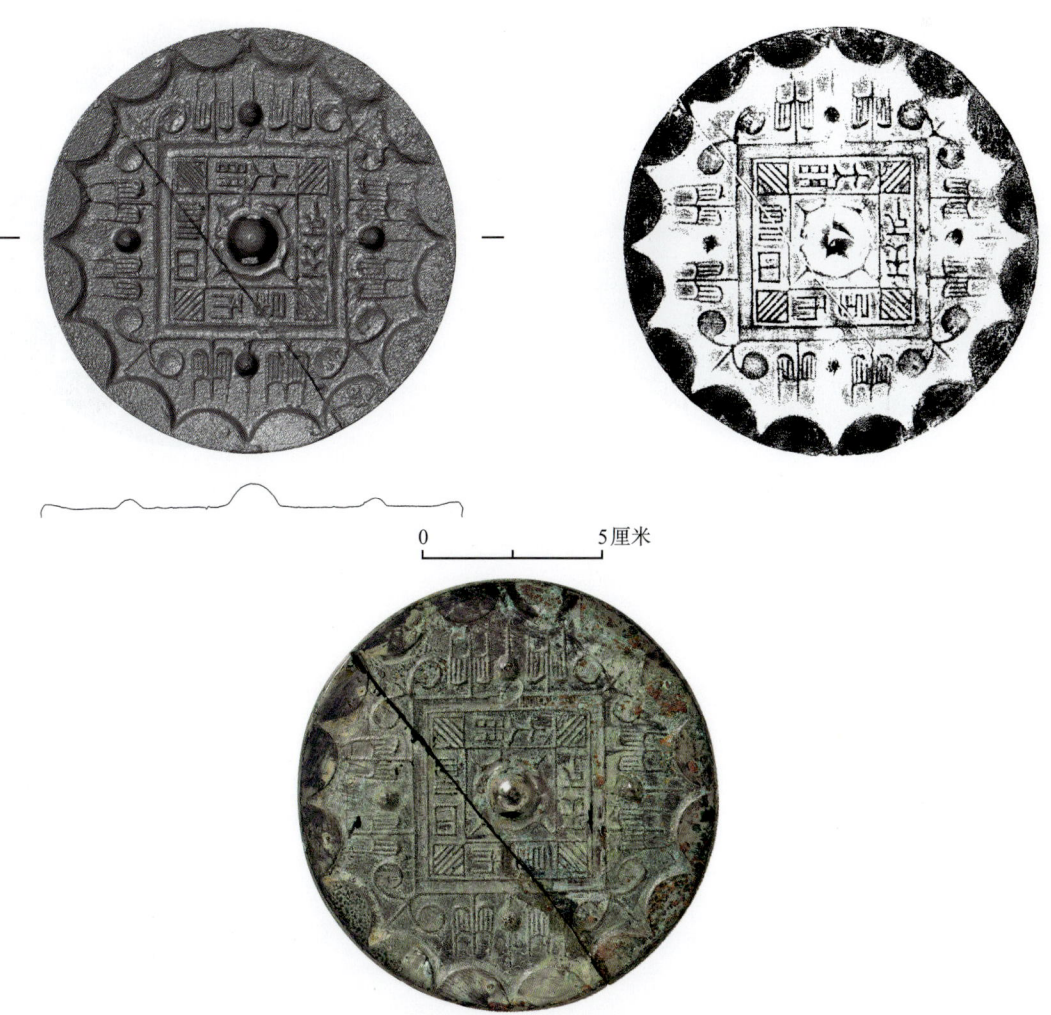

图1-87 见日之光四乳单层草叶纹镜（LZJ-2019-010）三维模型、拓本与照片

（八）见日之光四乳双层草叶纹镜

考察编号： LZJ-2019-011（原编号"淄江花园M350：1"）

特征描述： 半球形钮，半圆形钮孔，柿蒂形钮座。钮座外单凸弦纹方框与外侧宽凹弧面方框间为铭文区。铭文区填以右旋读"见日之光长乐未央"八字铭文，每面两字。文字方向按读写顺序纵向排列。铭文区四角内侧饰对称三角形回纹方格，外侧饰枝叶花苞。铭文框四边外侧中部对称饰有四枚圆台座乳丁。乳丁外侧各伸出一桃形花苞，内侧有三短线与铭文框连接，两侧各饰一组双层草叶纹。十六内向连弧纹缘。镜面大部覆有绿色锈，局部有黄色锈并残存织物痕迹。镜背覆有红、绿色锈，纹饰清晰，铭文可见。凹弧面、花叶有刮痕（图1-88）。

尺寸与重量： 面径14.2、缘厚0.4、钮径1.6、钮高0.6厘米，镜面弧度0.2厘米。重314克。

收藏机构： 淄博市临淄区齐文化发展研究中心

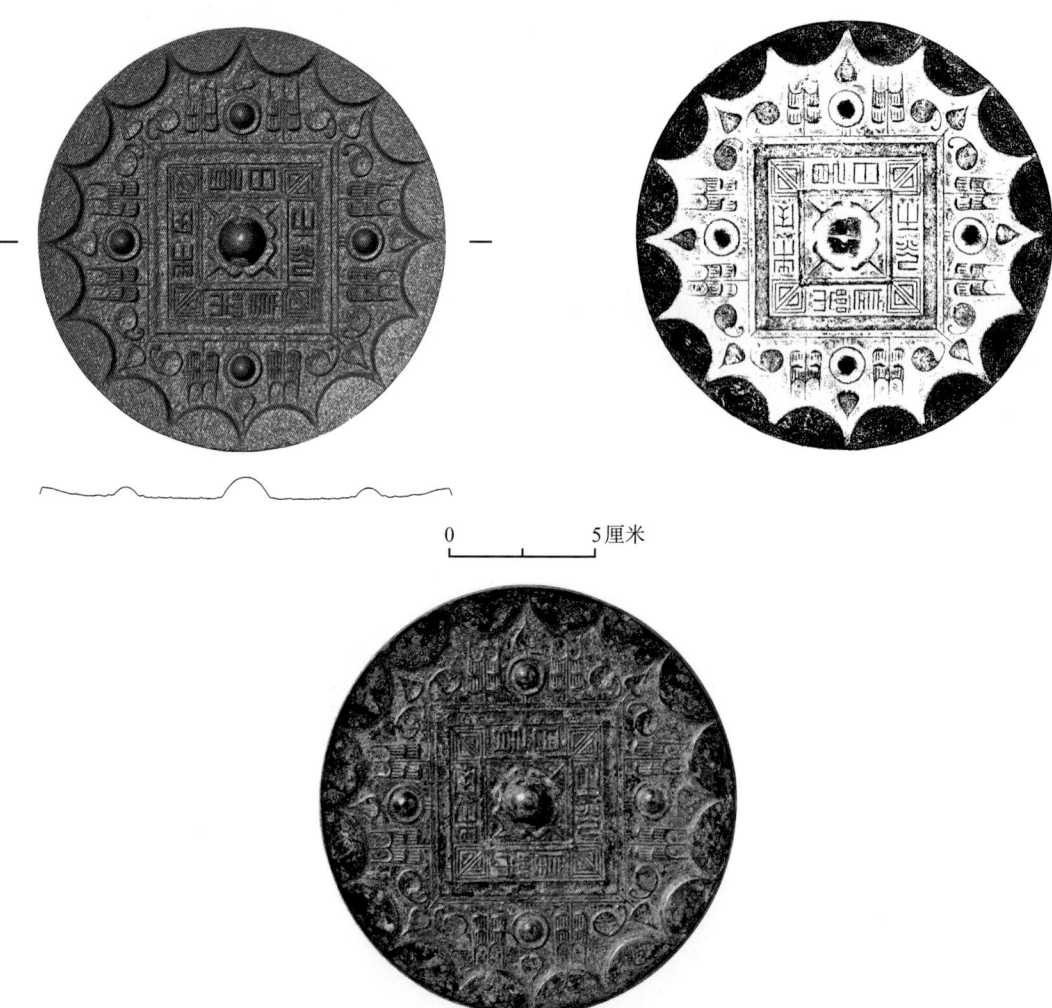

0   5厘米

图1-88   见日之光四乳双层草叶纹镜（LZJ-2019-011）三维模型、拓本与照片

（九）见日之光四乳单层草叶纹镜

考察编号： LZJ-2019-012（原编号"淄江花园北五区 M154：2"）

特征描述： 半球形钮，半圆形钮孔，柿蒂形钮座。钮座外单凸弦纹方框与外侧宽凹弧面方框间为铭文区。铭文区填以右旋读"见日之光天下大明"八字铭文，每面两字。文字方向按读写顺序纵向排列。铭文区四角内侧饰斜线方格，外侧饰花叶纹。铭文框四边外侧中部对称分布四枚小乳丁。乳丁外侧饰桃形花苞，两侧各饰一单层草叶纹。十六内向连弧纹缘，缘边稍斜。镜背、镜面有红、绿色锈，残存有织物痕迹（图1-89）。

尺寸与重量： 面径10.5、缘厚0.3、钮径0.8、钮高0.6厘米，镜面弧度0.1厘米。重105克。

收藏机构： 淄博市临淄区齐文化发展研究中心

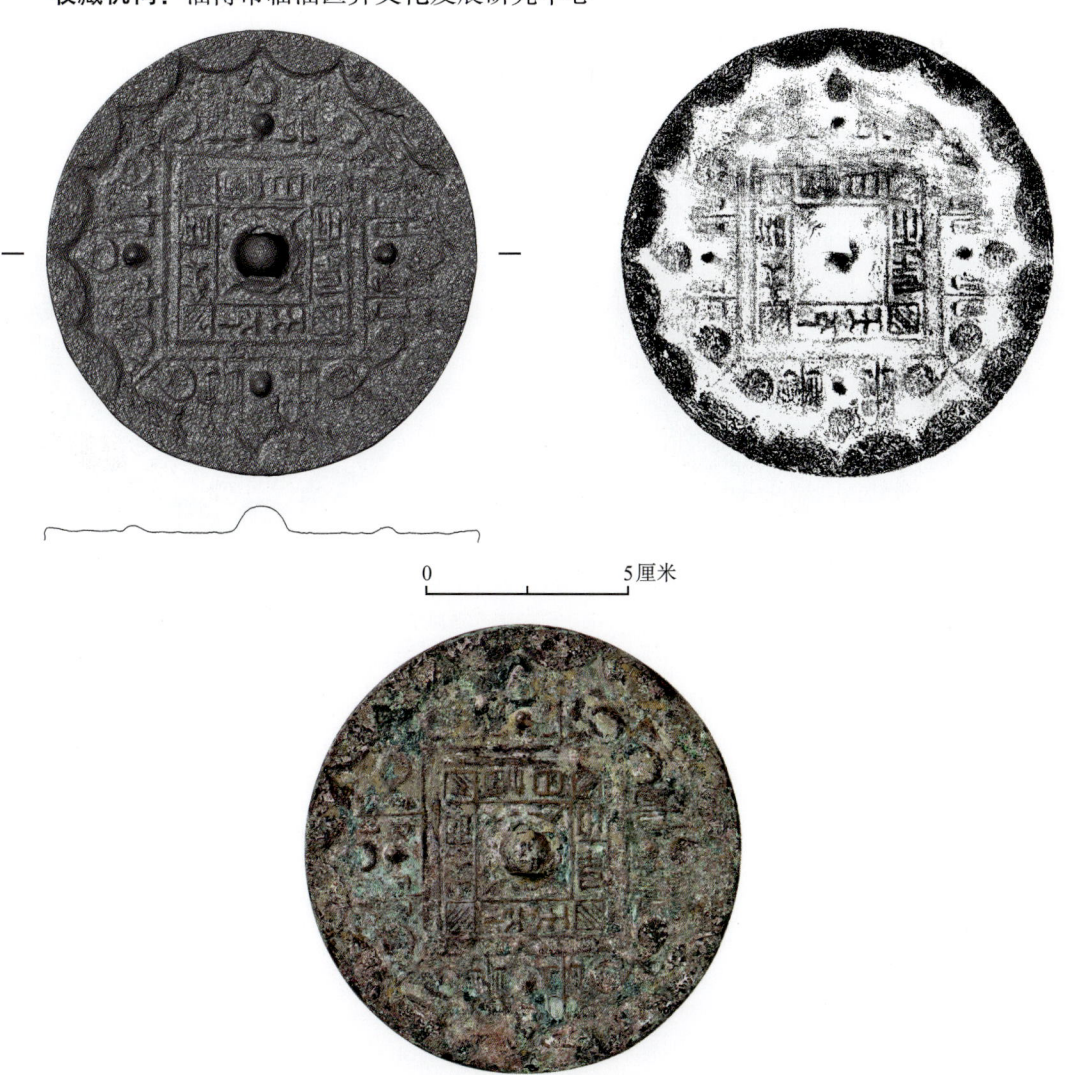

图1-89 见日之光四乳单层草叶纹镜（LZJ-2019-012）三维模型、拓本与照片

（十）见日之光四乳双层草叶纹镜

考察编号： LZJ-2019-013（原编号"峰尚国际小区 M100：1"）

特征描述： 半球形钮，半圆形钮孔，变形柿蒂形钮座。钮座外窄凹弧面方框与外侧宽凹弧面方框间为铭文区。铭文区填以左旋读"见日之光长乐未央"八字铭文，每面两字。文字方向按读写顺序纵向排列。铭文区四角内侧饰对称三角形回纹方框，外侧饰枝叶花苞。铭文框四边外侧中部对称分布四枚圆台座乳丁。乳丁外侧伸出一枝桃形花苞，内侧有三道短线与铭文框相连。乳丁两侧各饰一组双层草叶纹。十六内向连弧纹缘。缘内侧经花苞底部有一周圆形设计线。镜背缘部有红、绿色锈。镜面大部红、绿色锈交错分布。银白色材质。草叶纹有刮痕，其余皆经研磨。外区内侧残留镜背分割线。铭文两侧残留设计线痕迹（图1-90）。

尺寸与重量： 面径14.0、缘厚0.8、钮径1.5、钮高0.6厘米，镜面弧度0.2厘米。重555克。

收藏机构： 淄博市临淄区齐文化发展研究中心

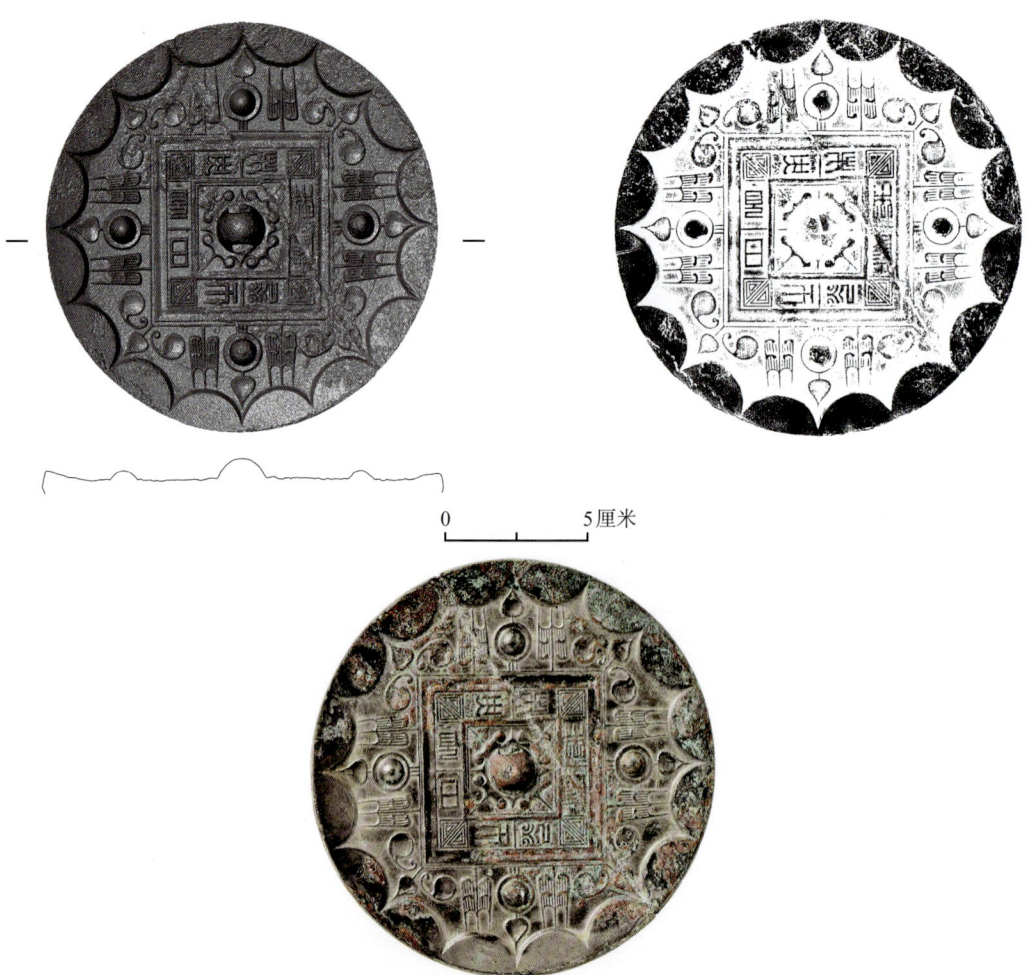

0　　　　5厘米

图1-90　见日之光四乳双层草叶纹镜（LZJ-2019-013）三维模型、拓本与照片

（十一）日有熹四乳双层草叶纹镜

考察编号： LZJ-2019-014（原编号"金鼎绿城小区 M937：1"）

特征描述： 兽形钮，半圆形钮孔。钮外两周宽凹弧面方框间为铭文区。铭文区填以右旋读"日有熹宜酒食长贵富乐毋事"十二字铭文，每面三字。文字方向按读写顺序纵向排列。铭文框四角内侧饰桃形花苞，外侧饰枝叶花苞。铭文框四边外侧中部对称分布四枚圆台座乳丁。乳丁外侧伸出一枝桃形花苞，内侧饰有对称根状纹，两侧各饰一组双层草叶纹。十六内向连弧纹缘。缘内侧经花苞底部有一周圆形设计线。镜背连弧缘部光洁，主纹区局部有绿色锈。镜面大部分覆有绿色锈，似有包裹织物痕迹。银白色材质，局部黑色。仅草叶纹有刮痕，乳丁和花瓣经过研磨。外区内侧残留镜背分割线（图 1-91）。

尺寸与重量： 面径 13.9、缘厚 0.3、钮径 1.9、钮高 0.4 厘米，镜面弧度 0.5 厘米。重287 克。

收藏机构： 淄博市临淄区齐文化发展研究中心

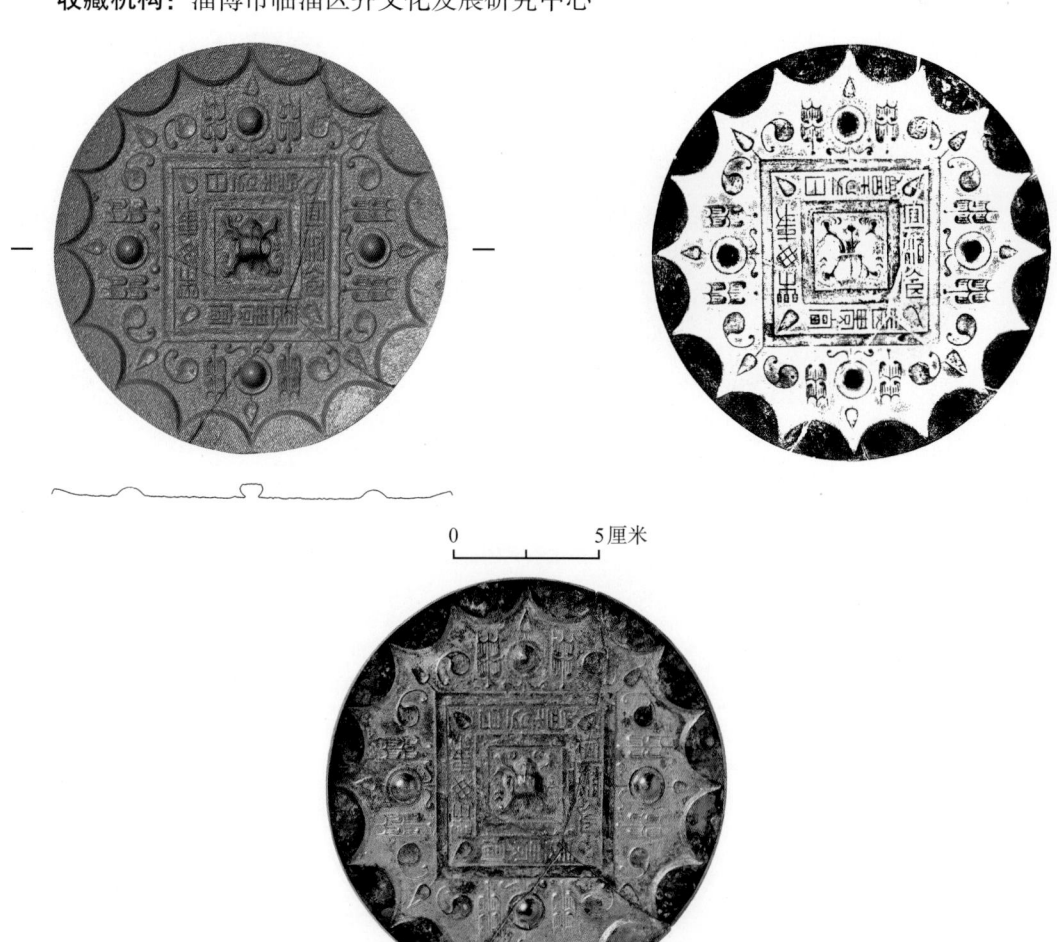

0　　　　　5厘米

图 1-91　日有熹四乳双层草叶纹镜（LZJ-2019-014）三维模型、拓本与照片

（十二）见日之光四乳单层草叶纹镜

考察编号： LZJ-2019-015（原编号"裕华小区 M33∶1"）

特征描述： 半球形钮，半圆形钮孔，柿蒂形钮座。钮座外窄凹弧面方框与外侧宽凹弧面方框间为铭文区。铭文区填以左旋读小篆体"见日之光天下大明"八字铭文，每面两字。文字方向按读写顺序纵向排列。铭文区四角内侧饰斜线方格，外侧饰花叶纹。铭文框四边外侧中部对称分布四枚小圆台座乳丁。乳丁外侧饰桃形花苞，两侧各饰一单层草叶纹。十六内向连弧纹缘，缘边稍斜。镜背有绿色锈，局部有蓝色锈。镜面满覆绿色锈（图1-92）。

尺寸与重量： 面径13.2、缘厚0.4、钮径1.4、钮高0.4厘米，镜面弧度0.1厘米。重232克。

收藏机构： 淄博市临淄区齐文化发展研究中心

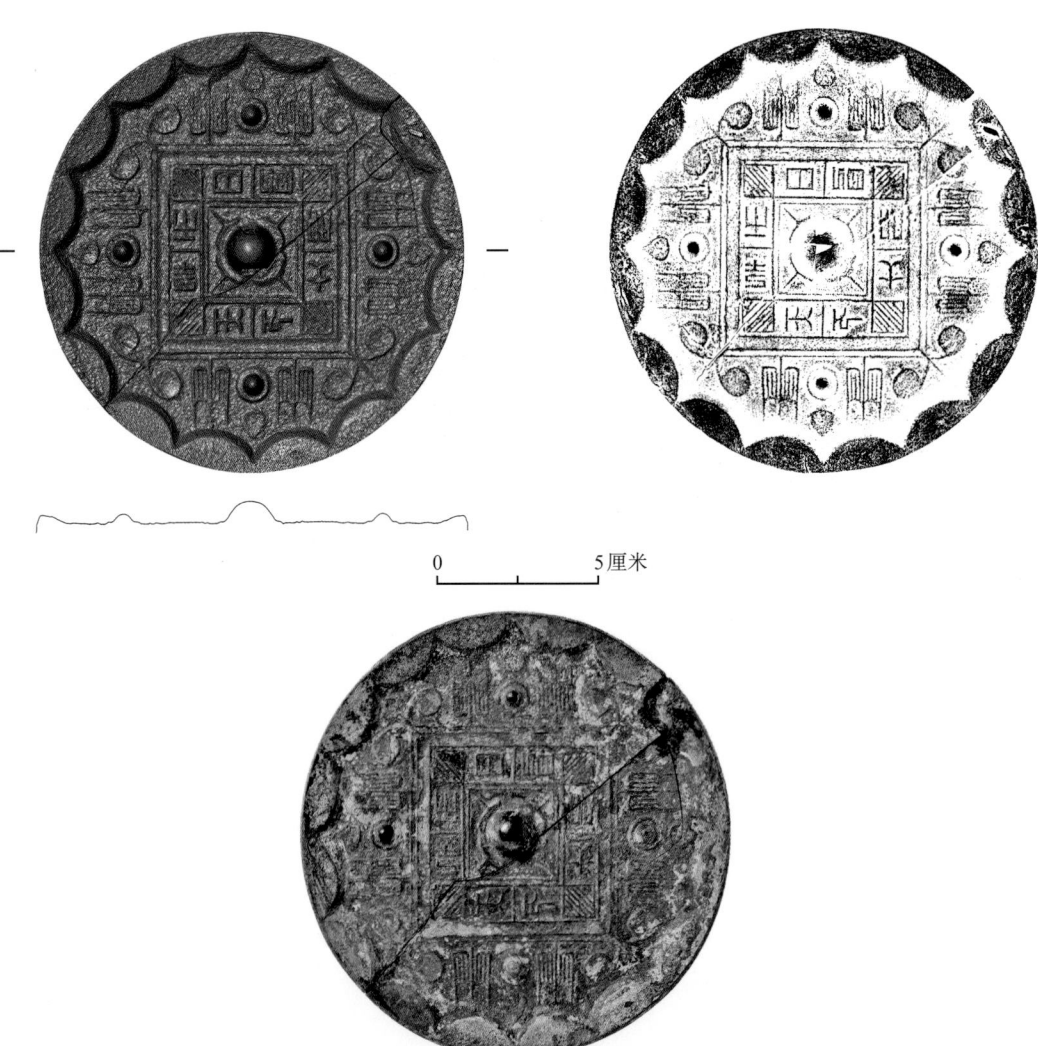

0　　　　5厘米

图1-92　见日之光四乳单层草叶纹镜（LZJ-2019-015）三维模型、拓本与照片

（十三）见日之光四乳变体草叶纹镜

考察编号：LZJ-2019-016（原编号"泰东城三期M191：1"）

特征描述：半球形钮，半圆形钮孔。钮外一周单凸弦纹方框与外侧宽凹弧面方框间为铭文区。铭文区填以右旋读"见日之光所言必当"八字铭文，每面两字。文字方向按读写顺序纵向排列。铭文区四角内侧饰桃形花苞，外侧饰花叶纹，花叶纹下部饰单层草叶纹。铭文框四边外侧中部对称分布四枚乳丁。乳丁外侧伸出一枝桃形花苞，内侧有一半椭圆形弧线与铭文框连接。乳丁两侧各饰一组变形双层草叶纹。草叶纹内侧有窄凹弧面线段与铭文框连接。十六内向连弧纹缘。镜体经修复。镜面局部有绿色锈，其他部位清晰，光亮可照人。镜背有少量绿色锈。银白色材质。草叶纹经刮削后研磨。钮座、乳丁及方格经过研磨。"之"字方向的草叶纹似有凹陷或不清晰。该铜镜纹饰结构及风格较特别，与临淄出土其他草叶纹镜明显不同（图1-93）。

尺寸与重量：面径14.1、缘厚0.3、钮径1.8、钮高0.5厘米，镜面弧度0.01厘米。重247克。

收藏机构：淄博市临淄区齐文化发展研究中心

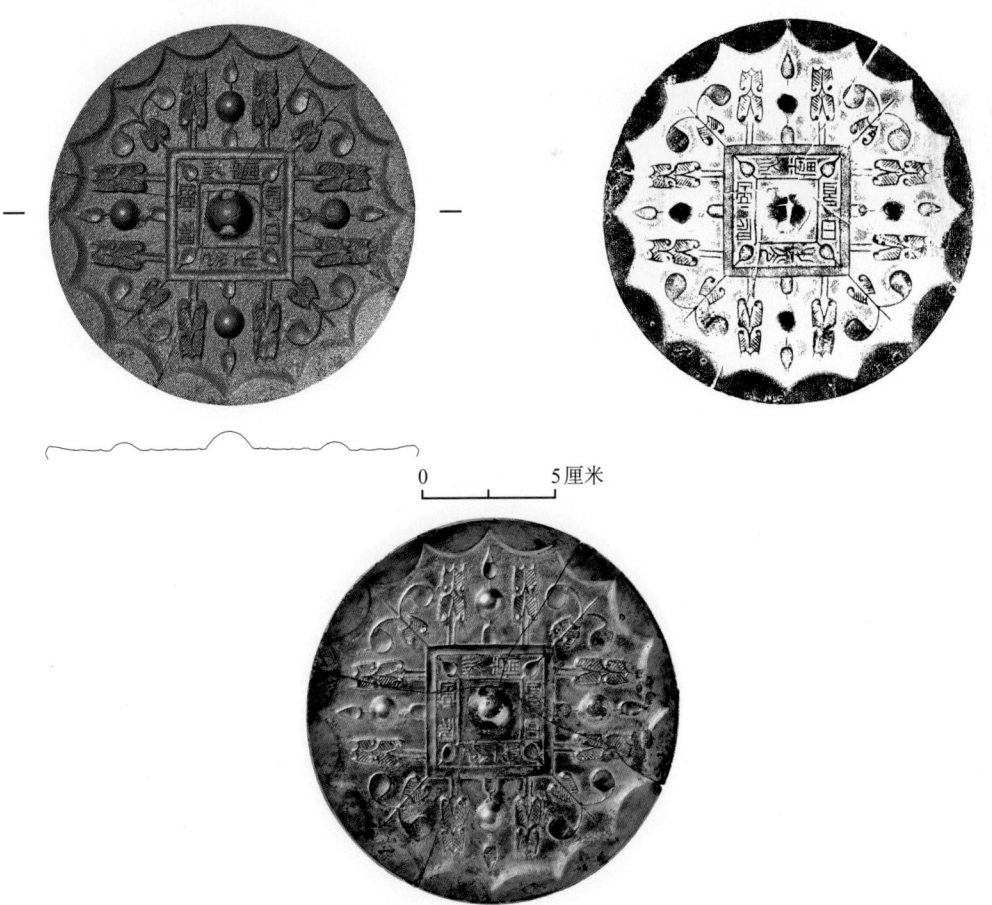

图1-93　见日之光四乳变体草叶纹镜（LZJ-2019-016）三维模型、拓本与照片

（十四）日有熹博局草叶纹镜

考察编号： LZJ-2019-017（原编号"盛世豪庭M232：1"）

特征描述： 半球形钮，半圆形钮孔，柿蒂形钮座。钮座外双凸弦纹方框与外侧单凸弦纹方框间为铭文区。铭文区填以右旋读"日有熹宜酒食长富贵乐毋事"十二字铭文，每面三字。文字方向按读写顺序纵向排列。主纹区为博局纹相间八枝双层草叶纹环列。四组复线宽凹弧面L形纹分列铭文区四面，向外各伸出一枝桃形花苞，向内分别有三组凸弦纹与铭文区外侧横向复线凹弧面"一"形弦纹带相连接。L形纹两侧各饰有一组双层草叶纹。铭文区四角外侧饰复线宽凹弧面V形纹。十六内向连弧纹缘。镜面覆有绿色锈。镜背缘部和钮部有少量绿色锈。主纹区和博局纹凹弧面有刮痕。缘内侧有一周圆形设计线。铭文框四角外至L形纹之间有一道放射状设计线。银白色材质。草叶纹、一、L、V形纹有刮痕。"食""事"铭文上有范伤。外区内侧残留镜背分割线痕迹（图1-94；图版4-2）。

尺寸与重量： 面径14.0、缘厚0.4、钮径1.8、钮高0.7厘米，镜面弧度0.1厘米。重301克。

收藏机构： 淄博市临淄区齐文化发展研究中心

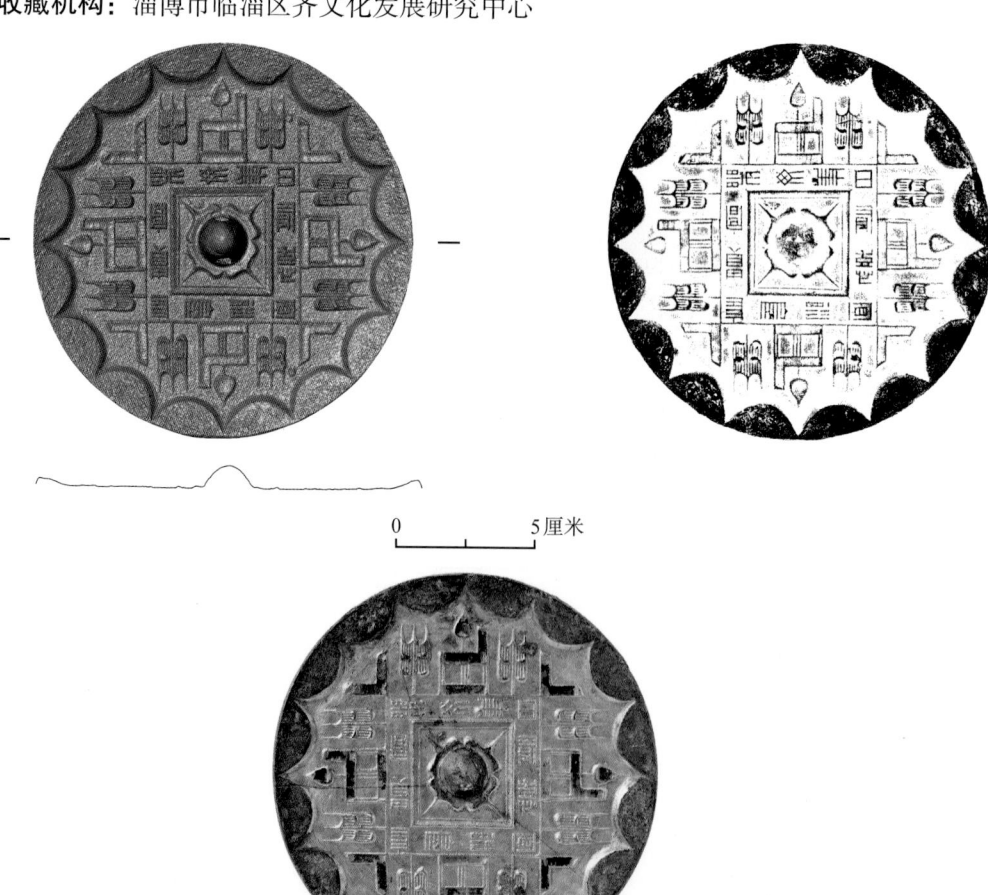

0　　　5厘米

图1-94　日有熹博局草叶纹镜（LZJ-2019-017）三维模型、拓本与照片

（十五）见日之光四乳双层草叶纹镜

考察编号：LZJ-2019-020（原编号"淄江花园J组团M171：1"）

特征描述：半球形钮，半圆形钮孔，柿蒂形钮座。钮座外窄凹弧面方框与外侧宽凹弧面方框间为铭文区。铭文区填以右旋读"见日之光天下大明"八字铭文，每面两字。文字方向按读写顺序纵向排列。铭文区四角内侧饰对称三角形回纹方格，外侧饰枝叶花苞。铭文框四边外侧中部对称分布有四枚圆台座乳丁。乳丁外侧饰桃形花苞，两侧各饰一组双层草叶纹。十六内向连弧纹缘，缘边稍斜。凹弧面、花苞和枝叶有刮痕。银白色材质。钮座、乳丁、外区经过研磨。外区内侧残留镜背分割线痕迹。镜面覆绿色锈和少量红色锈并残存织物痕迹。镜背有少量绿、红色锈（图1-95）。

尺寸与重量：面径13.3、缘厚0.5、钮径1.6、钮高0.5厘米，镜面弧度0.2厘米。重433克。

收藏机构：淄博市临淄区齐文化发展研究中心

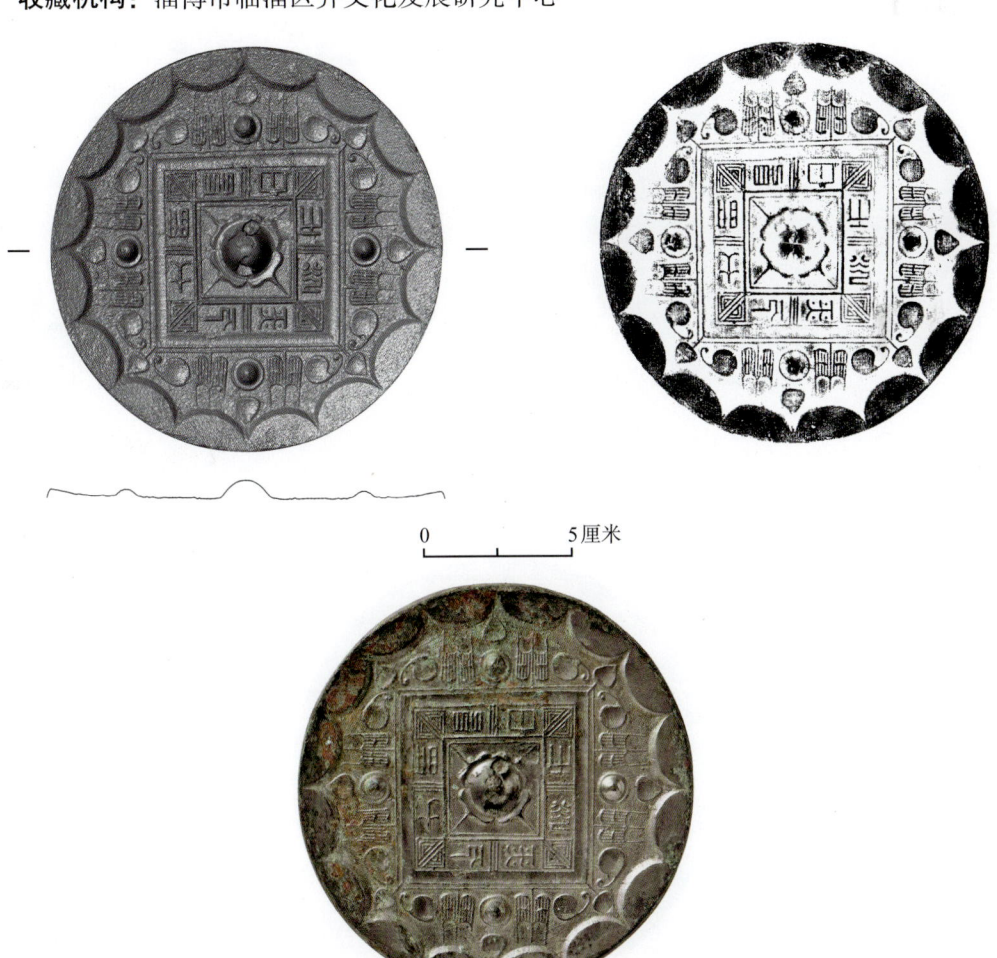

0   5厘米

图1-95　见日之光四乳双层草叶纹镜（LZJ-2019-020）三维模型、拓本与照片

（十六）见日之光四乳变体草叶纹镜

考察编号： LZJ-2019-021（原编号"淄江花园万泰J组团M208：1"）

特征描述： 伏兽形钮，半圆形钮孔。钮座外宽凹弧面方框与外侧单凸弦纹方框间为铭文区。铭文区填以左旋读"见日之光天下大阳服者君卿延年千岁幸至未央"二十字铭文。文字方向为外向，即由镜钮向镜缘方向。铭文框四边外侧中部对称分布四枚乳丁。乳丁周围饰四瓣心形花叶纹。铭文框四角外侧饰单层草叶纹，草叶纹两侧饰花叶纹。十六内向连弧纹缘。锈迹较多，镜面、镜背大部覆有绿色锈。花叶纹上有刮痕（图1-96）。

尺寸与重量： 面径13.7、缘厚0.3、钮径1.6×1.0、钮高0.5厘米，镜面弧度0.08厘米。重326克。

收藏机构： 淄博市临淄区齐文化发展研究中心

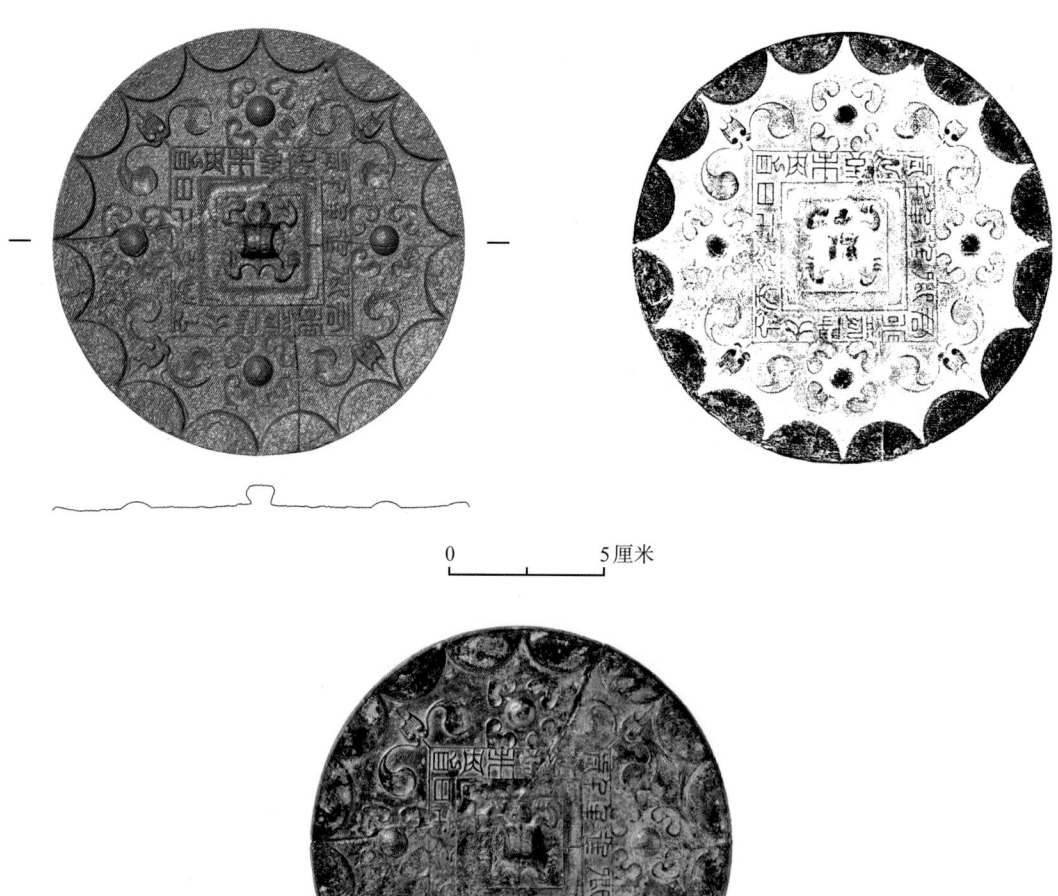

0   5厘米

图1-96　见日之光四乳变体草叶纹镜（LZJ-2019-021）三维模型、拓本与照片

（十七）见日之光四乳单层草叶纹镜

考察编号： LZJ-2019-022（原编号"淄江花园K03 1号车库M685：1"）

特征描述： 半球形钮，半圆形钮孔，柿蒂形钮座。钮座外两周宽凹弧面方框间为铭文区。铭文区填以右旋读小篆体"见日之光天下大明"八字铭文，每面两字。文字方向按读写顺序纵向排列。铭文区四角内侧饰斜线方格，外侧饰枝叶花苞。铭文区四边外侧中部对称分布四枚圆台座乳丁。乳丁外侧饰一枝桃形花苞，两侧各饰一单层草叶纹。十六内向连弧纹缘。锈迹较多，镜背、镜面有红、绿色锈。银白色材质。钮座、乳丁、外区经过研磨。外区内侧残留镜背分割线痕迹（图1-97）。

尺寸与重量： 面径13.8、缘厚0.6、钮径1.5、钮高0.6厘米，镜面弧度0.1厘米。重532克。

收藏机构： 淄博市临淄区齐文化发展研究中心

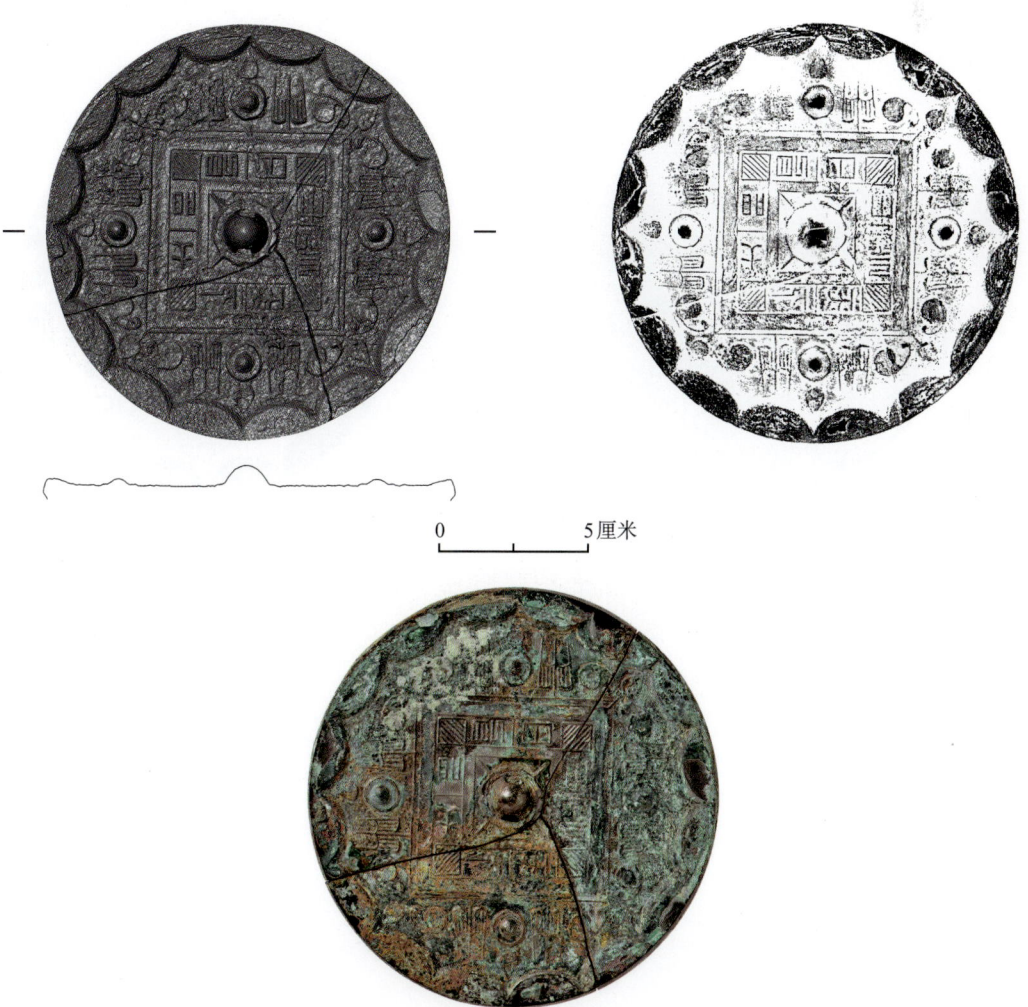

图1-97　见日之光四乳单层草叶纹镜（LZJ-2019-022）三维模型、拓本与照片

（十八）日有熹四乳双层草叶纹镜

考察编号：LZJ-2019-023（原编号"淄江花园一期M82：1"）

特征描述：半球形钮，半圆形钮孔，柿蒂形钮座。钮座外双凸弦纹方框与外侧宽凹弧面方框间为铭文区。铭文区填以右旋读"日有熹宜酒食长贵富乐毋事"十二字铭文，每面三字。文字方向按读写顺序纵向排列。铭文框外侧中部饰四枚圆台座乳丁。乳丁外侧饰桃形花苞，内侧有三道短线连接铭文框，两侧各饰一组双层草叶纹。铭文区四角外侧饰枝叶花苞。十六内向连弧纹缘。缘内可见一周圆形设计线。主纹区银白光洁。镜面布满绿色锈，局部有红色锈。镜背缘部有红、绿色锈。银白色材质。草叶纹、方格上有刮痕。钮座、乳丁、花瓣纹、外区经过研磨。外区内侧残存镜背分割线痕迹。出土时共存有一刷柄。刷柄表面鎏金，通长12.6厘米，刷径0.8厘米，刷头内残存刷毛痕迹（图1-98）。

尺寸与重量：面径13.7、缘厚0.3、钮径1.8、钮高0.6厘米，镜面弧度0.1厘米。重278克。

收藏机构：淄博市临淄区齐文化发展研究中心

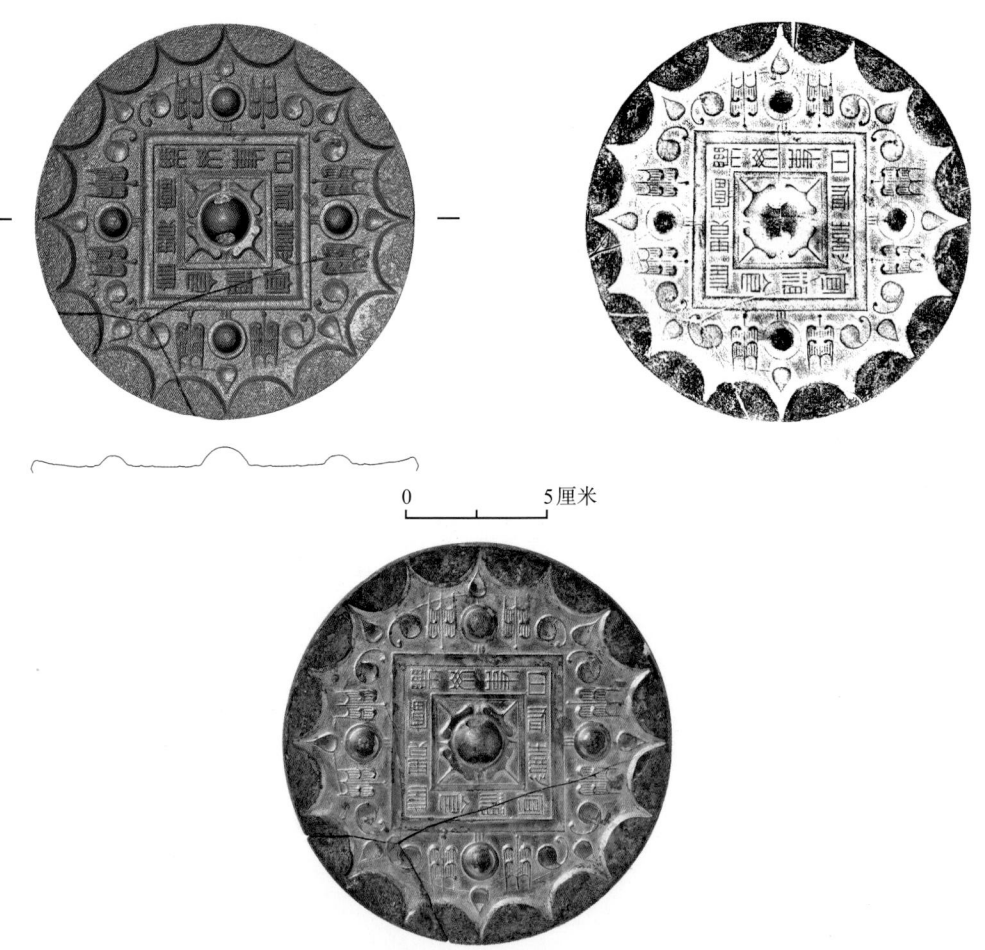

0 —————— 5厘米

图1-98   日有熹四乳双层草叶纹镜（LZJ-2019-023）三维模型、拓本与照片

（十九）见日之光变体草叶纹镜

考察编号： LZJ-2019-024（原编号"淄江花园万泰J组团M257：1"）

特征描述： 半球形钮，半圆形钮孔，柿蒂形钮座。钮座外双凸弦纹方框与外侧宽凹弧面方框间为铭文区。铭文区填以右旋读"见日之光天下大明"八字铭文，每面两字。文字方向按读写顺序纵向排列。铭文区四角内侧饰桃形花苞，外侧饰单层草叶纹，草叶纹两侧各有一枝花叶纹。铭文框外侧中部对称分布双层草叶纹。十六内向连弧纹缘，缘边稍斜。镜面有红、绿、蓝色锈。镜背有绿、蓝色锈。镜体经修复。草叶纹上有刮痕。凹弧面、乳丁、花瓣纹、外区经过研磨（图1-99）。

尺寸与重量： 面径12.8、缘厚0.4、钮径1.7、钮高0.6厘米，镜面弧度0.3厘米。重254克。

收藏机构： 淄博市临淄区齐文化发展研究中心

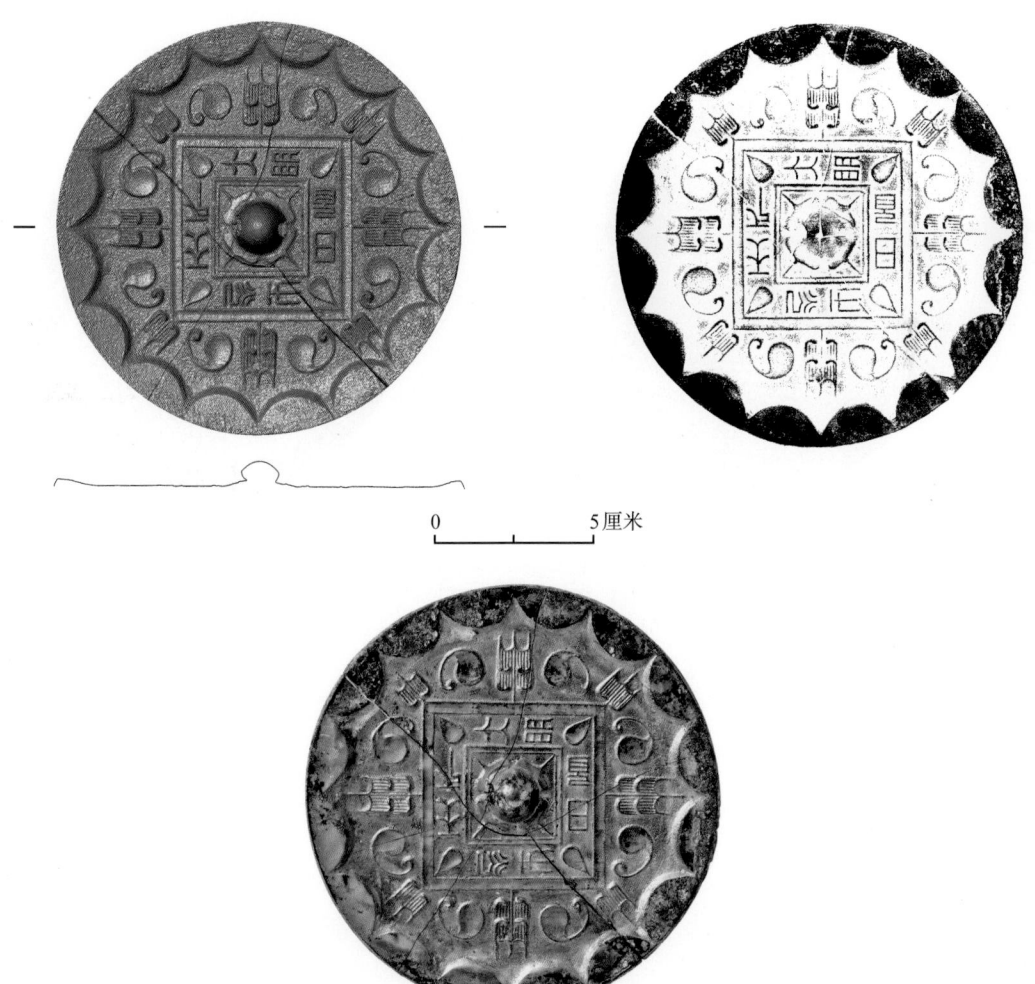

0　　　　　5厘米

图1-99　见日之光变体草叶纹镜（LZJ-2019-024）三维模型、拓本与照片

（二十）见日之光四乳双层草叶纹镜

考察编号： LZJ-2019-025（原编号"淄江花园万泰J组团M295：1"）

特征描述： 半球形钮，半圆形钮孔，柿蒂形钮座。钮座外双凸弦纹方框与外侧宽凹弧面方框间为铭文区。铭文区填以右旋读小篆体"见日之光天下大明"八字铭文，每面两字，两字间有三道短线间隔。文字方向按读写顺序纵向排列。铭文框四角内侧饰短斜线方格，外侧饰枝叶花苞。铭文框四边外侧中部对称分布四枚圆台座乳丁。乳丁外侧饰桃形花苞，两侧各饰一组双层草叶纹。十六内向连弧纹缘。镜背连弧纹缘及凹弧面覆有绿色锈。镜面大部覆绿色锈，局部有红色锈。银白色材质。铭文区凹弧面、花苞和枝叶有刮痕。钮座、方格、乳丁、花瓣纹、外区经过研磨。有较多凹下的线状痕迹。配有一长柄镜刷，柄部表面呈金色（图1-100）。

尺寸与重量： 面径13.6、缘厚0.3、钮径1.4、钮高0.4厘米，镜面弧度0.05厘米。重272克。

收藏机构： 淄博市临淄区齐文化发展研究中心

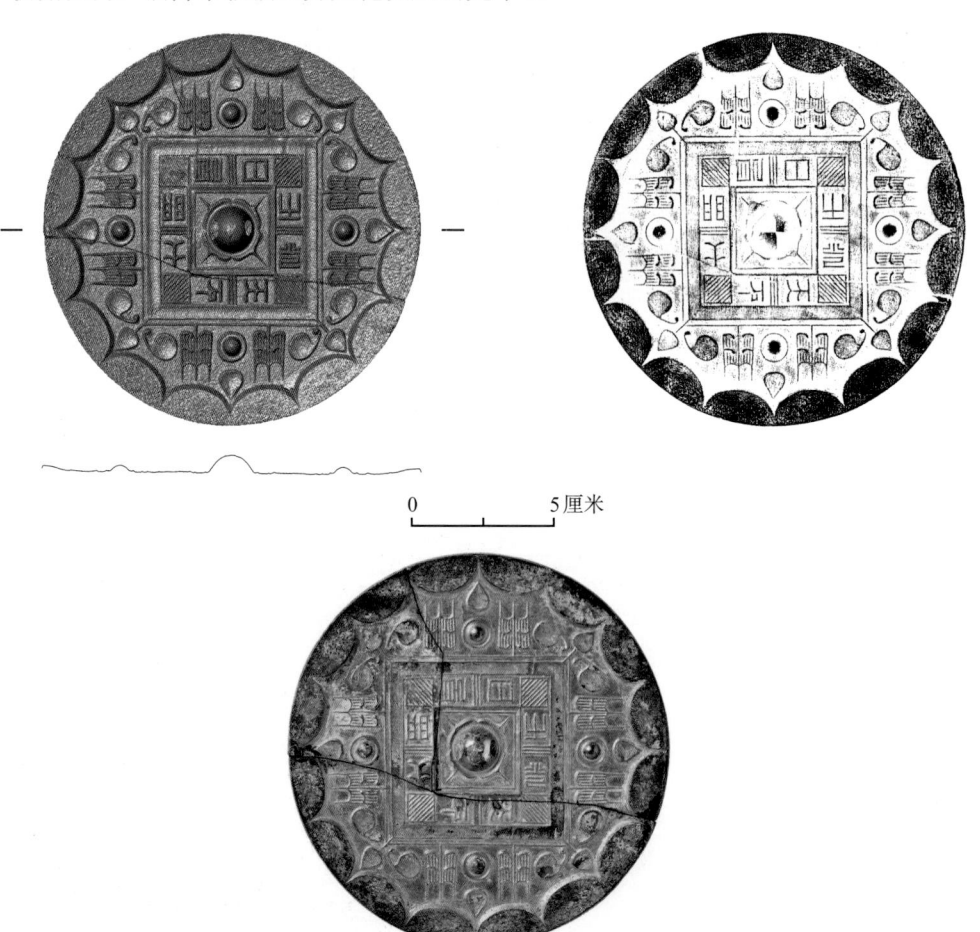

0　　　　　5厘米

图1-100　见日之光四乳双层草叶纹镜（LZJ-2019-025）三维模型、拓本与照片

（二十一）见日之光四乳双层草叶纹镜

考察编号： LZJ-2019-026（原编号"金鼎绿城三期M1043出土镜"）

特征描述： 半球形钮，半圆形钮孔，柿蒂形钮座。钮座外窄凹弧面方框与外侧宽凹弧面方框间为铭文区。铭文区填以右旋读小篆体"见日之光天下大阳长乐未央"十二字铭文，每面三字。文字方向按读写顺序纵向排列。铭文区四角内侧饰三角形回纹方格，外侧饰枝叶花苞。铭文区四边外侧中部对称分布四枚圆台座乳丁。乳丁外侧饰桃形花苞，两侧各饰一组双层草叶纹。十六内向连弧纹缘。镜背有少量红、绿色锈。镜面大部覆绿色锈，局部有黄色锈。镜体经修复。枝叶花苞上有刮痕。外区内侧残留镜背分割线痕迹（图1-101）。

尺寸与重量： 面径14.0、缘厚0.4、钮径1.8、钮高0.3厘米，镜面弧度0.1厘米。重309克。

收藏机构： 淄博市临淄区齐文化发展研究中心

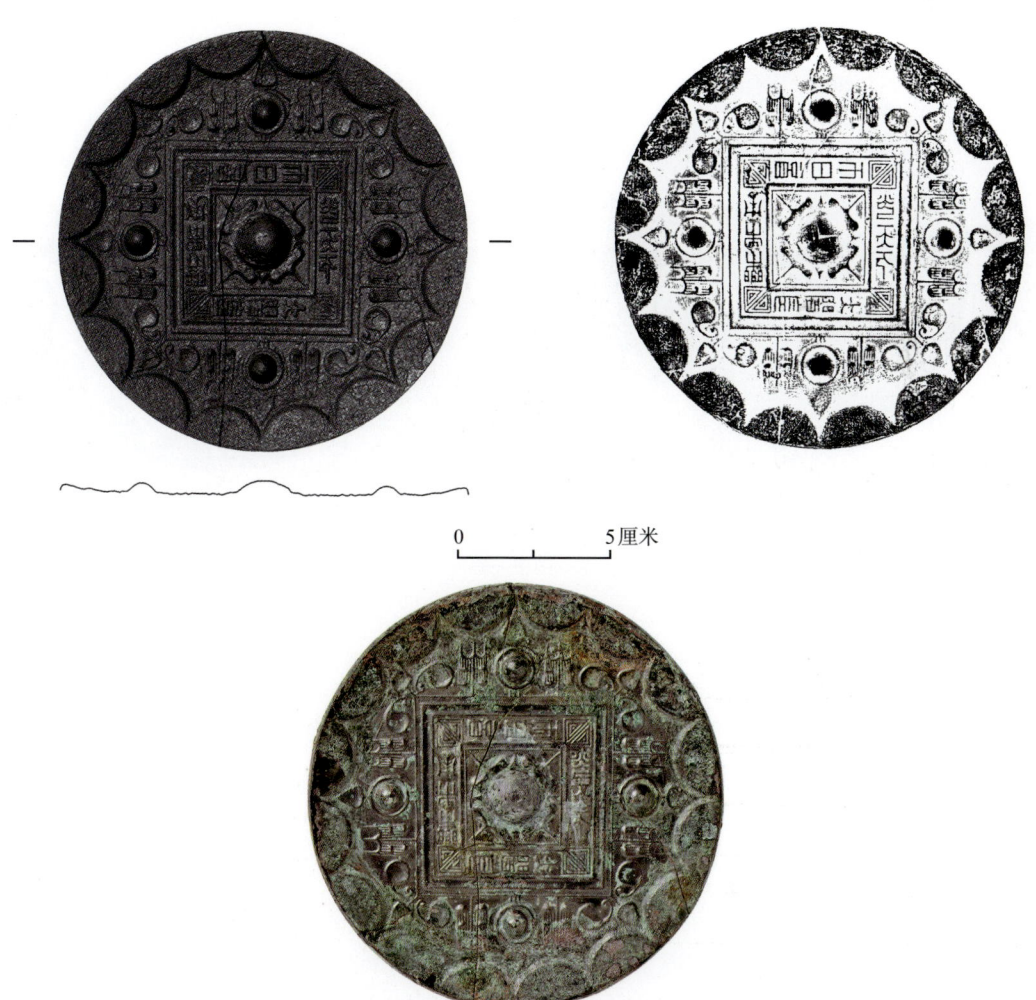

0　　　　　5厘米

图1-101　见日之光四乳双层草叶纹镜（LZJ-2019-026）三维模型、拓本与照片

（二十二）见日之光四乳双层草叶纹镜

考察编号： LZJ-2019-027（原编号"静心小区 M35∶1"）

特征描述： 半球形钮，半圆形钮孔，柿蒂形钮座。钮座外窄凹弧面方框与外侧宽凹弧面方框间为铭文区。铭文区填以右旋读小篆体"见日之光长毋相忘"八字铭文，每面两字。文字方向按读写顺序纵向排列。铭文区四角内侧饰三角形回纹方格，外侧饰枝叶花苞。铭文框四边外侧中部对称分布四枚圆台座乳丁。乳丁外侧饰桃形花苞，两侧各饰一组双层草叶纹。十六内向连弧纹缘。镜背有少量红、蓝、绿色锈。镜面大部分覆绿色锈，局部有红色锈。银白色材质。草叶纹、方格上有刮痕。钮座、方格、乳丁、花瓣纹、外区经过研磨。外区内侧残留镜背分割线痕迹（图 1-102）。

尺寸与重量： 面径 14.0、缘厚 0.5、钮径 1.9、钮高 0.6 厘米，镜面弧度 0.2 厘米。重324 克。

收藏机构： 淄博市临淄区齐文化发展研究中心

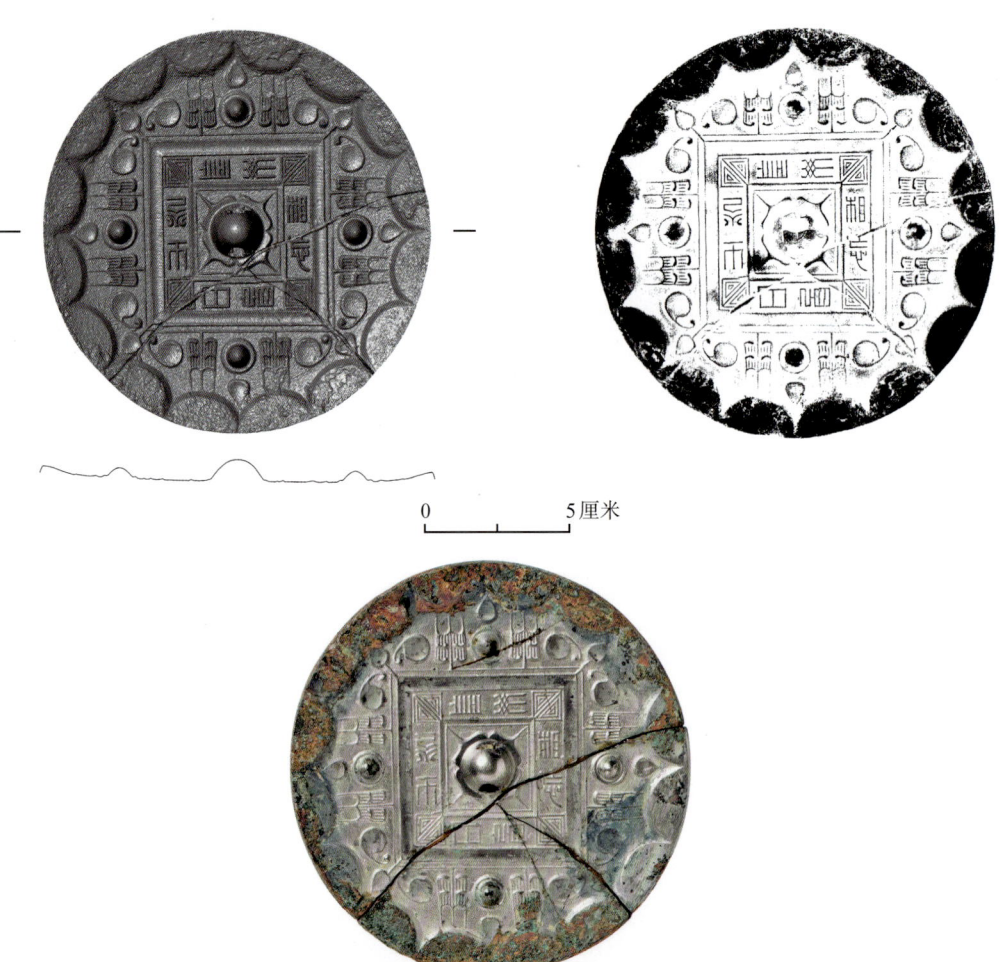

0　　　　　5 厘米

图 1-102　见日之光四乳双层草叶纹镜（LZJ-2019-027）三维模型、拓本与照片

（二十三）见日之光四乳双层草叶纹镜

考察编号： LZJ-2019-029（原编号"盛世豪庭M406：1"）

特征描述： 半球形钮，半圆形钮孔，柿蒂形钮座。钮座外窄凹弧面方框与外侧宽凹弧面方框间为铭文区。铭文区填以左旋读小篆体"见日之光长毋相忘"八字铭文，每面两字。文字方向按读写顺序纵向排列。宽凹弧面方框外侧有一周单凸弦纹方框。铭文区四角内侧饰三角形回纹方格，外侧饰枝叶花苞。铭文框四边外侧中部对称分布四枚圆台座乳丁。乳丁外侧饰桃形花苞，两侧各饰一组双层草叶纹。十六内向连弧纹缘，缘边稍斜。镜面大部覆有红、绿色锈。镜背有少量红、蓝色锈。银白色材质。草叶纹、方格上有刮痕。钮座、方格、乳丁、花瓣纹、外区经过研磨。外区内侧残留镜背分割线痕迹（图1-103；图版5-1）。

尺寸与重量： 面径14.0、缘厚0.4、钮径1.9、钮高0.7厘米，镜面弧度0.1厘米。重367克。

收藏机构： 淄博市临淄区齐文化发展研究中心

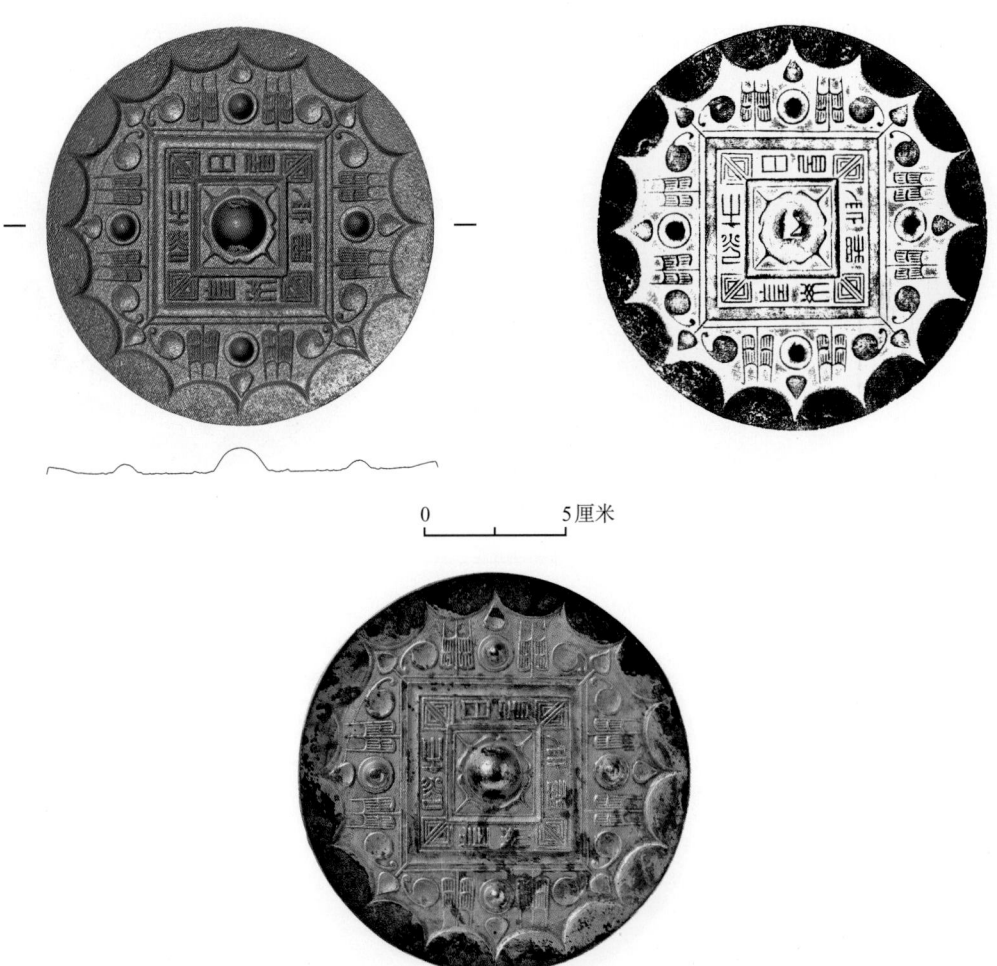

0　　　　　5厘米

图1-103　见日之光四乳双层草叶纹镜（LZJ-2019-029）三维模型、拓本与照片

（二十四）日有熹四乳双层草叶纹镜

考察编号： LZJ-2019-030（原编号"淄江花园D区M981：1"）

特征描述： 半球形钮，半圆形钮孔，柿蒂形钮座。钮外两周宽凹弧面方框间为铭文区。铭文区填以右旋读"日有熹宜酒食常贵富乐毋事"十二字铭文，每面三字。"常"字不清晰，或因范伤所致。文字方向按读写顺序纵向排列。铭文区四角内侧饰三角形回纹方格，外侧饰枝叶花苞。铭文框外侧有一周单凸弦纹方框。凸弦纹方框外侧中部对称分布四枚圆台座乳丁。乳丁外侧饰桃形花苞，两侧各饰一组双层草叶纹。十六内向连弧纹缘。缘部连弧纹上有两处刻划文字。花叶、花苞及铭文框凹弧面有刮痕。镜面、镜背银白光洁。镜面有少量绿色锈。银白色材质。钮座、方格、乳丁、花瓣纹、外区经过研磨。外区内侧残留镜背分割线痕迹。草叶纹和外区之间有较大范伤痕迹（图1-104）。

尺寸与重量： 面径16.4、缘厚0.3、钮径1.8、钮高0.8厘米，镜面弧度0.1厘米。重506克。

收藏机构： 淄博市临淄区齐文化发展研究中心

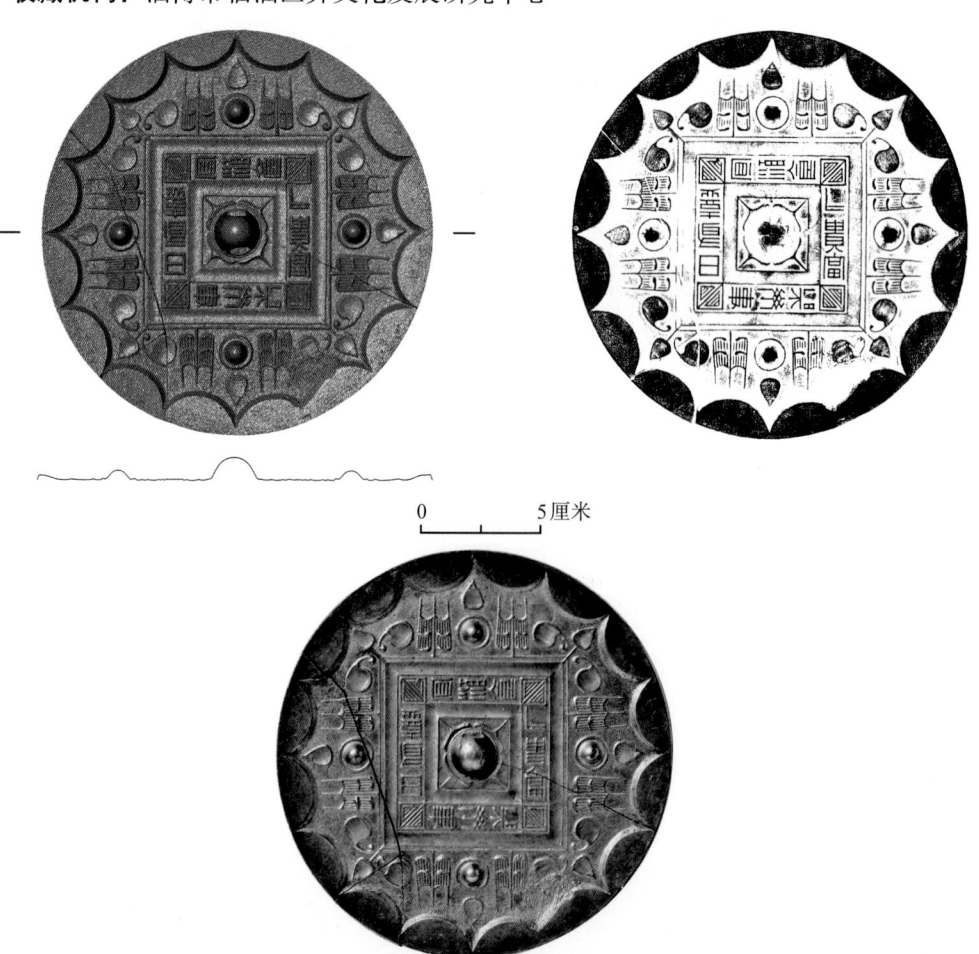

图1-104　日有熹四乳双层草叶纹镜（LZJ-2019-030）三维模型、拓本与照片

（二十五）见日之光四乳单层草叶纹镜

考察编号： LZJ-2019-032（原编号"淄江花园方正2009M148∶1"）

特征描述： 半球形钮，半圆形钮孔，钮孔较大。钮外单凸弦纹方框与外侧宽凹弧面方框间为铭文区。铭文区填以左旋读小篆体"见日之光"四字铭文，每面一字。文字方向按读写顺序纵向排列。铭文区四角内侧饰短斜线方格，外侧饰花叶纹。铭文框四边外侧中部对称分布四枚小乳丁。乳丁外侧饰桃形花苞，两侧各饰一单层草叶纹。十六内向连弧纹缘。镜背有少量红、绿色锈。镜面覆一层红、绿色锈。银白色材质。草叶纹上有刮痕。钮座、方格、乳丁、花瓣纹、外区经过研磨。"见"字方向的钮孔有凹陷或不清晰，似为浇口方向。镜面残存布痕（图1-105）。

尺寸与重量： 面径9.0、缘厚0.2、钮径1.1、钮高0.4厘米，镜面弧度0.1厘米。重64克。

收藏机构： 淄博市临淄区齐文化发展研究中心

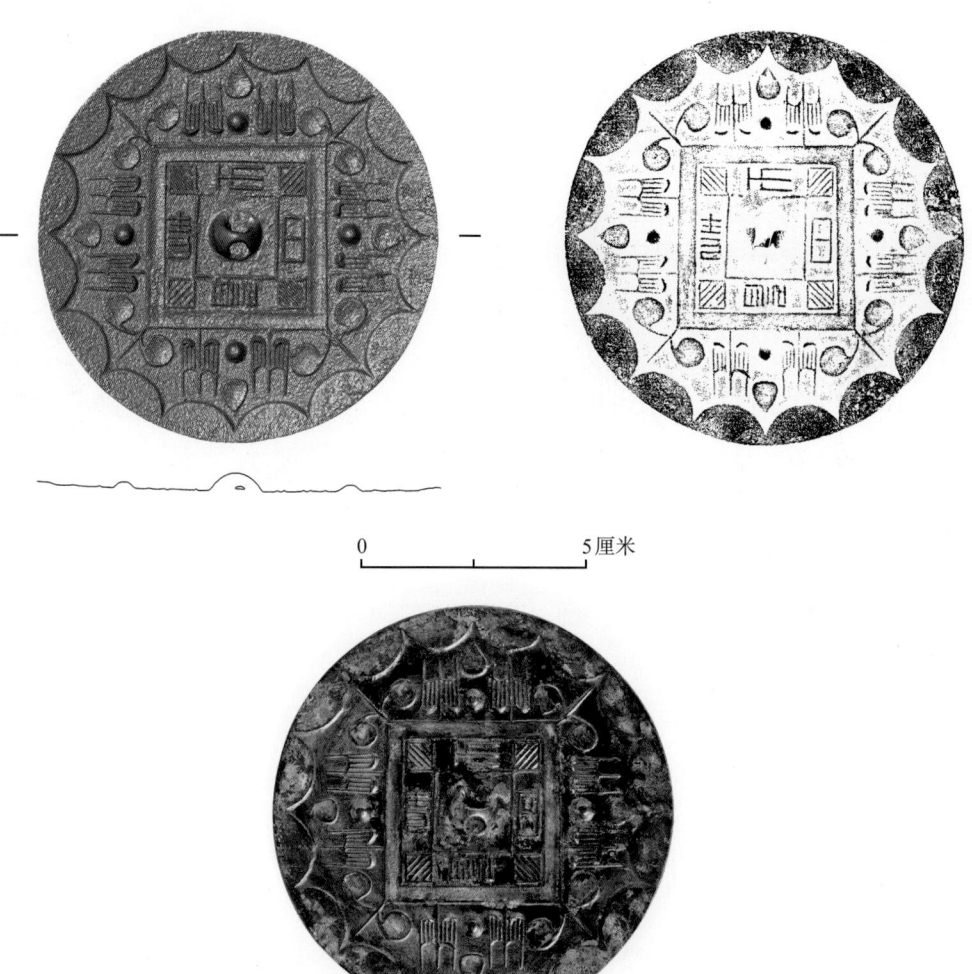

0　　　　　　　　5厘米

图1-105　见日之光四乳单层草叶纹镜（LZJ-2019-032）三维模型、拓本与照片

（二十六）见日之光变体草叶纹镜

考察编号： LZJ-2019-034（原编号"金鼎绿城三期M983：1"）

特征描述： 伏兽形钮，钮孔略呈圆形。钮外一周宽凹弧面方框。方框外侧两周单凸弦纹方框间为铭文区。铭文区填以右旋读小篆体"见日之光天下大阳服者君卿"十二字铭文，每面三字。文字方向按读写顺序纵向排列。铭文区四角内侧饰四枚圆乳丁，外侧饰枝叶花苞。铭文框四边外侧中部各有一组变形双层草叶纹。草叶下方饰曲线状植物根。十六内向连弧纹缘，缘边稍斜。镜面、镜背局部有绿色锈。银白色材质（图1-106）。

尺寸与重量： 面径10.2、缘厚0.3、钮径0.7×0.9、钮高0.4厘米，镜面弧度0厘米。重129克。

收藏机构： 淄博市临淄区齐文化发展研究中心

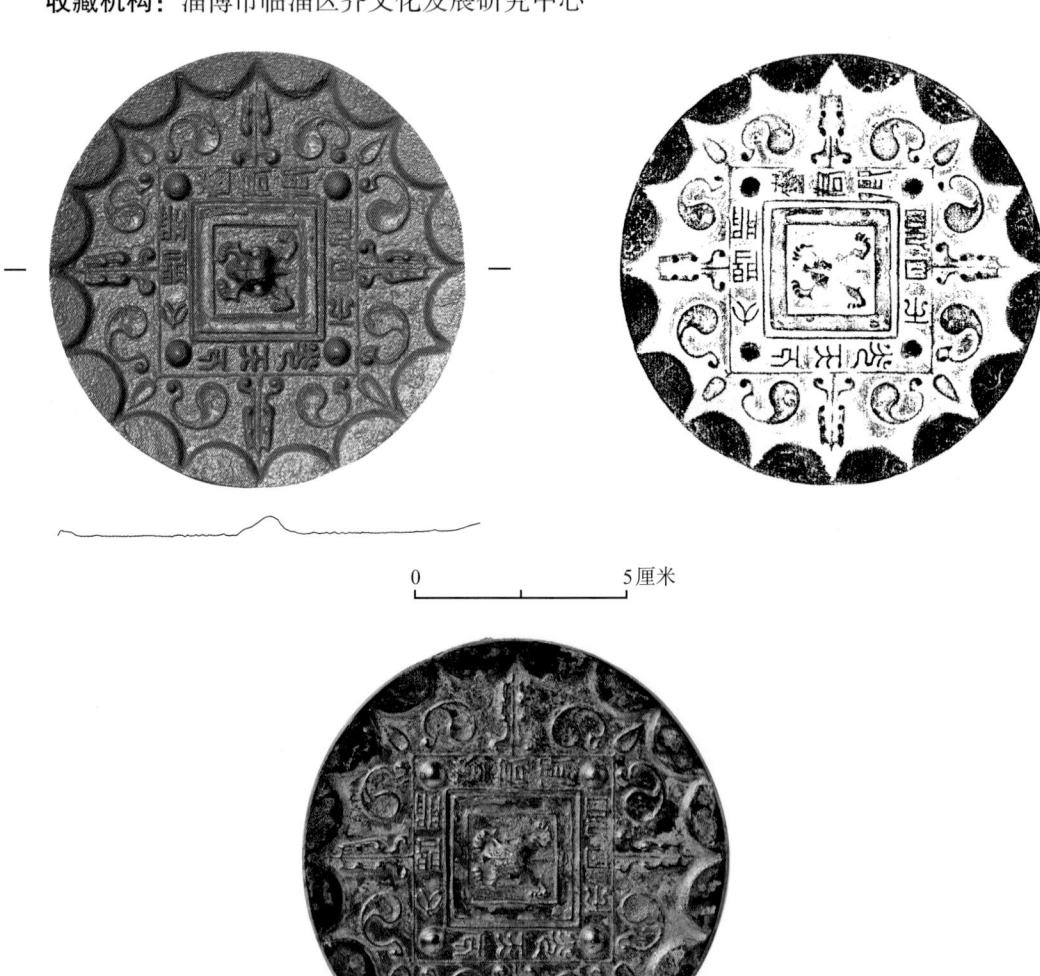

0 　　　　　5厘米

图1-106　见日之光变体草叶纹镜（LZJ-2019-034）三维模型、拓本与照片

（二十七）变体草叶纹镜

考察编号： LZJ-2019-035（原编号"淄江花园G组团M358：1"）

特征描述： 半球形钮，半圆形钮孔，圆台钮座。钮座外一周单凸弦纹方框，外侧一周窄凹弧面方框。两方框间对称分布四组草根状纹饰，其外侧饰单层草叶纹。凹弧面方框四角外侧饰一枝叶花苞。十六内向连弧纹缘。锈迹较多，镜背局部有红、绿色锈，镜面大部分覆有红、绿色锈（图1-107）。

尺寸与重量： 面径9.5、缘厚0.2、钮径1.4、钮高0.6厘米，镜面弧度0.1厘米。重96克。

收藏机构： 淄博市临淄区齐文化发展研究中心

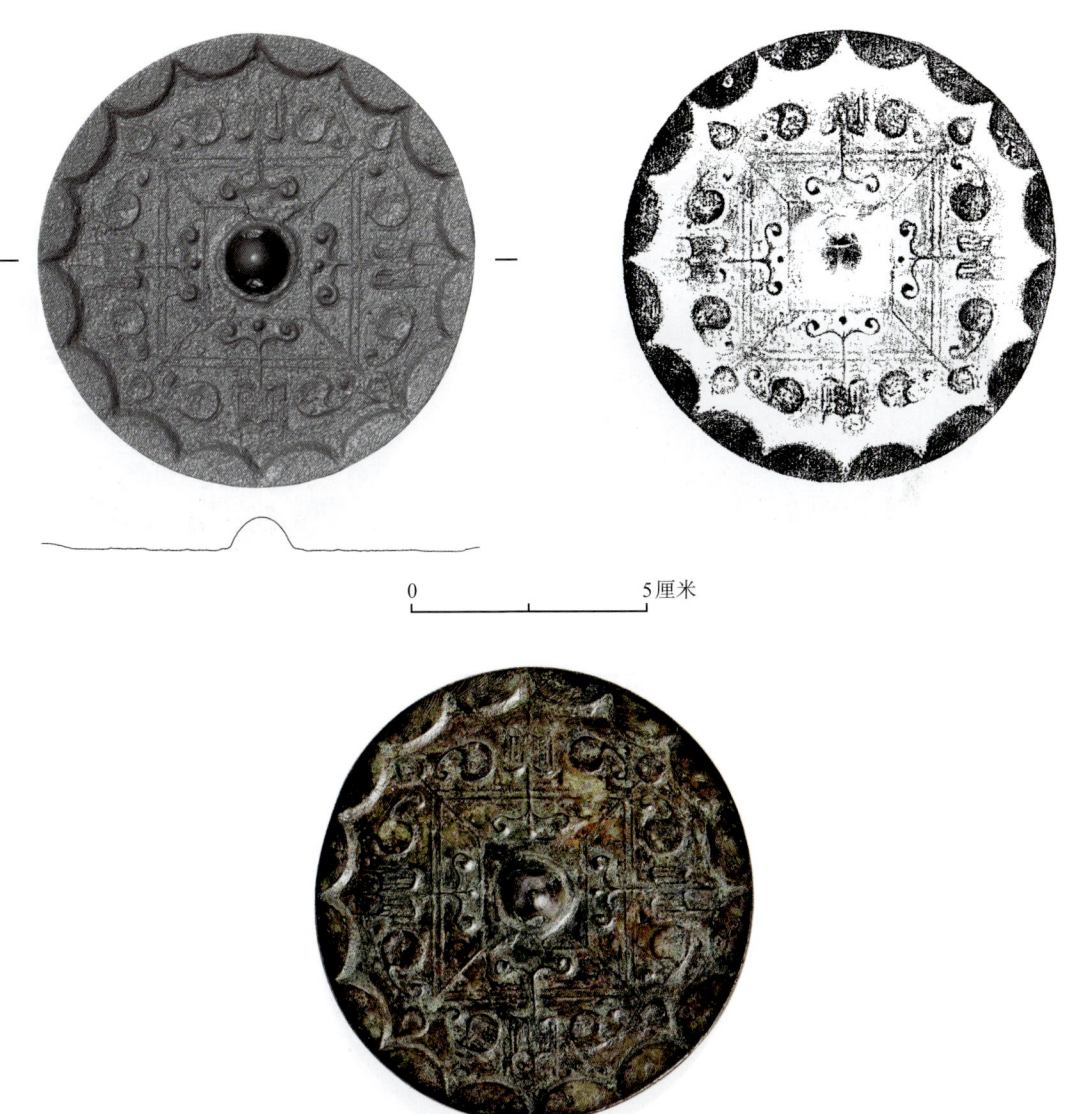

0 　　　　　5厘米

图1-107　变体草叶纹镜（LZJ-2019-035）三维模型、拓本与照片

（三十）见日之光四乳单层草叶纹镜

考察编号： LZJ-2019-039（原编号"齐商银行工地M46出土镜"）

特征描述： 半球形钮，半圆形钮孔，柿蒂形钮座。钮座外单凸弦纹方框与外侧宽凹弧面方框间为铭文区。铭文区填以右旋读"见日之光天下大明"八字铭文，每面两字。文字方向按读写顺序纵向排列。铭文区四角内侧饰桃形花苞，外侧饰花叶纹。铭文框外侧中部对称分布四枚小乳丁。乳丁外侧饰桃形花苞，两侧各饰一单层草叶纹。十六内向连弧纹缘，缘边稍斜。锈迹较多，镜面锈蚀严重，覆红、绿色锈。镜背局部有绿色锈。钮座、方格、乳丁、花瓣纹、外区经过研磨（图1-110）。

尺寸与重量： 面径9.8、缘厚0.2、钮径1.3、钮高0.7厘米，镜面弧度0厘米。重88克。

收藏机构： 淄博市临淄区齐文化发展研究中心

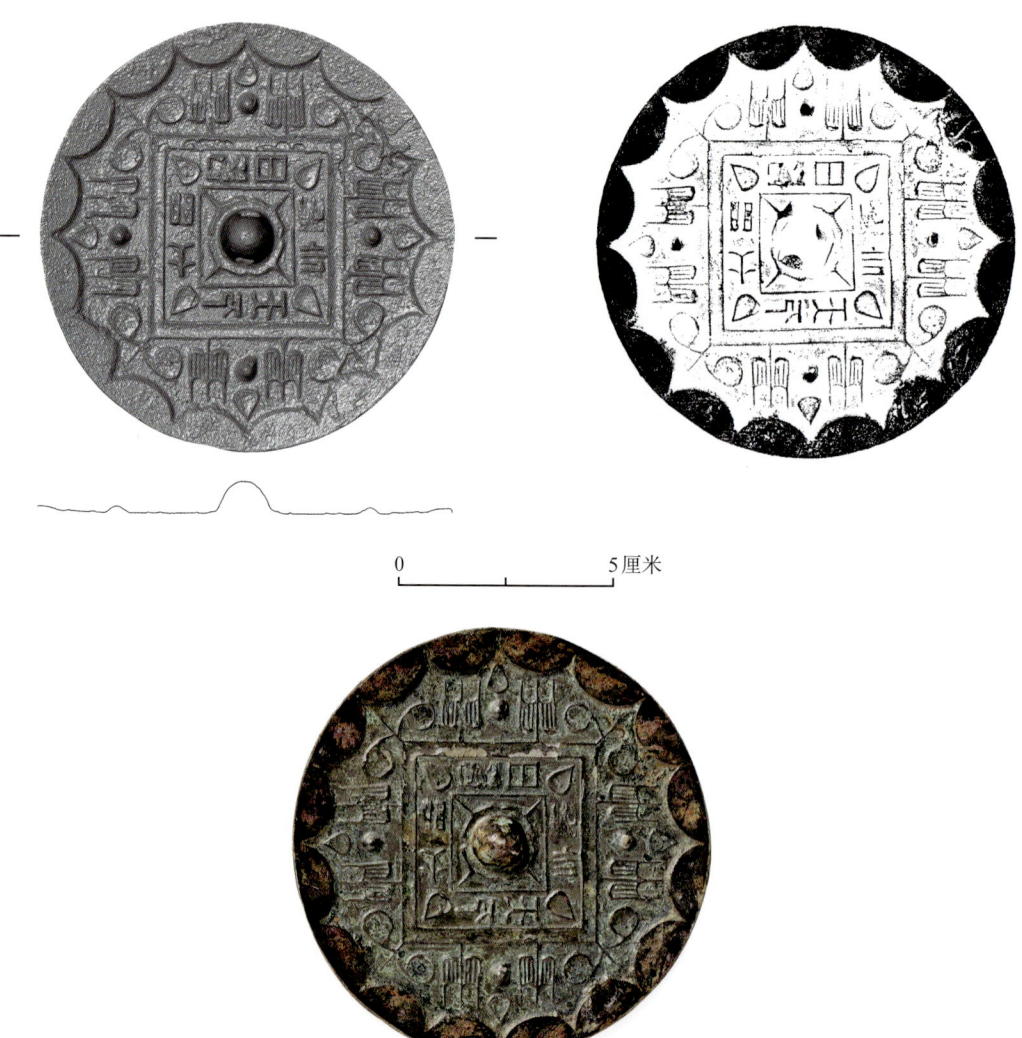

0　　　　　　5厘米

图1-110　见日之光四乳单层草叶纹镜（LZJ-2019-039）三维模型、拓本与照片

（三十一）见日之光变体草叶纹镜

考察编号： LZJ-2019-040（原编号"金鼎绿城二期M294：1"）

特征描述： 半球形钮，半圆形钮孔，柿蒂形钮座。钮座外单凸弦纹方框与外侧宽凹弧面方框间为铭文区。铭文区填以右旋读"见日之光天下大明"八字铭文，每面两字。文字方向按读写顺序纵向排列。铭文区四角外侧饰枝叶花苞，外侧中部饰单层草叶纹。十六内向连弧纹缘。锈迹较多，镜背有少量红、绿、蓝色锈。镜面覆一层绿色锈，有残存织物痕迹。钮座、方格、乳丁、花瓣纹、外区经过研磨。"见日"方向的钮孔有凹陷或不清晰，可能为浇口所在（图1-111）。

尺寸与重量： 面径10.0、缘厚0.2、钮径1.2、钮高0.4厘米，镜面弧度0.2厘米。重86克。

收藏机构： 淄博市临淄区齐文化发展研究中心

0　　　　　　5厘米

图1-111　见日之光变体草叶纹镜（LZJ-2019-040）三维模型、拓本与照片

（三十六）日有熹四乳双层草叶纹镜

考察编号： LZJ-2019-141（原编号"淄江花园M712：1"）

特征描述： 半球形钮，半圆形钮孔，柿蒂形钮座。钮座外两周宽凹弧面方框间为铭文区。铭文区填以右旋读"日有熹宜酒食长贵富乐毋事"十二字铭文，每面三字。文字方向按读写顺序纵向排列。铭文区四角内侧饰对称三角形回纹方格，外侧饰枝叶花苞。铭文区四边外侧中部对称分布四枚圆台座乳丁。乳丁外侧饰桃形花苞，内侧有线段与铭文框连接，两侧各饰一组双层草叶纹。十六内向连弧纹缘。缘内侧有一周圆形设计线。镜面、镜背局部有红、绿色锈。银白色材质。草叶纹、方格上有刮痕。凹面花叶和花苞有明显刮痕。钮座、方格、乳丁、外区经过研磨。钮周围有铸伤。外区内侧残留镜背分割线痕迹。凹线痕迹较多（图1-116）。

尺寸与重量： 面径16.1、缘厚0.4、钮径1.9、钮高0.6厘米，镜面弧度0.05厘米。重393克。

收藏机构： 淄博市临淄区齐文化发展研究中心

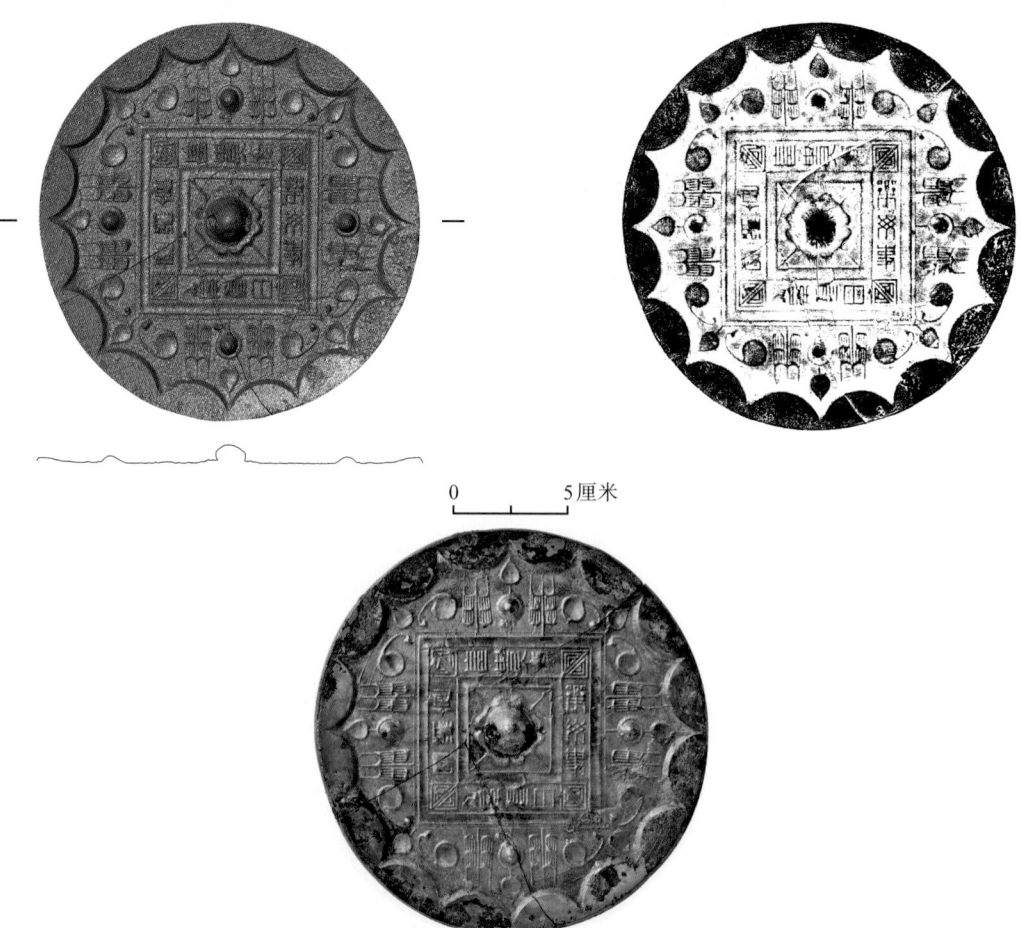

0　　　　　5厘米

图1-116　日有熹四乳双层草叶纹镜（LZJ-2019-141）三维模型、拓本与照片

（三十七）日有熹四乳双层草叶纹镜

考察编号： LZJ-2019-142（原编号"现代中学M172出土镜"）

特征描述： 半球形钮，半圆形钮孔，柿蒂形钮座。钮座外两周宽凹弧面方框间为铭文区。铭文区填以右旋读小篆体"日有熹长贵富宜酒食乐毋事"十二字铭文，每面三字。文字方向按读写顺序纵向排列。铭文区四角内侧饰对称三角形回纹方格，外侧饰枝叶花苞。铭文区四边外侧中部对称分布四枚圆台座乳丁。乳丁外侧饰桃形花苞，两侧各饰一组双层草叶纹。十六内向连弧纹缘，缘边稍斜。锈迹较多。镜面覆有绿色锈，镜背局部有绿色锈。银白色材质。草叶纹、方格上有刮痕。钮座、方格、乳丁、外区经过研磨（图1-117）。

尺寸与重量： 面径16.1、缘厚0.5、钮径1.8、钮高0.5厘米，镜面弧度0.1厘米。重443克。

收藏机构： 淄博市临淄区齐文化发展研究中心

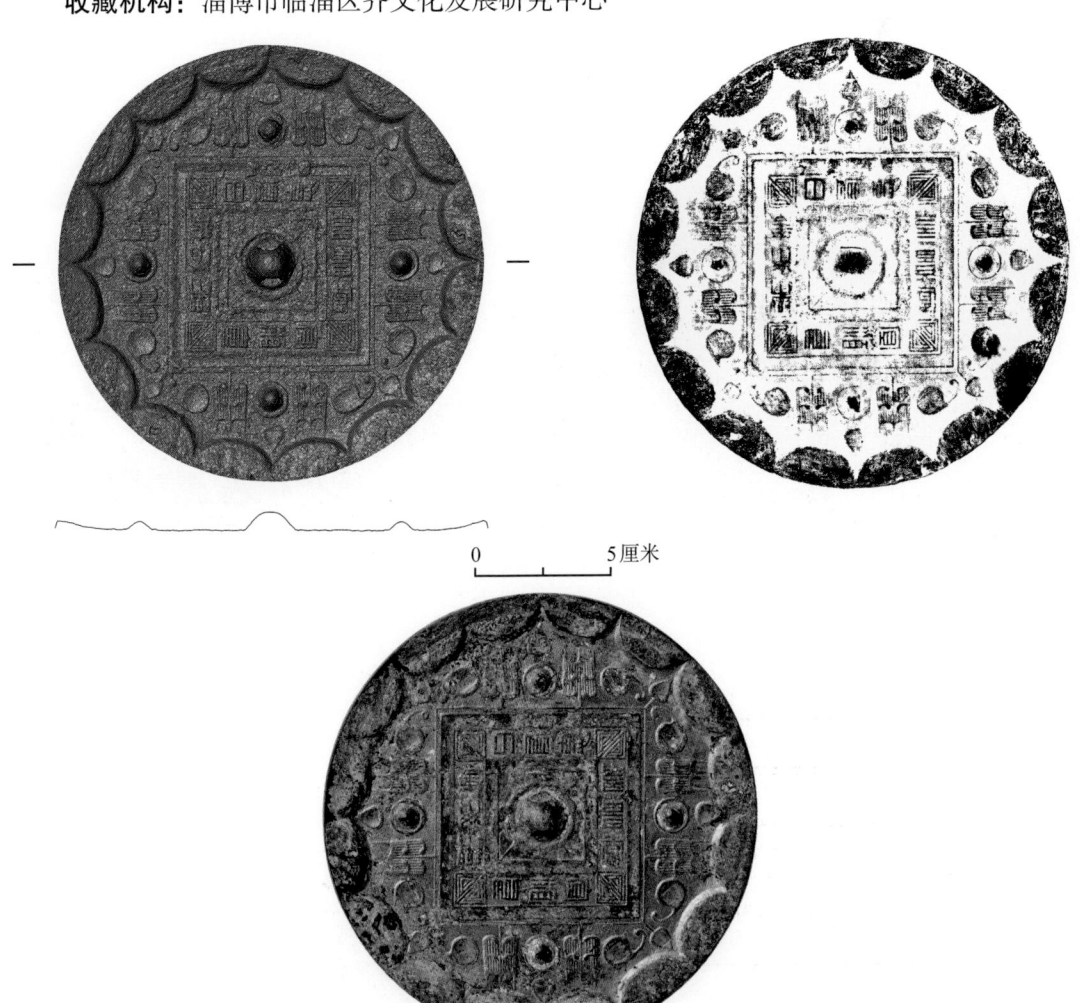

图1-117　日有熹四乳双层草叶纹镜（LZJ-2019-142）三维模型、拓本与照片

（三十八）日有熹四乳双层草叶纹镜

考察编号：LZJ-2019-143（原编号"淄江花园M262：3"）

特征描述：半球形钮，半圆形钮孔，柿蒂形钮座。钮座外两周宽凹弧面方框间为铭文区。铭文区内填以右旋读小篆体"日有熹宜酒食长贵富乐毋事"十二字铭文，每面三字。文字方向按读写顺序纵向排列。铭文区四角内侧饰对称三角形回纹方格，外侧饰枝叶花苞。铭文框外侧中部对称分布四枚圆台座乳丁。乳丁外侧饰桃形花苞，两侧各饰一组双层草叶纹。十六内向连弧纹缘，缘边稍斜。缘内侧可见一周圆形设计线。花叶、花苞、凹弧面有明显刮痕。镜面、镜背局部有绿色锈。银白色材质。钮座、方格、乳丁、外区经过研磨。外区内侧残留镜背分割线痕迹（图1-118）。

尺寸与重量：面径16.5、缘厚0.5、钮径1.8、钮高0.8厘米，镜面弧度0.05厘米。重550克。

收藏机构：淄博市临淄区齐文化发展研究中心

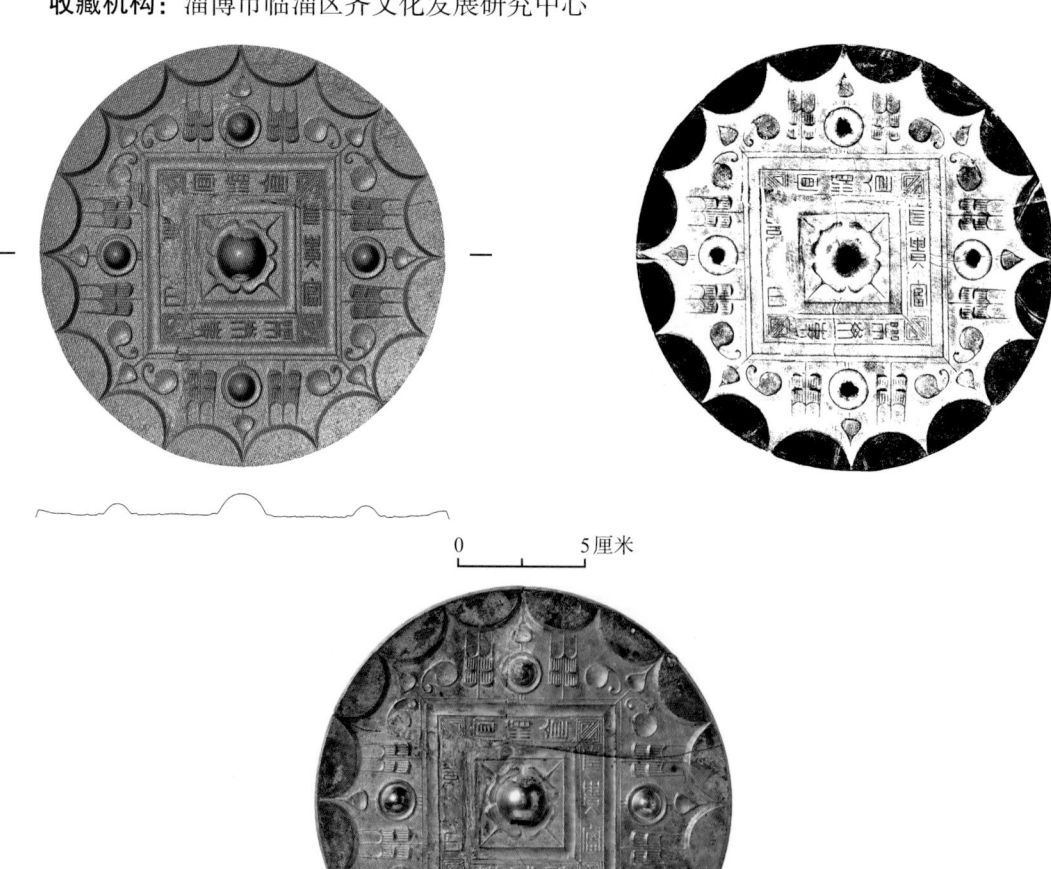

图1-118   日有熹四乳双层草叶纹镜（LZJ-2019-143）三维模型、拓本与照片

（三十九）见日之光四乳三层草叶纹镜

考察编号： LZJ-2019-144（原编号"凤凰城四期M225出土镜"）

特征描述： 半球形钮（钮残），半圆形钮孔，柿蒂形钮座。钮座外两周宽凹弧面方框间为铭文区。铭文区填以右旋读小篆体"见日之光服者君卿所言必当"十二字铭文，每面三字。文字方向按读写顺序纵向排列。铭文区四角内侧饰桃形花苞，外侧饰枝叶花苞。铭文区四边外侧中部对称分布四枚乳丁。乳丁外侧饰桃形花苞，两侧各饰一组三层草叶纹，草叶纹底部连接方框形设计线。十六内向连弧纹缘，缘边稍斜。花叶纹、花瓣纹凹弧面有明显刮痕。镜面、镜背黑亮，局部有少量绿色锈。银白色材质。钮座、方格、乳丁、外区经过研磨（图1-119）。

尺寸与重量： 面径16.0、缘厚0.4、钮径2.0、钮高0.5厘米，镜面弧度0.08厘米。重485克。

收藏机构： 淄博市临淄区齐文化发展研究中心

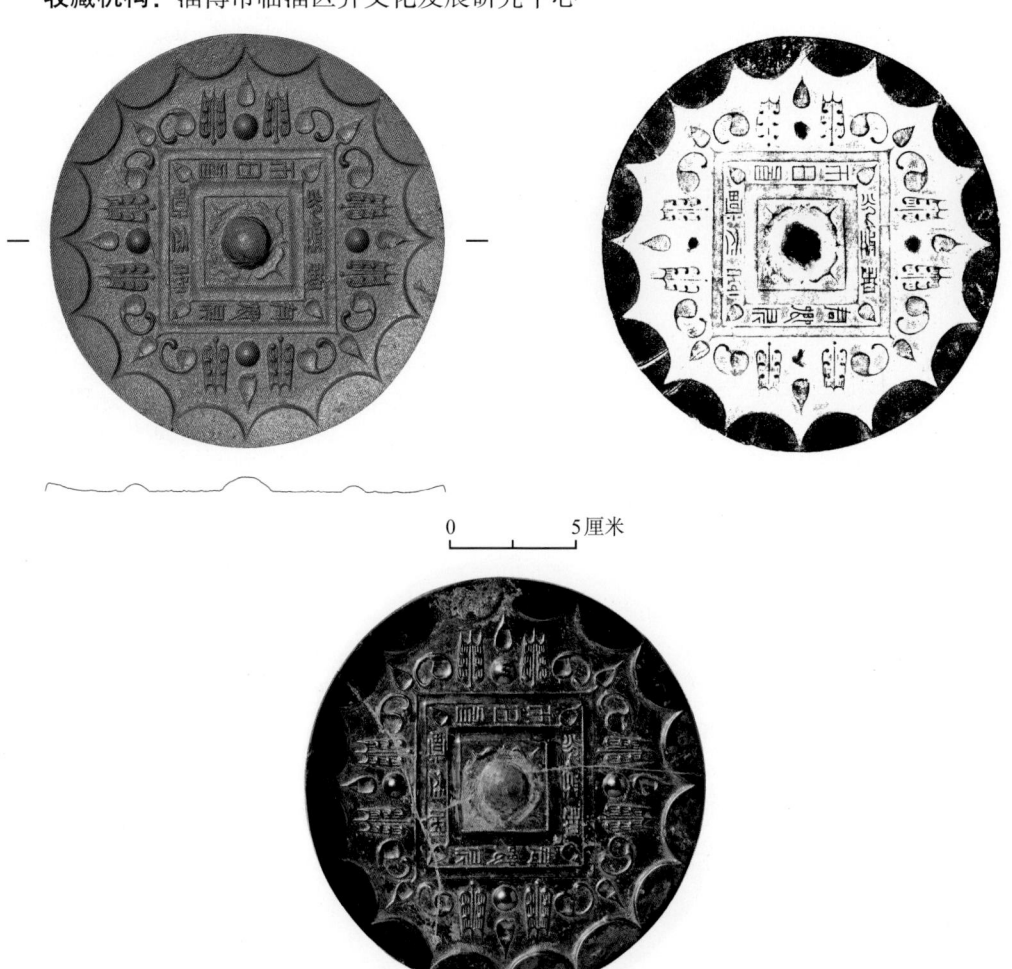

0 ————— 5厘米

图1-119　见日之光四乳三层草叶纹镜（LZJ-2019-144）三维模型、拓本与照片

（四十）日有熹四乳双层草叶纹镜

考察编号： LZJ-2019-145（原编号"淄江花园D组团M856出土镜"）

特征描述： 半球形钮，半圆形钮孔，柿蒂形钮座。钮座外两周宽凹弧面方框间为铭文区。铭文区填以左旋读小篆体"日有熹宜酒食长贵富乐毋事"十二字铭文，每面三字。文字方向按读写顺序纵向排列。铭文区四角内侧饰对称三角形回纹方格，外侧饰枝叶花苞。铭文区外侧中部对称分布四枚圆台座乳丁。乳丁外侧饰桃形花苞，两侧各饰一组双层草叶纹。十六内向连弧纹缘，缘边稍斜。镜面有红、绿色锈。镜背有红、蓝、绿色锈。银白色材质。草叶纹、方格上有刮痕。钮座、方格、乳丁、外区经过研磨（图1-120）。

尺寸与重量： 面径15.7、缘厚0.5、钮径1.9、钮高0.9厘米，镜面弧度0.1厘米。重407克。

收藏机构： 淄博市临淄区齐文化发展研究中心

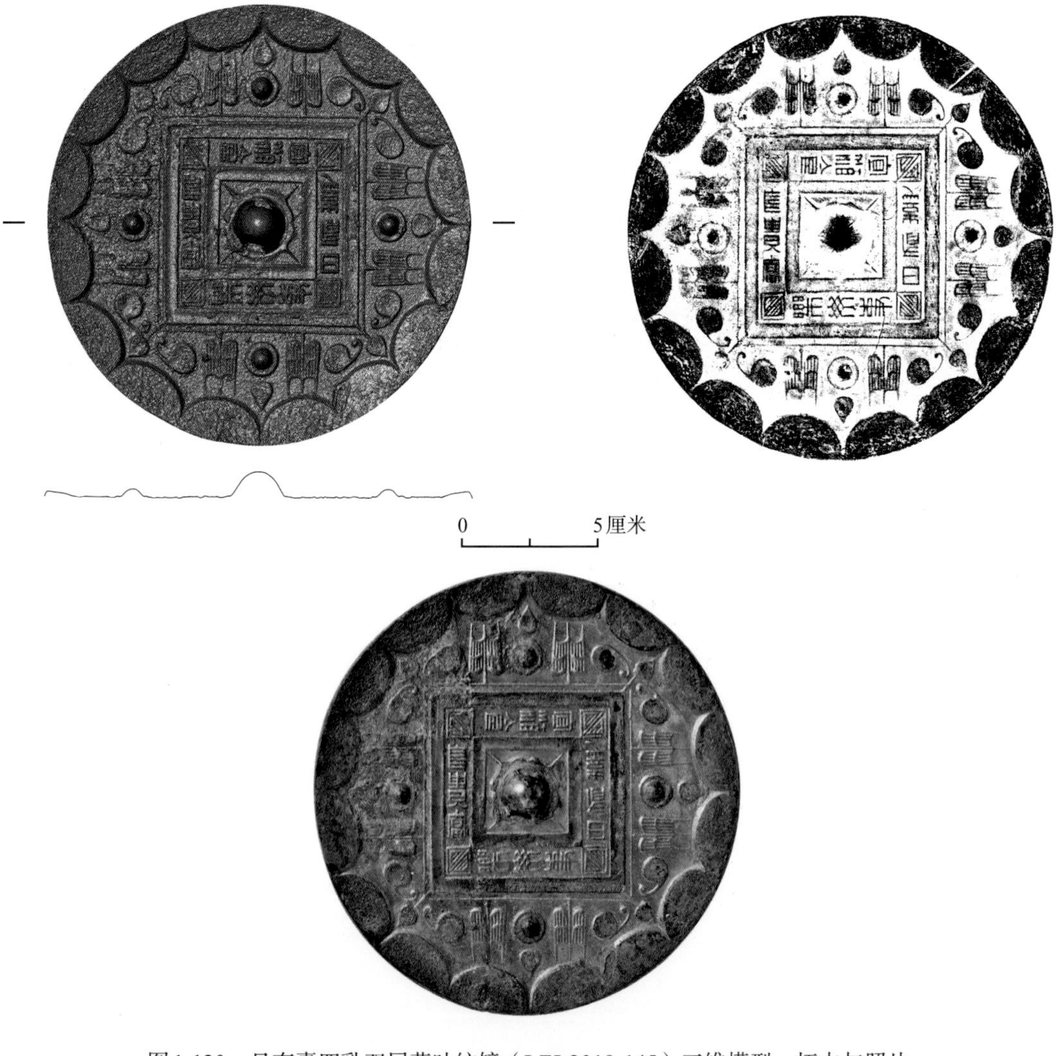

0   5厘米

图1-120　日有熹四乳双层草叶纹镜（LZJ-2019-145）三维模型、拓本与照片

（四十一）日有熹四乳双层草叶纹镜

考察编号： LZJ-2019-146（原编号"淄江花园 K 组团 M462：1"）

特征描述： 半球形钮，半圆形钮孔，柿蒂形钮座。钮座外两周宽凹弧面方框间为铭文区。铭文区内填以右旋读小篆体"日有熹宜酒食长贵富乐毋事"十二字铭文，每面三字。文字方向按读写顺序纵向排列。铭文区四角内侧饰对称三角形回纹方格，外侧饰枝叶花苞。铭文区外侧中部对称分布四枚圆台座乳丁。乳丁外侧饰桃形花苞，两侧各饰一组双层草叶纹。十六内向连弧纹缘，缘边稍斜。镜面覆有红、绿色锈。镜背局部有红、绿色锈。银白色材质。草叶纹、方格上有刮痕。钮座、方格、乳丁、外区经过研磨。外区内侧残留镜背分割线痕迹。凹线痕迹较多（图 1-121）。

尺寸与重量： 面径 16.0、缘厚 0.5、钮径 1.8、钮高 0.6 厘米，镜面弧度 0.1 厘米。重444 克。

收藏机构： 淄博市临淄区齐文化发展研究中心

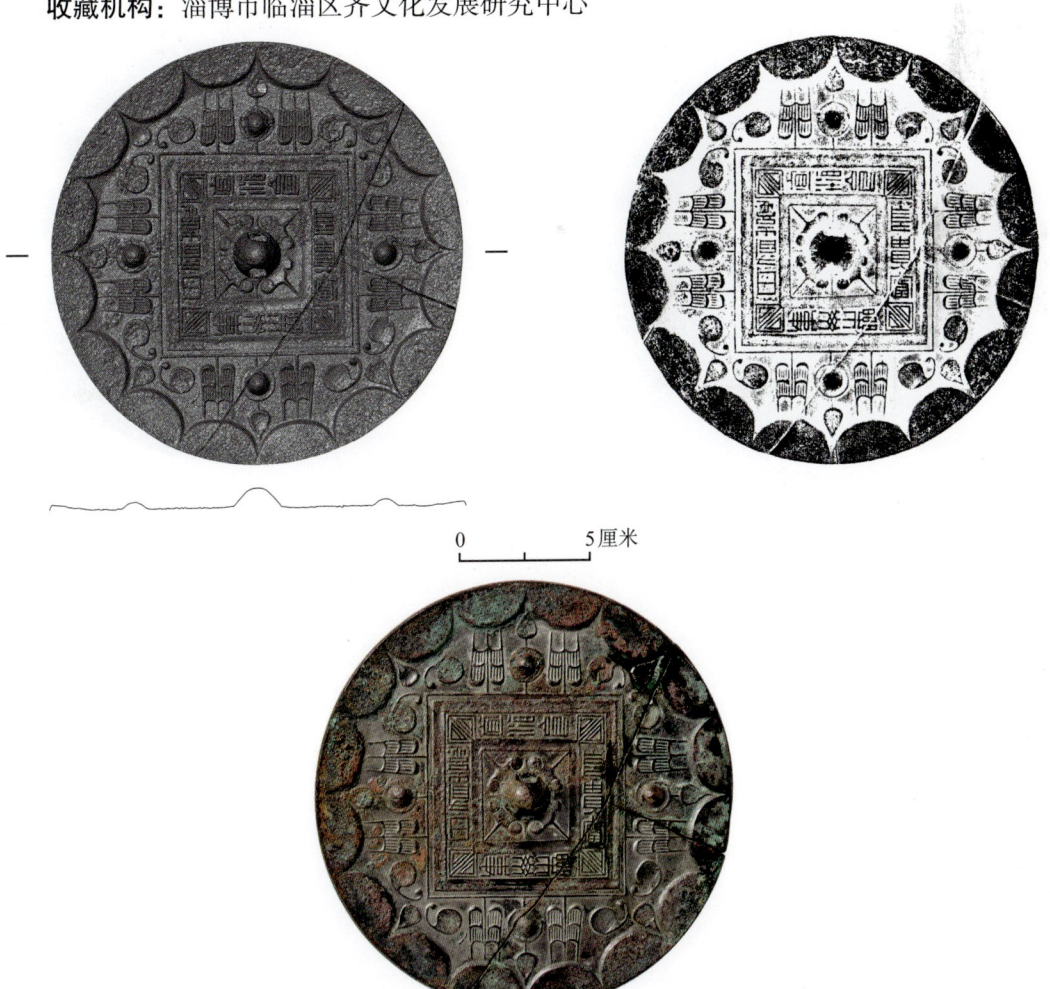

图 1-121　日有熹四乳双层草叶纹镜（LZJ-2019-146）三维模型、拓本与照片

（四十二）见日之光四乳双层草叶纹镜

考察编号： LZJ-2019-147（原编号"盛世豪庭M3∶2"）

特征描述： 半球形钮，半圆形钮孔，柿蒂形钮座。钮座外凸弦纹方框与外侧宽凹弧面方框间为铭文区。铭文区填以右旋读小篆体"见日之光长毋相忘"八字铭文，每面两字。文字方向按读写顺序纵向排列。铭文区四角内侧饰对称三角形回纹方格，外侧饰枝叶花苞。铭文区四边外侧中部对称分布四枚圆台座乳丁。乳丁外侧饰桃形花苞，两侧各饰一组双层草叶纹，草叶纹底部连接方框形设计线。十六内向连弧纹缘，缘边稍斜。花叶纹、花瓣纹凹弧面有明显刮痕。镜面有红、绿色锈。镜背有蓝、绿色锈。银白色材质。钮座、方格、乳丁、外区经过研磨。表面有线状痕迹（图1-122）。

尺寸与重量： 面径13.6、缘厚0.3、钮径1.6、钮高0.6厘米，镜面弧度0.1厘米。重270克。

收藏机构： 淄博市临淄区齐文化发展研究中心

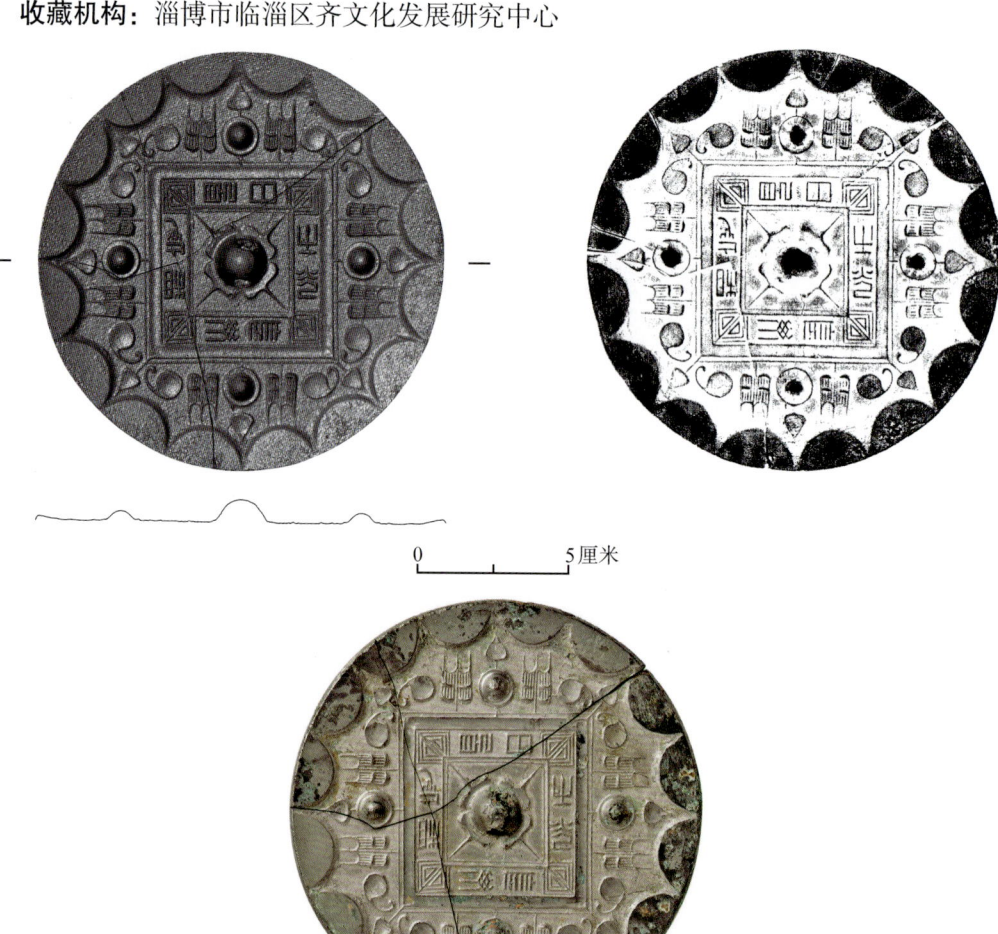

图1-122　见日之光四乳双层草叶纹镜（LZJ-2019-147）三维模型、拓本与照片

（四十三）见日之光四乳双层草叶纹镜

考察编号： LZJ-2019-148（原编号"盛世豪庭二期M114：1"）

特征描述： 半球形钮，半圆形钮孔，柿蒂形钮座。钮座外两重凹弧面方框间为铭文区。铭文区填以右旋读小篆体"见日之光长毋相忘"八字铭文，每面两字。文字方向按读写顺序纵向排列。铭文区四角内侧饰短斜线方格，外侧饰枝叶花苞。铭文区四边外侧中部对称分布四枚圆台座乳丁。乳丁外侧饰桃形花苞，两侧各饰一组双层草叶纹，草叶纹底部连接方框形设计线。十六内向连弧纹缘，缘边稍斜。镜面、镜背有绿色锈及少量红色锈。银白色材质。草叶纹、方格上有刮痕。钮座、方格、乳丁、外区经过研磨。外区内侧残留镜背分割线痕迹（图1-123）。

尺寸与重量： 面径13.6、缘厚0.3、钮径1.6、钮高0.6厘米，镜面弧度0.1厘米。重270克。

收藏机构： 淄博市临淄区齐文化发展研究中心

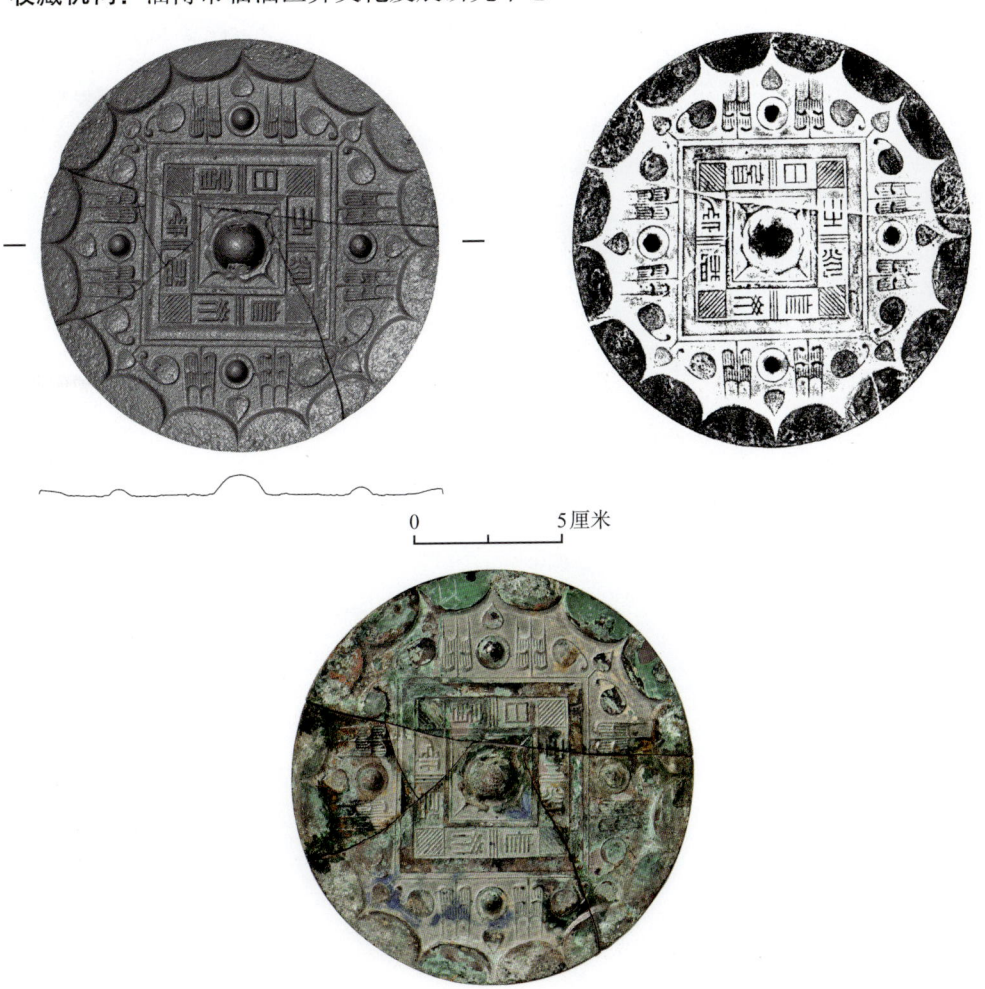

图1-123　见日之光四乳双层草叶纹镜（LZJ-2019-148）三维模型、拓本与照片

（四十四）长相思变体草叶纹镜

考察编号：LZJ-2019-149（原编号"齐福园M19：1"）

特征描述：三弦钮，半圆形钮孔。钮外一周宽凹弧面方框与外侧一周单凸弦纹方框间为铭文区。铭文区填以右旋读小篆体"长相思毋相忘长贵富乐未央"十二字铭文，每面三字。文字方向按读写顺序纵向排列。铭文区四角外侧饰单层草叶纹，四边外侧中部对称分布四组双层草叶纹，草叶纹两侧饰花叶纹。匕形缘，缘边稍斜。锈迹较多，镜面有红、蓝、绿色锈，镜背有红、绿色锈。外区经过研磨（图1-124）。

尺寸与重量：面径10.5、缘厚0.4、钮径0.9×0.8、钮高0.5厘米，镜面弧度0.1厘米。重142克。

收藏机构：淄博市临淄区齐文化发展研究中心

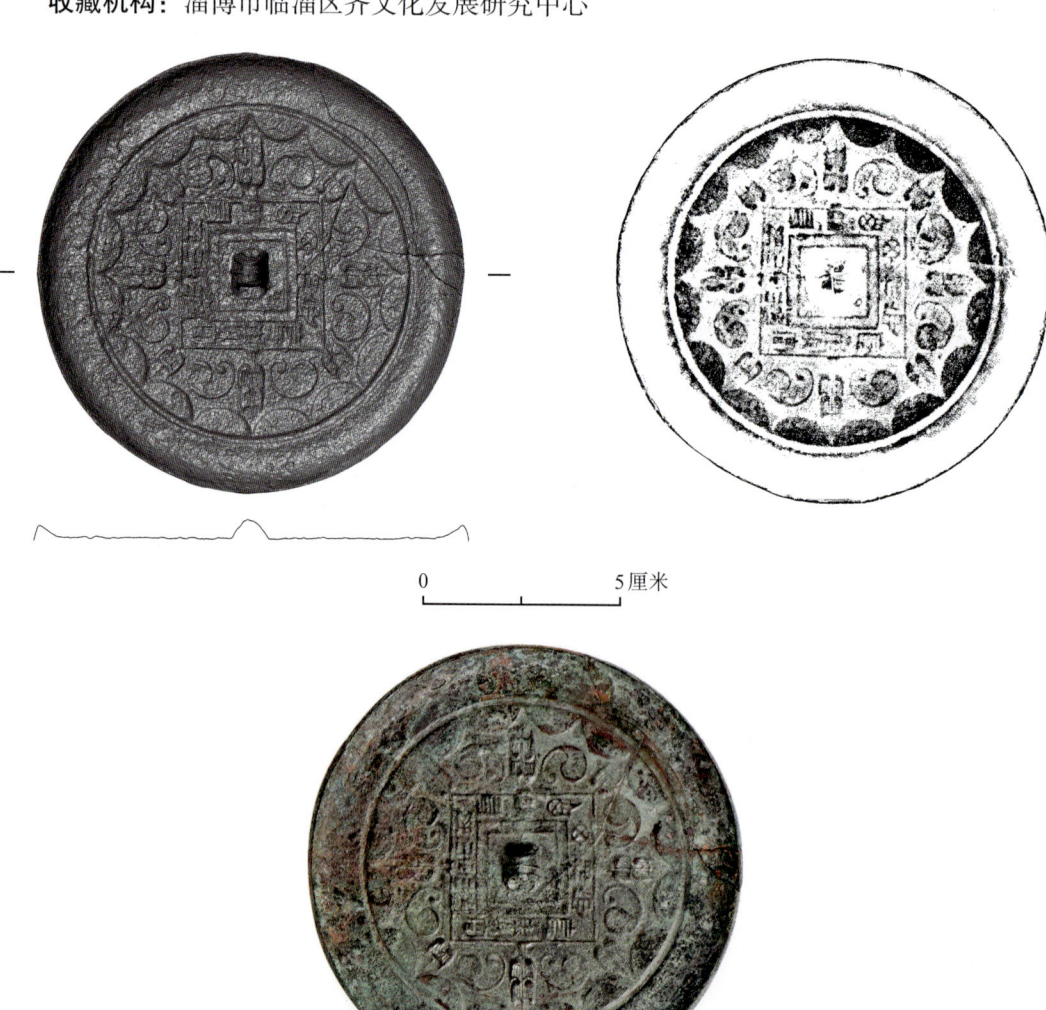

0　　　　　　5厘米

图1-124　长相思变体草叶纹镜（LZJ-2019-149）三维模型、拓本与照片

（四十五）见日之光四乳单层草叶纹镜

考察编号： LZJ-2019-150（原编号"范家M126：1"）

特征描述： 半球形钮，半圆形钮孔。钮外双重宽凹弧面方框间为铭文区。铭文区填以右旋读小篆体"见日之光天下大阳"八字铭文，每面两字。文字方向按读写顺序纵向排列。铭文区四角内侧饰桃形花苞，外侧饰花叶纹。铭文区四边外侧中部对称分布四枚乳丁。乳丁外侧饰桃形花苞，两侧各饰一单层草叶纹。十六内向连弧纹缘，缘边稍斜。锈迹较多，镜面覆有一层绿色锈和少量红色锈。镜背有少量红、绿色锈。银白色材质。草叶纹、方格上有刮痕。钮座、方格、乳丁、外区经过研磨。外区内侧残留镜背分割线痕迹。钮座一侧有凹陷或不清晰，似为浇口所在（图1-125）。

尺寸与重量： 面径11.8、缘厚0.4、钮径1.7、钮高0.7厘米，镜面弧度0.1厘米。重153克。

收藏机构： 淄博市临淄区齐文化发展研究中心

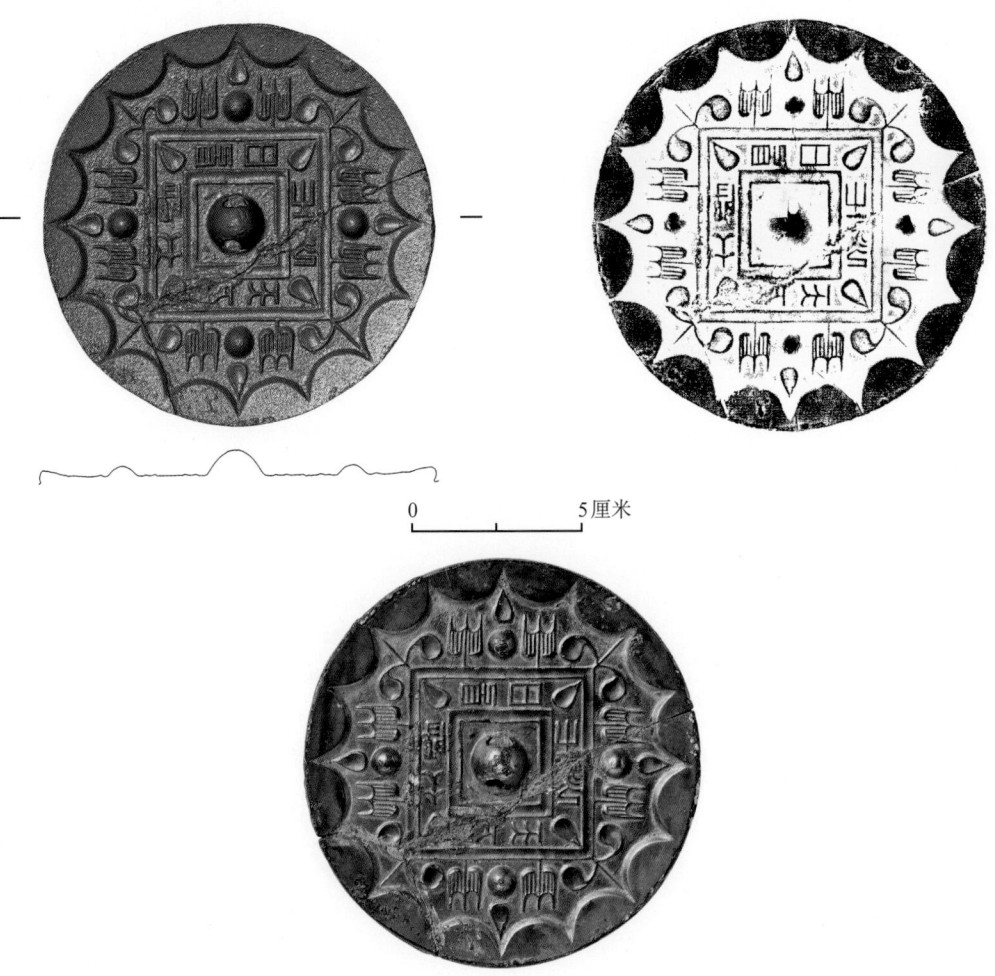

图1-125　见日之光四乳单层草叶纹镜（LZJ-2019-150）三维模型、拓本与照片

（四十六）见日之光四乳单层草叶纹镜

考察编号： LZJ-2019-151（原编号"金鼎绿城二期M46：2"）

特征描述： 半球形钮，半圆形钮孔，柿蒂形钮座。钮座外两周凹弧面方框间为铭文区。铭文区填以右旋读小篆体"见日之光天下大阳"八字铭文，每面两字，二字间有弧线纹间隔。文字方向按读写顺序纵向排列。铭文区四角内侧饰桃形花苞，外侧饰枝叶花苞。铭文区四边外侧中部对称分布四枚乳丁。乳丁两侧各饰一单层草叶纹。十六内向连弧纹缘，缘边稍斜。锈迹较多，镜背有红、绿色锈。镜面有黄、绿色锈。草叶纹似有刮痕（图1-126）。

尺寸与重量： 面径11.6、缘厚0.3、钮径1.7、钮高0.6厘米，镜面弧度0.2厘米。重156克。

收藏机构： 淄博市临淄区齐文化发展研究中心

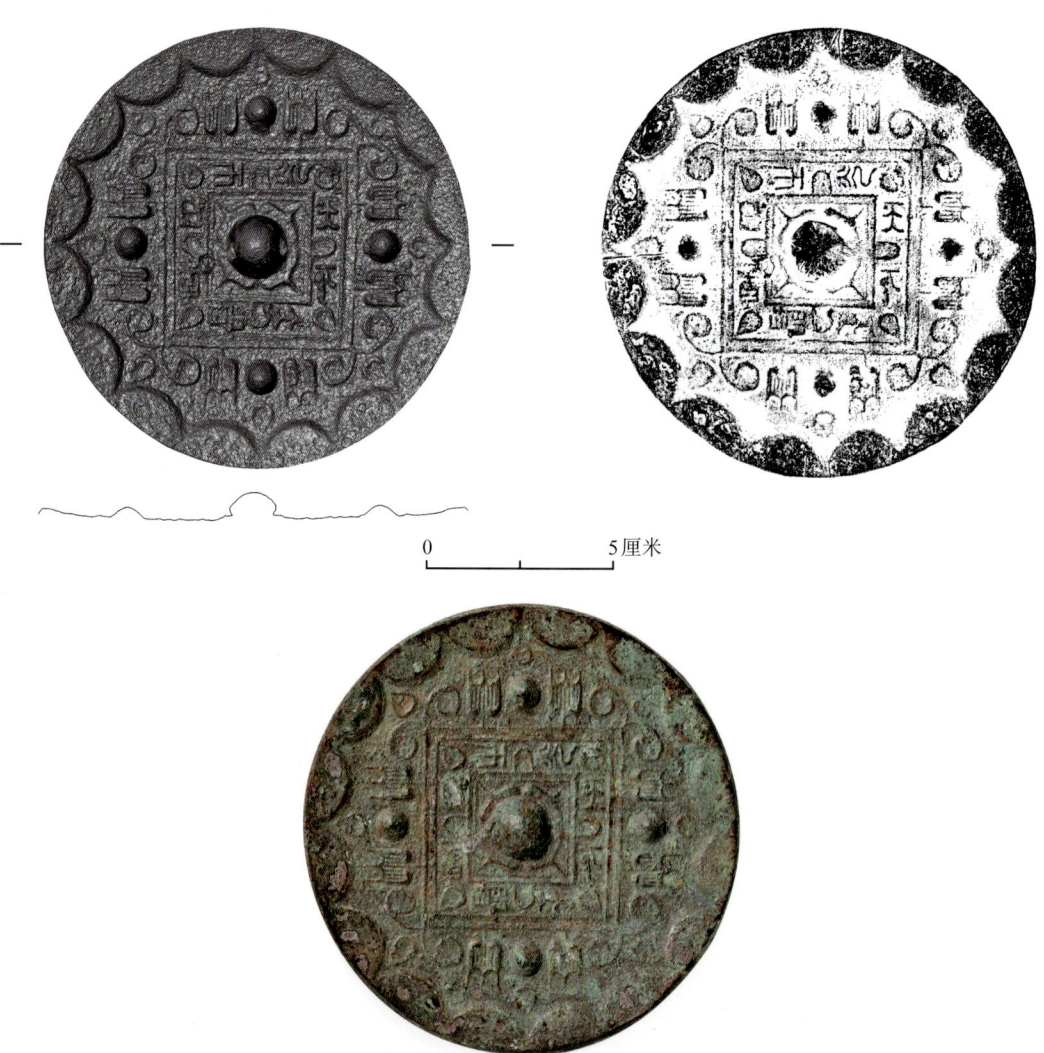

0   5厘米

图1-126　见日之光四乳单层草叶纹镜（LZJ-2019-151）三维模型、拓本与照片

（四十七）见日之光四乳单层草叶纹镜

考察编号： LZJ-2019-152（原编号"淄江花园K-03M601：1"）

特征描述： 半球形钮，半圆形钮孔，柿蒂形钮座。钮座外凸弦纹方框与外侧宽凹弧面方框间为铭文区。铭文区填以右旋读小篆体"见日之光天下大明"八字铭文，每面两字。文字方向按读写顺序纵向排列。铭文区四角内侧饰对称三角形回纹方格，外侧饰花叶纹。铭文区四边外侧中部对称分布四枚乳丁。乳丁外侧饰桃形花苞，两侧各饰一单层草叶纹。十六内向连弧纹缘，缘边稍斜。锈迹较多，镜背有蓝、绿色锈，镜面有红、蓝、绿色锈。四等分射线设计线。银白色材质。花苞、花叶、凹弧面有刮痕。钮座、方格、乳丁、外区经过研磨。外区内侧残留镜背分割线痕迹。钮座一侧有凹陷或不清晰，"见日"文字方向似为浇口所在（图1-127）。

尺寸与重量： 面径11.3、缘厚0.3、钮径1.5、钮高0.6厘米，镜面弧度0.1厘米。重143克。

收藏机构： 淄博市临淄区齐文化发展研究中心

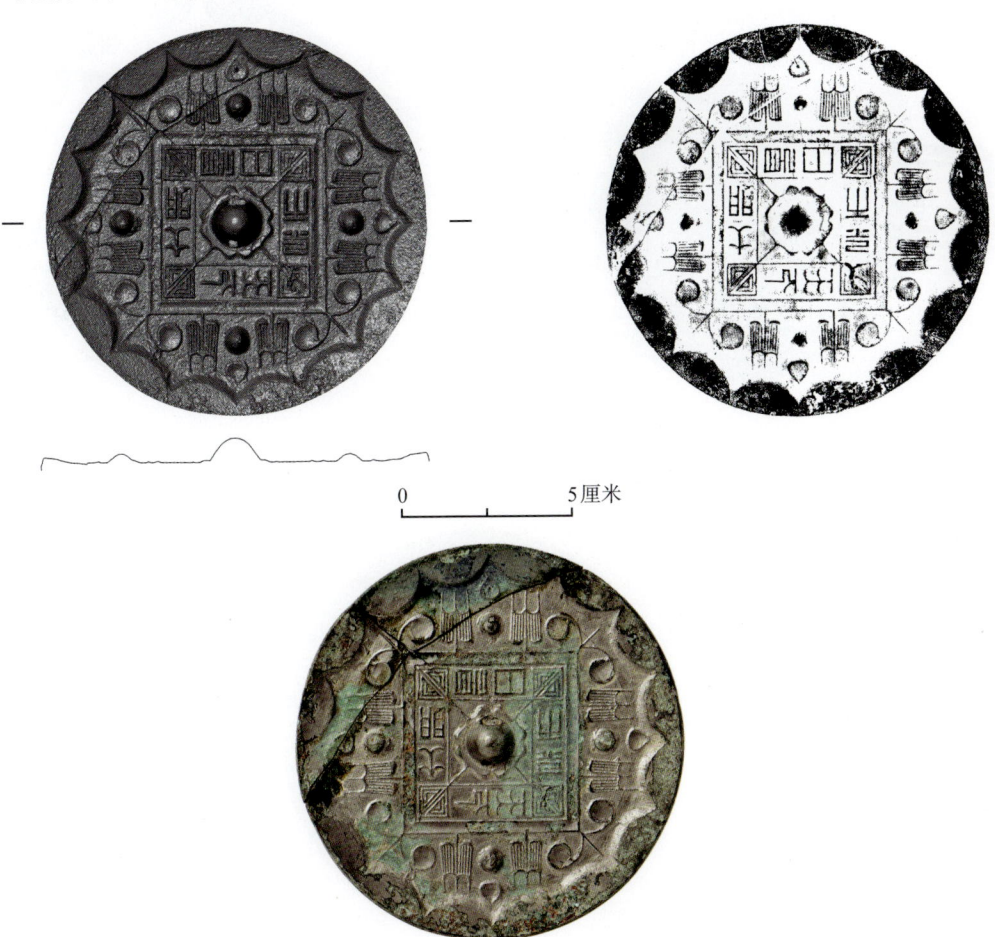

0　　　　　5厘米

图1-127 见日之光四乳单层草叶纹镜（LZJ-2019-152）三维模型、拓本与照片

（四十八）见日之光变体草叶纹镜

考察编号： LZJ-2019-153（原编号"金鼎绿城三期M315出土镜"）

特征描述： 半球形钮，半圆形钮孔，柿蒂形钮座。钮座外窄凹弧面方框与外侧宽凹弧面方框间为铭文区。铭文区填以右旋读小篆体"见日之光天下大明"八字铭文，每面两字。文字方向按读写顺序纵向排列。铭文区四角内侧饰桃形花苞，外侧饰枝叶花苞。铭文区四边外侧中部饰双层草叶纹。十六内向连弧纹缘，缘边稍斜。缘内侧有一周圆形设计线。镜背光洁，镜面局部覆有绿色锈。银白色材质。草叶纹、方格上有刮痕。钮座、方格、外区经过研磨。外区内侧残留镜背分割线痕迹。钮座一侧有凹陷或不清晰，"见日"文字方向似为浇口所在（图1-128）。

尺寸与重量： 面径11.5、缘厚0.3、钮径1.4、钮高0.5厘米，镜面弧度0.1厘米。重166克。

收藏机构： 淄博市临淄区齐文化发展研究中心

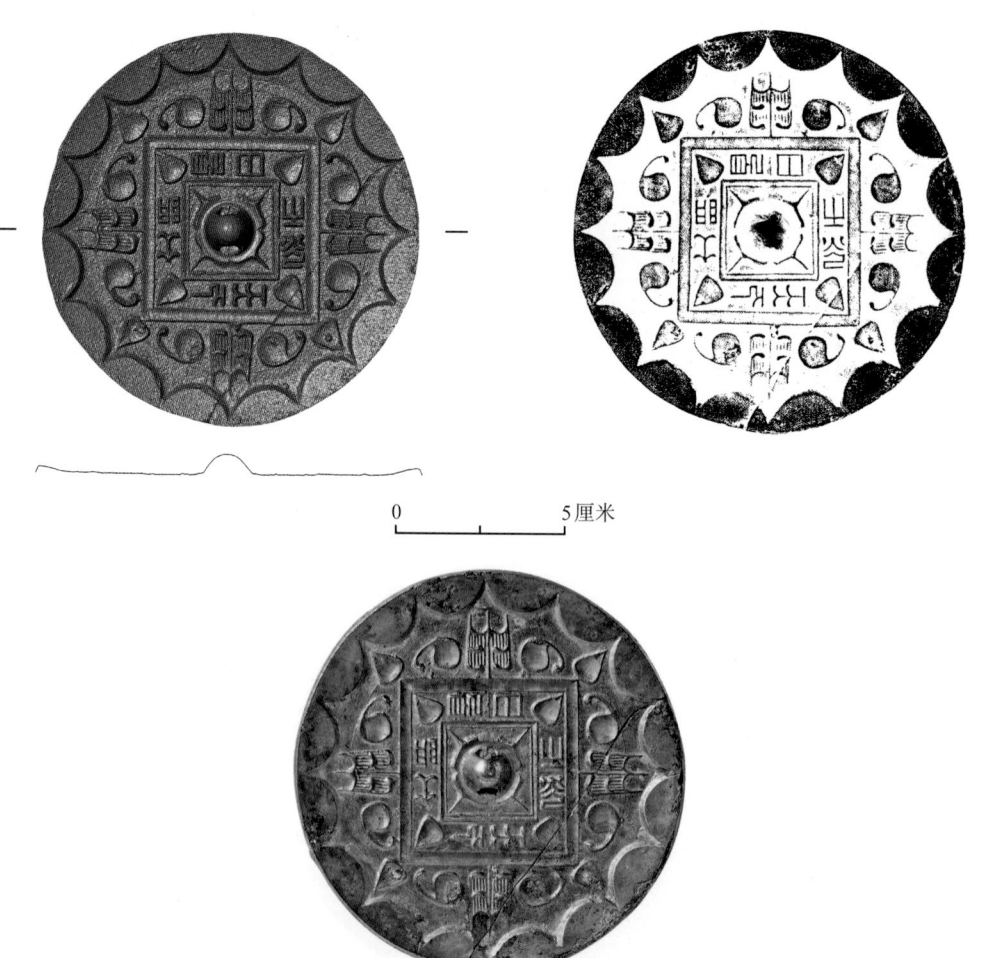

图1-128　见日之光变体草叶纹镜（LZJ-2019-153）三维模型、拓本与照片

（四十九）见日之光四乳单层草叶纹镜

考察编号： LZJ-2019-154（原编号"泰东城义乌小商品城M93出土镜"）

特征描述： 半球形钮，半圆形钮孔，柿蒂形钮座。钮座外单凸弦纹方框与外侧宽凹弧面方框间为铭文区。铭文区填以右旋读小篆体"见日之光长毋相忘"八字铭文，每面两字。文字方向按读写顺序纵向排列。铭文区四角内侧饰对称三角形回纹方格，外侧饰花叶纹。铭文区四边外侧中部对称分布四枚乳丁。乳丁外侧饰桃形花苞，两侧各饰一单层草叶纹。十六内向连弧纹缘，缘边稍斜。花叶、花苞、凹弧面有刮痕。四等分射线设计线。锈迹较多，镜面、镜背覆有红、绿色锈（图1-129）。

尺寸与重量： 面径11.3、缘厚0.3、钮径1.5、钮高0.5厘米，镜面弧度0.1厘米。重146克。

收藏机构： 淄博市临淄区齐文化发展研究中心

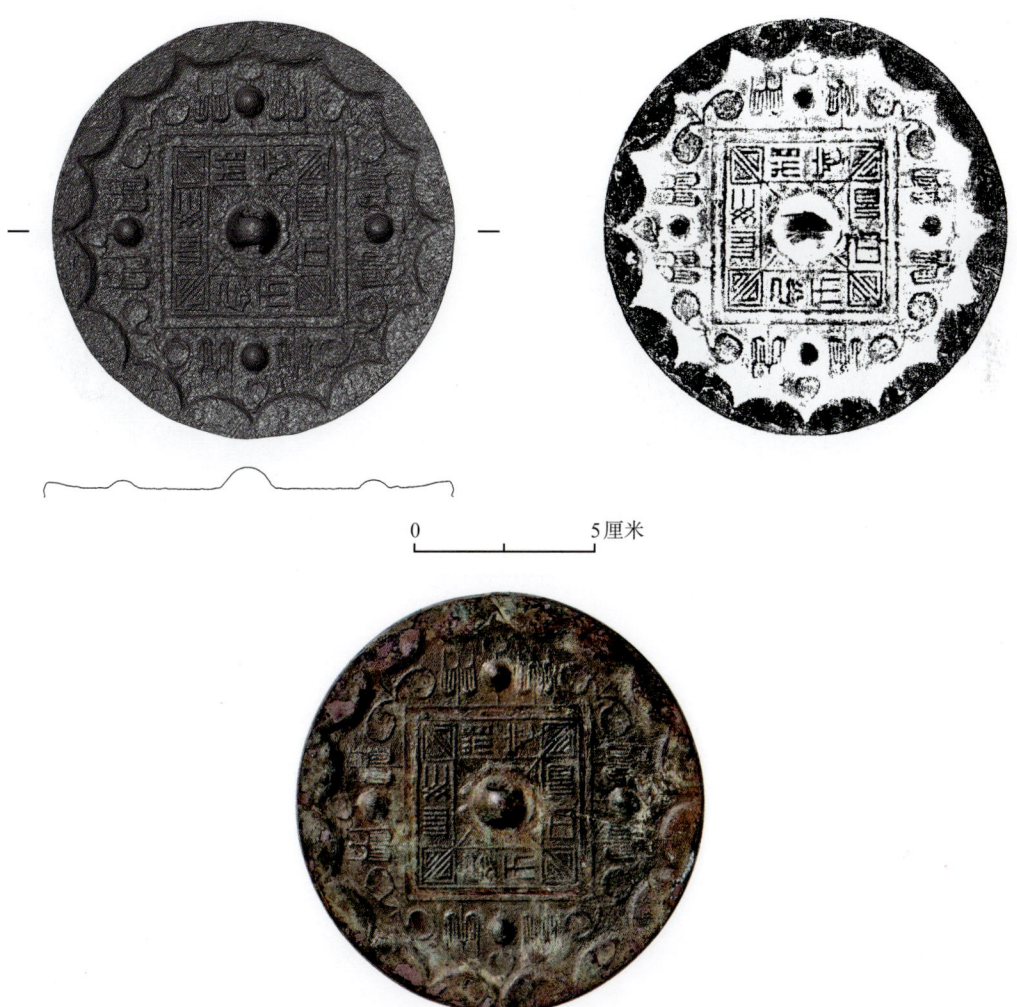

0 5厘米

图1-129　见日之光四乳单层草叶纹镜（LZJ-2019-154）三维模型、拓本与照片

（五十）见日之光四乳双层草叶纹镜

考察编号：LZJ-2019-155（原编号"淄江高阳M1 121：1"）

特征描述：半球形钮，半圆形钮孔，柿蒂形钮座。钮座外双重宽凹弧面方框间为铭文区。铭文区填以左旋读"见日之光天下大阳所言必当"十二字铭文，每面三字。文字方向按读写顺序纵向排列。铭文区四角内侧饰桃形花包，外侧饰枝叶花苞。铭文区四边外侧中部对称分布四枚乳丁。乳丁内侧饰简化双叶，外侧饰桃形花苞，两侧各饰一组双层草叶纹。十六内向连弧纹缘。镜面大部覆有绿色锈，镜背连弧纹局部覆有褐色和绿色锈。花叶、花苞、方格凹弧面有明显刮痕。缘内侧有一周圆形设计线。银白色材质。钮座、方格、乳丁、外区经过研磨。外区内侧残留镜背分割线痕迹。仅有微量凹线痕迹（图1-130）。

尺寸与重量：面径13.9、缘厚0.4、钮径1.6、钮高0.6厘米，镜面弧度0.2厘米。重328克。

收藏机构：淄博市临淄区齐文化发展研究中心

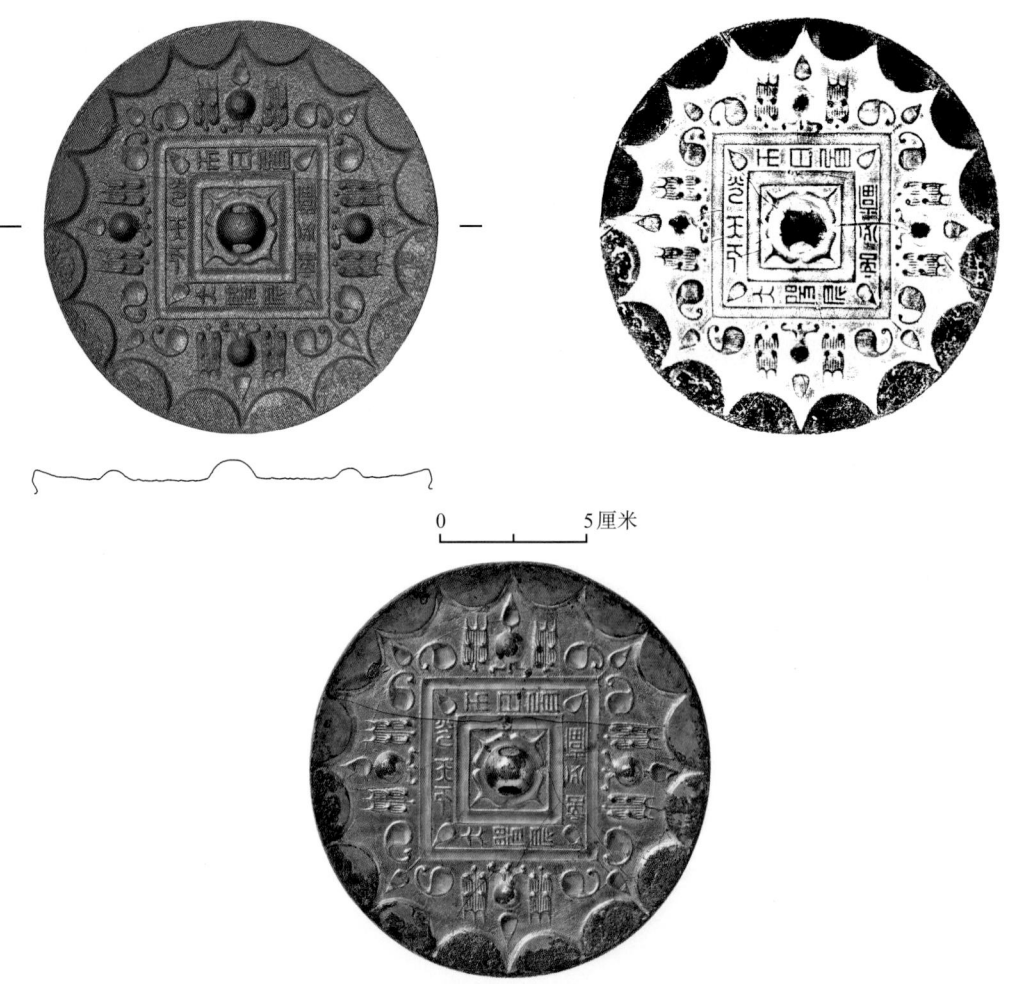

图1-130　见日之光四乳双层草叶纹镜（LZJ-2019-155）三维模型、拓本与照片

（五十一）见日之光四乳单层草叶纹镜

考察编号： LZJ-2019-156（原编号"翰林院M82：1"）

特征描述： 半球形钮，半圆形钮孔，柿蒂形钮座。钮座外单凸弦纹方框与外侧宽凹弧面方框间为铭文区。铭文区填以右旋读小篆体"见日之明天下大明"八字铭文，每面两字。文字方向按读写顺序纵向排列。铭文区四角内侧饰短斜线方格，外侧饰花叶纹。铭文区四边外侧中部对称分布四枚乳丁。乳丁外侧饰桃形花苞，两侧各饰一单层草叶纹。十六内向连弧纹缘，缘边稍斜。锈迹较多，镜面有红、蓝、绿色锈。镜背覆有红、绿色锈。银白色材质。钮座、方格、乳丁、外区经过研磨。花叶、花苞、凹弧面有刮痕。外区内侧残留镜背分割线痕迹。表面褶皱较多。"之明"文字方向有凹陷或不清晰，似为浇口所在（图1-131）。

尺寸与重量： 面径11.3、缘厚0.4、钮径1.4、钮高0.4厘米，镜面弧度0.2厘米。重178克。

收藏机构： 淄博市临淄区齐文化发展研究中心

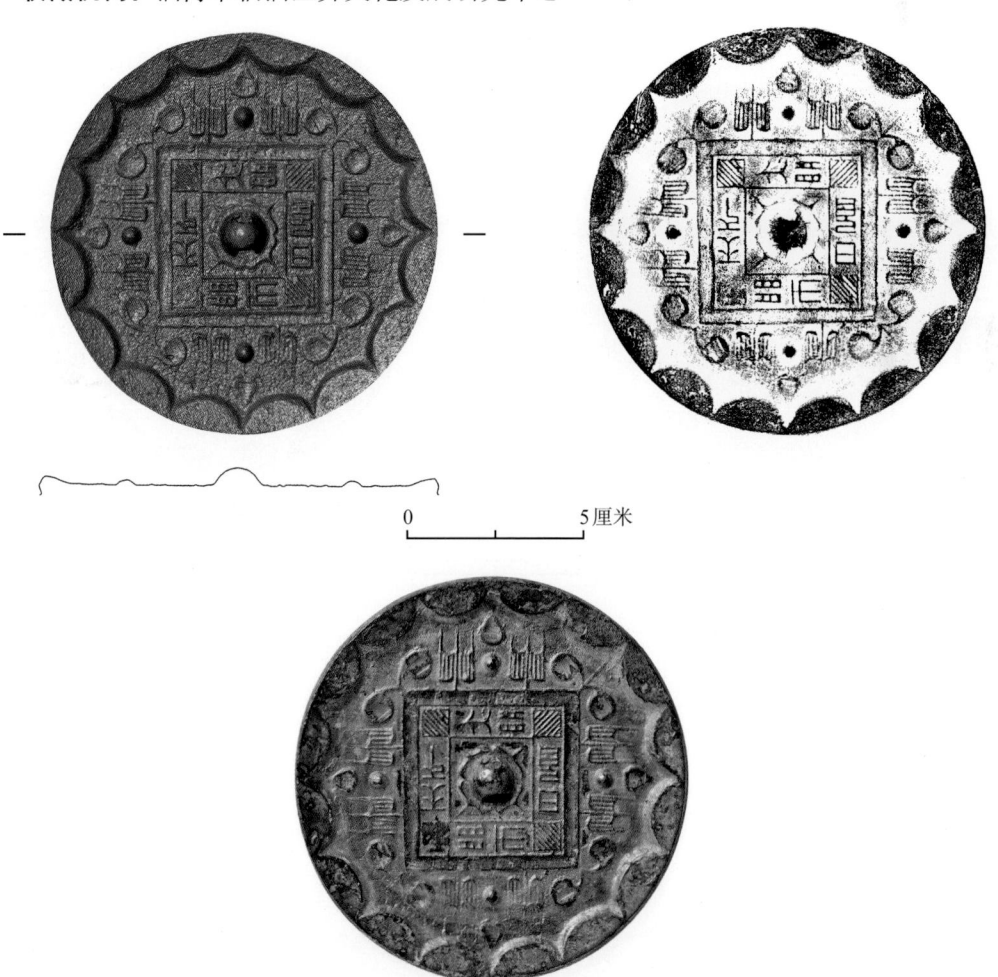

图1-131　见日之光四乳单层草叶纹镜（LZJ-2019-156）三维模型、拓本与照片

（五十二）见日之光四乳三层草叶纹镜

考察编号： LZJ-2019-158（原编号"淄江花园T区M241：1"）

特征描述： 半球形钮，半圆形钮孔，变形柿蒂形钮座。钮座外两周宽凹弧面方框间为铭文区。铭文区填以右旋读小篆体"见日之光君月之明天下大阳所言必当"十六字铭文，每面四字。文字方向按读写顺序纵向排列。铭文区四角内侧饰心形凹弧面花瓣，外侧饰枝叶花苞。铭文区四边外侧中部对称分布四枚圆台座乳丁。乳丁外侧饰四瓣心形凹弧面花瓣，两侧各饰一组三层草叶纹。草叶纹下端饰简化枝叶纹。十六内向连弧纹缘，缘边稍斜。镜面满覆绿色锈。镜背局部有红色锈和褐色锈。花叶、花苞及凹弧面残存明显刮痕。缘内有一周圆形设计线。银白色材质。钮座、方格、乳丁、外区经过研磨。外区内侧残留镜背分割线痕迹（图1-132）。

尺寸与重量： 面径23.0、缘厚0.5、钮径2.2、钮高0.6厘米，镜面弧度0.2厘米。重1283克。

收藏机构： 淄博市临淄区齐文化发展研究中心

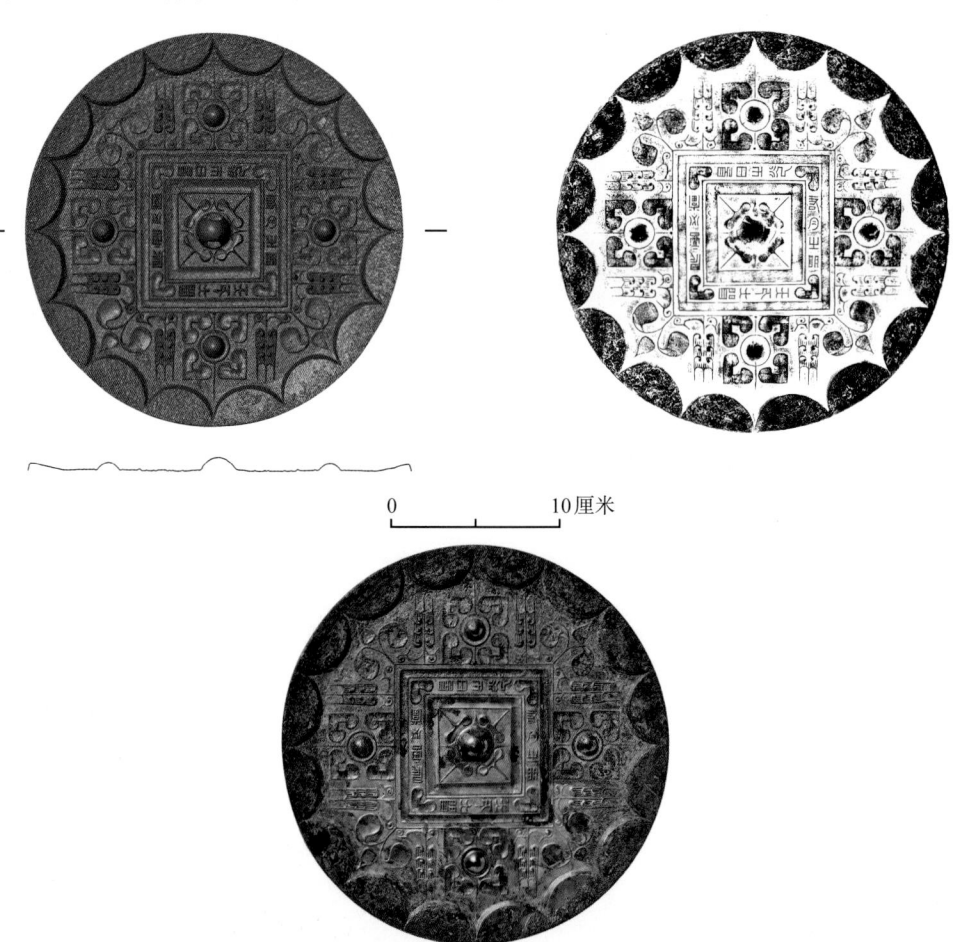

0　　　　　　　　　10厘米

图1-132　见日之光四乳三层草叶纹镜（LZJ-2019-158）三维模型、拓本与照片

（五十三）见日之光四乳双层草叶纹镜

考察编号： LZJ-2019-202（原编号"天齐小区T101M8出土镜"）

特征描述： 半球形钮，半圆形钮孔，柿蒂形钮座。钮座外双重宽凹弧面方框间为铭文区。铭文区填以右旋读小篆体"见日之明天下大阳长乐未央"十二字铭文，每面三字。文字方向按读写顺序纵向排列。铭文区四角内侧饰对称三角形回纹方格，外侧饰枝叶花苞。铭文区四边外侧中部对称分布四枚圆圈座乳丁。乳丁外侧饰桃形花苞，内侧有三条短线段连接乳丁座和铭文框，两侧各饰一组双层草叶纹。十六内向连弧纹缘。缘内有一周圆形设计线。花叶、花苞、凹弧面有刮痕。镜面满覆绿色锈。镜背缘部及乳丁、花叶凹弧面有较多绿色锈。银白色材质。外区、方格、钮座、乳丁表面经过研磨。镜范存在砂崩现象。可见铸造毛刺凸线（图1-133）。

尺寸与重量： 面径16.4、缘厚0.5、钮径1.9、钮高0.9厘米，镜面弧度0.1厘米。重595克。

收藏机构： 山东省文物考古研究院

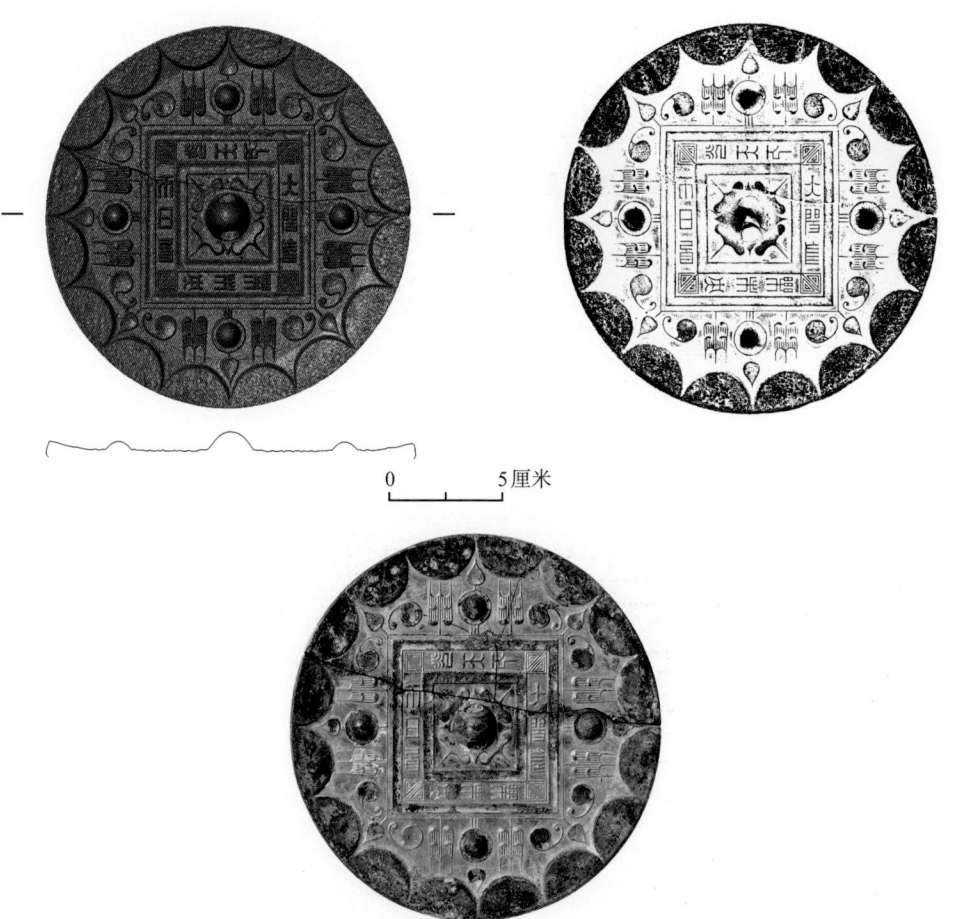

0　　　　5厘米

图1-133　见日之光四乳双层草叶纹镜（LZJ-2019-202）三维模型、拓本与照片

（五十四）日有熹四乳双层草叶纹镜

考察编号： LZJ-2019-204（原编号"LZ勇士区T102M57：1"）

特征描述： 半球形钮，半圆形钮孔，柿蒂形钮座。钮座外两周宽凹弧面方框间为铭文区。铭文区填以右旋读小篆体"日有熹长贵富宜酒食乐毋事"十二字铭文，每面三字。文字方向按读写顺序纵向排列。铭文区四角内侧饰对称三角形回纹方格，外侧饰枝叶花苞。铭文区外侧中部对称分布四枚圆台座乳丁。乳丁外侧饰桃形花苞，两侧各饰一组双层草叶纹。十六内向连弧纹缘。锈蚀严重，镜面、镜背大部覆有绿色锈。缘内有一周圆形设计线。花叶、花瓣凹弧面残存刮痕。内区最外周可以确认有镜背分割线（图1-134）。

尺寸与重量： 面径16.2、缘厚0.5、钮径1.9、钮高0.7厘米，镜面弧度0.1厘米。重492克。

收藏机构： 山东省文物考古研究院

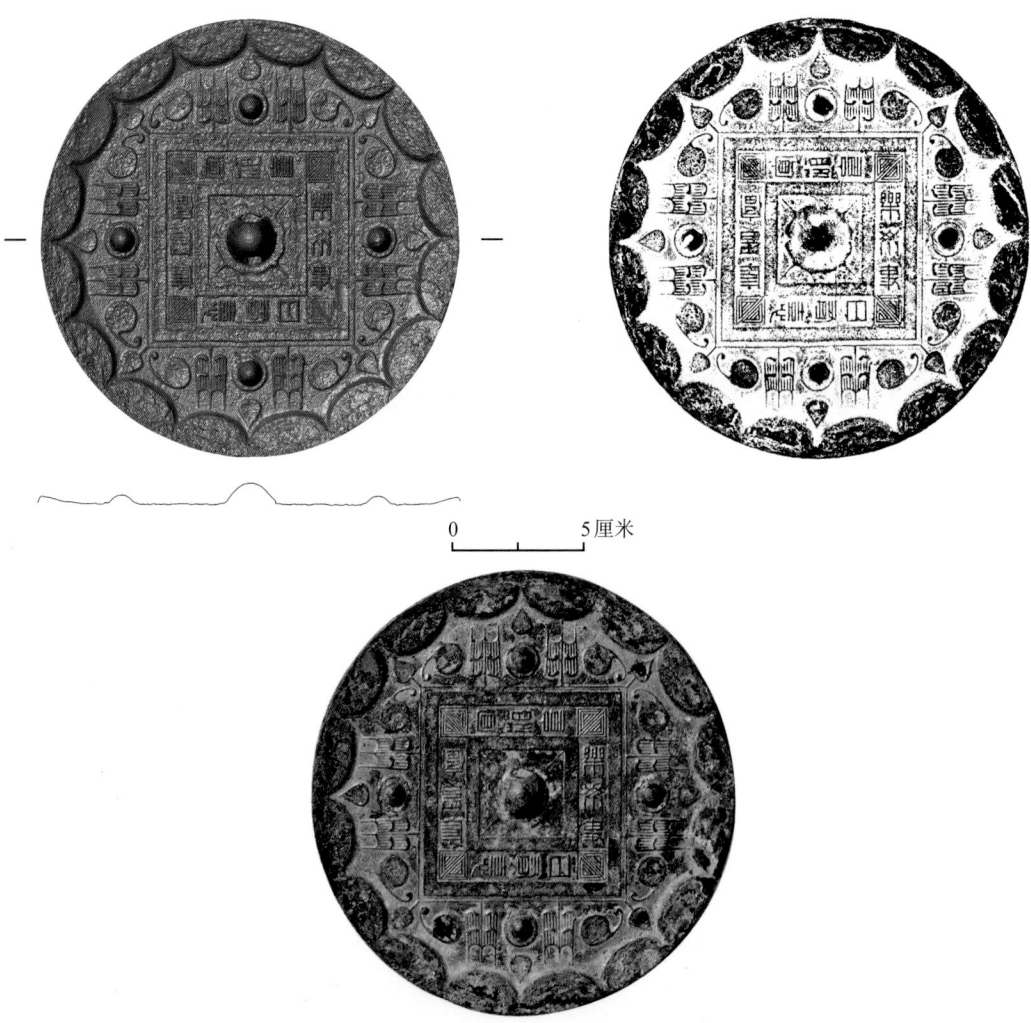

图1-134　日有熹四乳双层草叶纹镜（LZJ-2019-204）三维模型、拓本与照片

（五十五）见日之光四乳变体草叶纹镜

考察编号：LZJ-2019-208（原编号"乙烯生活区T808M46：1"）

特征描述：半球形钮，半圆形钮孔，柿蒂形钮座。钮座外单凸弦纹方框与外侧宽凹弧面方框间为铭文区。铭文区填以右旋读小篆体"见日之光服者君卿"八字铭文，每面两字。文字方向按读写顺序纵向排列。铭文区四角外侧饰单层草叶纹。铭文区四边外侧中部对称分布四枚乳丁。乳丁外侧饰桃形花苞，两侧饰花叶纹。十六内向连弧纹缘。锈迹较多，镜面满覆绿色锈，镜背大部有绿色锈（图1-135）。

尺寸与重量：面径10.1、缘厚0.3、钮径1.2、钮高0.5厘米，镜面弧度0.1厘米。重111克。

收藏机构：山东省文物考古研究院

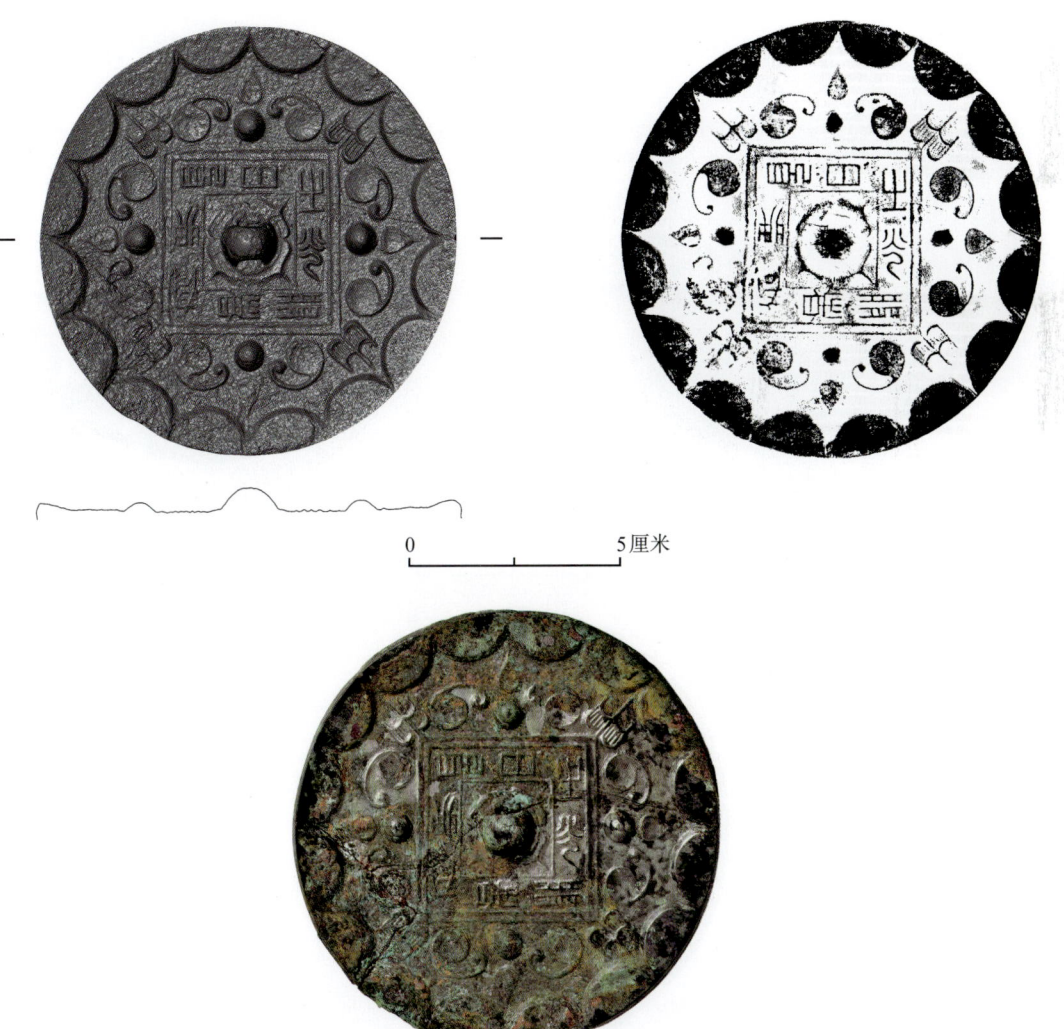

0　　　　　　　　5厘米

图1-135　见日之光四乳变体草叶纹镜（LZJ-2019-208）三维模型、拓本与照片

（五十六）见日之光四乳单层草叶纹镜

考察编号： LZJ-2019-209（原编号"乙烯生活区T909M191：1"）

特征描述： 半球形钮，半圆形钮孔，柿蒂形钮座。钮座外单凸弦纹方框与外侧宽凹弧面方框间为铭文区。铭文区填以右旋读小篆体"见日之光天下大明"八字铭文，每面两字。文字方向按读写顺序纵向排列。铭文区四角内侧饰短斜线方格，外侧饰花叶纹。铭文区四边外侧中部对称分布四枚乳丁。乳丁外侧饰桃形花苞，两侧各饰一单层草叶纹。十六内向连弧纹缘。镜面满覆绿色锈。镜背大部覆绿色锈，局部有少量红褐色锈（图1-136）。

尺寸与重量： 面径11.4、缘厚0.2、钮径1.3、钮高0.5厘米，镜面弧度0.05厘米。重162克。

收藏机构： 山东省文物考古研究院

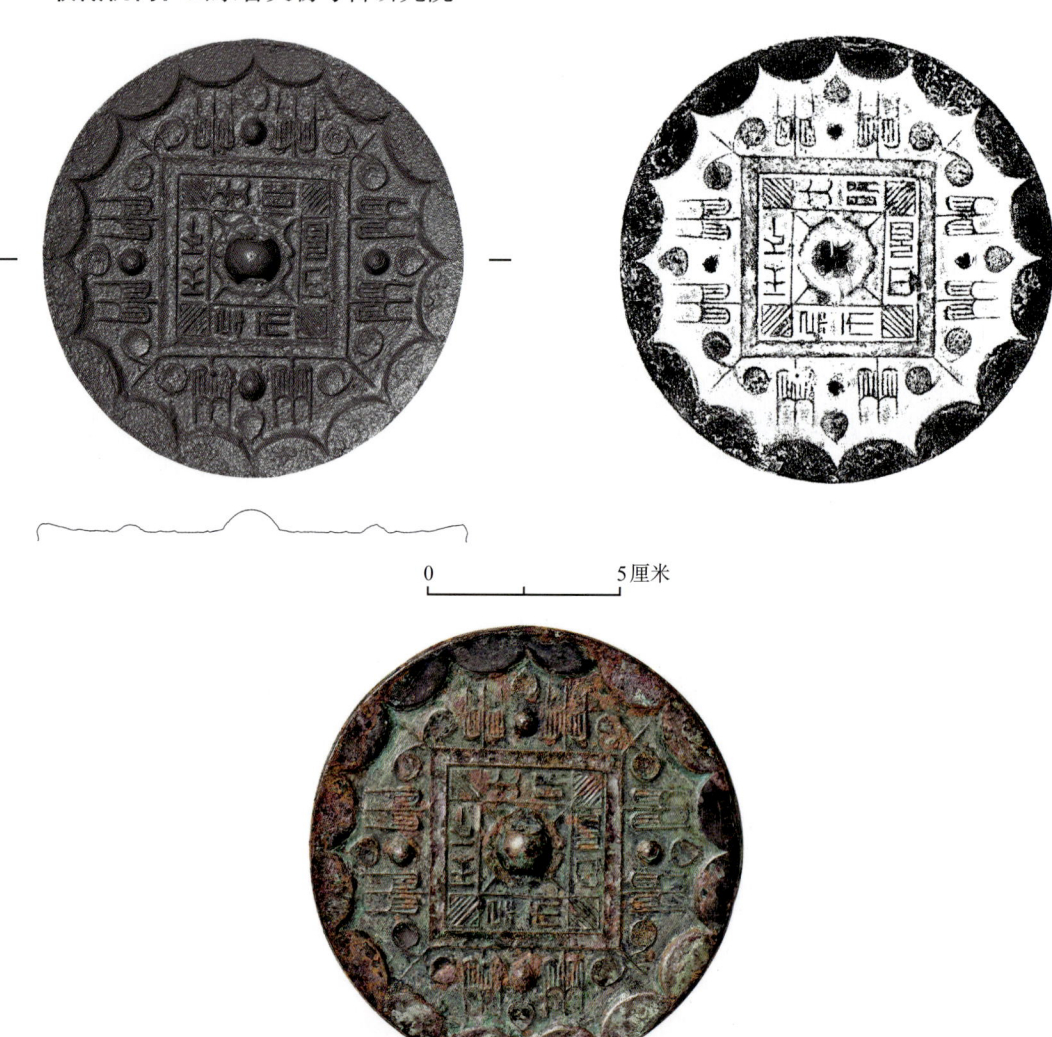

0　　　　　　　5厘米

图1-136　见日之光四乳单层草叶纹镜（LZJ-2019-209）三维模型、拓本与照片

（五十七）见日之光四乳双层草叶纹镜

考察编号： LZJ-2019-212（原编号"乙烯生活区T806M054：1"）

特征描述： 半球形钮，半圆形钮孔，柿蒂形钮座。钮座外饰双凸线方框与外侧宽凹弧面方框间为铭文区。铭文区填以右旋读小篆体"见日之光长毋相忘"八字铭文，每面有两字，二字间有三短线间隔。文字方向按读写顺序纵向排列。铭文区四角内侧饰短斜线方格，外侧饰枝叶花苞。铭文区四边外侧中部对称分布四枚圆台座乳丁。乳丁外侧饰桃形花苞，内侧有三道短线与铭文框相接，两侧各饰一组双层草叶纹。十六内向连弧纹缘。缘内有一周圆形设计线。花叶纹、凹弧面有刮痕。镜面、镜背局部覆有绿色锈（图1-137）。

尺寸与重量： 面径13.8、缘厚0.3、钮径1.8、钮高0.8厘米，镜面弧度0.1厘米。重258克。

收藏机构： 山东省文物考古研究院

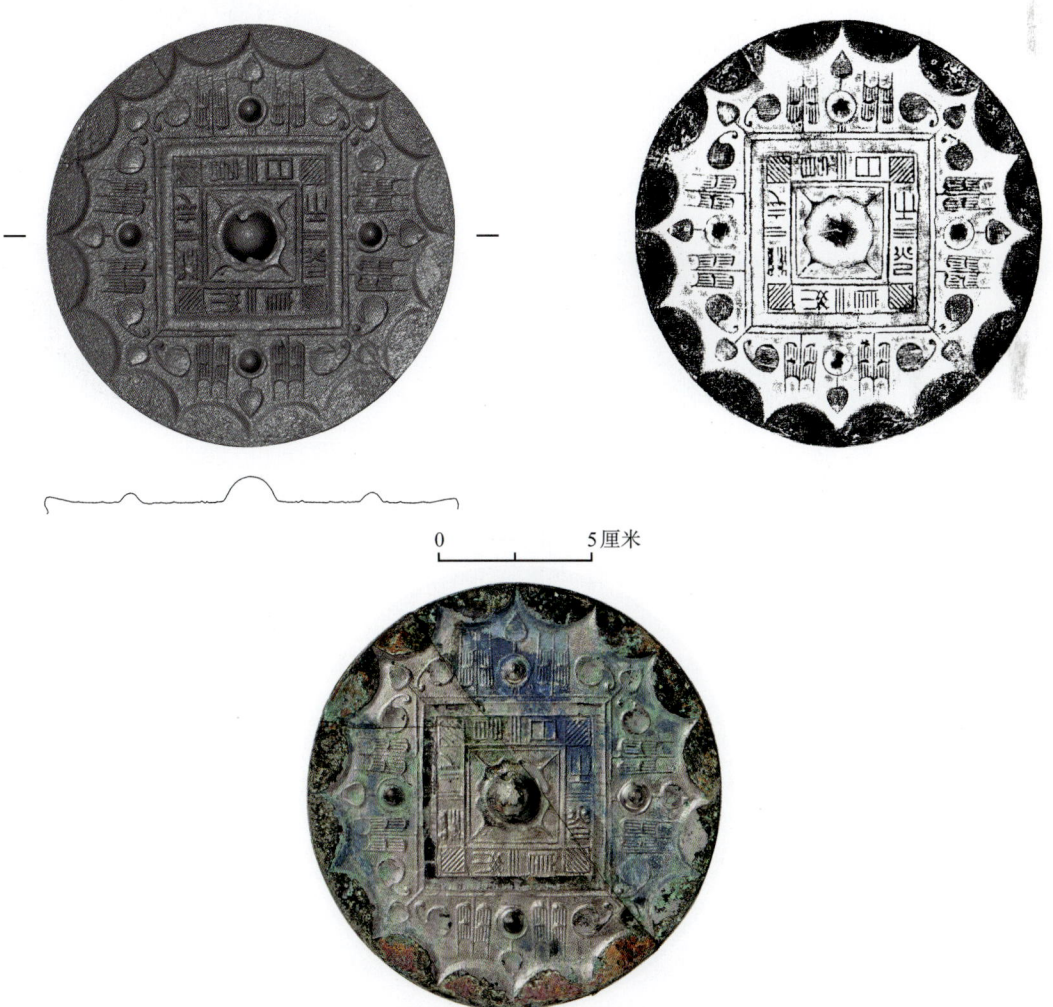

图1-137　见日之光四乳双层草叶纹镜（LZJ-2019-212）三维模型、拓本与照片

（五十八）见日之光四乳单层草叶纹镜

考察编号： LZJ-2019-213（原编号"乙烯生活区 T612M16：2"）

特征描述： 半球形钮，半圆形钮孔，柿蒂形钮座。钮座外单凸弦纹方框与外侧宽凹弧面方框间为铭文区。铭文区填以右旋读小篆体"见日之光天下大明"八字铭文，每面两字。文字方向按读写顺序纵向排列。铭文区四角内侧饰短斜线方格，外侧饰花叶纹。铭文区四边外侧中部对称分布四枚小乳丁。乳丁外侧饰桃形花苞，两侧各饰一单层草叶纹。十六内向连弧纹缘，缘边稍斜。镜面、镜背大部覆有绿色锈（图1-138）。

尺寸与重量： 面径11.0、缘厚0.2、钮径1.5、钮高0.4厘米，镜面弧度0.02厘米。重112克。

收藏机构： 山东省文物考古研究院

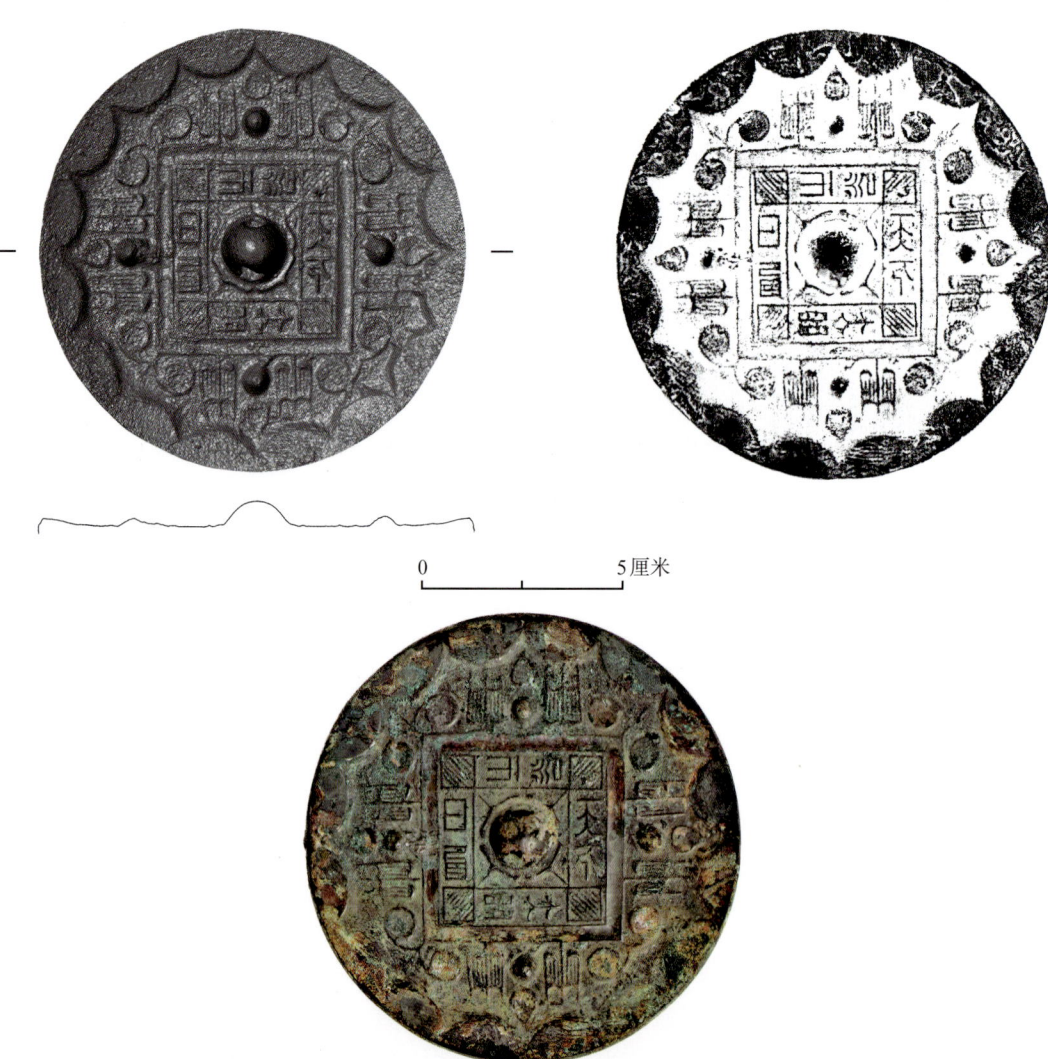

图1-138 见日之光四乳单层草叶纹镜（LZJ-2019-213）三维模型、拓本与照片

（五十九）见日之光四乳双层草叶纹镜

考察编号： LZJ-2019-217（原编号"乙烯生活区 T513M26：1"）

特征描述： 半球形钮，半圆形钮孔，圆台钮座。钮座外两重宽凹弧面方框间为铭文区。铭文区填以右旋读小篆体"见日之光天下大阳所言必当"十二字铭文，每面三字。文字方向按读写顺序纵向排列。铭文区四角外侧饰枝叶花苞，四边外侧中部对称分布四枚圆台座乳丁。乳丁外侧饰桃形花苞，两侧各饰一组双层草叶纹。十六内向连弧纹缘，缘边稍斜。镜面满覆绿色锈，镜背连弧纹处大部覆有绿色锈或褐色锈。银白色材质。外区、钮座、乳丁经过研磨。凹弧面、草叶纹有刮痕。内区外周有镜背分割线。外区花纹根部有较多的砂崩现象。有少量凹下的铸造毛刺。镜范多处有砂崩现象，可能存在同范镜（图1-139）。

尺寸与重量： 面径14.1、缘厚0.4、钮径1.6、钮高0.6厘米，镜面弧度0.1厘米。重350克。

收藏机构： 山东省文物考古研究院

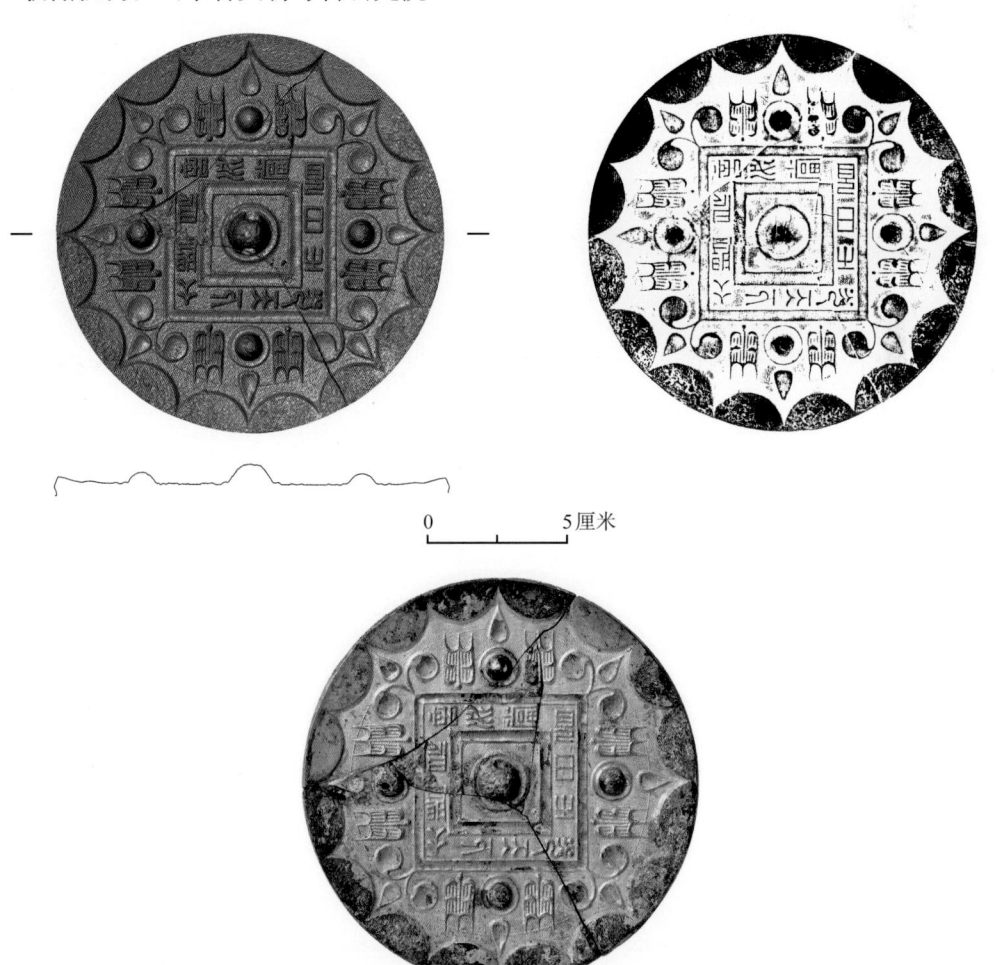

0　　　　　　5厘米

图1-139　见日之光四乳双层草叶纹镜（LZJ-2019-217）三维模型、拓本与照片

（六十）长毋相忘变体草叶纹镜

考察编号： LZJ-2019-221（原编号"乙烯生活区T706M003：2"）

特征描述： 半球形钮，半圆形钮孔，圆台钮座。钮座外两周单凸弦纹方框间为铭文区。铭文区填以右旋读小篆体"长毋相忘"四字铭文，每面一字。文字方向按读写顺序纵向排列。铭文区四角内侧饰圆台座乳丁，外侧饰枝叶花苞。铭文区四边外侧中部饰单层草叶纹。十六内向连弧纹缘，缘边稍斜。镜面有褐、绿色锈，镜背有少量绿色锈。银白色材质。外区、钮座、乳丁经过研磨。草叶纹有刮痕。内区外周和方格对角线上有镜背分割线痕迹。铭文"长"字方向的气孔稍多，可能是浇口方向（图1-140）。

尺寸与重量： 面径6.7、缘厚0.4、钮径1.0、钮高0.4厘米，镜面弧度0.1厘米。重80克。

收藏机构： 山东省文物考古研究院

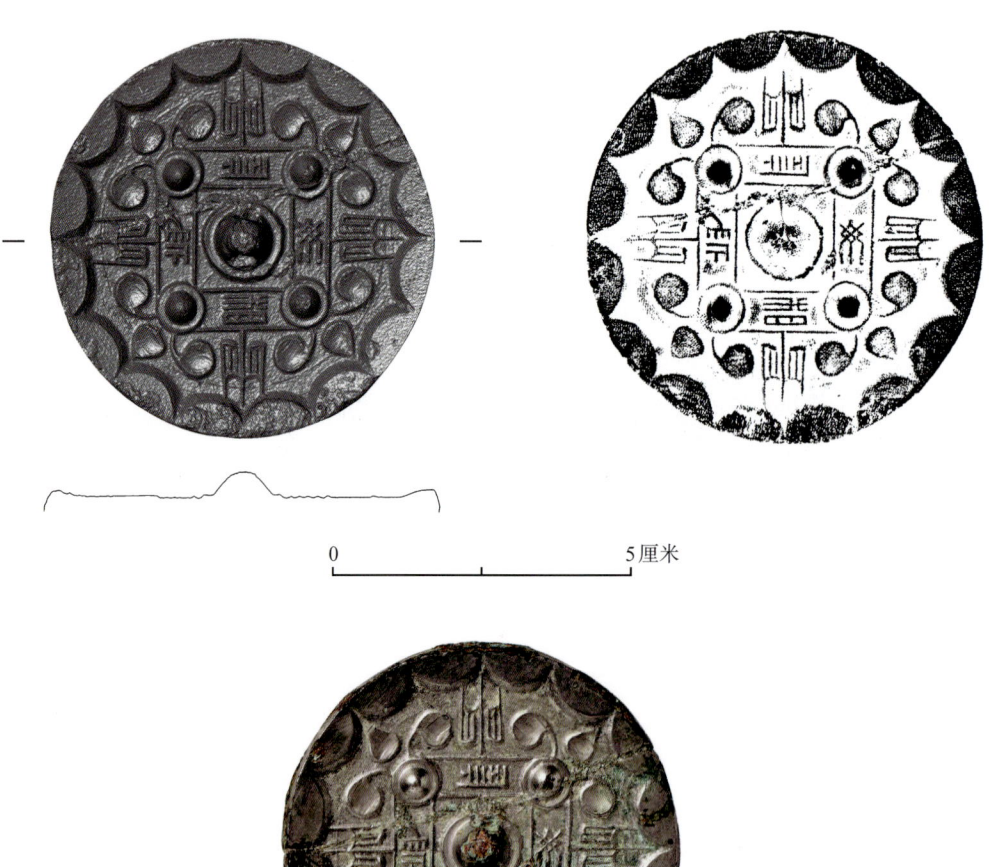

图1-140　长毋相忘变体草叶纹镜（LZJ-2019-221）三维模型、拓本与照片

（六十一）博局草叶纹镜

考察编号：LZJ-2019-224（原编号"乙烯生活区T909M045：1"）

特征描述：伏兽形钮，半圆形钮孔。钮外一周宽凹弧面方框。凹弧面方框外侧中部饰复线宽凹弧面T形纹。T形纹两侧各有一铭文。铭文为右旋读小篆体"见日之光天下大明"八字，每面两字。文字方向按读写顺序纵向排列。凹弧面方框四角外侧饰四枚乳丁，乳丁外侧与缘之间饰复线宽凹弧面V形纹。T形纹外侧与缘内侧凹带间饰复线宽凹弧面L形纹。L形和V形纹之间饰双层变形草叶纹。十六内向连弧纹缘，缘边稍斜。缘内有一周单凸弦纹圈带。镜面覆有绿色锈，镜背局部有绿色锈。银白色材质。宽凹弧面方格及规矩纹部分有刮痕。乳丁和钮座的加工情况不明。"大明"文字方向的铸出效果不佳，可能为浇口方向。镜背有十字形的镜背分割线。凹下的褶皱痕迹较多。镜背、镜面残存织物痕迹（图1-141）。

尺寸与重量：面径11.8、缘厚0.3、钮径1.6×0.9、钮高0.5厘米，镜面弧度0.1厘米。重143克。

收藏机构：山东省文物考古研究院

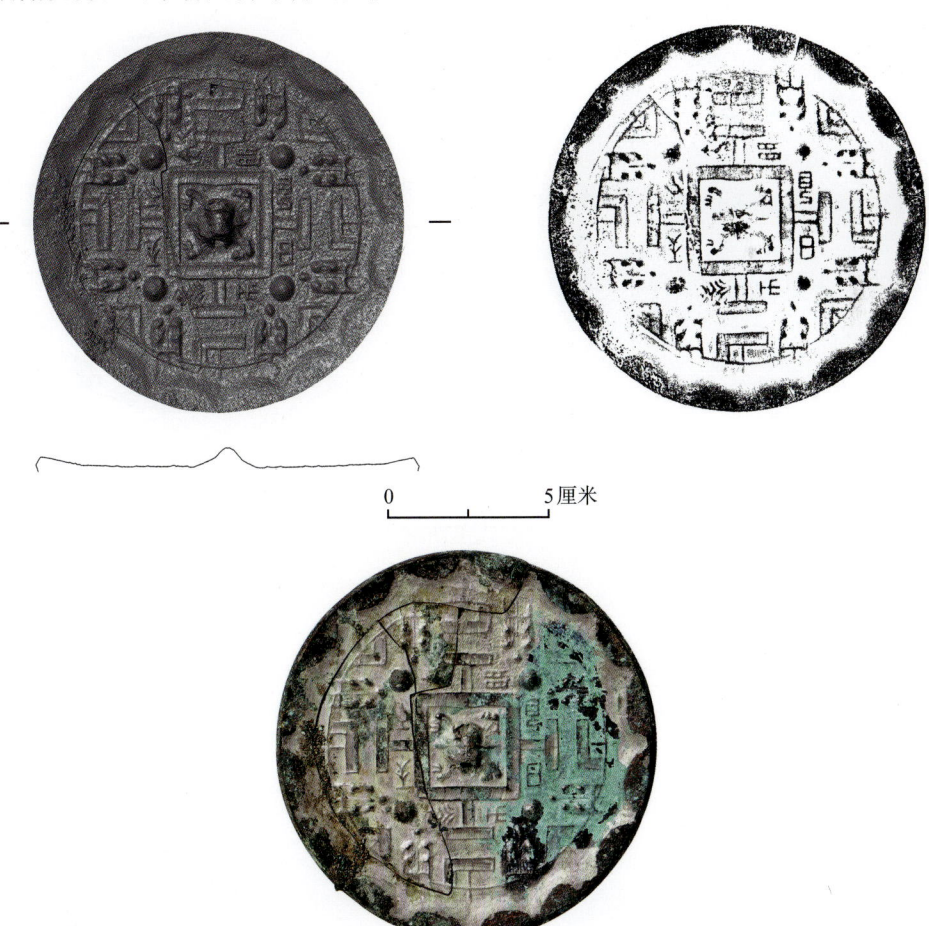

0　　　　　5厘米

图1-141　博局草叶纹镜（LZJ-2019-224）三维模型、拓本与照片

（六十二）日有熹四乳双层草叶纹镜

考察编号： LZJ-2019-245（原编号"乙烯生活区T706M14：2"）

特征描述： 半球形钮，半圆形钮孔，联珠钮座。钮座外两周宽凹弧面方框间为铭文区。铭文区填以右旋读小篆体"日有熹宜酒食长贵富乐毋事"十二字铭文，每面三字。文字方向按读写顺序纵向排列。铭文区四角内侧饰对称三角形回纹方格，外侧饰枝叶花苞。铭文区外侧中部对称分布四枚圆台座乳丁。乳丁外侧饰桃形花苞，两侧各饰一组双层草叶纹。十六内向连弧纹缘，缘边稍斜。镜面褐色锈较多，有少量绿色锈。镜背有褐、蓝、绿色锈。银白色材质。外区、乳丁、方格、钮座经过研磨。草叶纹有刮痕。镜缘内侧有一周分割线痕迹。"贵富"铭文与方格之间以及乳丁根部等处有镜范砂崩现象。有少量凸起的铸造毛刺（图1-142）。

尺寸与重量： 面径8.2、缘厚0.7、钮径1.9、钮高0.8厘米，镜面弧度0.4厘米。重807克。

收藏机构： 淄博市临淄区齐文化发展研究中心

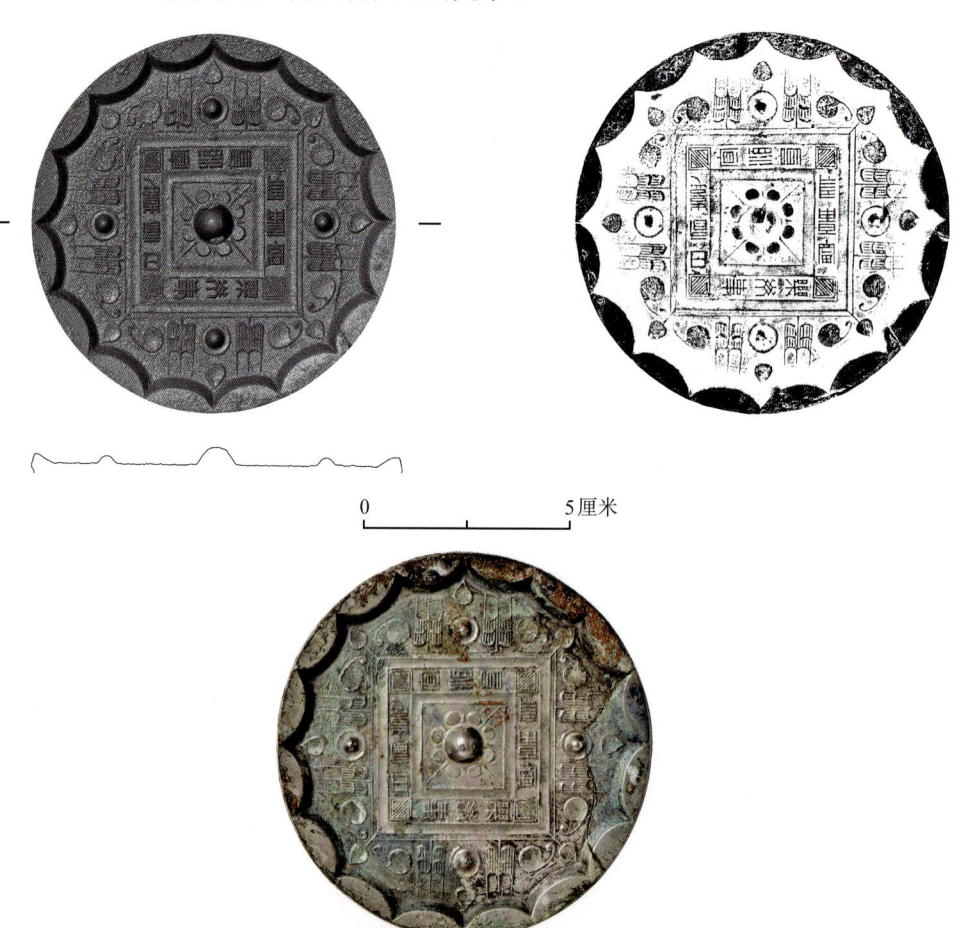

0　　　　　　　　　5厘米

图1-142　日有熹四乳双层草叶纹镜（LZJ-2019-245）三维模型、拓本与照片

（六十三）博局草叶纹镜

考察编号： LZJ-2019-301（原编号"淄江花园方正2009M402出土镜"）

特征描述： 半球形钮，半圆形钮孔，柿蒂形钮座。钮座外一周窄凹弧面方框。方框外侧中部饰复线宽凹弧面T形纹和L形纹。T形纹两侧和顶端饰三线段纹。L形纹两侧各饰一单层草叶纹。方框四角外侧饰桃形花苞，花苞顶端饰凹弧面V形纹。十六内向连弧纹缘，缘边稍斜。缘内有一周圆形设计线。镜背局部有绿色锈。镜面覆有绿色锈。银白色材质。除地纹外均经研磨加工。内区外周有镜背分割线痕迹。钮孔缘部研磨不充分。近钮孔的钮座一侧有凹陷或不清晰，推定为浇口方向。表面有凹下的铸造毛刺。镜面残留较多的有机质痕迹（图1-143）。

尺寸与重量： 面径11.2、缘厚0.3、钮径1.5、钮高0.5厘米，镜面弧度0.2厘米。重147克。

收藏机构： 淄博市临淄区齐文化发展研究中心

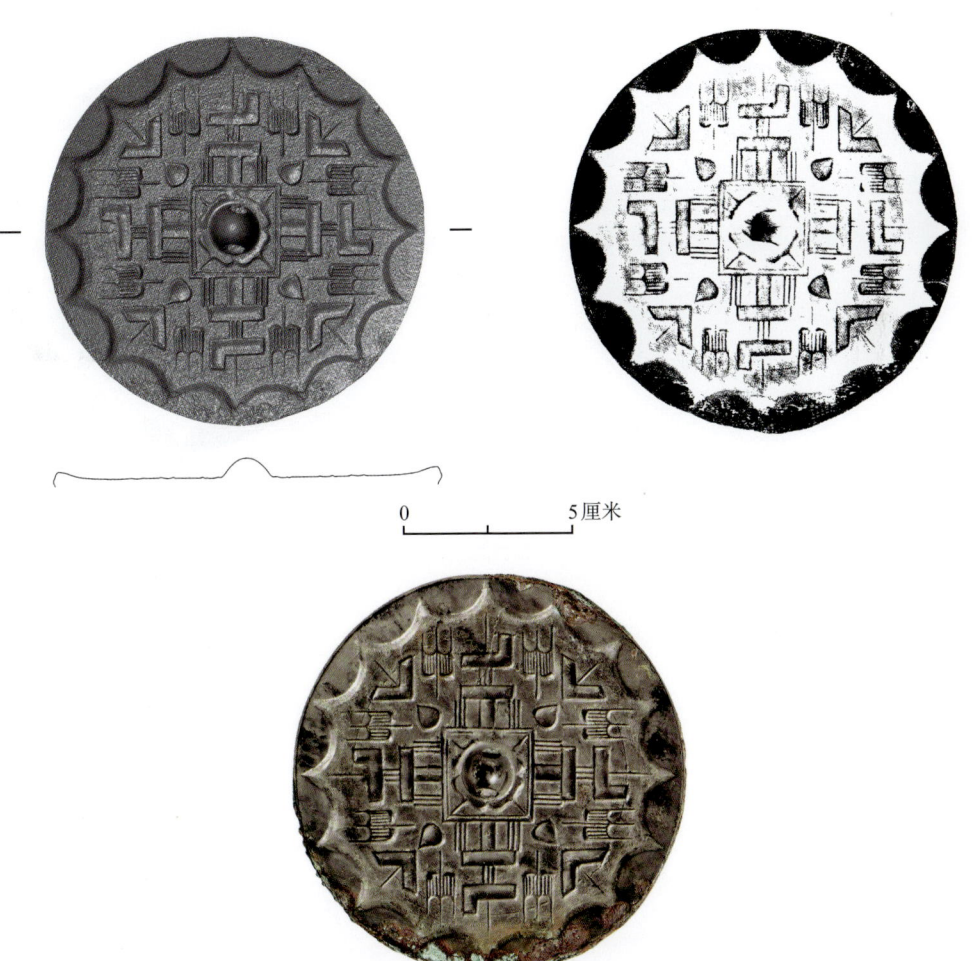

0　　　　　　5厘米

图1-143　博局草叶纹镜（LZJ-2019-301）三维模型、拓本与照片

（六十四）见日之光变体草叶纹镜

考察编号： LZJ-2019-302（原编号"金鼎绿城三期M852：1"）

特征描述： 半球形钮，半圆形钮孔，圆台钮座。钮座外单凸弦纹方框与外侧宽凹弧面方框间为铭文区。铭文区填以右旋读小篆体"见日之光所言必当长毋相忘"十二字铭文，每面三字。文字方向按读写顺序纵向排列。铭文区四角外侧饰桃形花苞，四边外侧中部饰双层草叶纹，草叶纹两侧饰花叶纹。十六内向连弧纹缘，缘边稍斜。花叶、花苞、凹弧面有刮痕。镜背、镜面有少量红、绿色锈。银白色材质。外区、方格、钮座、叶纹经过研磨。镜范砂崩现象略多，很可能存在同范镜。"所言"铭文40°方向的镜背纹饰有铸造形成的凹陷或不清晰，应为浇口方向。表面有少量凸起铸造毛刺。钮孔的两侧有凹陷或不清晰。"相"字上亦有凹陷或不清晰（图1-144）。

尺寸与重量： 面径11.5、缘厚0.3、钮径1.5、钮高0.6厘米，镜面弧度0.2厘米。重150克。

收藏机构： 淄博市临淄区齐文化发展研究中心

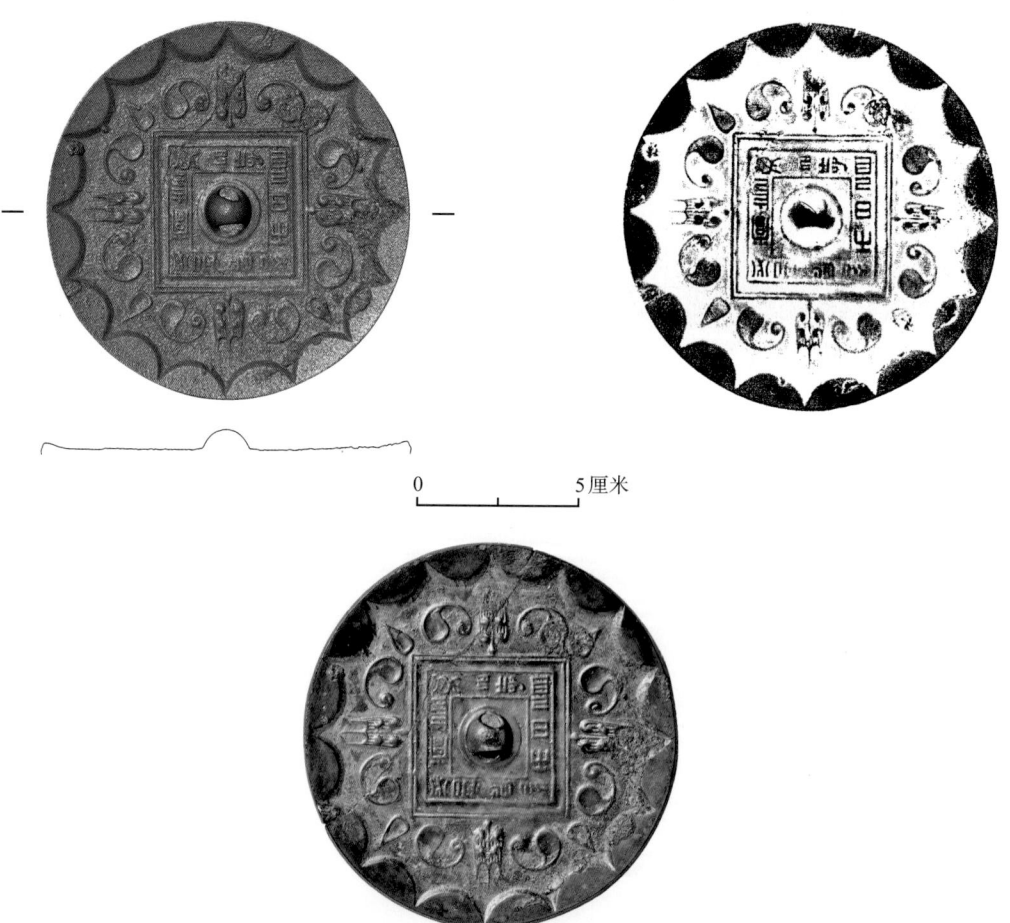

0　　　　　5厘米

图1-144　见日之光变体草叶纹镜（LZJ-2019-302）三维模型、拓本与照片

（六十五）日有熹四乳双层草叶纹镜

考察编号： LZJ-2019-303（原编号"金鼎绿城三期M626：1"）

特征描述： 半球形钮，半圆形钮孔，钮孔较大，柿蒂形钮座。钮座外两周凹弧面方框间为铭文区，内侧凹弧面方框较窄。铭文区填以右旋读小篆体"日有熹宜酒食长贵富乐毋事"十二字铭文，每面三字。文字方向按读写顺序纵向排列。铭文区四角外侧饰花叶纹。铭文区外侧中部对称分布四枚圆圈座乳丁。乳丁外侧饰桃形花苞，两侧各饰一组双层草叶纹。十六内向连弧纹缘，缘边稍斜。镜面、镜背覆有较多红、绿色锈。因锈蚀严重详细情况不明。内区外周有镜背分割线痕迹（图1-145）。

尺寸与重量： 面径11.5、缘厚0.3、钮径1.5、钮高0.5厘米，镜面弧度0.5厘米。重185克。

收藏机构： 淄博市临淄区齐文化发展研究中心

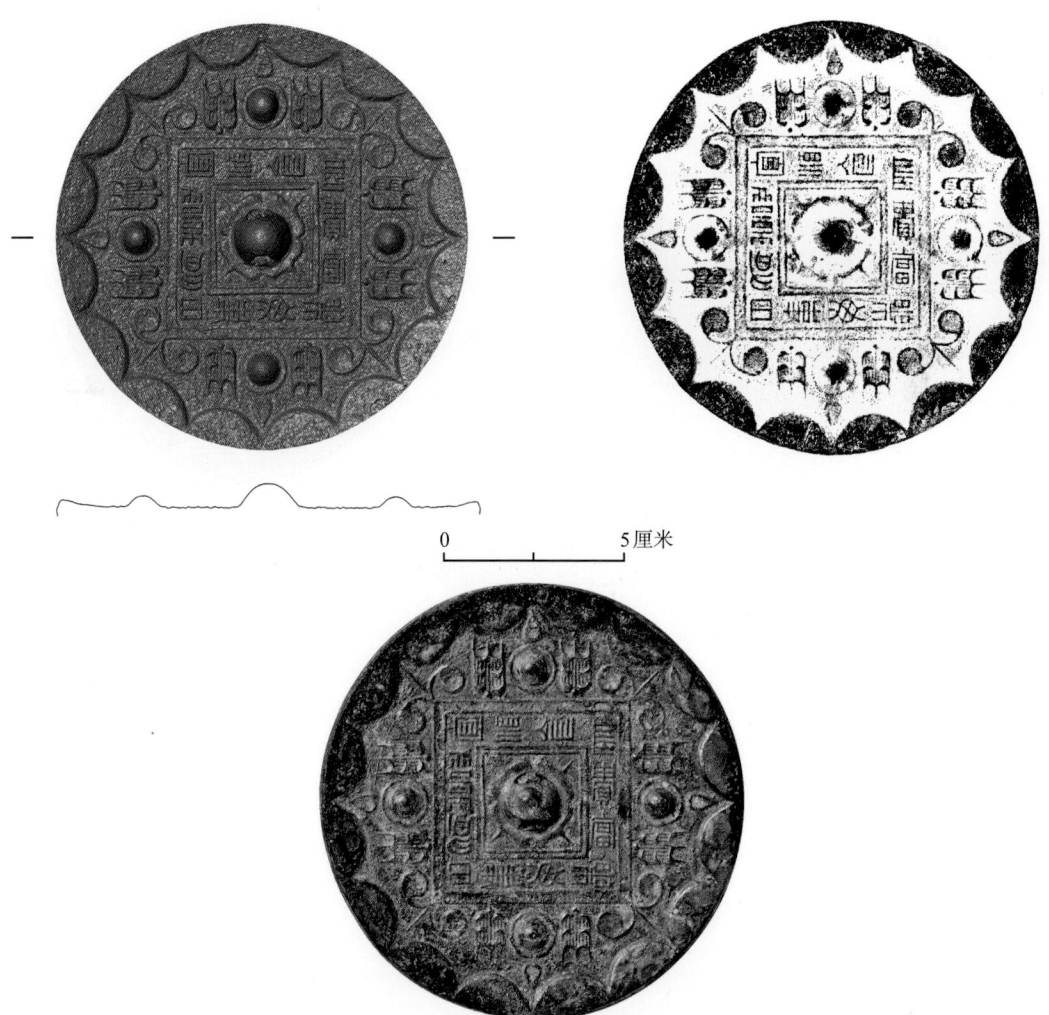

0　　　　　　5厘米

图1-145　日有熹四乳双层草叶纹镜（LZJ-2019-303）三维模型、拓本与照片

（六十六）见日之光四乳双层草叶纹镜

考察编号：LZJ-2019-304（原编号"淄江花园K组团M4出土镜"）

特征描述：半球形钮，半圆形钮孔，钮孔较大，柿蒂形钮座。钮座外两周凹弧面方框间为铭文区。铭文区填以左旋读小篆体"见日之光天下大明"八字铭文，每面两字，铭文间有单线段间隔。文字方向按读写顺序纵向排列。铭文区四角内侧饰短斜线方格，外侧各饰枝叶花苞。铭文区四边外侧中部对称分布四枚圆台座乳丁。乳丁外侧饰桃形花苞，两侧饰一组双层草叶纹。十六内向连弧纹缘，缘边稍斜。镜面有红、黄、绿色锈。镜背有红、绿色锈。银白色材质。外区、钮座、乳丁经过研磨。叶纹有刮痕。内区外周的镜背分割线痕迹不明显。沿着铭文可以确认镜背分割线。镜范砂崩现象较少。"见日"铭文方向的钮孔有凹陷或不清晰，应为浇口方向（图1-146）。

尺寸与重量：面径13.3、缘厚0.3、钮径1.5、钮高0.5厘米，镜面弧度0.1厘米。重255克。

收藏机构：淄博市临淄区齐文化发展研究中心

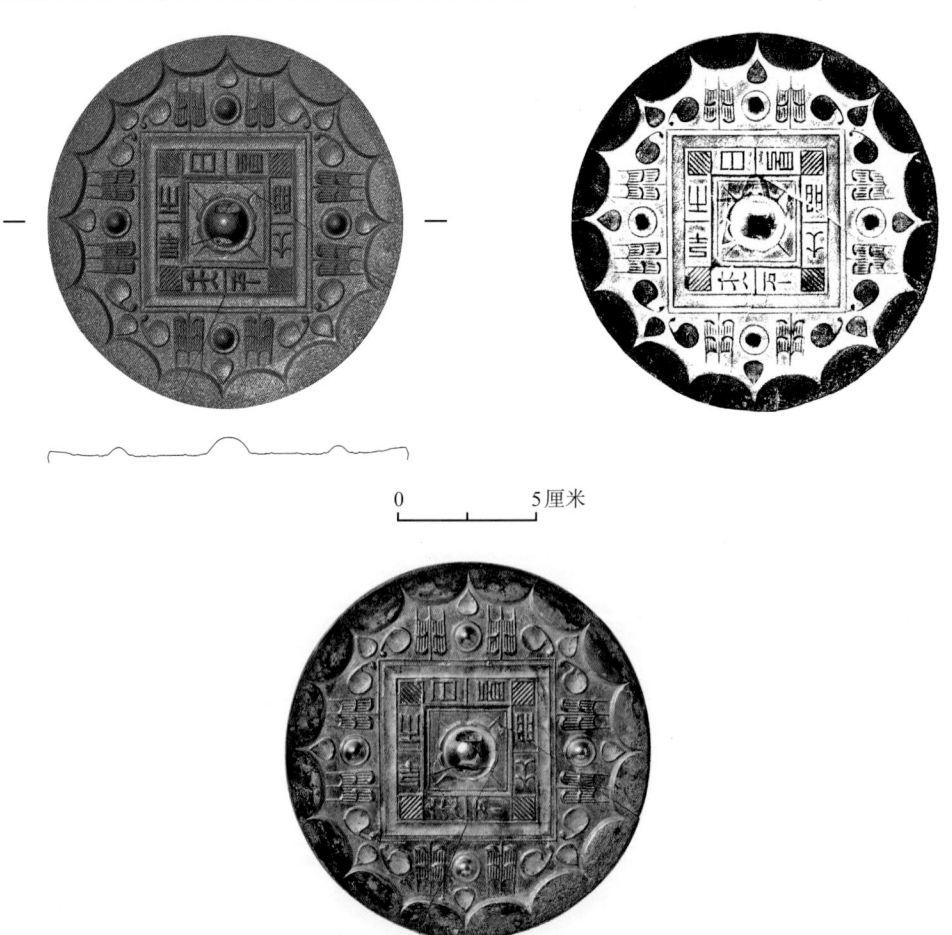

图1-146　见日之光四乳双层草叶纹镜（LZJ-2019-304）三维模型、拓本与照片

（六十七）见日之光四乳双层草叶纹镜

考察编号： LZJ-2019-305（原编号"淄江花园高阳工地M267出土镜"）

特征描述： 伏兽钮，半圆形钮孔。钮外宽凹弧面方框与外侧单凸弦纹方框间为铭文区。铭文区填以右旋读小篆体"见日之光天下大阳"八字铭文，每面两字，两字间有弧线纹间隔。文字方向按读写顺序纵向排列。铭文区四角内侧饰桃形花苞，四角外侧饰枝叶花苞。铭文框四边外侧中部对称分布四枚乳丁。乳丁内侧饰简化花叶纹，外侧饰桃形花苞，两侧各饰一组双层草叶纹。十六内向连弧纹缘，缘边稍斜。镜体经修复。镜面有红、蓝、绿色锈。镜背有红、绿色锈。乳丁经过研磨，叶纹上有刮痕。内区外周和草叶纹侧面下方有四道分割线。"阳"字处似有凹陷或不清晰（图1-147）。

尺寸与重量： 面径11.5、缘厚0.4、钮径2.3×2.3、钮高0.5厘米，镜面弧度0.1厘米。重177克。

收藏机构： 淄博市临淄区齐文化发展研究中心

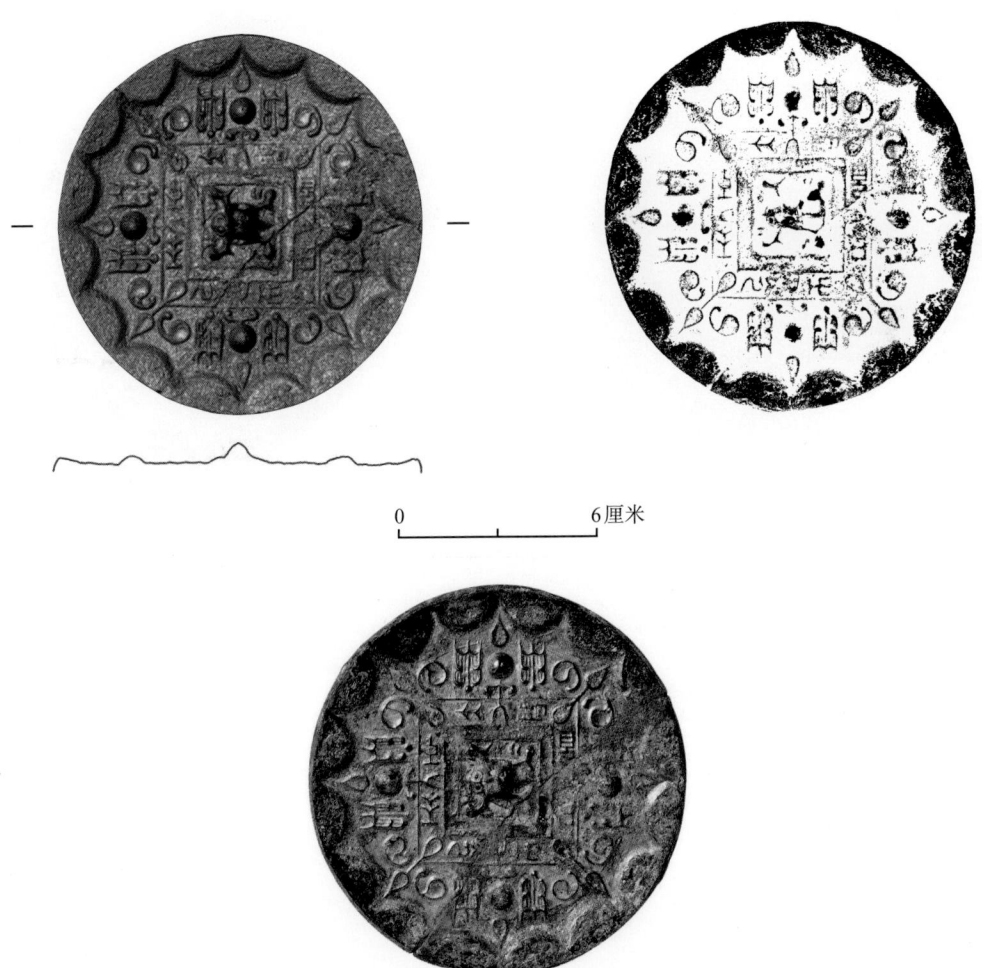

0   6厘米

图1-147 见日之光四乳双层草叶纹镜（LZJ-2019-305）三维模型、拓本与照片

（六十八）见日之光四乳变体草叶纹镜

考察编号： LZJ-2019-306（原编号"淄江花园M251出土镜"）

特征描述： 半球形钮，半圆形钮孔，柿蒂形钮座。钮座外宽凹弧面方框与外侧单凸弦纹方框间为铭文区。铭文区填以右旋读小篆体"见日之光天下大明"八字铭文，每面两字，两字间有半椭圆形弧线间隔。文字方向按读写顺序纵向排列。铭文区四角内侧饰桃形花苞，外侧饰单层草叶纹。草叶纹两侧饰花叶纹。铭文区四边外侧中部对称分布四枚圆圈座乳丁。乳丁外侧饰桃形花苞。十六内向连弧纹缘，缘边稍斜。镜面大部覆有绿色锈。镜背局部有绿色锈。银白色材质。外区、乳丁和钮座经过研磨。花叶纹有刮痕。表面有镜背分割线痕迹。"天"字根部的镜范有砂崩现象。"见日"铭文凹陷，应为浇口方向。表面有凸起的铸造毛刺（图1-148）。

尺寸与重量： 面径11.9、缘厚0.3、钮径1.6、钮高0.7厘米，镜面弧度0.1厘米。重245克。

收藏机构： 淄博市临淄区齐文化发展研究中心

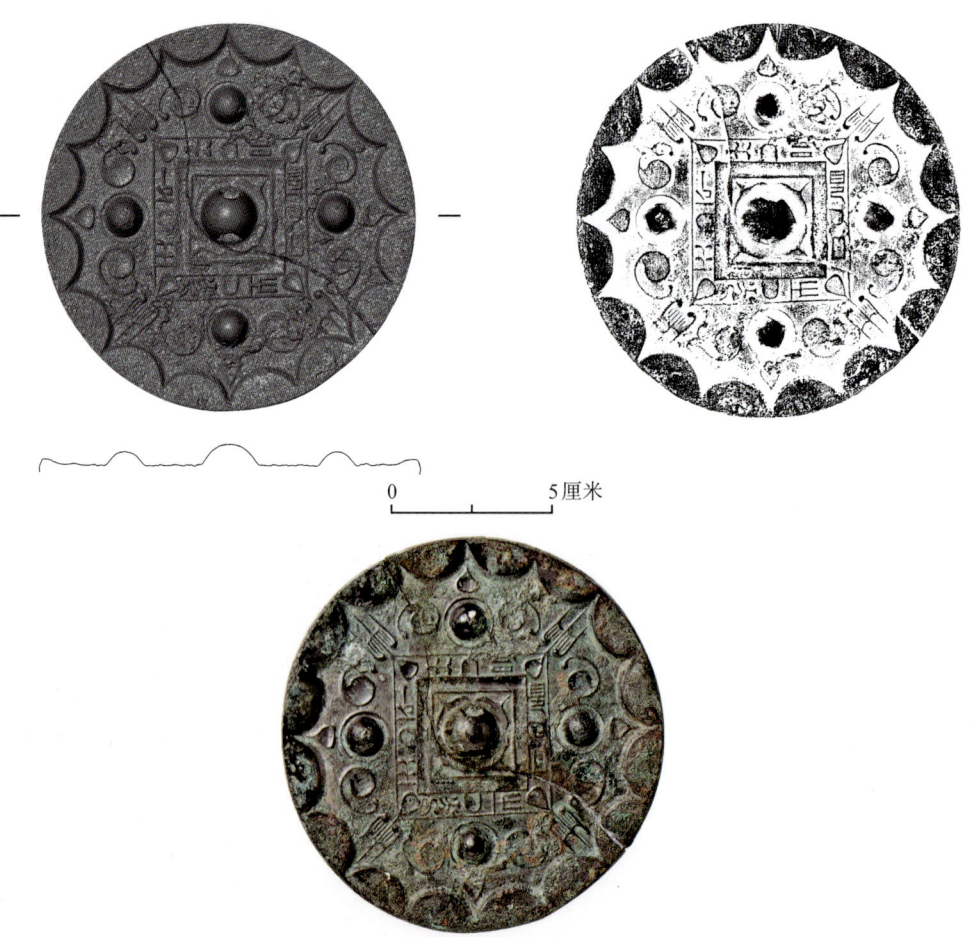

0　　　　　5厘米

图1-148　见日之光四乳变体草叶纹镜（LZJ-2019-306）三维模型、拓本与照片

（六十九）见日之光四乳单层草叶纹镜

考察编号： LZJ-2019-307（原编号"范家M96∶1"）

特征描述： 半球形钮，半圆形钮孔，柿蒂形钮座。钮座外单凸弦纹方框与外侧宽凹弧面方框间为铭文区。铭文区填以右旋读小篆体"见日之光天下大明"八字铭文，每面两字。文字方向按读写顺序纵向排列。铭文区四角内侧饰斜线方格，外侧饰花叶纹。铭文区四边外侧中部对称分布四枚圆圈座乳丁。乳丁外侧饰桃形花苞，两侧各饰一单层草叶纹。十六内向连弧纹缘，缘边稍斜。镜面大部覆有绿色锈。镜背有绿色锈和少量红色锈。银白色材质。外区、乳丁、钮座经过研磨。叶纹有刮痕。表面有镜背分割线痕迹（图1-149）。

尺寸与重量： 面径11.7、缘厚0.7、钮径1.6、钮高0.6厘米，镜面弧度0.1厘米。重317克。

收藏机构： 淄博市临淄区齐文化发展研究中心

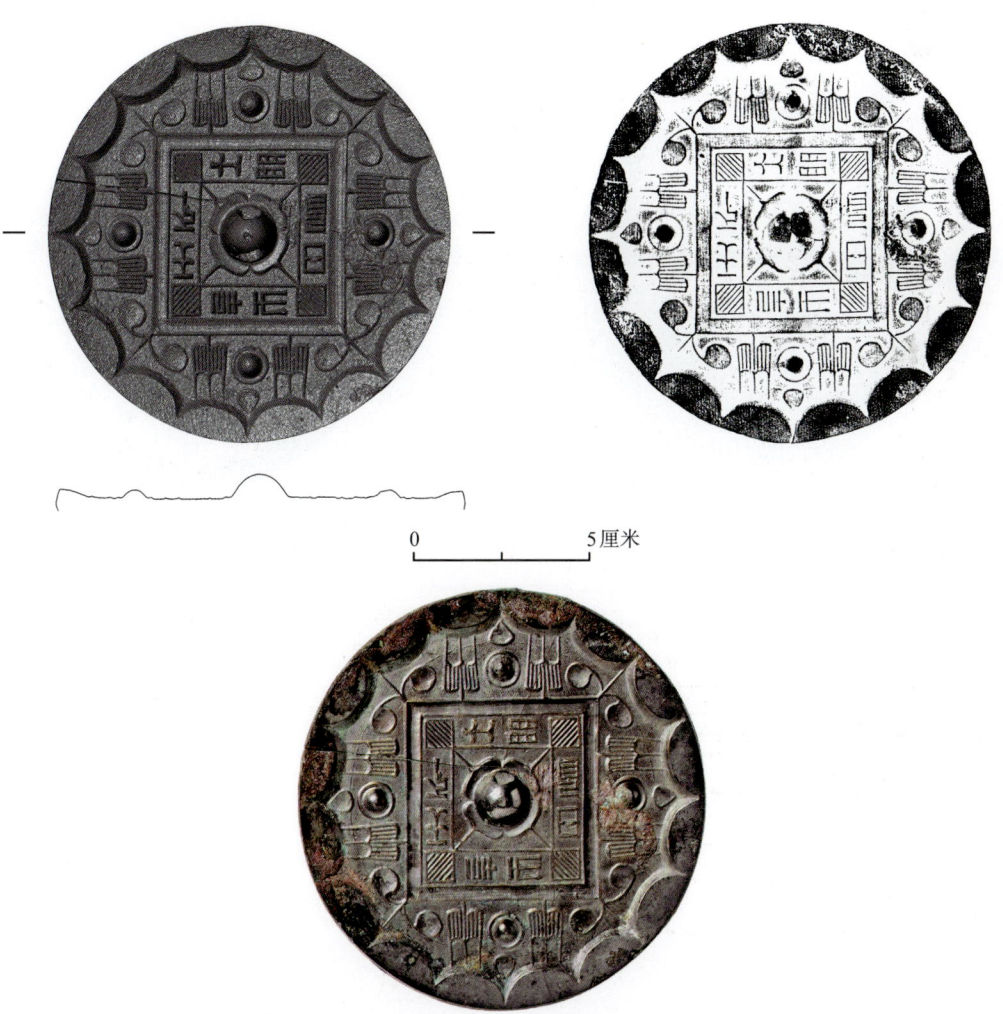

图1-149　见日之光四乳单层草叶纹镜（LZJ-2019-307）三维模型、拓本与照片

（七十）见日之光四乳双层草叶纹镜

考察编号： LZJ-2019-308（原编号"金鼎绿城三期M779：1"）

特征描述： 半球形钮，半圆形钮孔，柿蒂形钮座。钮座外两周宽凹弧面方框间为铭文区，内侧方框凹弧面较窄。铭文区填以右旋读小篆体"见日之光天下大明"八字铭文，每面两字。文字方向按读写顺序纵向排列。铭文区四角内侧饰短斜线方格，外侧饰枝叶花苞。铭文区四边外侧中部对称分布四枚圆圈座乳丁。乳丁外侧饰桃形花苞，两侧各饰一组双层草叶纹。十六内向连弧纹缘。缘内有一周圆形设计线。花苞、花叶凹弧面残存刮痕。镜面、镜背大部覆有绿色锈，局部覆有红色锈。镜面似有纤维痕迹，还有一根似毛发的痕迹。因锈蚀具体情况不明。乳丁经过研磨。内区外周乳丁下方有镜背分割线。可以确认有少量凸起的铸造毛刺（图1-150）。

尺寸与重量： 面径14.0、缘厚0.2、钮径1.5、钮高0.6厘米，镜面弧度0.1厘米。重206克。

收藏机构： 淄博市临淄区齐文化发展研究中心

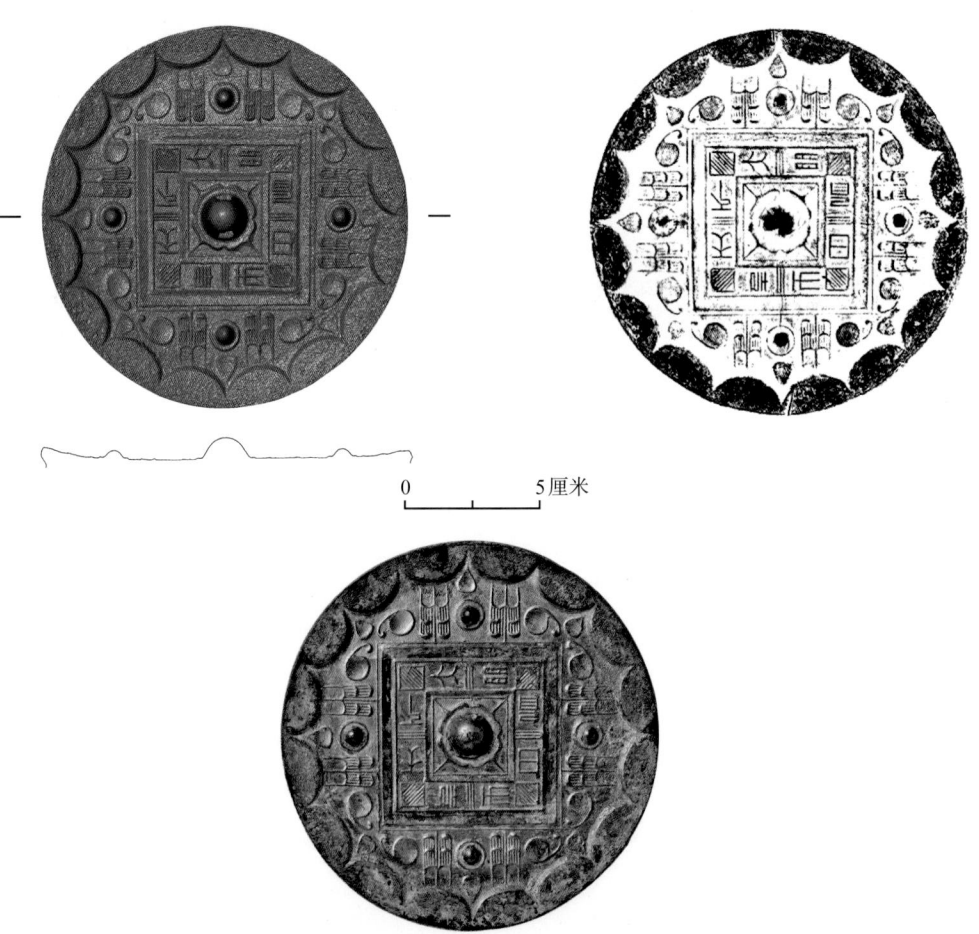

0　　　　5厘米

图1-150　见日之光四乳双层草叶纹镜（LZJ-2019-308）三维模型、拓本与照片

（七十一）见日之光四乳单层草叶纹镜

考察编号： LZJ-2019-310（原编号"淄江K-03M604：2"）

特征描述： 半球形钮，半圆形钮孔，柿蒂形钮座。钮座外单凸弦纹方框与外侧宽凹弧面方框间为铭文区。铭文区填以右旋读小篆体"见日之光天下大明"八字铭文，每面两字。文字方向按读写顺序纵向排列。铭文区四角内侧饰短斜线方格，外侧饰花叶纹。铭文区四边外侧中部对称分布四枚圆圈座乳丁。乳丁外侧饰桃形花苞，两侧各饰一单层草叶纹。十六内向连弧纹缘，缘边稍斜。镜体断为两部分。花苞、花叶、凹弧面残存刮痕。镜面有少量红、绿色锈，镜背局部有少量绿色锈。银白色材质。外区、方格、乳丁、钮座经过研磨。内区外周有圆形、方格内有十字形镜背分割线痕迹。钮座、乳座侧面、外区连弧纹间有砂崩现象。"见日"铭文方向的方格凸线有凹陷或不清晰，可能为浇口方向（图1-151）。

尺寸与重量： 面径13.0、缘厚0.3、钮径1.5、钮高0.7厘米，镜面弧度0.2厘米。重237克。

收藏机构： 淄博市临淄区齐文化发展研究中心

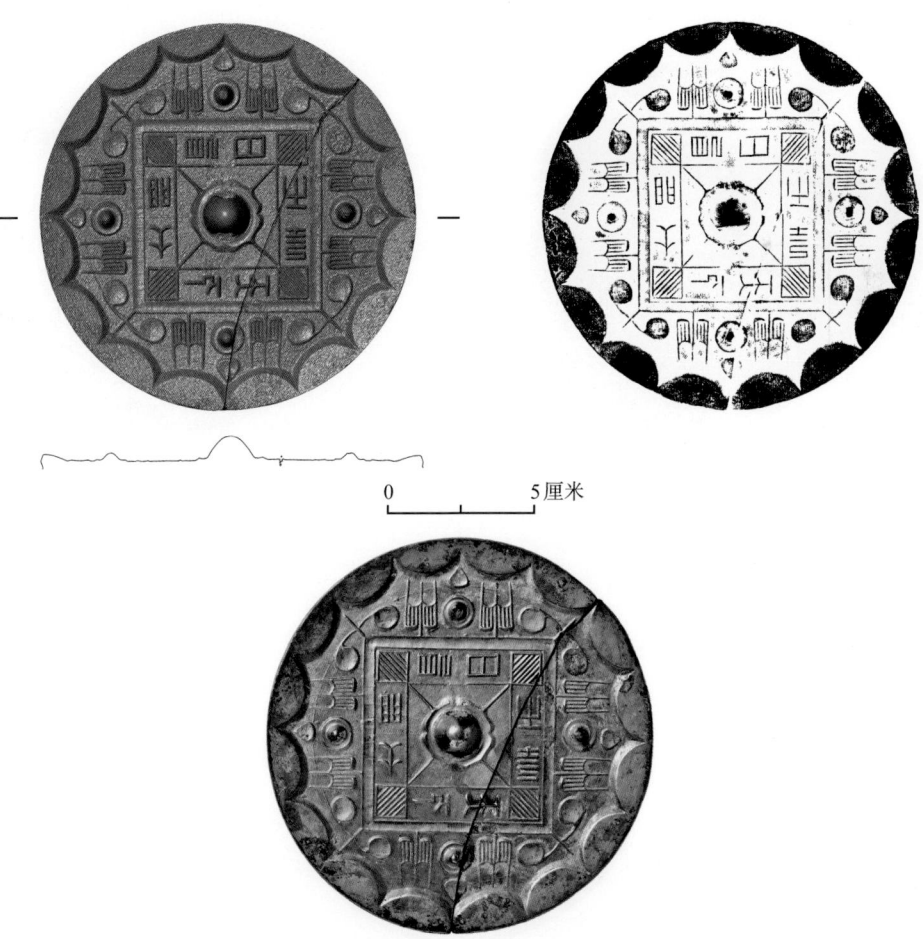

0 ————— 5厘米

图1-151　见日之光四乳单层草叶纹镜（LZJ-2019-310）三维模型、拓本与照片

（七十二）见日之光四乳双层草叶纹镜

考察编号： LZJ-2019-311（原编号"淄江花园万泰J-03组团1号楼M226：1"）

特征描述： 半球形钮，半圆形钮孔，柿蒂形钮座。钮座外单凸弦纹方框与外侧宽凹弧面方框间为铭文区。铭文区填以右旋读小篆体"见日之明天下大明"八字铭文，每面两字。文字方向按读写顺序纵向排列。铭文区四角内侧饰短斜线方格，外侧饰枝叶花苞。铭文区四边外侧中部对称分布四枚圆圈座乳丁。乳丁外侧饰桃形花苞，两侧各饰一组双层草叶纹。十六内向连弧纹缘。镜背残存铸造模糊的地方。镜面大部覆有绿色锈。镜背连弧缘部覆有绿色锈和红褐色锈，其他部分可见蓝色锈。银白色材质。外区、钮座、乳丁经过研磨。内侧方格由外观来看已加工完成。内区外周仅残存极少的镜背分割线。镜范砂崩现象较多。"见"字方向的钮座处有凹陷或不清晰，可能是浇口方向。因砂崩较多，可能存在同范镜。镜体有凹凸不平的铸造毛刺。配有一把镜刷（图1-152）。

尺寸与重量： 面径13.9、缘厚0.3、钮径1.5、钮高0.5厘米，镜面弧度0.1厘米。重249克。

收藏机构： 淄博市临淄区齐文化发展研究中心

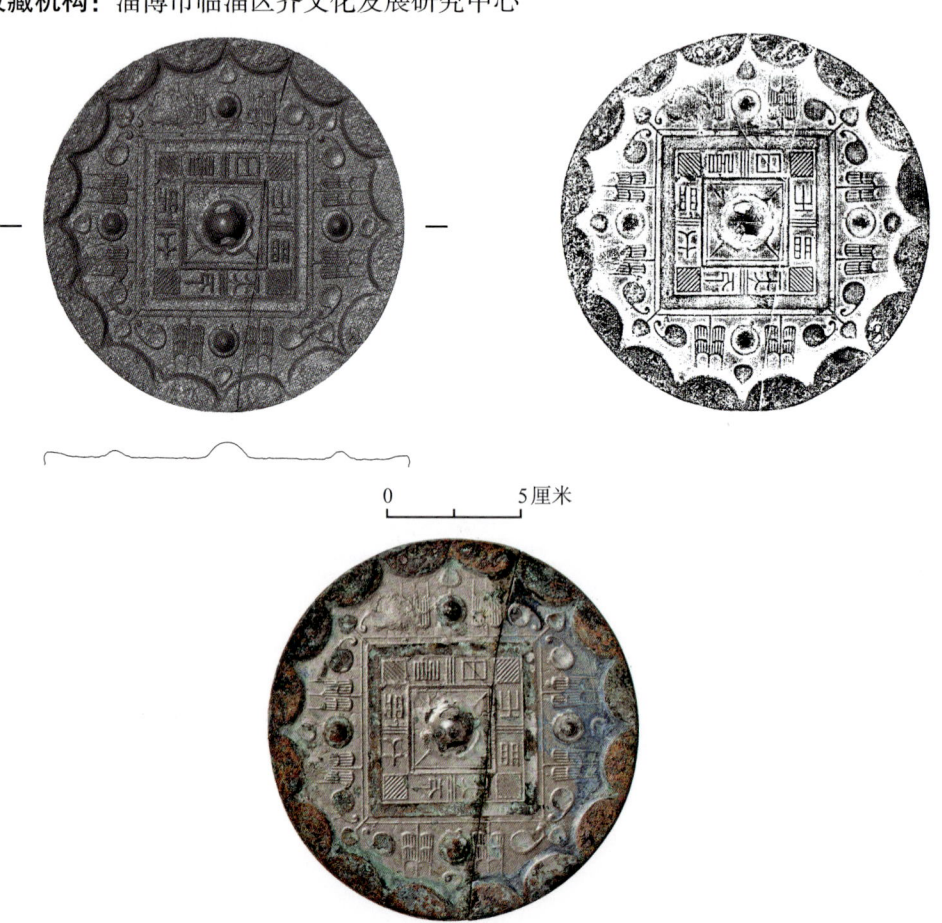

0　　　　5厘米

图1-152　见日之光四乳双层草叶纹镜（LZJ-2019-311）三维模型、拓本与照片

（七十三）见日之光四乳双层草叶纹镜

考察编号： LZJ-2019-312（原编号"盛世豪庭M420：2"）

特征描述： 伏兽形钮，半圆形钮孔。钮外两周宽凹弧面方框间为铭文区。铭文区填以右旋读小篆体"见日之光天下大明"八字铭文，每面两字，两字间有半椭圆形弧线间隔。文字方向按读写顺序纵向排列。铭文区四角内侧饰桃形花苞，四角外侧饰枝叶花苞。铭文区四边外侧中部对称分布四枚圆台座乳丁。乳丁外侧饰桃形花苞，两侧各饰一组双层草叶纹。十六内向连弧纹缘，缘边稍斜。缘内侧有一周圆形设计线。镜面、镜背大部覆有绿色锈，镜背局部有红褐色锈。银白色材质。外区、乳丁经过研磨。凹弧面方框残存刮痕。内区外周有镜背分割线。镜范砂崩较多。草叶纹处有较多的凹下褶皱痕迹（图1-153）。

尺寸与重量： 面径13.8、缘厚0.3、钮径1.5×0.9、钮高0.6厘米，镜面弧度0.1厘米。重246克。

收藏机构： 淄博市临淄区齐文化发展研究中心

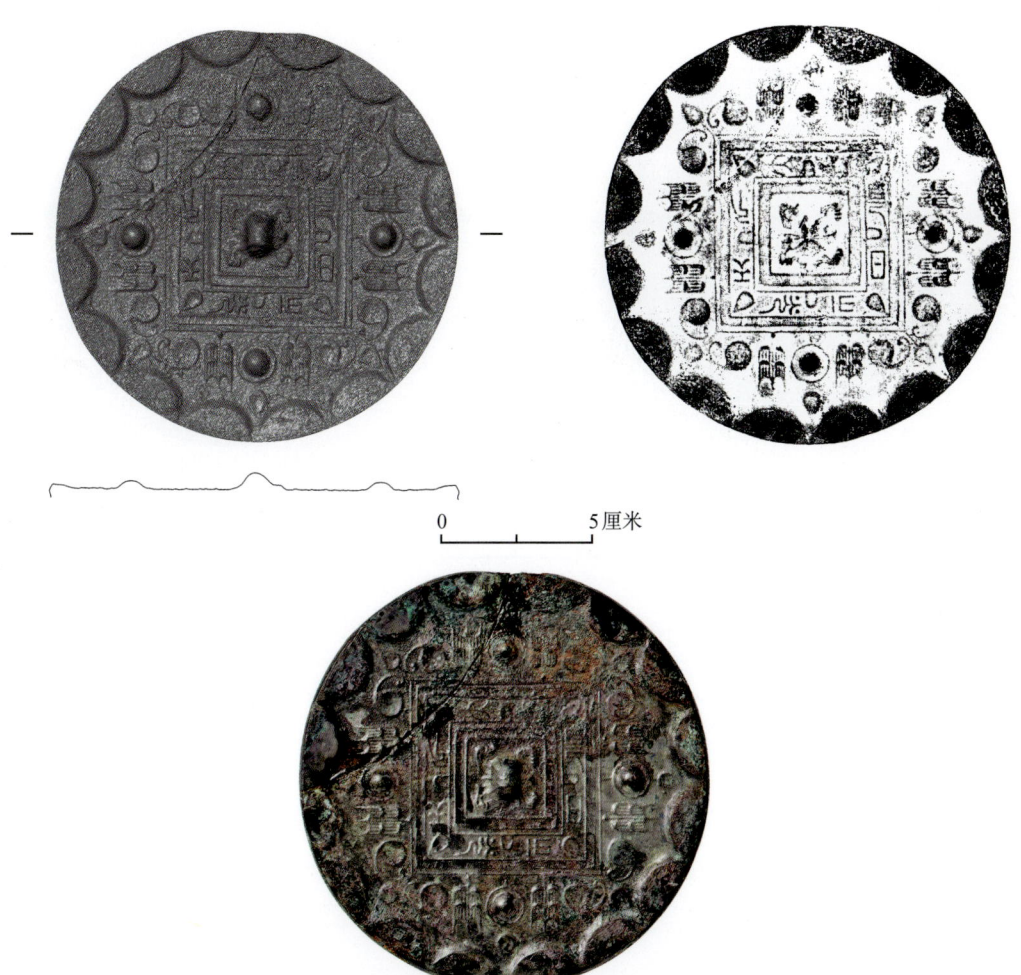

0 5厘米

图1-153 见日之光四乳双层草叶纹镜（LZJ-2019-312）三维模型、拓本与照片

（七十四）见日之光四乳单层草叶纹镜

考察编号：LZJ-2019-313（原编号"淄江花园M401：1"）

特征描述：半球形钮，半圆形钮孔，柿蒂形钮座。钮座外单凸弦纹方框与外侧宽凹弧面方框间为铭文区。铭文区填以右旋读小篆体"见日之光天下大明"八字铭文，每面两字。文字方向按读写顺序纵向排列。铭文框外侧有一周单凸弦纹方框。铭文区四角内侧饰桃形花苞，外侧饰花叶纹。铭文区四边外侧中部对称分布四枚乳丁。乳丁外侧饰桃形花苞，两侧各饰一单层草叶纹。十六内向连弧纹缘。镜面满覆绿色锈，镜背大部覆有绿色锈，缘内连弧纹部有红褐色锈。因锈蚀具体情况不明。乳丁、钮座经过研磨。草叶纹附近残存少许内区外周的镜背分割线。"明"字处有凹陷或不清晰，可能为浇口方向。有少量的铸造毛刺（图1-154）。

尺寸与重量：面径11.4、缘厚0.2、钮径1.3、钮高0.6厘米，镜面弧度0.2厘米。重140克。

收藏机构：淄博市临淄区齐文化发展研究中心

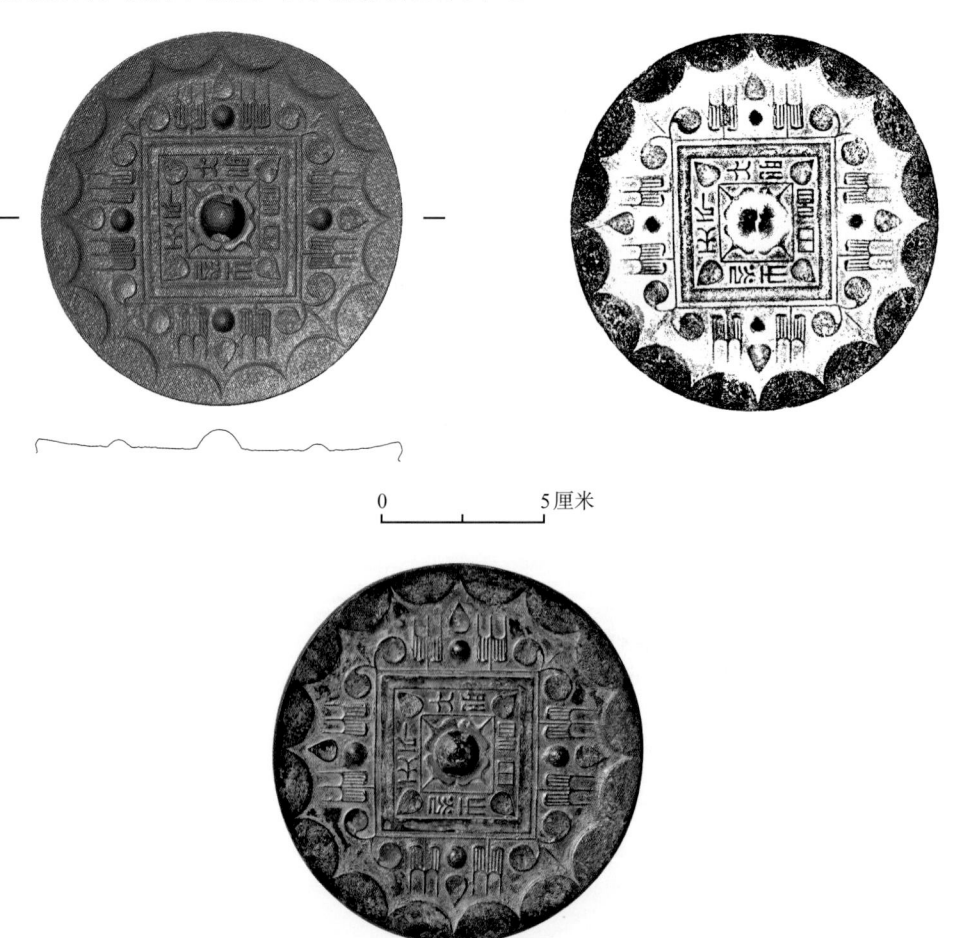

图1-154　见日之光四乳单层草叶纹镜（LZJ-2019-313）三维模型、拓本与照片

（七十五）见日之光四乳单层草叶纹镜

考察编号： LZJ-2019-314（原编号"牛山园4号楼M6：1"）

特征描述： 半球形钮，半圆形钮孔，柿蒂形钮座。钮座外单凸弦纹方框与外侧宽凹弧面方框间为铭文区。铭文区填以右旋读小篆体"见日之光天下大明"八字铭文，每面两字。文字方向按读写顺序纵向排列。铭文区四角内侧饰短斜线方格，外侧饰花叶纹。铭文区四边外侧中部对称分布四枚圆台座乳丁。乳丁外侧饰桃形花苞，两侧各饰一单层草叶纹。十六内向连弧纹缘，缘边稍斜。镜面满覆绿色锈，局部有少量红色锈。镜背局部有少量红、绿色锈。银白色材质。外区、乳丁、钮座、方格、叶纹经过研磨。镜背可见内区外周的圆形和穿过乳丁的十字形两道分割线。钮孔缘部尚未加工完成。"天下"铭文方向的钮座处有凹陷或不清晰，应为浇口方向。有较多的砂崩现象，可能存在同范镜。镜面有纤维痕迹（图1-155）。

尺寸与重量： 面径11.6、缘厚0.4、钮径1.5、钮高0.4厘米，镜面弧度0.2厘米。重178克。

收藏机构： 淄博市临淄区齐文化发展研究中心

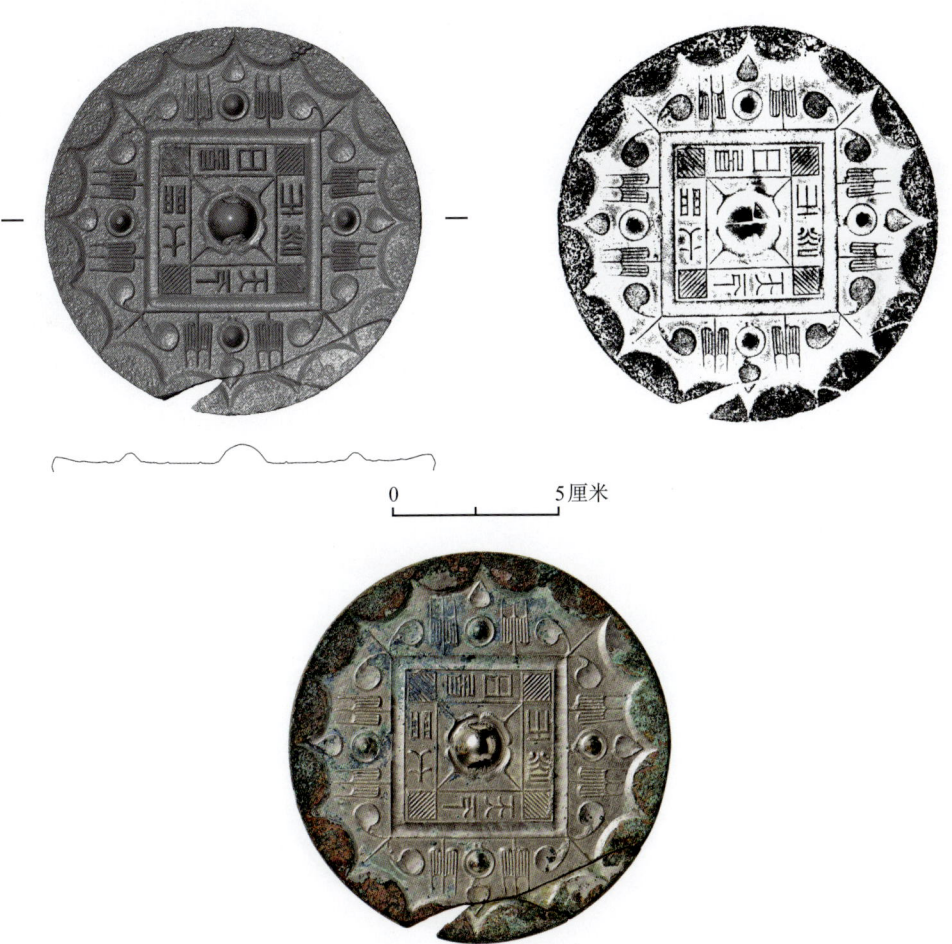

0   5厘米

图1-155　见日之光四乳单层草叶纹镜（LZJ-2019-314）三维模型、拓本与照片

（七十六）见日之光四乳单层草叶纹镜

考察编号： LZJ-2019-315（原编号"淄江高阳 M81：2"）

特征描述： 半球形钮，半圆形钮孔，圆台钮座。钮座外单凸弦纹方框与外侧宽凹弧面方框间为铭文区。铭文区填以右旋读小篆体"见日之光天下大明"八字铭文，每面两字。文字方向按读写顺序纵向排列。铭文区四角内侧饰桃形花苞，外侧饰花叶纹。铭文区四边外侧中部对称分布四枚小乳丁。乳丁外侧饰桃形花苞，两侧各饰一单层草叶纹。十六内向连弧纹缘，缘边稍斜。镜面满覆绿色锈并残存织物包裹痕迹。镜背有蓝、绿色锈。因锈蚀具体情况不明。外区经过研磨（图1-156）。

尺寸与重量： 面径10.5、缘厚0.2、钮径1.3、钮高0.5厘米，镜面弧度0.2厘米。重77克。

收藏机构： 淄博市临淄区齐文化发展研究中心

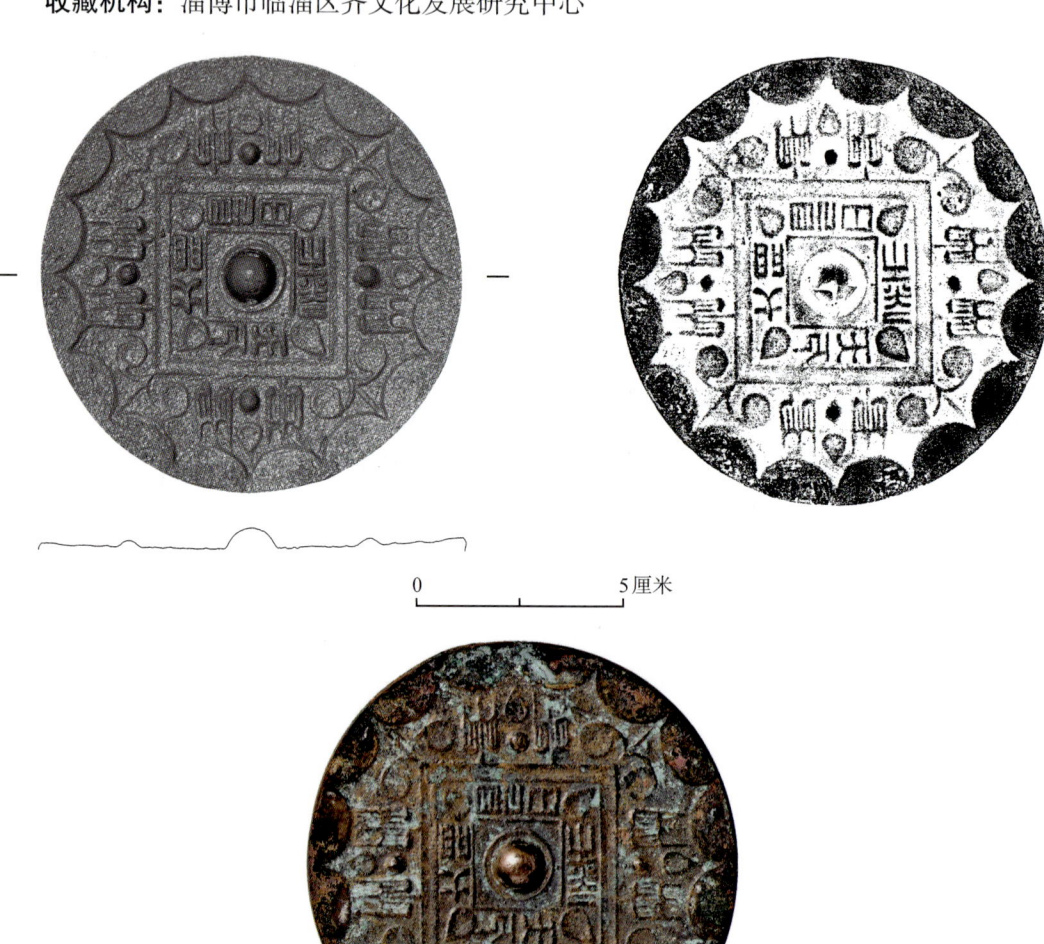

图1-156　见日之光四乳单层草叶纹镜（LZJ-2019-315）三维模型、拓本与照片

（七十七）见日之光四乳单层草叶纹镜

考察编号： LZJ-2019-316（原编号"淄江花园D组团M743：1"）

特征描述： 半球形钮，半圆形钮孔，柿蒂形钮座。钮座外单凸弦纹方框与外侧宽凹弧面方框间为铭文区。铭文区填以右旋读小篆体"见日之明长毋相忘"八字铭文，每面两字。文字方向按读写顺序纵向排列。铭文区四角内侧饰对称三角形回纹方格，外侧饰枝叶花苞。铭文区四边外侧中部对称分布四枚乳丁。乳丁外侧饰桃形花苞，内侧有三条线段与铭文框相连，两侧各饰一单层草叶纹。十六内向连弧纹缘。缘内侧有一周圆形设计线。花叶、花苞、凹弧面有刮痕。镜面大部覆有绿色锈，局部覆有褐色和红褐色锈。镜背缘部覆有褐色和红褐色锈。银白色材质。外区、钮座、方格、乳丁经过研磨。叶纹经研磨加工。内区外周有镜背分割线痕迹。外区连弧纹间、草叶纹可见砂崩现象（图1-157）。

尺寸与重量： 面径11.6、缘厚0.4、钮径1.4、钮高0.6厘米，镜面弧度0.05厘米。重187克。

收藏机构： 淄博市临淄区齐文化发展研究中心

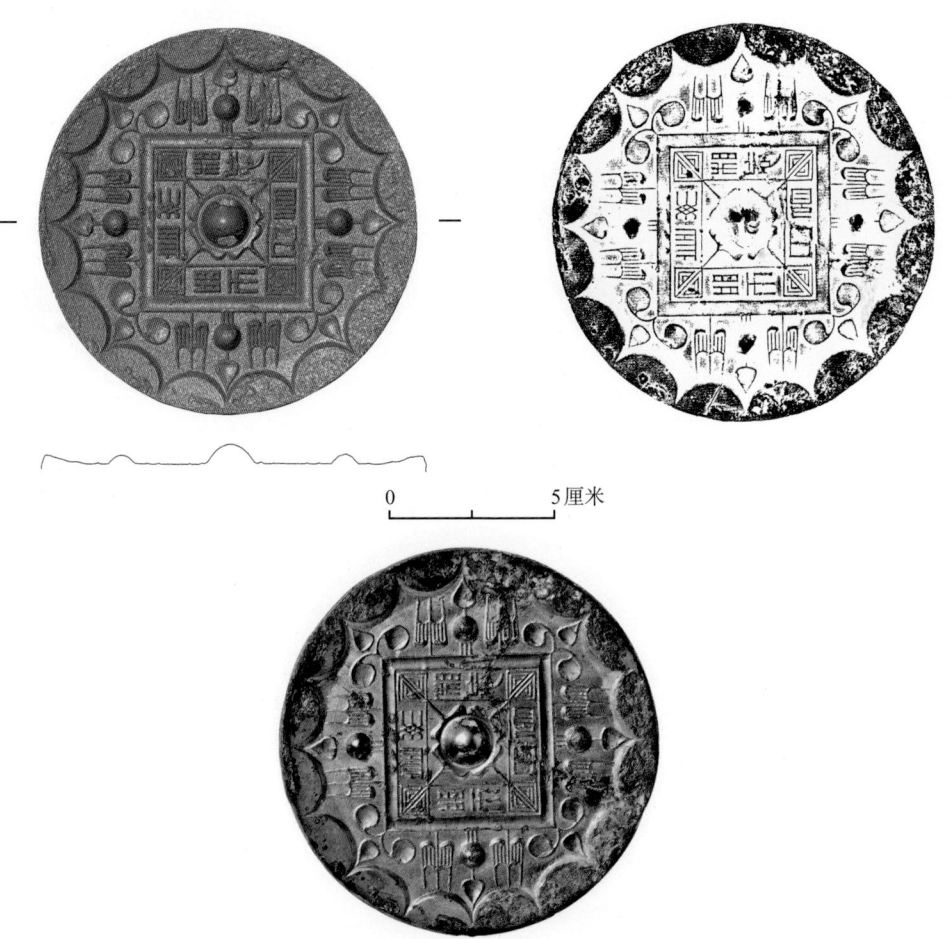

0　　　　　5厘米

图1-157　见日之光四乳单层草叶纹镜（LZJ-2019-316）三维模型、拓本与照片

（七十八）见日之光四乳单层草叶纹镜

考察编号： LZJ-2019-317（原编号"淄江花园M39：1"）

特征描述： 半球形钮，半圆形钮孔，柿蒂形钮座。钮座外单凸弦纹方框与外侧宽凹弧面方框间为铭文区。铭文区填以左旋读小篆体"见日之光长毋相忘"八字铭文，每面两字。文字方向按读写顺序纵向排列。铭文区四角内侧饰短斜线方格，外侧饰花叶纹。铭文区四边外侧中部对称分布四枚乳丁。乳丁外侧饰桃形花苞，两侧各饰一单层草叶纹。十六内向连弧纹缘。缘内侧有一周圆形设计线。镜面满覆绿色锈。镜背局部及凹弧面覆有绿色锈。银白色材质。叶纹经研磨加工。内区外周有圆形、铭带内有十字形镜背分割线。镜范砂崩较少，但在乳丁侧面仍可见到（图1-158）。

尺寸与重量： 面径11.3、缘厚0.3、钮径1.3、钮高0.6厘米，镜面弧度0.05厘米。重155克。

收藏机构： 淄博市临淄区齐文化发展研究中心

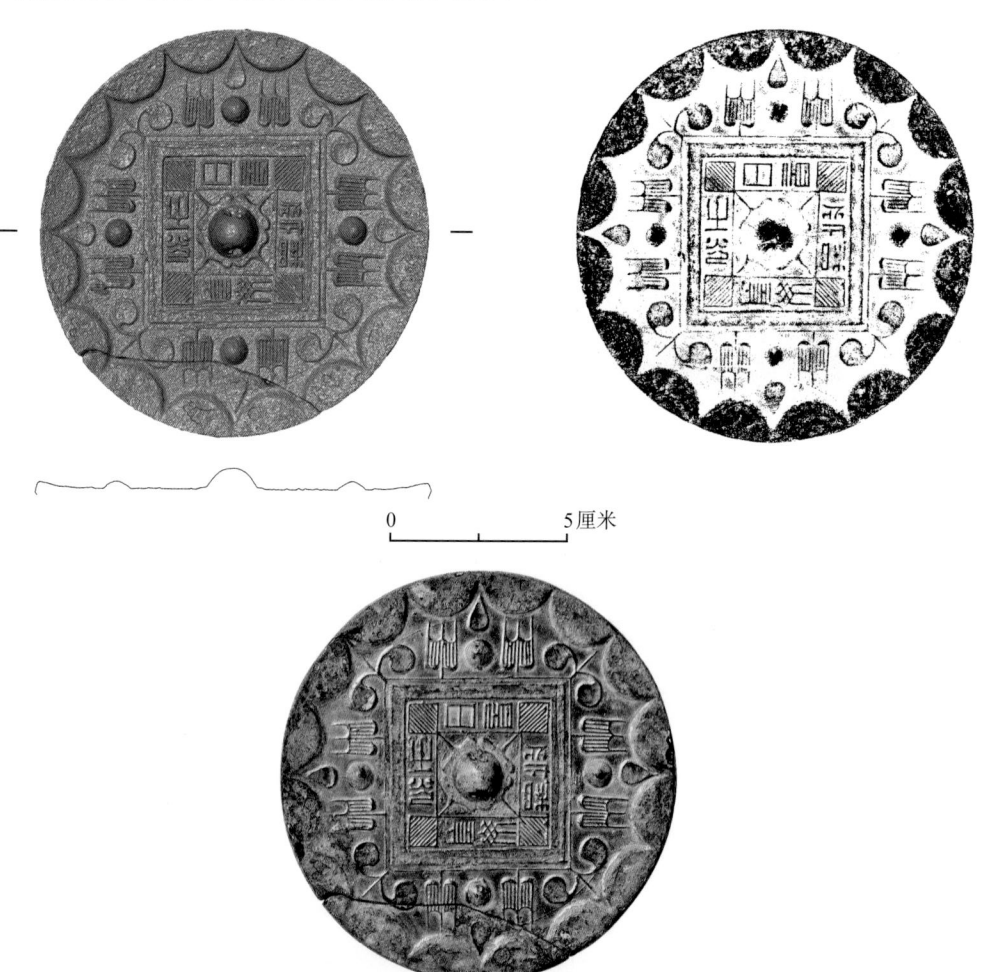

0　　　　　　5厘米

图1-158　见日之光四乳单层草叶纹镜（LZJ-2019-317）三维模型、拓本与照片

（七十九）见日之光四乳单层草叶纹镜

考察编号： LZJ-2019-318（原编号"淄江花园D组团M312∶1"）

特征描述： 半球形钮，半圆形钮孔，圆台钮座。钮座外单凸弦纹方框与外侧宽凹弧面方框间为铭文区。铭文区填以右旋读小篆体"见日之光天下大明"八字铭文，每面两字。文字方向按读写顺序纵向排列。铭文区四角内侧饰桃形花苞，外侧饰花叶纹。铭文区四边外侧中部对称分布四枚小乳丁。乳丁外侧饰桃形花苞，两侧各饰一单层草叶纹。十六内向连弧纹缘。镜面、镜背大部覆有绿色锈。银白色材质。钮座、凹弧面经过研磨。内区外周有镜背分割线痕迹。乳丁侧面亦有少量镜背分割线痕迹（图1-159）。

尺寸与重量： 面径10.9、缘厚0.2、钮径1.2、钮高0.5厘米，镜面弧度0.1厘米。重104克。

收藏机构： 淄博市临淄区齐文化发展研究中心

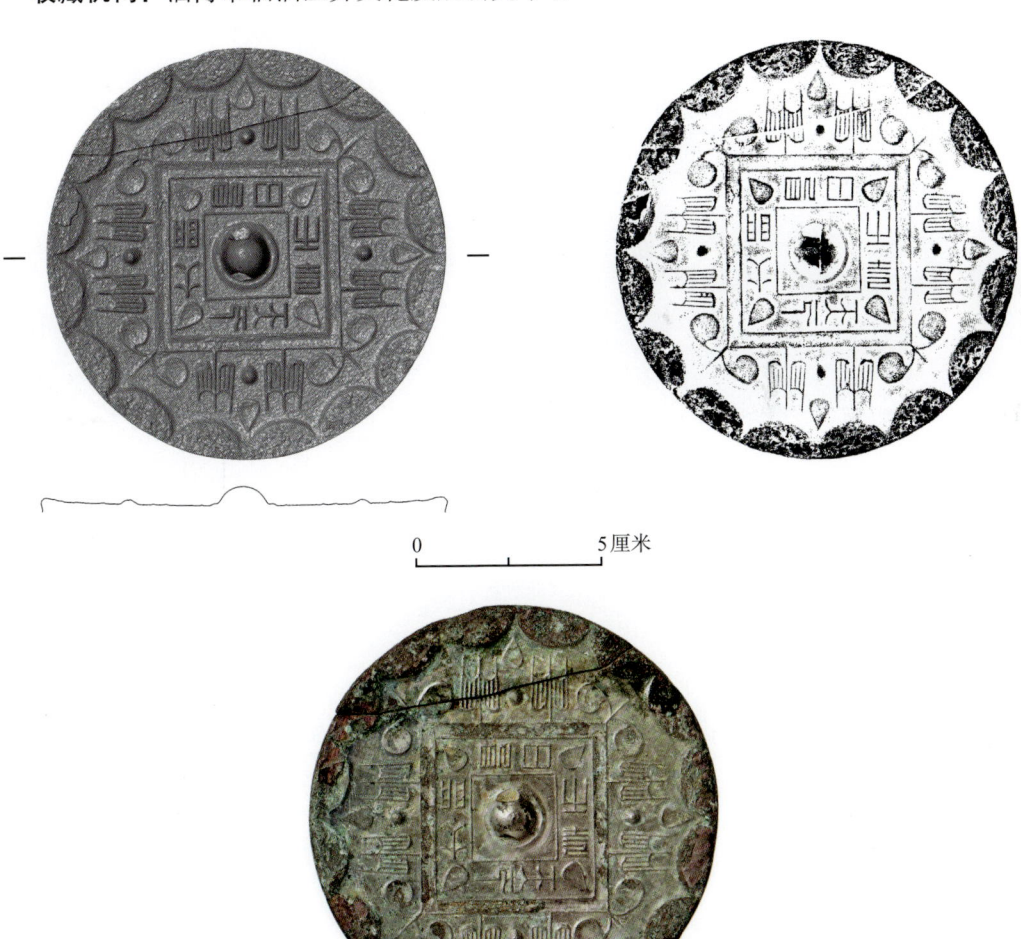

0　　　　　5厘米

图1-159　见日之光四乳单层草叶纹镜（LZJ-2019-318）三维模型、拓本与照片

（八十）长毋相忘变体草叶纹镜

考察编号： LZJ-2019-319（原编号"盛世豪庭 M35：1"）

特征描述： 半球形钮，半圆形钮孔，柿蒂形钮座。钮座外两周单凸弦纹方框间为铭文区。铭文区填以右旋读小篆体"长毋相忘"四字铭文，每面一字。文字方向按读写顺序纵向排列。铭文区四角内侧对称分布四枚圆圈座乳丁，外侧饰枝叶花苞。铭文区四边外侧中部饰单层草叶纹。十六内向连弧纹缘。镜体手感较重。镜面满覆绿色锈。镜背局部覆绿色锈和红褐色锈。因锈蚀具体情况不明。银白色材质。外区、叶纹似经过研磨。内区外周残留少量镜背分割线（图 1-160）。

尺寸与重量： 面径 7.5、缘厚 0.5、钮径 1.1、钮高 0.4 厘米，镜面弧度 0.1 厘米。重 145 克。

收藏机构： 淄博市临淄区齐文化发展研究中心

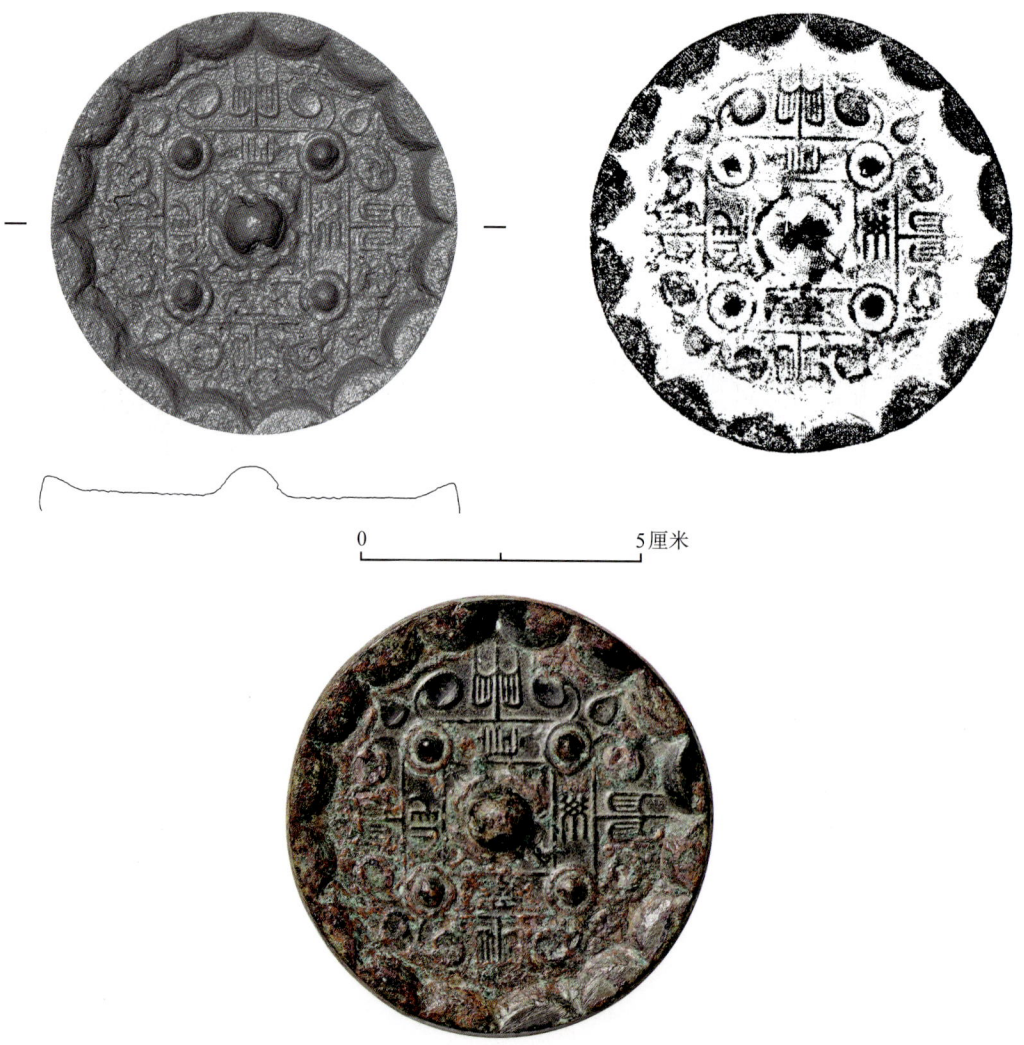

图 1-160　长毋相忘变体草叶纹镜（LZJ-2019-319）三维模型、拓本与照片

（八十一）见日之光变体草叶纹镜

考察编号：LZJ-2019-320（原编号"淄江花园D区M989∶1"）

特征描述：半球形钮，半圆形钮孔。钮座外一周凸弦纹方框与外侧宽凹弧面方框间为铭文区。铭文区填以左旋读小篆体"见日之光天下大明"八字铭文，每面两字。文字方向按读写顺序纵向排列。铭文区四角内侧饰桃形花苞，外侧饰枝叶花苞。铭文区四边外侧中部饰单层草叶纹。十六内向连弧纹缘。锈迹较多，镜面、镜背满覆绿色锈。银白色材质。外区经过研磨，叶纹似有刮痕。内区外周有镜背分割线。"大明"铭文方向钮孔有较大凹陷或不清晰，应为浇口方向（图1-161）。

尺寸与重量：面径9.9、缘厚0.2、钮径1.2、钮高0.5厘米，镜面弧度0.02厘米。重95克。

收藏机构：淄博市临淄区齐文化发展研究中心

图1-161　见日之光变体草叶纹镜（LZJ-2019-320）三维模型、拓本与照片

（八十二）见日之光变体草叶纹镜

考察编号： LZJ-2019-323（原编号"金鼎绿城三期M796：1"）

特征描述： 半球形钮，半圆形钮孔，柿蒂形钮座。钮座外一周凸弦纹方框与外侧宽凹弧面方框间为铭文区。铭文区填以右旋读小篆体"见日之光天下大明"八字铭文，每面两字。文字方向按读写顺序纵向排列。铭文区四角内侧饰桃形花苞，外侧饰枝叶花苞。铭文区四边外侧中部饰单层草叶纹。十六内向连弧纹缘，缘边稍斜。锈迹较多，镜面、镜背大部覆绿色锈。银白色材质。外区、钮座经过研磨。钮孔周边未加工完成。横贯镜背有一道较大的凸起毛刺（图1-162）。

尺寸与重量： 面径9.0、缘厚0.2、钮径1.2、钮高0.4厘米，镜面弧度0.1厘米。重67克。

收藏机构： 淄博市临淄区齐文化发展研究中心

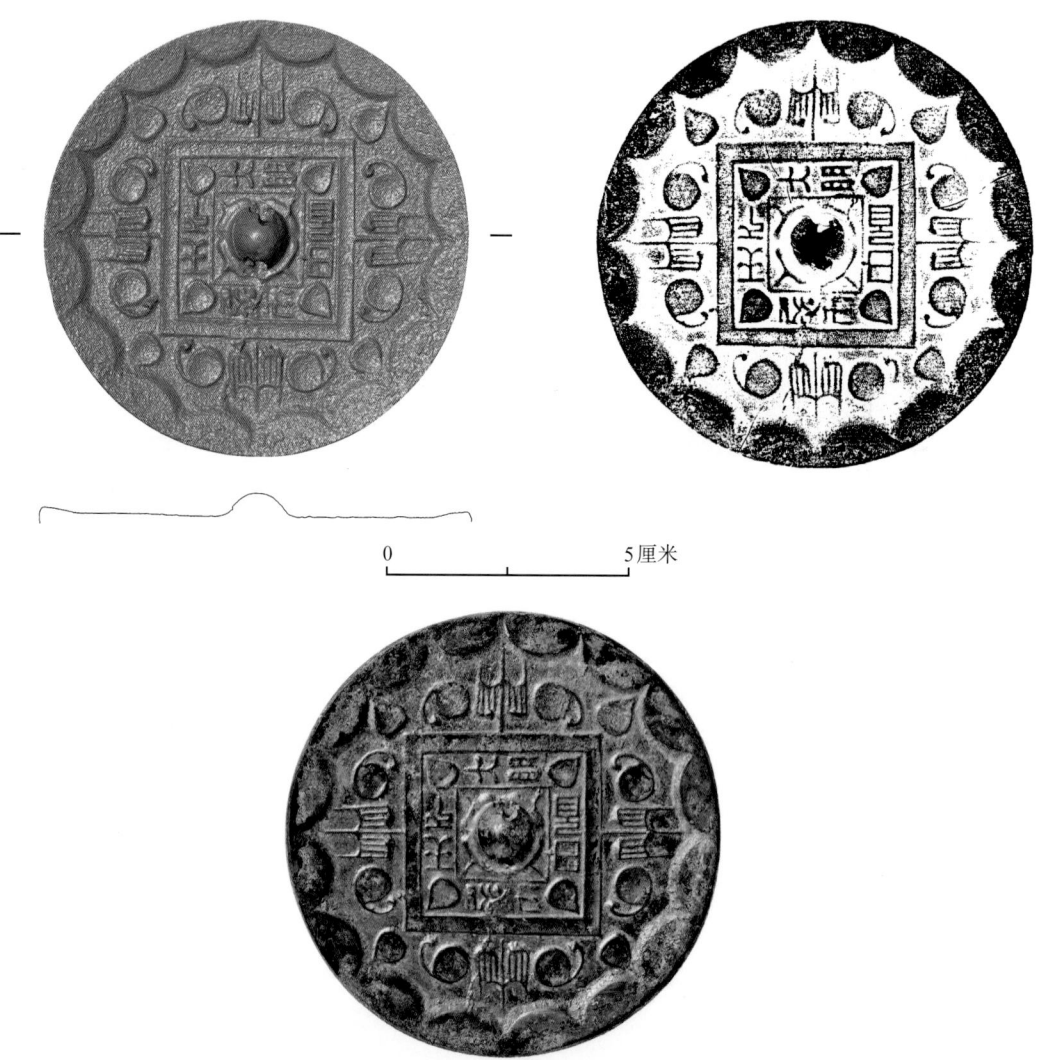

0　　　　　　5厘米

图1-162　见日之光变体草叶纹镜（LZJ-2019-323）三维模型、拓本与照片

（八十三）四乳单层草叶纹镜

考察编号： LZJ-2019-324（原编号"金鼎绿城三期M289：1"）

特征描述： 半球形钮，半圆形钮孔，圆圈钮座。钮座外一周宽凹弧面方框与外侧单凸弦纹方框间对称分布单层草叶纹，四角内侧饰对称三角形回纹方格，外侧饰花叶纹。凸弦纹方框四边外侧中部对称分布四枚乳丁。乳丁外侧饰桃形花苞，两侧各饰一单层草叶纹。十六内向连弧纹缘，缘边稍斜。缘内有一周圆形设计线。镜体断为两块，已修复。镜面有少量红、黄、绿色锈并残存织物痕迹。镜背有少量红、绿色锈。银白色材质。外区、乳丁经过研磨。叶纹似经过研磨。内区外周有镜背分割线痕迹。草叶纹、乳丁侧面有较大的镜范砂崩痕迹。横贯草叶有凸起的铸造毛刺。一侧钮孔、钮座、方格有凹陷或不清晰，此方向镜背部分有较多凹陷褶皱痕迹，应为浇口方向。因范伤痕迹较多，可能存在同范镜（图1-163）。

尺寸与重量： 面径10.4、缘厚0.4、钮径1.2、钮高0.4厘米，镜面弧度0.1厘米。重116克。

收藏机构： 淄博市临淄区齐文化发展研究中心

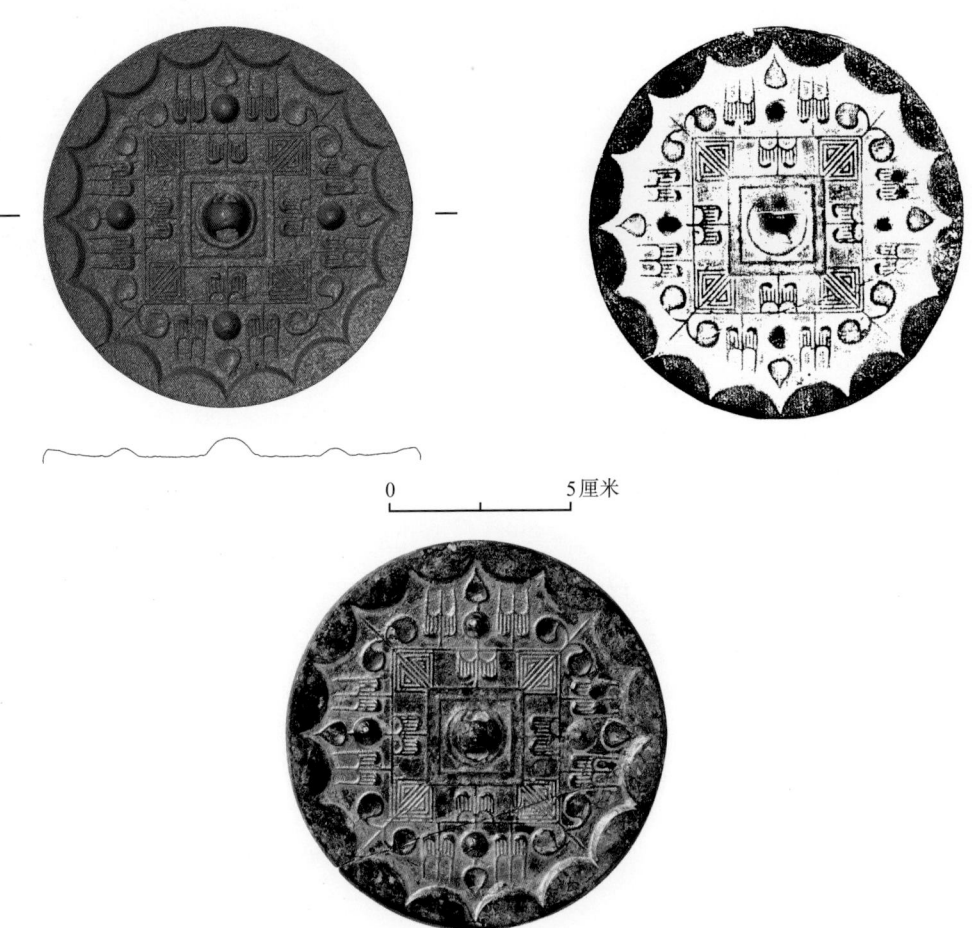

0 　　　　　 5厘米

图1-163　四乳单层草叶纹镜（LZJ-2019-324）三维模型、拓本与照片

（八十四）四乳变体草叶纹镜

考察编号： LZJ-2019-326（原编号"舒舍家园M10∶2"）

特征描述： 半球形钮，半圆形钮孔，柿蒂形钮座。钮座外一周双凸弦纹方框。内侧凸弦纹较细，外侧凸弦纹较粗。方框四面外侧对称分布单层草叶纹。方框四角外侧饰四枚圆台座乳丁。十六内向连弧纹缘，缘边稍斜。草叶叶片底部有连接四乳丁的方形设计线，连弧纹缘内侧有一周圆形设计线。镜体手感较重，表面银白光亮。镜面有少量红、绿色锈，镜背无锈。银白色材质。外区、乳丁、镜钮、方格经过研磨。镜范有较多的砂崩现象。钮孔下端未加工完成。钮孔方向一侧有较多气孔，应为浇口方向。镜体有较多凹凸不平的铸造毛刺（图1-164；图版5-2）。

尺寸与重量： 面径8.3、缘厚0.5、钮径1.2、钮高0.3厘米，镜面弧度0.1厘米。重164克。

收藏机构： 淄博市临淄区齐文化发展研究中心

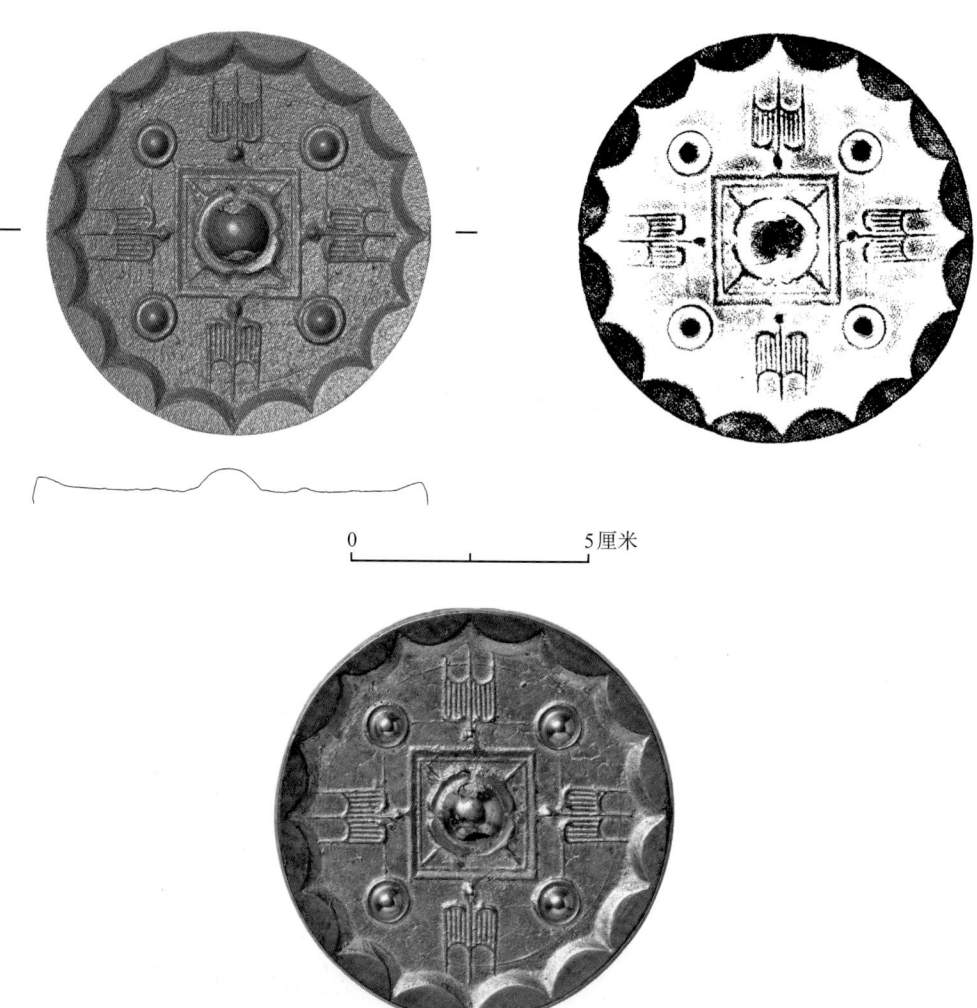

0   5厘米

图1-164   四乳变体草叶纹镜（LZJ-2019-326）三维模型、拓本与照片

（八十五）四乳单层草叶纹镜

考察编号： LZJ-2019-327（原编号"凤凰城四期 M154：1"）

特征描述： 半球形钮，半圆形钮孔，圆台钮座。钮座外单凸弦纹方框与外侧宽凹弧面方框间对称饰有四组三线线段纹。四角内侧饰短斜线方格，外侧饰花叶纹。四边外侧中部对称分布四枚小乳丁。乳丁外侧饰桃形花苞，两侧各饰一单层草叶纹。十六内向连弧纹缘，缘边稍斜。连弧纹缘内侧有一周圆形设计线。凹弧面有刮痕。镜面有黄、绿色锈并残存织物痕迹。镜背局部有绿色锈。银白色材质。外区、钮座、乳丁经过研磨。叶纹、方格似经过研磨。内区外周有镜背分割线痕迹。乳丁侧面有镜范砂崩现象。镜体有少量的凸起铸造毛刺（图 1-165）。

尺寸与重量： 面径 9.9、缘厚 0.4、钮径 1.1、钮高 0.5 厘米，镜面弧度 0.1 厘米。重 72 克。

收藏机构： 淄博市临淄区齐文化发展研究中心

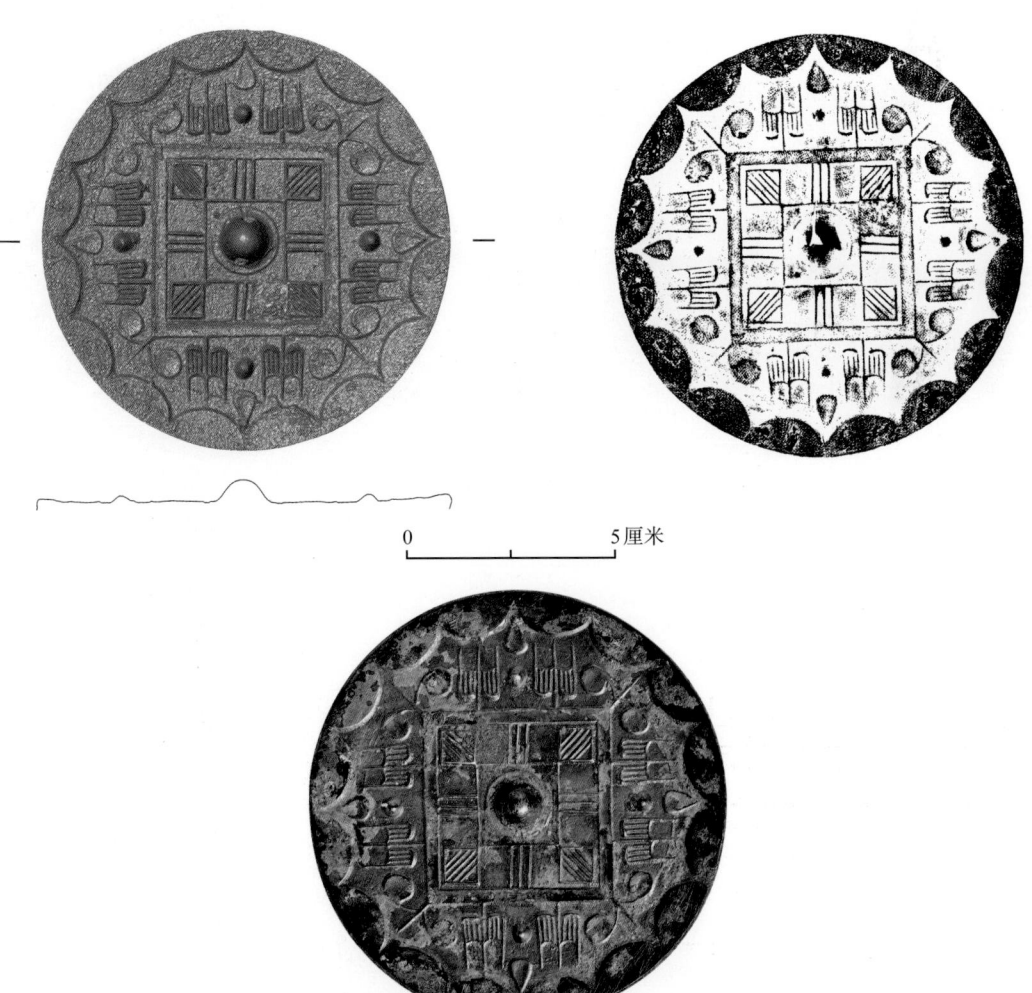

0　　　　　　　5厘米

图 1-165　四乳单层草叶纹镜（LZJ-2019-327）三维模型、拓本与照片

八、花叶纹镜

（一）四乳花叶纹镜

考察编号： LZJ-2019-019（原编号"淄江花园D区M969：1"）

特征描述： 三弦钮，半圆形钮孔。钮外一周宽凹弧面圈带。其外两周窄凹弧面圈带间均匀对称分布四组花叶纹。外周圈带上对称分布四枚乳丁。乳丁周围饰四瓣心形花叶纹。乳丁之间外侧圈带外侧对称分布四组花叶纹。十六内向连弧纹缘，缘边稍斜。锈迹较多。镜面覆有绿色锈，镜背有少量绿色锈。银白色材质。花叶纹、凹弧面有刮痕（图1-166）。

尺寸与重量： 面径11.4、缘厚0.4、钮径1.0×0.7、钮高0.4厘米，镜面弧度0.4厘米。重182克。

收藏机构： 淄博市临淄区齐文化发展研究中心

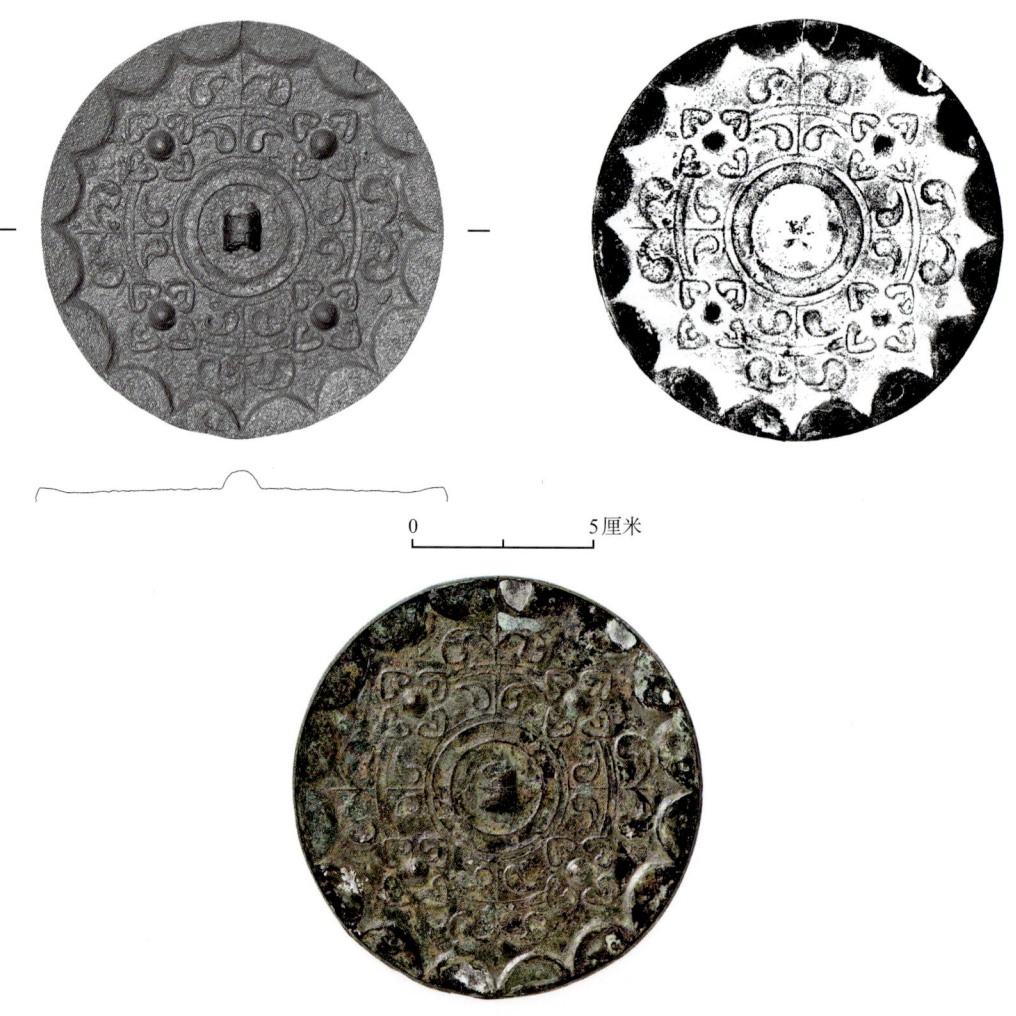

图1-166   四乳花叶纹镜（LZJ-2019-019）三维模型、拓本与照片

（二）变体四叶纹镜

考察编号： LZJ-2019-163（原编号"中轩发酵车间M18：1"）

特征描述： 三弦钮，半圆形钮孔。钮外一周宽凹弧面圈带。圈带外侧均匀分布四片叶纹。叶纹宽扁，叶尖不明显。十二内向连弧纹缘，缘较平。镜体较薄。锈迹较多，镜面满覆绿色锈，局部有红色锈。镜背有绿色锈及红色锈。银白色材质。整体经过研磨（图1-167）。

尺寸与重量： 面径18.0、缘厚0.2、钮径1.0×0.6、钮高0.5厘米，镜面弧度0厘米。重340克。

收藏机构： 淄博市临淄区齐文化发展研究中心

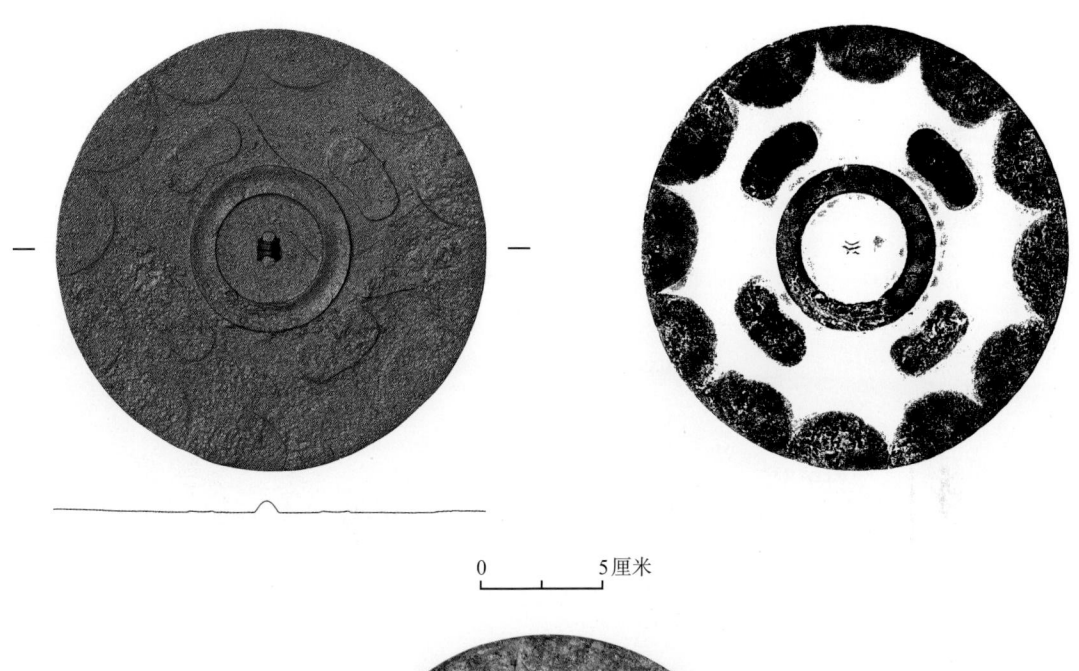

0 ├───┤ 5厘米

图1-167　变体四叶纹镜（LZJ-2019-163）三维模型、拓本与照片

（三）变体四叶纹镜

考察编号：LZJ-2019-178（原编号"淄江花园北二区M11：1"）

特征描述：三弦钮，半圆形钮孔。钮外一周宽凹弧面圈带。圈带外侧均匀分布四片叶纹。花叶扁宽，叶尖不明显。十二内向连弧纹缘，缘较平。镜体较薄。镜面覆绿色锈，镜背有蓝、绿、红色锈。银白色材质。整体经过研磨（图1-168）。

尺寸与重量：面径15.7、缘厚0.2、钮径1.2×0.9、钮高0.5厘米，镜面弧度0厘米。重197克。

收藏机构：淄博市临淄区齐文化发展研究中心

0　　　　　6厘米

图1-168　变体四叶纹镜（LZJ-2019-178）三维模型、拓本与照片

（四）变体四叶纹镜

考察编号： LZJ-2019-203（原编号"临淄外贸工地M53出土镜"）

特征描述： 三弦钮，半圆形钮孔。钮外一周宽凹弧面圈带。圈带外侧均匀分布四片叶纹。花叶扁宽，叶尖不明显。十二内向连弧纹缘，缘较平。镜体较薄。锈迹较多，镜面、镜背覆有大量绿色锈。银白色材质。叶纹表面经过研磨，其他部分因锈蚀情况不明（图1-169）。

尺寸与重量： 面径18.0、缘厚0.2、钮径1.4、钮高0.5厘米，镜面弧度0.1厘米。重281克。

收藏机构： 山东省文物考古研究院

0　　　　5厘米

图1-169　变体四叶纹镜（LZJ-2019-203）三维模型、拓本与照片

（五）四乳花叶纹镜

考察编号：LZJ-2019-244（原编号"乙烯生活区T709M9：1"）

特征描述：三弦钮，半圆形钮孔。钮外两周宽凹弧面圈带。外侧圈带均匀叠压四枚圆圈座乳丁。乳丁外侧饰四片心形花叶纹。乳丁之间、圈带内外两侧对称分布花叶、枝叶花苞和半椭圆形弧线纹。十六内向连弧纹缘。镜体破损，经修复。银白色材质。外区、乳丁、圈带部分经研磨。花叶纹有刮痕。钮座仅研磨三弦部分（图1-170）。

尺寸与重量：面径16.2、缘厚0.3、钮径1.2×1.3、钮高0.5厘米，镜面弧度0.2厘米。重383克。

收藏机构：山东省文物考古研究院

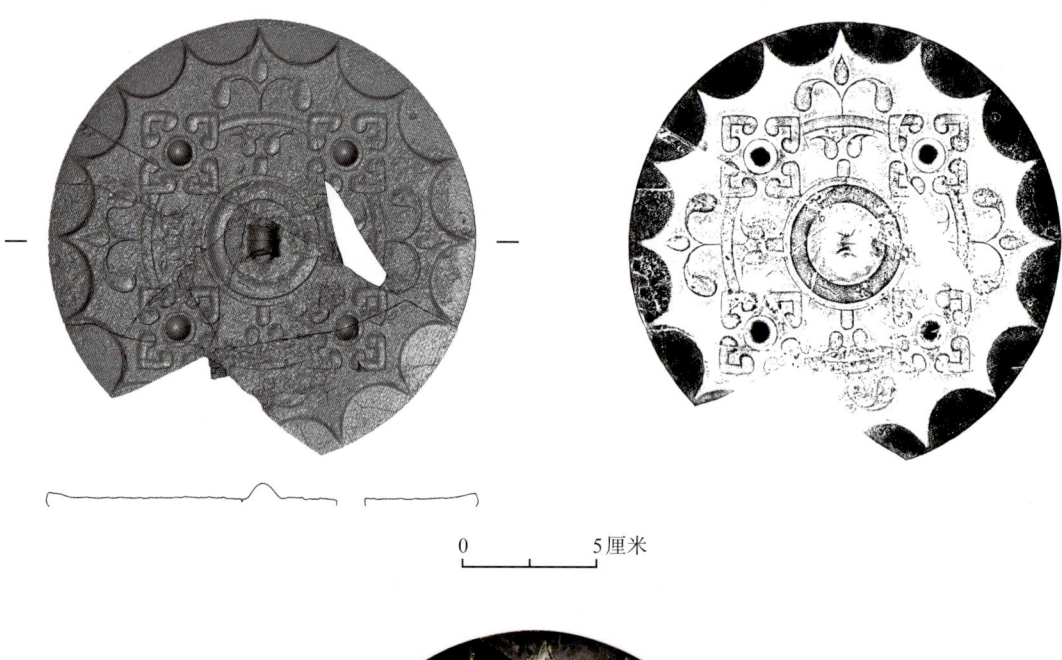

0　　　　　5厘米

图1-170　四乳花叶纹镜（LZJ-2019-244）三维模型、拓本与照片

（六）见日之光四乳枝叶纹镜

考察编号： LZJ-2019-322（原编号"淄江花园M270：1"）

特征描述： 钮残。钮外一周宽凹弧面方框。方框外侧为铭文区。铭文区填以右旋读小篆体"见日之光服者君王"八字铭文，每面两字。文字方向按读写顺序纵向排列。凹弧面方框四边外侧中部对称分布四枚乳丁。乳丁外侧饰桃形花苞。铭文区四角外侧饰花叶纹。十六内向连弧纹缘。锈迹较多，镜面、镜背满覆绿色锈。因锈蚀具体情况不明。银白色材质。外区、乳丁经过研磨（图1-171）。

尺寸与重量： 面径10.0、缘厚0.3、钮径1.0厘米，钮残，镜面弧度0.1厘米。重91克。

收藏机构： 淄博市临淄区齐文化发展研究中心

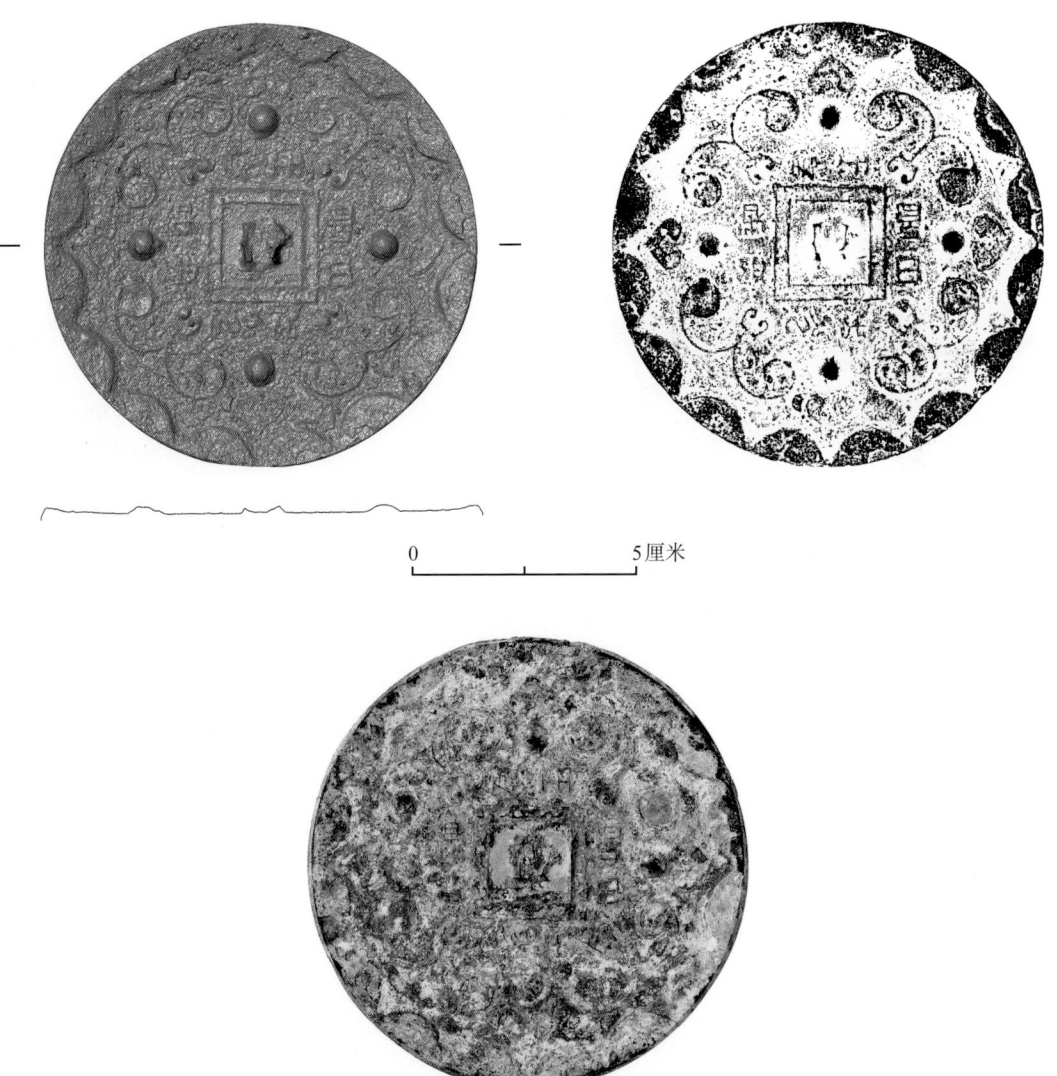

图1-171　见日之光四乳枝叶纹镜（LZJ-2019-322）三维模型、拓本与照片

（七）赐长相思四乳枝叶纹镜

考察编号： LZJ-2019-325（原编号"淄江花园D组团M497出土镜"）

特征描述： 半球形钮，钮孔较大。钮外两重细凸线纹方框之间为铭文区。铭文区填以右旋读小篆体"赐长相思幸毋相忘"八字铭文，每面两字。文字方向按读写顺序纵向排列。铭文框四边外侧中部对称分布四枚乳丁，四角外侧饰花叶纹。十六内向连弧纹缘，缘边稍斜。锈迹较多，镜面、镜背大部覆红、绿色锈。因锈蚀具体情况不明。外区、乳丁经过研磨。内区外周有圆形设计线，沿着乳丁方向有十字形镜背分割线痕迹。镜面残存纤维痕迹。一侧钮孔有凹陷或不清晰，似为浇口方向（图1-172）。

尺寸与重量： 面径6.6、缘厚0.2、钮径1.2、钮高0.4厘米，镜面弧度0.1厘米。重51克。

收藏机构： 淄博市临淄区齐文化发展研究中心

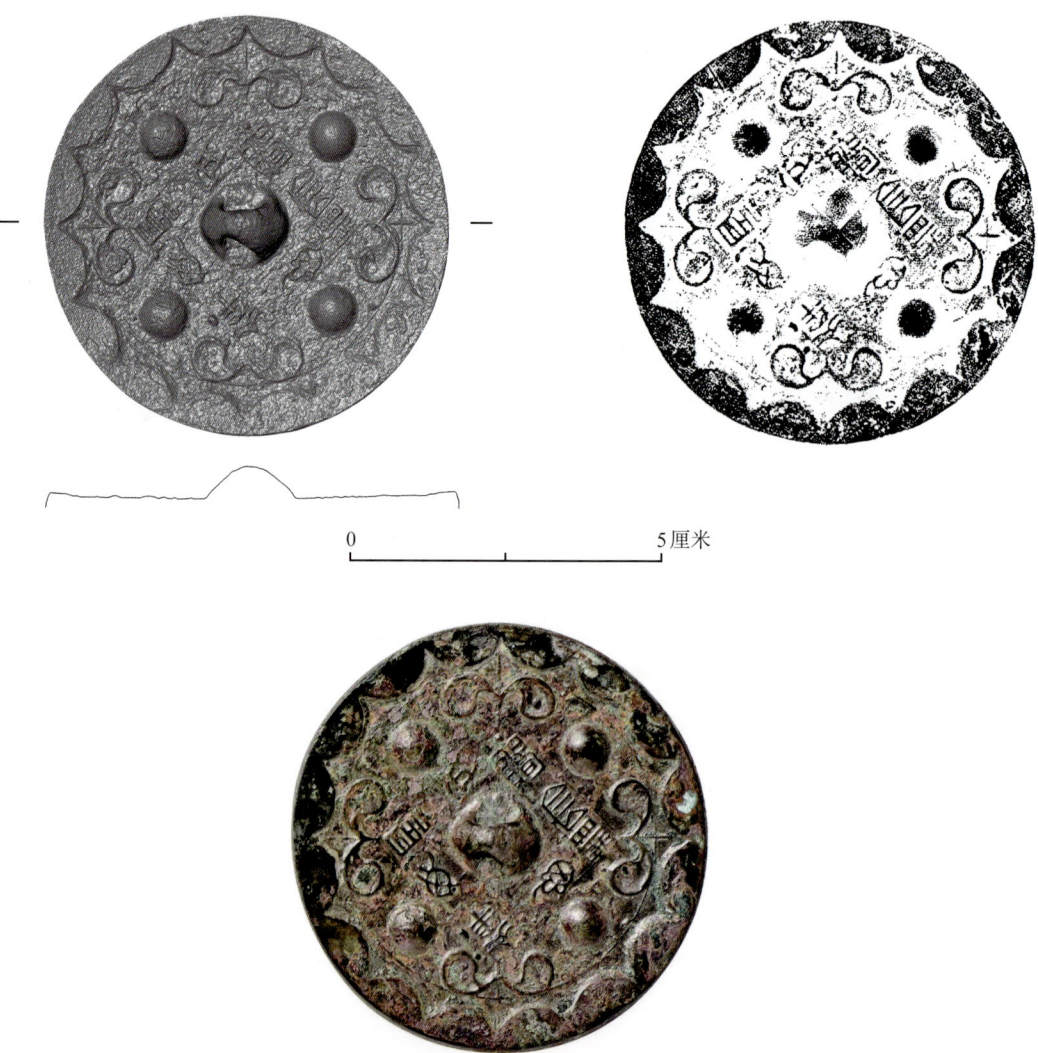

0　　　　　　　　　　5厘米

图1-172　赐长相思四乳枝叶纹镜（LZJ-2019-325）三维模型、拓本与照片

（八）见日之光四乳枝叶纹镜

考察编号： LZJ-2019-328（原编号"金鼎绿城三期M695出土镜"）

特征描述： 半球形钮，半圆形钮孔。钮外宽凹弧面方框与外侧单凸弦纹方框间为铭文区。铭文区填以右旋读小篆体"见日之光长乐未央"八字铭文，每面两字。文字方向按读写顺序纵向排列。铭文框四边外侧中部对称分布四枚圆台座乳丁。铭文框四角内侧饰桃形花苞，外侧饰花叶纹。十六内向连弧纹缘，缘边稍斜。镜面覆一层绿色锈，镜背有蓝、绿色锈。因锈蚀具体情况不明。外区、乳丁、钮座似经过研磨。叶纹、方格有刮痕。内区外周有镜背分割线痕迹（图1-173；图版6-1）。

尺寸与重量： 面径7.0、缘厚0.3、钮径1.1、钮高0.3厘米，镜面弧度0.1厘米。重76克。

收藏机构： 淄博市临淄区齐文化发展研究中心

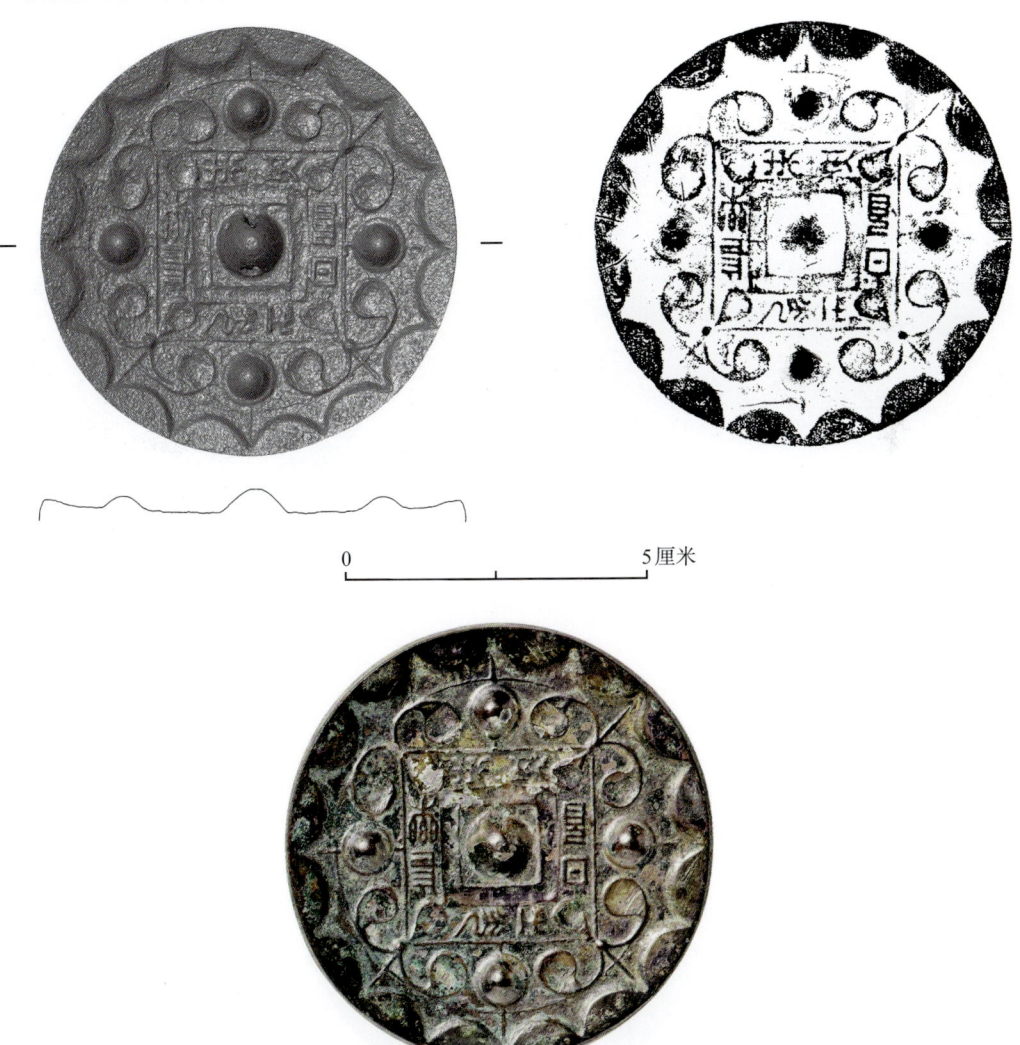

0　　　　　　　　　5厘米

图1-173　见日之光四乳枝叶纹镜（LZJ-2019-328）三维模型、拓本与照片

九、星 云 纹 镜

（一）四乳星云纹镜

考察编号：LZJ-2019-041（原编号"棕榈城三期M143：1"）

特征描述：连峰钮，半圆形钮孔。钮外自内而外有一圈凸弦纹圈带和十六内向连弧纹带。对称分布的四枚圆台座乳丁将主纹区均匀分为四区，每区饰有星云纹。主纹区内外两侧有凸弦纹圈带。十六内向连弧纹缘。锈迹较多，镜背有绿色锈。镜面有红、绿色锈。外区经过研磨（图1-174）。

尺寸与重量：面径10.7、缘厚0.5、钮径2.0、钮高1.0厘米，镜面弧度0.1厘米。重164克。

收藏机构：淄博市临淄区齐文化发展研究中心

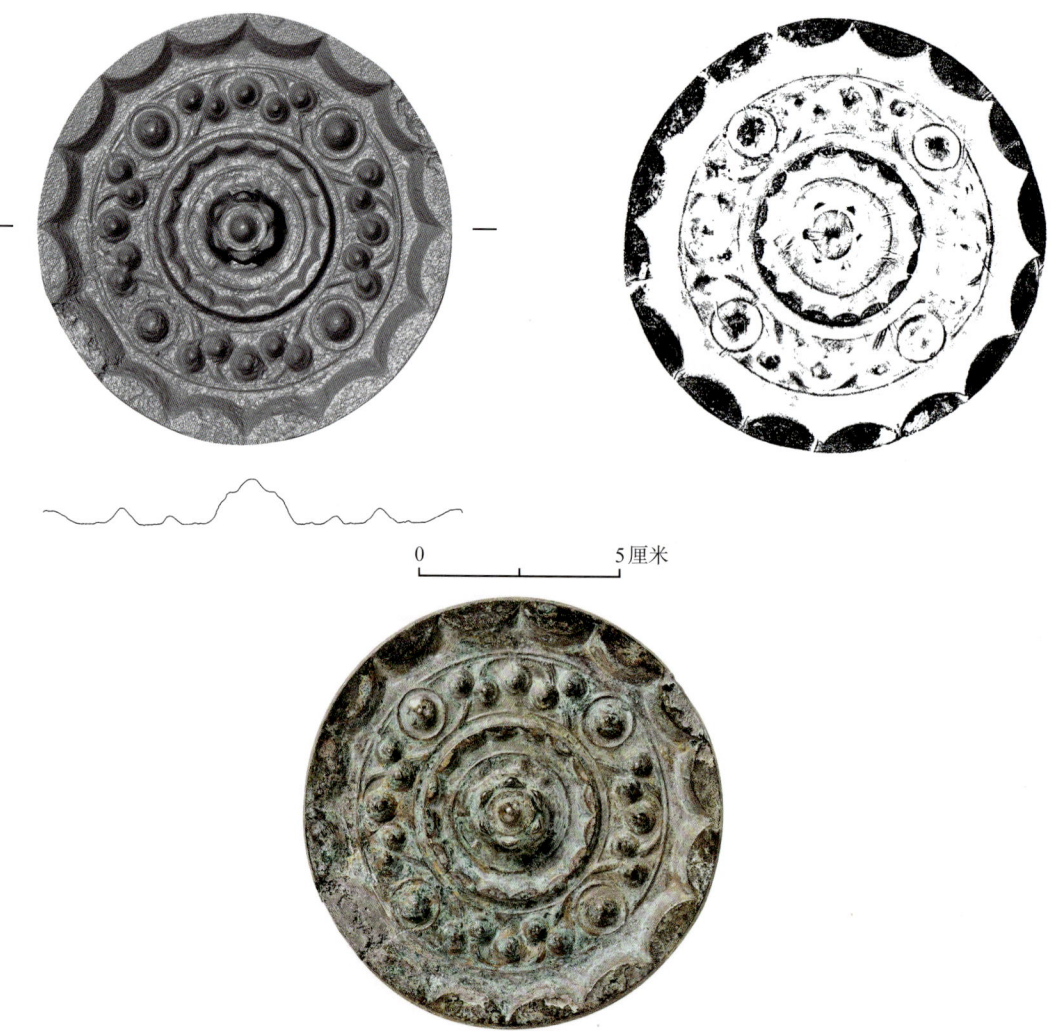

图1-174　四乳星云纹镜（LZJ-2019-041）三维模型、拓本与照片

（二）四乳星云纹镜

考察编号：LZJ-2019-042（原编号"泰东城M241：1"）

特征描述：连峰钮，半圆形钮孔。钮外自内而外有一周双线凸弦纹圈带和一周十六内向连弧纹带。凸弦纹圈带内侧饰四组对称的指甲纹和短弧线纹。主纹区位于连弧纹带外侧两周凸弦纹圈带之间。内侧为单凸弦纹，外侧为双凸弦纹。对称分布的四枚八联珠座乳丁将主纹区均匀分为四区，每区饰有星云纹。十六内向连弧纹缘。镜面有红、绿色锈，镜背有少量绿色锈。银白色材质。外区经过研磨。乳丁周围有较多的铸造裂痕。线状、褶皱痕迹较多（图1-175）。

尺寸与重量：面径13.0、缘厚0.5、钮径1.9、钮高1.1厘米，镜面弧度0.2厘米。重277克。

收藏机构：淄博市临淄区齐文化发展研究中心

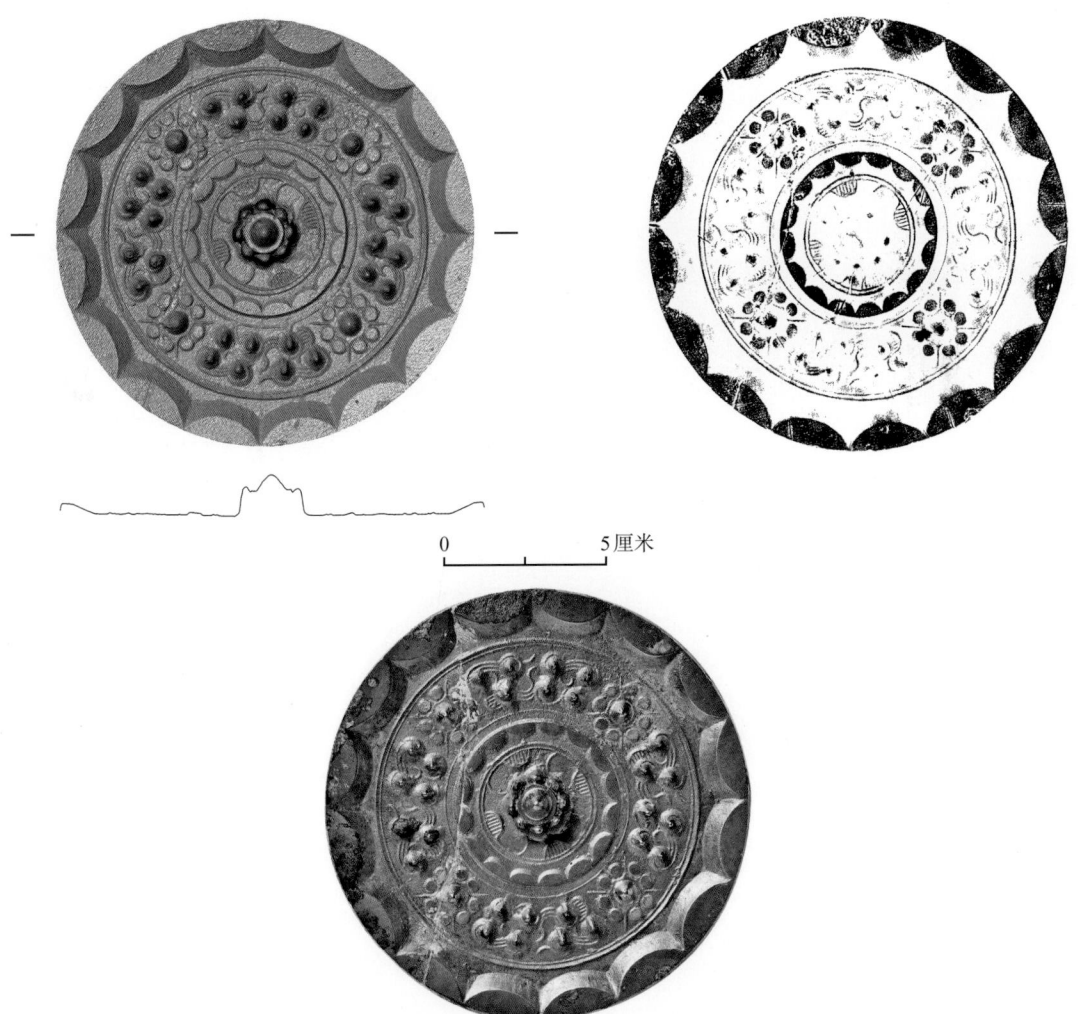

0　　　　5厘米

图1-175　四乳星云纹镜（LZJ-2019-042）三维模型、拓本与照片

（三）四乳星云纹镜

考察编号： LZJ-2019-043（原编号"现代中学 M218 出土镜"）

特征描述： 连峰钮，半圆形钮孔。钮外自内而外有一周单凸弦纹圈带和一周十六内向连弧纹带。凸弦纹圈带内侧对称分布四组指甲纹和弧线纹。主纹区位于连弧纹带外侧两周单凸弦纹圈带之间。对称分布的四枚圆台座乳丁将主纹区均匀分为四区，每区饰有曲线连接七枚乳丁组成的星云纹。十六内向连弧纹缘，缘边稍斜。镜面有少量黄、绿色锈。镜背有少量红、蓝、绿色锈。银白色材质。外区经过研磨（图 1-176）。

尺寸与重量： 面径 10.5、缘厚 0.4、钮径 1.6、钮高 0.8 厘米，镜面弧度 0.2 厘米。重 138 克。

收藏机构： 淄博市临淄区齐文化发展研究中心

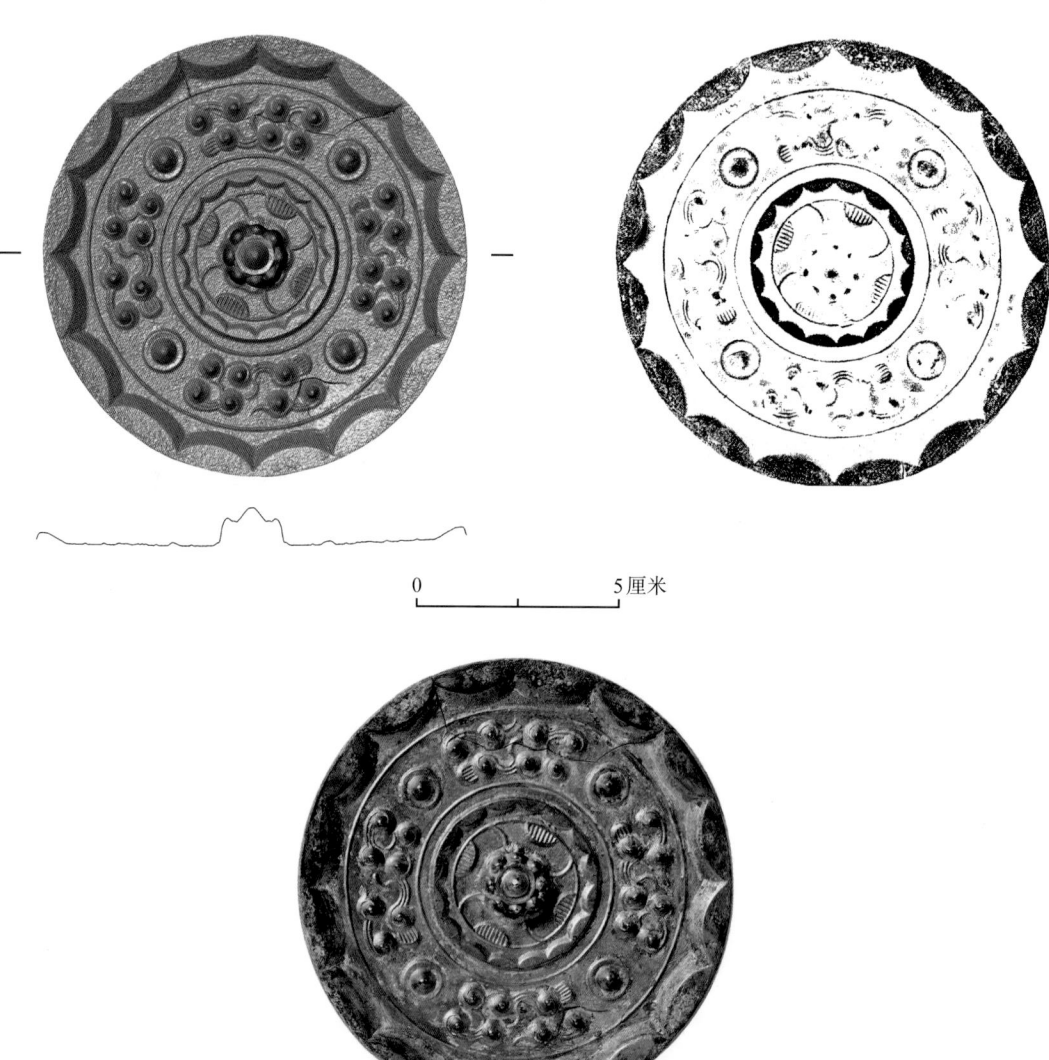

图 1-176　四乳星云纹镜（LZJ-2019-043）三维模型、拓本与照片

（四）四乳星云纹镜

考察编号： LZJ-2019-044（原编号"金鼎绿城三期M1021出土镜"）

特征描述： 连峰钮，半圆形钮孔。钮外单线斜向栉齿纹带内侧饰四组对称的指甲纹和短弧线纹。主纹区位于两周单线斜向栉齿纹带之间。四枚联珠座乳丁将主纹区均匀分为四区，每区中间有一圆台座乳丁，乳丁两侧为曲线连接的四枚小乳丁。十六内向连弧纹缘。锈迹较多，镜面、镜背大部覆有绿色锈。外区经过研磨。栉齿纹带内侧有凸出的铸痕。一侧钮孔旁的云纹因高温导致纹饰模糊，未被铸出，或为浇口方向（图1-177）。

尺寸与重量： 面径10.6、缘厚0.3、钮径1.5、钮高0.7厘米，镜面弧度0.2厘米。重148克。

收藏机构： 淄博市临淄区齐文化发展研究中心

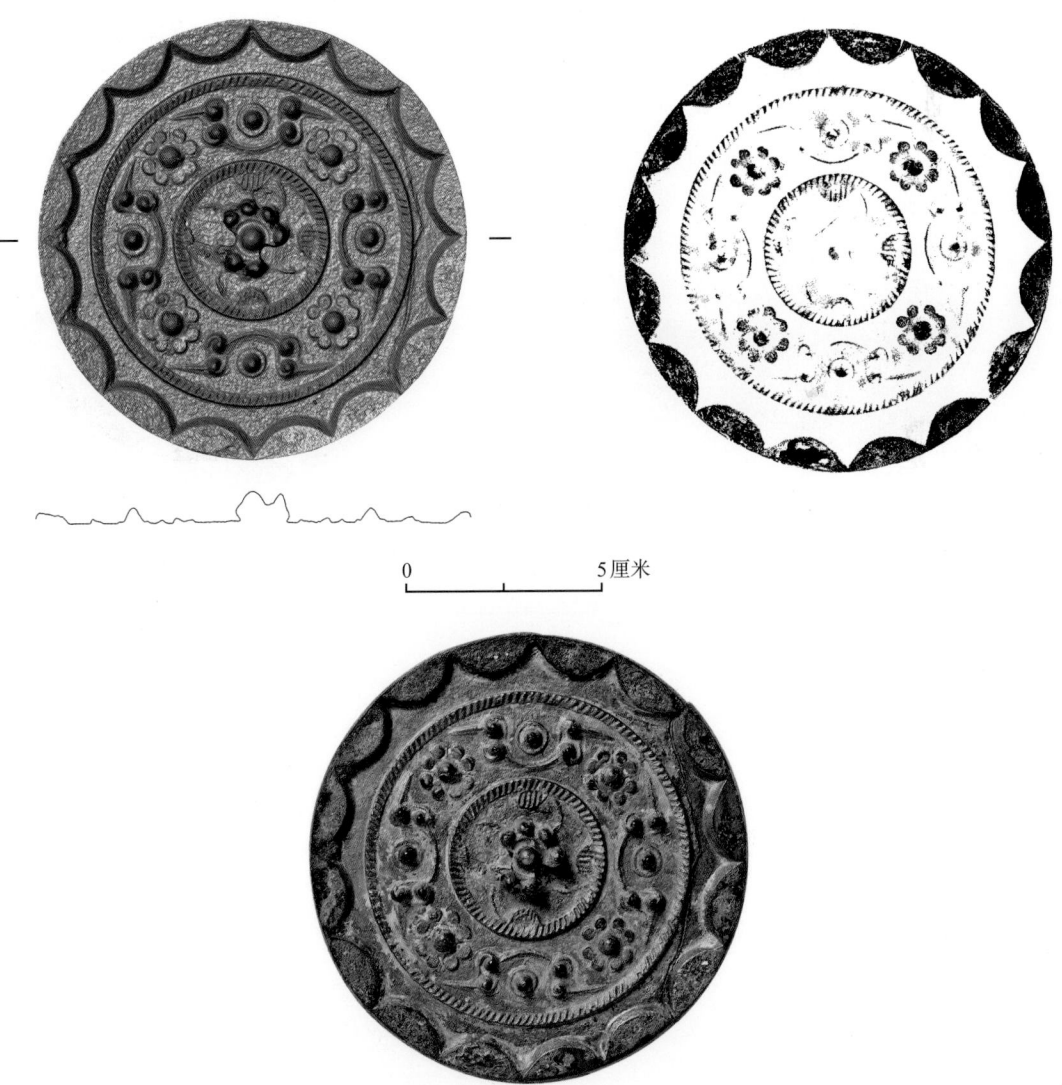

0　　　　　　5厘米

图1-177　四乳星云纹镜（LZJ-2019-044）三维模型、拓本与照片

（五）四乳星云纹镜

考察编号： LZJ-2019-045（原编号"棕榈城三期M137：1"）

特征描述： 连峰钮，半圆形钮孔。钮外为双重凸弦纹圈带。凸弦纹圈带内侧均匀分布三组指甲纹。凸弦纹圈带外侧饰一周十六内向连弧纹带。连弧纹带外侧单线斜向栉齿纹带与缘内双凸弦纹圈带之间为主纹区。四枚圆台座乳丁将主纹区均匀分为四区，每区饰曲线连接的七枚小乳丁组成的星云纹。十六内向连弧纹缘，缘边稍斜。镜背有红、蓝、绿色锈，镜面覆有绿色锈。银白色材质。圈带、乳丁、外区经过研磨。外区内侧的凸弦纹圈带及其外侧有若干道铸痕。镜面残存织物痕迹（图1-178）。

尺寸与重量： 面径13.2、缘厚0.6、钮径1.9、钮高1.2厘米，镜面弧度0.1厘米。重319克。

收藏机构： 淄博市临淄区齐文化发展研究中心

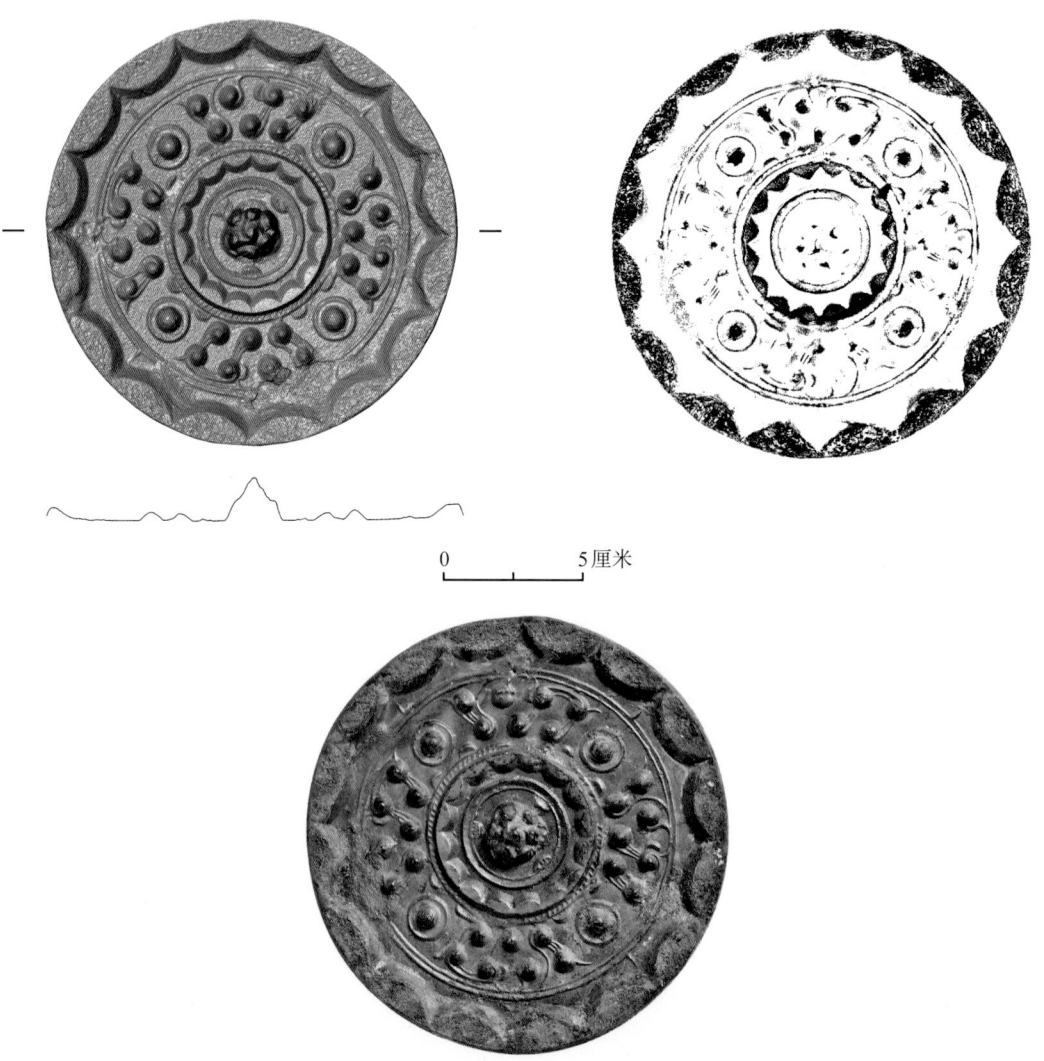

图1-178　四乳星云纹镜（LZJ-2019-045）三维模型、拓本与照片

（六）四乳星云纹镜

考察编号： LZJ-2019-046（原编号"淄江花园K组团M752出土镜"）

特征描述： 连峰钮，半圆形钮孔。钮外一周双重凸弦纹圈带。圈带内侧均匀分布四组指甲纹和弧线纹。圈带外侧饰一周十六内向连弧纹带。连弧纹带外侧两周凸弦纹圈带之间为主纹区。外侧凸弦纹圈带内侧对称分布四组指甲纹。四枚联珠座乳丁将主纹区均匀分为四区，每区饰曲线连接的七枚小乳丁组成的星云纹。十六内向连弧纹缘，缘边稍斜。锈迹较多，镜背有少量绿色锈，局部可见少量蓝色锈。镜面覆有绿色锈。银白色材质。圈带、乳丁周围的纹饰、外区经过研磨（图1-179）。

尺寸与重量： 面径10.6、缘厚0.4、钮径1.5、钮高0.7厘米，镜面弧度0.1厘米。重151克。

收藏机构： 淄博市临淄区齐文化发展研究中心

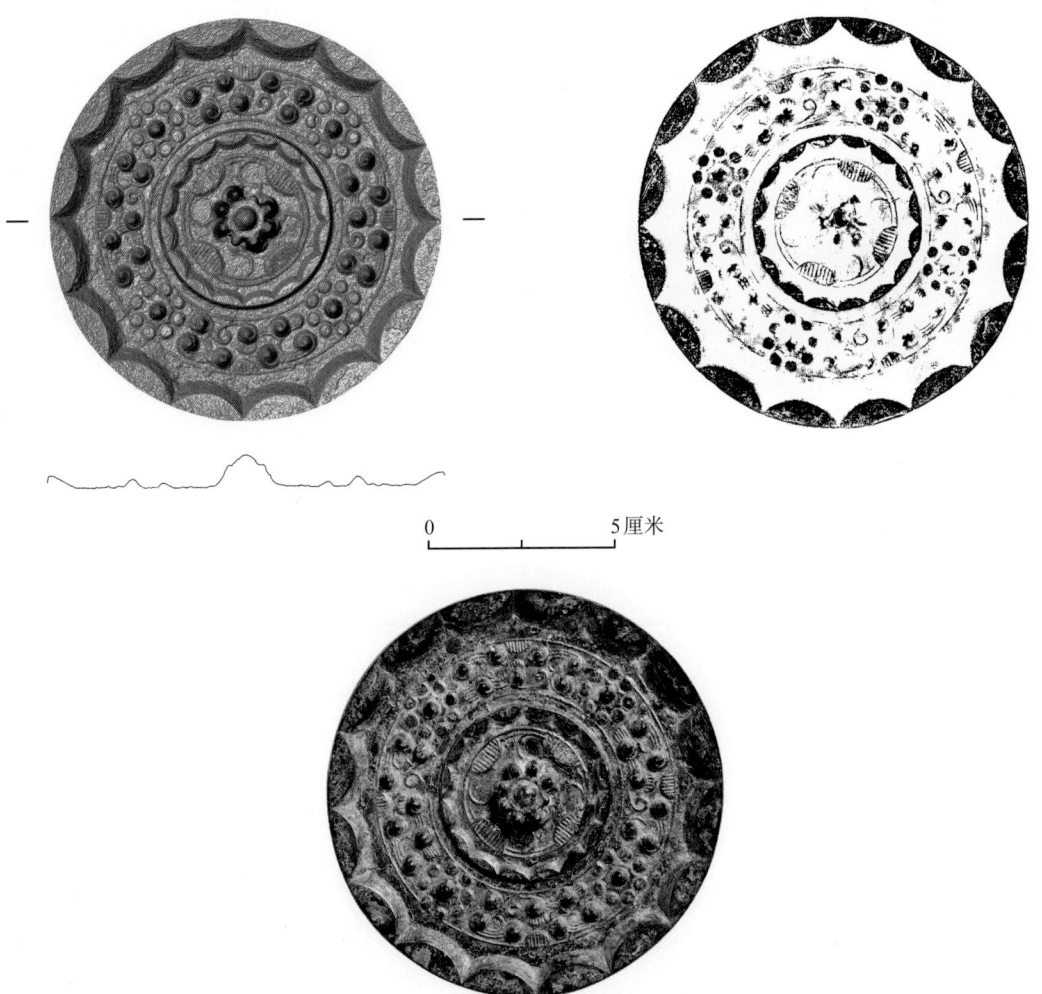

图1-179　四乳星云纹镜（LZJ-2019-046）三维模型、拓本与照片

（七）四乳星云纹镜

考察编号： LZJ-2019-047（原编号"凤凰城四期M368：1"）

特征描述： 连峰钮，半圆形钮孔。钮外为双重单线斜向栉齿纹带。内圈栉齿纹带内侧对称分布四组指甲纹和弧线纹。两重栉齿纹带之间为主纹区。四枚联珠座乳丁将主纹区均匀分为四区，每区饰曲线连接的五枚小乳丁组成的星云纹。中间乳丁偏大且有圆台座。十六内向连弧纹缘，缘边稍斜。锈迹较多，镜面覆有绿色锈，镜背大部有绿色锈。银白色材质。乳丁和外区经过研磨。连峰钮欠缺一峰，该方向的云纹亦被破坏，可能为高温积聚的浇口方向（图1-180）。

尺寸与重量： 面径10.7、缘厚0.4、钮径1.7、钮高0.7厘米，镜面弧度0.1厘米。重153克。

收藏机构： 淄博市临淄区齐文化发展研究中心

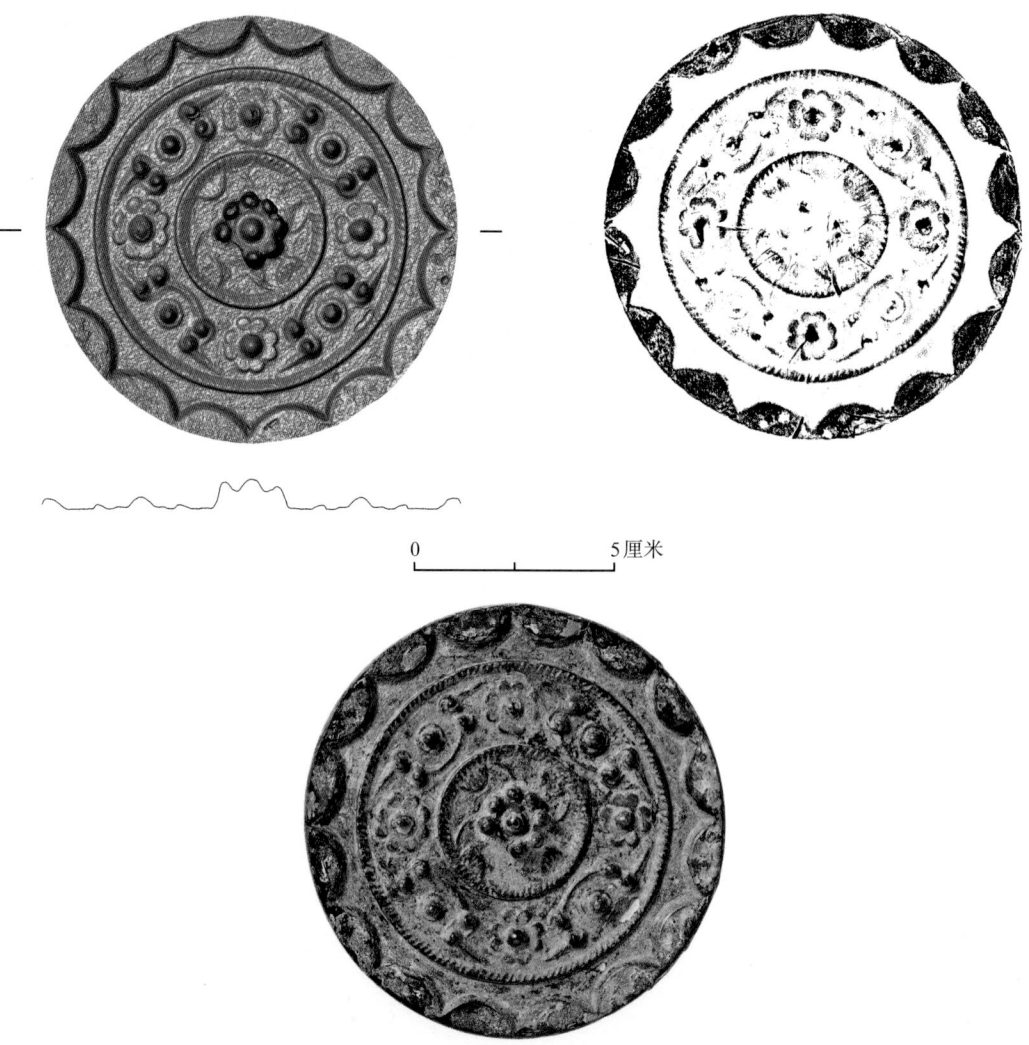

0 　　　　　5厘米

图1-180　四乳星云纹镜（LZJ-2019-047）三维模型、拓本与照片

（八）四乳星云纹镜

考察编号：LZJ-2019-048（原编号"金鼎绿城二期M1024出土镜"）

特征描述：连峰钮，半圆形钮孔。钮外一周凸弦纹圈带。凸弦纹圈带外侧为十六内向连弧纹带。连弧纹带外侧两周凸弦纹圈带间为主纹区。四枚圆台座乳丁将主纹区均匀分为四区，每区饰曲线连接的五枚小乳丁组成的星云纹。圆台座乳丁对应的凸弦纹外侧有短射线。十六内向连弧纹缘，缘边稍斜。镜背、镜面大部分覆有绿色锈。银白色材质。圈带、乳丁、外区经过研磨。外区有少量线形痕迹。镜面残存织物痕迹（图1-181）。

尺寸与重量：面径9.9、缘厚0.4、钮径1.5、钮高1.0厘米，镜面弧度0厘米。重179克。

收藏机构：淄博市临淄区齐文化发展研究中心

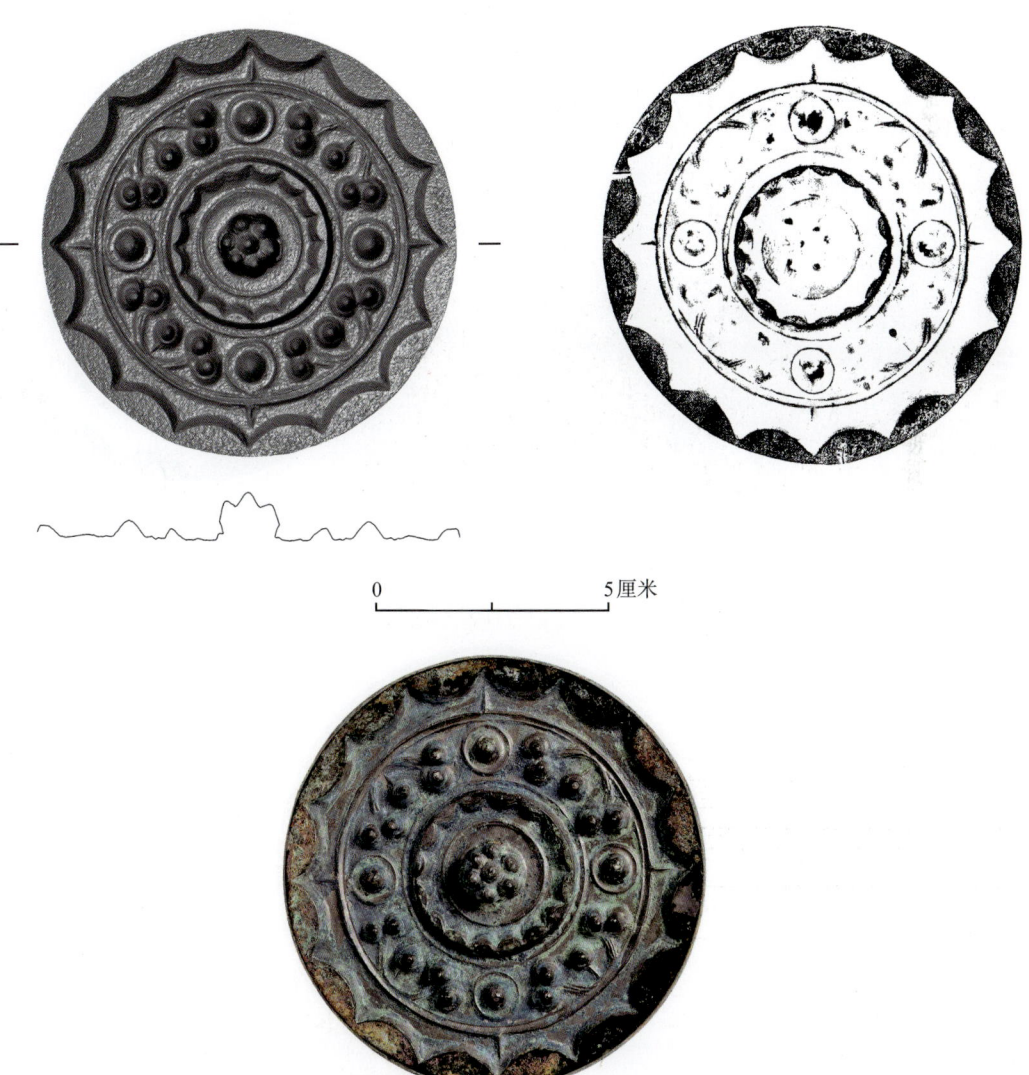

图1-181　四乳星云纹镜（LZJ-2019-048）三维模型、拓本与照片

（九）四乳星云纹镜

考察编号： LZJ-2019-049（原编号"恒光花园M44：1"）

特征描述： 连峰钮，半圆形钮孔。钮外两周凸弦纹圈带内侧对称分布四组指甲纹和弧线纹。凸弦纹圈带外侧为十六内向连弧纹带。连弧纹带外侧两周单线凸弦纹圈带间为主纹区。四枚联珠座乳丁将主纹区均匀分为四区，每区饰曲线连接的七枚小乳丁组成的星云纹。十六内向连弧纹缘。镜面锈迹较多，有红、绿色锈。镜背有少量绿色锈。银白色材质。外区经过研磨。凹凸线状痕迹较多。钮周围有较多的铸伤（图1-182）。

尺寸与重量： 面径12.1、缘厚0.4、钮径1.6、钮高1.0厘米，镜面弧度0.2厘米。重197克。

收藏机构： 淄博市临淄区齐文化发展研究中心

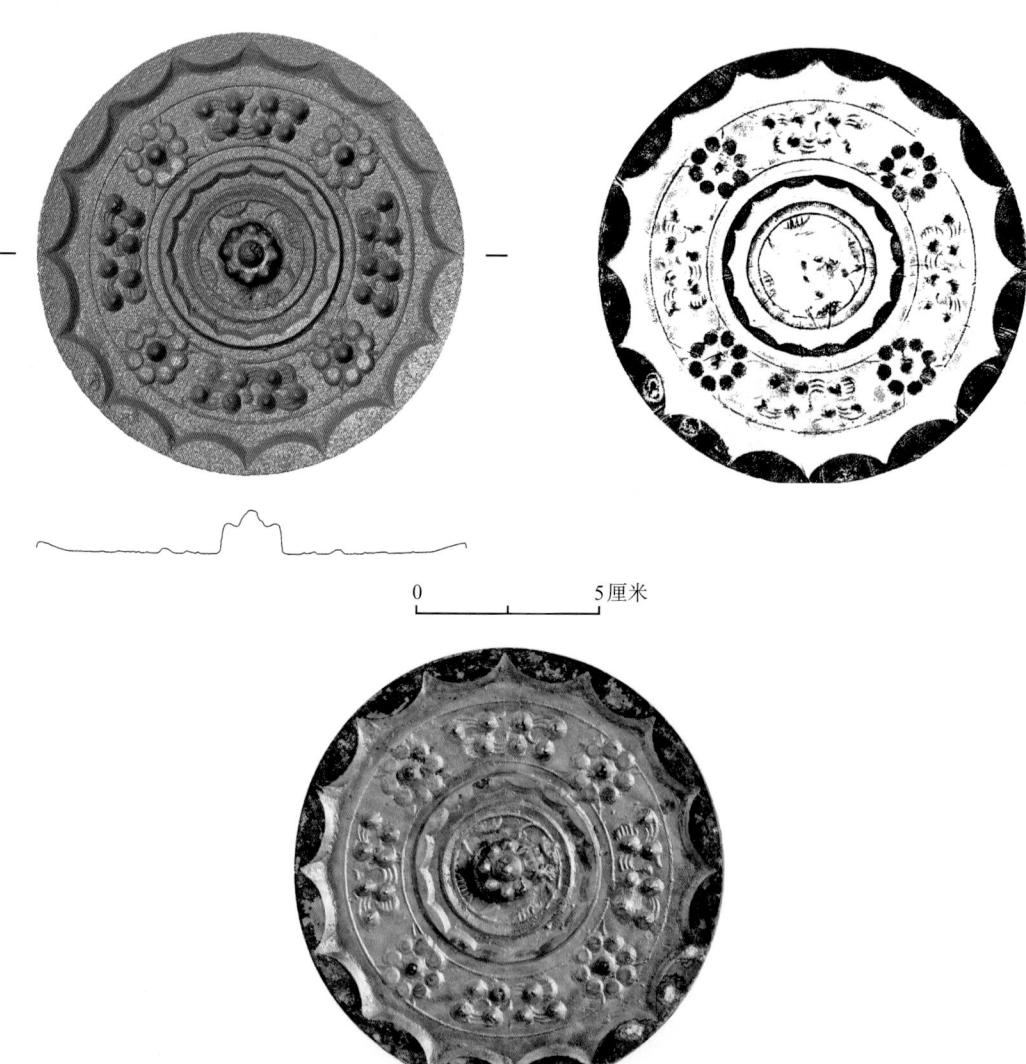

图1-182   四乳星云纹镜（LZJ-2019-049）三维模型、拓本与照片

（十）四乳星云纹镜

考察编号： LZJ-2019-050（原编号"金鼎绿城三期M959：1"）

特征描述： 连峰钮，半圆形钮孔。钮外依次为双重凸弦纹圈带和十六内向连弧纹带。凸弦纹圈带内侧对称分布四组指甲纹和弧线纹。连弧纹带外侧两周单线斜向栉齿纹带间为主纹区。四枚带座乳丁将主纹区均匀分为四区，每区饰曲线连接的四枚小乳丁组成的星云纹。十六内向连弧纹缘，缘边稍斜。锈迹较多，镜背有红、蓝、绿色锈，镜面有黄、红、绿色锈。银白色材质。圈带、乳丁、外区经过研磨（图1-183）。

尺寸与重量： 面径10.3、缘厚0.5、钮径1.7、钮高0.7厘米，镜面弧度0.2厘米。重223克。

收藏机构： 淄博市临淄区齐文化发展研究中心

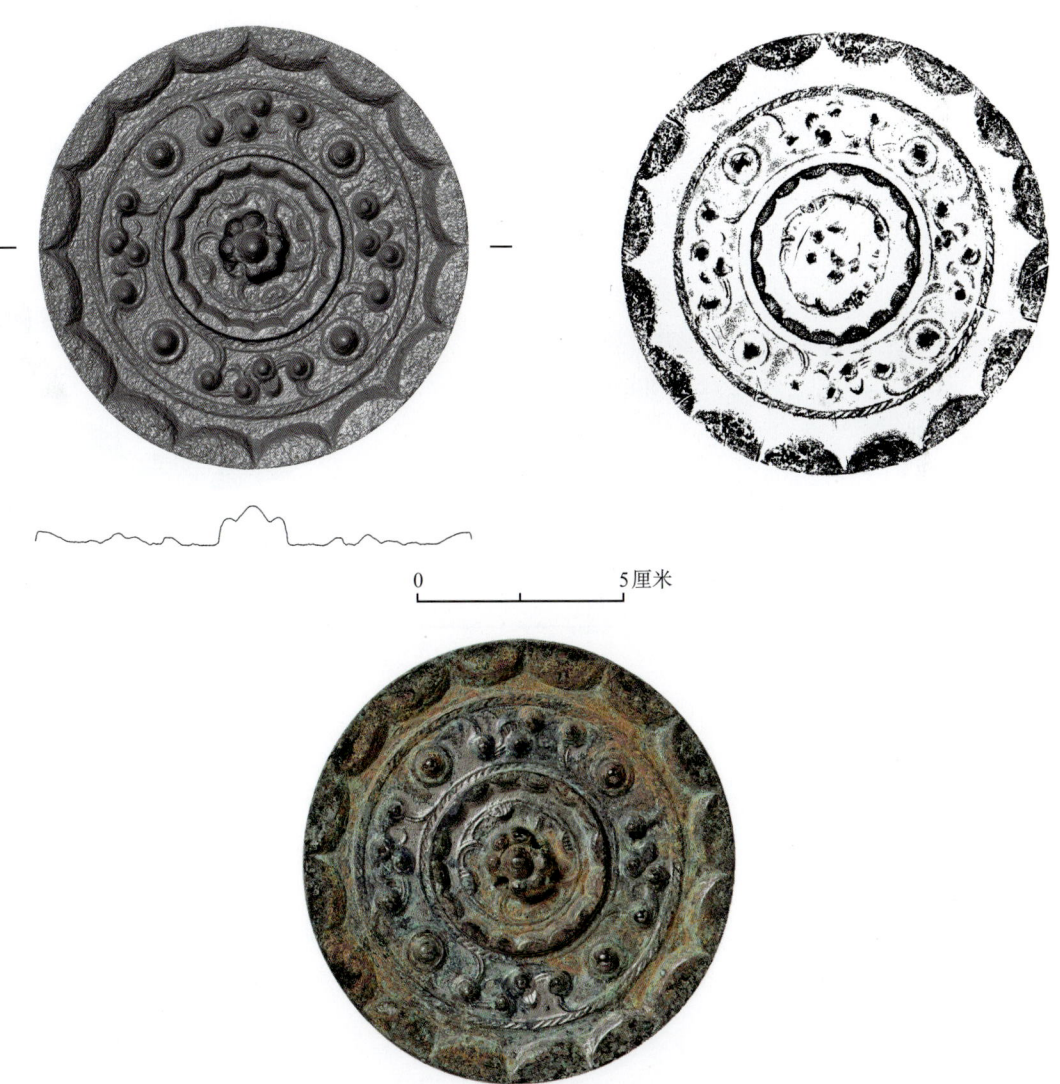

0   5厘米

图1-183 四乳星云纹镜（LZJ-2019-050）三维模型、拓本与照片

（十一）四乳星云纹镜

考察编号： LZJ-2019-051（原编号"华盛园南区M140：1"）

特征描述： 连峰钮，半圆形钮孔。钮外一周单凸弦纹圈带，圈带内侧对称分布四组指甲纹和弧线纹。圈带外侧为十六内向连弧纹带。连弧纹带外侧两周单凸弦纹圈带间为主纹区。四枚联珠座乳丁将主纹区均匀分为四区，每区饰曲线连接的七枚小乳丁组成的星云纹。十六内向连弧纹缘，缘边稍斜。镜背有少量蓝色锈，镜面覆有绿色锈。银白色材质。圈带、乳丁周围的联珠纹、外区经过研磨。外区内侧残存圆形镜背分割线痕迹，自钮向外残存放射状八分镜背分割线痕迹。表面有较多凹凸线痕（图1-184）。

尺寸与重量： 面径10.5、缘厚0.5、钮径1.8、钮高1.0厘米，镜面弧度0.1厘米。重207克。

收藏机构： 淄博市临淄区齐文化发展研究中心

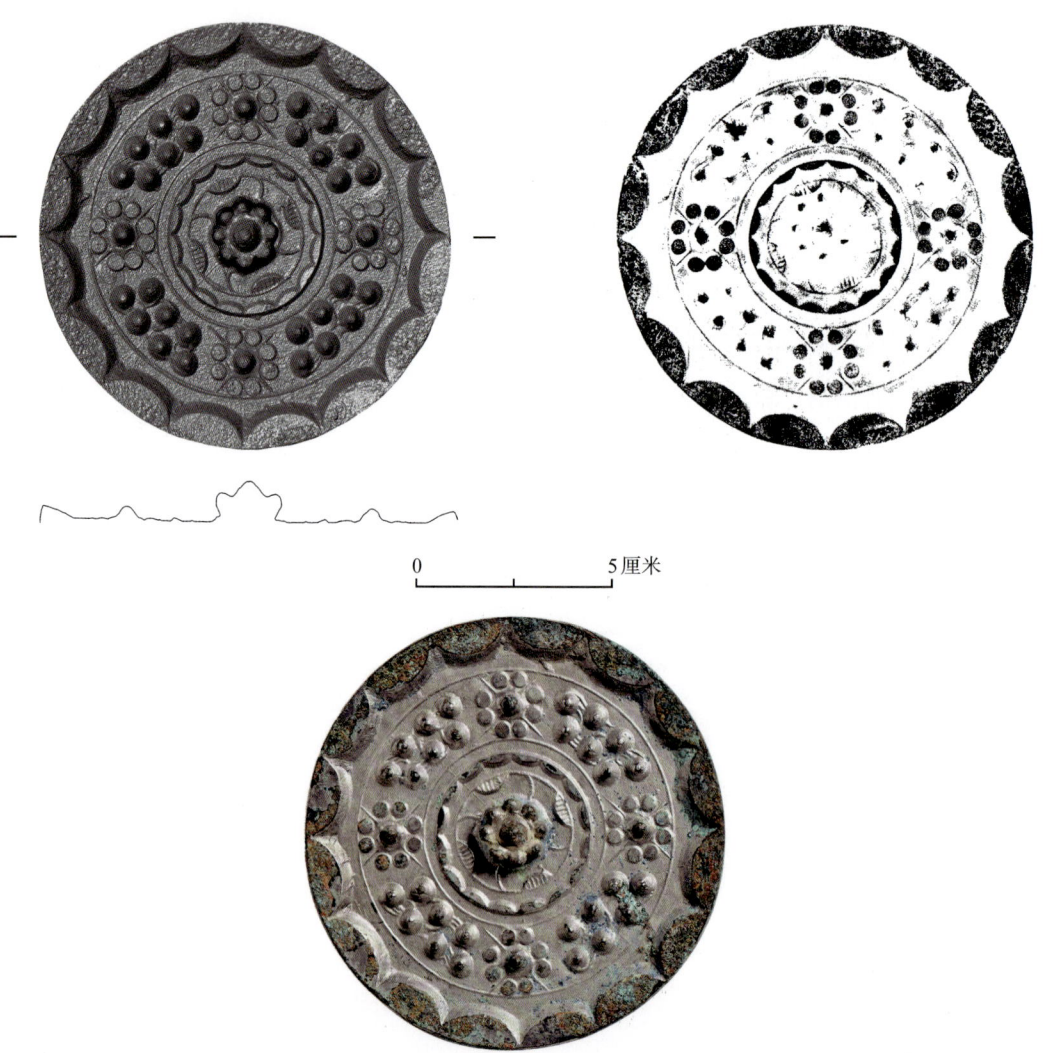

图1-184　四乳星云纹镜（LZJ-2019-051）三维模型、拓本与照片

（十二）四乳星云纹镜

考察编号： LZJ-2019-052（原编号"棠悦小区二期M54：1"）

特征描述： 连峰钮，半圆形钮孔。钮外双凸弦纹圈带内侧对称分布四组指甲纹和弧线纹。圈带外侧饰一周十六内向连弧纹带。连弧纹带外侧两周单线斜向栉齿纹带间为主纹区。四枚圆台座乳丁将主纹区均匀分为四区，每区饰曲线连接的四枚小乳丁组成的星云纹。十六内向连弧纹缘。镜面覆有红、绿色锈。镜背有少量绿色锈。银白色材质。圈带、乳丁、外区经过研磨。自钮向外残存放射状八分镜背分割线痕迹（图1-185）。

尺寸与重量： 面径10.4、缘厚0.4、钮径1.5、钮高0.7厘米，镜面弧度0.1厘米。重185克。

收藏机构： 淄博市临淄区齐文化发展研究中心

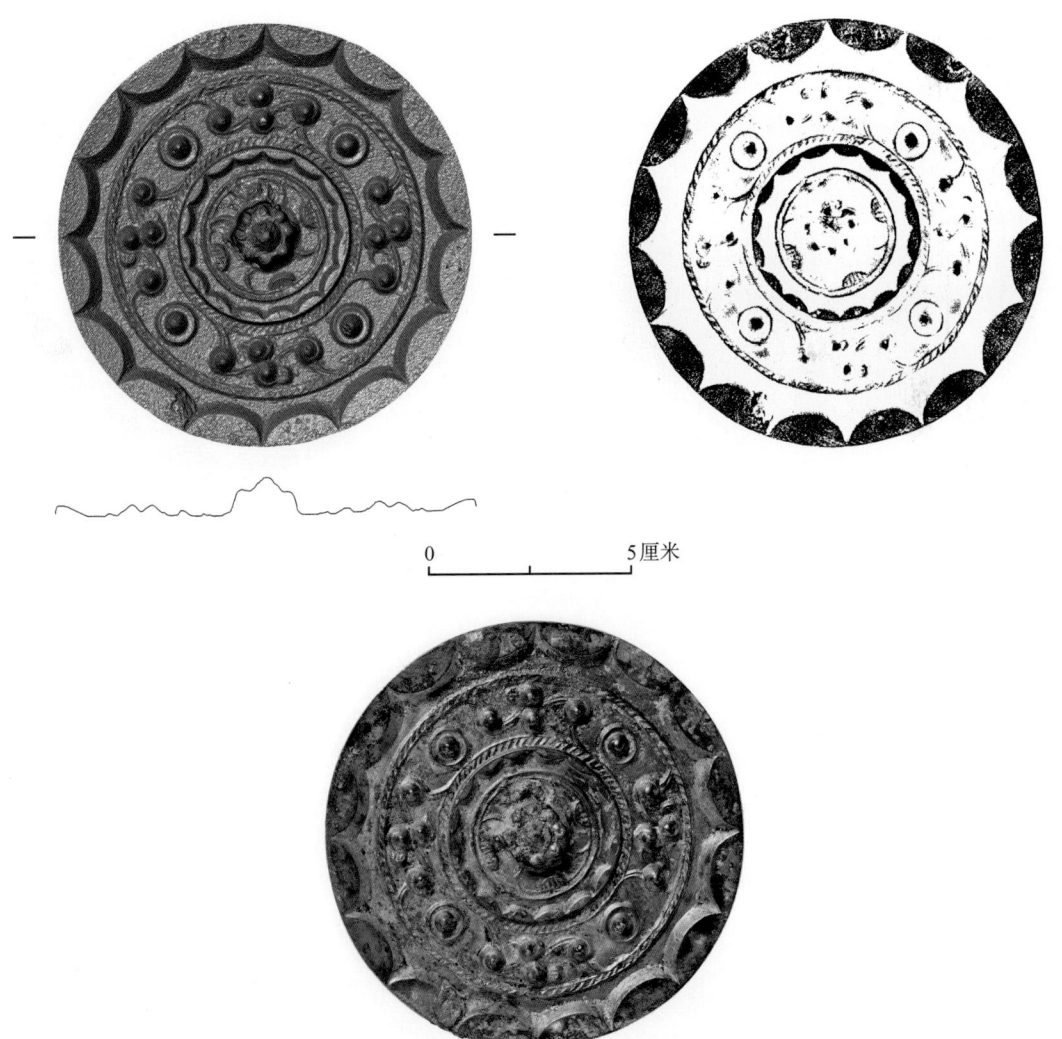

图1-185　四乳星云纹镜（LZJ-2019-052）三维模型、拓本与照片

（十三）四乳星云纹镜

考察编号：LZJ-2019-053（原编号"馨香园M51：1"）

特征描述：连峰钮，半圆形钮孔。钮外双凸弦纹圈带内侧对称分布四组指甲纹、弧线纹和乳丁，乳丁和钮座间有短线连接。凸弦纹圈带外侧饰十六内向连弧纹带。连弧纹带外侧一周单凸弦纹圈带与缘内侧一周单线斜向栉齿纹带间为主纹区。四枚联珠座乳丁将主纹区均匀分为四区，每区饰曲线连接的八枚小乳丁组成的星云纹。十六内向连弧纹缘，缘边稍斜。镜面局部有红、绿色锈，镜背光洁。银白色材质。外区经过研磨。一侧钮孔有凹陷或不清晰，似为浇口所在。表面有凹凸线痕迹（图1-186；图版6-2）。

尺寸与重量：面径15.3、缘厚0.5、钮径2.1、钮高1.2厘米，镜面弧度0.2厘米。重459克。

收藏机构：淄博市临淄区齐文化发展研究中心

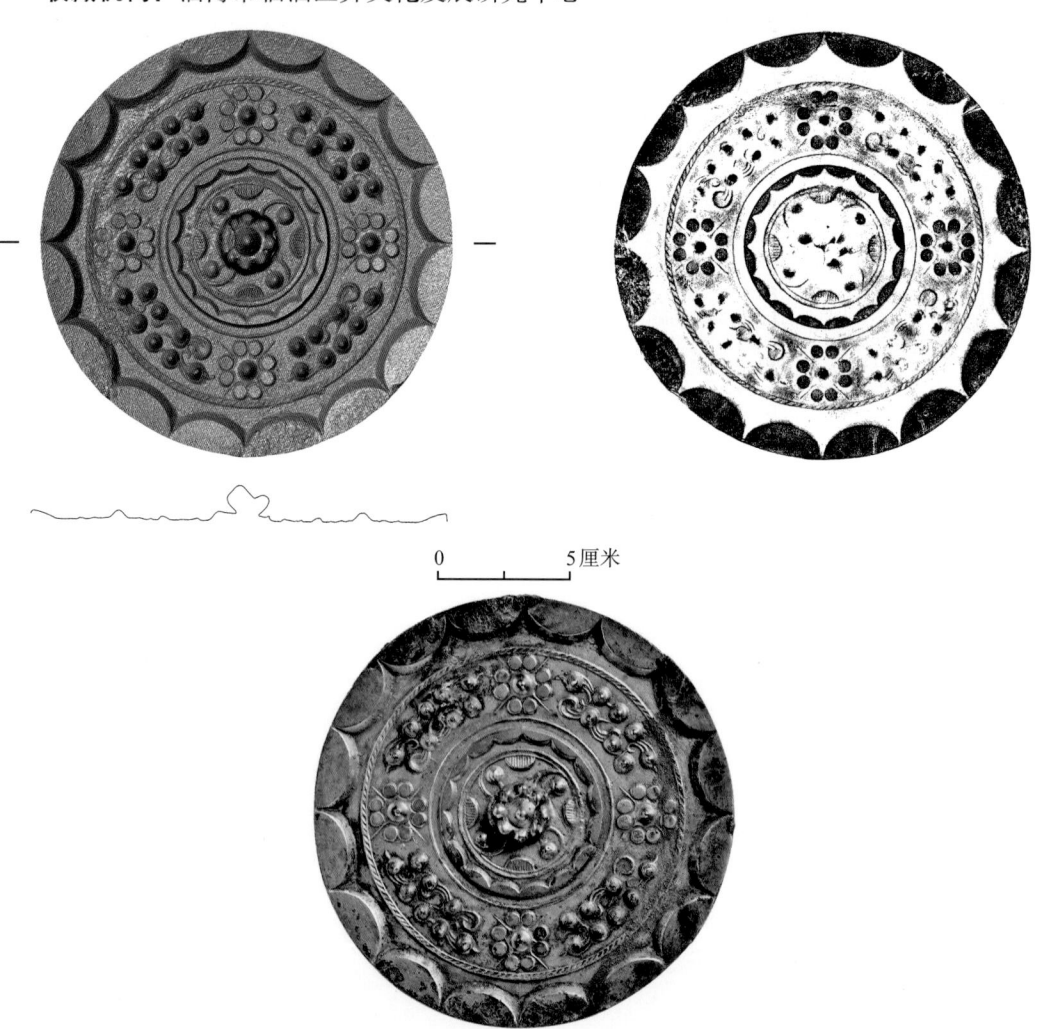

0　　　　5厘米

图1-186　四乳星云纹镜（LZJ-2019-053）三维模型、拓本与照片

（十四）四乳星云纹镜

考察编号： LZJ-2019-054（原编号"淄江花园方正2009M427：1"）

特征描述： 连峰钮，半圆形钮孔。钮外一周双凸弦纹圈带内侧对称分布四组指甲纹、双弧线纹和小乳丁。凸弦纹圈带外侧饰一周十六内向连弧纹带。连弧纹带外侧两周单线斜向栉齿纹带间为主纹区。四枚联珠座乳丁将主纹区均匀分为四区，每区饰曲线连接的八枚小乳丁组成的星云纹。十六内向连弧纹缘，缘边稍斜。锈迹较多，镜背有少量蓝、红、绿色锈。镜面覆绿色锈和少量黄色锈。银白色材质（图1-187）。

尺寸与重量： 面径15.7、缘厚0.6、钮径2.1、钮高1.1厘米，镜面弧度0.1厘米。重440克。

收藏机构： 淄博市临淄区齐文化发展研究中心

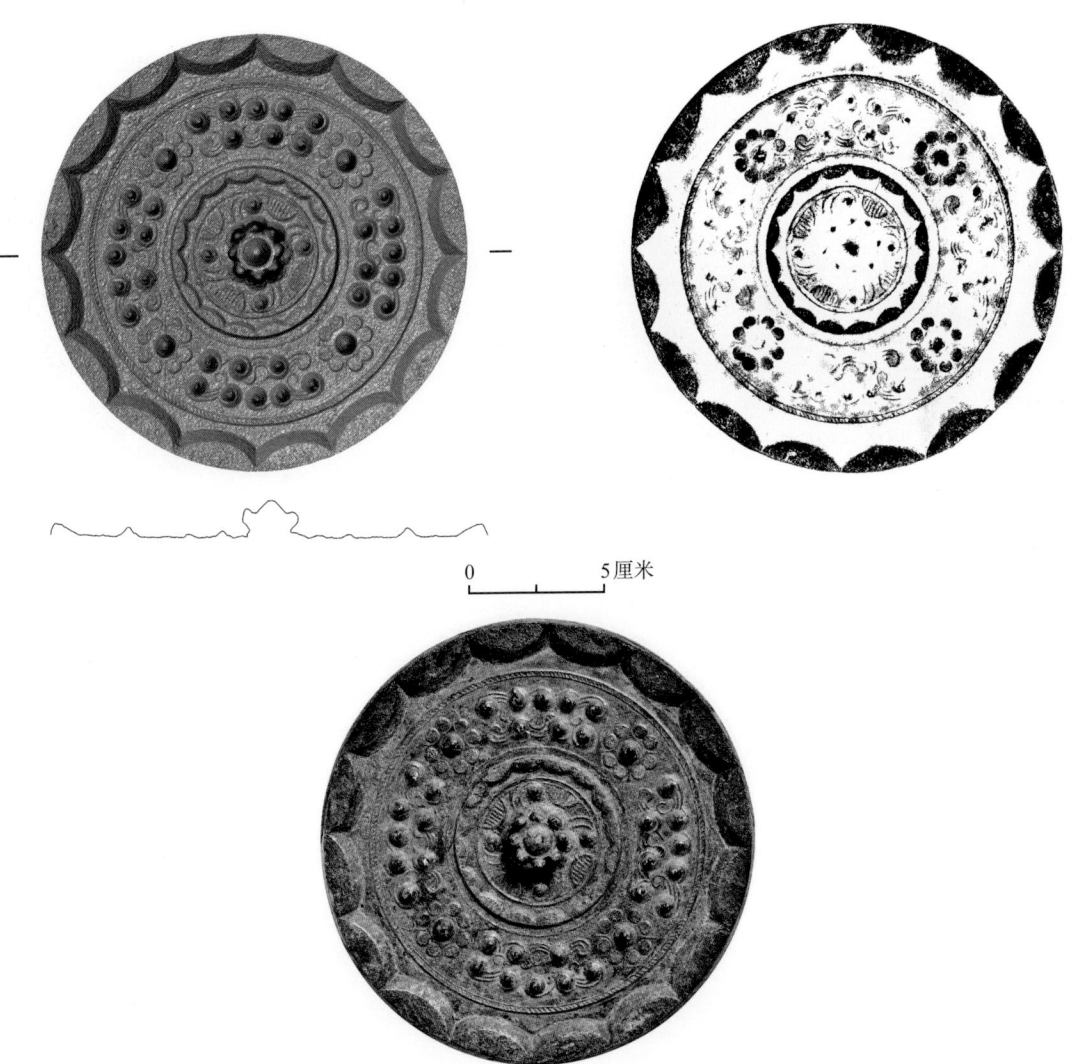

0　　　　　5厘米

图1-187　四乳星云纹镜（LZJ-2019-054）三维模型、拓本与照片

（十五）四乳星云纹镜

考察编号： LZJ-2019-055（原编号"金鼎绿城二期M379出土镜"）

特征描述： 连峰钮，半圆形钮孔。钮外三重凸弦纹圈带内侧对称分布四组弧线纹。凸弦纹圈带外侧饰十六内向连弧纹带。连弧纹带与缘内侧单线斜向栉齿纹带间为主纹区。四枚联珠座乳丁将主纹区均匀分为四区，每区饰曲线连接的九枚小乳丁组成的星云纹。十六内向连弧纹缘，缘边稍斜。锈迹较多，镜面覆绿色锈并残存织物痕迹。镜背有红、绿色锈（图1-188）。

尺寸与重量： 面径17.1、缘厚0.7、钮径1.8、钮高1.3厘米，镜面弧度0.4厘米。重558克。

收藏机构： 淄博市临淄区齐文化发展研究中心

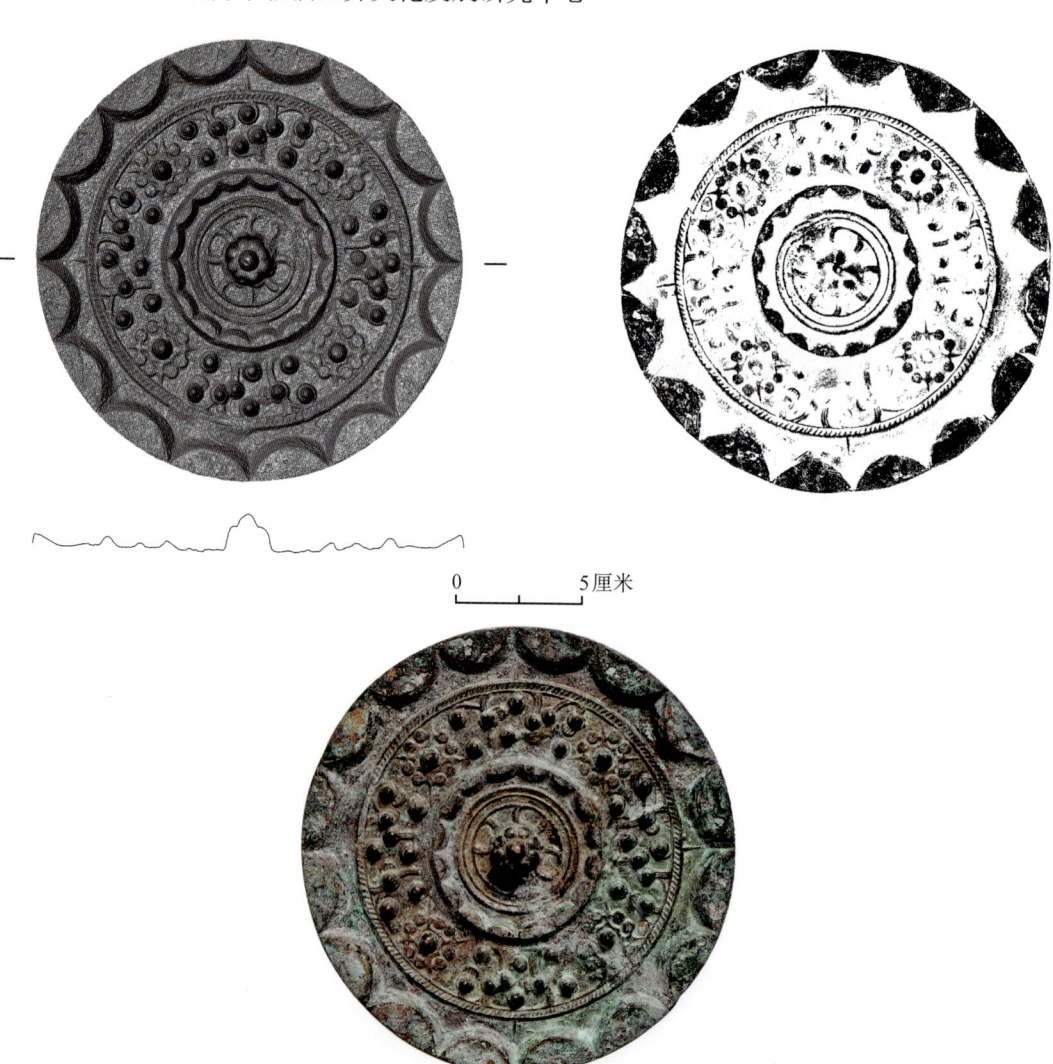

0 　　　5厘米

图1-188　四乳星云纹镜（LZJ-2019-055）三维模型、拓本与照片

（十六）四乳星云纹镜

考察编号： LZJ-2019-056（原编号"棠悦小区 M1067：1"）

特征描述： 连峰钮，半圆形钮孔。钮外一周凸弦纹圈带内侧对称分布四枚乳丁。乳丁间饰指甲纹和弧线纹，一组弧线纹缺失，一组指甲纹不清晰。凸弦纹圈带外侧饰一周十六内向连弧纹带。连弧纹带外侧两周单线斜向栉齿纹带间为主纹区。四枚联珠座乳丁将主纹区均匀分为四区，每区饰曲线连接的七枚小乳丁组成的星云纹。十六内向连弧纹缘。锈迹较多，镜背缘部有绿色锈，镜面大部分覆绿色锈。银白色材质。圈带、乳丁周围的联珠纹、外区经过研磨。小乳丁间有较多铸伤痕迹。表面有较明显的凸线痕迹，仅有微量凹线痕迹（图1-189）。

尺寸与重量： 面径15.5、缘厚0.6、钮径2.0、钮高0.8厘米，镜面弧度0.1厘米。重498克。

收藏机构： 淄博市临淄区齐文化发展研究中心

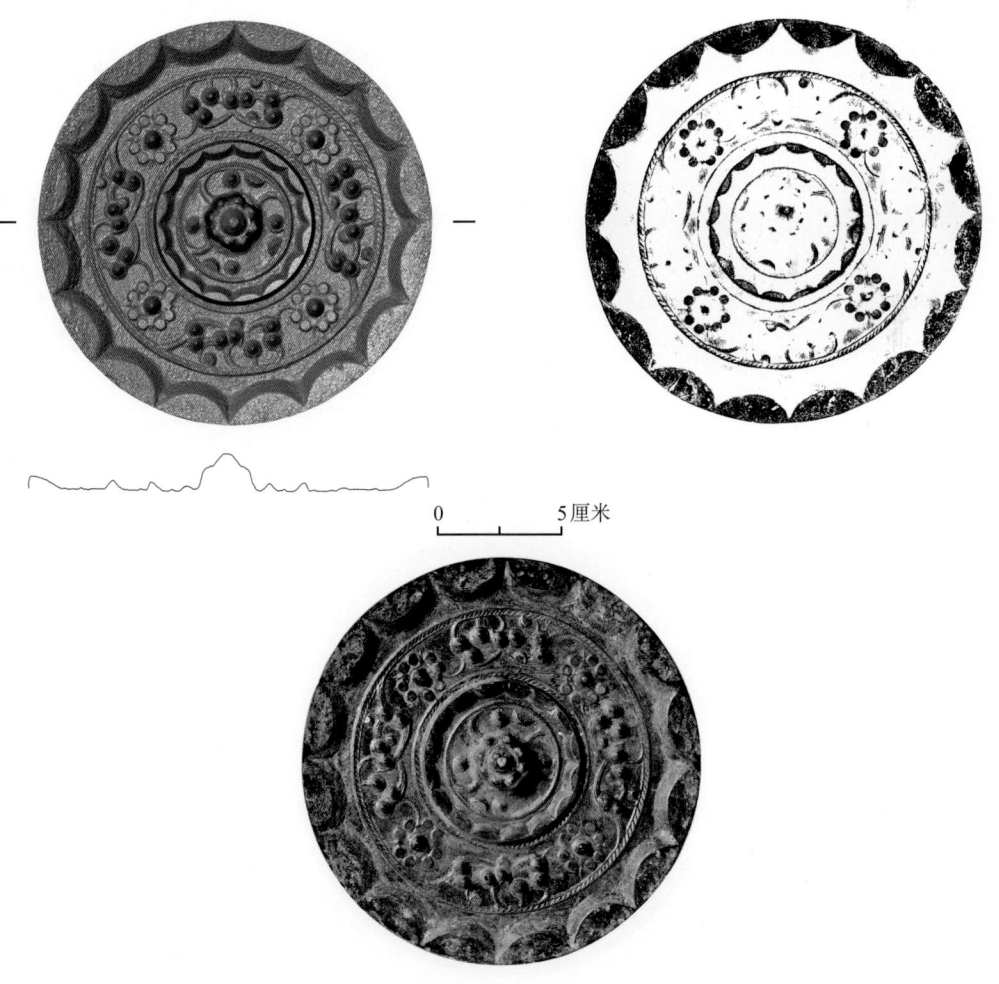

0   5厘米

图1-189 四乳星云纹镜（LZJ-2019-056）三维模型、拓本与照片

（十七）四乳星云纹镜

考察编号： LZJ-2019-057（原编号"淄江花园D组团M49：1"）

特征描述： 连峰钮，半圆形钮孔。钮外一周单凸弦纹圈带内侧对称分布四组指甲纹和短弧线纹。凸弦纹圈带外侧饰一周十六内向连弧纹带。连弧纹带外侧凸弦纹圈带与缘内侧一周凸弦纹圈带间为主纹区。四枚联珠座乳丁将主纹区均匀分为四区，每区饰曲线连接的七枚小乳丁组成的星云纹。十六内向连弧纹缘。镜面大部分覆绿色锈，镜背缘部可见绿色锈。银白色材质。外区经过研磨。一侧钮孔有凹陷或不清晰，似为浇口所在（图1-190）。

尺寸与重量： 面径12.7、缘厚0.5、钮径1.8、钮高1.0厘米，镜面弧度0.05厘米。重301克。

收藏机构： 淄博市临淄区齐文化发展研究中心

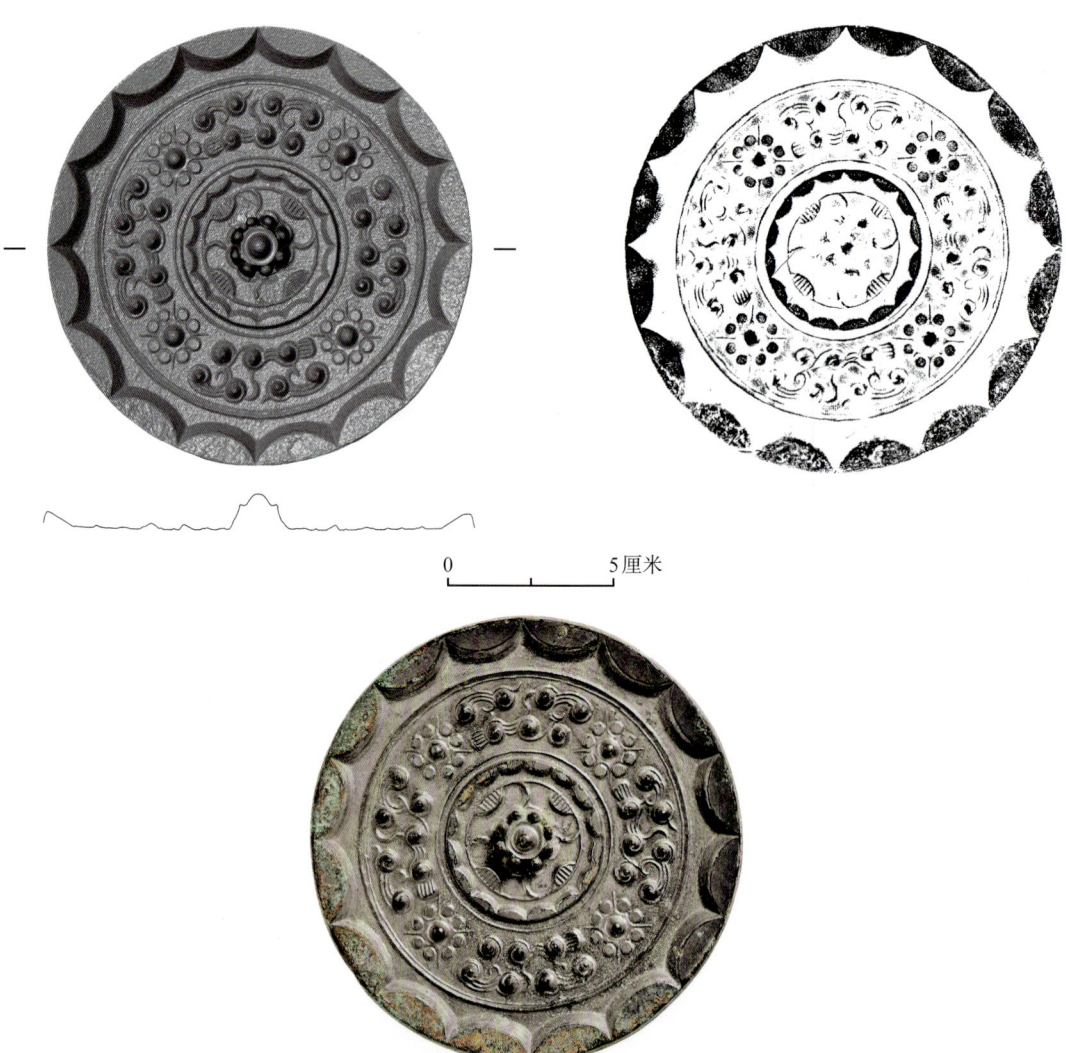

图1-190　四乳星云纹镜（LZJ-2019-057）三维模型、拓本与照片

（十八）四乳星云纹镜

考察编号： LZJ-2019-058（原编号"淄江花园方正2009M277出土镜"）

特征描述： 连峰钮，半圆形钮孔。钮外一周双凸弦纹圈带内侧对称分布四组指甲纹和短弧线纹。凸弦纹圈带外侧一周十六内向连弧纹带。连弧纹带外侧两周单线斜向栉齿纹带间为主纹区。四枚圆台座乳丁将主纹区均匀分为四区，每区饰曲线连接的五枚小乳丁组成的星云纹。十六内向连弧纹缘。镜面有红、绿色锈，镜背有绿、蓝色锈。银白色材质。圈带、乳丁、外区经过研磨。表面仅有微量凹线痕迹。一侧钮孔附近有凹陷或不清晰，似为浇口所在（图1-191）。

尺寸与重量： 面径11.1、缘厚0.5、钮径1.7、钮高1.0厘米，镜面弧度0.1厘米。重224克。

收藏机构： 淄博市临淄区齐文化发展研究中心

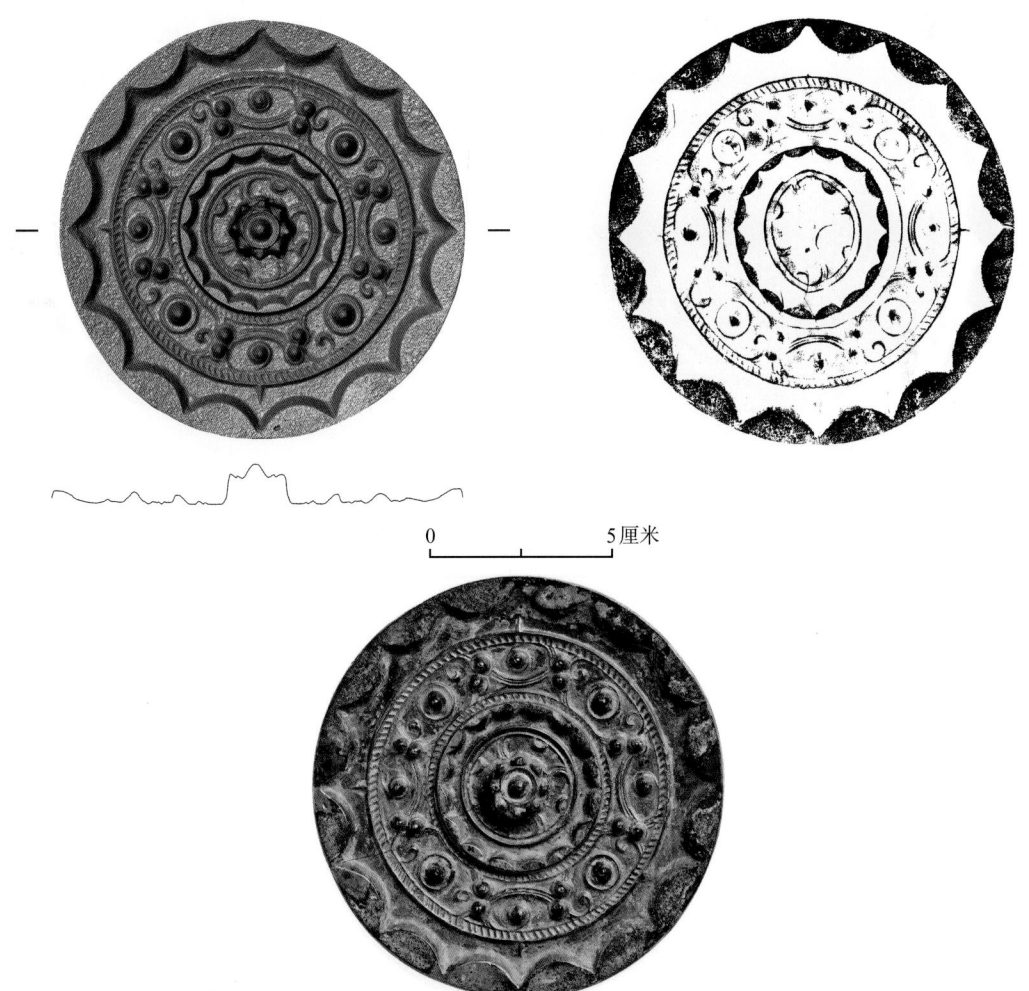

0　　　　　　5厘米

图1-191　四乳星云纹镜（LZJ-2019-058）三维模型、拓本与照片

（二十一）简化星云纹镜

考察编号： LZJ-2019-121（原编号"康平里车场M23：1"）

特征描述： 连峰钮，半圆形钮孔。钮外饰四组对称指甲纹和辐射状弧线纹。主纹区外有两重凸线纹，内侧凸线较细，外侧凸线较粗。十六内向连弧纹缘，缘部稍斜。镜面、镜背大部分覆有绿色锈。银白色材质。钮座、圈带、外区经过研磨。表面仅有微量凹线痕迹。该镜主纹区实际为星云纹镜的钮座部位（图1-194）。

尺寸与重量： 面径6.4、缘厚0.5、钮径1.7、钮高1.3厘米，镜面弧度0.05厘米。重108克。

收藏机构： 淄博市临淄区齐文化发展研究中心

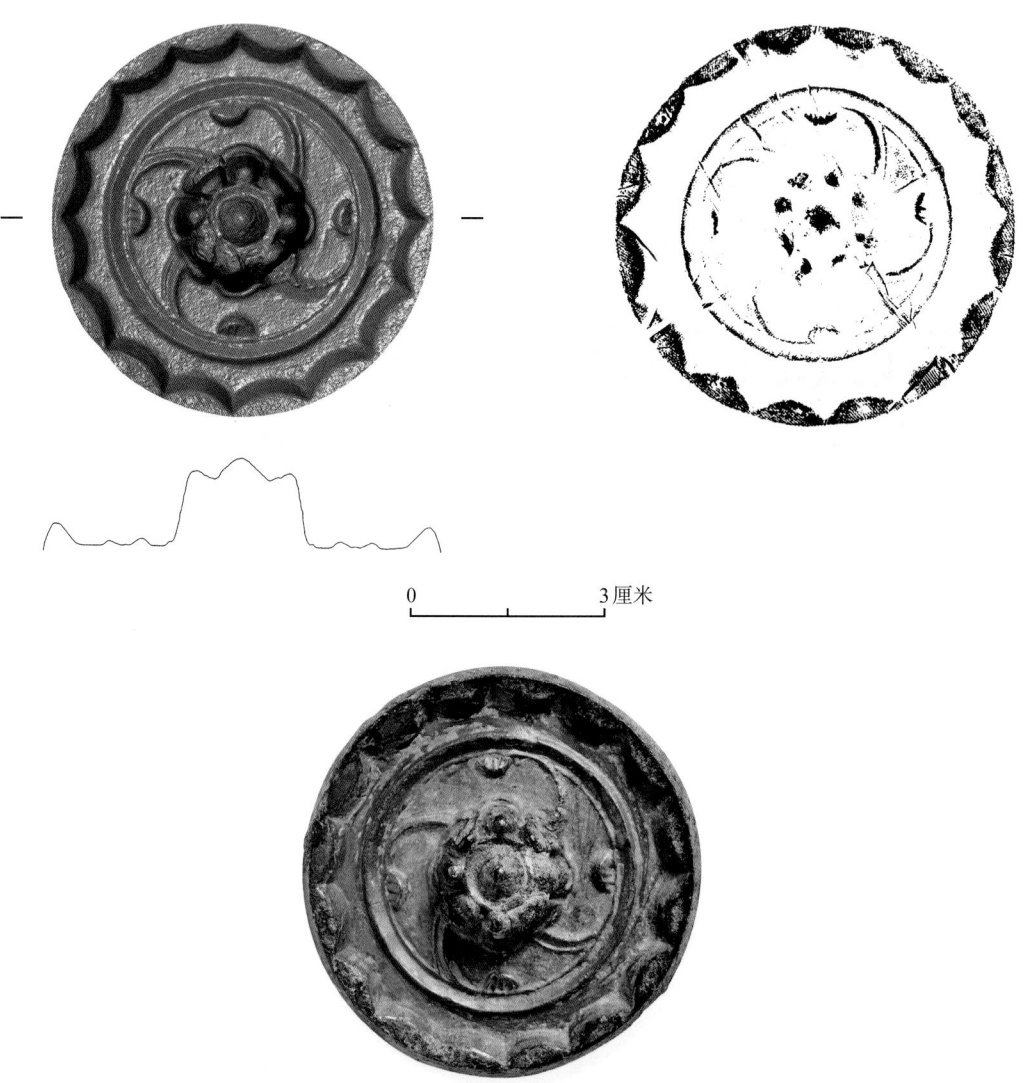

图1-194　简化星云纹镜（LZJ-2019-121）三维模型、拓本与照片

（二十二）四乳星云纹镜

考察编号： LZJ-2019-352（原编号"棕榈城M278出土镜"）

特征描述： 伏兽形钮，半圆形钮孔，圆台钮座。钮座外一周凸绳索纹圈带和十六内向连弧纹带。连弧纹带与缘内侧凸绳索纹带之间为主纹区。对称分布的四枚圆台座乳丁将主纹区均匀分为四区，每区饰有一组星云纹。十六内向连弧纹缘，缘边稍斜。镜面覆有绿色锈。镜背银白色，局部有少量绿色锈。银白色材质。外区、四乳、内区连弧纹、钮座经过研磨。外区连弧纹侧面及凸绳索圈带与星云纹间有砂崩现象。朝向兽钮的左侧钮孔有凹陷或不清晰，似为浇口方向。由于砂崩现象较多，可能存在同范镜。镜体有凹下的铸造毛刺（图1-195）。

尺寸与重量： 面径14.3、缘厚0.6、钮径2.1、钮高0.9厘米，镜面弧度0.1厘米。重444克。

收藏机构： 淄博市临淄区齐文化发展研究中心

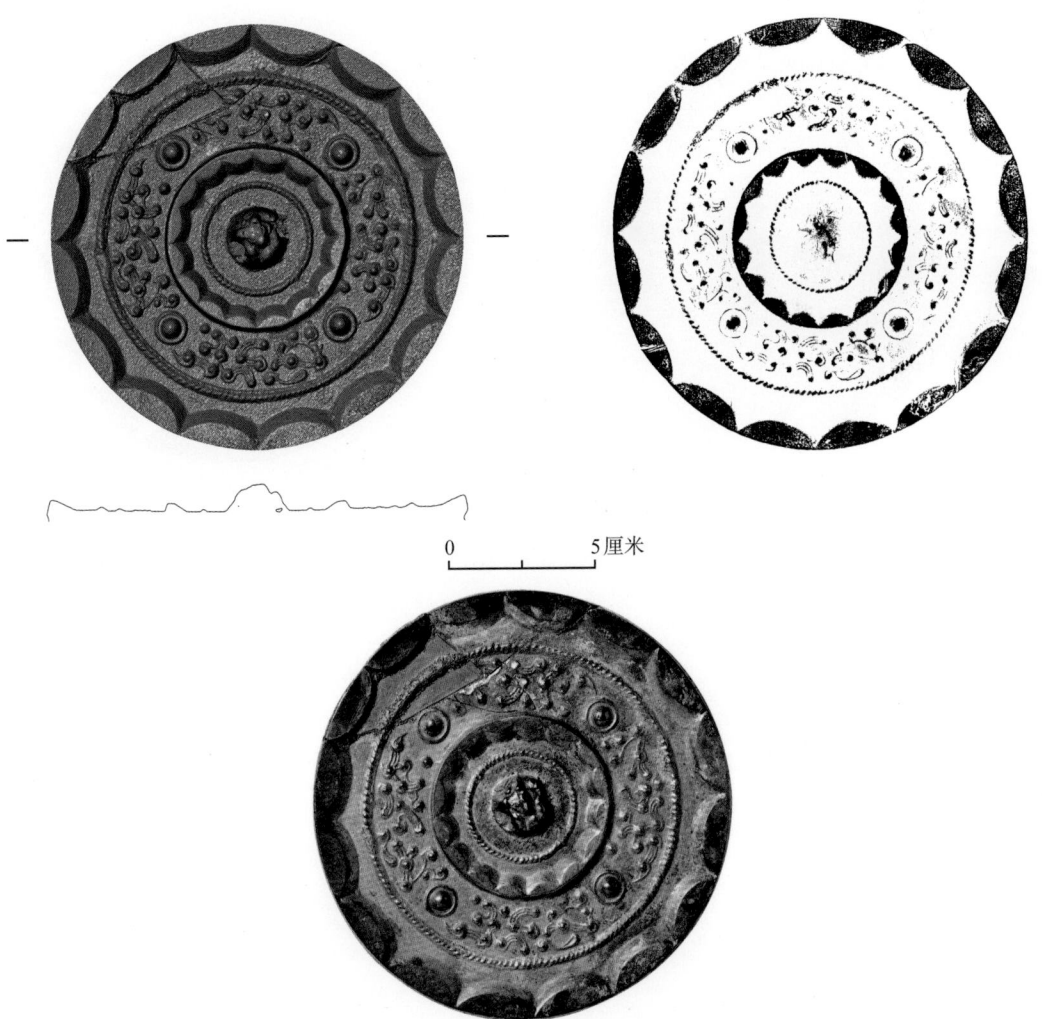

图1-195　四乳星云纹镜（LZJ-2019-352）三维模型、拓本与照片

（二十三）四乳星云纹镜

考察编号： LZJ-2019-361（原编号"淄江花园J组团M40出土镜"）

特征描述： 连峰钮，半圆形钮孔。钮外一周凸弦纹圈带内侧对称分布四组指甲纹和单弧线纹。凸弦纹圈带外侧饰一周十六内向连弧纹带。连弧纹带外侧两周单线斜栉齿纹带间为主纹区。四枚圆台座乳丁将主纹区均匀分为四区，每区饰有一组星云纹。十六内向连弧纹缘，缘边稍斜。镜背、镜面有褐、绿色锈。银白色材质。外区、四乳、内区连弧纹、钮座经过研磨。内区连弧纹有较大的凹陷或不清晰，似为浇口方向。镜体有凹凸不平的铸造毛刺。镜范砂崩现象较多，可能存在同范镜（图1-196）。

尺寸与重量： 面径10.5、缘厚0.5、钮径1.6、钮高0.8厘米，镜面弧度0.1厘米。重186克。

收藏机构： 淄博市临淄区齐文化发展研究中心

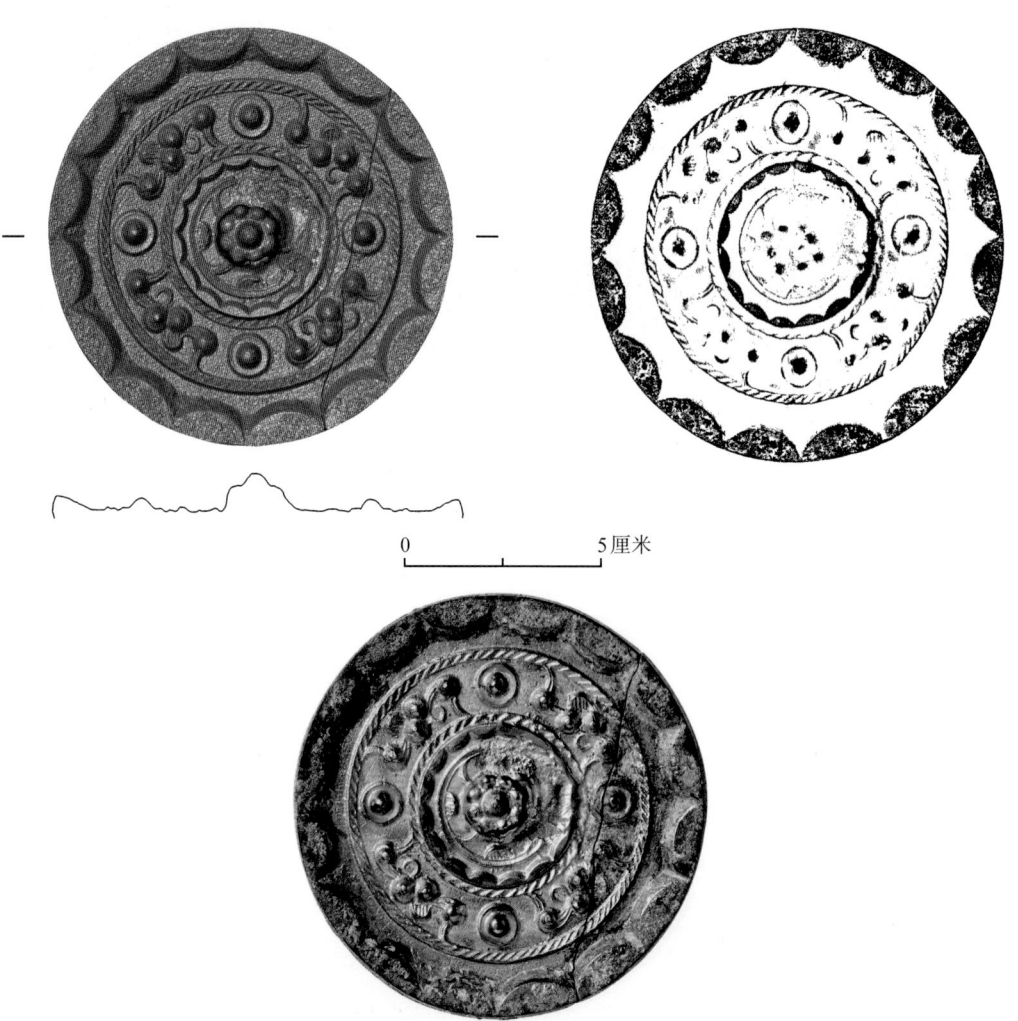

图1-196　四乳星云纹镜（LZJ-2019-361）三维模型、拓本与照片

（二十四）四乳星云纹镜

考察编号：LZJ-2019-371（原编号"金鼎绿城三期M621出土镜"）

特征描述：连峰钮，半圆形钮孔。钮外一周凸弦纹圈带与缘内侧单线斜向栉齿纹带间为主纹区。对称分布的四枚圆台座乳丁将主纹区均匀分为四区。每区饰有五枚小乳丁和弧线纹组成的星云纹。十六内向连弧纹缘，缘边稍斜。镜面、镜背覆有少量绿色锈。银白色材质。外区、四乳、钮座经过研磨。镜背有放射状八分分割线、星云纹乳丁设计线。连弧纹间有圆形镜背分割线。一侧钮孔有凹陷或不清晰，另一侧多见气孔。连弧纹根部镜范砂崩现象较多，可能存在同范镜（图1-197）。

尺寸与重量：面径7.1、缘厚0.3、钮径1.5、钮高0.6厘米，镜面弧度0.06厘米。重70克。

收藏机构：淄博市临淄区齐文化发展研究中心

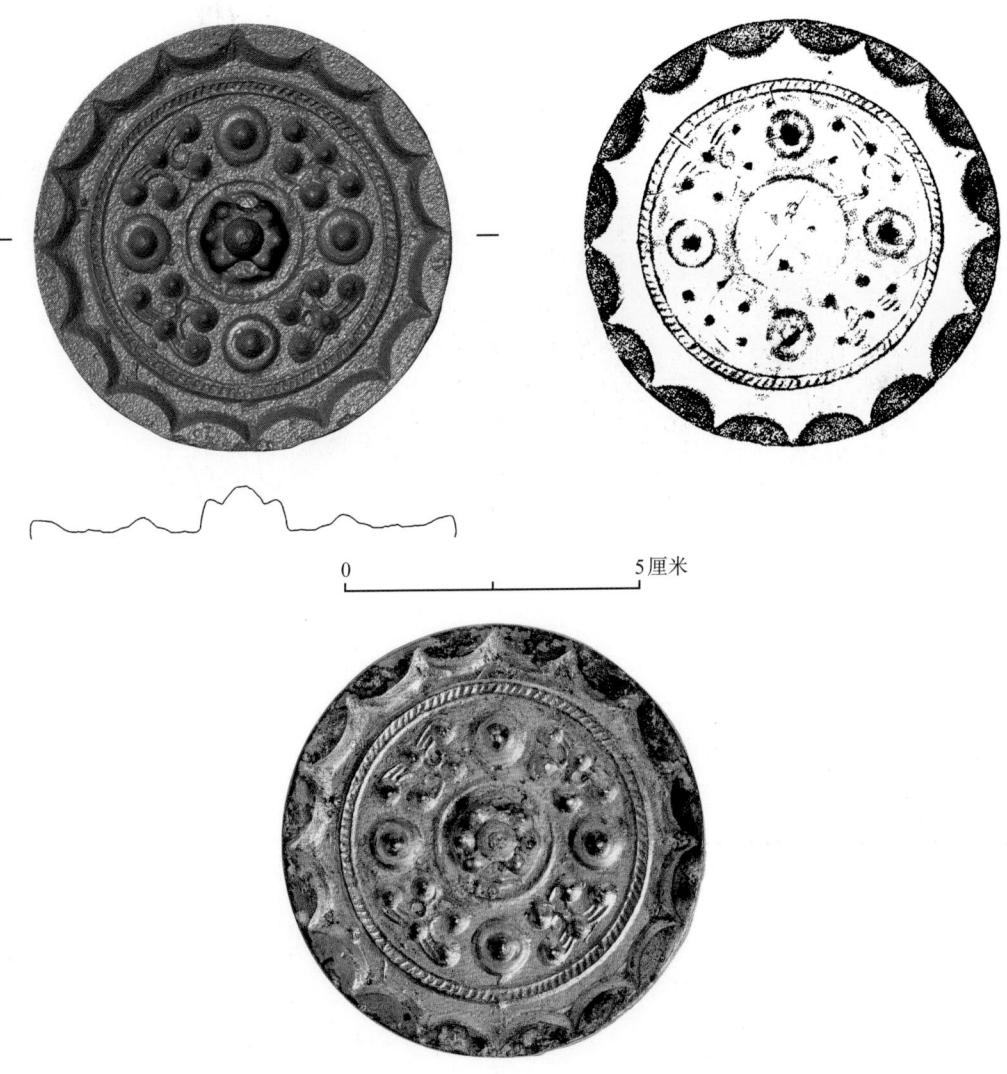

图1-197 四乳星云纹镜（LZJ-2019-371）三维模型、拓本与照片

十、圈带铭文镜

（一）昭明单圈铭带镜

考察编号： LZJ-2019-008（原编号"峰尚国际M288：1"）

特征描述： 半球形钮，半圆形钮孔，联珠钮座。钮座外一周宽凸弦纹圈带与外侧八内向连弧纹带间对称分布四组指甲纹和涡卷纹。连弧纹带外侧两周单线斜向栉齿纹带间为铭文圈带。铭文圈带填以右旋读"内清以昭明光象辉□日月心忽夫杨忠然雍塞夫不泄"二十二字铭文。宽素平缘，缘边稍斜。镜面满布红、绿色锈。镜背可见红、绿色锈。银白色材质。连弧纹带内侧残存镜背分割线（图1-198）。

尺寸与重量： 面径13.0、缘厚0.3、钮径1.3、钮高0.3厘米，镜面弧度0.2厘米。重308克。

收藏机构： 淄博市临淄区齐文化发展研究中心

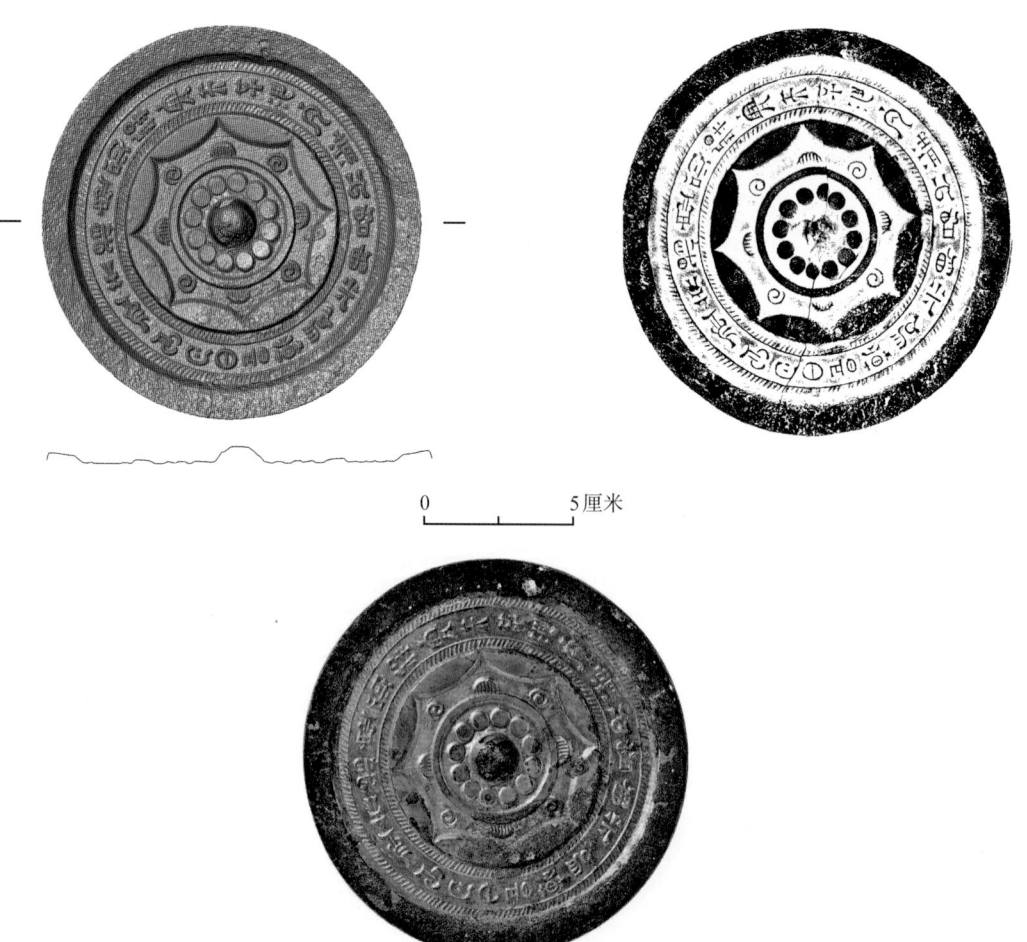

图1-198　昭明单圈铭带镜（LZJ-2019-008）三维模型、拓本与照片

（二）昭明单圈铭带镜

考察编号： LZJ-2019-018（原编号"永流小区M302：7"）

特征描述： 半球形钮，半圆形钮孔，柿蒂形钮座。钮座外依次为单线斜向栉齿纹带、宽凸圈带和八内向连弧纹带。外侧两周单线斜向栉齿纹带间为铭文圈带。铭文圈带填以右旋读小篆体"内青日以昭明光象夫日月以不泄"十四字铭文，字间用"而"符间隔。宽素平缘，缘边稍斜。镜背有绿色锈，镜面有少量绿色锈。镜体有裂纹。银白色材质。凸出部分全部经过研磨（图1-199）。

尺寸与重量： 面径14.2、缘厚0.6、钮径1.7、钮高0.7厘米，镜面弧度0.2厘米。重544克。

收藏机构： 淄博市临淄区齐文化发展研究中心

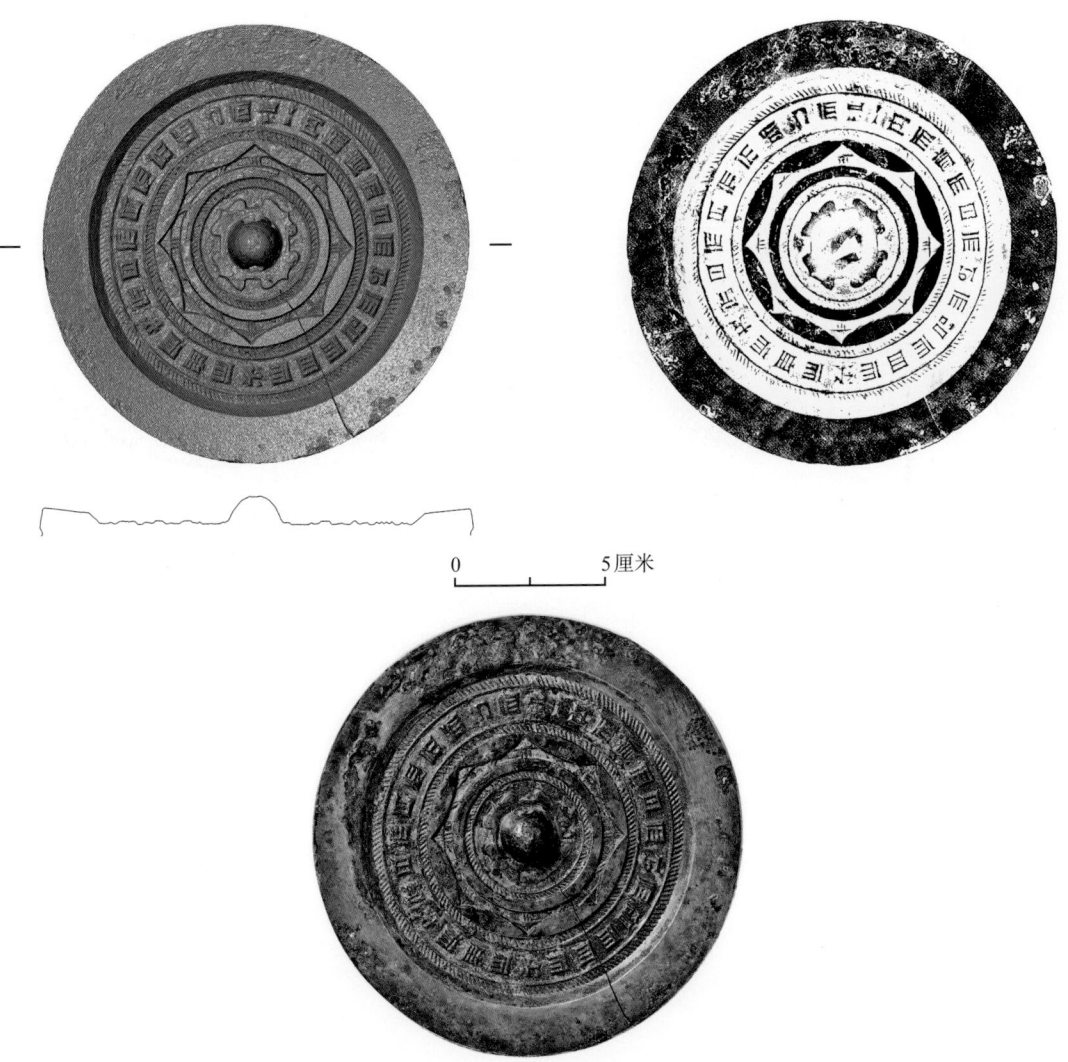

图1-199 昭明单圈铭带镜（LZJ-2019-018）三维模型、拓本与照片

（三）见日之光单圈铭带镜

考察编号： LZJ-2019-119（原编号"棠悦小区 M701：1"）

特征描述： 半球形钮，半圆形钮孔，联珠钮座。钮座与外侧单线栉齿纹带间对称分布四组三线线段纹和单线射线纹。栉齿纹带外侧一周宽凸弦纹圈带。凸弦纹圈带与外侧八内向连弧纹带之间对称分布四组圆圈弧线纹和花带纹。连弧纹带外侧两周单线栉齿纹带间为铭文圈带。铭文圈带填以右旋读小篆体"见日之光长毋相忘以为信光内清明昭□忘□"十九字铭文。匕形缘，缘边稍斜。镜面、镜背有较多红、绿色锈。银白色材质。钮座、圈带、花瓣纹、外区经过研磨。钮座一侧有凹陷或不清晰，似为浇口所在（图1-200）。

尺寸与重量： 面径9.7、缘厚0.6、钮径1.3、钮高0.4厘米，镜面弧度0.2厘米。重111克。

收藏机构： 淄博市临淄区齐文化发展研究中心

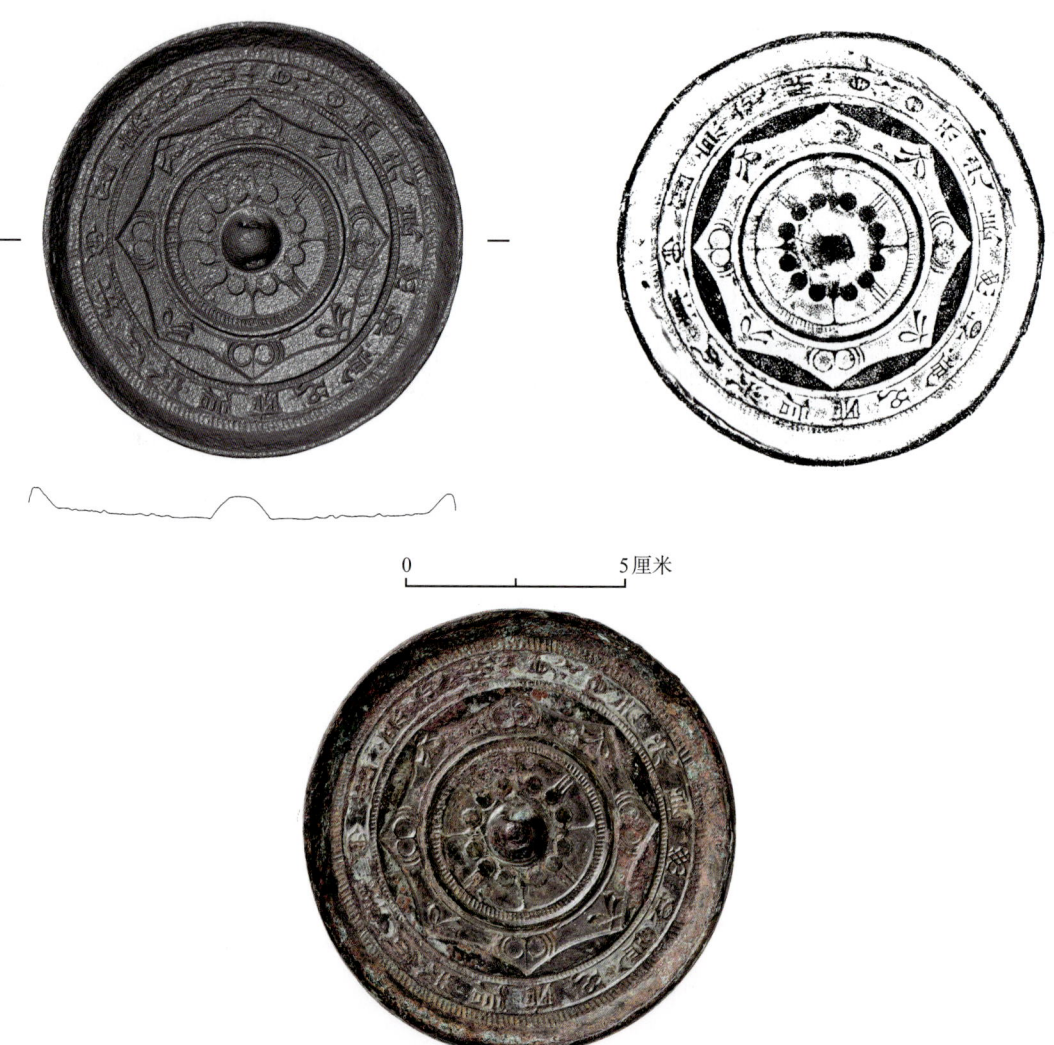

0　　　　　　　5厘米

图1-200　见日之光单圈铭带镜（LZJ-2019-119）三维模型、拓本与照片

（四）昭明单圈铭带镜

考察编号： LZJ-2019-160（原编号"棠悦小区 M1047：1"）

特征描述： 半球形钮，半圆形钮孔，联珠钮座。钮座外饰一周单线斜向栉齿纹带，栉齿纹带外侧弦纹较粗。栉齿纹带外侧对称分布四组指甲纹等纹饰。八内向连弧纹带外侧两周单线斜向栉齿纹带间为铭文圈带。铭文圈带填以右旋读小篆体"日月心忽夫毋之忠行长□毋勿相忘"十五字铭文。窄素缘，缘边稍斜。锈迹较多，镜背有红、蓝、绿色锈，镜面覆一层绿色锈和少量蓝色锈（图 1-201）。

尺寸与重量： 面径15.6、缘厚0.6、钮径1.9、钮高0.9厘米，镜面弧度0.2厘米。重434克。

收藏机构： 淄博市临淄区齐文化发展研究中心

图1-201　昭明单圈铭带镜（LZJ-2019-160）三维模型、拓本与照片

（五）昭明重圈铭带镜

考察编号： LZJ-2019-164（原编号"泰东城北区 M208：1"）

特征描述： 钮残，形制不明，联珠钮座。钮座外对称分布四组外向 Y 形纹，将联珠均匀分为四组。外侧两周宽凸弦纹圈带和单线斜向栉齿纹带间为内圈铭文圈带。铭文圈带填以右旋读"日月心忽夫杨忠然雍塞泄内清以昭"十五字铭文。铭文起始点与结束点间有三枚并排小乳丁间隔。缘内侧两周单线斜向栉齿纹带间为外圈铭文圈带。铭文圈带填以右旋读"日月心忽夫杨忠然雍塞泄内清以昭明光象忽□不质"二十二字铭文，铭文起始点与结束点间有一枚小乳丁间隔。宽素平缘，缘边稍斜。锈迹较多，镜面、镜背覆有红、蓝、绿色锈。镜面残存织物痕迹。圈带、外区经过研磨（图 1-202）。

尺寸与重量： 面径 15.2、缘厚 0.5、钮径 1.8 厘米，钮残，镜面弧度 0.2 厘米。重 436 克。

收藏机构： 淄博市临淄区齐文化发展研究中心

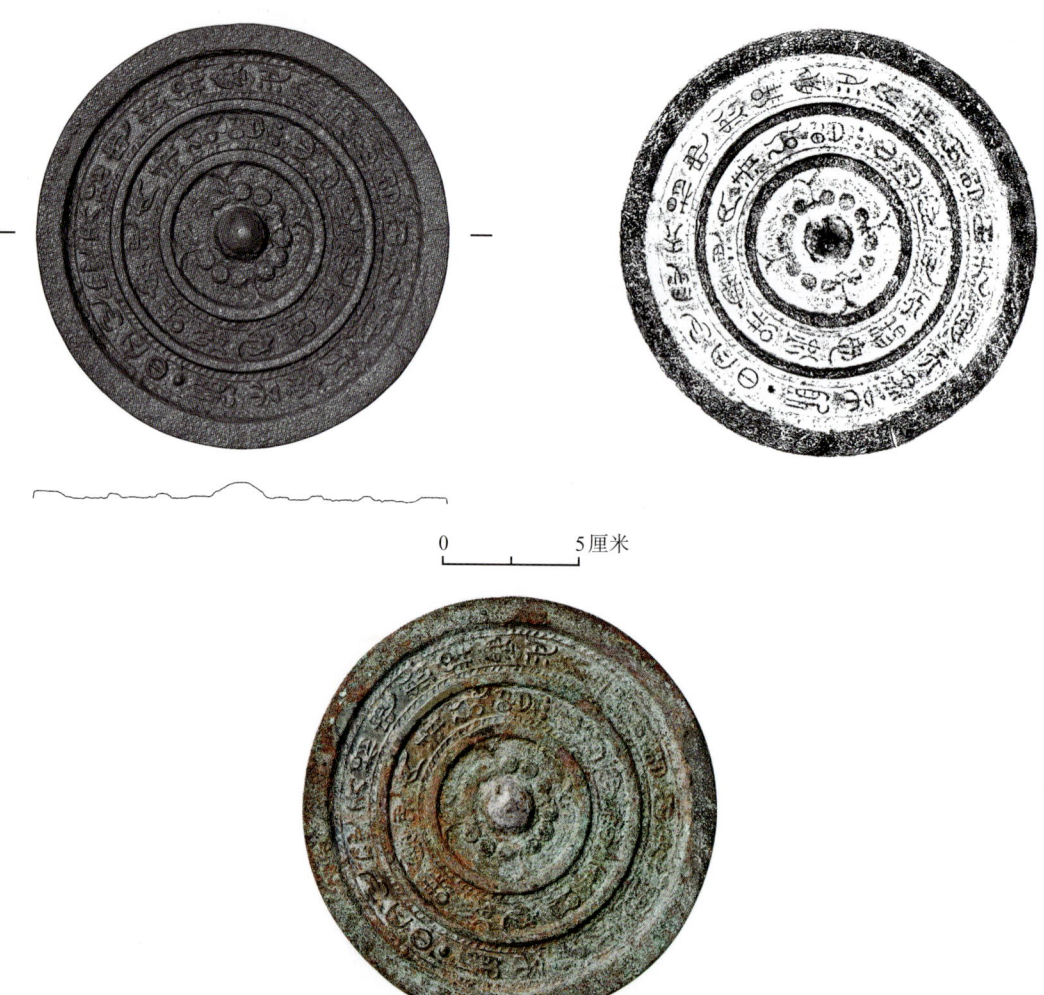

图 1-202　昭明重圈铭带镜（LZJ-2019-164）三维模型、拓本与照片

（六）昭明单圈铭带镜

考察编号： LZJ-2019-165（原编号"淄江蓝溪 M280：1"）

特征描述： 半球形钮，圆圈钮座。钮座与外侧宽凸弦纹圈带间对称分布四组三线短线段纹。凸弦纹圈带与圈带外侧八内向连弧纹带间对称分布四组单线线段纹和指甲纹。缘内侧两周单线斜向栉齿纹带间为铭文圈带。铭文圈带填以右旋读小篆体"日月心忽而愿忠然拥塞不泄内清质以昭明光"十九字铭文。铭文起始点与结束点间有一枚小乳丁间隔。宽素平缘，缘边稍斜。锈迹较多，镜面有红、绿色锈。镜背有褐、蓝、绿色锈。圈带、外区经过研磨（图1-203）。

尺寸与重量： 面径12.3、缘厚0.5厘米，钮残，镜面弧度0.1厘米。重261克。

收藏机构： 淄博市临淄区齐文化发展研究中心

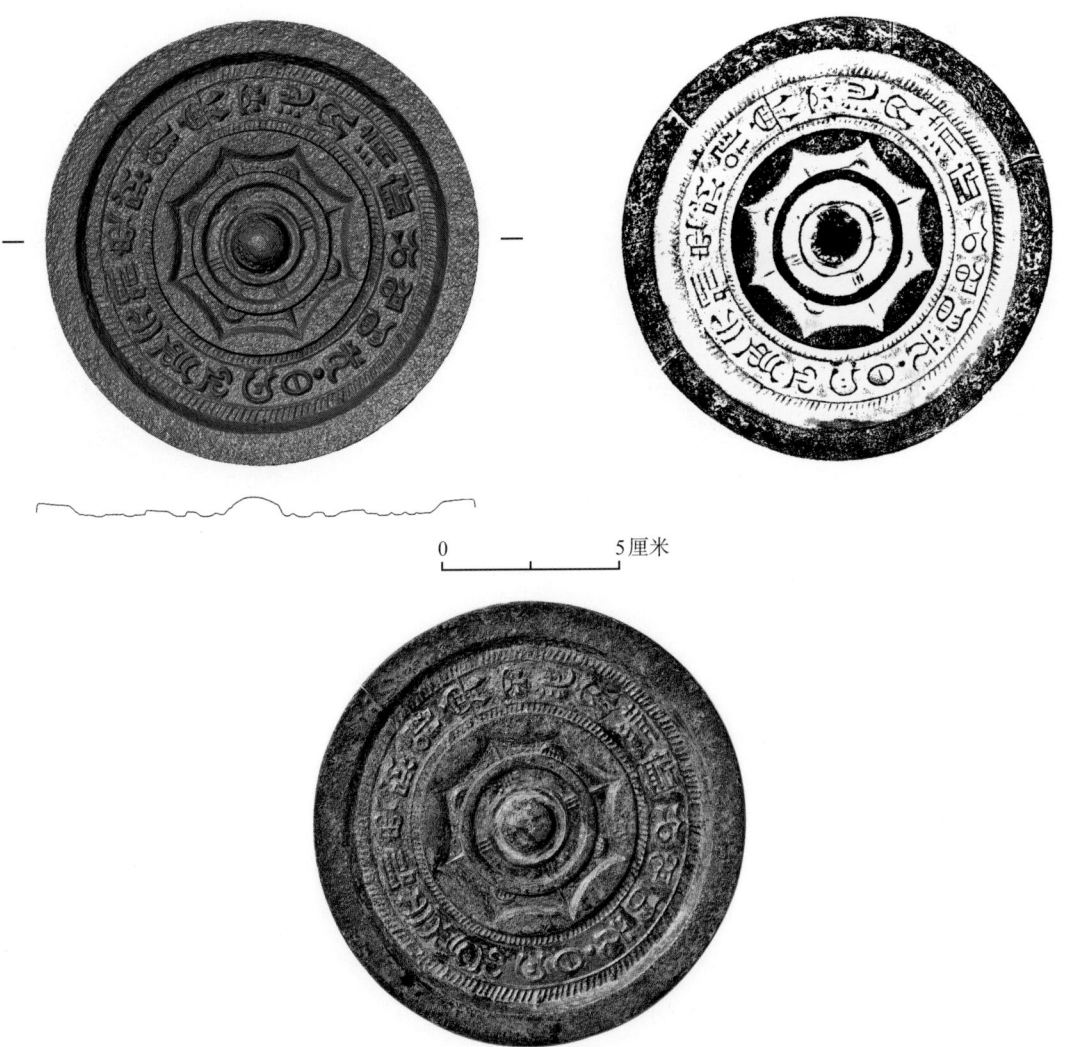

图1-203　昭明单圈铭带镜（LZJ-2019-165）三维模型、拓本与照片

（七）昭明单圈铭带镜

考察编号： LZJ-2019-166（原编号"淄江花园J组团M377：1"）

特征描述： 半球形钮，半圆形钮孔，联珠钮座。四条短直线将十二联珠均匀分为四组。钮座外一周宽凸弦纹圈带与圈带外侧八内向连弧纹带之间对称饰四组涡卷纹和指甲纹。连弧纹带外侧两圈单线斜向栉齿纹带间为铭文圈带。铭文圈带填以右旋读小篆体"内清以昭明光象辉夫口口日月心忽夫愿扬忠然拥塞夫不泄"二十五字铭文。宽素平缘，缘边稍斜。银白色材质。整体经过研磨。钮座有铸伤痕迹。以铭文带为中心有凹线痕迹。镜面残留纤维痕迹（图1-204）。

尺寸与重量： 面径15.2、缘厚0.6、钮径2.0、钮高0.6厘米，镜面弧度0.1厘米。重430克。

收藏机构： 淄博市临淄区齐文化发展研究中心

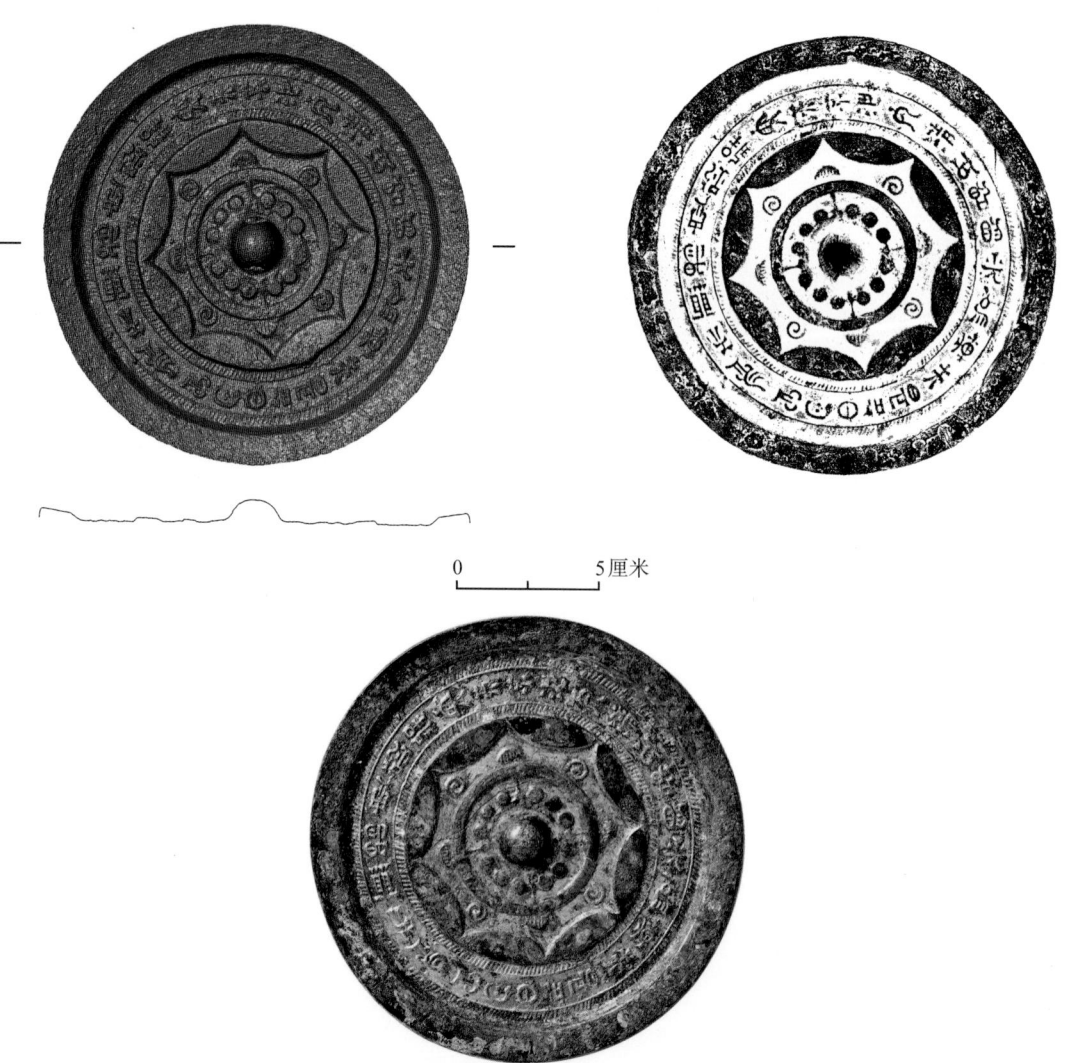

图1-204   昭明单圈铭带镜（LZJ-2019-166）三维模型、拓本与照片

（八）昭明单圈铭带镜

考察编号： LZJ-2019-167（原编号"淄江中学M286出土镜"）

特征描述： 半球形钮，半圆形钮孔，联珠钮座。四条短直线将十二联珠均匀分为四组。钮座外一周宽凸弦纹圈带与八内向连弧纹带之间对称分布四组涡卷纹和指甲纹。连弧纹带外侧两周单线斜向栉齿纹带间为铭文圈带。铭文圈带填以右旋读小篆体"内清以昭明光质光辉象夫日月心忽夫愿杨忠然拥塞夫不泄"二十五字铭文。宽素平缘，缘边稍斜。锈迹较多，镜面覆一层绿色锈，镜背有绿色锈和少量红色锈。银白色材质。钮座、圈带、连弧纹带、外区经过研磨。有微量凹线痕迹（图1-205）。

尺寸与重量： 面径15.0、缘厚0.5、钮径1.7、钮高1.2厘米，镜面弧度0.2厘米。重385克。

收藏机构： 淄博市临淄区齐文化发展研究中心

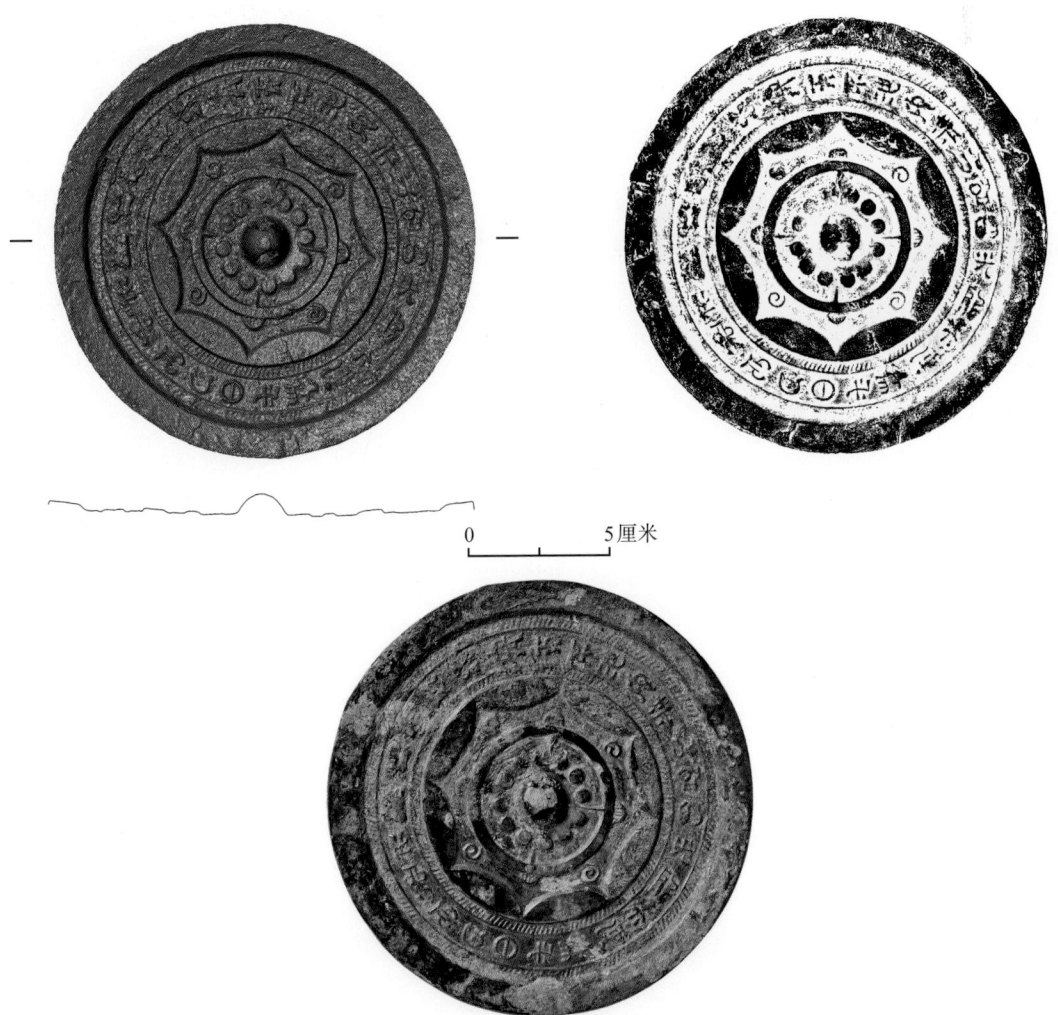

图1-205　昭明单圈铭带镜（LZJ-2019-167）三维模型、拓本与照片

（九）昭明单圈铭带镜

考察编号：LZJ-2019-168（原编号"泰东城二期 M327：1"）

特征描述：半球形钮，半圆形钮孔，联珠钮座。钮座与外侧宽凸弦纹圈带之间对称分布的四条短线段将十二联珠均匀分为四组。凸弦纹圈带与圈带外侧八内向连弧纹带之间对称分布四组涡卷纹和指甲纹。连弧纹带外侧两周单线斜向栉齿纹带间为铭文圈带。铭文圈带填以右旋读小篆体"内清质以昭明光夫辉象夫日月心忽夫愿扬忠然拥塞夫不泄"二十五字铭文。宽素平缘，缘边稍斜。锈迹较多，镜面覆一层绿色锈，镜背有蓝、绿色锈。银白色材质。钮座、圈带、连弧纹带、外区经过研磨（图1-206）。

尺寸与重量：面径15.0、缘厚0.5、钮径1.9、钮高0.6厘米，镜面弧度0.3厘米。重474克。

收藏机构：淄博市临淄区齐文化发展研究中心

图1-206　昭明单圈铭带镜（LZJ-2019-168）三维模型、拓本与照片

（十）昭明单圈铭带镜

考察编号： LZJ-2019-169（原编号"淄江蓝溪 M278：1"）

特征描述： 半球形钮，半圆形钮孔，联珠钮座。四条短直线将十二联珠均匀分为四组。钮座外一周宽凸弦纹圈带与八内向连弧纹带之间对称分布四组涡卷纹和指甲纹。连弧纹带外侧两周单线斜向栉齿纹带间为铭文圈带。铭文圈带填以右旋读小篆体"内清质以昭明光辉夫象夫长毋相忘日月心忽夫扬忠然拥塞夫不泄"二十八字铭文。宽素平缘，缘边稍斜。锈迹较多，镜面覆一层红、绿色锈，残存织物痕迹。镜背有褐、蓝、绿色锈。银白色材质。钮座、圈带、连弧纹带、外区经过研磨（图1-207）。

尺寸与重量： 面径15.0、缘厚0.5、钮径1.9、钮高0.9厘米，镜体变形。重412克。

收藏机构： 淄博市临淄区齐文化发展研究中心

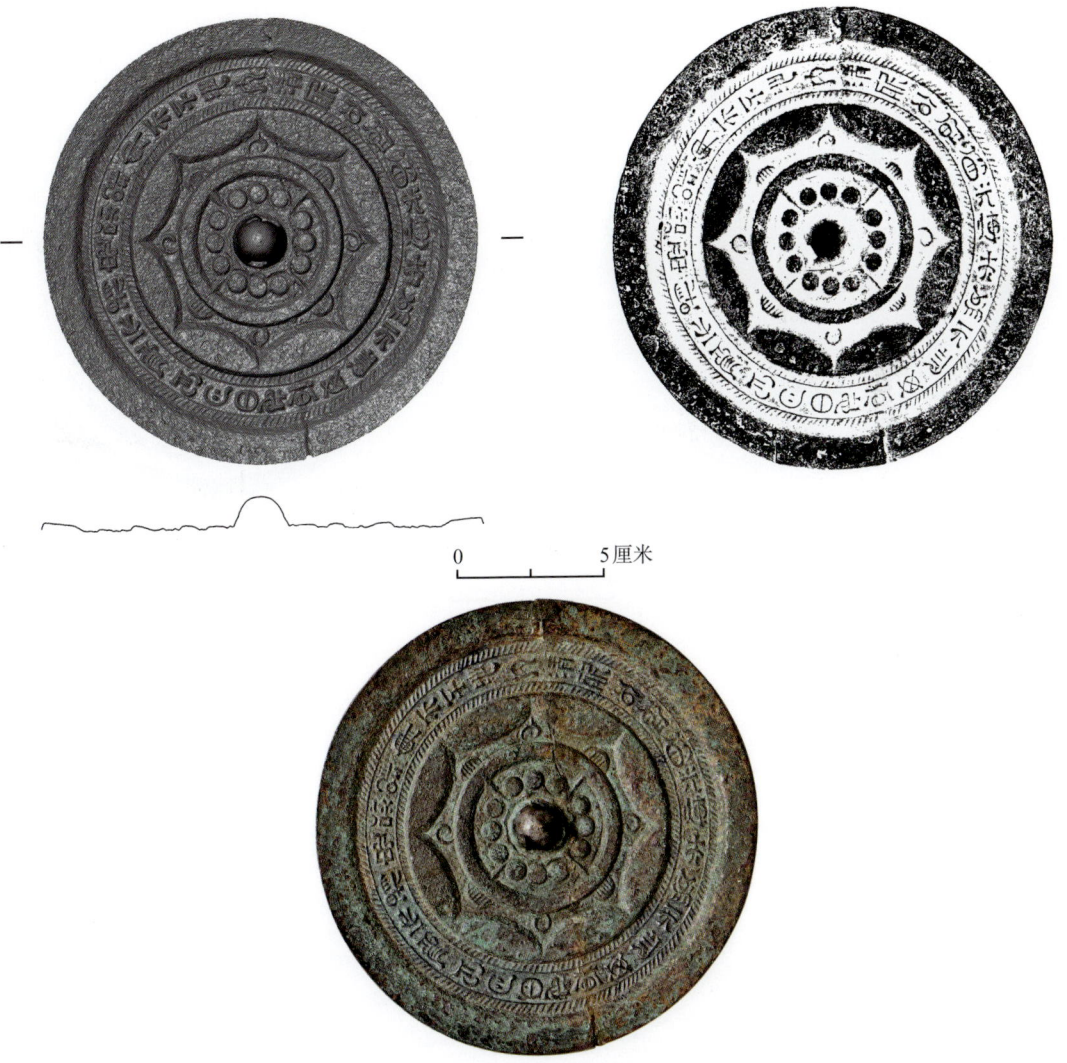

图1-207　昭明单圈铭带镜（LZJ-2019-169）三维模型、拓本与照片

（十一）昭明单圈铭带镜

考察编号：LZJ-2019-170（原编号"棠悦小区 M1171：1"）

特征描述：半球形钮，半圆形钮孔，联珠钮座。钮座与外侧一周宽凸弦纹圈带间四组三线短线将十二联珠均匀分为四组。凸弦纹圈带外侧与八内向连弧纹带间对称分布四组涡卷纹和指甲纹。指甲纹向外有一条短射线。连弧纹带外侧两周单线斜向栉齿纹带间为铭文圈带。铭文圈带填以右旋读小篆体"内清夫昭明光象毋日月心忽夫扬忠然拥塞夫而不泄"二十二字铭文。窄素缘，缘边稍斜。镜面有少量红、绿色锈。镜背有少量蓝、红色锈。银白色材质。钮座、圈带、连弧纹带、外区经过研磨。钮孔附近有铸伤（图1-208）。

尺寸与重量：面径13.1、缘厚0.5、钮径1.5、钮高0.5厘米，镜面弧度0.1厘米。重326克。

收藏机构：淄博市临淄区齐文化发展研究中心

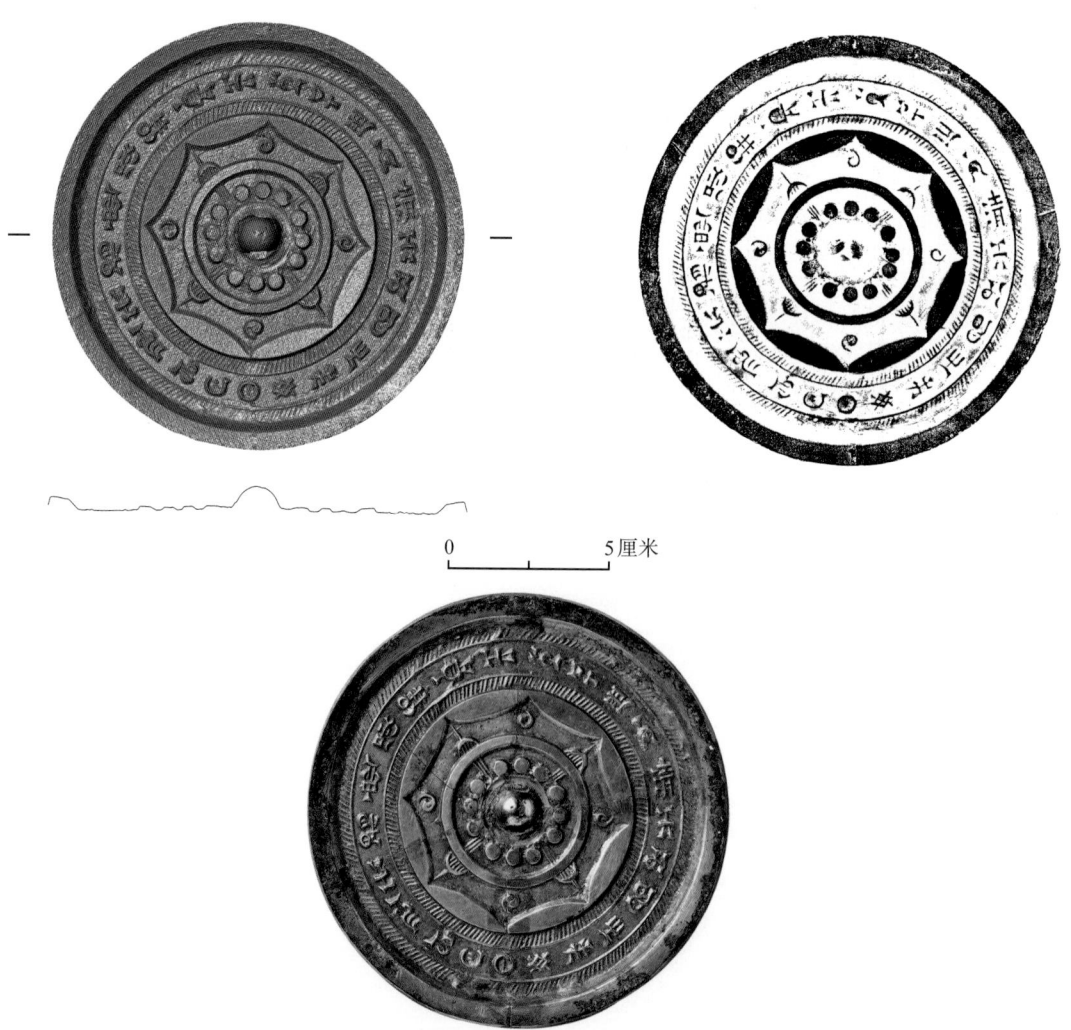

图1-208　昭明单圈铭带镜（LZJ-2019-170）三维模型、拓本与照片

（十二）昭明单圈铭带镜

考察编号： LZJ-2019-171（原编号"淄江蓝溪 M273：1"）

特征描述： 半球形钮，半圆形钮孔，联珠钮座。钮座与外侧一周宽凸弦纹圈带间对称分布四条线段，四条线段将十二联珠均匀分为四组。凸弦纹圈带外侧为八内向连弧纹带。连弧纹带外侧两周单线斜向栉齿纹带间为铭文圈带。铭文圈带填以右旋读小篆体"内清以昭明光日月心忽夫扬忠然拥塞不泄"十八字铭文。窄素缘，缘边稍斜。锈迹较多，镜面有红色锈和少量绿色锈。镜背有绿、红色锈。银白色材质。钮座、圈带、连弧纹带、外区经过研磨。钮孔附近有铸伤。一侧钮孔有明显的凹陷或不清晰。"塞"字方向似为浇口（图1-209）。

尺寸与重量： 面径12.8、缘厚0.5、钮径1.5、钮高0.6厘米，镜面弧度0.2厘米。重282克。

收藏机构： 淄博市临淄区齐文化发展研究中心

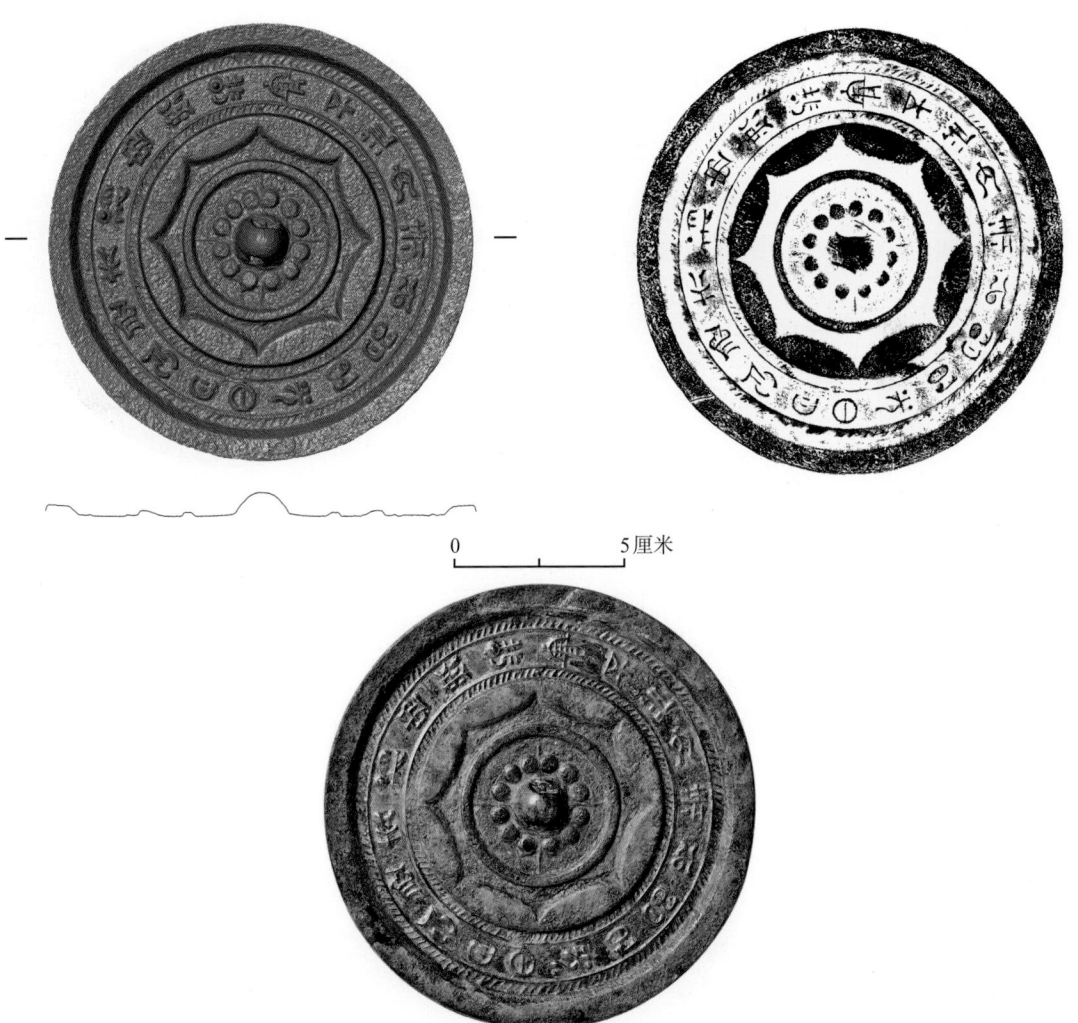

图1-209　昭明单圈铭带镜（LZJ-2019-171）三维模型、拓本与照片

（十三）昭明单圈铭带镜

考察编号： LZJ-2019-172（原编号"棠悦小区 M1030：2"）

特征描述： 半球形钮，钮孔略呈方形，联珠钮座。钮座外一周宽凸弦纹圈带与八内向连弧纹带之间对称分布有四组指甲纹和涡旋纹。连弧纹带外侧两周单线斜向栉齿纹带间为铭文圈带。铭文圈带填以右旋读小篆体"内清质以昭明愿质辉光象夫辉光日月心忽夫扬忠然拥塞夫不泄"二十七字铭文。宽素平缘，缘边稍斜。锈迹较多，镜面覆有一层绿色锈，有残存织物痕迹。镜背大部有绿、红色锈。银白色材质。钮座、圈带、连弧纹带、外区经过研磨（图1-210）。

尺寸与重量： 面径14.0、缘厚0.5、钮径1.5、钮高0.6厘米，镜面弧度0.2厘米。重352克。

收藏机构： 淄博市临淄区齐文化发展研究中心

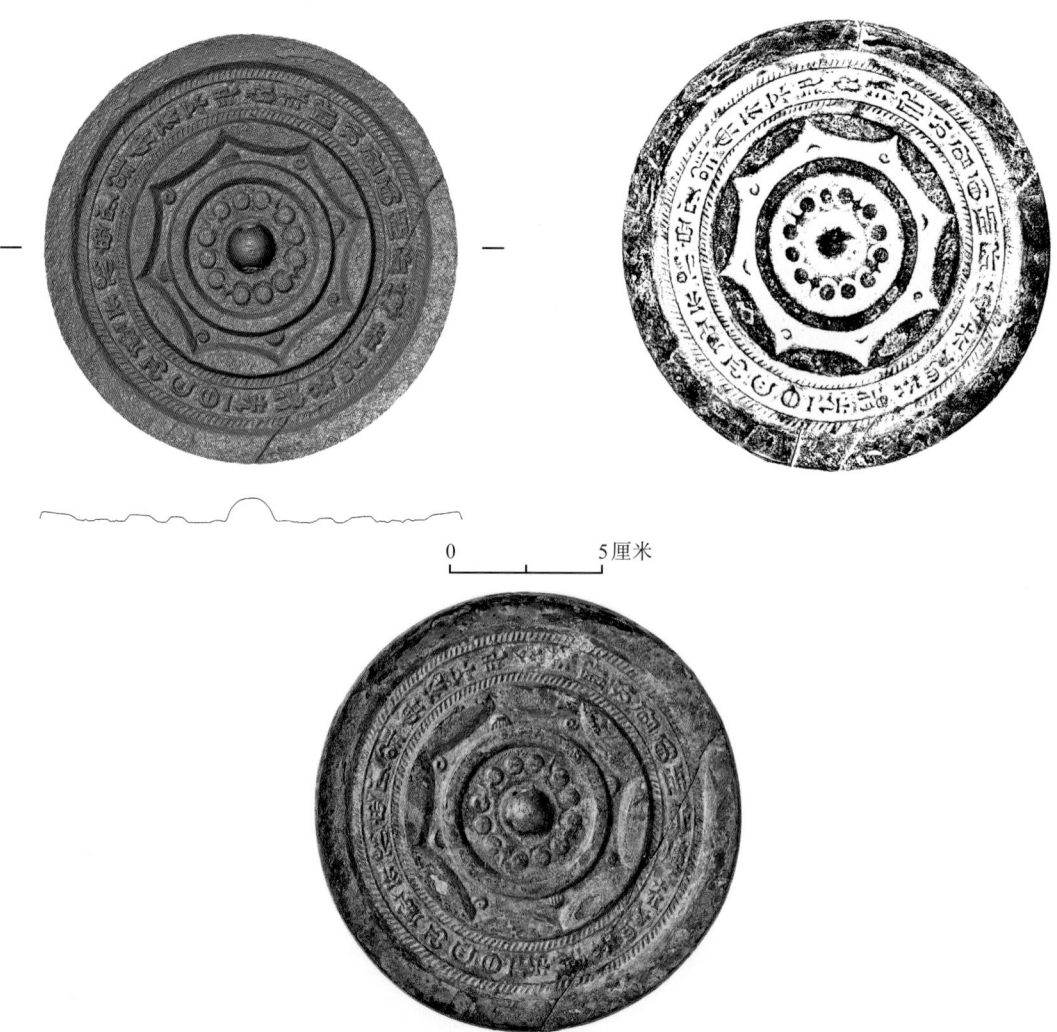

图1-210　昭明单圈铭带镜（LZJ-2019-172）三维模型、拓本与照片

（十四）昭明单圈铭带镜

考察编号： LZJ-2019-173（原编号"金鼎绿城三期M122：1"）

特征描述： 半球形钮，半圆形钮孔，圆台钮座。钮座与外侧宽凸弦纹圈带间对称分布四组三线短线纹。凸弦纹圈带与圈带外侧八内向连弧纹带间对称分布四组指甲纹和外向单线短射线纹。连弧纹带外侧两周单线斜向栉齿纹带间为铭文圈带。铭文圈带填以右旋读小篆体"内清以昭明光十日月心忽夫扬忠然拥塞夫不泄"二十字铭文。宽素平缘，缘边稍斜。镜面覆一层绿色锈，镜背有少量绿色锈。银白色材质。钮座、圈带、连弧纹带、外区经过研磨。铭文部分有铸伤。连弧纹带内侧亦有分割线（图1-211）。

尺寸与重量： 面径12.0、缘厚0.2、钮径1.1、钮高1.8厘米，镜面弧度0.1厘米。重231克。

收藏机构： 淄博市临淄区齐文化发展研究中心

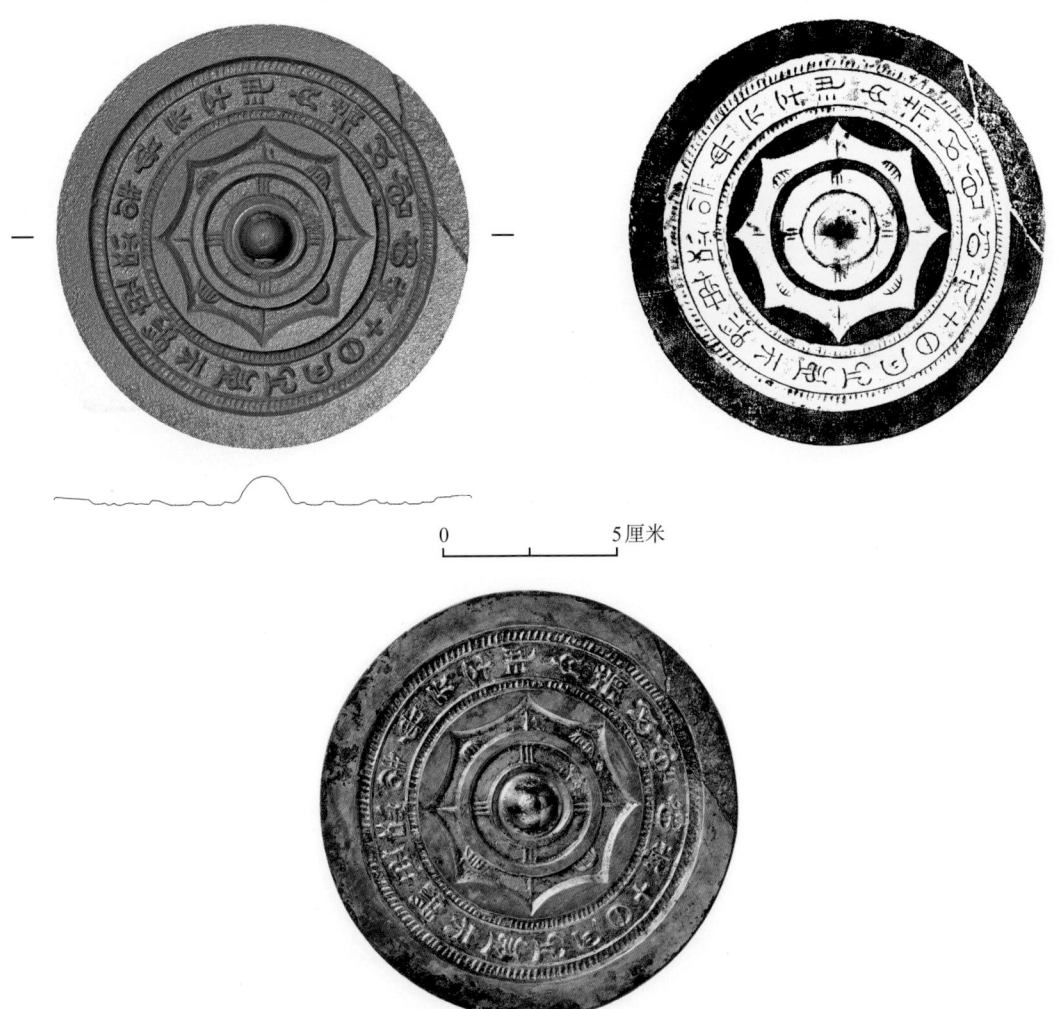

图1-211　昭明单圈铭带镜（LZJ-2019-173）三维模型、拓本与照片

（十五）清白单圈铭带镜

考察编号： LZJ-2019-174（原编号"现代中学 M351：1"）

特征描述： 半球形钮，半圆形钮孔，联珠钮座。钮座外一周宽凸弦纹圈带与联珠纹钮座间对称分布四条单线短线段纹和两组三线短线段纹。凸弦纹圈带与圈带外侧八内向连弧纹带间饰有涡卷纹、指甲纹等纹饰，内向连弧纹带外侧两周单线斜向栉齿纹带间为铭文圈带。铭文圈带填以右旋读小篆体"洁清白而事君志愿之合明□玄□而日心□美之□而忠然拥塞而愿不泄"三十字铭文。宽素平缘，缘边稍斜。锈迹较多，镜面、镜背覆有红、黄、绿色锈。银白色材质。钮座、圈带、连弧纹带、外区经过研磨。栉齿纹部分有铸伤（图1-212）。

尺寸与重量： 面径12.7、缘厚0.5、钮径1.6、钮高0.7厘米，镜面弧度0.2厘米。重302克。

收藏机构： 淄博市临淄区齐文化发展研究中心

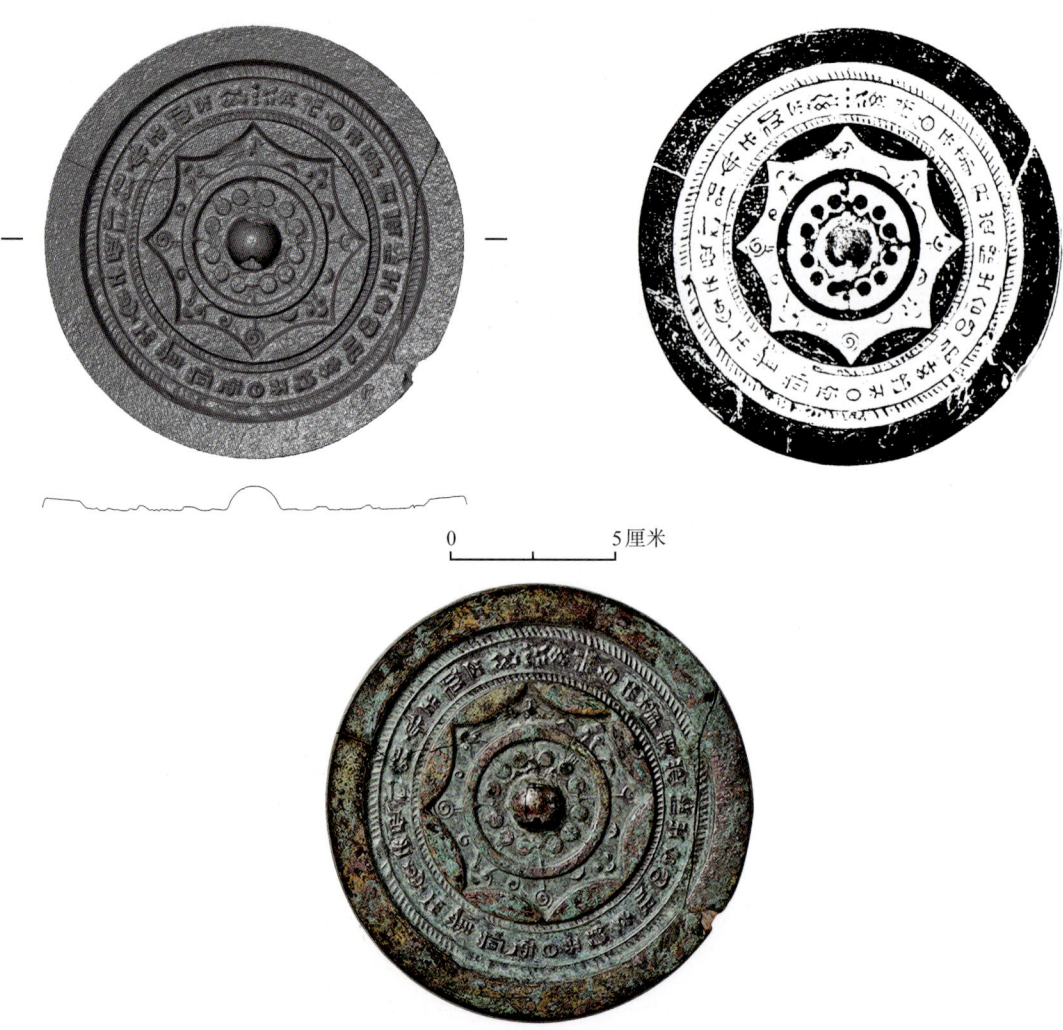

0　　　　　5厘米

图1-212　清白单圈铭带镜（LZJ-2019-174）三维模型、拓本与照片

（十六）昭明单圈铭带镜

考察编号：LZJ-2019-175（原编号"淄江蓝溪M425：1"）

特征描述：半球形钮，半圆形钮孔，联珠钮座。钮座外一周宽凸弦纹圈带与十六内向连弧纹带间为内区铭文圈带。铭文圈带填以左旋读小篆体"长毋相忘"四字铭文，铭文间饰鸟形纹。文字方向为外向，即由镜钮向镜缘方向。连弧纹带外侧两周单线斜向栉齿纹带间为外区铭文圈带。铭文圈带填以右旋读小篆体"日月心忽夫杨忠然雍塞不泄内清质以昭明光夫"二十字铭文。宽素平缘，缘边稍斜。锈迹较多，镜面覆一层绿色锈，局部有红色锈。镜背局部有红、绿色锈。银白色材质。钮座、圈带、连弧纹带、外区经过研磨。铭文、栉齿纹部分有较多铸伤。表面有凸线状痕迹（图1-213）。

尺寸与重量：面径12.9、缘厚0.5、钮径1.7、钮高0.7厘米，镜面弧度0.2厘米。重300克。

收藏机构：淄博市临淄区齐文化发展研究中心

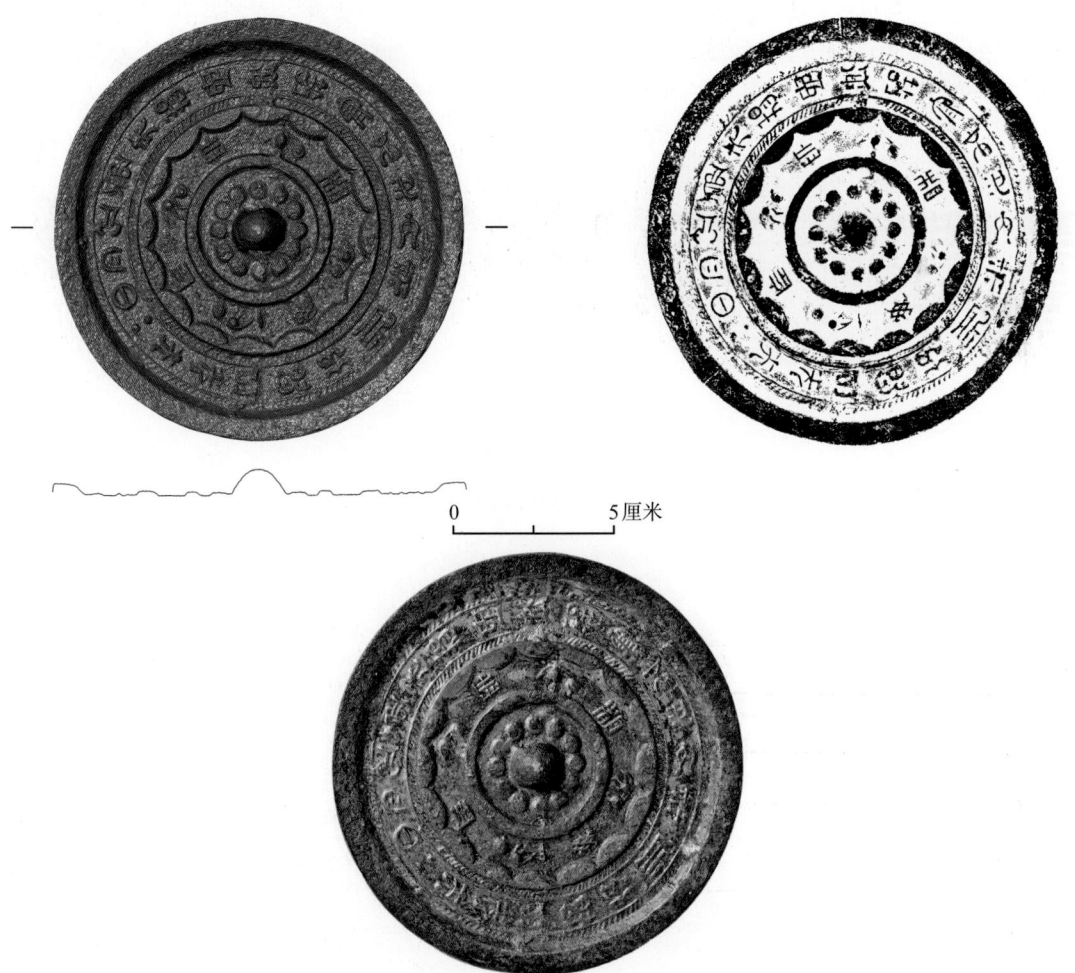

图1-213　昭明单圈铭带镜（LZJ-2019-175）三维模型、拓本与照片

（十七）昭明单圈铭带镜

考察编号： LZJ-2019-309（原编号：无标签）

特征描述： 半球形钮，半圆形钮孔，圆台钮座。钮座外一周宽凸弦纹圈带外侧为八内向连弧纹带。连弧纹带外侧两周单线斜向栉齿纹带间为铭文圈带。铭文圈带填以右旋读小篆体"内清以昭明光夫象日月"十字铭文。文字间有间隔符号。宽素平缘，缘边稍斜。镜面、镜背覆一层绿色锈。外区、连弧纹、圈带经过研磨。镜体有少量凸起的铸造毛刺（图1-214）。

尺寸与重量： 面径11.2、缘厚0.5、钮径1.6、钮高0.8厘米，镜面弧度0.1厘米。重285克。

收藏机构： 淄博市临淄区齐文化发展研究中心

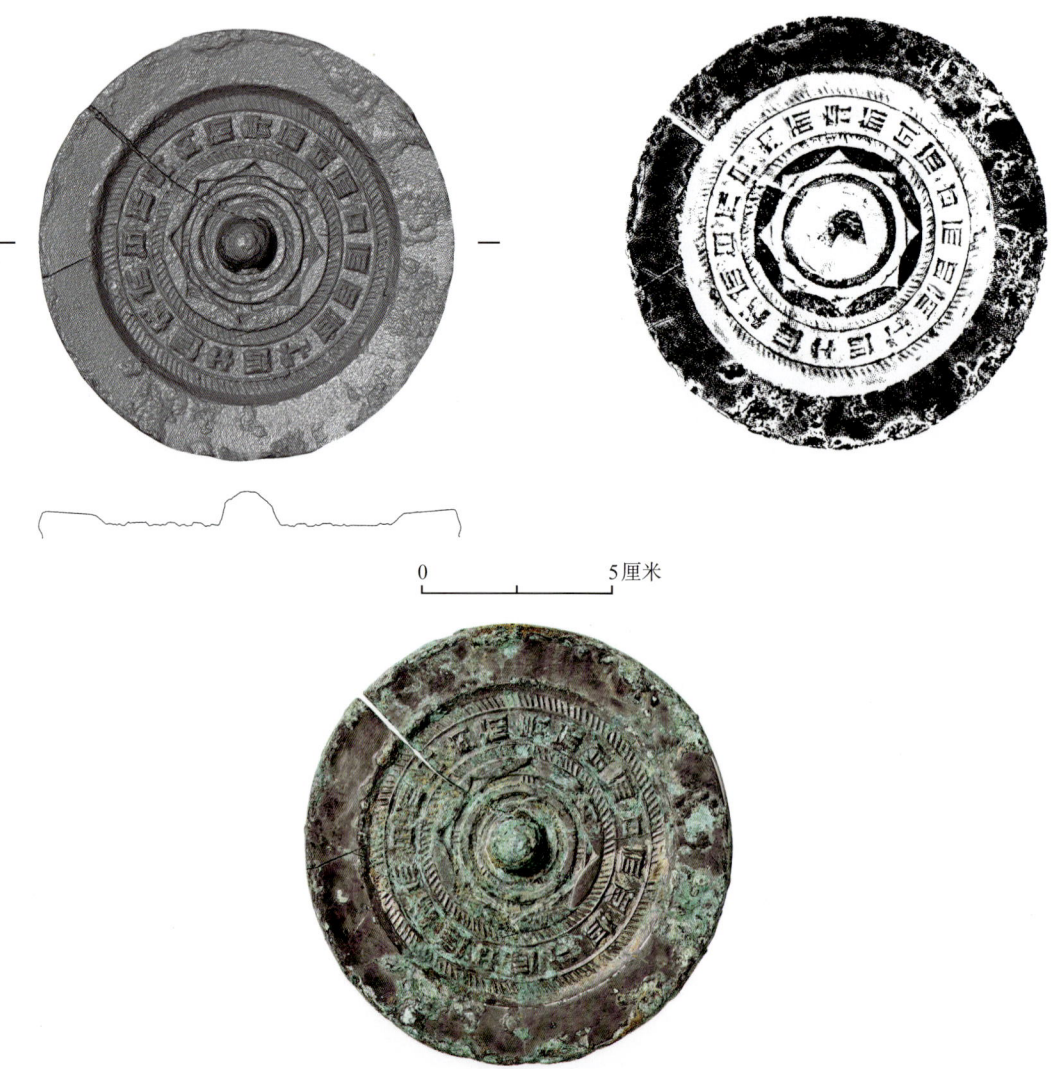

0　　　　　　5厘米

图1-214　昭明单圈铭带镜（LZJ-2019-309）三维模型、拓本与照片

（十八）昭明单圈铭带镜

考察编号： LZJ-2019-321（原编号"棠悦小区M18：1"）

特征描述： 半球形钮，半圆形钮孔，圆圈钮座。钮座外一周宽凸弦纹圈带与外侧八内向连弧纹带间对称分布四组单弧线纹和指甲纹与三线段组合纹。连弧纹带外侧两周单线斜向栉齿纹带间为铭文圈带。铭文圈带填以右旋读小篆体"日月心忽夫之忠毋相忘"十字铭文。铭文之间饰多组涡卷纹。窄素缘，缘边稍斜。镜面、镜背局部覆有绿色锈和红褐色锈（图1-215）。

尺寸与重量： 面径10.2、缘厚0.5、钮径1.3、钮高0.4厘米，镜面弧度0.4厘米。重125克。

收藏机构： 淄博市临淄区齐文化发展研究中心

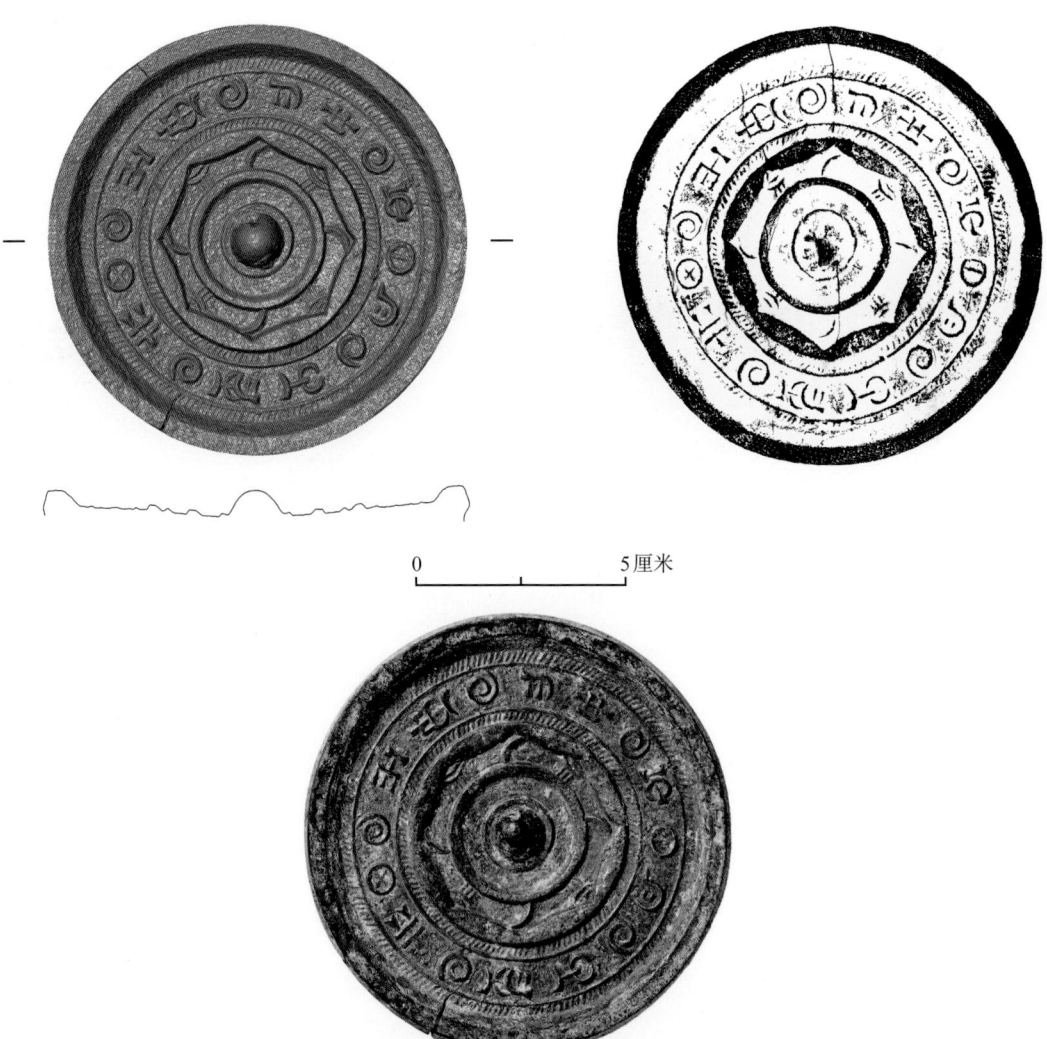

图1-215　昭明单圈铭带镜（LZJ-2019-321）三维模型、拓本与照片

（十九）云雷纹铜华单圈铭带镜

考察编号： LZJ-2019-374（原编号"棠悦小区 M368：1"）

特征描述： 半球形钮，半圆形钮孔，联珠钮座。钮座与外侧宽凸弦纹圈带间对称分布四组三线段纹和短射线纹。钮座外两周宽凸弦纹圈带间为铭文圈带。铭文圈带填以右旋读小篆体"清冶铜华以为镜昭察衣服观容貌丝组杂逻以为信清光乎宜佳人"二十七字铭文。铭文圈带外侧饰一周云雷纹带。云雷纹带由四组含三个涡卷纹的云雷纹组成。云雷纹之间分别饰有"家""常""富""贵"四字铭文。文字方向为外向，即由镜钮向镜缘方向。窄素平缘，缘边稍斜。镜面、镜背覆有红、绿色锈。镜面残存织物痕迹。银白色材质。外区、圈带、钮座经过研磨。外区侧面有十字分割形的镜背分割线痕迹（图1-216）。

尺寸与重量： 面径13.2、缘厚0.5、钮径1.8、钮高0.6厘米，镜面弧度0.1厘米。重346克。

收藏机构： 淄博市临淄区齐文化发展研究中心

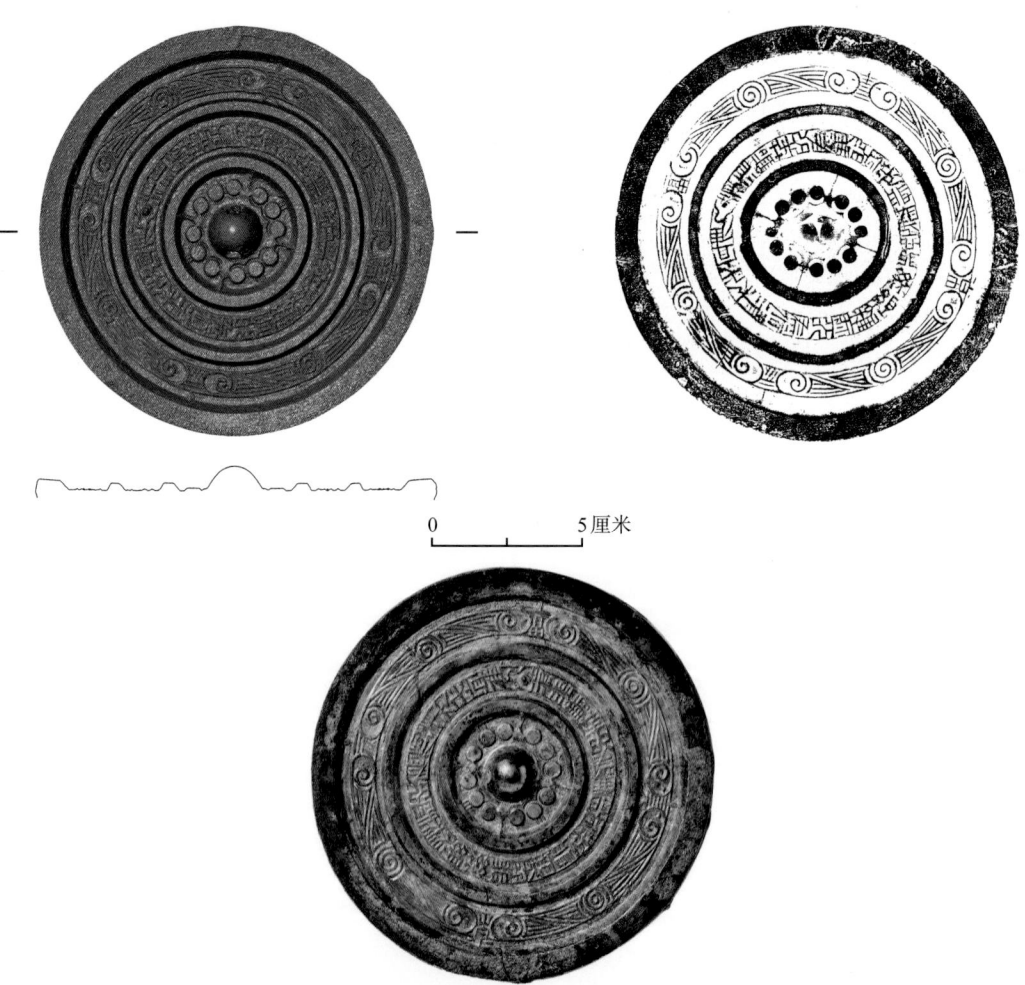

图1-216　云雷纹铜华单圈铭带镜（LZJ-2019-374）三维模型、拓本与照片

（二十）昭明重圈铭带镜

考察编号： LZJ-2019-375（原编号"淄江花园M18：1"）

特征描述： 半球形钮，半圆形钮孔，联珠钮座。钮座向外伸出的四条短射线将十二联珠均匀分为四组。钮座外一周宽凸弦纹圈带，其外单线斜向栉齿纹带与外侧宽凸弦纹圈带间为内区铭文圈带，圈带内填以右旋读小篆体"内清以日月心忽夫扬忠然雍塞泄"十四字铭文。缘内两周单线斜向栉齿纹带间为外区铭文圈带，填以右旋读小篆体"内清以昭明光象夫愿辉不日月心忽夫扬忠然雍塞泄"二十二字铭文。宽素平缘，缘边稍斜。镜面、镜背覆有少量褐色锈和绿色锈。镜面残存织物包裹痕迹。银白色材质。外区、圈带、钮座经过研磨。镜背有放射状镜背分割线。钮座和栉齿纹部有较多的砂崩现象，可能存在同范镜（图1-217）。

尺寸与重量： 面径12.7、缘厚0.5、钮径1.6、钮高0.8厘米，镜面弧度0.3厘米。重357克。

收藏机构： 淄博市临淄区齐文化发展研究中心

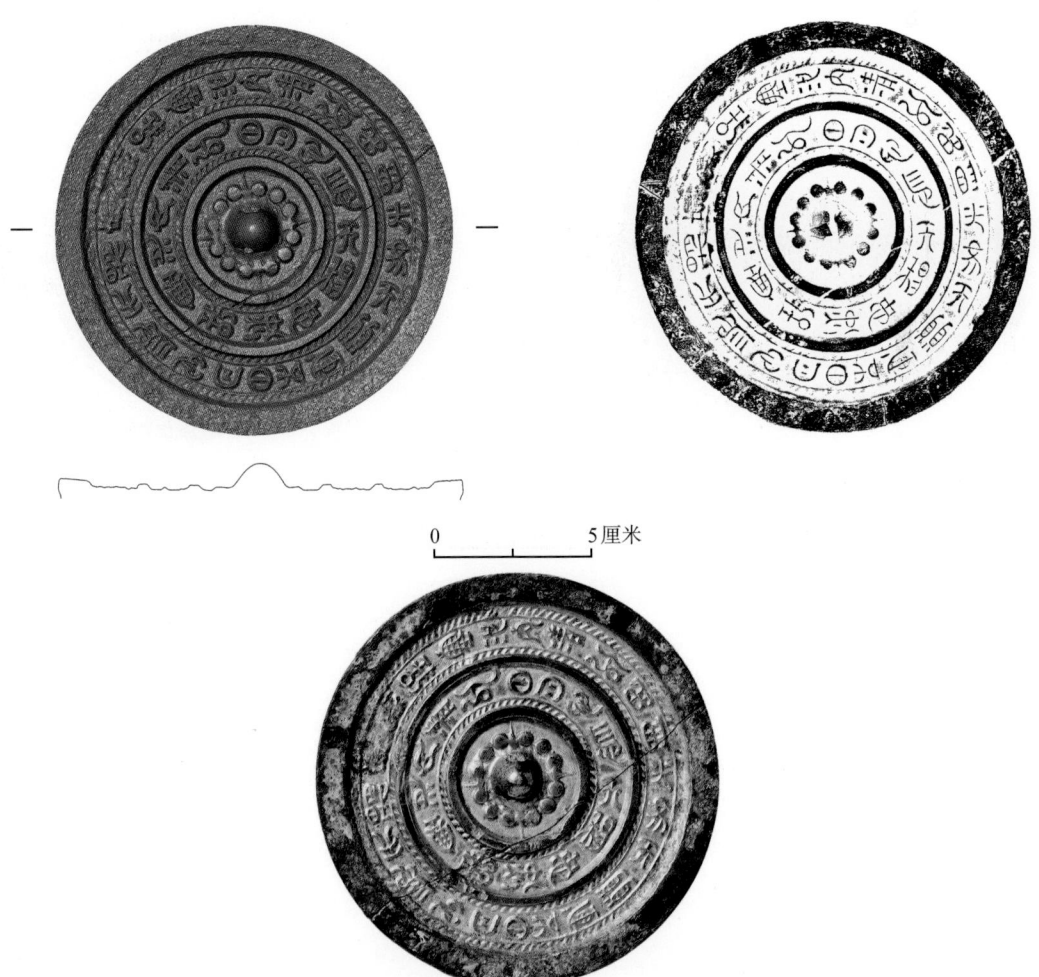

图1-217 昭明重圈铭带镜（LZJ-2019-375）三维模型、拓本与照片

（二十一）昭明单圈铭带镜

考察编号： LZJ-2019-376（原编号"南马棠悦M835出土镜"）

特征描述： 半球形钮，半圆形钮孔，联珠钮座。钮座外一周单线斜向栉齿纹带，其外侧宽凸弦纹圈带与圈带外侧八内向连弧纹带间对称饰有四组涡卷纹和指甲纹与三线段纹组合。连弧纹带外侧两周单线斜向栉齿纹带间为铭文圈带，圈带内填以右旋读小篆体"内清以昭明光辉象夫日月心忽夫愿忠雍塞不泄"二十字铭文。宽素平缘，缘边稍斜。镜面、镜背覆有少量绿色锈。镜面、镜背残存有织物包裹痕迹。银白色材质。外区、圈带、连弧纹、钮座经过研磨。镜范栉齿纹的部分砂崩现象略多。因砂崩现象较多，可能存在同范镜。镜体凸起铸造毛刺较多（图1-218）。

尺寸与重量： 面径11.5、缘厚0.6、钮径1.6、钮高0.7厘米，镜面弧度0.1厘米。重208克。

收藏机构： 淄博市临淄区齐文化发展研究中心

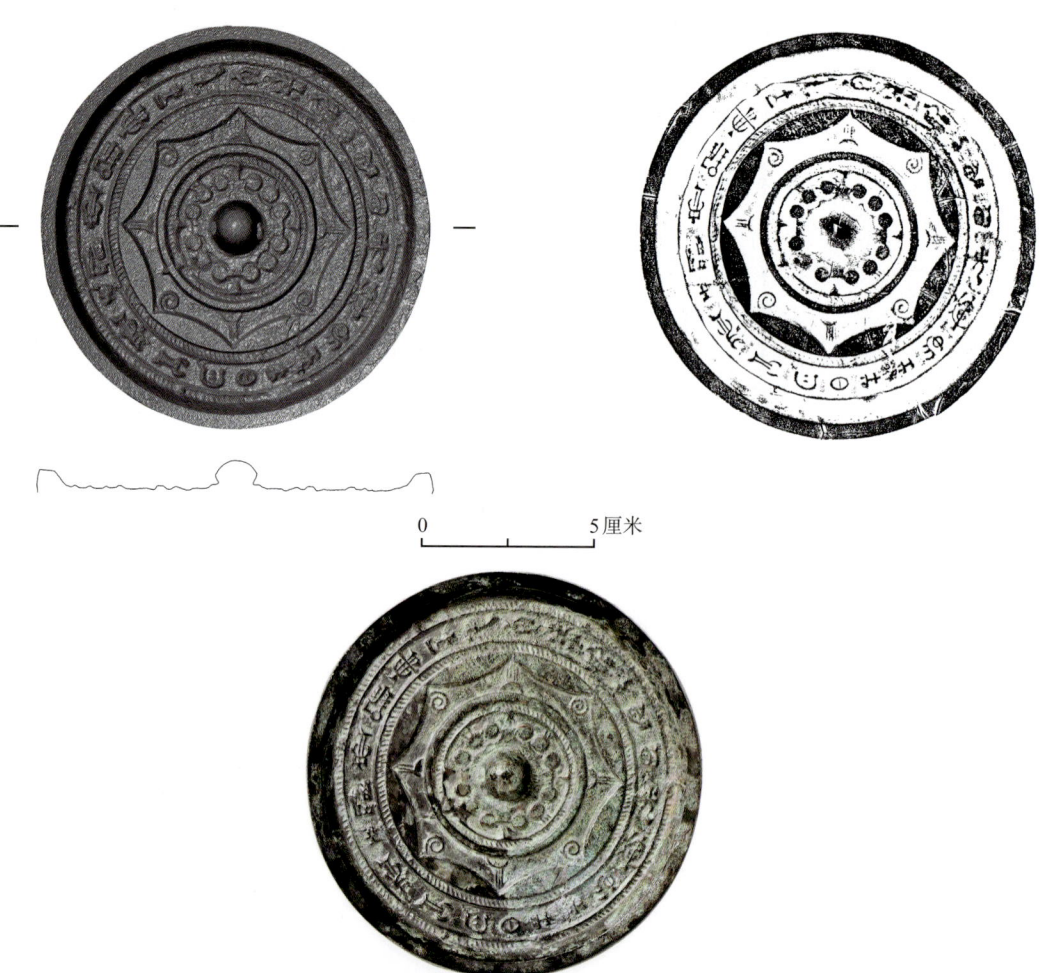

0   5厘米

图1-218   昭明单圈铭带镜（LZJ-2019-376）三维模型、拓本与照片

（二十二）昭明重圈铭带镜

考察编号： LZJ-2019-377（原编号"华盛园南区 M35：1"）

特征描述： 半球形钮，半圆形钮孔，联珠钮座。钮座外两周宽凸弦纹圈带间为内区铭文圈带，圈带内填以右旋读小篆体"日月心忽夫扬忠然雍塞不泄"十二字铭文。缘内两周单线斜向栉齿纹带间为外区铭文圈带，圈带内填以右旋读小篆体"日月心忽夫扬忠然雍塞不泄内清以昭明"十七字铭文。宽素平缘，缘边稍斜。镜面覆一层绿色锈，局部有少量红、黄色锈。镜背覆有少量红、绿色锈。银白色材质。外区、圆圈带经过研磨。内侧铭文带"日"字方向的钮孔有较大的凹陷或不清晰，应为浇口方向。镜体有少量的凸起铸造毛刺（图1-219）。

尺寸与重量： 面径12.4、缘厚0.4、钮径1.5、钮高0.6厘米，镜面弧度0.2厘米。重202克。

收藏机构： 淄博市临淄区齐文化发展研究中心

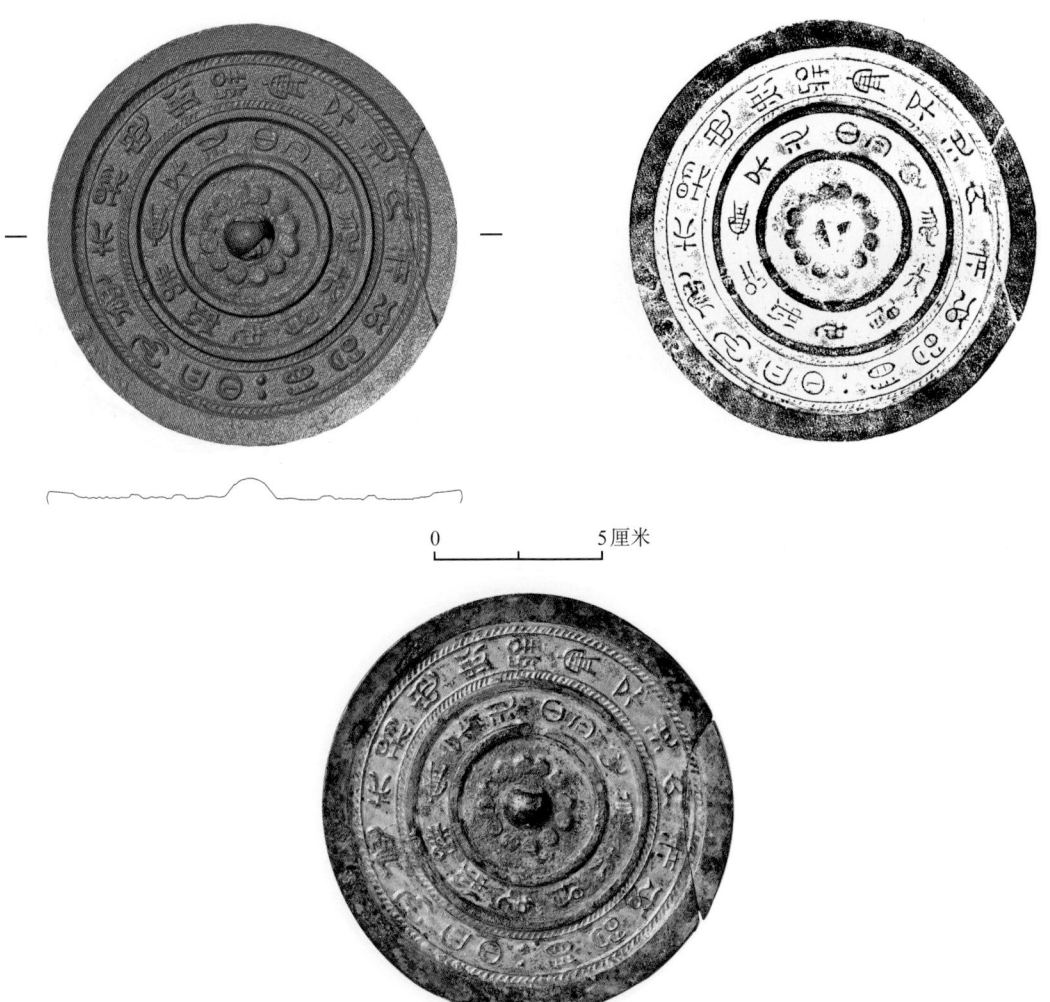

0   5厘米

图1-219 昭明重圈铭带镜（LZJ-2019-377）三维模型、拓本与照片

（二十五）昭明重圈铭带镜

考察编号： LZJ-2019-380（原编号"泰东城二期M188∶1"）

特征描述： 半球形钮，半圆形钮孔，圆圈钮座。钮座外两周宽凸弦纹圈带之间为内区铭文圈带，圈带内填以右旋读小篆体"日月心忽夫□扬忠然雍塞夫不泄"十四字铭文。缘内两周单线斜向栉齿纹带间为外区铭文圈带，圈带内填以右旋读小篆体"内清以昭明光日月心忽夫扬忠然雍塞夫不泄"十九字铭文。宽素平缘。镜面覆有蓝、绿色锈。镜背有少量红、绿色锈。银白色材质。外区、圈带、钮座经过研磨。因镜范砂崩现象较多，可能存在同范镜（图1-222）。

尺寸与重量： 面径12.2、缘厚0.4、钮径1.6、钮高0.7厘米，镜面弧度0.1厘米。重262克。

收藏机构： 淄博市临淄区齐文化发展研究中心

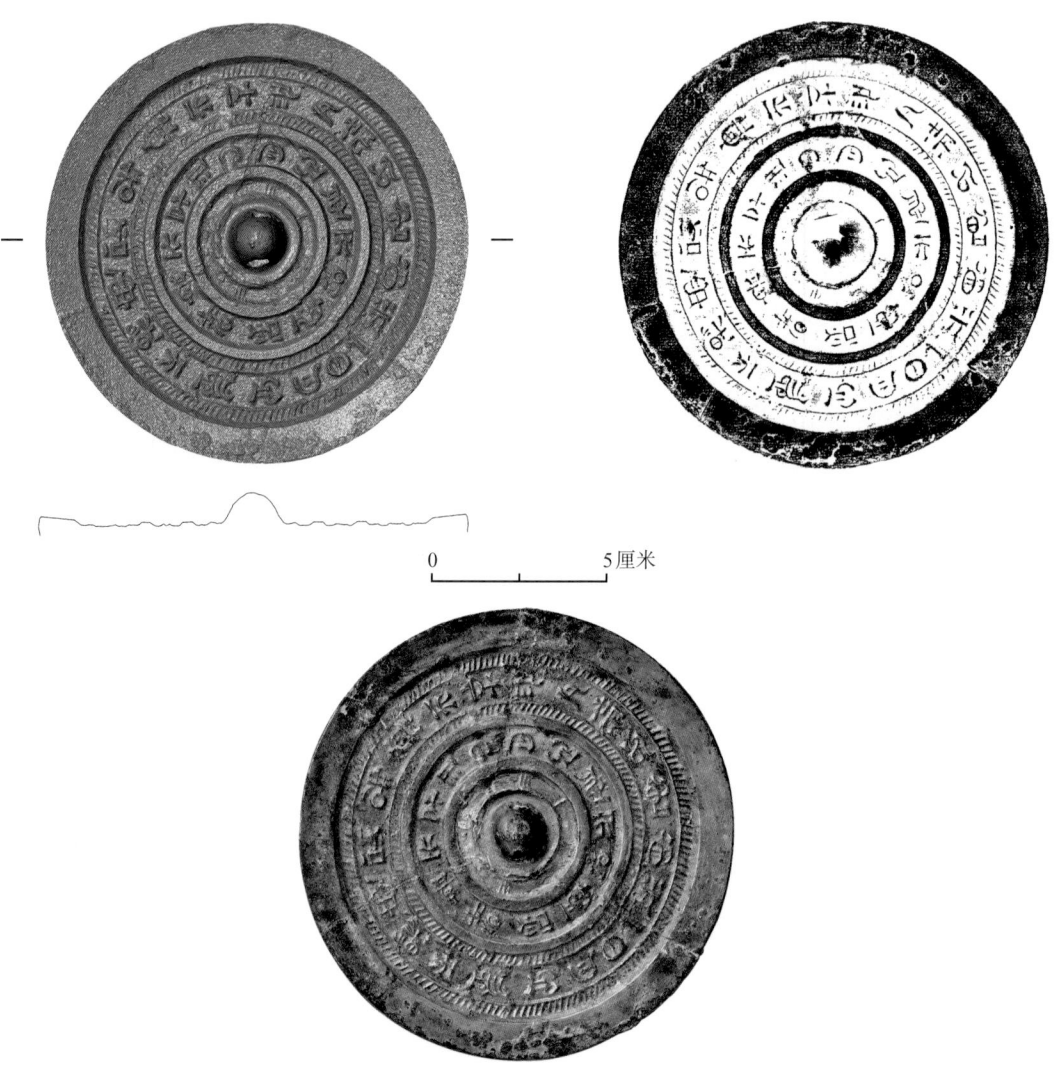

图1-222　昭明重圈铭带镜（LZJ-2019-380）三维模型、拓本与照片

（二十六）昭明重圈铭带镜

考察编号： LZJ-2019-381（原编号"淄江花园 K-03M601：1"）

特征描述： 半球形钮，半圆形钮孔，联珠钮座。钮座外一周单线斜向栉齿纹带。栉齿纹带外侧两周宽凸弦纹圈带间为内区铭文圈带，圈带内填以右旋读小篆体"见日之光长毋相忘"八字铭文。铭文间饰涡卷纹。缘内两周单线斜向栉齿纹带间为外区铭文圈带，圈带内填以右旋读小篆体"内清质以昭明光辉象夫日月心忽夫愿扬忠然雍塞夫不泄"二十四字铭文。窄素平缘。镜面覆一层绿色锈和少量红色锈。镜背局部覆有绿色锈。钮孔下端未经过加工（图1-223）。

尺寸与重量： 面径12.8、缘厚0.5、钮径1.8、钮高0.7厘米，镜面弧度0.2厘米。重341克。

收藏机构： 淄博市临淄区齐文化发展研究中心

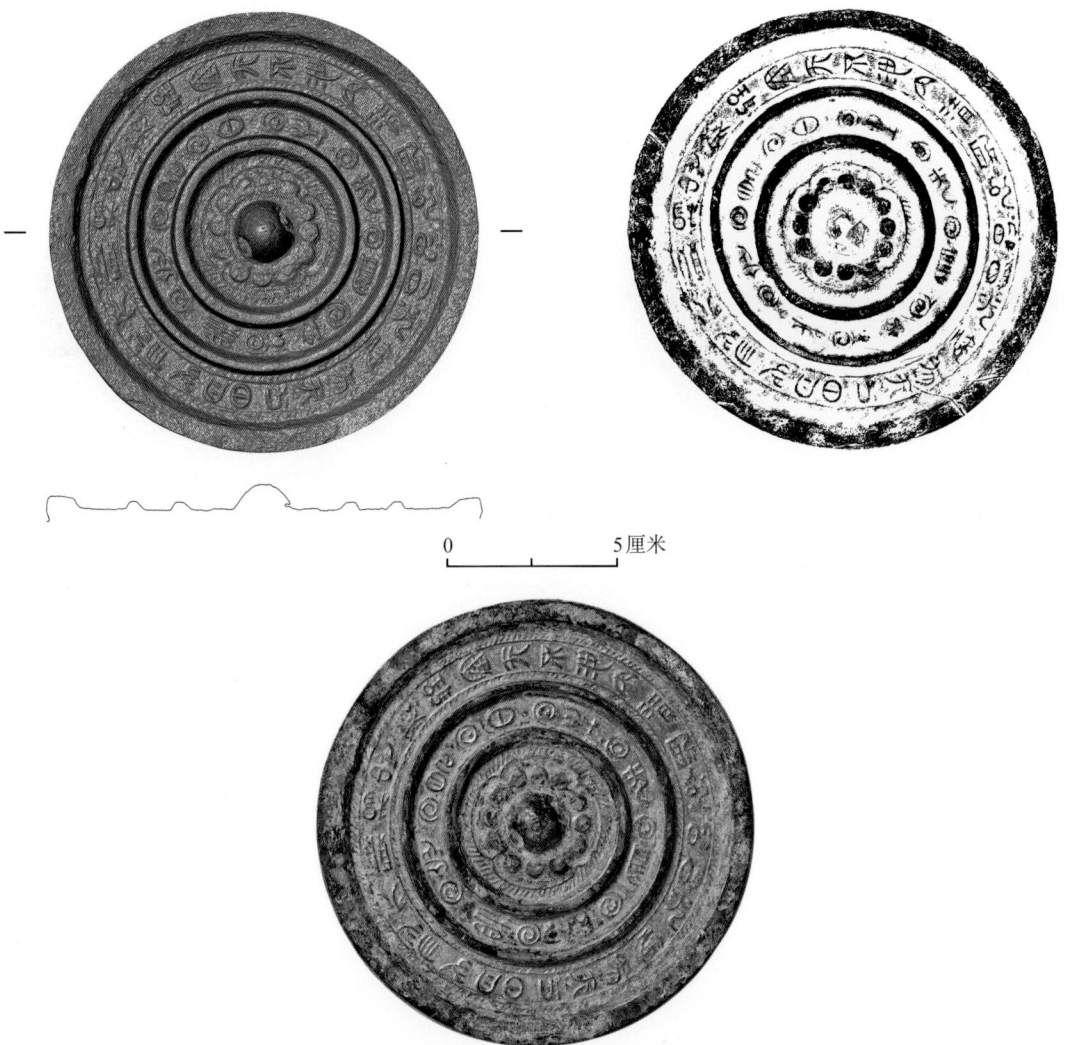

图1-223　昭明重圈铭带镜（LZJ-2019-381）三维模型、拓本与照片

（二十七）昭明单圈铭带镜

考察编号： LZJ-2019-382（原编号"南马M134：1"）

特征描述： 半球形钮，半圆形钮孔，联珠钮座。钮座联珠之间有外向短射线间隔。钮座外一周单凸弦纹圈带。凸弦纹圈带外侧一周宽凸弦纹圈带与圈带外侧八内向连弧纹带间对称分布四组指甲纹和花结纹。连弧纹带外侧两周单线斜向栉齿纹带间为铭文圈带，圈带内填以右旋读小篆体"日月心忽而□扬毋□□忠之长日雍相毋忘□塞而不泄"二十三字铭文。宽素平缘，缘边稍斜。镜面有红、黄、绿色锈。镜背覆有红、绿色锈。银白色材质。外区、连弧纹、圈带经过研磨。外区内侧有较多的镜范砂崩现象。镜背有放射状镜背分割线痕迹。镜面残留纤维痕迹（图1-224）。

尺寸与重量： 面径13.6、缘厚0.4、钮径1.6、钮高0.5厘米，镜面弧度0.1厘米。重273克。

收藏机构： 淄博市临淄区齐文化发展研究中心

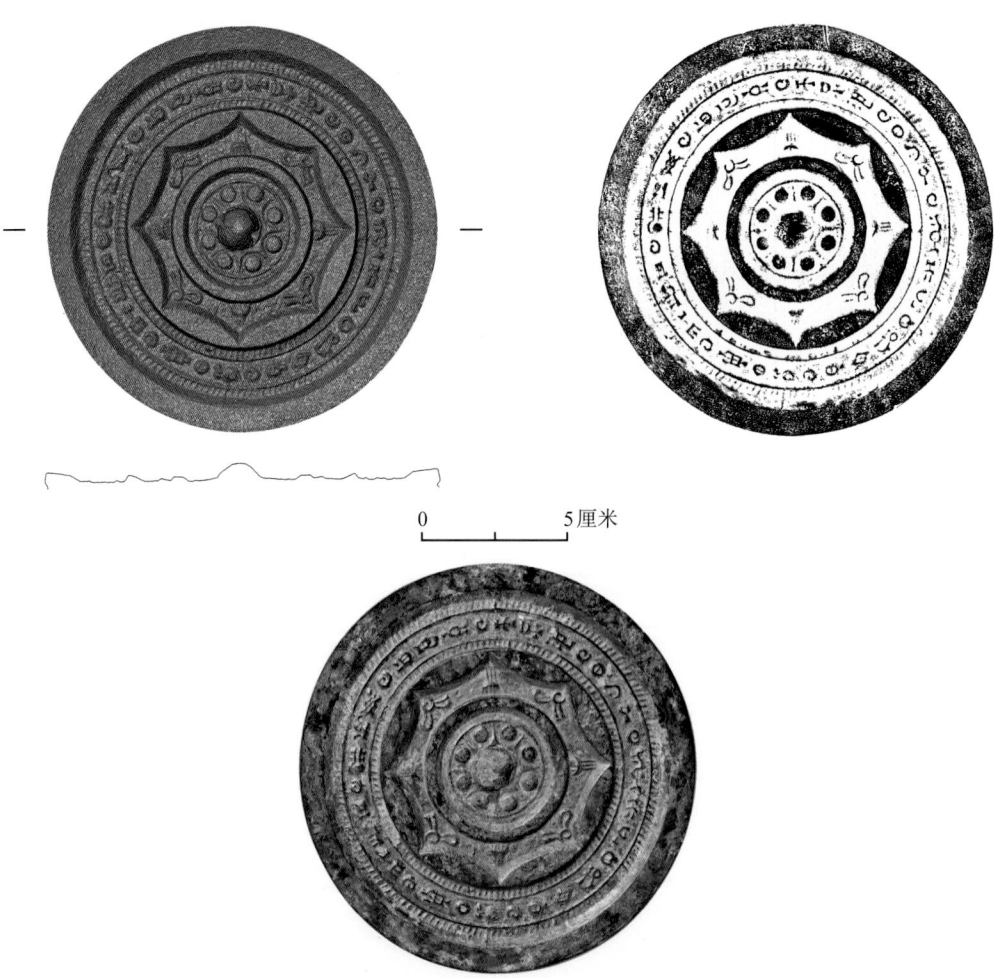

0　　　　　　5厘米

图1-224　昭明单圈铭带镜（LZJ-2019-382）三维模型、拓本与照片

（二十八）昭明重圈铭带镜

考察编号： LZJ-2019-383（原编号"淄江蓝溪M455：1"）

特征描述： 半球形钮，半圆形钮孔，联珠钮座。钮座与外侧一周宽凸弦纹圈带间对称间隔分布四组单线段和双线段纹。两周宽凸弦纹圈带间为内区铭文圈带，圈带内填以右旋读小篆体"见日之光长毋相忘"八字铭文，铭文之间饰有涡卷纹。缘内侧两周单线斜向栉齿纹带间为外区铭文圈带，圈带内填以右旋读小篆体"内清质以昭明光象夫日月心忽扬夫忠然雍塞夫不泄"二十二字铭文。宽素平缘，缘边稍斜。镜面覆一层绿色锈和少量红色锈并残存织物痕迹。镜背覆有少量红、绿色锈。银白色材质。圈带、钮座经过研磨。"心"字处有较大的砂崩现象。钮孔一侧似乎有凹陷（图1-225；图版7-1）。

尺寸与重量： 面径11.1、缘厚0.6、钮径1.2、钮高0.6厘米，镜面弧度0.1厘米。重252克。

收藏机构： 淄博市临淄区齐文化发展研究中心

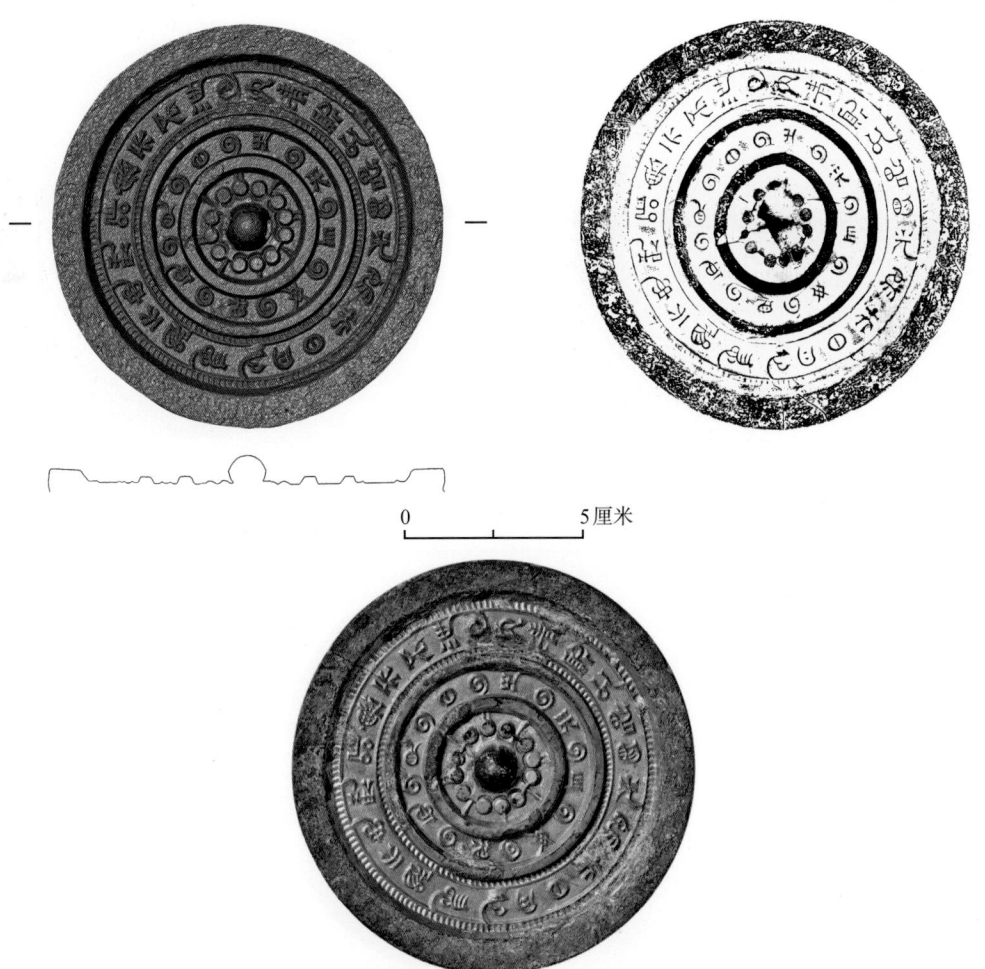

0　　　　　　　　5厘米

图1-225　昭明重圈铭带镜（LZJ-2019-383）三维模型、拓本与照片

十一、四乳四虺纹镜

（一）四乳四虺纹镜

考察编号： LZJ-2019-099（原编号"华盛园 M76 出土镜"）

特征描述： 半球形钮，半圆形钮孔，圆台钮座。钮座外饰四组三线短线纹，每组短线纹间饰一条短线，其外一周宽凸弦纹。主纹区位于两周单线斜向栉齿纹带之间。对称分布的四枚圆台座乳丁将主纹区均匀分为四区，每区饰一组S形虺纹。虺纹上部凹处饰一简化鸟纹，下部凹处饰云纹。宽素平缘。镜面满布绿锈，镜背绿、蓝、红锈交错分布。钮座、乳丁、外区经过研磨。钮座一侧有凹陷或不清晰，似为浇口所在（图1-226）。

尺寸与重量： 面径8.3、缘厚0.3、钮径1.4、钮高0.5厘米，镜面弧度0.05厘米。重112克。

收藏机构： 淄博市临淄区齐文化发展研究中心

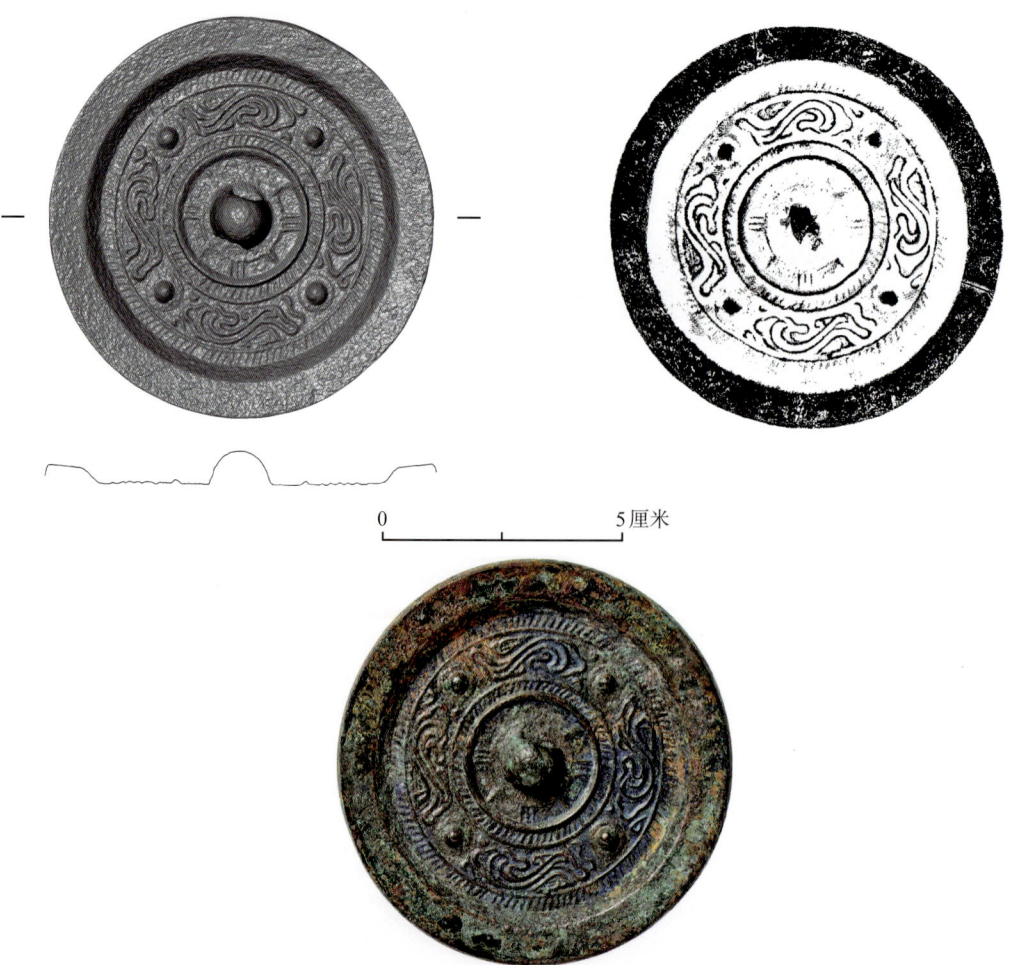

图1-226   四乳四虺纹镜（LZJ-2019-099）三维模型、拓本与照片

（二）四乳四虺纹镜

考察编号： LZJ-2019-100（原编号"金鼎绿城三期M127：1"）

特征描述： 半球形钮，半圆形钮孔，圆台钮座。钮座与外侧一周宽凸弦纹圈带间对称分布四组三线弧线纹和指甲纹。凸弦纹圈带外侧两周单线斜向栉齿纹带间为主纹区。对称分布的四枚圆台座乳丁将主纹区均匀分为四区，每区饰一组复线S形虺纹。虺纹外侧饰一简化鸟纹。宽素平缘，缘边稍斜。镜面、镜背有少量红、绿色锈。银白色材质。钮座、圈带、乳丁、外区经过研磨（图1-227）。

尺寸与重量： 面径10.3、缘厚0.5、钮径1.6、钮高0.7厘米，镜面弧度0.2厘米。重176克。

收藏机构： 淄博市临淄区齐文化发展研究中心

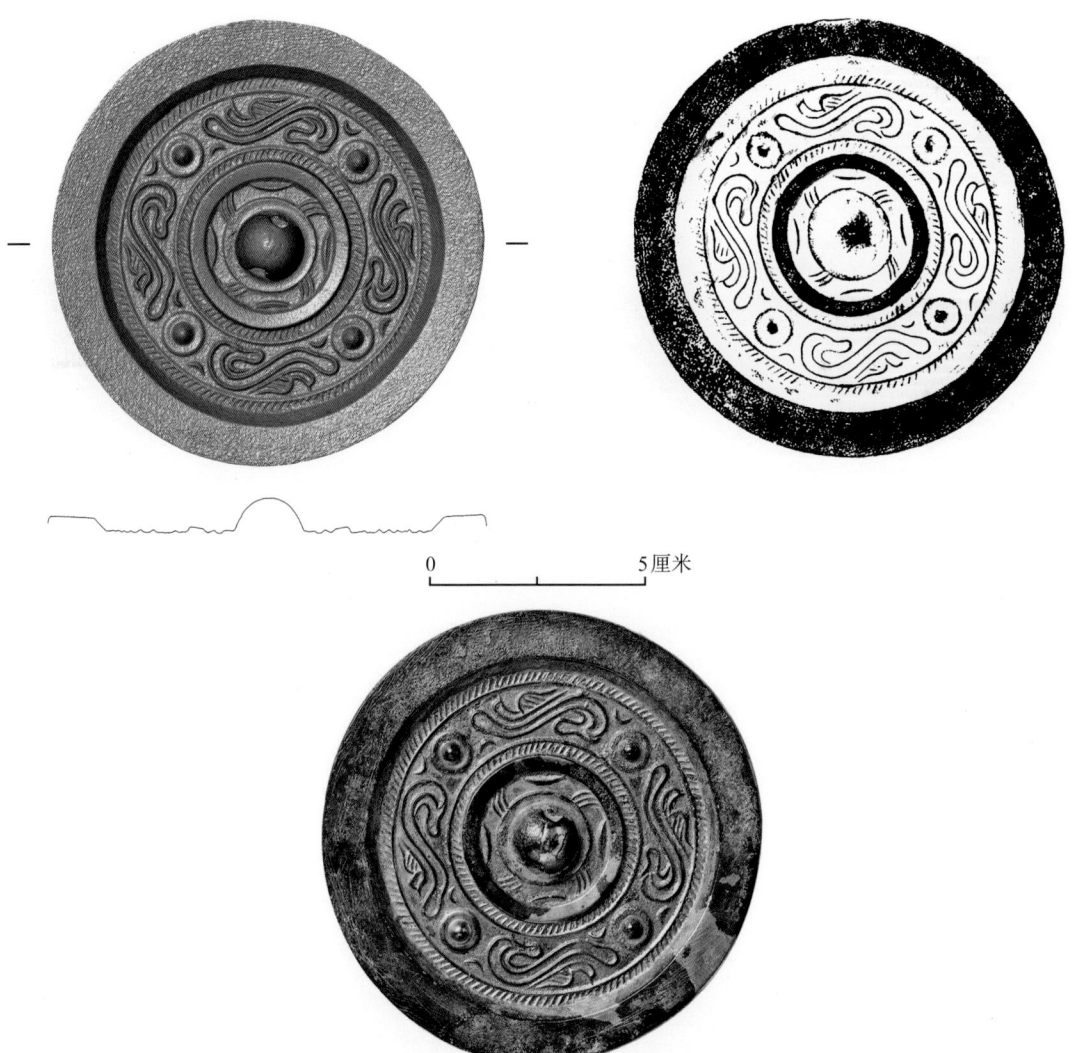

0　　　　　　5厘米

图1-227　四乳四虺纹镜（LZJ-2019-100）三维模型、拓本与照片

（三）四乳四虺纹镜

考察编号： LZJ-2019-101（原编号"光明小区二期M225出土镜"）

特征描述： 半球形钮，半圆形钮孔，圆台钮座。钮座与外侧一周宽凸弦纹圈带间对称分布四组弧线纹和三线段纹。凸弦纹圈带外侧两周单线斜向栉齿纹带间为主纹区。对称分布的四枚圆台座乳丁将主纹区均匀分为四区，每区饰有一组复线S形虺纹。虺纹外侧饰一简化鸟纹等纹饰。宽素平缘，缘边稍斜。镜面有红、绿、蓝色锈，残存有织物痕迹。镜背有少量红、绿色锈。银白色材质。钮座、圈带、乳丁、外区经过研磨。钮座似有刮痕（图1-228）。

尺寸与重量： 面径10.4、缘厚0.4、钮径1.5、钮高0.5厘米，镜面弧度0.3厘米。重195克。

收藏机构： 淄博市临淄区齐文化发展研究中心

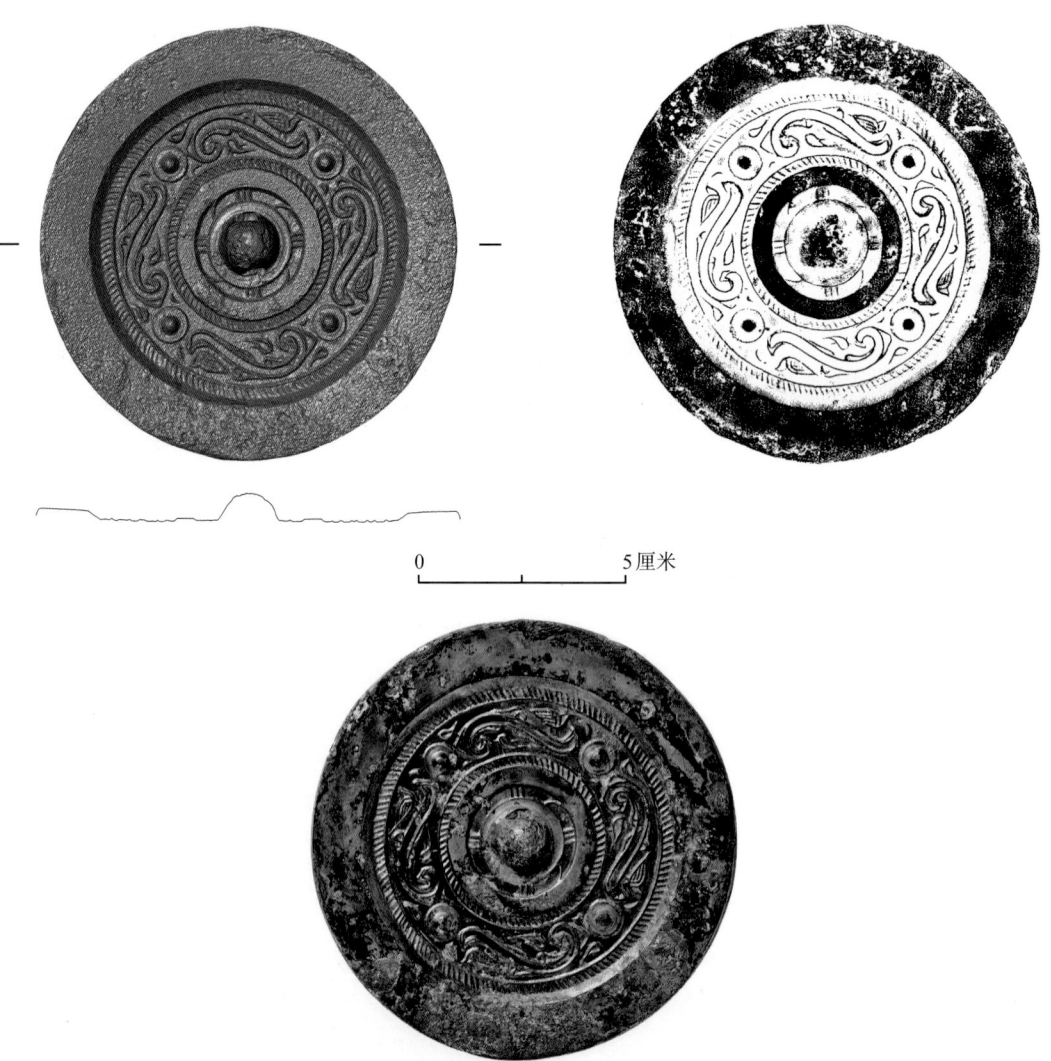

0　　　　　　5厘米

图1-228　四乳四虺纹镜（LZJ-2019-101）三维模型、拓本与照片

（四）四乳四虺纹镜

考察编号：LZJ-2019-102（原编号"南马新村二期M206出土镜"）

特征描述：半球形钮，半圆形钮孔，圆台钮座。钮座外饰四组三线短线纹。各组短线纹间有一道弧线。两周单线斜向栉齿纹带间为主纹区。对称分布的四枚圆台座乳丁将主纹区均匀分为四区，每区饰一组S形复线虺纹。虺纹内外侧均饰一简化鸟纹等纹饰。宽素平缘。镜背、镜面局部覆有绿色锈。银白色材质。钮座、乳丁、外区经过研磨。钮座一侧有凹陷或不清晰，似为浇口所在（图1-229）。

尺寸与重量：面径9.1、缘厚0.3、钮径1.3、钮高0.5厘米，镜面弧度0.08厘米。重128克。

收藏机构：淄博市临淄区齐文化发展研究中心

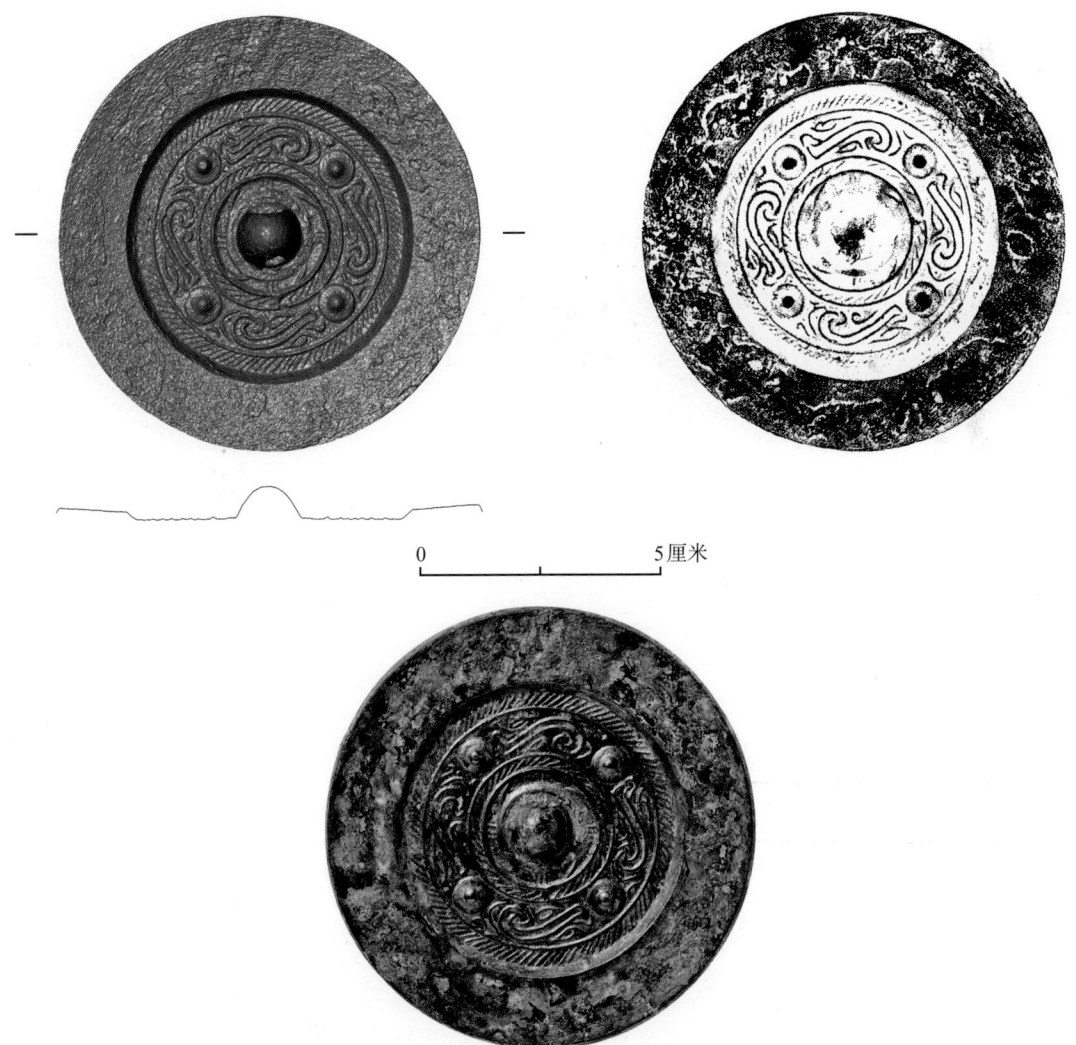

图1-229 四乳四虺纹镜（LZJ-2019-102）三维模型、拓本与照片

（五）四乳四虺纹镜

考察编号： LZJ-2019-103（原编号"淄江花园方正2009M198出土镜"）

特征描述： 半球形钮，半圆形钮孔，圆台钮座。钮座与外侧一周凸弦纹圈带间饰四组指甲纹和短线纹。两周单线斜向栉齿纹带间为主纹区。对称分布的四枚圆台座乳丁将主纹区均匀分为四区，每区饰一组S形复线虺纹。虺纹外侧饰有简化鸟纹，内侧有曲线纹。宽素平缘。镜背大部覆有绿色锈，局部覆有红色锈。镜面大部覆有绿色锈。银白色材质。钮座、乳丁、外区经过研磨。钮座一侧有凹陷或不清晰，似为浇口所在（图1-230）。

尺寸与重量： 面径9.0、缘厚0.4、钮径1.0、钮高0.7厘米，镜面弧度0.05厘米。重126克。

收藏机构： 淄博市临淄区齐文化发展研究中心

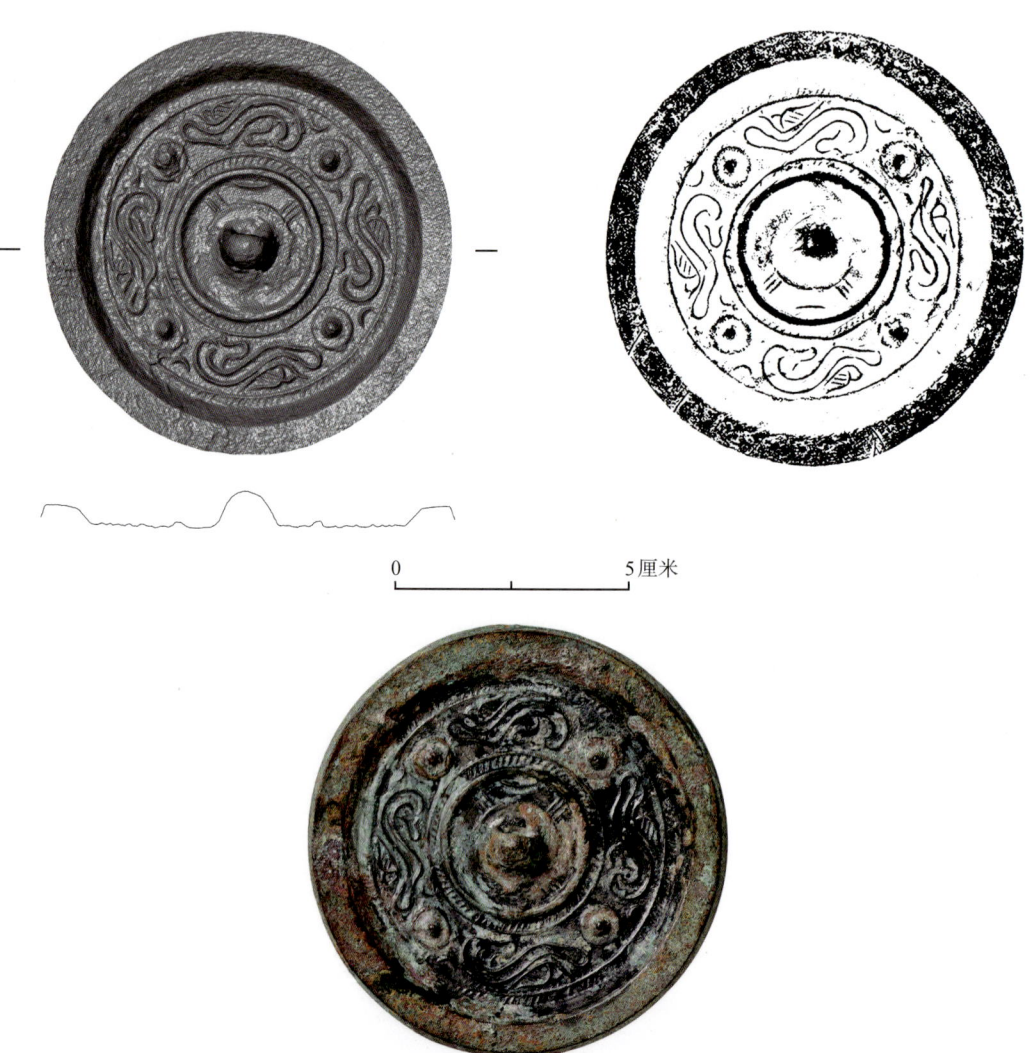

0　　　　　　　　5厘米

图1-230　四乳四虺纹镜（LZJ-2019-103）三维模型、拓本与照片

（六）四乳四虺纹镜

考察编号： LZJ-2019-104（原编号"方正凤凰城M23出土镜"）

特征描述： 半球形钮，半圆形钮孔，圆台钮座。钮座外两周单线斜向栉齿纹带间为主纹区。对称分布的四枚圆台座乳丁将主纹区均匀分为四区，每区饰一组S形复线虺纹。虺纹外侧饰简化鸟纹，内侧有曲线纹。宽素平缘，缘边稍斜。镜面局部有红、绿色锈。镜背局部有绿色锈。银白色材质。钮座、乳丁、外区经过研磨。仅有微量凹线痕迹。钮座一侧有凹陷或不清晰，似为浇口所在（图1-231）。

尺寸与重量： 面径8.1、缘厚0.4、钮径1.3、钮高0.5厘米，镜面弧度0.2厘米。重109克。

收藏机构： 淄博市临淄区齐文化发展研究中心

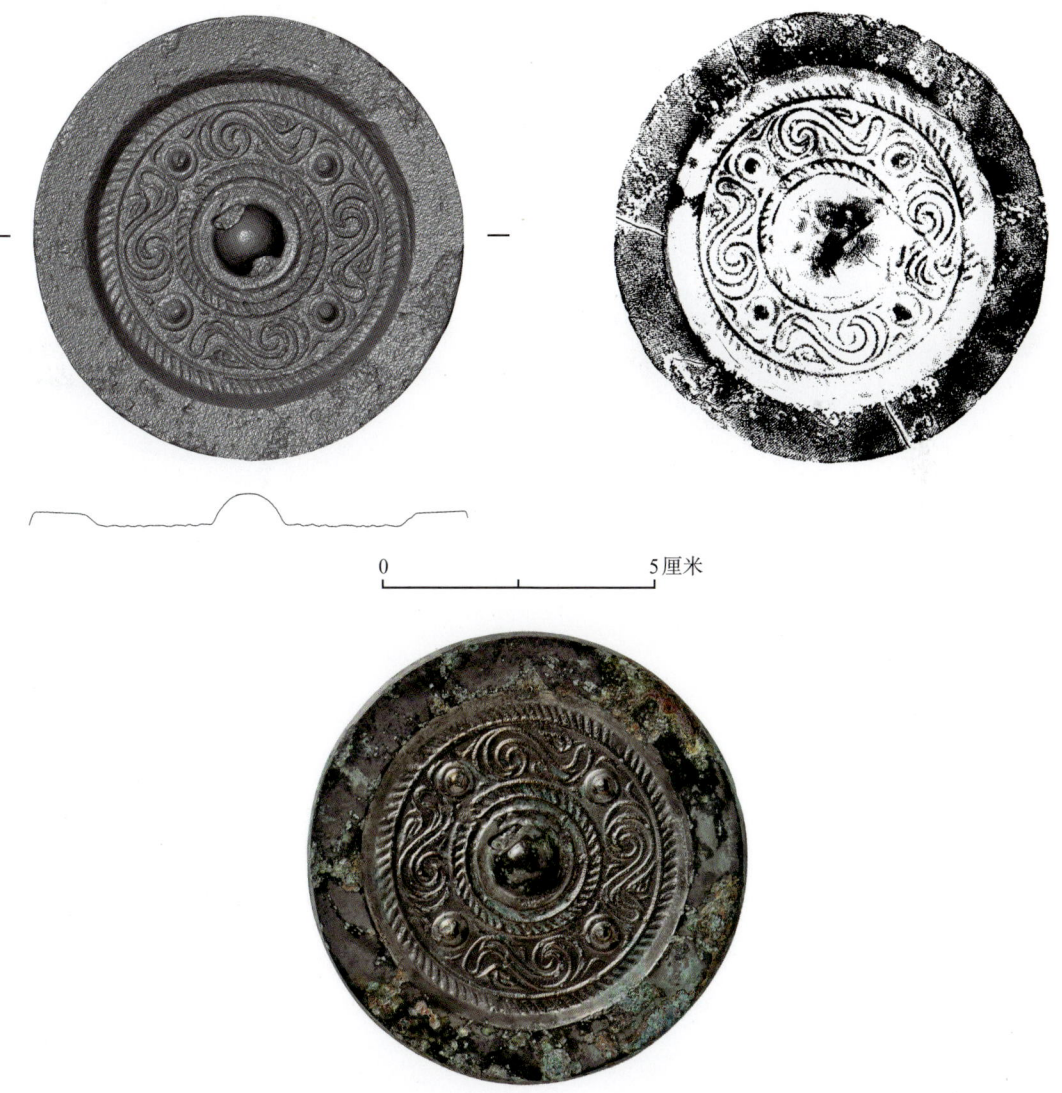

图1-231　四乳四虺纹镜（LZJ-2019-104）三维模型、拓本与照片

（七）四乳四虺纹镜

考察编号： LZJ-2019-105（原编号"金鼎绿城三期M251：1"）

特征描述： 半球形钮，半圆形钮孔，圆台钮座。钮座与外侧一周凸弦纹之间饰四组弧线纹和短线纹。两周单线斜向栉齿纹带间为主纹区。对称分布的四枚圆台座乳丁将主纹区均匀分为四区，每区饰有一组S形复线虺纹。虺纹内外侧各饰有一简化鸟纹。宽素平缘，缘边稍斜。镜背局部有红、蓝、绿色锈。镜面局部有红、绿色锈。银白色材质。钮座、乳丁、外区经过研磨。镜面有残存纤维痕迹（图1-232）。

尺寸与重量： 面径9.0、缘厚0.6、钮径1.5、钮高0.8厘米，镜面弧度0.1厘米。重272克。

收藏机构： 淄博市临淄区齐文化发展研究中心

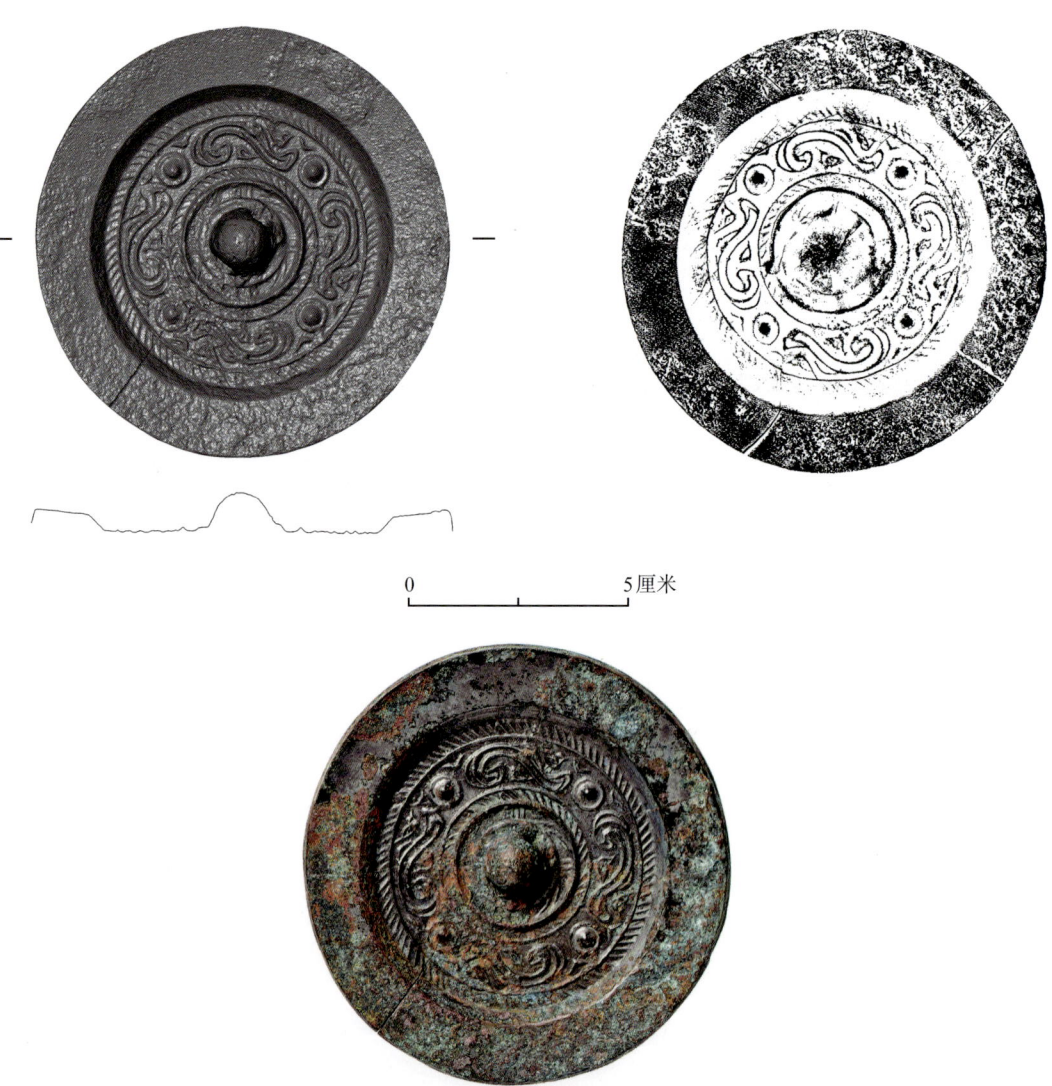

0　　　　　　5厘米

图1-232　四乳四虺纹镜（LZJ-2019-105）三维模型、拓本与照片

（八）四乳四虺纹镜

考察编号： LZJ-2019-106（原编号"光明小区二期 M53：1"）

特征描述： 半球形钮，半圆形钮孔，圆台钮座。钮座与外侧一周宽凸弦纹圈带间对称分布四组三线弧线纹和三线短线纹。凸弦纹圈带外侧两周单线斜向栉齿纹带间为主纹区。对称分布的四枚圆台座乳丁将主纹区均匀分为四区，每区饰一组S形复线虺纹。虺纹内外侧各饰一简化鸟纹等纹饰。宽素平缘，缘边稍斜。镜面有少量红、蓝、绿色锈。镜背有少量红、绿色锈。银白色材质。钮座、圈带、乳丁、外区经过研磨（图1-233）。

尺寸与重量： 面径10.4、缘厚0.4、钮径1.4、钮高0.7厘米，镜面弧度0.1厘米。重204克。

收藏机构： 淄博市临淄区齐文化发展研究中心

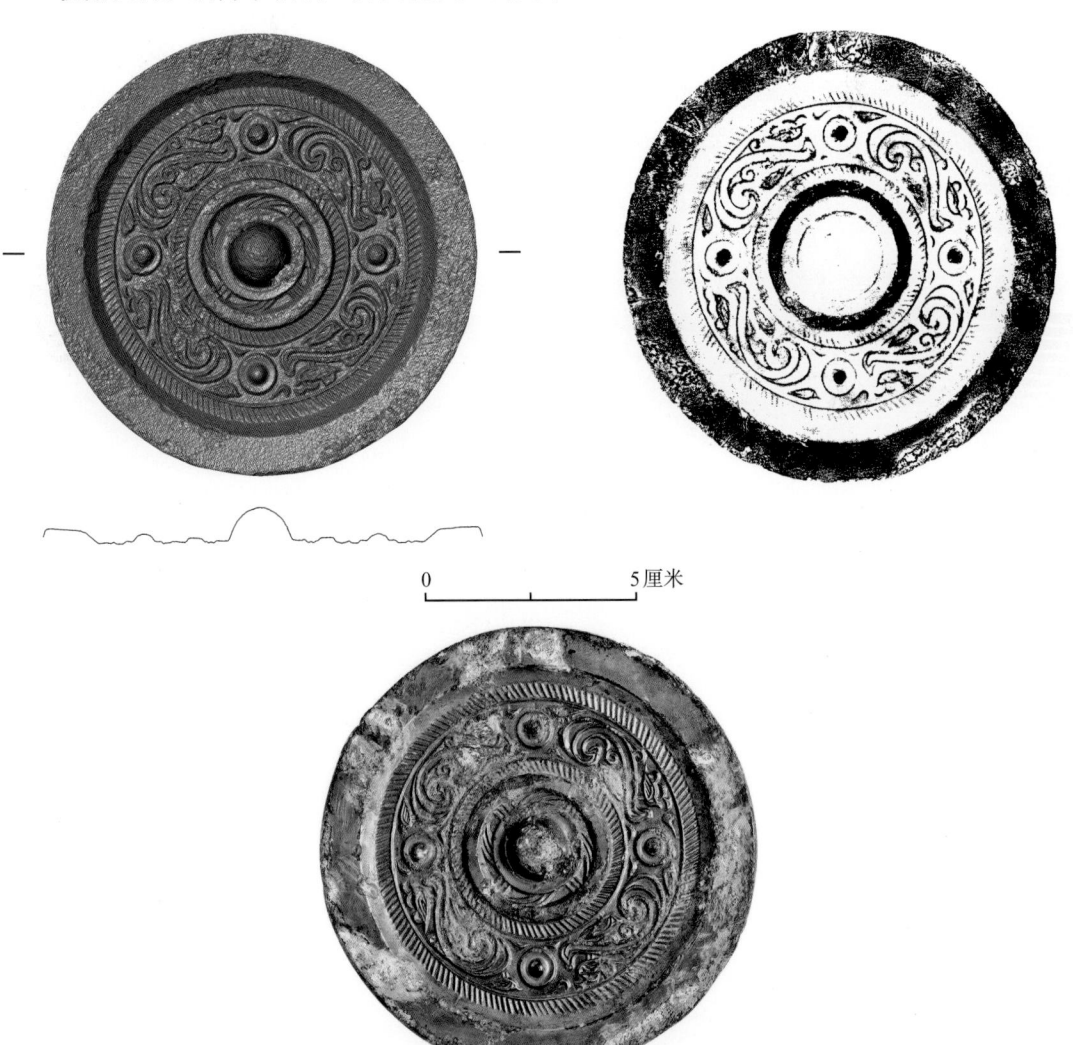

图1-233　四乳四虺纹镜（LZJ-2019-106）三维模型、拓本与照片

（九）四乳四虺纹镜

考察编号： LZJ-2019-107（原编号"翰林院M322：1"）

特征描述： 半球形钮，半圆形钮孔，柿蒂形钮座。柿蒂纹间饰花苞和弧线纹。钮座外有一周宽凸弦纹圈带。两周单线斜向栉齿纹带间为主纹区。对称分布的四枚圆台座乳丁将主纹区均匀分为四区，每区饰一组S形复线虺纹。虺纹内外侧各饰一简化鸟纹和云纹等纹饰。宽素平缘，缘边稍斜。镜背局部有绿色锈。银白色材质。钮座、圈带、乳丁、外区经过研磨（图1-234）。

尺寸与重量： 面径12.8、缘厚0.7、钮径1.7、钮高0.9厘米，镜面弧度0.2厘米。重512克。

收藏机构： 淄博市临淄区齐文化发展研究中心

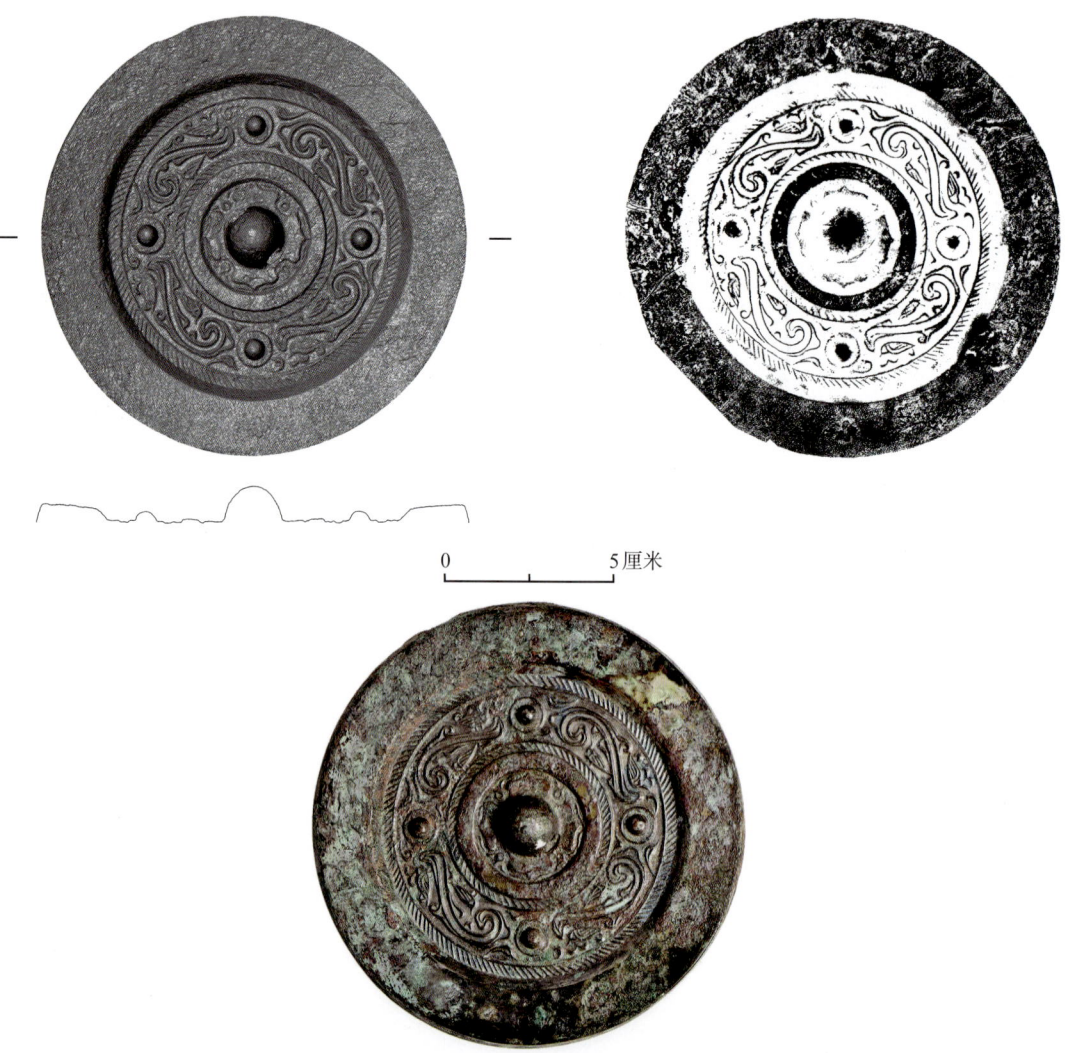

0   5厘米

图1-234 　四乳四虺纹镜（LZJ-2019-107）三维模型、拓本与照片

（十）四乳四虺纹镜

考察编号： LZJ-2019-108（原编号"棠悦小区M1059出土镜"）

特征描述： 半球形钮，半圆形钮孔，圆台钮座。钮座与外侧一周宽凸弦纹圈带间对称分布四组指甲纹和三线弧线纹。凸弦纹圈带外侧两周单线斜向栉齿纹带间为主纹区。对称分布的四枚圆台座乳丁将主纹区均匀分为四区，每区饰一组S形复线虺纹。虺纹内外侧各饰一简化鸟纹和其他纹饰。宽素平缘。镜面、镜背局部有绿色锈。银白色材质。钮座、圈带、乳丁、外区经过研磨。钮座似有刮痕。钮座一侧有凹陷或不清晰，似为浇口所在。表面仅有少量凸线痕迹（图1-235）。

尺寸与重量： 面径11.7、缘厚0.5、钮径1.5、钮高0.7厘米，镜面弧度0.05厘米。重306克。

收藏机构： 淄博市临淄区齐文化发展研究中心

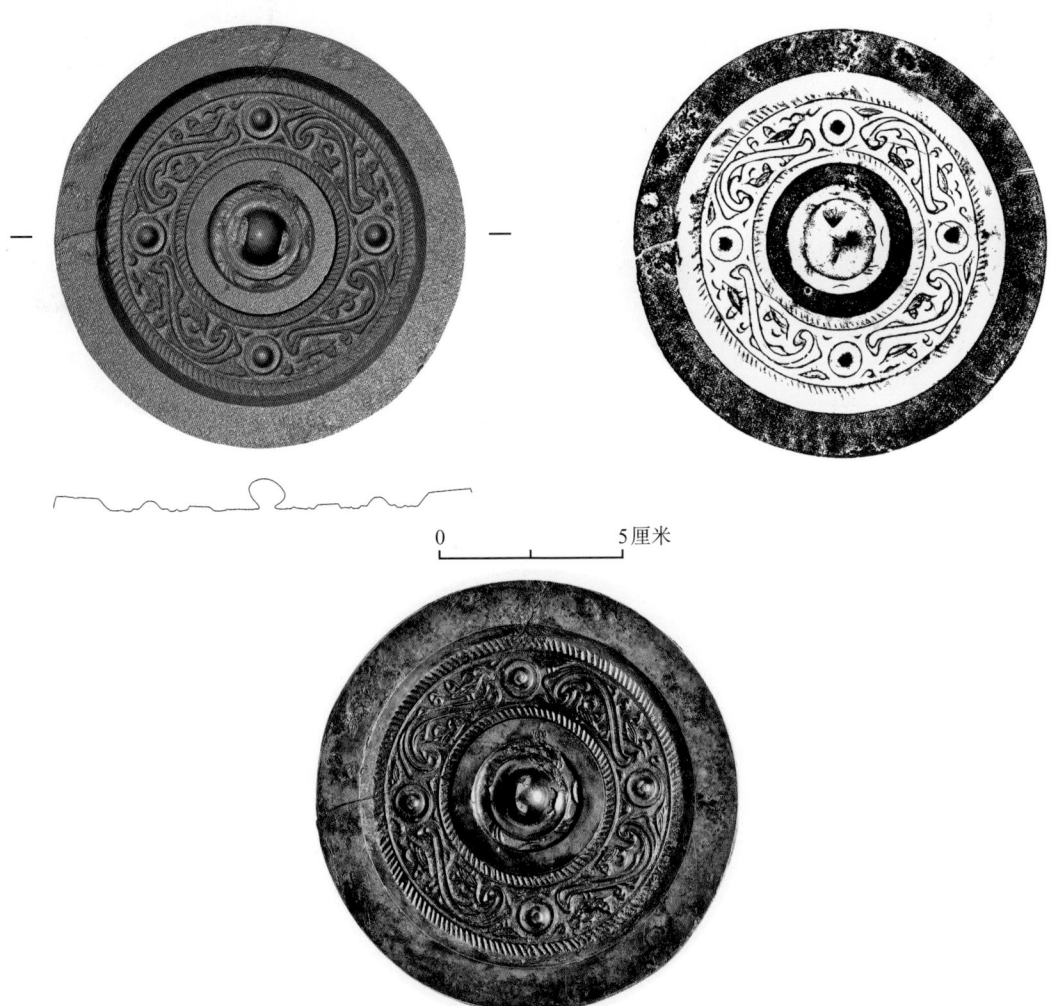

0   5厘米

图1-235 四乳四虺纹镜（LZJ-2019-108）三维模型、拓本与照片

（十三）四乳四虺纹镜

考察编号：LZJ-2019-111（原编号"金鼎绿城二期 M108：1"）

特征描述：半球形钮，半圆形钮孔，圆台钮座。钮座与外侧一周宽凸弦纹圈带间对称分布四组三线短线纹和双弧线纹。缘内两周单线斜向栉齿纹带间为主纹区。对称分布的四枚圆台座乳丁将主纹区均匀分为四区，每区饰一组 S 形复线虺纹。虺纹内外侧各饰一简化鸟纹和云纹等纹饰。宽素平缘，缘边稍斜。镜面、镜背局部有红、绿色锈。银白色材质。钮座、圈带、乳丁、外区经过研磨。钮座似有刮痕。镜面残存纤维痕迹（图 1-238）。

尺寸与重量：面径 10.8、缘厚 0.5、钮径 1.5、钮高 0.6 厘米，镜面弧度 0.2 厘米。重261 克。

收藏机构：淄博市临淄区齐文化发展研究中心

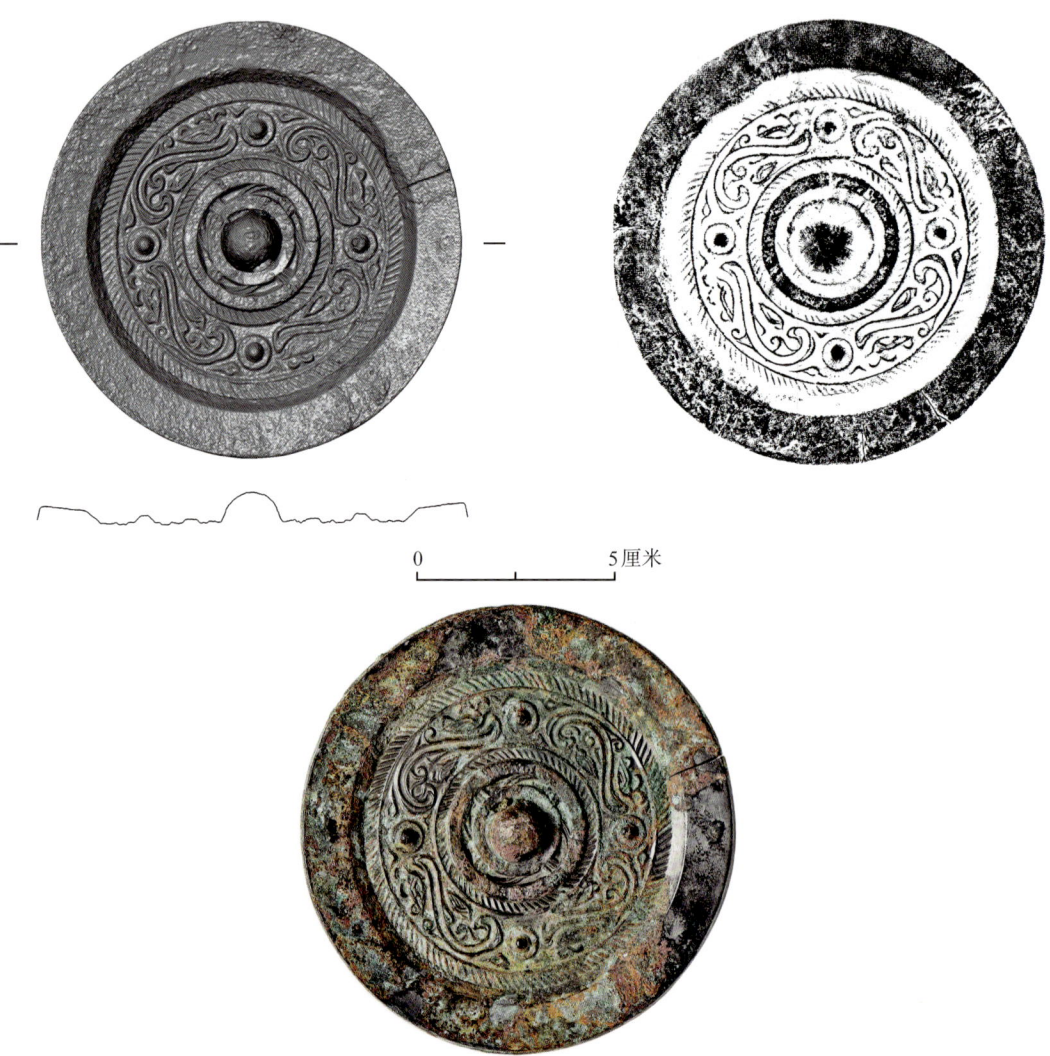

图 1-238　四乳四虺纹镜（LZJ-2019-111）三维模型、拓本与照片

（十四）四乳四虺纹镜

考察编号： LZJ-2019-112（原编号"南马新村二期M169出土镜"）

特征描述： 半球形钮，半圆形钮孔，圆台钮座。钮座与外侧一周宽凸弦纹圈带间对称分布四组三线短线纹和弧线纹。缘内两周单线斜向栉齿纹带间为主纹区。对称分布的四枚圆台座乳丁将主纹区均匀分为四区，每区饰一组S形复线虺纹。虺纹内外侧各饰一简化鸟纹和云纹等纹饰。宽素平缘，缘边稍斜。镜一侧有一道干裂纹。镜背局部有红、绿色锈。镜面有一层绿色锈。银白色材质。钮座、圈带、乳丁、外区经过研磨。钮座有刮痕（图1-239）。

尺寸与重量： 面径10.9、缘厚0.7、钮径1.6、钮高0.7厘米，镜面弧度0.2厘米。重405克。

收藏机构： 淄博市临淄区齐文化发展研究中心

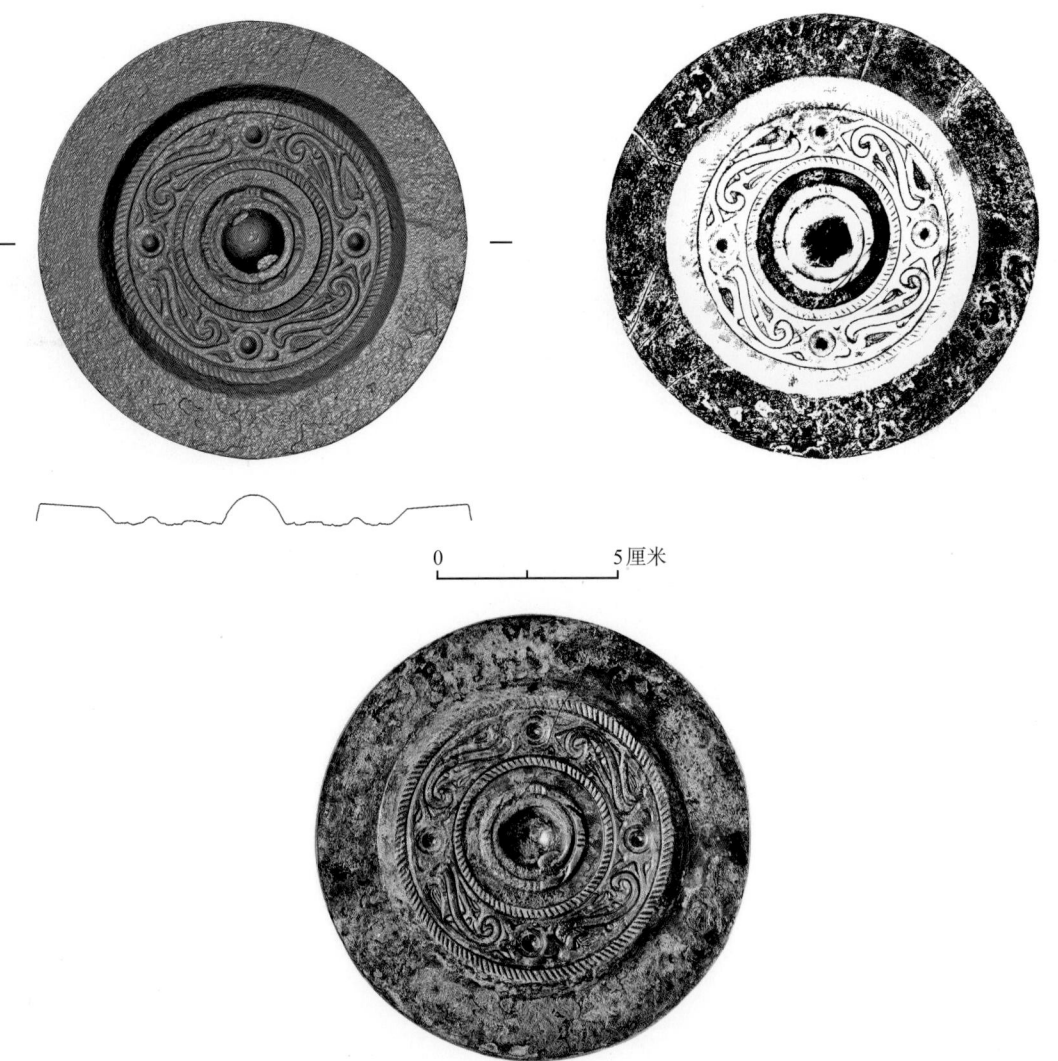

0　　　　　5厘米

图1-239　四乳四虺纹镜（LZJ-2019-112）三维模型、拓本与照片

（十五）四乳四虺纹镜

考察编号： LZJ-2019-113（原编号"棠悦小区M632：1"）

特征描述： 半球形钮，半圆形钮孔，圆台钮座。钮座与外侧一周宽凸弦纹圈带间对称分布四组三线短线纹和单线斜线纹。凸弦纹圈带外侧两周单线斜向栉齿纹带间为主纹区。对称分布的四枚圆台座乳丁将主纹区均匀分为四区，每区饰一组S形复线虺纹。虺纹内外侧各饰一简化鸟纹和云纹等纹饰。宽素平缘，缘边稍斜。镜面覆有一层绿色锈。镜背局部有红、绿色锈。银白色材质。钮座、圈带、乳丁、外区经过研磨。钮座似有刮痕（图1-240）。

尺寸与重量： 面径11.0、缘厚0.6、钮径1.7、钮高0.7厘米，镜面弧度0.2厘米。重306克。

收藏机构： 淄博市临淄区齐文化发展研究中心

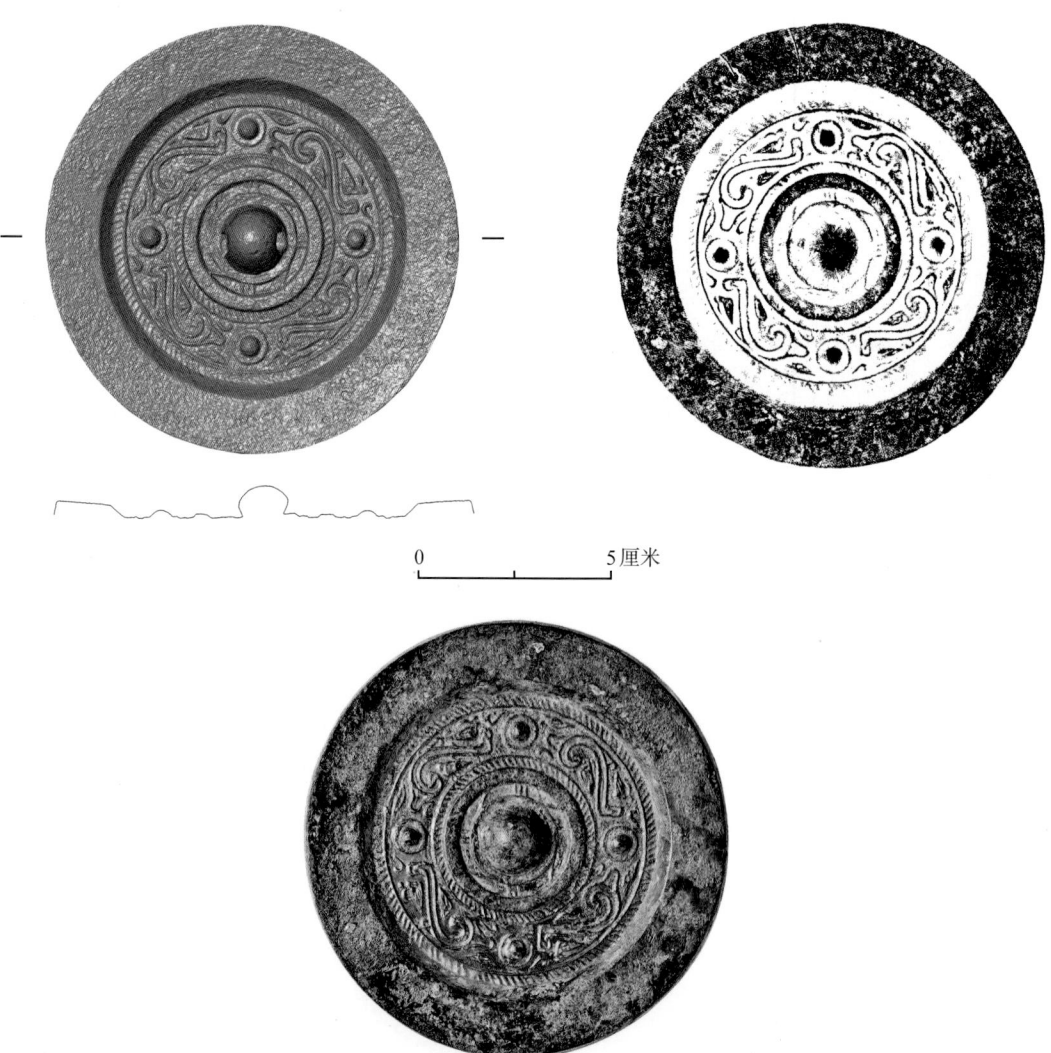

图1-240　四乳四虺纹镜（LZJ-2019-113）三维模型、拓本与照片

（十六）四乳四虺纹镜

考察编号： LZJ-2019-114（原编号"淄江花园万泰J组团M152：1"）

特征描述： 半球形钮，半圆形钮孔，圆台钮座。钮座与外侧一周宽凸弦纹圈带间对称分布四组三线短线纹和三线弧线纹。凸弦纹圈带外侧两周单线斜向栉齿纹带间为主纹区。对称分布的四枚圆台座乳丁将主纹区均匀分为四区，每区饰一组S形复线虺纹。虺纹内外侧各饰一简化鸟纹和云纹等纹饰。宽素平缘，缘边稍斜。镜面覆有一层绿色锈。镜背局部有红、绿色锈。银白色材质。钮座、圈带、乳丁、外区经过研磨。钮座有刮痕（图1-241）。

尺寸与重量： 面径10.6、缘厚0.6、钮径1.6、钮高0.8厘米，镜面弧度0.1厘米。重306克。

收藏机构： 淄博市临淄区齐文化发展研究中心

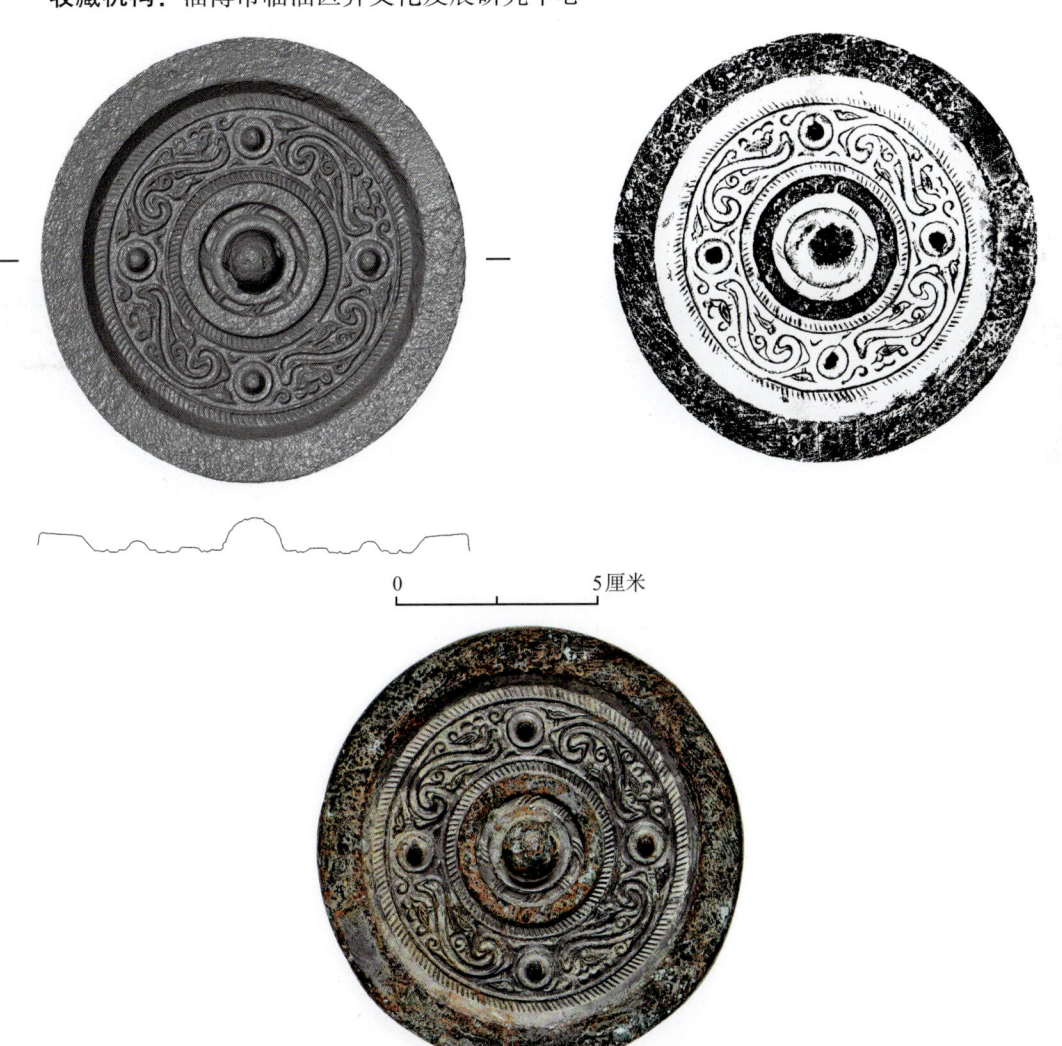

图1-241 四乳四虺纹镜（LZJ-2019-114）三维模型、拓本与照片

（十七）四乳四虺纹镜

考察编号： LZJ-2019-115（原编号"范家小区 M65：1"）

特征描述： 半球形钮，半圆形钮孔，柿蒂形钮座。柿蒂纹间饰桃形花苞和弧线纹。钮座外有一周宽凸弦纹圈带。缘内两周单线斜向栉齿纹带间为主纹区。对称分布的四枚圆台座乳丁将主纹区均匀分为四区，每区饰一组 S 形复线虺纹。虺纹上下凹处及上端各饰一简化鸟纹等纹饰。宽素平缘，缘边稍斜。锈迹较多，镜面、镜背局部有绿色锈。钮座、圈带、乳丁、外区经过研磨（图 1-242）。

尺寸与重量： 面径 13.3、缘厚 0.5、钮径 1.4、钮高 0.6 厘米，镜面弧度 0.1 厘米。重 429 克。

收藏机构： 淄博市临淄区齐文化发展研究中心

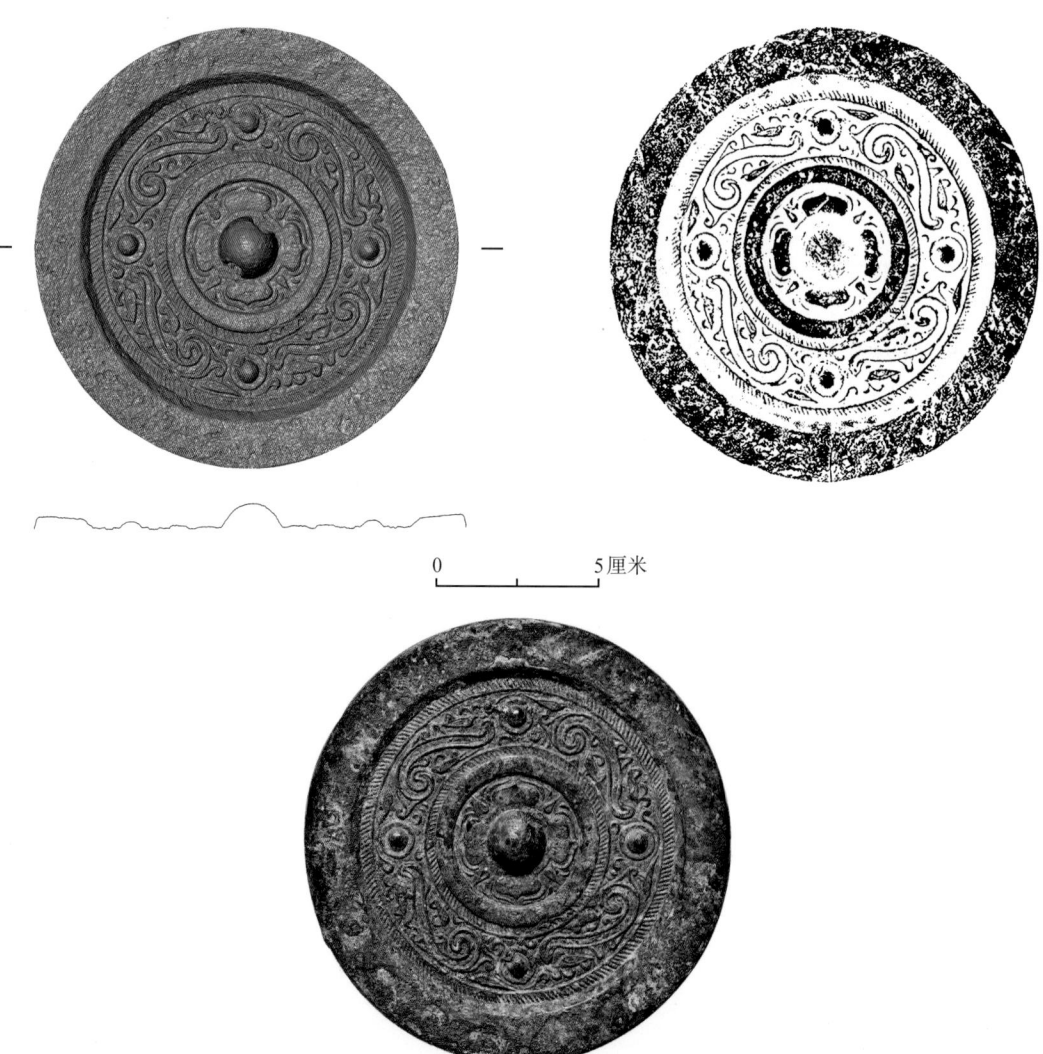

图 1-242   四乳四虺纹镜（LZJ-2019-115）三维模型、拓本与照片

（十八）四乳四虺纹镜

考察编号： LZJ-2019-116（原编号"齐兴花园M50出土镜"）

特征描述： 半球形钮，半圆形钮孔，圆台钮座。钮座与外侧一周宽凸弦纹圈带间对称分布四组三线线段纹和弧线纹。缘内两周单线斜向栉齿纹带间为主纹区。对称分布的四枚圆台座乳丁将主纹区均匀分为四区，每区饰一组S形复线虺纹。虺纹上下凹处各饰一简化鸟纹。宽素平缘，缘边稍斜。锈迹较多，镜面、镜背局部有红、绿色锈。钮座、圈带、乳丁、外区经过研磨。钮座有刮痕（图1-243）。

尺寸与重量： 面径10.8、缘厚0.6、钮径1.5、钮高0.6厘米，镜面弧度0.2厘米。重247克。

收藏机构： 淄博市临淄区齐文化发展研究中心

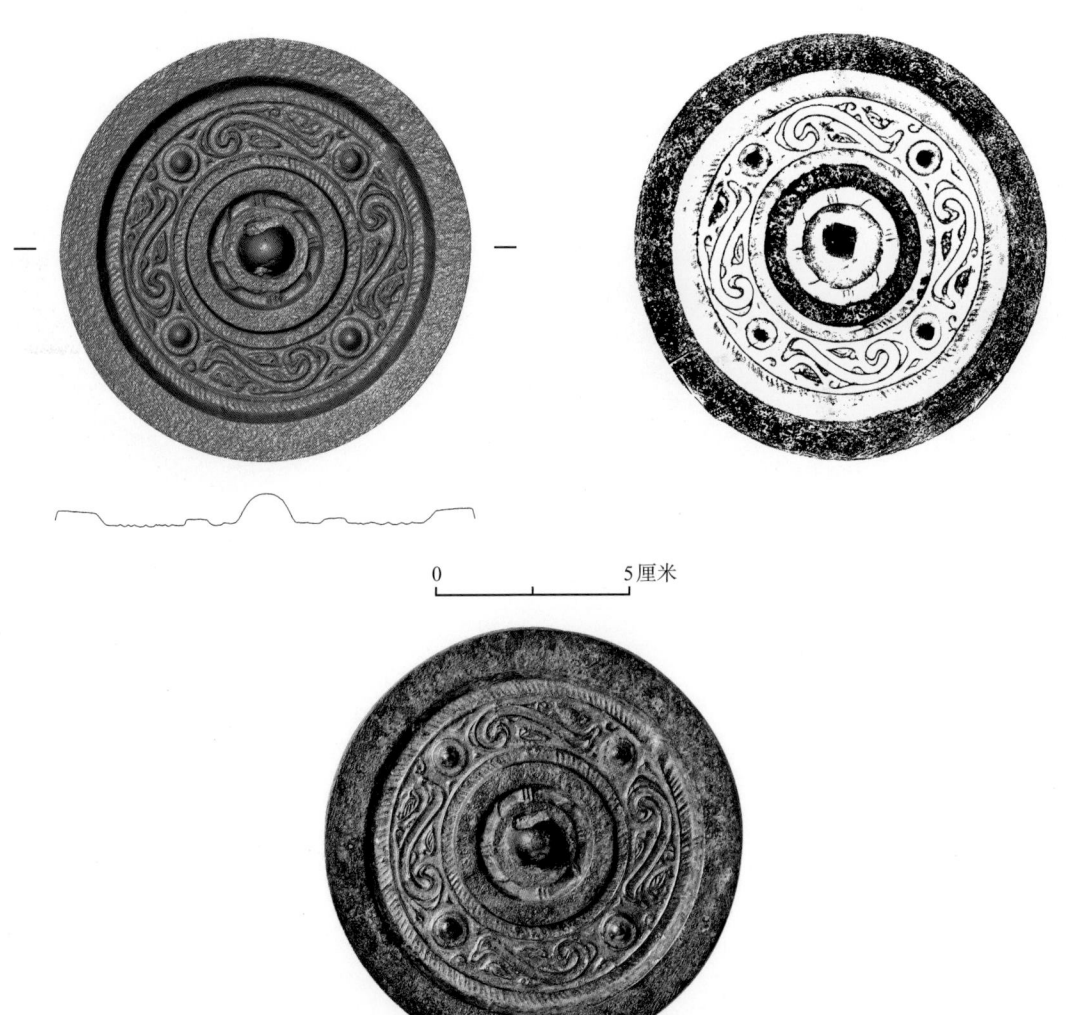

图1-243　四乳四虺纹镜（LZJ-2019-116）三维模型、拓本与照片

（十九）四乳四虺纹镜

考察编号： LZJ-2019-117（原编号"棠悦小区M81：1"）

特征描述： 半球形钮，半圆形钮孔，圆台钮座。钮座与外侧一周宽凸弦纹圈带间对称分布四组三线短线纹和双线弧线纹。凸弦纹圈带外侧两周单线斜向栉齿纹带间为主纹区。对称分布的四枚圆台座乳丁将主纹区均匀分为四区，每区饰一组S形复线虺纹。虺纹内外侧各饰一简化鸟纹等纹饰。宽素平缘，缘边略厚，沿部近直。镜面大部覆有绿色锈。镜背局部有绿色锈。银白色材质。钮座、圈带、乳丁、外区经过研磨。钮座有刮痕。钮座一侧有凹陷或不清晰，似为浇口所在（图1-244）。

尺寸与重量： 面径10.7、缘厚0.6、钮径1.6、钮高0.8厘米，镜面弧度0.2厘米。重266克。

收藏机构： 淄博市临淄区齐文化发展研究中心

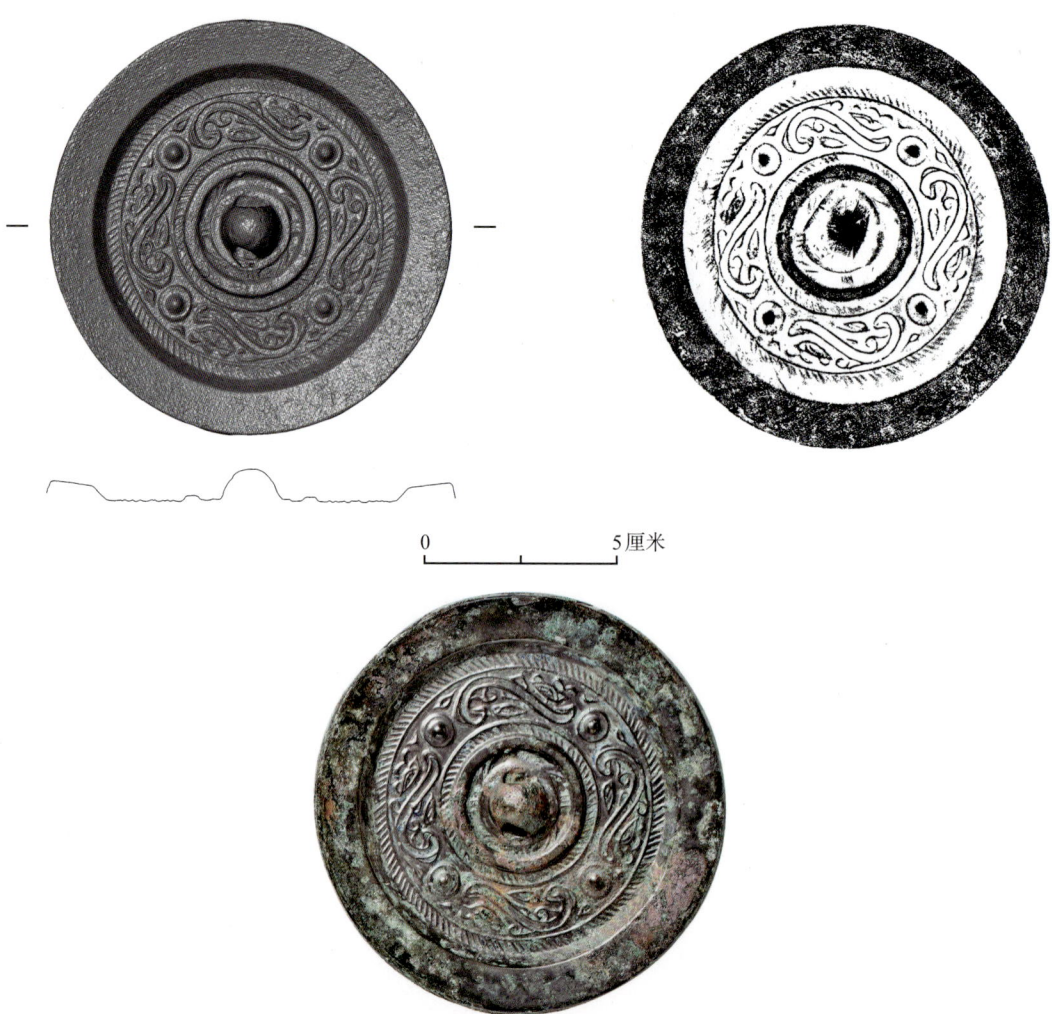

图1-244　四乳四虺纹镜（LZJ-2019-117）三维模型、拓本与照片

（二十）四乳四虺纹镜

考察编号： LZJ-2019-118（原编号"范家小区M103：1"）

特征描述： 半球形钮，半圆形钮孔，圆台钮座。钮座与外侧一周宽凸弦纹圈带间对称分布四组三线短线纹和三线弧线纹。凸弦纹圈带外侧两周单线斜向栉齿纹带间为主纹区。对称分布的四枚圆台座乳丁将主纹区均匀分为四区，每区饰一组S形复线虺纹。虺纹内外侧及端部饰三组简化鸟纹等纹饰。宽素平缘，缘边略斜。镜面局部覆有绿色锈，镜背银白光亮。银白色材质。钮座、圈带、乳丁、外区经过研磨。钮座有刮痕。有微量凸线痕迹（图1-245；图版7-2）。

尺寸与重量： 面径10.5、缘厚0.4、钮径1.3、钮高0.6厘米，镜面弧度0.1厘米。重213克。

收藏机构： 淄博市临淄区齐文化发展研究中心

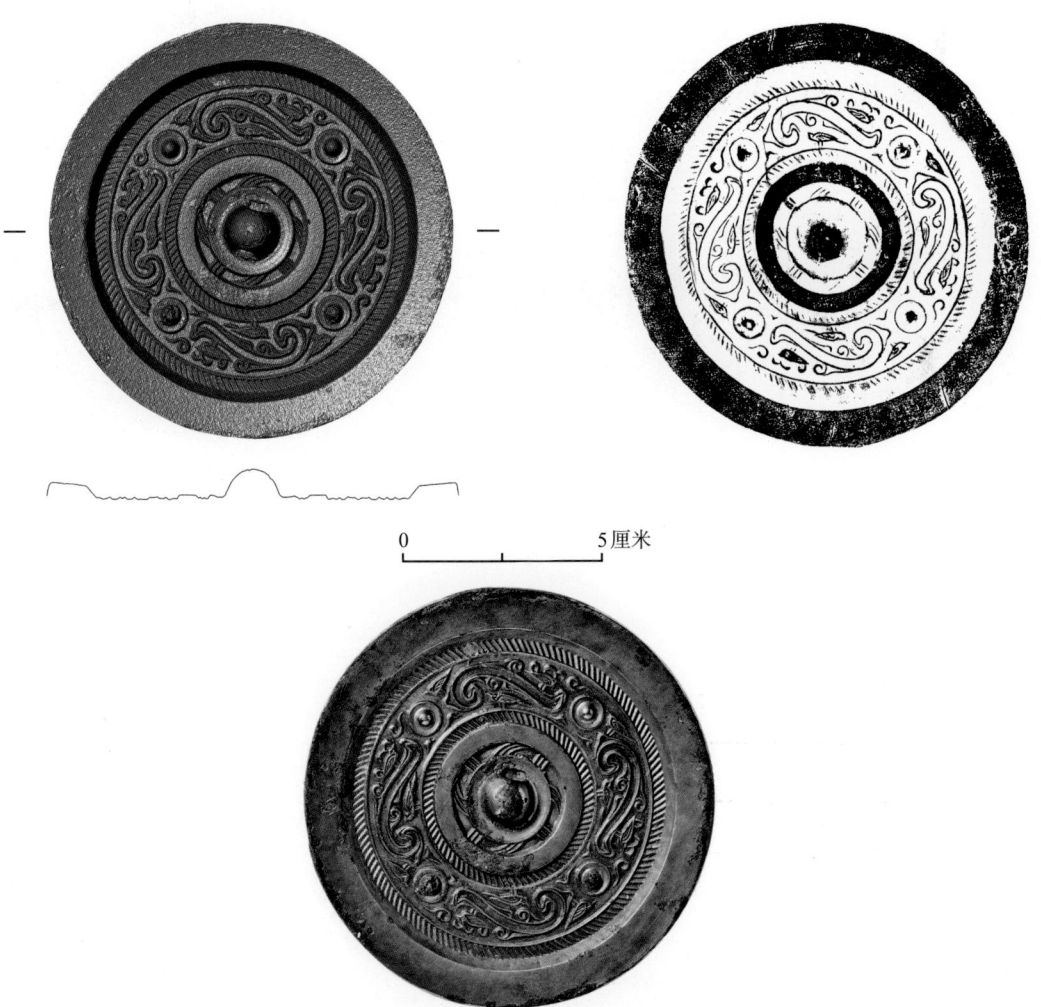

0   5厘米

图1-245 四乳四虺纹镜（LZJ-2019-118）三维模型、拓本与照片

（二十一）四乳四虺纹镜

考察编号： LZJ-2019-176（原编号"金芘苑M14：1"）

特征描述： 半球形钮，半圆形钮孔，联珠钮座。钮座与外侧宽凸弦纹圈带间四条线段将联珠纹均匀分为四组。凸弦纹圈带外侧两周单线斜向栉齿纹带间为主纹区。对称分布的四枚圆台座乳丁将主纹区均匀分为四区，每区饰一组S形复线虺纹。虺纹内外侧及端部饰三组简化鸟纹及云纹等纹饰。宽素平缘，缘边略斜。锈迹较多，镜面覆有一层绿色锈和少量红色锈。镜背有红、绿色锈。钮座、圈带、乳丁、外区或经过研磨（图1-246）。

尺寸与重量： 面径14.0、缘厚0.7、钮径1.7、钮高0.8厘米，镜面弧度0.2厘米。重567克。

收藏机构： 淄博市临淄区齐文化发展研究中心

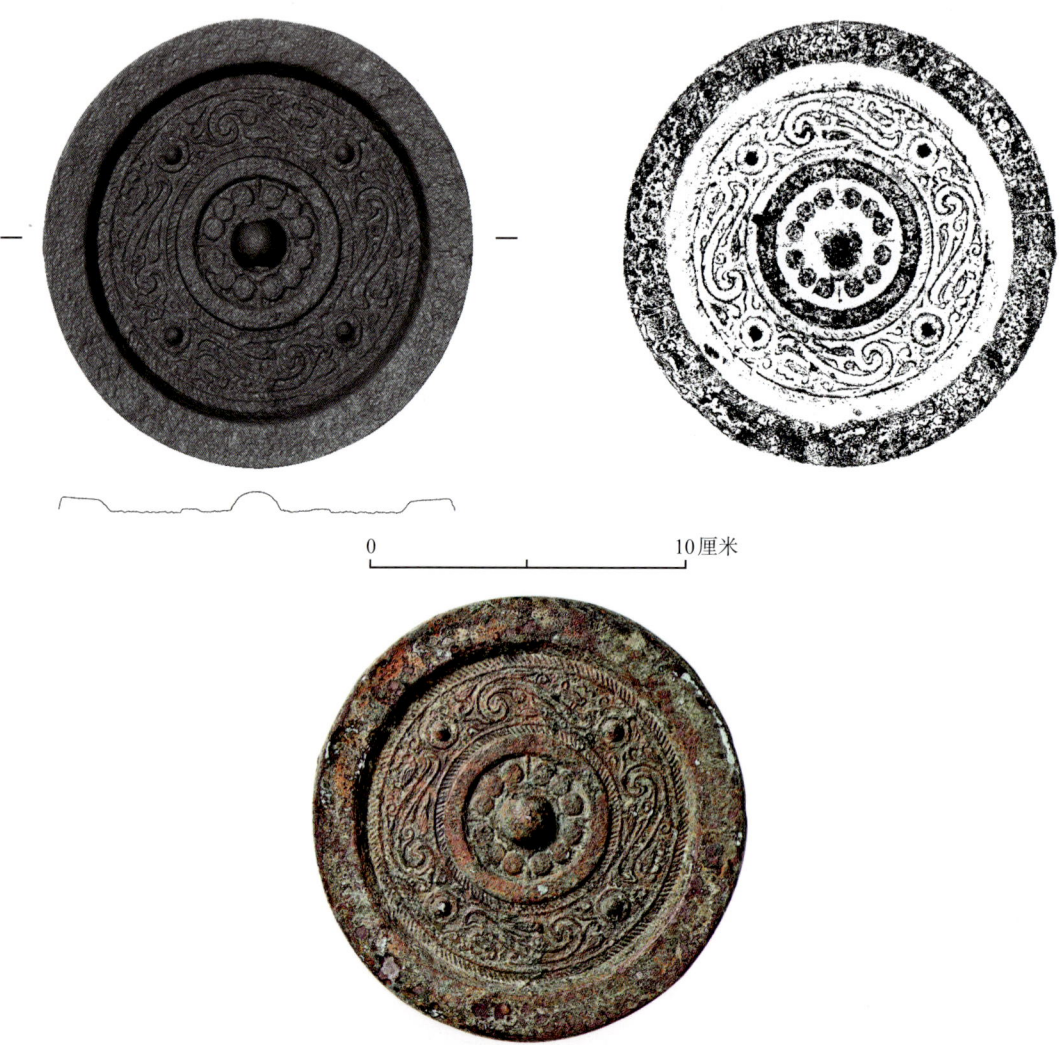

图1-246　四乳四虺纹镜（LZJ-2019-176）三维模型、拓本与照片

（二十二）四乳四虺纹镜

考察编号： LZJ-2019-373（原编号"污管线M73出土镜"）

特征描述： 半球形钮，半圆形钮孔，圆台钮座。钮座外一周凸弦纹圈带外侧两周单线斜向栉齿纹带间为主纹区。对称分布的四枚圆台座乳丁将主纹区均匀分为四区。每区饰一组逆S形复线虺纹。虺纹端部饰有单线弧线纹。宽素平缘，缘边稍斜。镜面覆有一层绿色锈。镜背有少量绿色锈。银白色材质。外区、乳丁、钮座经过研磨。栉齿纹部分有较多的砂崩现象，可能存在同范镜。一侧钮孔以及钮座处有凹陷或不清晰，似为浇口方向。镜体有铸造毛刺（图1-247）。

尺寸与重量： 面径8.6、缘厚0.5、钮径1.3、钮高0.6厘米，镜面弧度0.1厘米。重166克。

收藏机构： 淄博市临淄区齐文化发展研究中心

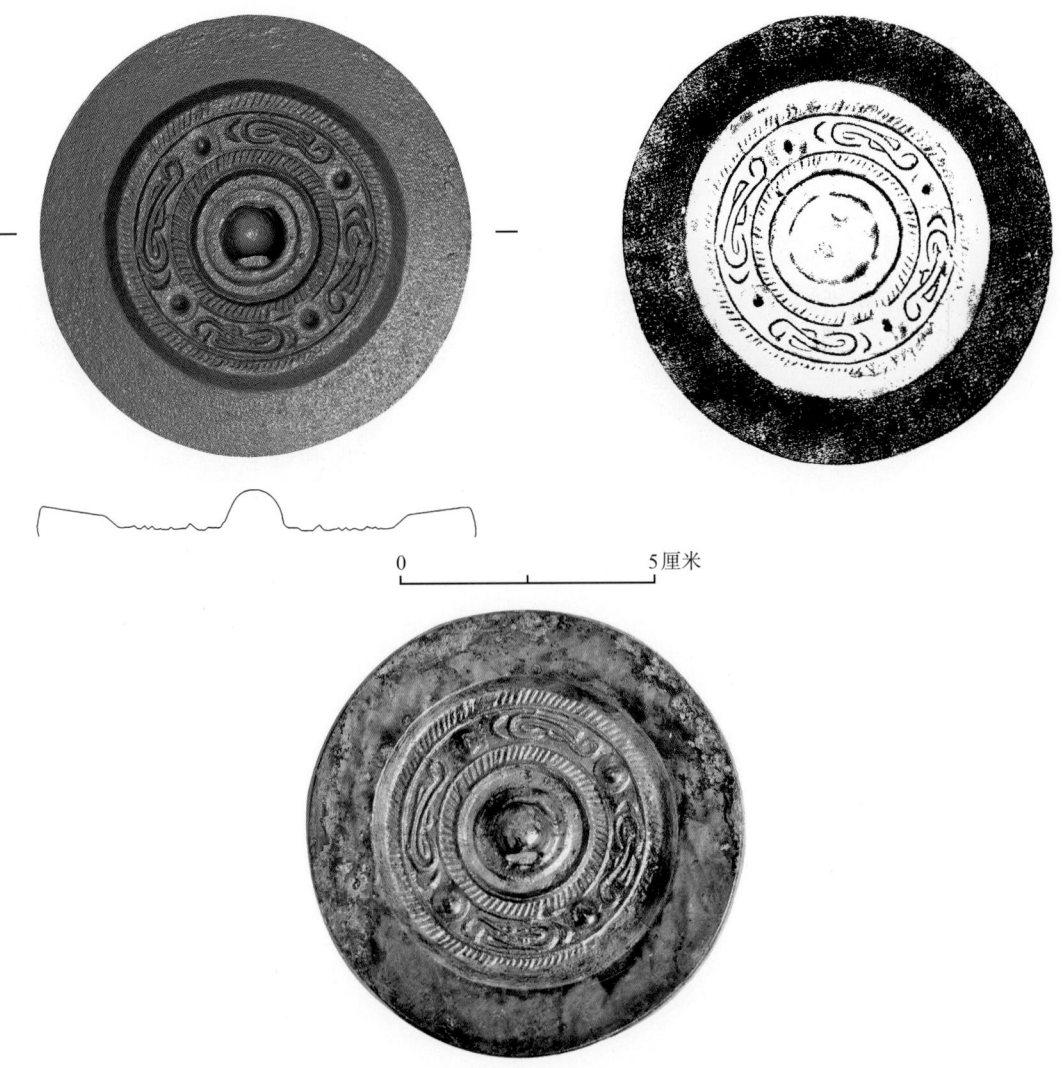

图1-247　四乳四虺纹镜（LZJ-2019-373）三维模型、拓本与照片

十二、四乳禽兽纹镜

（一）四乳兽带镜

考察编号： LZJ-2019-159（原编号"凤凰城二期M155：1"）

特征描述： 半球形钮，半圆形钮孔，柿蒂形钮座。钮座四叶间有桃形花苞和弧线纹。钮座外一周单线斜向栉齿纹带和一周宽凸弦纹圈带。凸弦纹圈带外侧两周单线斜向栉齿纹带间为主纹区。对称分布的四枚柿蒂纹座乳丁将主纹区均匀分为四区。四区分别饰有龙、虎、鹿等纹饰。外区凹圈带内饰斜线纹、弧线纹等纹饰。镜面、镜背局部覆有少量绿色锈及褐色锈。银白色材质。钮座、圈带、乳丁、外区经过研磨（图1-248）。

尺寸与重量： 面径16.3、缘厚0.5、钮径2.0、钮高1.0厘米，镜面弧度0.05厘米。重728克。

收藏机构： 淄博市临淄区齐文化发展研究中心

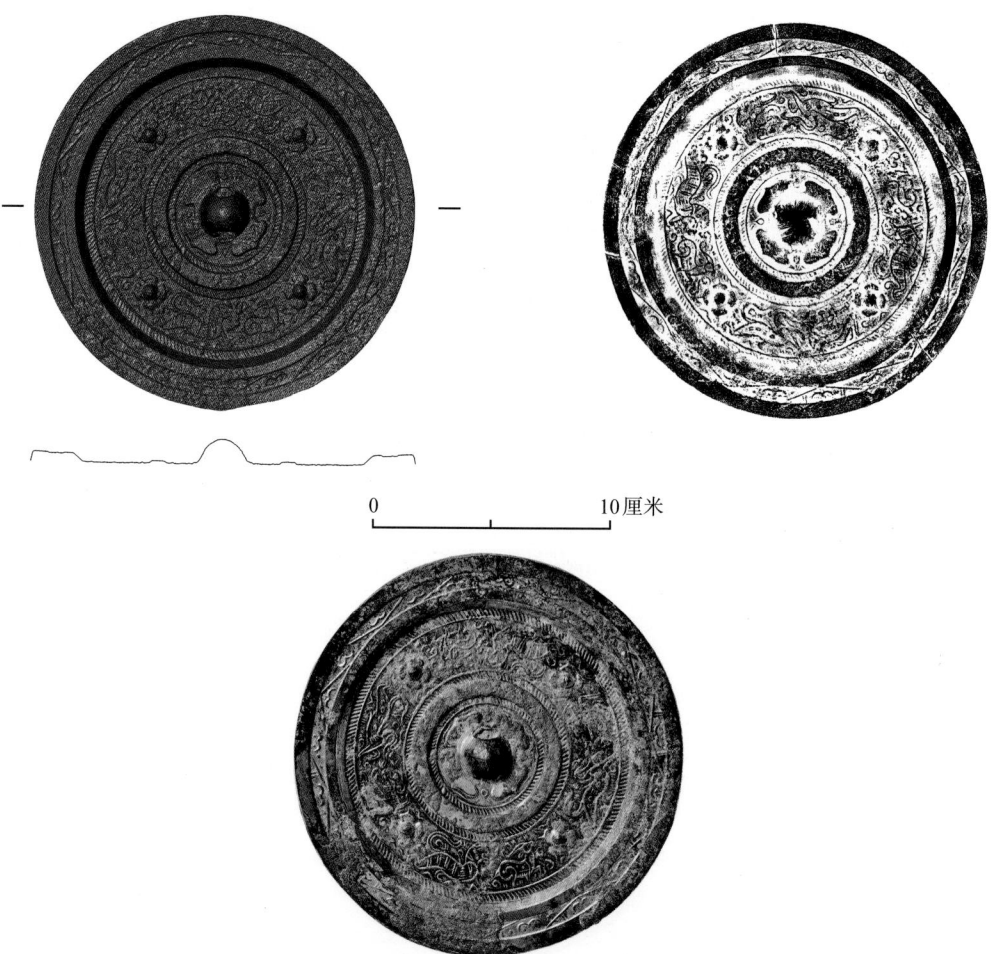

图1-248　四乳兽带镜（LZJ-2019-159）三维模型、拓本与照片

（二）树木纹禽兽纹镜

考察编号： LZJ-2019-331（原编号"太公苑M32：1"）

特征描述： 半球形钮，半圆形钮孔，联珠钮座。钮座外一周单线斜向栉齿纹带和一周宽凸弦纹圈带。钮与栉齿纹带之间对称分布四组Y形纹，将十二联珠均匀分为四组。每组联珠中间联珠外侧饰三线短线纹。主纹区位于凸弦纹圈带外侧两周单线斜向栉齿纹带间。对称分布的四组花边树木纹将主纹区均匀分为四区，每区各有一线刻禽兽纹。窄素平缘，边缘较厚。镜面、镜背满覆绿色锈。银白色材质。圈带、钮座经过研磨。一侧钮孔和联珠纹座有凹陷或不清晰，似为浇口方向（图1-249；图版8-1）。

尺寸与重量： 面径13.2、缘厚0.7、钮径1.6、钮高1.0厘米，镜面弧度0.08厘米。重360克。

收藏机构： 淄博市临淄区齐文化发展研究中心

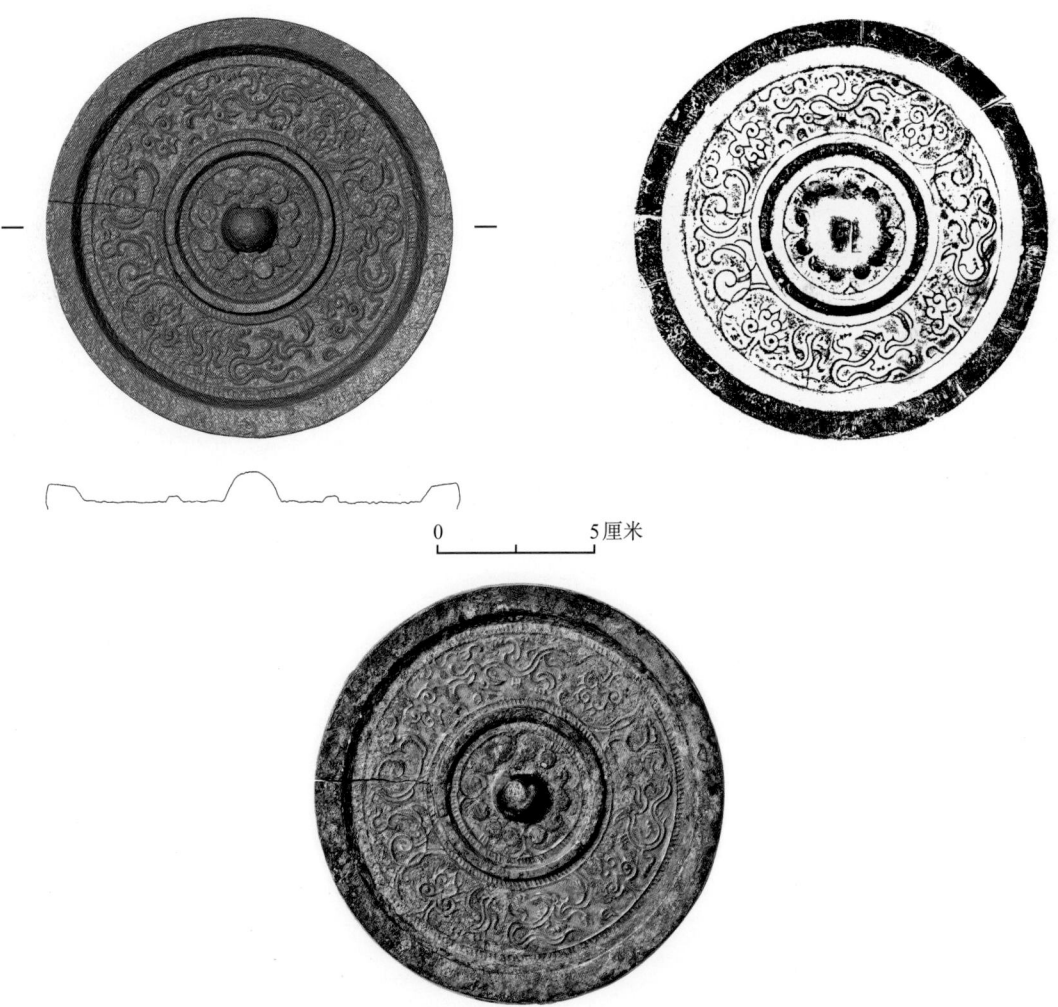

0 5厘米

图1-249 树木纹禽兽纹镜（LZJ-2019-331）三维模型、拓本与照片

（三）四乳四神纹镜

考察编号： LZJ-2019-333（原编号"淄江花园北二区M341：1"）

特征描述： 半球形钮，半圆形钮孔，柿蒂形钮座。钮座四花叶间饰花苞和弧线纹。钮座外一周宽凸弦纹圈带。缘内两周单线斜向栉齿纹带间为主纹区。对称分布的四枚圆台座乳丁将主纹区均匀分为四区。四区分别饰以线刻青龙、白虎、朱雀、玄武纹。青龙、白虎前侧各饰有一跪姿羽人，玄武前侧饰有一小鸟。宽素平缘，缘边稍斜。镜体经修复。镜面覆有红、绿色锈。镜背覆有褐、绿色锈。因锈蚀严重具体情况不明。银白色材质。外区经过研磨（图1-250）。

尺寸与重量： 面径14.2、缘厚0.6、钮径1.8、钮高0.9厘米，镜面弧度0.3厘米。重545克。

收藏机构： 淄博市临淄区齐文化发展研究中心

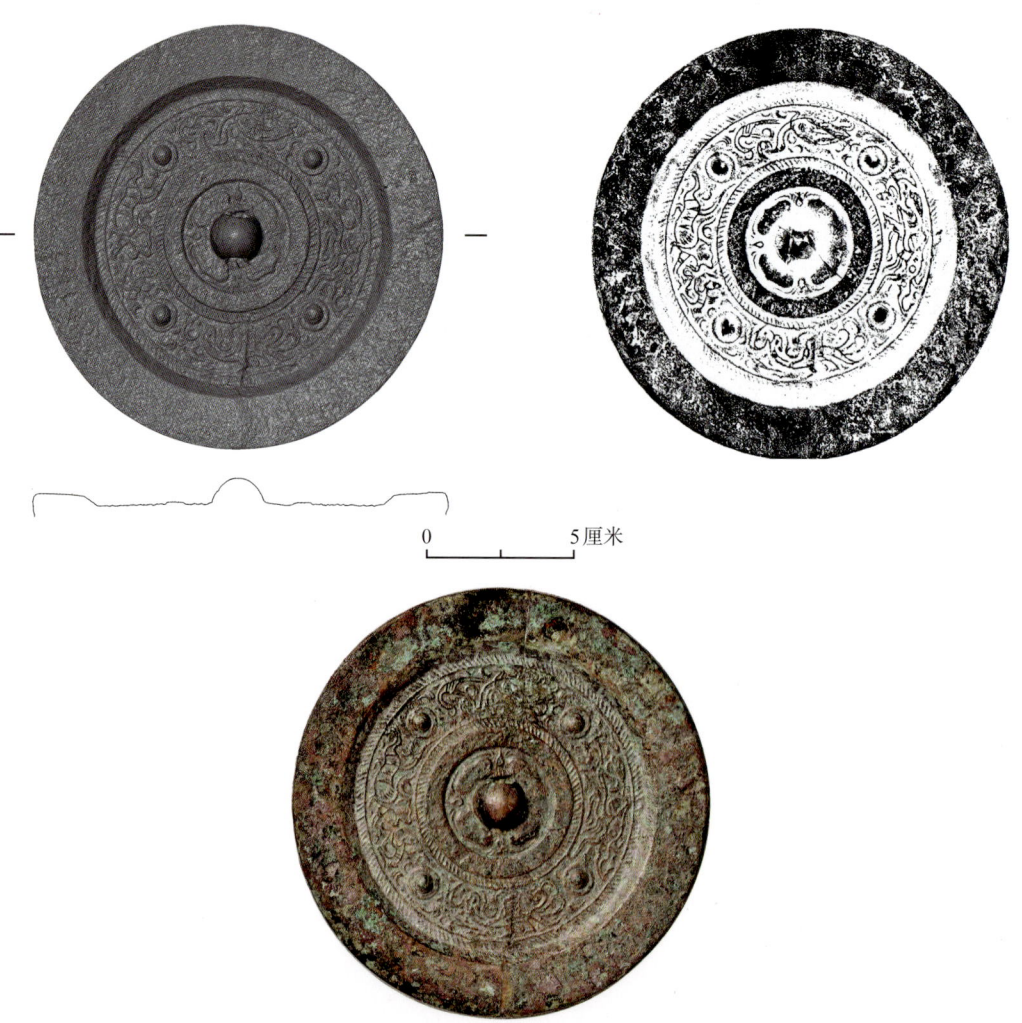

0 —————— 5厘米

图1-250　四乳四神纹镜（LZJ-2019-333）三维模型、拓本与照片

（四）四乳羽人禽兽纹镜

考察编号： LZJ-2019-337（原编号"金鼎绿城三期M763：1"）

特征描述： 半球形钮，似方形钮孔，圆台钮座。钮座与外侧铭文圈带间为主纹区。对称分布的四枚圆台座乳丁将主纹区均匀分为四区。四区分别饰有羽人、朱雀、龙、虎纹。主纹区外侧为铭文圈带，填以右旋读"尚方做竟真大巧上有仙人不知老渴饮……"等铭文，字迹模糊不清，难以辨识。铭文区外侧为单线栉齿纹带。外区饰两周锯齿纹带，两圈锯齿纹带间有高差。近似三角形缘，缘边稍斜。锈迹较多，镜面大部覆有绿色锈，镜背局部有红色锈（图1-251）。

尺寸与重量： 面径11.3、缘厚0.7、钮径2.2、钮高0.9厘米，镜面弧度0.3厘米。重244克。

收藏机构： 淄博市临淄区齐文化发展研究中心

图1-251　四乳羽人禽兽纹镜（LZJ-2019-337）三维模型、拓本与照片

（五）四乳四神纹镜

考察编号： LZJ-2019-339（原编号"国家新村二期M5：1"）

特征描述： 半球形钮，半圆形钮孔，钮孔较大，圆台钮座。钮座外两周单线栉齿纹带间为主纹区。对称分布的四枚圆台座乳丁将主纹区均匀分为四区。四区分别饰以线刻青龙、白虎、朱雀、玄武纹。外区凹带饰复线波纹。缘边稍斜。镜面覆有红、蓝、绿色锈。镜背覆有红、绿色锈。银白色材质。外区、乳丁、钮座经过研磨。一侧钮孔有较大的凹陷或不清晰，应为浇口方向（图1-252）。

尺寸与重量： 面径9.8、缘厚0.3、钮径1.6、钮高0.6厘米，镜面弧度0.2厘米。重170克。

收藏机构： 淄博市临淄区齐文化发展研究中心

0　　　　　　　5厘米

图1-252　四乳四神纹镜（LZJ-2019-339）三维模型、拓本与照片

（六）四乳龙虎禽兽纹镜

考察编号： LZJ-2019-347（原编号"金鼎绿城三期 M153：1"）

特征描述： 半球形钮，半圆形钮孔，圆台钮座。钮座与外侧宽凸弦纹圈带间对称相间分布四组三线短线段纹和单弧线纹。缘内侧两周单线斜向栉齿纹带间为主纹区。对称分布的四枚圆台座乳丁将主纹区均匀分为四区。四区分别饰有线刻青龙、朱雀、白虎、白虎纹。宽素平缘。镜面满布绿色锈并残留圆形的织物痕迹。镜背缘部覆有绿色锈和褐色锈。银白色材质。外区、乳丁、圈带、钮座经过研磨。凸线之间有少量的砂崩现象。镜体有少量凸起的铸造毛刺（图 1-253；图版 8-2）。

尺寸与重量： 面径 11.8、缘厚 0.5、钮径 1.7、钮高 0.8 厘米，镜面弧度 0.1 厘米。重337 克。

收藏机构： 淄博市临淄区齐文化发展研究中心

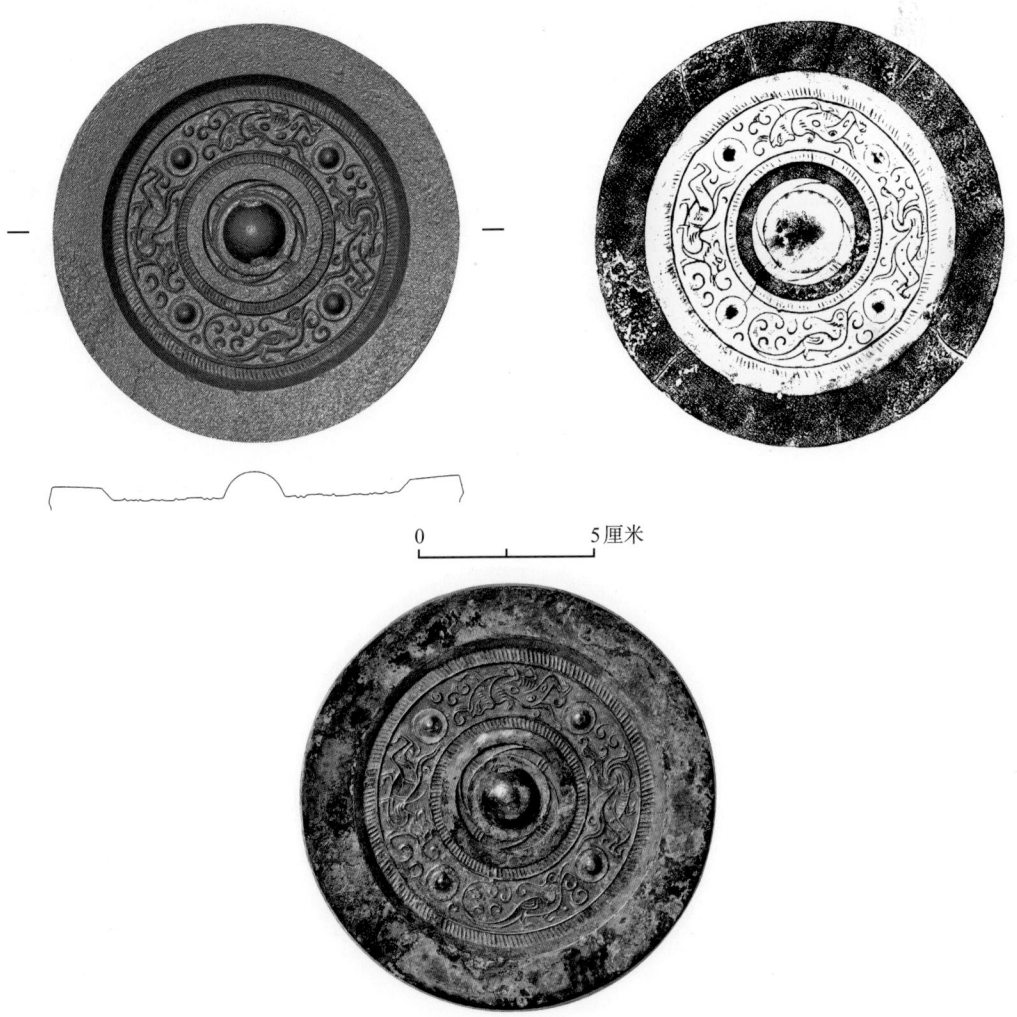

图 1-253　四乳龙虎禽兽纹镜（LZJ-2019-347）三维模型、拓本与照片

（七）四乳龙虎纹镜

考察编号： LZJ-2019-348（原编号"淄江花园M103∶1"）

特征描述： 半球形钮，半圆形钮孔，圆台钮座。钮座外由内而外有一周单线斜向栉齿纹带和一周宽凸弦纹圈带。钮座与栉齿纹带间对称分布四组三线短线段纹和单线弧线纹。凸弦纹圈带外侧两周单线斜向栉齿纹带间为主纹区。对称分布的四枚圆台座乳丁将主纹区均匀分为四区，分别饰有一组线刻玄武、虎、龙、虎纹。外区凹圈带内饰有复线波折纹。缘边稍斜。镜面大部覆有红色锈。镜背局部覆有绿色锈。银白色材质（图1-254）。

尺寸与重量： 面径12.0、缘厚0.4、钮径1.7、钮高0.7厘米，镜面弧度0.2厘米。重343克。

收藏机构： 淄博市临淄区齐文化发展研究中心

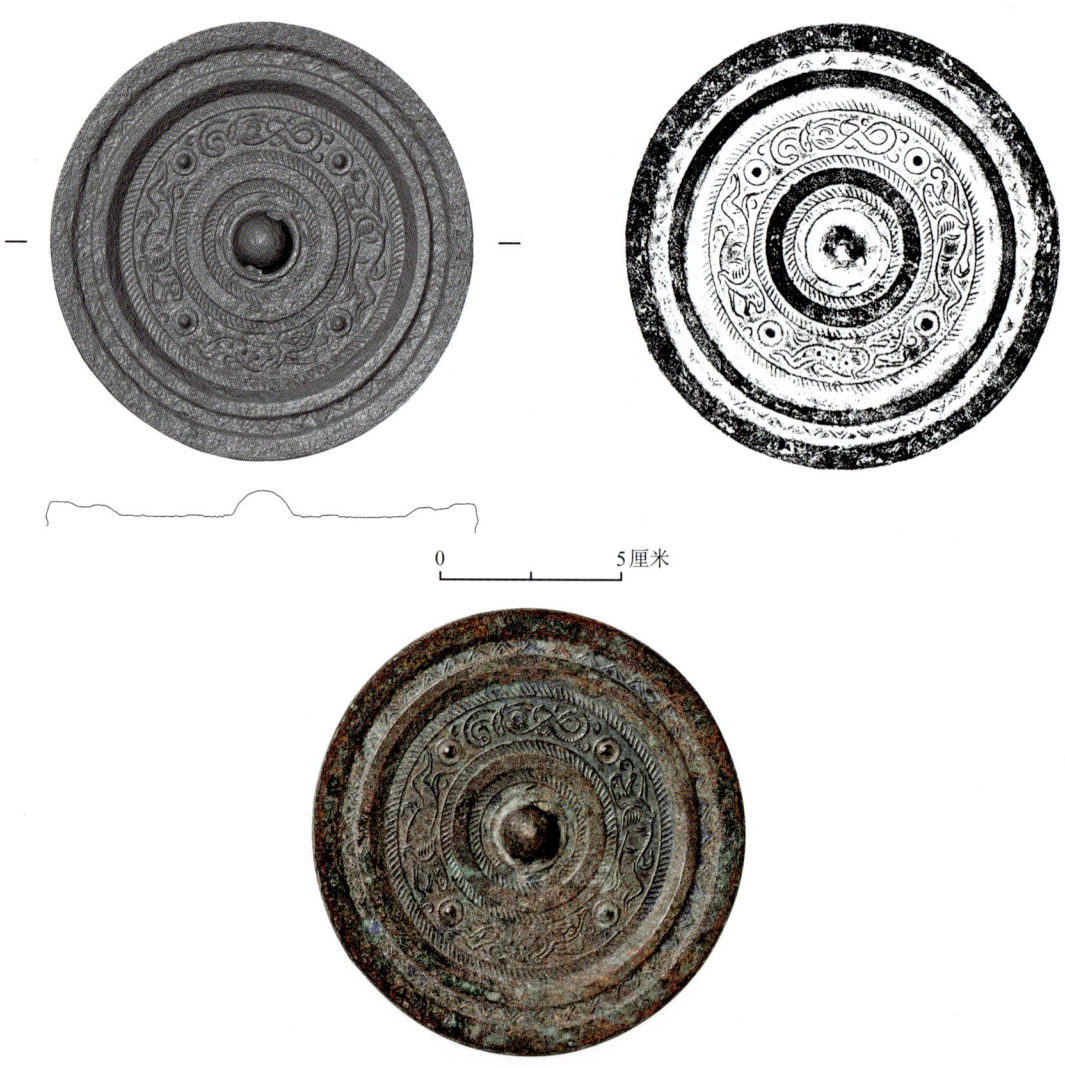

0　　　　　5厘米

图1-254　四乳龙虎纹镜（LZJ-2019-348）三维模型、拓本与照片

（八）四乳神兽纹镜

考察编号： LZJ-2019-357（原编号"华盛园M90：1"）

特征描述： 半球形钮，半圆形钮孔，圆台钮座。钮座与外侧宽凸弦纹圈带间对称分布四组三线短线纹和单弧线纹。宽凸弦纹圈带外侧两周单线斜向栉齿纹带间为主纹区。对称分布的四枚圆台座乳丁将主纹区均匀分为四区，每区分别饰有一组线刻龙、麒麟、凤鸟、虎纹。宽素平缘，缘边稍斜。镜面、镜背满覆绿色锈，镜背主纹区有褐色锈。银白色材质。外区、钮座经过研磨（图1-255）。

尺寸与重量： 面径12.0、缘厚0.6、钮径1.6、钮高0.8厘米，镜面弧度0.1厘米。重396克。

收藏机构： 淄博市临淄区齐文化发展研究中心

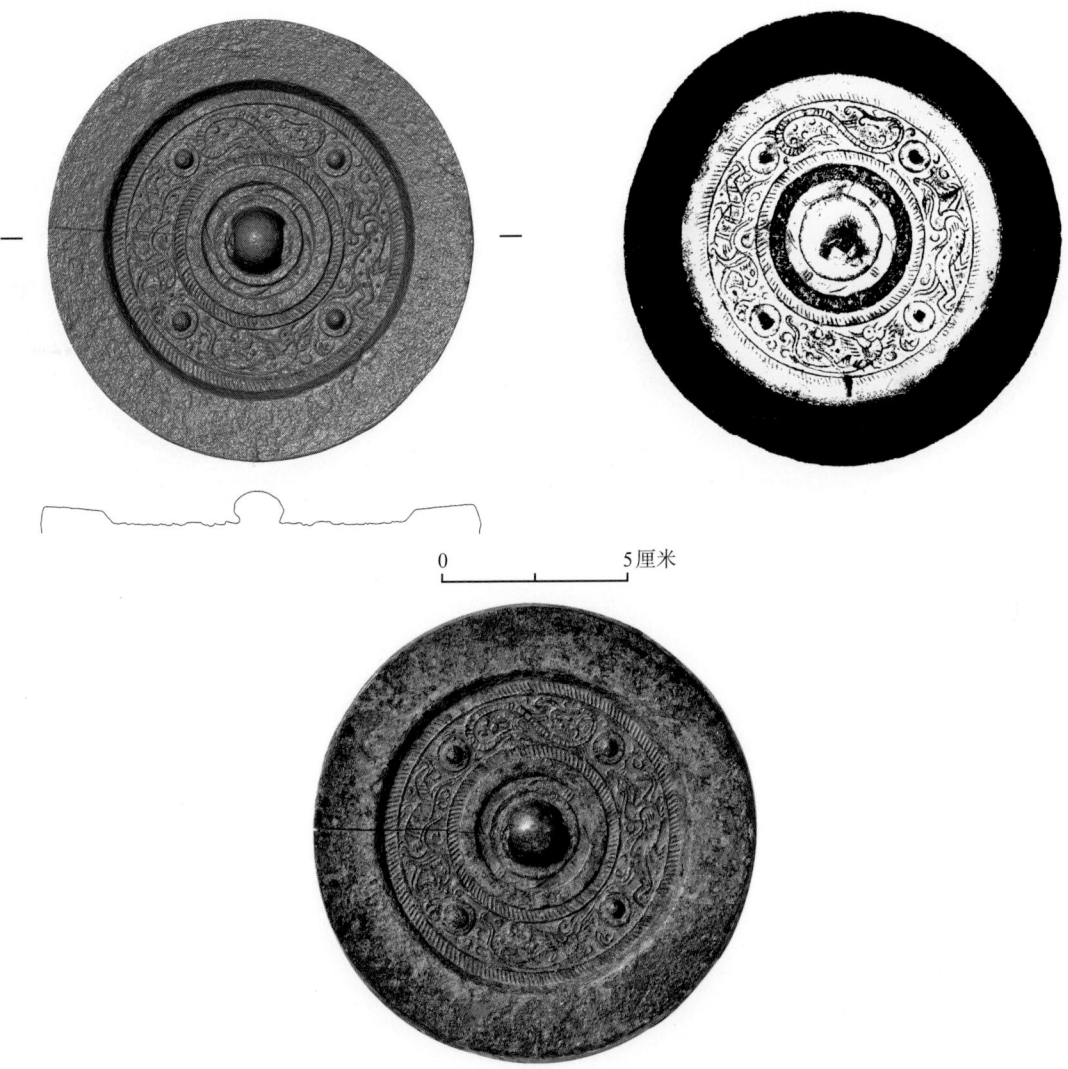

图1-255　四乳神兽纹镜（LZJ-2019-357）三维模型、拓本与照片

（九）四乳龙虎纹镜

考察编号：LZJ-2019-332（原编号"棠悦小区二期 M111∶1"）

特征描述：半球形钮，半圆形钮孔，柿蒂形钮座。钮座四叶间三个间隔饰弧线纹和圆圈纹，一个间隔饰"程"字。钮座外一周宽凸弦纹圈带。缘内两周单线斜向栉齿纹带间为主纹区。对称分布的四枚圆台座乳丁将主纹区均匀分为四区，两区饰有龙纹，两区饰有虎纹。按顺时针方向依次为龙纹、回首龙纹、虎纹、回首虎纹。外区中有凹带，填以折线、短线及飞鸟状双弧线纹。窄素平缘。镜面、镜背覆有少量绿色锈。银白色材质。外区、圈带、乳丁、钮座经过研磨。栉齿纹部位有少量砂崩现象。镜体凹凸不平的铸造毛刺较多（图1-256）。

尺寸与重量：面径14.0、缘厚0.5、钮径1.8、钮高1.0厘米，镜面弧度0.2厘米。重516克。

收藏机构：淄博市临淄区齐文化发展研究中心

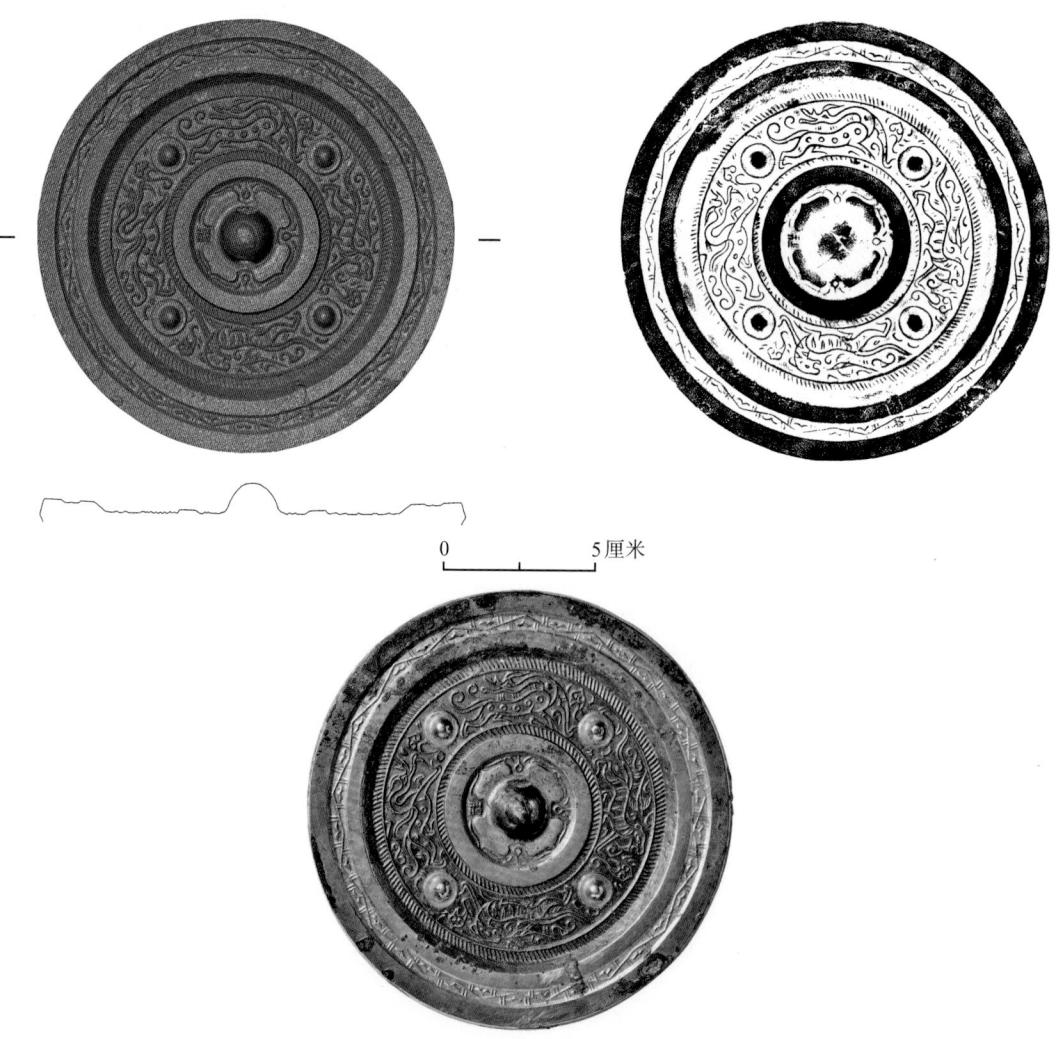

0   5厘米

图1-256 四乳龙虎纹镜（LZJ-2019-332）三维模型、拓本与照片

（十）四乳龙虎纹镜

考察编号： LZJ-2019-336（原编号"棠悦小区 M1238：1"）

特征描述： 半球形钮，半圆形钮孔，圆台钮座。钮座与外侧一周宽凸弦纹圈带间对称分布四组三线短线纹和双线弧线纹。缘内侧两周单线斜向栉齿纹带间为主纹区。对称分布的四枚圆台座乳丁主纹区均匀分为四区，每区分别饰龙纹和虎纹，龙纹、虎纹间隔布局。宽素平缘，缘边稍斜。镜面满布绿色锈。镜背局部覆有绿色锈。银白色材质。外区、圈带、乳丁、钮座经过研磨。栉齿纹部位有砂崩现象。镜体有少量凸起的铸造毛刺（图1-257）。

尺寸与重量： 面径12.0、缘厚0.7、钮径1.8、钮高0.8厘米，镜面弧度0.08厘米。重433克。

收藏机构： 淄博市临淄区齐文化发展研究中心

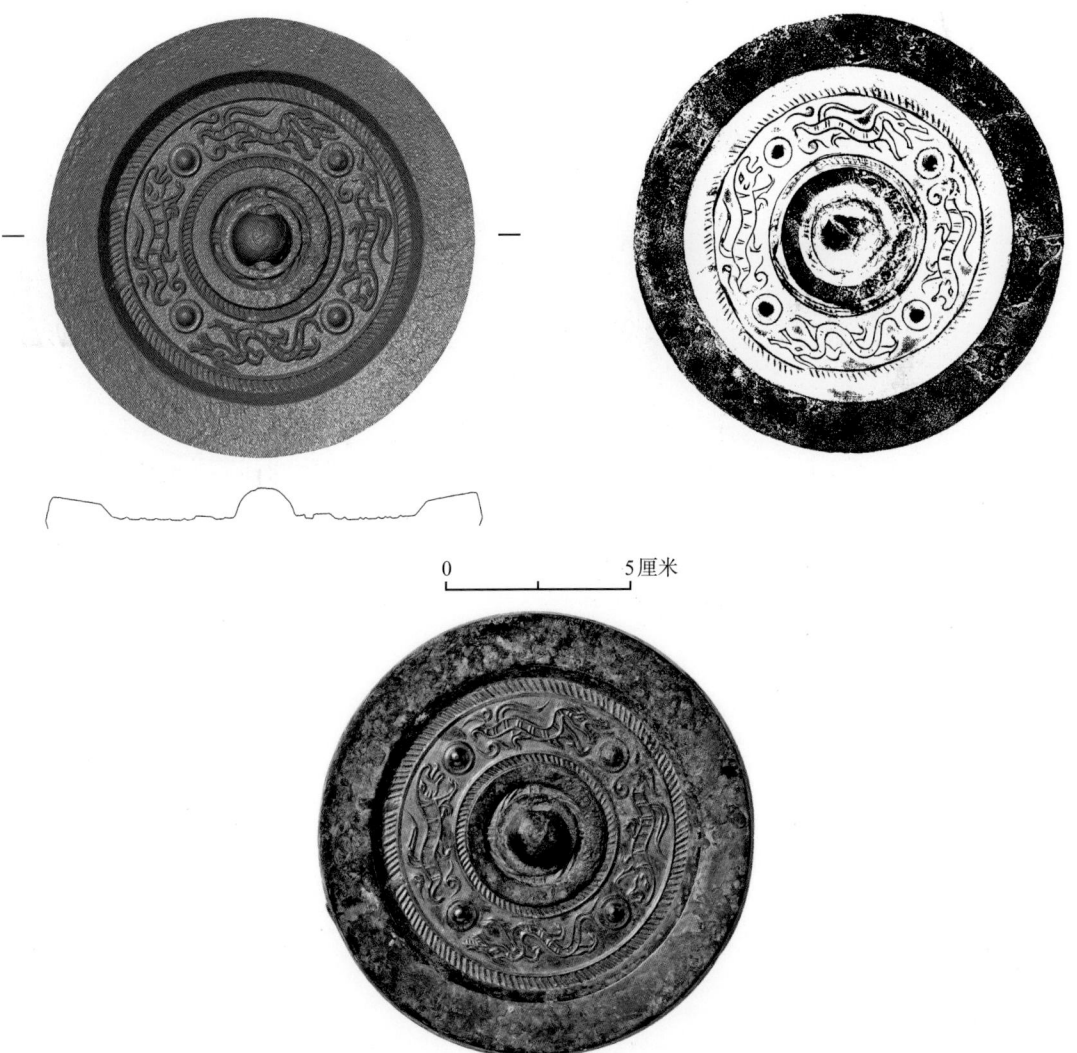

图1-257 四乳龙虎纹镜（LZJ-2019-336）三维模型、拓本与照片

（十一）四乳龙虎纹镜

考察编号：LZJ-2019-341（原编号"棠悦小区M1136：1"）

特征描述：半球形钮，半圆形钮孔，圆台钮座。钮座与外侧宽凸弦纹圈带间对称分布四组三线线段纹和单线弧线纹。缘内侧两周单线斜向栉齿纹带间为主纹区。对称分布的四枚圆台座乳丁将主纹区均匀分为四区，每区分别饰有一组线刻龙纹或虎纹，龙纹、虎纹间隔布局。宽素平缘。镜面满覆绿色锈并残存织物痕迹。镜背局部覆有绿色锈和红褐色锈。银白色材质。外区、乳丁、圈带、钮座经过研磨。镜体有少量凸起的铸造毛刺（图1-258）。

尺寸与重量：面径11.0、缘厚0.5、钮径1.5、钮高0.8厘米，镜面弧度0.2厘米。重310克。

收藏机构：淄博市临淄区齐文化发展研究中心

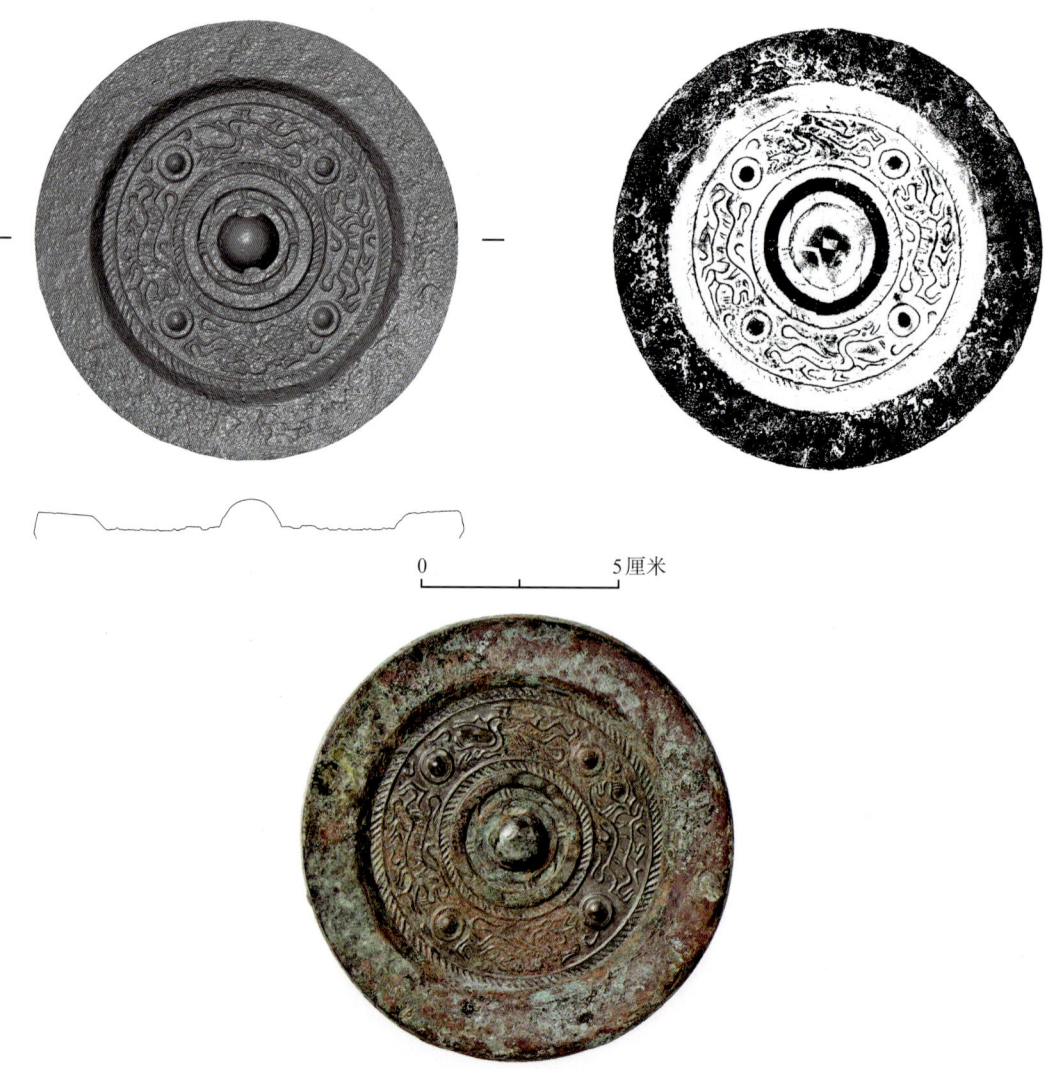

图1-258 四乳龙虎纹镜（LZJ-2019-341）三维模型、拓本与照片

（十二）四乳龙虎纹镜

考察编号： LZJ-2019-343（原编号"淄江花园 K-03M705：1"）

特征描述： 半球形钮，半圆形钮孔，圆台钮座。钮座与外侧宽凸弦纹圈带间对称分布四组三线线段纹和单线弧线纹。缘内侧两周单线斜向栉齿纹带间为主纹区。对称分布的四枚圆台座乳丁将主纹区均匀分为四区，每区分别饰有一组线刻龙纹或虎纹，龙纹、虎纹间隔布局。宽素平缘，缘边稍斜。镜面银灰色，覆有绿色锈和红褐色锈。镜背局部覆有绿色锈和红褐色锈。银白色材质。外区、乳丁、圈带、钮座经过研磨（图1-259）。

尺寸与重量： 面径 12.0、缘厚 0.7、钮径 1.7、钮高 0.9 厘米，镜面弧度 0.1 厘米。重408 克。

收藏机构： 淄博市临淄区齐文化发展研究中心

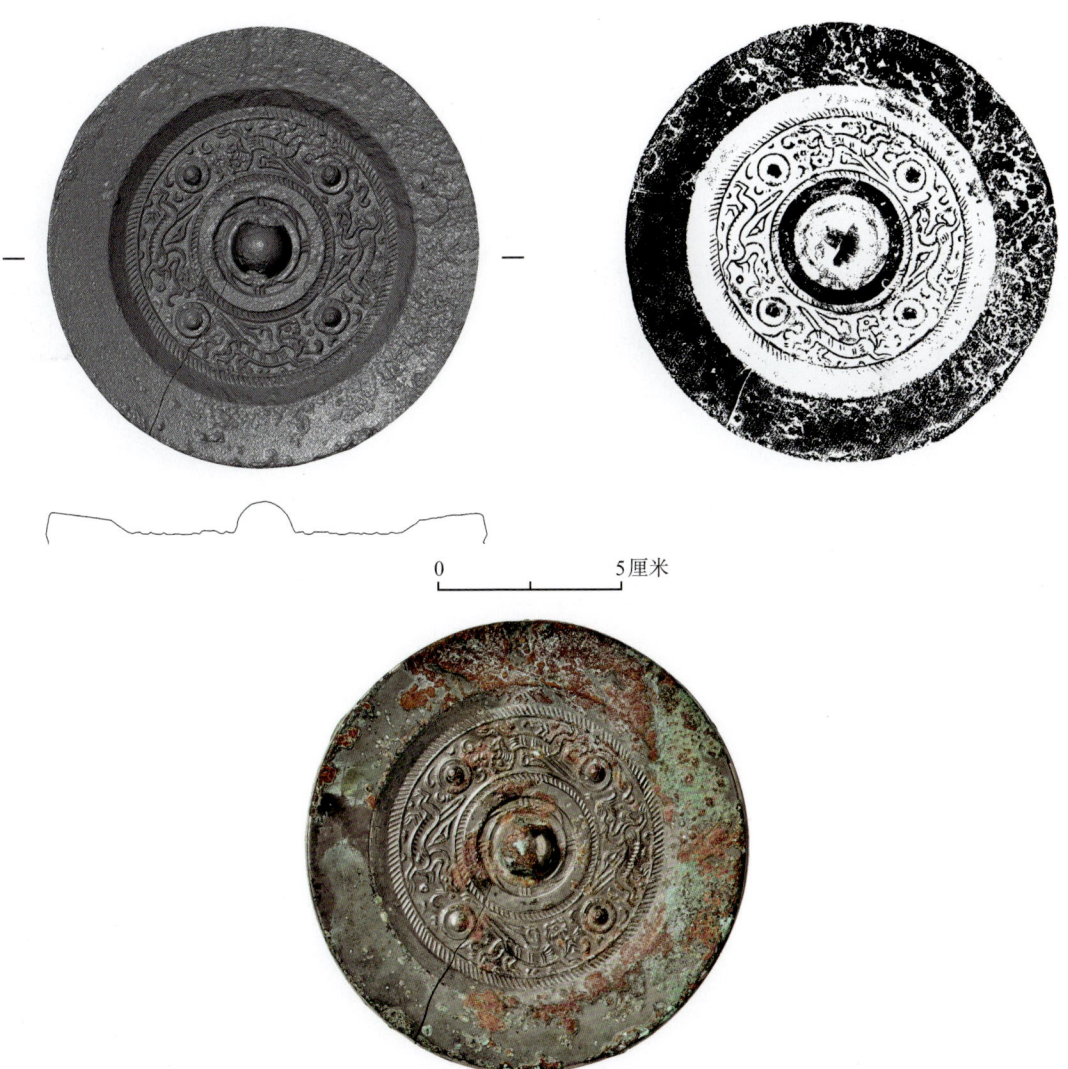

0　　　　　5厘米

图1-259　四乳龙虎纹镜（LZJ-2019-343）三维模型、拓本与照片

（十三）四乳龙虎纹镜

考察编号： LZJ-2019-350（原编号"南马二期M117：1"）

特征描述： 半球形钮，半圆形钮孔，圆台钮座。钮座与外侧宽凸弦纹圈带间对称分布四组三线线段纹和单线弧线纹。缘内侧两周单线斜向栉齿纹带间为主纹区。对称分布的四枚圆台座乳丁将主纹区均匀分为四区。每区分别饰有一组线刻龙纹或虎纹，龙纹、虎纹间隔布局。宽素平缘，缘边稍斜。镜面覆有一层绿色锈和少量黄色锈。镜背局部覆有少量绿色锈和红色锈。银白色材质。外区、乳丁、圈带经过研磨（图1-260）。

尺寸与重量： 面径11.0、缘厚0.6、钮径1.5、钮高0.7厘米，镜面弧度0.2厘米。重337克。

收藏机构： 淄博市临淄区齐文化发展研究中心

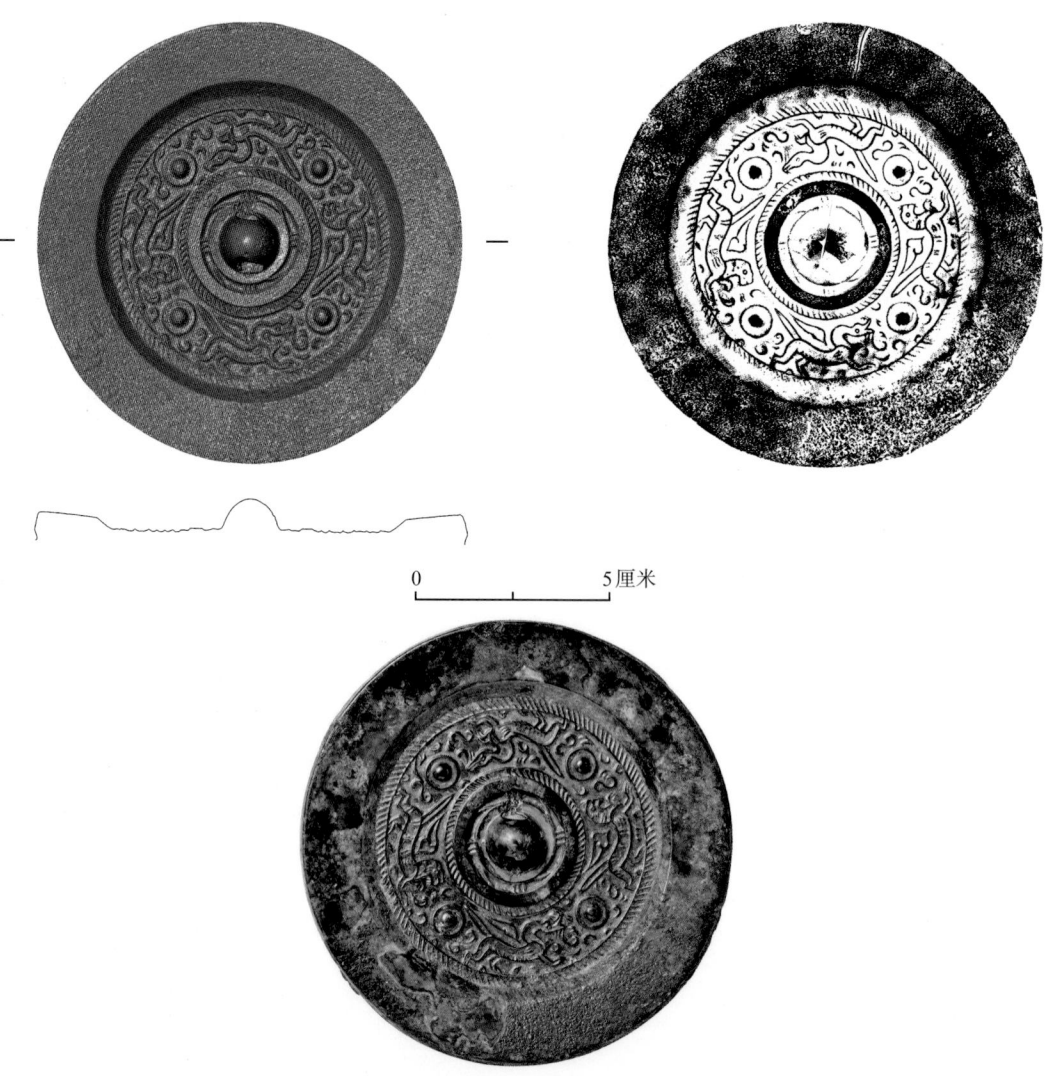

图1-260　四乳龙虎纹镜（LZJ-2019-350）三维模型、拓本与照片

（十四）四乳四兽纹镜

考察编号： LZJ-2019-360（原编号"光明小区二期M67出土镜"）

特征描述： 半球形钮，半圆形钮孔，圆台钮座。钮座与外侧一周宽凸弦纹圈带间对称分布四组三线短线纹和三线弧线纹。主纹区位于两周单线斜向栉齿纹带间。对称分布的四枚圆台座乳丁将主纹区均匀分为四区。四区饰有四组相同的兽形纹，兽形纹顺时针方向排列。宽素平缘，缘边稍斜。镜面覆有绿色锈。镜背覆有红褐色、绿色锈（图1-261）。

尺寸与重量： 面径11.2、缘厚0.6、钮径1.6、钮高0.9厘米，镜面弧度0.2厘米。重263克。

收藏机构： 淄博市临淄区齐文化发展研究中心

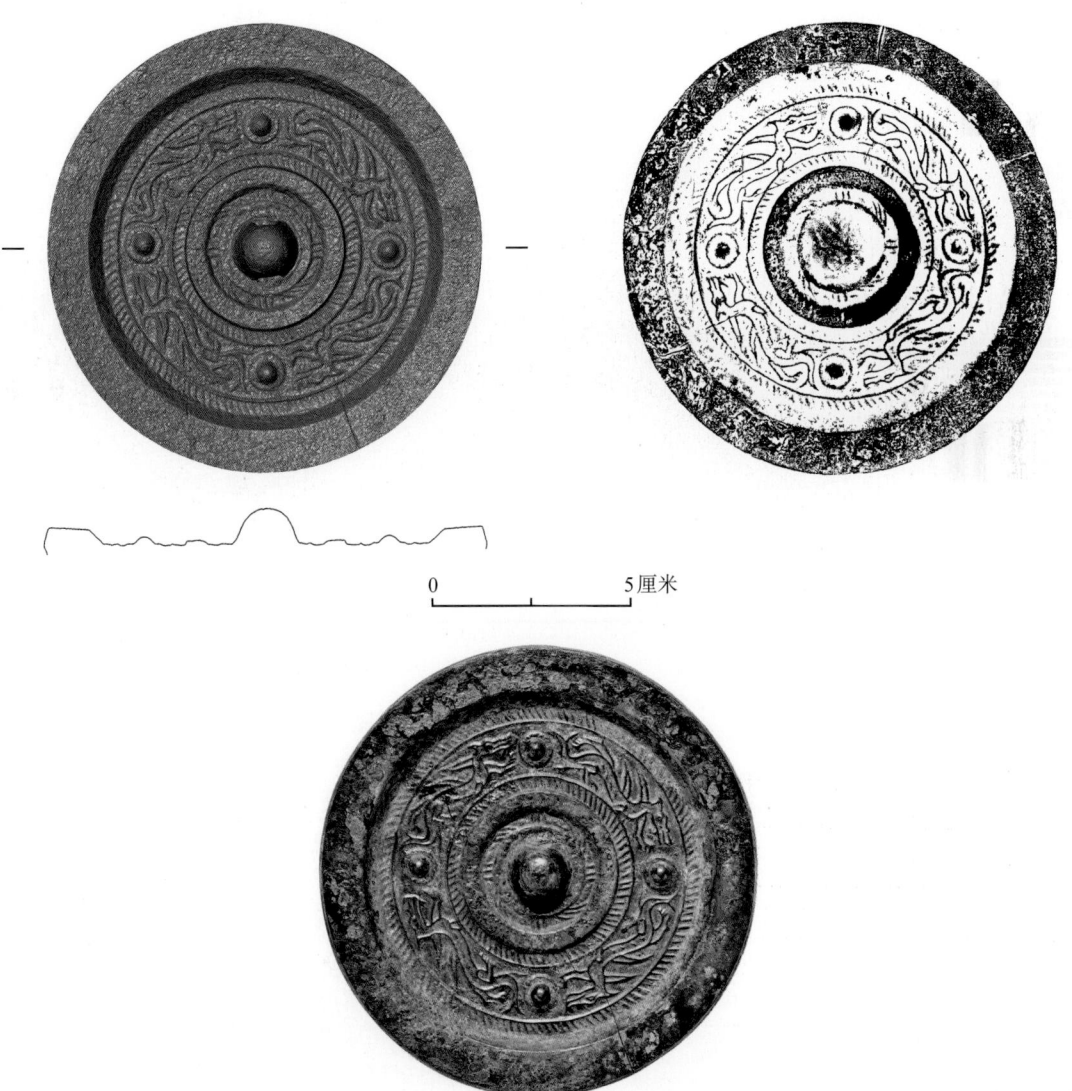

图1-261　四乳四兽纹镜（LZJ-2019-360）三维模型、拓本与照片

（十五）四乳四禽鸟镜

考察编号： LZJ-2019-364（原编号"方正尚城M22出土镜"）

特征描述： 半球形钮，半圆形钮孔，圆台钮座。钮座与外侧凸弦纹圈带间对称分布四组三线短线纹和单线短线纹。主纹区位于凸弦纹带与缘内侧单线斜向栉齿纹带间。对称分布的四枚圆台座乳丁将主纹区均匀分为四区。四区各饰一鸟纹。外区由内而外分别饰有一周锯齿纹带和单线波折纹带。窄素平缘，缘边稍斜。镜面覆有一层绿色锈和少量红色锈。镜背覆有红、绿色锈。银白色材质。外区、钮座、乳丁经过研磨。一侧钮孔似有凹陷或不清晰（图1-262）。

尺寸与重量： 面径8.3、缘厚0.4、钮径1.4、钮高0.7厘米，镜面弧度0.2厘米。重102克。

收藏机构： 淄博市临淄区齐文化发展研究中心

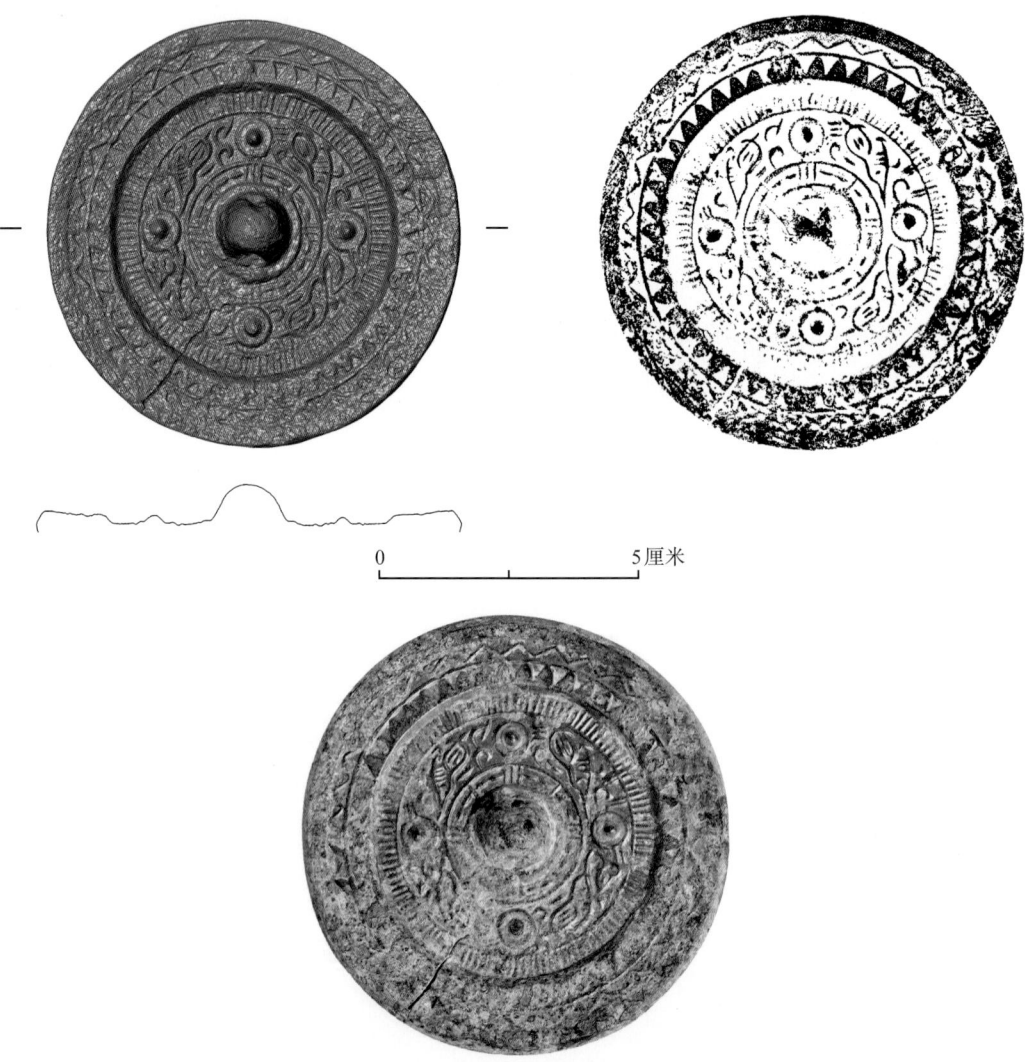

图1-262　四乳四禽鸟镜（LZJ-2019-364）三维模型、拓本与照片

（十六）四乳四兽镜

考察编号： LZJ-2019-367（原编号"淄江高阳M229：4"）

特征描述： 半球形钮，半圆形钮孔，圆台钮座。钮座外一周宽凸弦纹圈带。圈带与钮座间对称分布四组三线线段纹。主纹区位于两周单线斜向栉齿纹带间。对称分布的四枚圆台座乳丁将主纹区均匀分为四区。每区饰一组兽形纹。两区模糊不清，难以辨识。其余两区图像一为虎形，一为回首兽形。外区由内而外分别饰有一周锯齿纹带和复线波折纹带。窄素平缘。镜面、镜背满覆绿色锈，镜背局部有红褐色锈。因锈蚀具体情况不明。银白色材质，外区经过研磨（图1-263）。

尺寸与重量： 面径10.4、缘厚0.4、钮径1.7、钮高0.7厘米，镜面弧度0.1厘米。重225克。

收藏机构： 淄博市临淄区齐文化发展研究中心

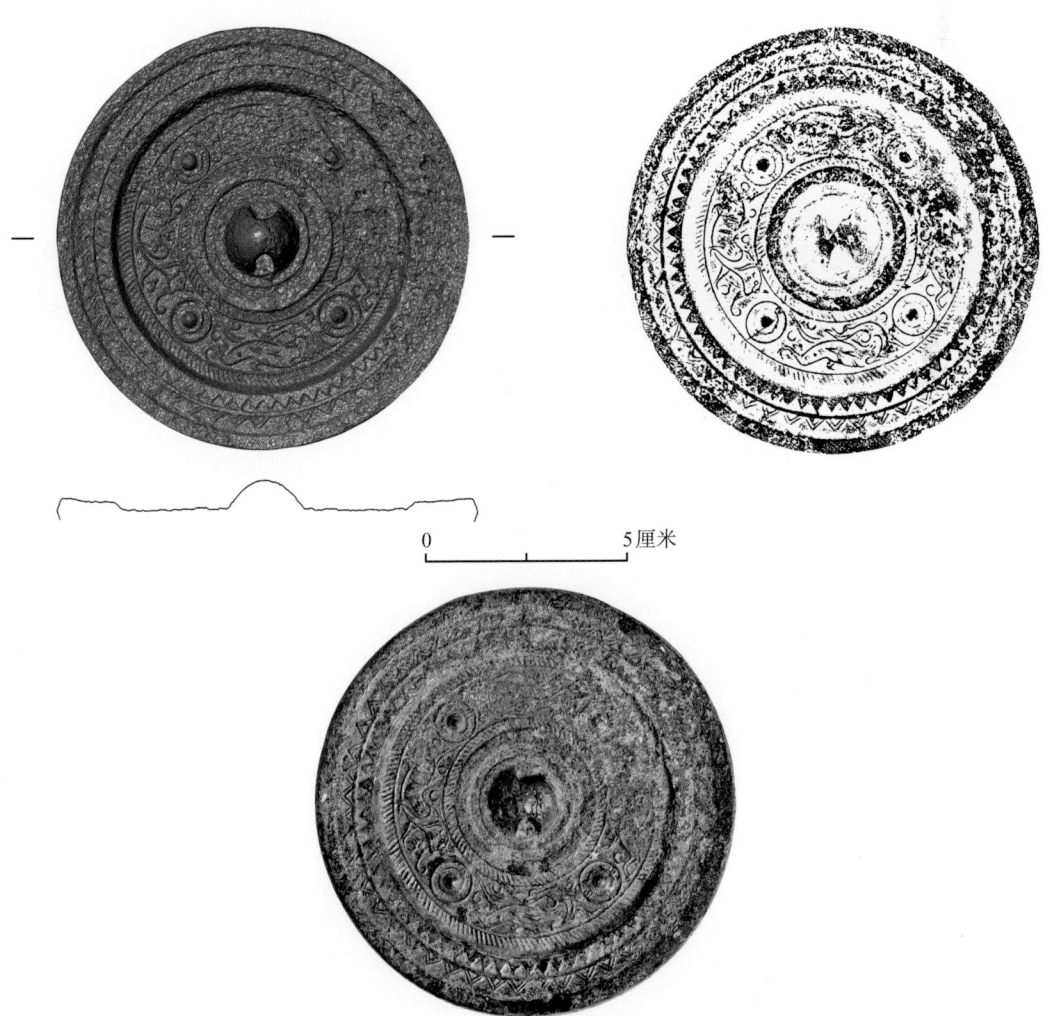

图1-263　四乳四兽镜（LZJ-2019-367）三维模型、拓本与照片

（十七）四乳四兽镜

考察编号：LZJ-2019-370（原编号"淄江花园方正2009M19：1"）

特征描述：半球形钮，半圆形钮孔，圆台钮座。钮座与外侧一周单线斜向栉齿纹带间饰三组三线短直线和四条单线短斜线。主纹区位于两周单线斜向栉齿纹带间。对称分布的四枚圆台座乳丁将主纹区均匀分为四区。四区对称饰有两组虎形和两组龙形动物。宽素平缘，缘边稍斜。镜面、镜背覆有少量红、绿色锈。银白色材质。外区、乳丁、钮座经过研磨。栉齿纹部分有砂崩现象。凹凸不平的铸造毛刺较多（图1-264）。

尺寸与重量：面径9.5、缘厚0.5、钮径1.3、钮高0.6厘米，镜面弧度0.1厘米。重246克。

收藏机构：淄博市临淄区齐文化发展研究中心

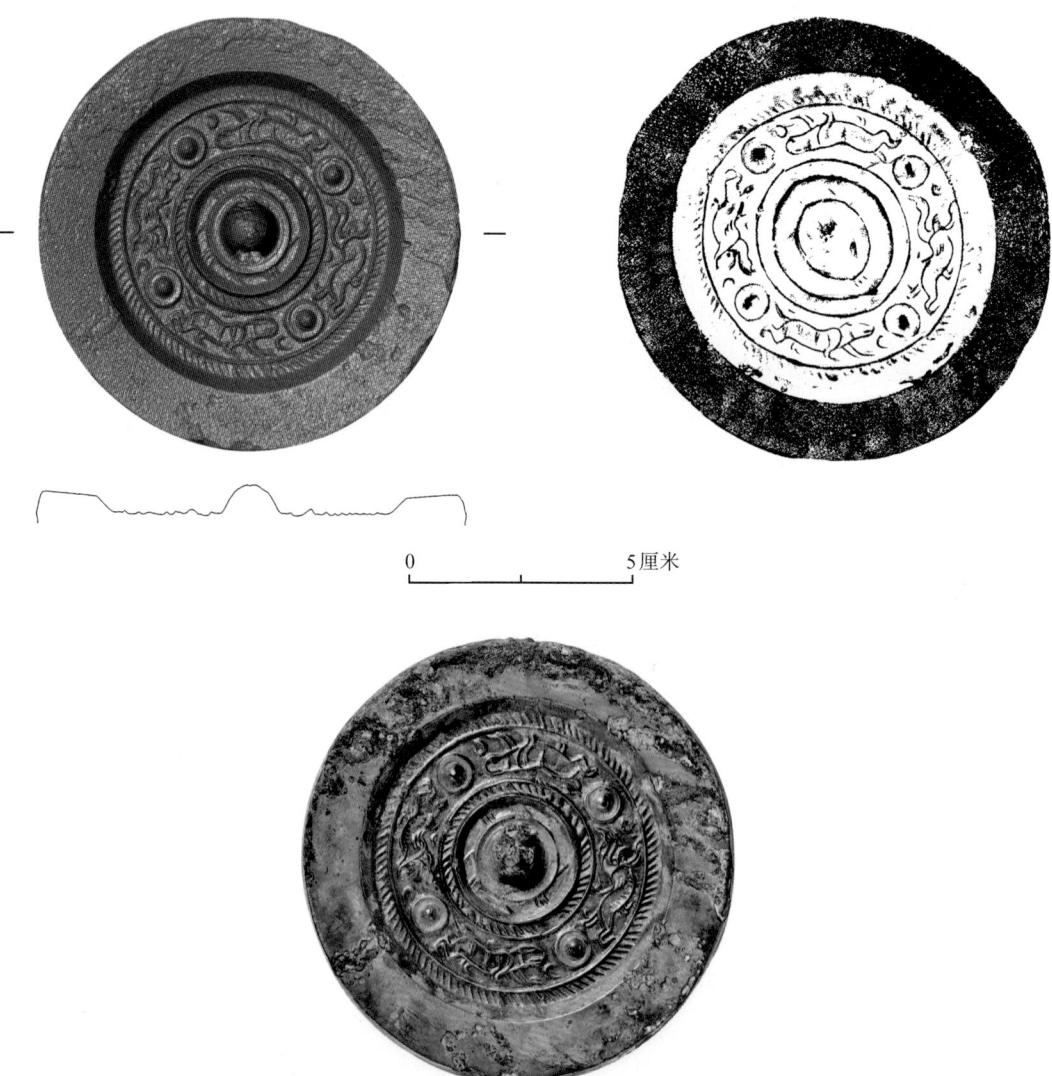

图1-264　四乳四兽镜（LZJ-2019-370）三维模型、拓本与照片

（十八）四乳八禽鸟镜

考察编号： LZJ-2019-372（原编号"华盛园南区 M137：1"）

特征描述： 半球形钮，半圆形钮孔，圆台钮座。钮座与外侧一周单线斜向栉齿纹带间对称分布四组三线短线纹和单线弧线纹。主纹区位于两周单线斜向栉齿纹带间。对称分布的四枚圆台座乳丁将主纹区均匀分为四区。每区饰两只首首相对的站立小鸟纹。宽素平缘，缘边稍斜。镜面覆有红、蓝、绿色锈并残存织物包裹痕迹。镜背覆有红、绿色锈。银白色材质。外区、乳丁、钮座经过研磨。外区内侧等部位有几处凸起的小范伤痕迹（图1-265）。

尺寸与重量： 面径8.7、缘厚0.3、钮径1.3、钮高0.5厘米，镜面弧度0.4厘米。重145克。

收藏机构： 淄博市临淄区齐文化发展研究中心

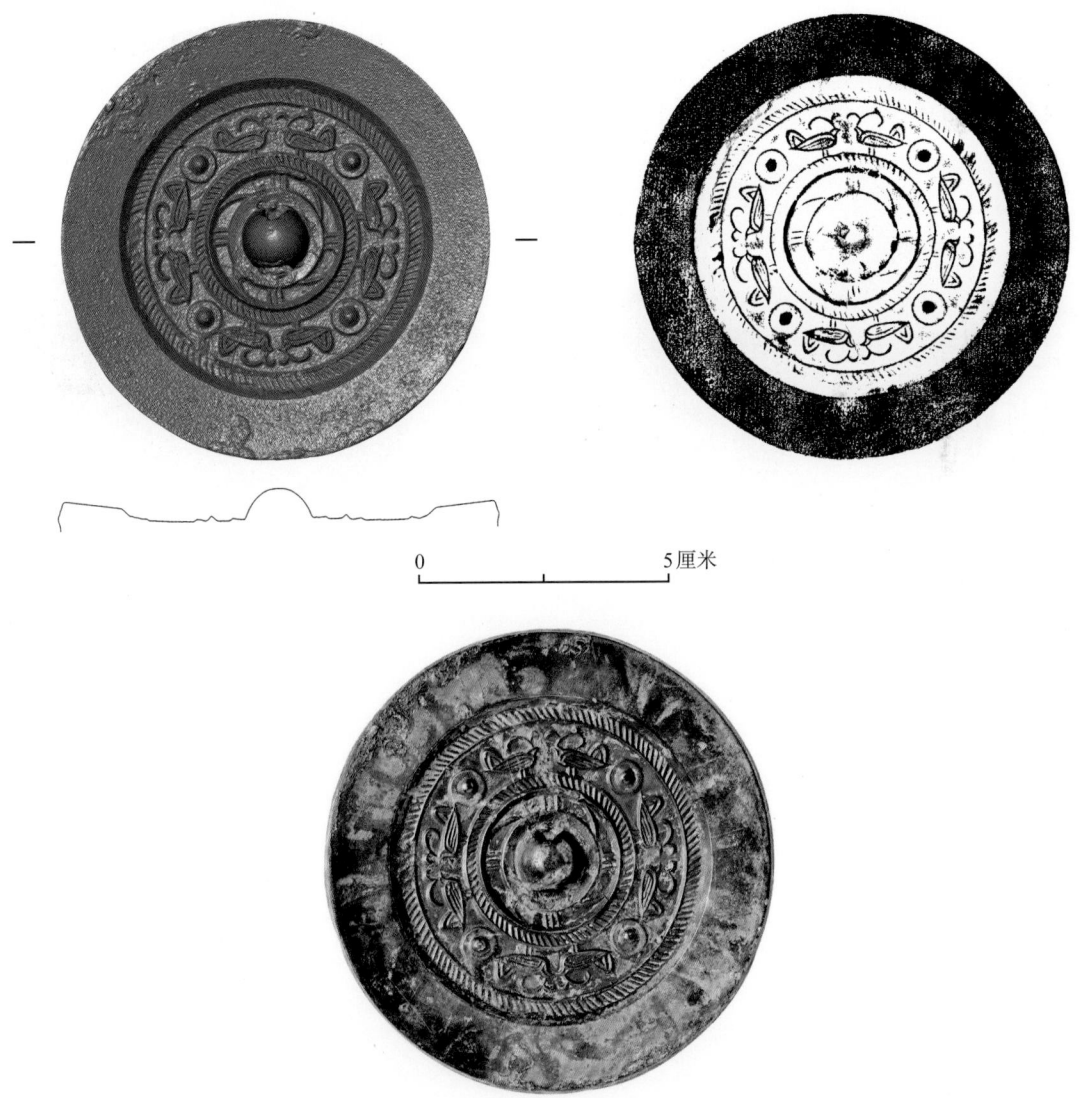

图1-265　四乳八禽鸟镜（LZJ-2019-372）三维模型、拓本与照片

十三、博局纹镜

（一）方格博局纹镜

考察编号： LZJ-2019-161（原编号"光明小区二期M63：1"）

特征描述： 半球形钮，半圆形钮孔，柿蒂形钮座。钮座外一周宽凹弧面方框。凹弧面方框四边外侧对称分布八枚圆圈座乳丁，每面两枚。主纹区饰有T、L、V博局纹，其间饰有八组瑞兽。主纹区外侧一周铭文圈带和一周单线斜向栉齿纹带。外区两周锯齿纹带间夹一周复线波纹凹带。窄素缘，缘边稍斜。镜面、镜背大部覆有绿色锈。镜体表面锈蚀严重，铭文难以辨识，隐约可见"尚方作"三字。银白色材质（图1-266）。

尺寸与重量： 面径15.7、缘厚0.4、钮径1.7、钮高0.6厘米，镜面弧度0.5厘米。重454克。

收藏机构： 淄博市临淄区齐文化发展研究中心

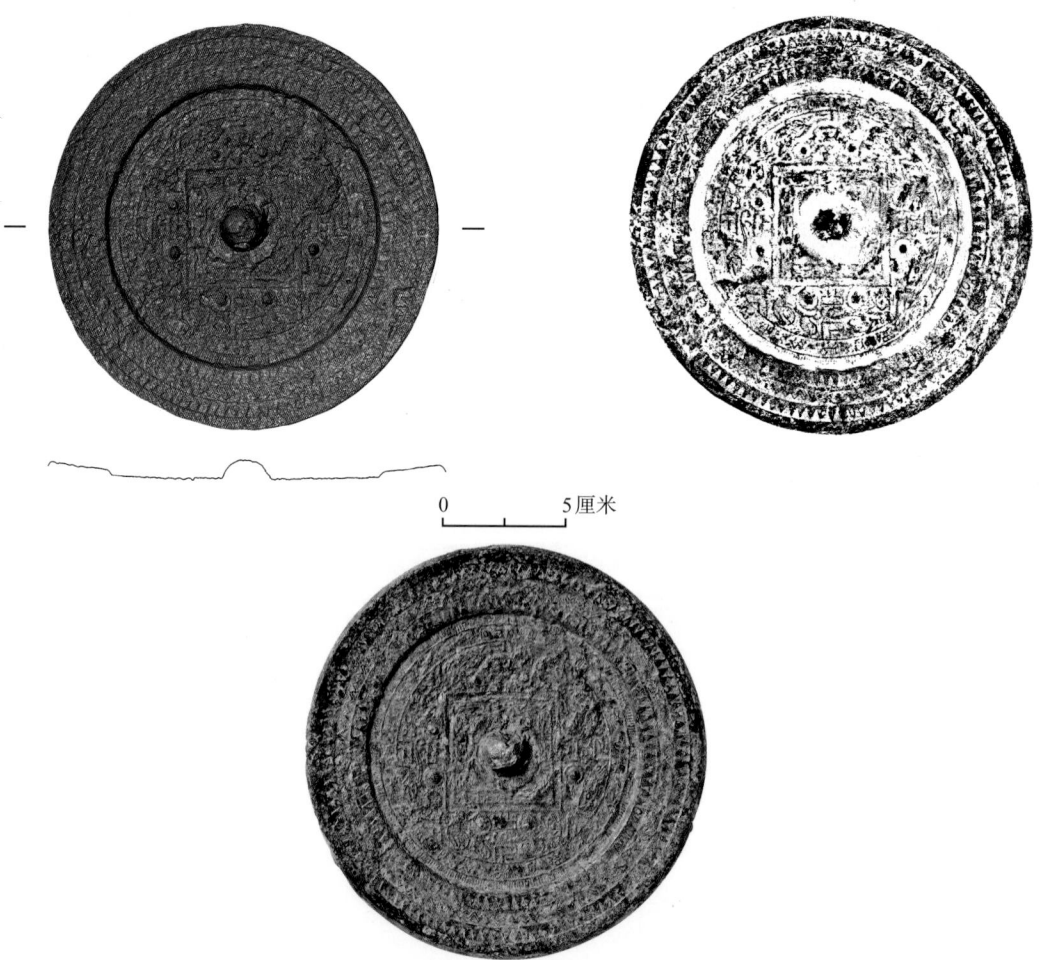

图1-266　方格博局纹镜（LZJ-2019-161）三维模型、拓本与照片

（二）大哉孔子博局纹镜

考察编号： LZJ-2019-162（原编号"棠悦小区M979：1"）

特征描述： 半球形钮，半圆形钮孔，圆台钮座。钮座与外侧宽凹弧面方框间均匀分布十二枚圆台座乳丁，每面四枚。乳丁间填以十二地支铭文。凹弧面方框四边外侧各有两枚圆台座乳丁，两乳丁间饰宽凹弧面T、L形纹。凹弧面方框四角外侧饰宽凹弧面V形纹。T、L、V形纹之间饰八组瑞兽或神仙纹饰，四方分别对应四神。主纹区外有一周铭文圈带和一周单线栉齿纹带。铭文为"大哉，孔子志也。美哉，厨为食也。乐哉，居无事。□□□人异也。贤哉，□掌吏也。喜哉，贫人得□□□七字也"。外区饰一周锯齿纹带和唐草纹带。窄平缘。镜背、镜面局部覆有绿色锈。银白色材质。整体经过研磨（图1-267）。

尺寸与重量： 面径16.6、缘厚0.4、钮径1.8、钮高0.9厘米，镜面弧度0.3厘米。重677克。

收藏机构： 淄博市临淄区齐文化发展研究中心

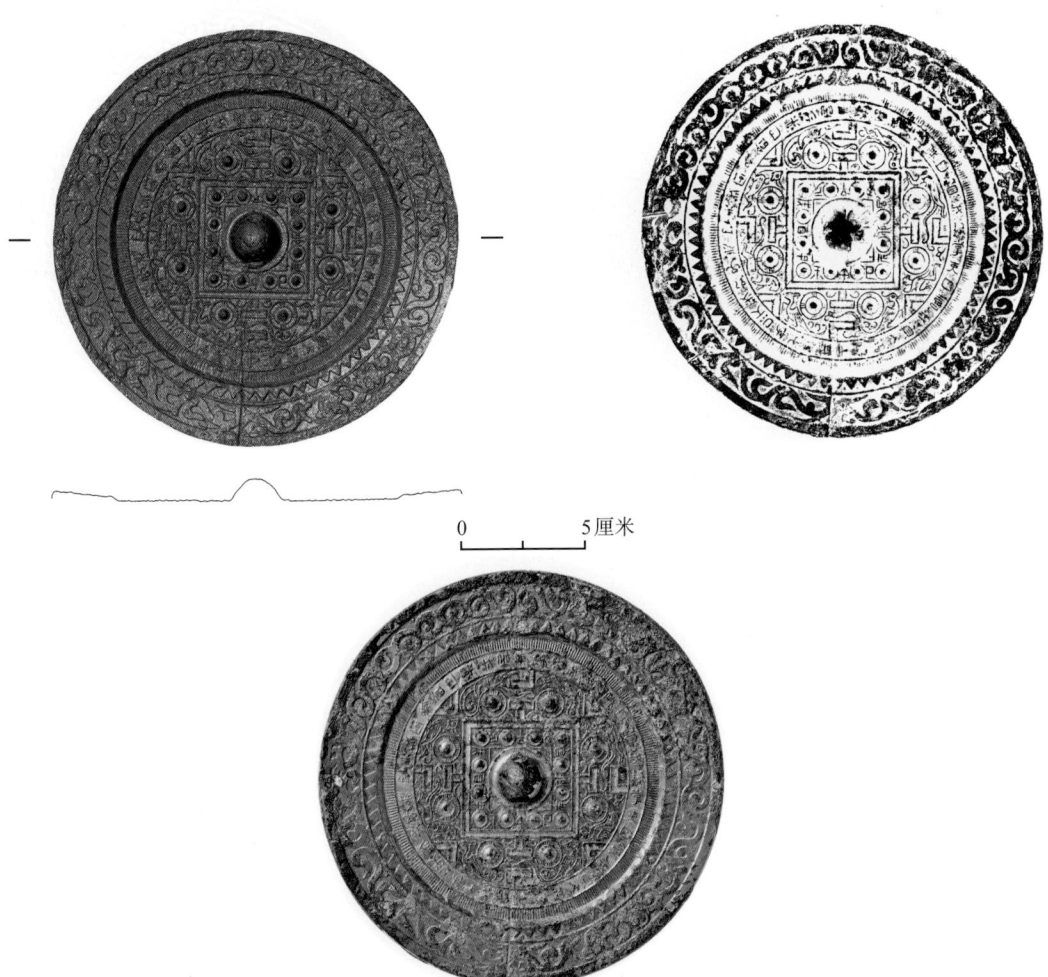

0　　　　　5厘米

图1-267　大哉孔子博局纹镜（LZJ-2019-162）三维模型、拓本与照片

（五）方格博局四神纹镜

考察编号： LZJ-2019-338（原编号"盛世豪庭采集镜"）

特征描述： 半球形钮，半圆形钮孔，柿蒂形钮座。钮座外一周宽凹弧面方框。凹弧面方框与缘内侧一周单线斜向栉齿纹带间为主纹区。凹面方框四角外侧对称分布四枚圆圈座乳丁。凹面方框外侧中部对称分布宽复线 T 形纹。T 形纹顶端、栉齿纹带内侧饰宽复线 L 形纹。乳丁外侧、栉齿纹带内侧饰宽复线 V 形纹。乳丁将主纹区均匀分为四区。四区分别饰有八禽兽。龙配羽人，虎配瑞兽，朱雀配禽鸟，玄武配瑞兽。外区从内而外分别饰有锯齿纹带和填以 S 形卷云的纹饰带。缘边稍斜。镜面局部有少量绿色锈。镜背有红、绿色锈。银白色材质。外区、乳丁经过研磨。白虎足部有微量砂崩现象（图 1-270）。

尺寸与重量： 面径 11.5、缘厚 0.5、钮径 1.9、钮高 0.8 厘米，镜面弧度 0.2 厘米。重 335 克。

收藏机构： 淄博市临淄区齐文化发展研究中心

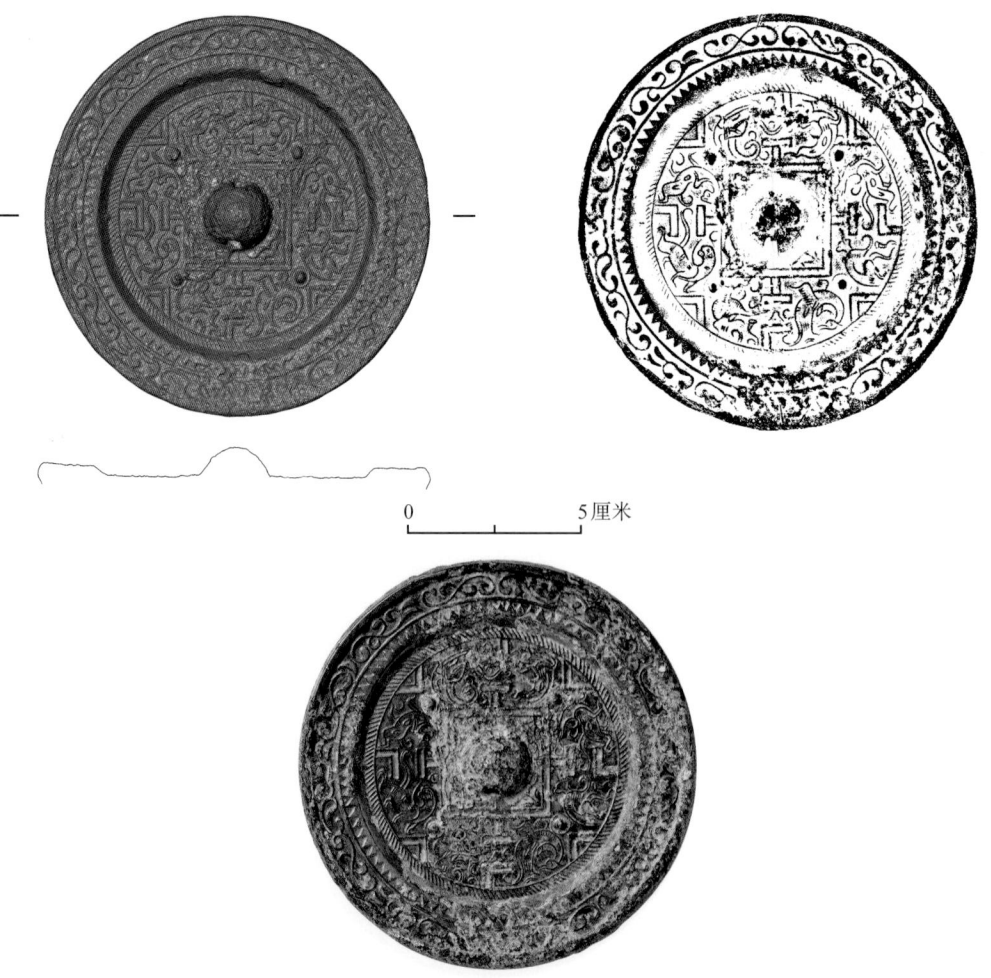

0　　　　　　5厘米

图 1-270　方格博局四神纹镜（LZJ-2019-338）三维模型、拓本与照片

（六）方格博局四神纹镜

考察编号： LZJ-2019-340（原编号"淄江花园 M503 出土镜"）

特征描述： 半球形钮，半圆形钮孔，柿蒂形钮座。钮座四花叶间饰三线短线段纹。钮座外一周宽凹弧面方框。凹弧面方框与缘内侧一周单线斜向栉齿纹带间为主纹区。凹面方框四角外侧对称分布四枚圆台座乳丁。乳丁将主纹区均匀分为四区，四区分别饰有龙、虎、朱雀、玄武纹饰。凹面方框四边外侧中部对称分布宽复线 T 形纹。主纹区外区饰有宽卷云纹带。缘边稍斜。镜面覆有绿色锈和少量红色锈。镜背覆有绿色锈（图 1-271）。

尺寸与重量： 面径 11.5、缘厚 0.5、钮径 1.8、钮高 0.8 厘米，镜面弧度 0.2 厘米。重 285 克。

收藏机构： 淄博市临淄区齐文化发展研究中心

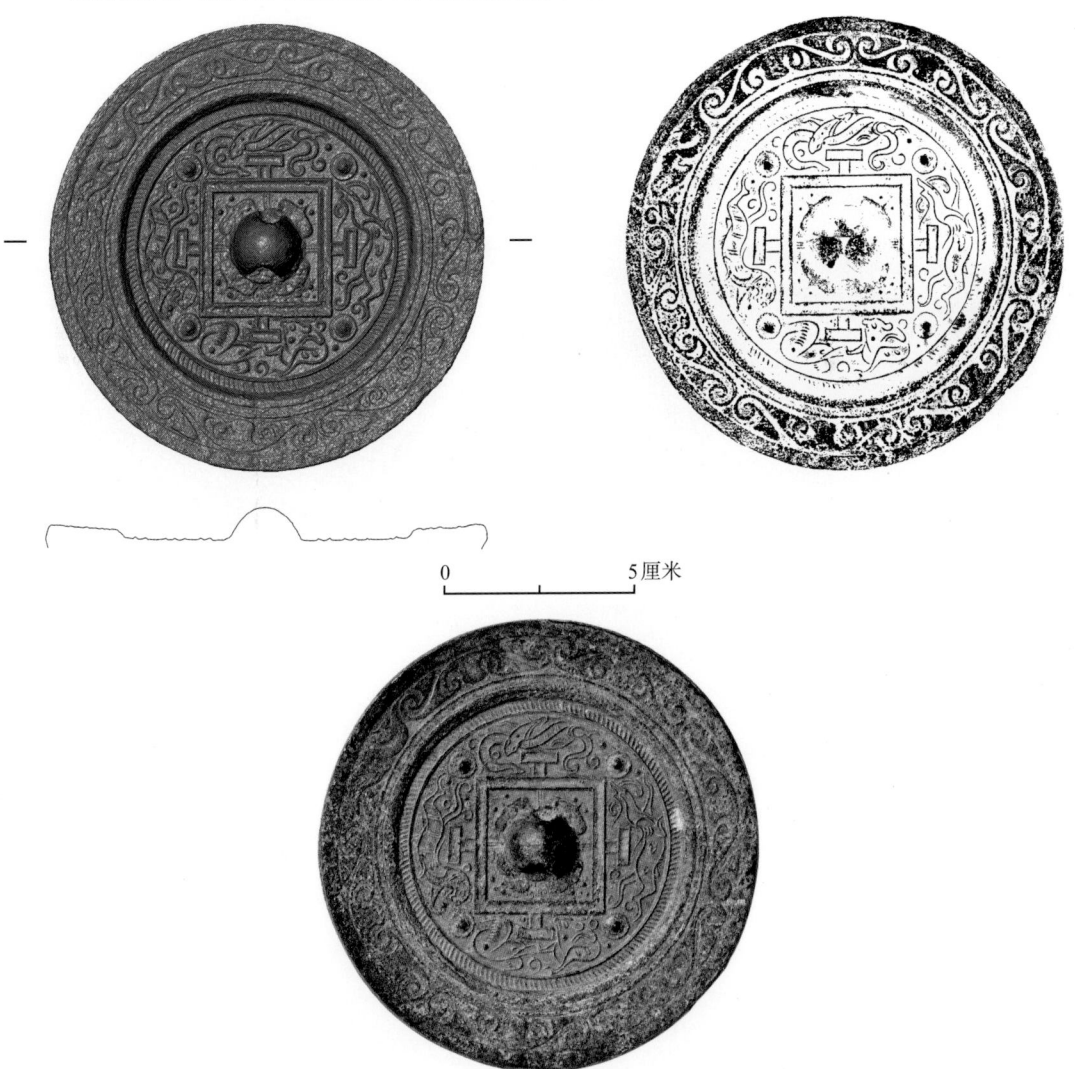

0　　　　　　　　5厘米

图 1-271　方格博局四神纹镜（LZJ-2019-340）三维模型、拓本与照片

（七）方格羽人禽兽博局纹镜

考察编号：LZJ-2019-342（原编号"泰东城M112∶1"）

特征描述：半球形钮，半圆形钮孔，柿蒂形钮座。钮座四花叶间饰圆圈纹饰，花叶端部两侧饰弧线纹。钮座外一周宽凹弧面方框与缘内侧一周单线斜向栉齿纹带间为主纹区。凹弧面方框四边外侧对称分布八枚圆台座乳丁，每面两枚。乳丁间饰宽复线T形纹。T形纹顶端、栉齿纹带内侧饰宽复线L形纹。凹弧面方框四角外侧、栉齿纹带内侧饰宽复线V形纹。主纹区乳丁和T、L、V纹之间饰八禽兽，青龙配祥鸟，白虎配飞鸟，玄武配飞鸟，羽人配蟾蜍。外区内侧饰锯齿纹带，外侧饰流云纹带。缘边稍斜。镜面、镜背覆有红、绿色锈（图1-272）。

尺寸与重量：面径12.0、缘厚0.5、钮径1.6、钮高0.7厘米，镜面弧度0.3厘米。重316克。

收藏机构：淄博市临淄区齐文化发展研究中心

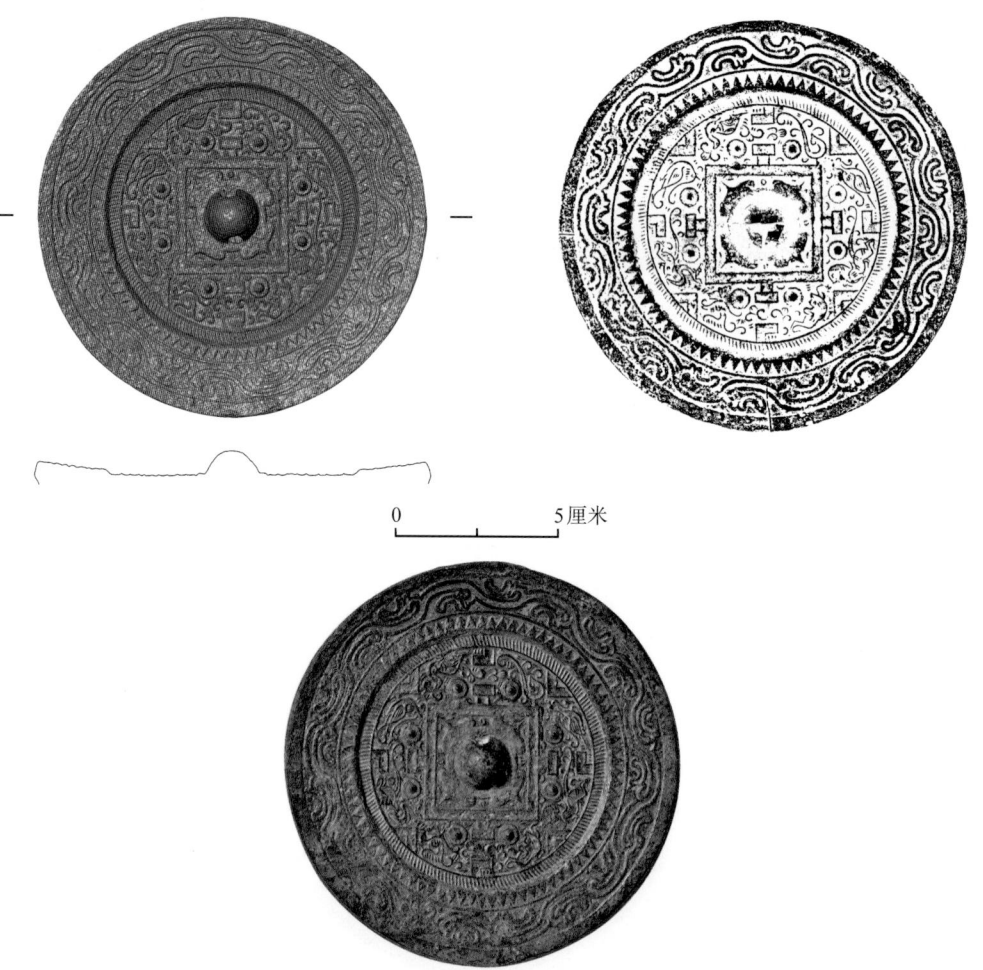

0　　　　　5厘米

图1-272　方格羽人禽兽博局纹镜（LZJ-2019-342）三维模型、拓本与照片

（八）方格八乳博局纹镜

考察编号： LZJ-2019-349（原编号"棠悦小区 M60∶1"）

特征描述： 半球形钮，半圆形钮孔，圆台钮座。钮座外一周单凸弦纹方框与外侧一周宽凹弧面方框间对称分布十二枚圆圈座乳丁。乳丁间填以十二地支铭文。凹弧面方框与缘内侧单线斜向栉齿纹带间为主纹区。凹弧面方框四边外侧对称分布八枚七内向连弧纹座乳丁，每面两枚。乳丁间饰宽凹弧面 T、L 形纹。凹弧面方框四角外侧饰宽凹弧面 V 形纹。T、L、V 纹与乳丁间饰涡卷纹。外区内侧饰一周锯齿纹带，外侧饰一周复线波纹带。宽素平缘。镜面、镜背大部覆有绿色锈，局部覆有红色锈。银白色材质。外区、乳丁、钮座经过研磨。方格、规矩纹有刮痕（图 1-273）。

尺寸与重量： 面径 13.7、缘厚 0.4、钮径 2.0、钮高 1.0 厘米，镜面弧度 0.2 厘米。重 421 克。

收藏机构： 淄博市临淄区齐文化发展研究中心

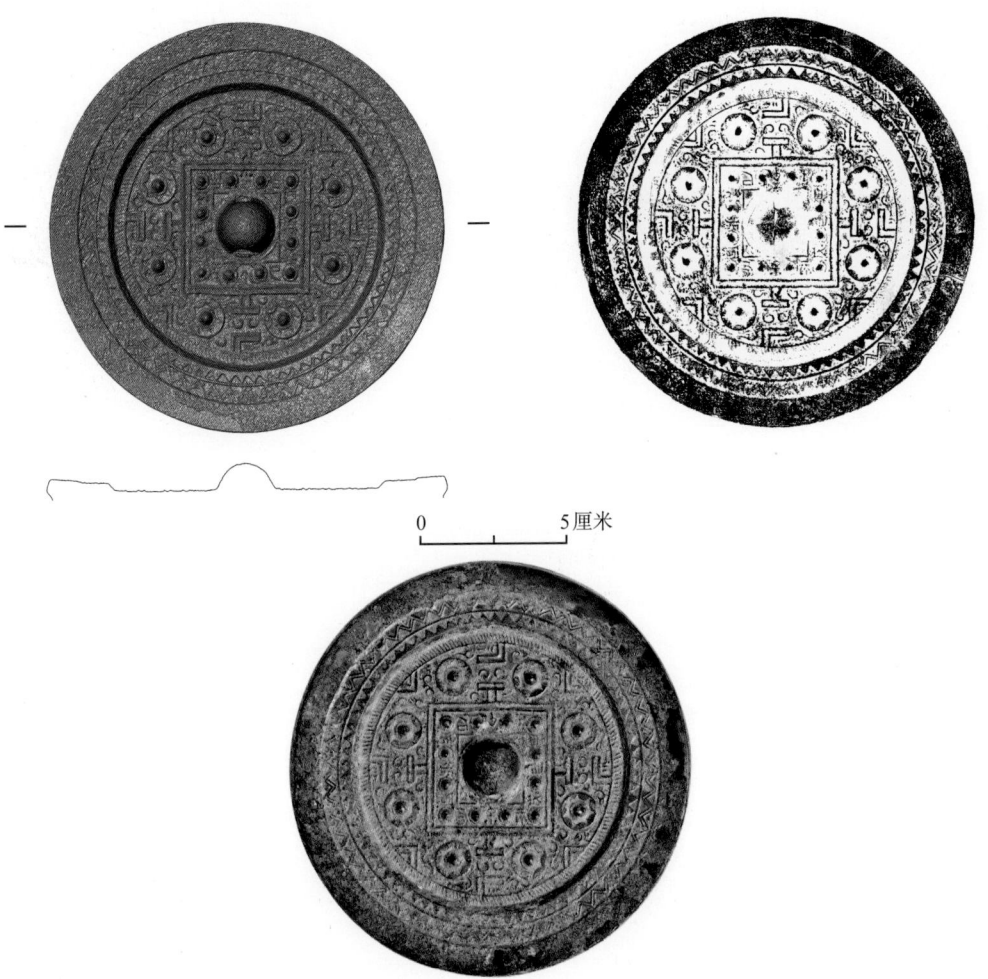

0　　　　　5厘米

图 1-273　方格八乳博局纹镜（LZJ-2019-349）三维模型、拓本与照片

（九）方格四神博局纹镜

考察编号： LZJ-2019-359（原编号"棠悦小区M1179：1"）

特征描述： 半球形钮，半圆形钮孔，柿蒂形钮座。钮座外一周宽凹弧面方框与缘内侧单线斜向栉齿纹带间为主纹区。凹弧面方框四角外侧对称分布四枚圆台座乳丁。乳丁将主纹区均匀分为四区。凹弧面方框四边外侧中部饰宽凹弧面T形纹。T形纹与栉齿纹带间饰龙、虎、朱雀、玄武纹饰。外区饰一周流云纹带。缘边稍斜。锈迹较多，镜面、镜背、大部覆有红、绿色锈。因锈蚀具体情况不明。乳丁经过研磨（图1-274）。

尺寸与重量： 面径11.4、缘厚0.5、钮径1.7、钮高0.7厘米，镜面弧度0.3厘米。重274克。

收藏机构： 淄博市临淄区齐文化发展研究中心

0   5厘米

图1-274　方格四神博局纹镜（LZJ-2019-359）三维模型、拓本与照片

（十）方格神兽博局纹镜

考察编号： LZJ-2019-362（原编号"南马新村二期M284出土镜"）

特征描述： 半球形钮，半圆形钮孔，柿蒂形钮座。钮座外一周宽凹弧面方框。凹弧面方框与铭文圈带间为主纹区。方框四边外侧中部对称分布宽凹弧面T形纹。T形纹两侧各饰有一枚圆圈座乳丁，每面两枚，共八枚。T形纹顶端、铭文圈带内侧饰宽凹弧面L形纹。凹面方框四角外侧、铭文圈带内侧饰宽凹弧面V形纹。主纹区内乳丁和T、L、V形纹之间饰八禽兽，青龙配山羊，白虎配飞鸟，玄武配羽人，朱雀配羽人和小鸟。主纹区外侧为铭文圈带，填以右旋读小篆体"尚方作镜真大好上有山人□□□□□金石为国保"二十二字铭文。铭文区外侧为单线斜向栉齿纹带。外区内侧饰锯齿纹带，外侧饰流云纹带。缘边稍斜。镜面覆有一层绿色锈并残存织物痕迹。镜背局部有红、绿色锈。银白色材质。外区、乳丁、钮座经过研磨。方格似乎未经研磨，呈铸造后的本来状态。"石"字方向钮座有凹陷或不清晰，使得方格不规整，应为浇口方向。镜体有少量凹下的铸造毛刺（图1-275）。

尺寸与重量： 面径13.8、缘厚0.6、钮径1.9、钮高0.8厘米，镜面弧度0.4厘米。重425克。

收藏机构： 淄博市临淄区齐文化发展研究中心

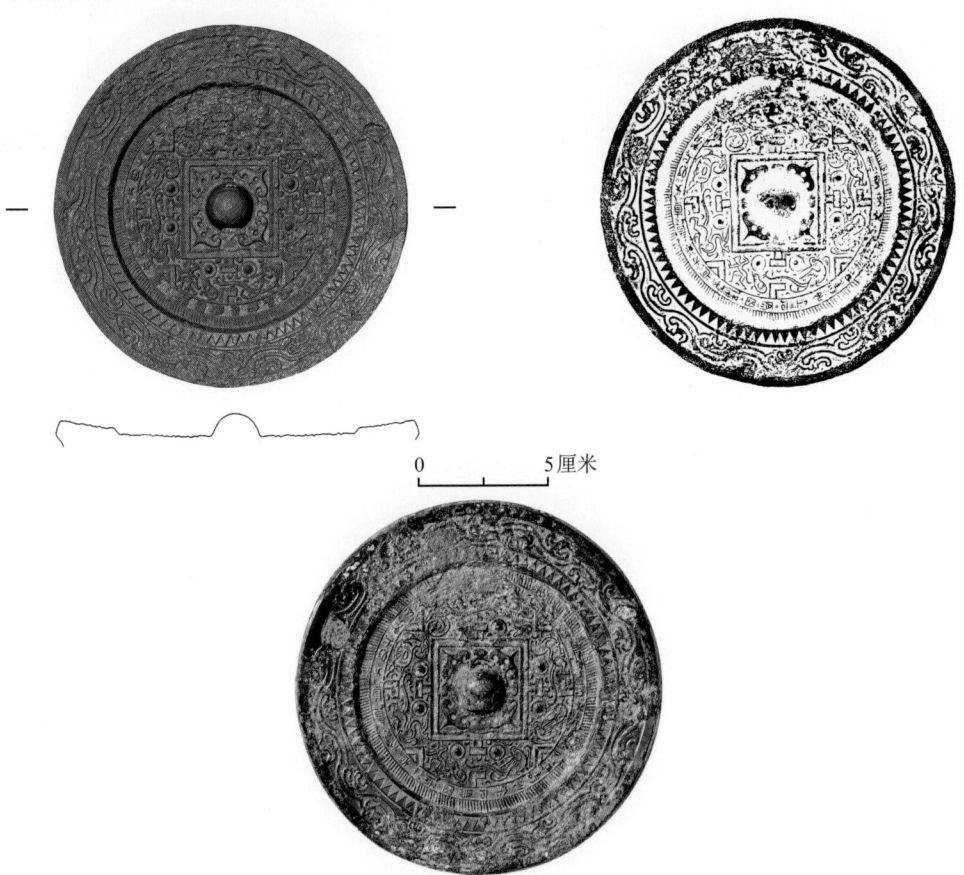

0　　　　　5厘米

图1-275　方格神兽博局纹镜（LZJ-2019-362）三维模型、拓本与照片

十四、云 雷 纹 镜

（一）云雷纹镜

考察编号： LZJ-2019-366（原编号"金鼎绿城三期M449：1"）

特征描述： 半球形钮，半圆形钮孔，联珠钮座。联珠间有外向射线间隔。钮座外两周宽凸弦纹圈带间对称分布四组宽线圆圈纹和弧线拉形纹。外圈凸弦纹圈带与窄素平缘间为主纹区。主纹区对称分布四组由四组云雷纹组成的云雷纹带。云雷纹带间有三线段纹间隔。镜面、镜背大部覆有绿色锈。银白色材质。外区、乳丁、钮座经过研磨。砂崩现象较少。镜体有凹凸的铸造毛刺（图1-276；图版9-2）。

尺寸与重量： 面径10.0、缘厚0.4、钮径1.3、钮高0.5厘米，镜面弧度0.1厘米。重156克。

收藏机构： 淄博市临淄区齐文化发展研究中心

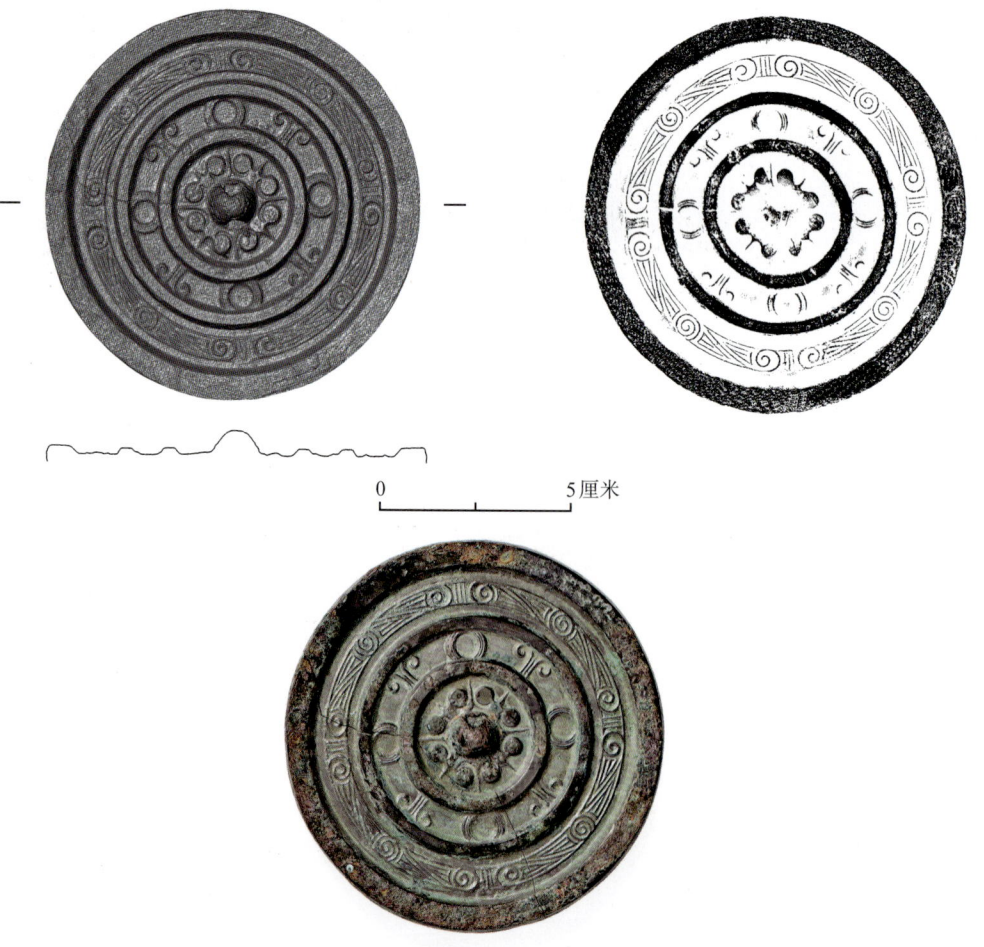

0　　　　　　　5厘米

图1-276　云雷纹镜（LZJ-2019-366）三维模型、拓本与照片

（二）四乳云雷纹镜

考察编号： LZJ-2019-369（原编号"方正小区2009M101：1"）

特征描述： 半球形钮，半圆形钮孔，圆台钮座。钮座外一周宽凸弦纹圈带。宽凸弦纹圈带外侧两周单线斜向栉齿纹带间为主纹区。四枚圆台座乳丁将主纹区均匀分为四区，每区饰有一组云雷纹。宽素平缘。镜面、镜背局部覆有绿色锈。银白色材质。外区、乳丁、钮座经过研磨（图1-277）。

尺寸与重量： 面径7.5、缘厚0.3、钮径1.1、钮高0.6厘米，镜面弧度0.1厘米。重137克。

收藏机构： 淄博市临淄区齐文化发展研究中心

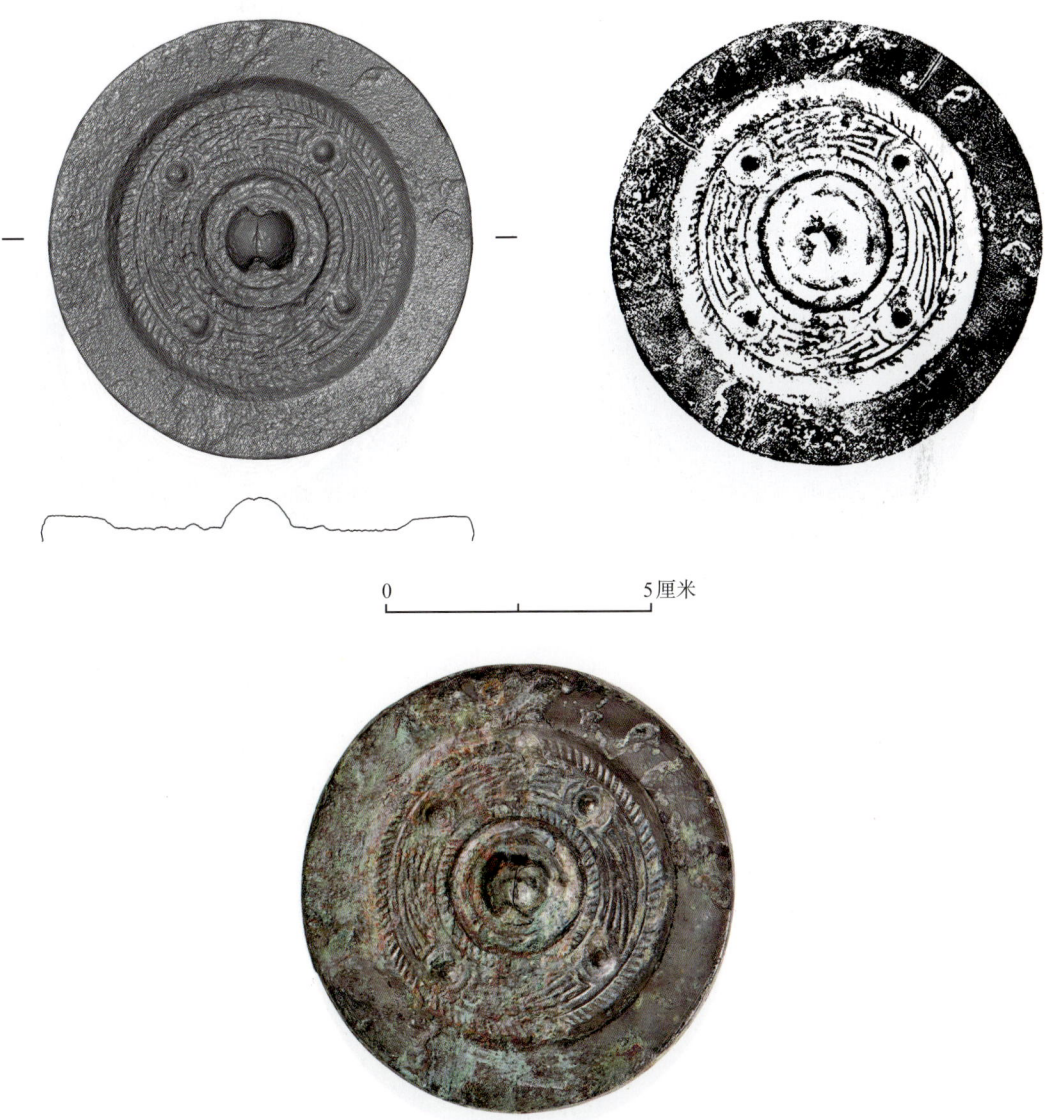

0　　　　　　　　　5厘米

图1-277　四乳云雷纹镜（LZJ-2019-369）三维模型、拓本与照片

十五、其他镜类

（一）联珠纹镜

考察编号：LZJ-2019-120（原编号"翰林院M86：1"）

特征描述：半球形钮，半圆形钮孔。钮与缘内侧单线斜向栉齿纹带间为主纹区。主纹区饰十二联珠纹。钮与栉齿纹带间对称分布四条射线，将十二联珠均匀分为四组。每组中间联珠与栉齿纹带间饰三线短线纹。窄素平缘。镜面满覆绿色锈，镜背局部有绿色锈。银白色材质。钮座、联珠纹、外区经过研磨。该镜主纹实际应为圈带铭文镜的中心部位，推测为改制镜（图1-280；图版10-1）。

尺寸与重量：面径7.4、缘厚0.5、钮径2.0、钮高1.0厘米，镜面弧度0.02厘米。重145克。

收藏机构：淄博市临淄区齐文化发展研究中心

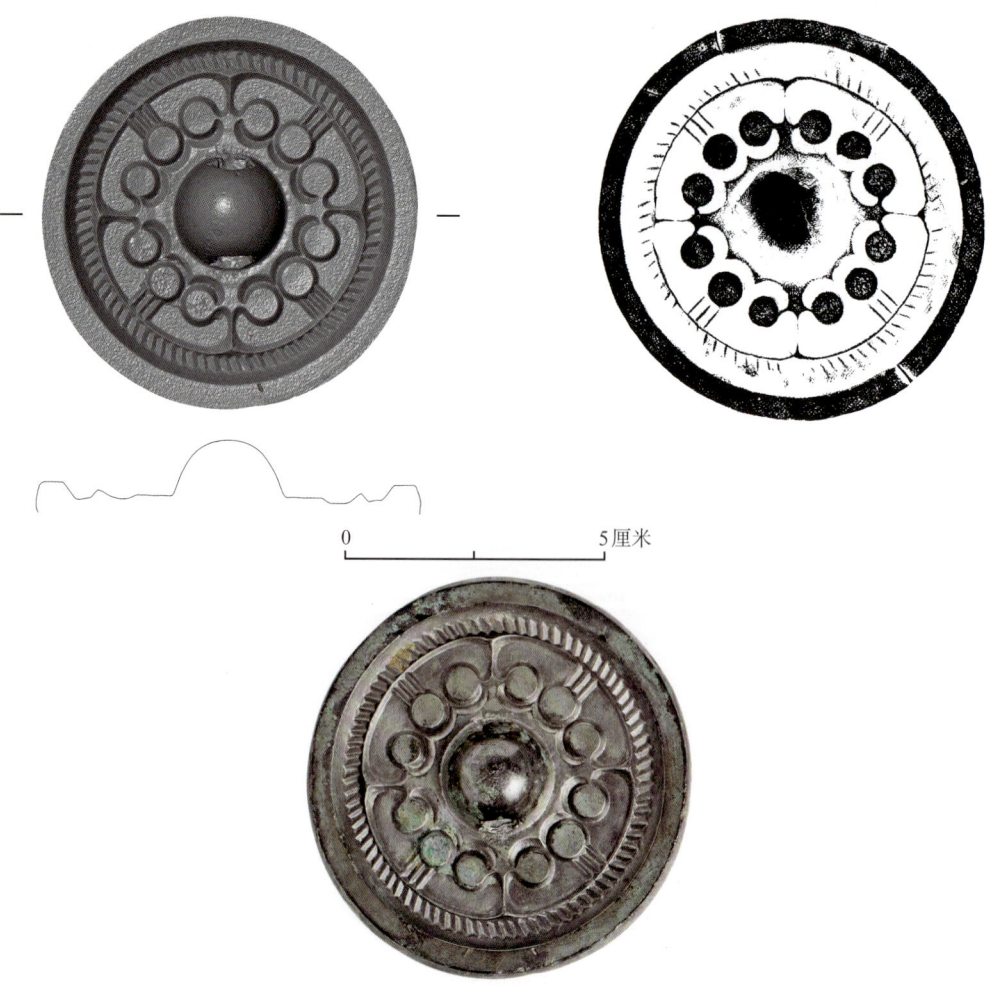

图1-280 联珠纹镜（LZJ-2019-120）三维模型、拓本与照片

（二）弧线纹镜

考察编号：LZJ-2019-206（原编号"乙烯生活区T708M13∶1"）

特征描述：半球形钮，圆形钮座。主纹区对称分布四组指甲纹和弧线纹。八内向连弧纹缘。镜面、镜背满布绿色锈。该镜可能为星云纹镜或圈带铭文镜的中心部位，疑为改制镜（图1-281）。

尺寸与重量：面径3.4、缘厚0.2、钮径0.9、钮高0.5厘米，镜面弧度0.01厘米。重10克。

收藏机构：山东省文物考古研究院

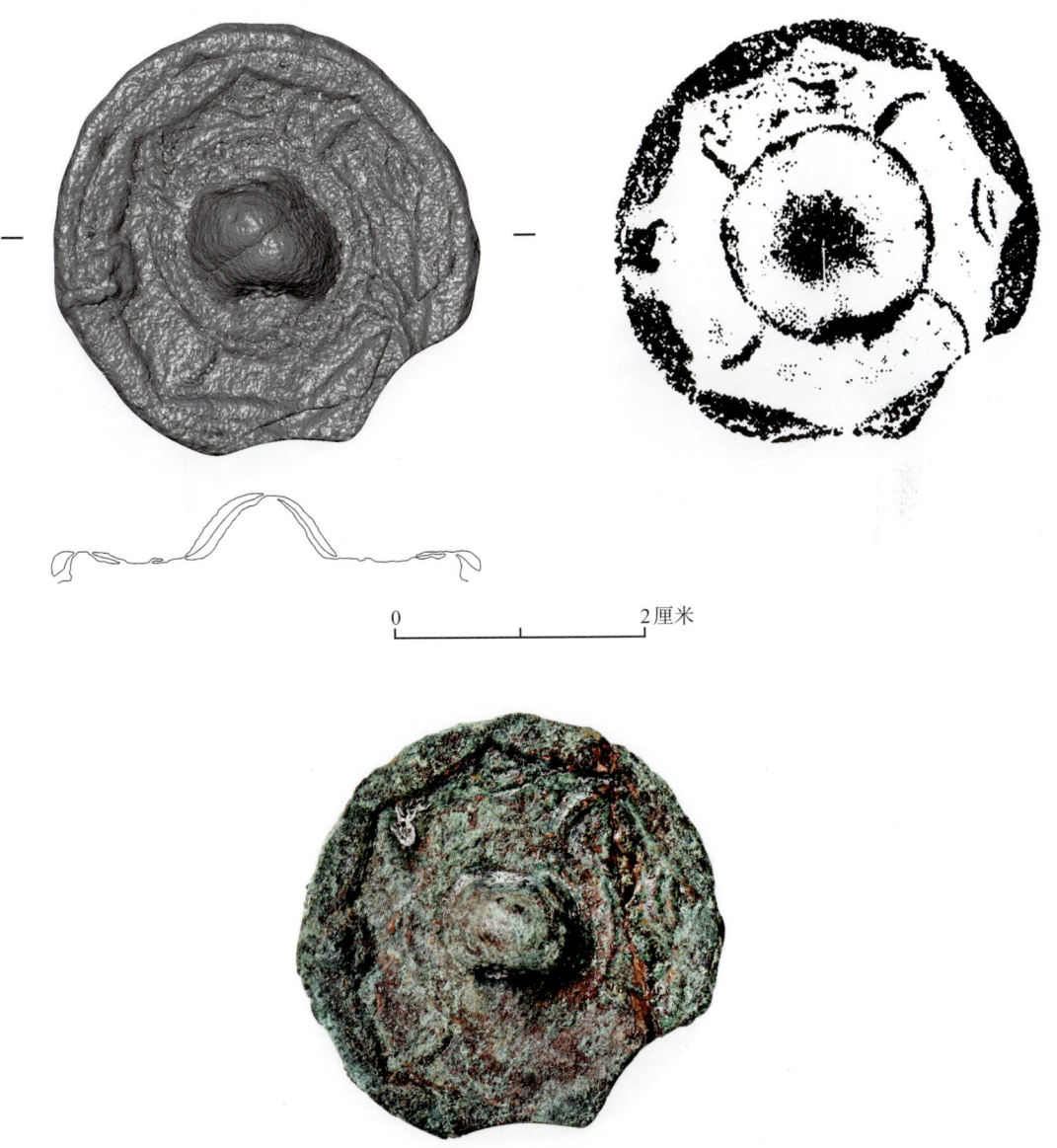

图1-281　弧线纹镜（LZJ-2019-206）三维模型、拓本与照片

（三）弧线指甲纹镜

考察编号： LZJ-2019-246（原编号"乙烯生活区 T706M40：1"）

特征描述： 连峰钮，半圆形钮孔。缘内单线凸弦纹圈带内侧对称分布四组指甲纹。指甲纹之间有单线凸弦纹连接。十六内向连弧纹缘，缘边稍斜。锈蚀严重，镜面大部覆有绿色锈，镜背局部有绿、红色锈。银白色材质。该镜实际为星云纹镜的中心部位，疑为改制镜（图1-282）。

尺寸与重量： 面径4.9、缘厚0.3、钮径1.8、钮高0.7厘米，镜面弧度0.05厘米。重31克。

收藏机构： 山东省文物考古研究院

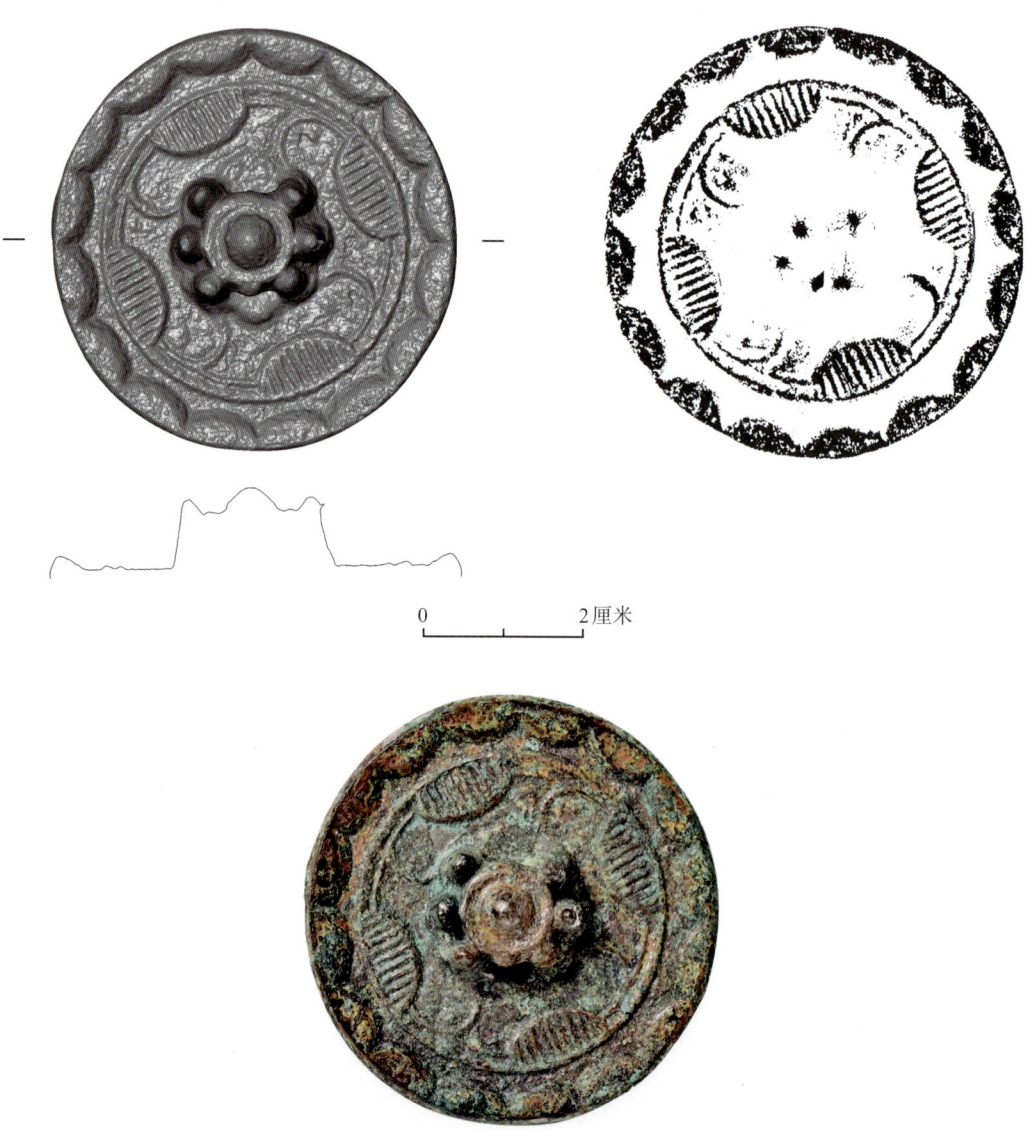

0　　　　2厘米

图1-282　弧线指甲纹镜（LZJ-2019-246）三维模型、拓本与照片

（四）四乳弧线纹镜

考察编号： LZJ-2019-365（原编号"金鼎三期 M1074：1"）

特征描述： 连峰钮，半圆形钮孔。钮外一周凸弦纹圈带。四枚圆台座乳丁均匀叠压于圈带之上。钮座与凸弦纹圈带间均匀分布四组弧线纹。十六内向连弧纹缘，缘边稍斜。银白色材质。外区、乳丁、钮座经过研磨。此镜为星云纹镜中央部位，疑为改制镜（图1-283）。

尺寸与重量： 面径5.0、缘厚0.4、钮径1.9、钮高0.2厘米，镜面弧度0厘米。重59克。

收藏机构： 淄博市临淄区齐文化发展研究中心

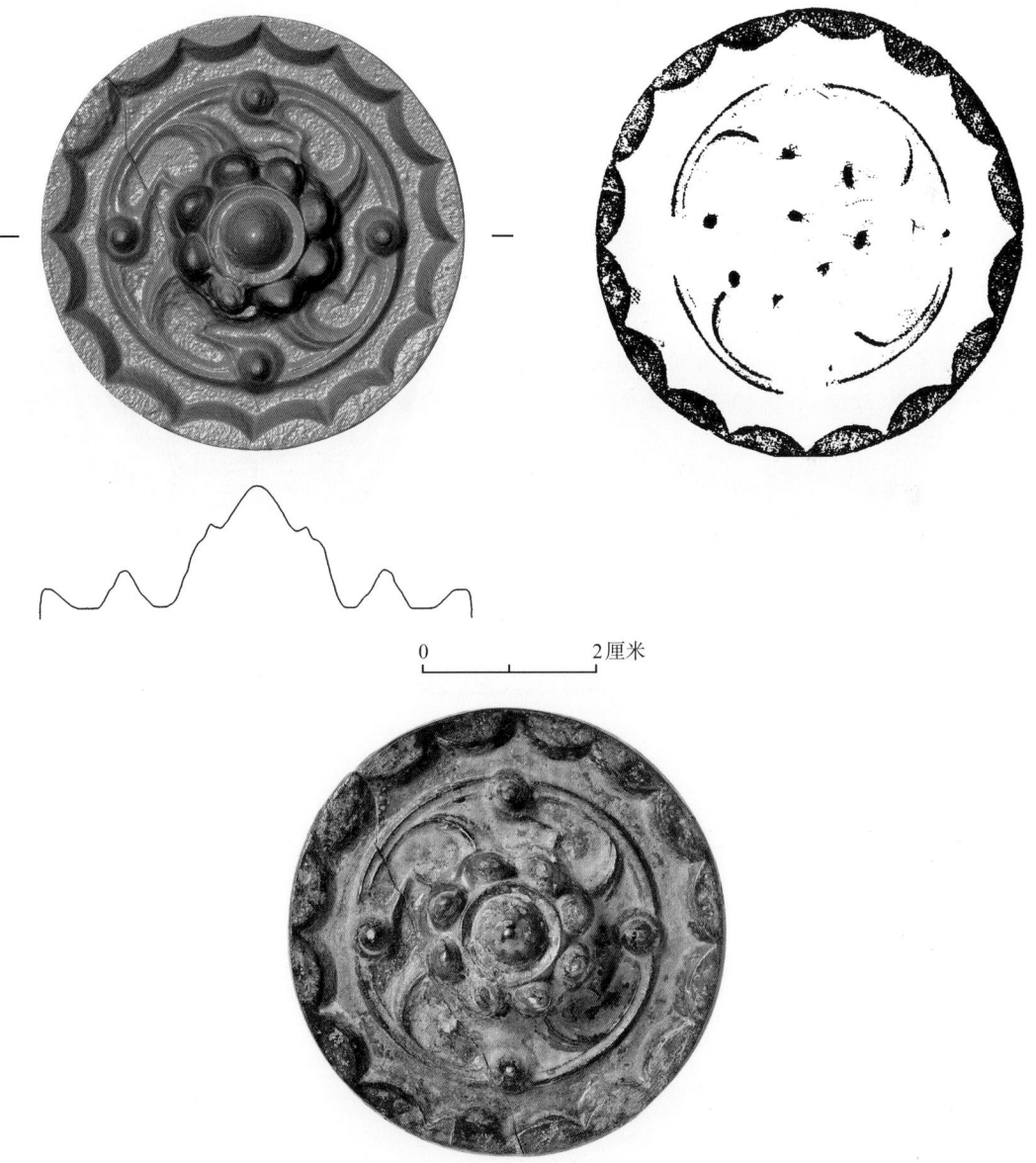

图1-283　四乳弧线纹镜（LZJ-2019-365）三维模型、拓本与照片

（五）龙虎镜

考察编号： LZJ-2019-330（原编号"峰尚国际M64：1"）

特征描述： 半球形钮，半圆形钮孔，圆台钮座。主纹区浮雕左龙右虎对峙纹饰。正下方有一仙人戏兽图像。主纹区外侧一周铭文圈带，铭文为右旋读"黄氏作竟四夷服多贺国家人民息胡虏殄灭天下覆风雨时节五谷熟长保二亲得天力□□去后□子□"四十二字。铭文圈带外侧一周单线栉齿纹带。外区饰一周锯齿纹带和动物纹花纹带。缘边稍斜。镜面、镜背满覆绿色锈。因锈蚀具体情况不明。外区、钮座经过研磨（图1-284）。

尺寸与重量： 面径12.4、缘厚1.1、钮径2.0、钮高1.2厘米，镜面弧度0.4厘米。重483克。

收藏机构： 淄博市临淄区齐文化发展研究中心

0　　　　　5厘米

图1-284　龙虎镜（LZJ-2019-330）三维模型、拓本与照片

（六）四乳飞鸟纹镜

考察编号： LZJ-2019-368（原编号"泰东城三期M175出土镜"）

特征描述： 半球形钮，方形钮孔，圆台钮座。钮座与外侧一周凸弦纹圈带间为主纹区。主纹区对称分布四枚圆台座乳丁。钮座叠压于两只高浮雕鸟纹身躯之上，上部露出鸟颈和鸟首，下部露出鸟的长尾，两侧展开对称鸟翅膀。近似三角形缘，缘边稍斜。镜面、镜背覆有较多红、绿色锈（图1-285；图版10-2）。

尺寸与重量： 面径8.9、缘厚0.6、钮径1.5、钮高0.7厘米，镜面弧度0.2厘米。重135克。

收藏机构： 淄博市临淄区齐文化发展研究中心

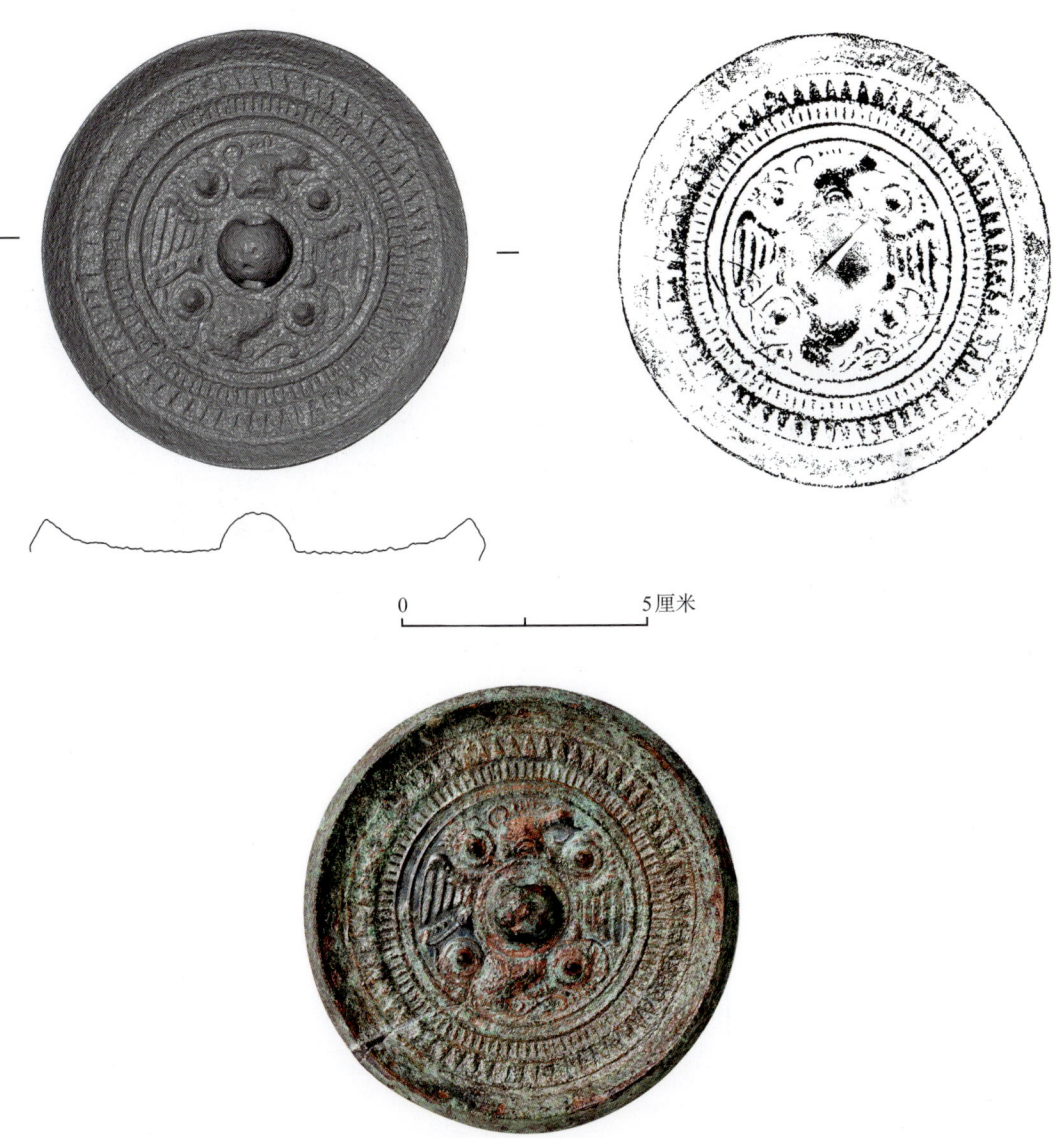

图1-285 四乳飞鸟纹镜（LZJ-2019-368）三维模型、拓本与照片

中　编
临淄齐国故城出土汉代镜范

2018年12月22～28日，根据中日合作项目"山东省临淄齐故城出土镜范与铜镜的考古学研究"的计划，中日双方学者一道，在山东临淄对齐国故城阚家寨秦汉铸镜作坊址出土的镜范和齐文化博物院收集的镜范进行了专门考察。所考察镜范共207件，其中包括阚家寨秦汉铸镜作坊址出土镜范165件、齐文化博物院收集镜范42件。齐文化博物院的这批镜范多数为近年来新收集资料，均出自齐国故城内。这里综合考虑镜范铸件类型、保存状况及研究价值等因素，选择其中的57件标本做介绍，含镜背范42件、镜面范11件、特殊镜范4件。镜背范铸件有蟠螭纹镜、龙纹镜、四乳弦纹镜、星云纹镜、花叶纹镜、草叶纹镜、素面镜等铜镜类型。从形制、纹饰以及以往考古发现看，这些铜镜类型的年代多在西汉时期，其中蟠螭纹镜、龙纹镜、四乳弦纹镜、素面镜相对较早，主要为西汉前期，少数或可至战国末至秦，星云纹镜、花叶纹镜、草叶纹镜相对偏晚，有的或可至西汉晚期。镜范描述内容主要按中文考察记录撰写，同时也参考了日本学者所写的日文考察记录。

一、镜 背 范

（一）蟠螭纹镜背范

此次考察蟠螭纹镜背范26件，这里选择其中13件做介绍。

1. 缠绕式蟠螭纹镜背范

考察编号： 2018LZJF078（原编号"LQKBⅡF13：1"）

出土时间与地点： 2012年齐国故城阚家寨遗址BⅡ地点发掘出土。

特征描述： 残存右半部，约占整个镜范的二分之一，保存部分浇道、排气道、分型面和型腔。外形近似钵形。侧面上部大致垂直于正面，下部向背面呈弧形内收。背面平整，局部破损。镜范正面覆有红褐色涂层。范体呈青灰色，断面可观察到若干大小不一且不连续的孔隙。浇道呈倾斜槽状，浇口基本残缺不存，残长5.5、深约1厘米，浇道口残宽1厘米。浇道局部泛黑，推测是浇铸时接触高温所致。排气道为近三角形槽状，残长7、冒口宽0.7、排气口宽1.1、深约0.1厘米。型腔外侧分型面宽约2.1厘米。匕形镜缘，下凹0.3厘米。型腔表面平整，与分型面的高差值约为0.1厘米。型腔局部略泛黑，表面纹饰清晰，主纹区施缠绕式蟠螭纹，以涡卷纹为地。圆圈钮座，镜钮不明（图2-1-1、2；图版11-1）。

烧成方法： 还原焰烧成。

外形尺寸： 残长18.1、残宽7.3、厚5.1厘米。

重量： 439克

比重： 1.1

铸件复原： 缠绕式蟠螭纹镜。匕形缘，圆圈钮座，钮形制不明。复原直径约10.5厘米。

收藏机构： 临淄齐故城冶铸业考古项目组

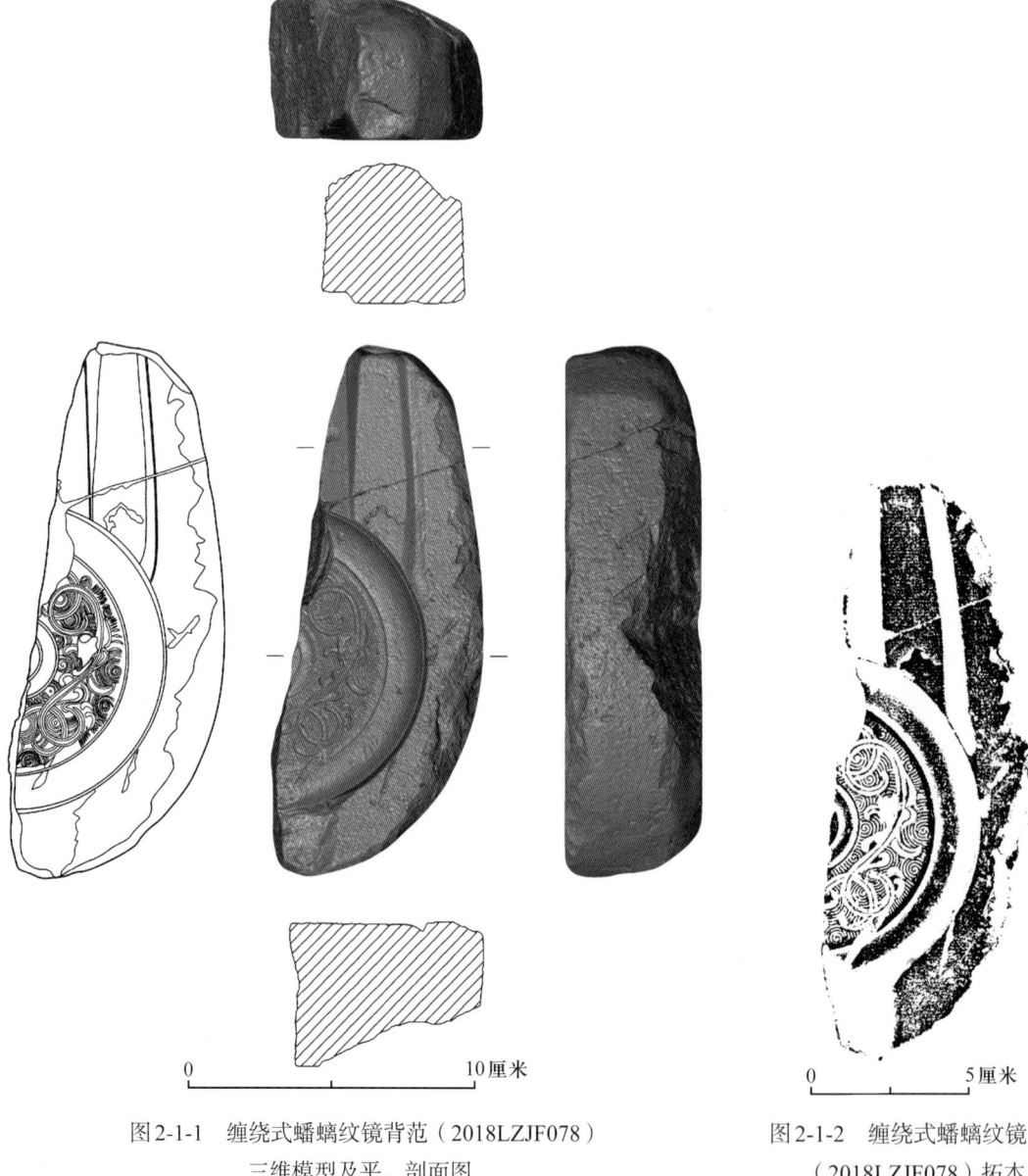

图 2-1-1　缠绕式蟠螭纹镜背范（2018LZJF078）
三维模型及平、剖面图

图 2-1-2　缠绕式蟠螭纹镜背范
（2018LZJF078）拓本

2. 菱格蟠螭纹镜背范

考察编号：2018LZJF016（原编号"LQC-JF0027"）

出土时间与地点：齐国故城内征集，时间不详。

特征描述：残存下部，约占整个镜范的四分之一，保存部分分型面和型腔。外形近似钵形，正面略大于背面，侧面上部大致垂直，下部呈弧形内收，背部近平。范体呈青灰色，近正面处局部泛黑。质感较轻，断面可观察到若干大小不等且不连续的孔隙，孔隙形状呈椭圆形，其方向与型腔面方向平行。分型面呈浅红褐色，表面平滑，结构致密，宽

0.8厘米，与型腔面高差值约为0.1厘米。型腔面呈黑褐色，表面光滑平整，花纹清晰。型腔周缘为匕形镜缘，下凹0.2厘米。主纹区内、外侧施弦纹，中间阴线刻蟠螭纹，残存3组，以涡卷纹为地。三弦钮，圆圈钮座（图2-2-1、2）。

烧成方法： 还原焰烧成。

外形尺寸： 残长7.4、残宽7.5、厚6厘米。

重量： 143克

比重： 1.29

铸件复原： 菱格蟠螭纹镜。匕形缘，圆圈钮座，三弦钮。复原直径约10.61厘米。

收藏机构： 齐文化博物院

图2-2-1　菱格蟠螭纹镜背范（2018LZJF016）

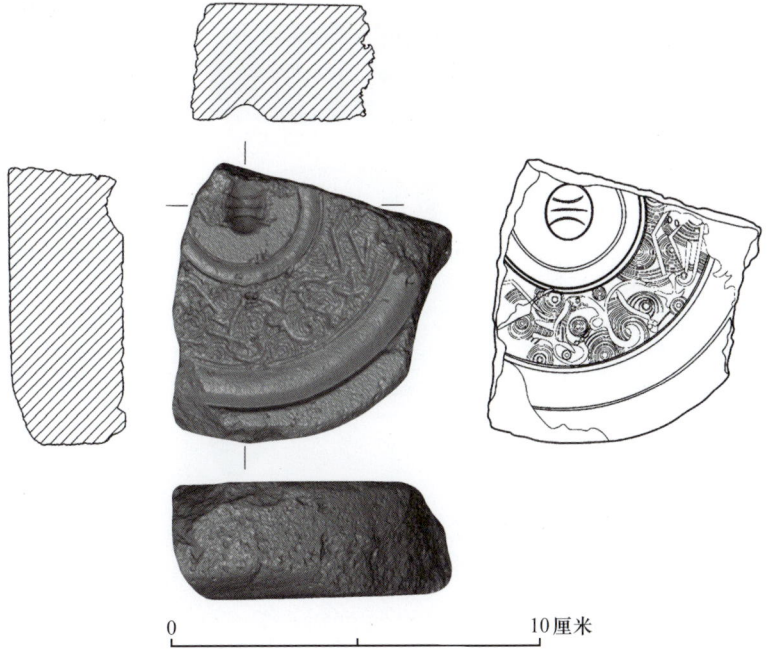

0　　　　　　　　　　　10厘米

图2-2-2　菱格蟠螭纹镜背范（2018LZJF016）三维模型及平、剖面图

3.四乳蟠螭纹镜背范

考察编号： 2018LZJF071（原编号"LQKBⅡH115：8"）

出土时间与地点： 2013年齐国故城阚家寨遗址BⅡ地点发掘出土。

特征描述： 残存上半部，约占整个镜范的二分之一，保存完整的浇道、排气道、部分分型面和型腔。外形近似钵形。侧面上部大致垂直于正面，下部向背面略呈弧形内收。背面平整。镜范正面覆有红褐色涂层，局部脱落。断面凹凸较小，角端锐利，给人以质地较硬的印象。范体呈灰白色，从断面还可观察到若干大小不一且不连续的孔隙。浇道呈倾斜槽状，长4.1厘米，浇口宽约2.6、深约0.6厘米，浇道口宽约3.5厘米。排气道呈弧形槽状，长约5.2、冒口宽约0.3、排气口宽约0.6、深约0.02厘米。浇道表面覆有黑色薄层，平整光亮，推测是浇铸时接触高温所致。分型面宽约1厘米。匕形镜缘，下凹0.2厘米。镜缘弧度局部不规整，推测是以圆规手刻成型的。型腔面表面平整，与分型面的高差值约0.1厘米。型腔面亦覆有黑色薄层，局部向外漫溢至分型面。型腔面纹饰清晰，主纹区为蟠螭纹，以涡卷纹为地，环绕乳丁排布，残存两枚乳丁，乳丁直径0.4、深约0.1厘米。镜缘与主纹区、主纹区与钮座分别以一周凸弦纹间隔。圆圈钮座，镜钮破损，形制不明（图2-3-1、2；图版14-1）。

烧成方法： 还原焰烧成。

外形尺寸： 残长12、残宽11.5、厚3.9厘米。

重量： 357.7克

比重： 1.02

铸件复原： 四乳蟠螭纹镜。匕形缘，圆圈钮座，钮形制不明。复原直径约9.14厘米。

收藏机构： 临淄齐故城冶铸业考古项目组

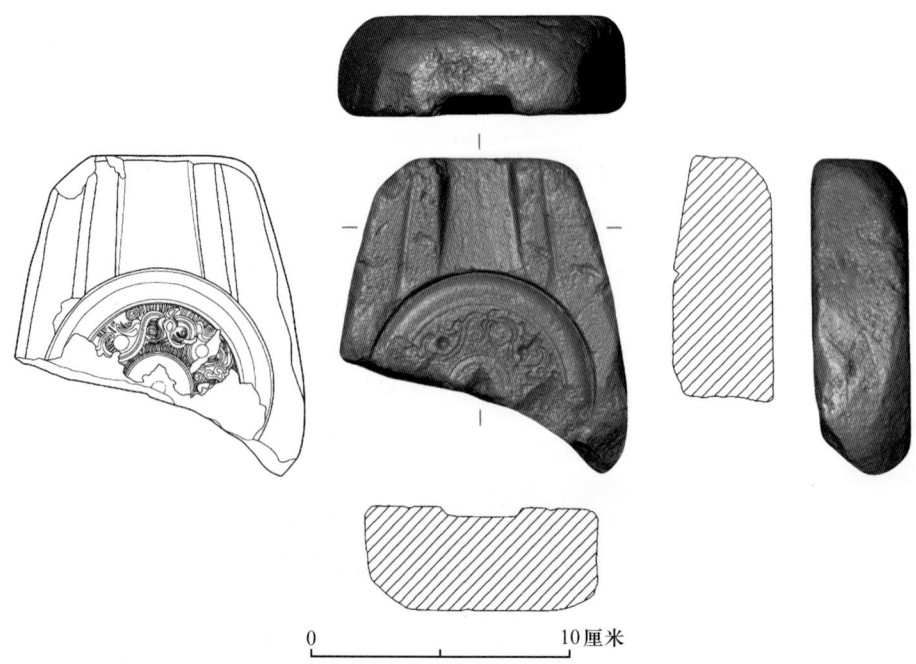

0　　　　　　　　　　　　10厘米

图2-3-1　四乳蟠螭纹镜背范（2018LZJF071）三维模型及平、剖面图

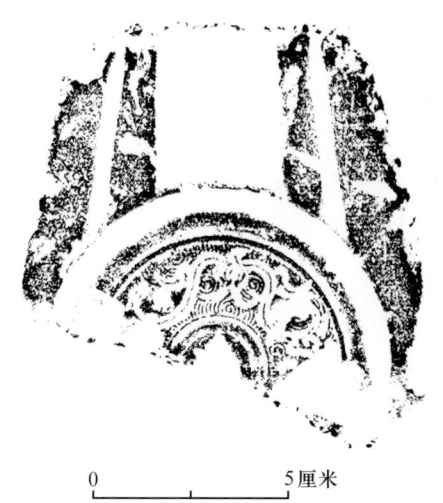

0　　　　　　　5厘米

图2-3-2　四乳蟠螭纹镜背范（2018LZJF071）拓本

考察编号： 2018LZJF066（原编号"LQKBⅡH82：5"）

出土时间与地点： 2013年齐国故城阚家寨遗址BⅡ地点发掘出土。

特征描述： 残存下部，约占整个镜范的四分之一，保存部分分型面和型腔。外形近似钵形。侧面上部略直，向背面略呈弧形内收，残留有横向线状刮磨痕迹。背面中部微鼓，残留有九个椭圆形孔，孔径约1.5、深约1厘米，从形状看，为指尖按压形成。镜范正面覆有红褐色涂层，平整光滑，局部脱落。范体呈青灰色，从断面可观察到若干大小不一且不连续的孔隙，并可见微量有反射光的矿物质。型腔外侧分型面宽约2.4厘米。凵形镜缘，下凹0.5厘米，残破处残留一小颗粒状铜渣。型腔面平整，与分型面的高差值为0.1厘米。型腔面覆有黑色薄层，平整光亮，局部向外漫溢至分型面，推测是浇铸时接触高温所致。型腔面局部保存纹饰，较清晰，镜缘内侧一周弦纹，主纹区饰阴线蟠螭纹，以涡卷纹为地，环绕乳丁排布，残存一枚乳丁，直径1.2、深0.4厘米。钮座部分残存涡卷纹与三角回纹的组合纹饰，与主纹区以两周宽0.3厘米的斜线纹带相隔。三弦钮，残剩少许。从断面看，镜范正面涂层下有厚0.2～0.3厘米的浅灰色层，其下为黑色层，并向范体内渗透。黑色层推测是镜范涂层或脱范剂中的碳在烘烤或浇铸时遇高温向范体内渗透所致。黑色层之上的浅灰色层说明镜范可能曾经多次烘烤或浇铸，即多次受热造成其内碳等成分散失，颜色等性状发生变化（图2-4-1、2；图版12-1～4）。

烧成方法： 还原焰烧成。

外形尺寸： 残长13.4、残宽15.5、厚5.7厘米。

重量： 560.9克

比重： 1.02

铸件复原： 四乳蟠螭纹镜。凵形缘，圆圈钮座施涡卷纹和三角回纹，三弦钮。复原直径约19.24厘米。

收藏机构： 临淄齐故城冶铸业考古项目组

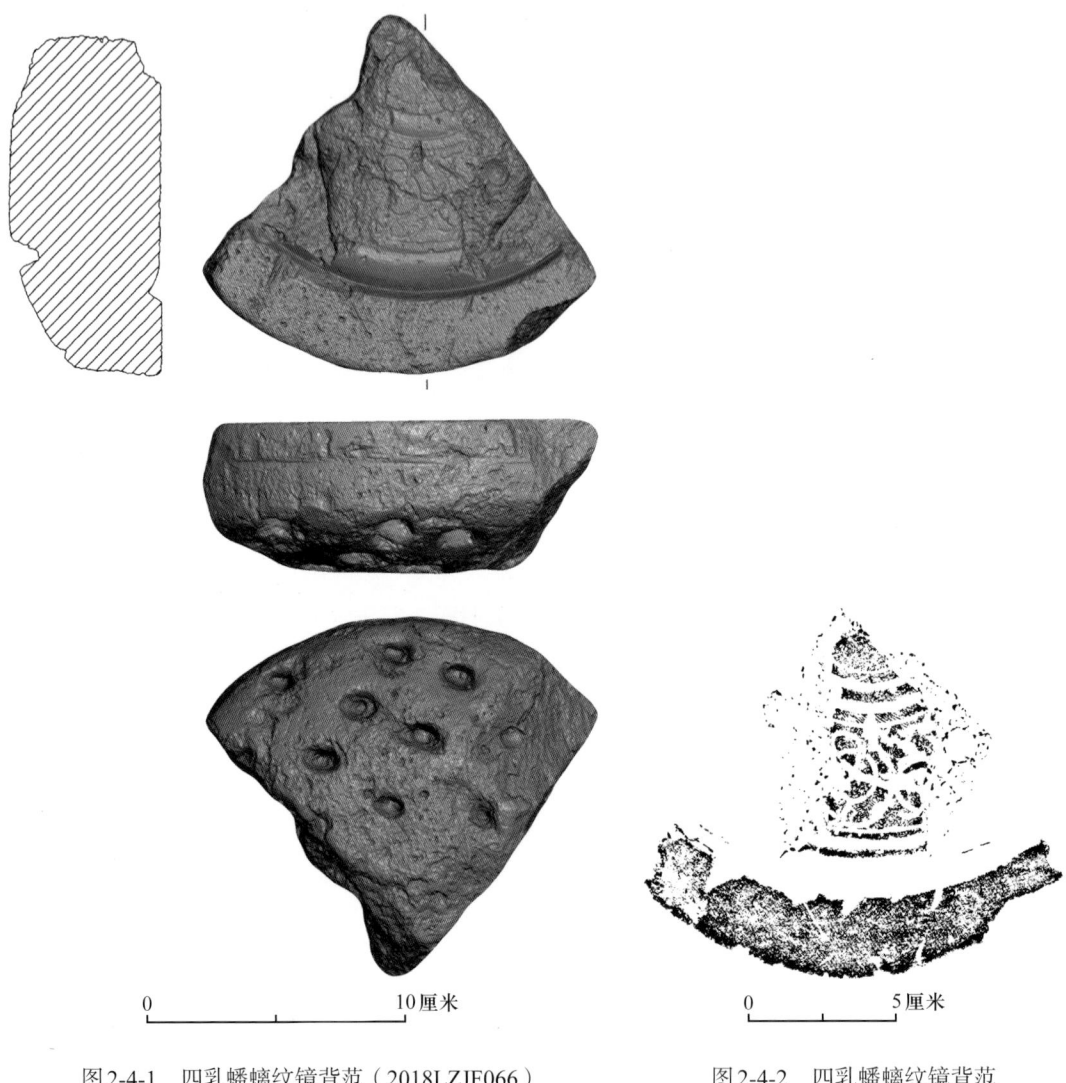

| 0 | 10厘米 |

图2-4-1　四乳蟠螭纹镜背范（2018LZJF066）
三维模型及剖面图

| 0 | 5厘米 |

图2-4-2　四乳蟠螭纹镜背范
（2018LZJF066）拓本

考察编号： 2018LZJF114（原编号"LQKBⅡH115：2"）

出土时间与地点： 2013年齐国故城阚家寨遗址BⅡ地点发掘出土。

特征描述： 残存下半部，约占整个镜范的二分之一，保存部分分型面和型腔。外形近似钵形。侧面上部大致垂直于正面，下部向背面略呈弧形内收。背面大面积剥落，中部被人为磨平。镜范正面覆有红褐色涂层，平整光滑。范体呈青灰色，近正面处呈红褐色，断面和破损面可观察到若干大小不一且不连续的孔隙。型腔外侧分型面宽1.8～2.2厘米。匕形镜缘，下凹约0.5厘米。型腔表面平整，与分型面的高差值约为0.1厘米。型腔面覆有黑色薄层，推测是浇铸时接触高温所致。型腔面纹饰较清晰，主纹区为蟠螭纹，以涡卷纹为地，环绕乳丁排布，残存两枚乳丁，直径约0.8、深0.2厘米。镜缘与主纹区、主纹区与钮座分别以一周弦纹间隔。圆圈钮座，镜钮不明（图2-5-1～3）。

烧成方法：还原焰烧成。

外形尺寸：残长11.4、残宽13.8、残厚4.5厘米。

重量：344.4克

比重：0.88

铸件复原：四乳蟠螭纹镜。匕形缘，圆圈钮座，钮形制不明。复原直径约11.82厘米。

收藏机构：临淄齐故城冶铸业考古项目组

图2-5-1　四乳蟠螭纹镜背范（2018LZJF114）

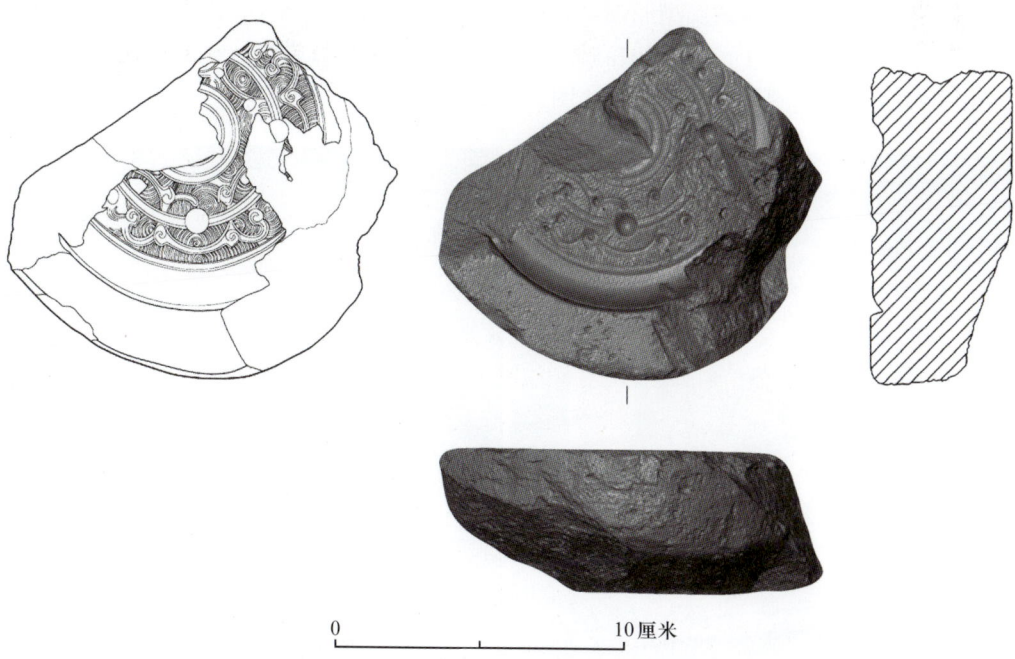

0　　　　　　　　　　　10厘米

图2-5-2　四乳蟠螭纹镜背范（2018LZJF114）三维模型及平、剖面图

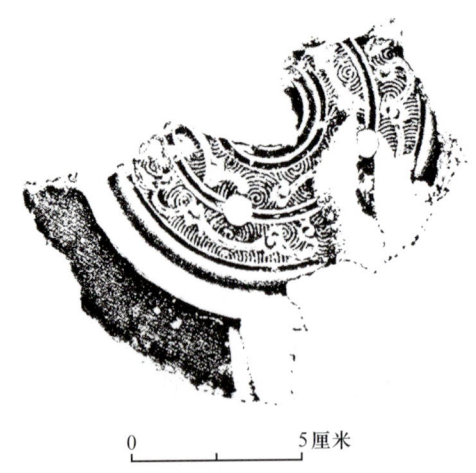

0　　　　　　　5厘米

图2-5-3　四乳蟠螭纹镜背范（2018LZJF114）拓本

考察编号： 2018LZJF109（原编号"LQKB Ⅱ H146∶1"）

出土时间与地点： 2013年齐国故城阚家寨遗址B Ⅱ 地点发掘出土。

特征描述： 残存右部，约占整个镜范的三分之一，保存部分分型面和型腔。外形近似钵形。侧面上部大致垂直于正面，下部向背面略呈弧形内收，表面有刮削修整痕迹。背面平整光滑。镜范正面覆有红褐色涂层。范体呈青灰色，断面可观察到若干大小不一且不连续的孔隙。分型面平整光滑，残宽0.7～1.2厘米。匕形镜缘，下凹约0.3厘米。型腔表面平整，与分型面的高差值约为0.1厘米。型腔面覆有黑色薄层，局部向外漫溢至分型面，推测是浇铸时接触高温所致。型腔面纹饰较清晰，主纹区饰蟠螭纹，以涡卷纹为地，环绕乳丁排布，残存两枚乳丁，直径约0.5、深约0.1厘米。镜缘与主纹区、主纹区与钮座分别以一周弦纹间隔。圆圈钮座，三弦钮（图2-6-1、2）。

图2-6-1　四乳蟠螭纹镜背范（2018LZJF109）

烧成方法：还原焰烧成。

外形尺寸：残长8.4、残宽8.4、厚3.6厘米。

重量：153克

比重：1.1

铸件复原：四乳蟠螭纹镜。匕形缘，圆圈钮座，三弦钮。复原直径约8.96厘米。

收藏机构：临淄齐故城冶铸业考古项目组

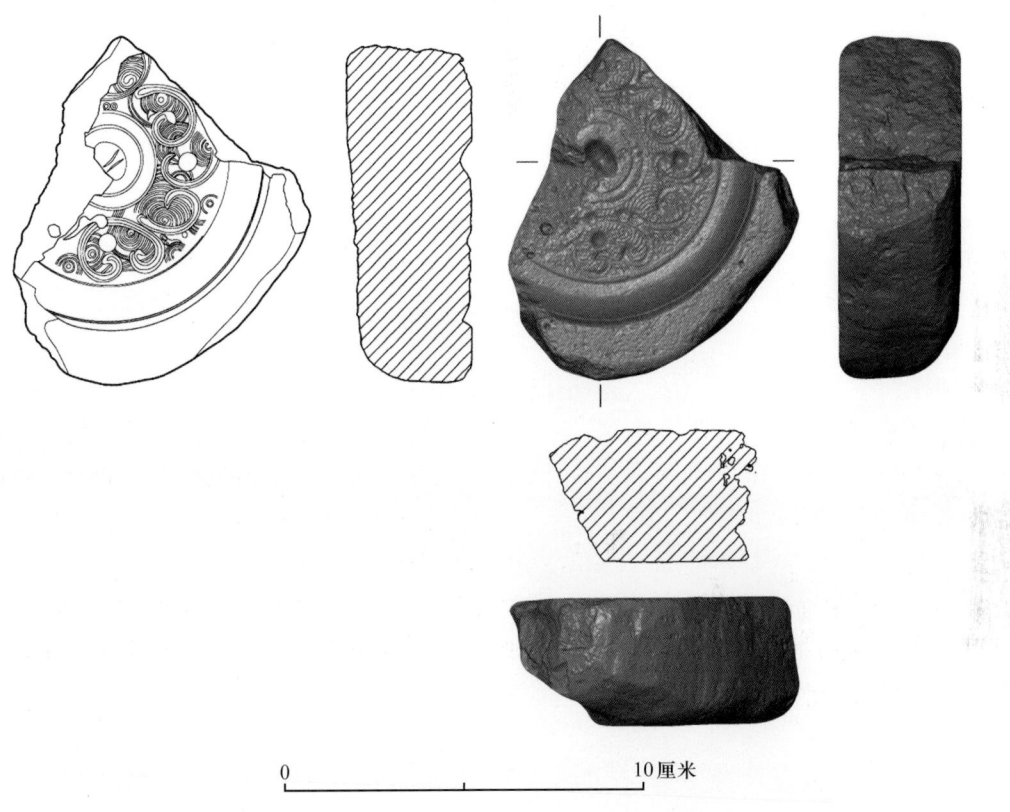

图2-6-2　四乳蟠螭纹镜背范（2018LZJF109）三维模型及平、剖面图

考察编号：2018LZJF112（原编号"LQKB Ⅱ H146：3"）

出土时间与地点：2013年齐国故城阚家寨遗址B Ⅱ地点发掘出土。

特征描述：残存左半部，约占整个镜范的二分之一，保存部分浇道、排气道、分型面和型腔。外形近似钵形，侧面下部向背面略呈弧形内收。镜范正面及侧面覆有红褐色涂层。范体呈青灰色，断面和背面可观察到若干大小不一且不连续的孔隙。浇道呈倾斜槽状，残长6厘米，浇口残宽2.6、深约1.6、浇道口残宽2.8厘米。排气道呈弧形槽状，残长7、冒口残宽0.6、排气口残宽1.2、深约0.1厘米。浇道和排气道表面平整光滑，覆有黑色薄层，推测是浇铸时接触高温所致。匕形镜缘，下凹约0.5厘米。型腔表面平整，与分型面的高差值约为0.1厘米。型腔面覆有黑色薄层，局部向外漫溢至分型面，并向范体有约0.25厘米的渗透。型腔面纹饰较清晰，镜缘内约1.4厘米处为一道凹弦纹；主纹饰区为蟠螭纹，以涡卷纹为地，中部有两道凹弦纹，环绕乳丁排布，残存一枚乳丁，直径1、深约0.2厘米。圆圈钮座，镜钮不明。镜范背面附着有一处长约0.7厘米的铜渣（图2-7-1、2）。

　　烧成方法：还原焰烧成。

　　外形尺寸：残长15.9、残宽9.2、厚4.5厘米。

　　重量：412克

　　比重：0.71

　　铸件复原：四乳蟠螭纹镜。匕形缘，圆圈钮座，钮形制不明。复原直径约12.08厘米。

　　收藏机构：临淄齐故城冶铸业考古项目组

图2-7-1　四乳蟠螭纹镜背范（2018LZJF112）

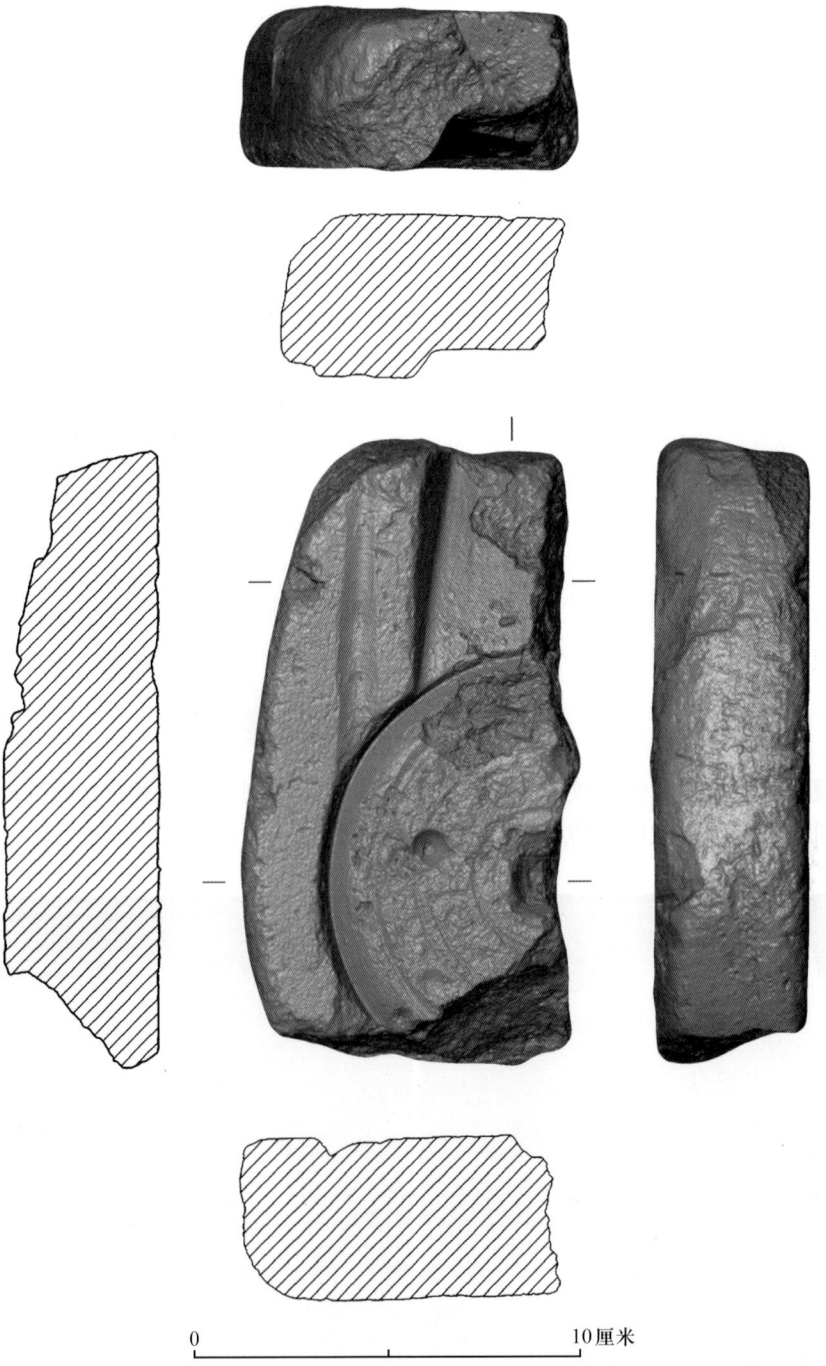

0　　　　　　　　　　　　　　　　10厘米

图2-7-2　四乳蟠螭纹镜背范（2018LZJF112）三维模型及剖面图

考察编号： 2018LZJF004（原编号"LQC-JF0026"）

出土时间与地点： 齐国故城内征集，时间不详。

特征描述： 残存下部，约占整个镜范的二分之一，保存部分分型面和型腔。外形近似钵形，侧面大致垂直，背面近平，略有残损。范体呈青灰色，质感略重，断面可观察到若干大小不等且不连续的孔隙。分型面呈浅黄褐色，光洁平整，宽1.2厘米。匕形镜缘，下凹约0.3厘米。型腔表面平滑，略有破损。主纹区外侧为一周凹弦纹，弦纹内侧为宽条状内向连弧纹，残存五组，连弧纹内外施细密的蟠螭纹，以涡卷纹为地纹。圆圈钮座，三弦钮。型腔面及分型面靠近镜缘处均呈黑色，并向范体渗透，推测是浇铸时接触高温所致（图2-12-1、2）。

烧成方法： 还原焰烧成。

外形尺寸： 残长9.6、残宽14.7、厚5.2厘米。

重量： 493克

比重： 1.05

铸件复原： 连弧纹带蟠螭纹镜。匕形缘，圆圈钮座，三弦钮。复原直径约13.76厘米。

收藏机构： 齐文化博物院

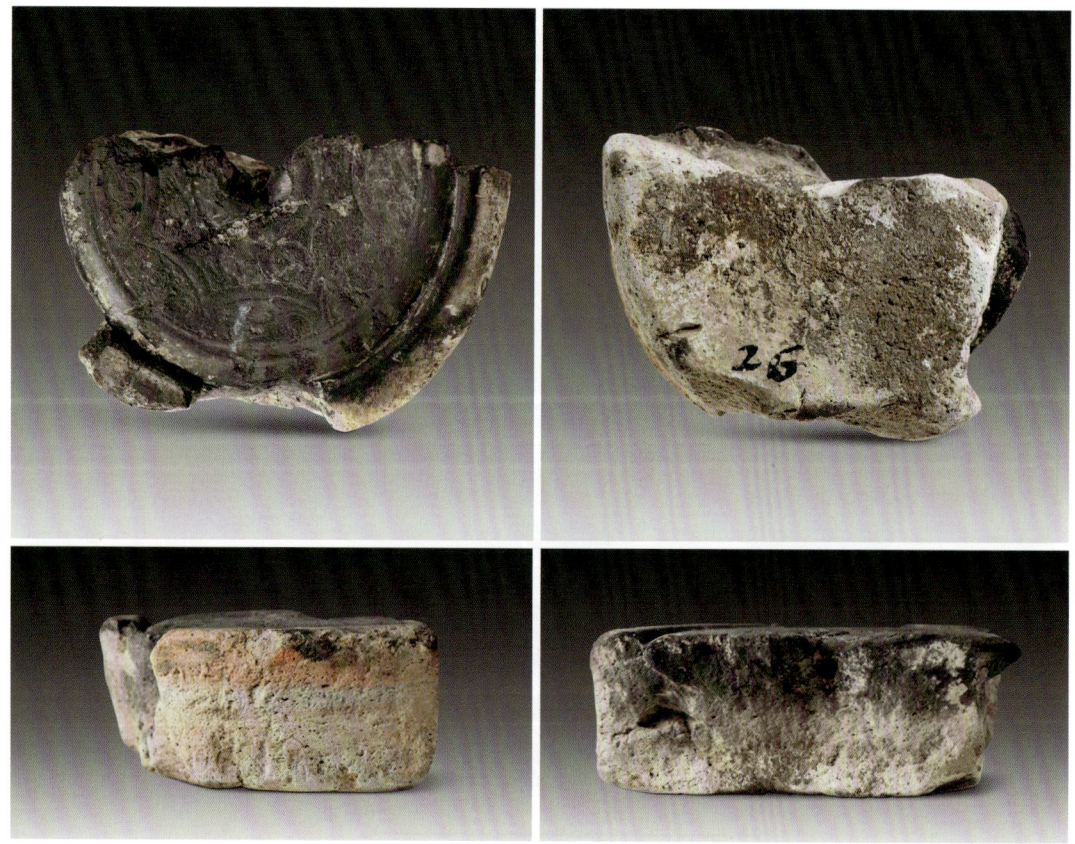

图2-12-1　连弧纹带蟠螭纹镜背范（2018LZJF004）

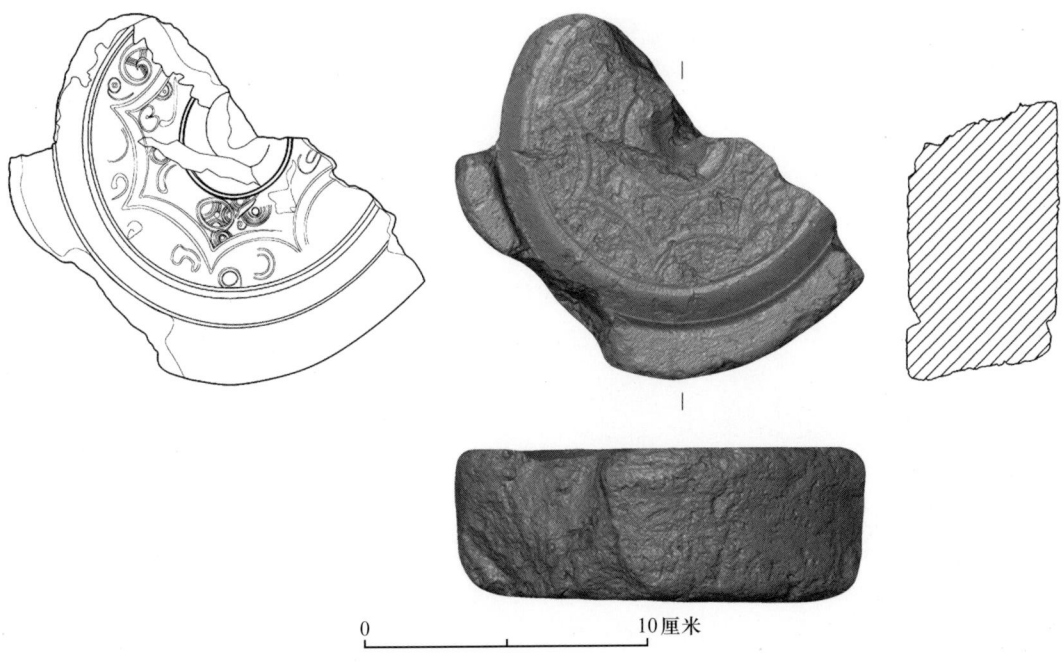

图 2-12-2　连弧纹带蟠螭纹镜背范（2018LZJF004）三维模型及平、剖面图

5. 花叶蟠螭纹镜背范

考察编号： 2018LZJF001（原编号"LQC-JF0039"）

出土时间与地点： 齐国故城内征集，时间不详。

特征描述： 残存左上部，约占整个镜范的四分之一，保存部分浇道、左排气道以及部分分型面和型腔。外形近似板状，侧面整体垂直，背面近平。范体呈青灰色，质感较轻，断面可观察到若干大小不等且不连续的孔隙。浇道呈斜坡槽状，残长 7.1、残宽 2.4、残深 0.4 厘米。排气道呈条形槽状，弧底，残长 8～11.4、宽 0.9～1.4、深 0.16 厘米。分型面呈浅黄褐色，局部泛黑，表面平滑，宽 2.6 厘米，与型腔面高差值约为 0.1 厘米。型腔面呈黑褐色，平整光滑。匕形镜缘，下凹 0.3 厘米。主纹区纹饰磨损严重，依稀可见蟠螭纹和柿蒂形花叶纹，花叶中间有乳丁一枚。镜钮及钮座不明。从镜范断面看，型腔面下有厚约 0.8 厘米的浅灰色层，其下为黑色层，黑色层再向范体内渗透，逐步过渡为青灰色。黑色层推测是镜范涂层或脱范剂中的碳在烘烤或浇铸时遇高温向范体内渗透所致。黑色层之上的浅灰色层说明镜范可能曾经多次烘烤或浇铸，即多次受热造成其内碳等成分散失，颜色等性状发生变化（图 2-13-1、2）。

烧成方法： 还原焰烧成。

外形尺寸： 残长 15.2、残宽 11.2、厚 4.2 厘米。

重量： 462 克

比重： 1.09

铸件复原： 花叶蟠螭纹镜。匕形缘，钮座和钮形制不明。复原直径约 19.26 厘米。

收藏机构： 齐文化博物院

图2-13-1   花叶蟠螭纹镜背范（2018LZJF001）

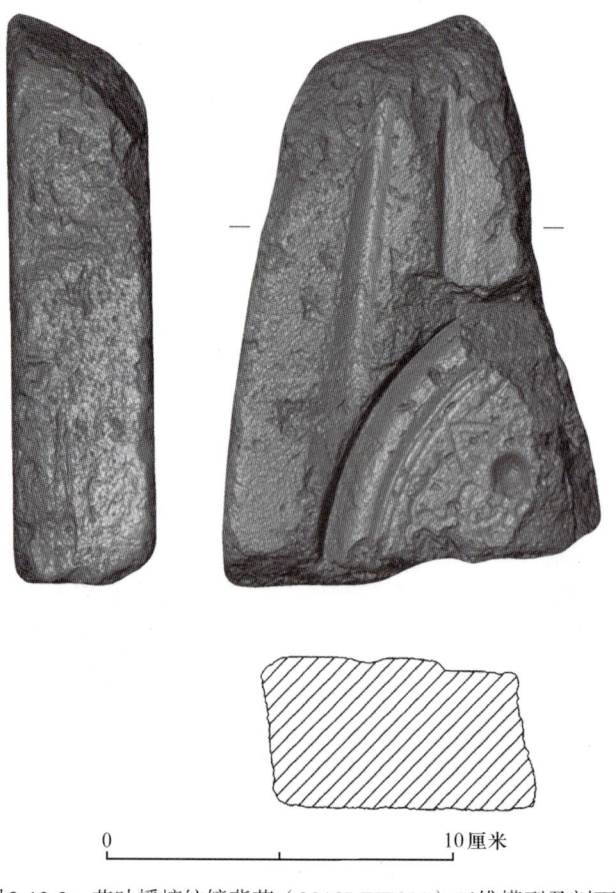

0 ———————————— 10厘米

图2-13-2   花叶蟠螭纹镜背范（2018LZJF001）三维模型及剖面图

（二）龙纹镜背范

此次考察龙纹镜背范2件，这里全部做介绍。

考察编号： 2018LZJF116（原编号"LQKBⅡH118∶2"）

出土时间与地点： 2013年齐国故城阚家寨遗址BⅡ地点发掘出土。

特征描述： 残存中间靠右部分，约占整个镜范的二分之一，保存部分浇道、排气道、分型面和型腔。外形呈钵形。侧面上部大致垂直于正面，下部向背面呈弧形内收。背部平整，可见若干刻划痕迹。镜范正面覆有红褐色涂层。范体呈青灰色，断面可观察到若干大小不一且不连续的孔隙。浇道呈倾斜槽状，长6.2厘米，浇口残宽约3、深约1厘米，浇道口残宽约2.9厘米。排气道呈弧形槽状，残长7、冒口宽0.7、排气口宽约1、深约0.1厘米。浇道和排气道表面局部泛黑，推测是浇铸时接触高温所致。型腔外侧分型面宽约2厘米。匕形镜缘，下凹0.3厘米。型腔表面平整，与分型面的高差值约0.1厘米。型腔面局部发黑，推测是浇铸时接触高温所致。型腔纹饰清晰，主纹区以涡卷纹为地，阴线刻龙纹，龙身卷曲，回首张望。镜缘与主纹区、主纹区与钮座分别用一周弦纹间隔。圆圈钮座，三弦钮（图2-14-1、2；图版11-2）。镜范顶端一残破的凹坑内夹杂两个颗粒状铜渣。

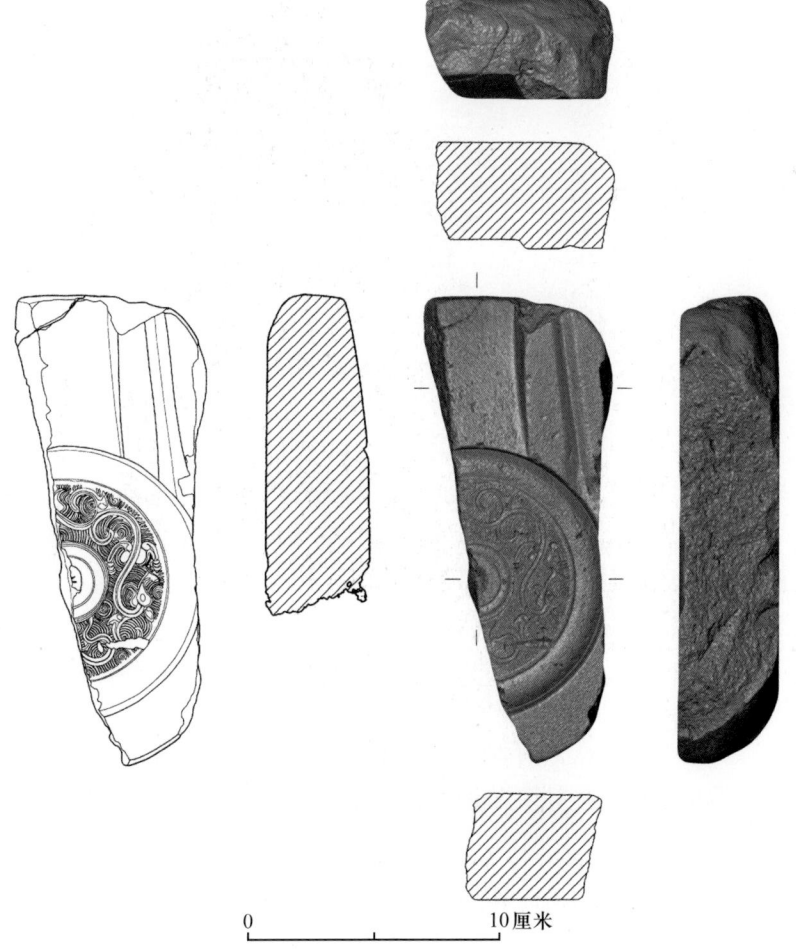

0　　　　　　　　　　　　10厘米

图2-14-1　龙纹镜背范（2018LZJF116）三维模型及平、剖面图

烧成方法： 还原焰烧成。

外形尺寸： 残长18、残宽7.2、厚4厘米。

重量： 356.8克

比重： 0.95

铸件复原： 龙纹镜。匕形缘，圆圈钮座，三弦钮。复原直径约10.3厘米。

收藏机构： 临淄齐故城冶铸业考古项目组

0　　　　　5厘米

图2-14-2　龙纹镜背范（2018LZJF116）拓本

考察编号： 2018LZJF087（原编号"LQKBⅡH143：1"）

出土时间与地点： 2013年齐国故城阚家寨遗址BⅡ地点发掘出土。

特征描述： 残存镜范少部，保存部分分型面和型腔面。外形近似钵形。侧面上部大致垂直于正面，下部向背面呈弧形内收。背面平整光滑。镜范正面覆有黄褐色涂层，但多脱落。范体呈青灰色，断面和背面可观察到若干大小不一且不连续的孔隙。型腔外侧分型面宽约1.3厘米。匕形镜缘，下凹约0.4厘米。型腔表面平整，与分型面的高差值约为0.2厘米，局部覆有黑色薄层。型腔面纹饰大致清楚，局部破损。主纹区为龙纹，以涡卷纹为地，环绕乳丁排布。龙圆眼宽鼻，前肢如双翼般张开，有爪。此种龙纹在以往临淄出土的铜镜及镜范上较少见到。残存乳丁两枚，直径0.8、深约0.2厘米。圆圈钮座，三弦钮（图2-15-1、2）。

烧成方法： 还原焰烧成。

外形尺寸： 残长6.2、残宽10.2、厚3.5厘米。

重量： 126克

比重： 1.15

铸件复原： 龙纹镜。匕形缘，圆圈钮座，三弦钮。复原直径约9.7厘米。

收藏机构： 临淄齐故城冶铸业考古项目组

图2-15-1　龙纹镜背范（2018LZJF087）

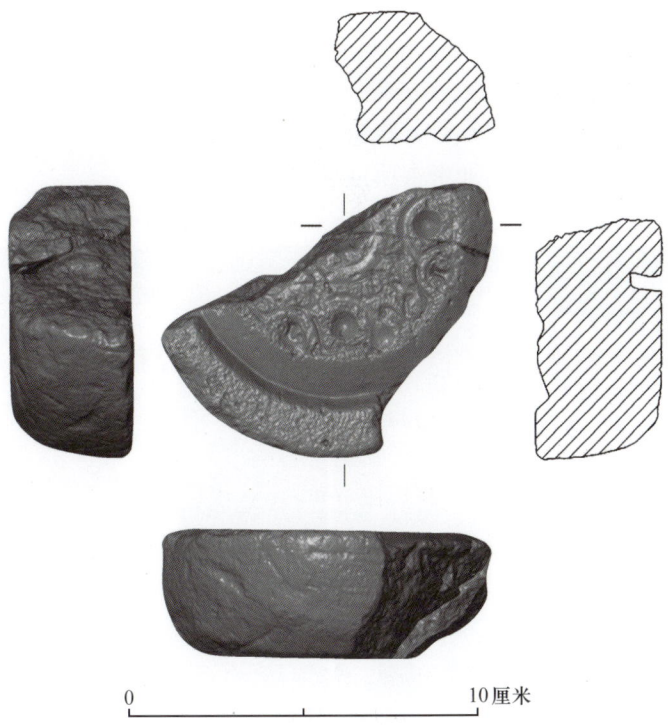

图2-15-2　龙纹镜背范（2018LZJF087）三维模型及剖面图

（三）四乳弦纹镜背范

此次考察四乳弦纹镜背范11件，这里选择其中8件做介绍。

考察编号： 2018LZJF075（原编号"LQKB Ⅱ H65：1"）

出土时间与地点： 2013年齐国故城阚家寨遗址 B Ⅱ 地点发掘出土。

特征描述： 残存左半部，约占整个镜范的三分之一，保存少许左排气道、浇道及部分分型面和型腔。外形近似钵形。侧面上部垂直于正面，下部向背面呈弧形内收。侧面、背面平整。镜范正面覆有红褐色涂层，平整光滑。范体呈青灰色，质地较细密，断面可观察到若干大小不一且不连续的孔隙。浇道残留左下半部，呈倾斜槽状，残长1.2、残宽1.7、残深0.25厘米。左排气道残留下半部，略呈三角形槽状，残长1.8、宽约0.6、深约0.1厘米。浇道和排气道表面局部泛黑。型腔外侧分型面宽1.1~2厘米。匕形镜缘，下凹0.3厘米。型腔表面平整，与分型面的高差值约为0.1厘米。型腔面局部颜色较深且泛黑。型腔面纹饰清晰，镜缘内0.8厘米处有一周凸弦纹，弦纹内为内向连弧纹，下凹0.1厘米，残存七组；主纹区为两周凹弦纹加乳丁，残存乳丁两枚，直径0.6、深0.15厘米。圆圈钮座，钮残，形制不明（图2-16-1~3）。

烧成方法： 还原焰烧成。

外形尺寸： 残长9.4、残宽6.9、厚4.1厘米。

重量： 178.2克

比重： 1.19

铸件复原： 四乳弦纹镜。匕形缘，圆圈钮座，钮形制不明。复原直径约8.62厘米。

收藏机构： 临淄齐故城冶铸业考古项目组

图2-16-1　四乳弦纹镜背范（2018LZJF075）

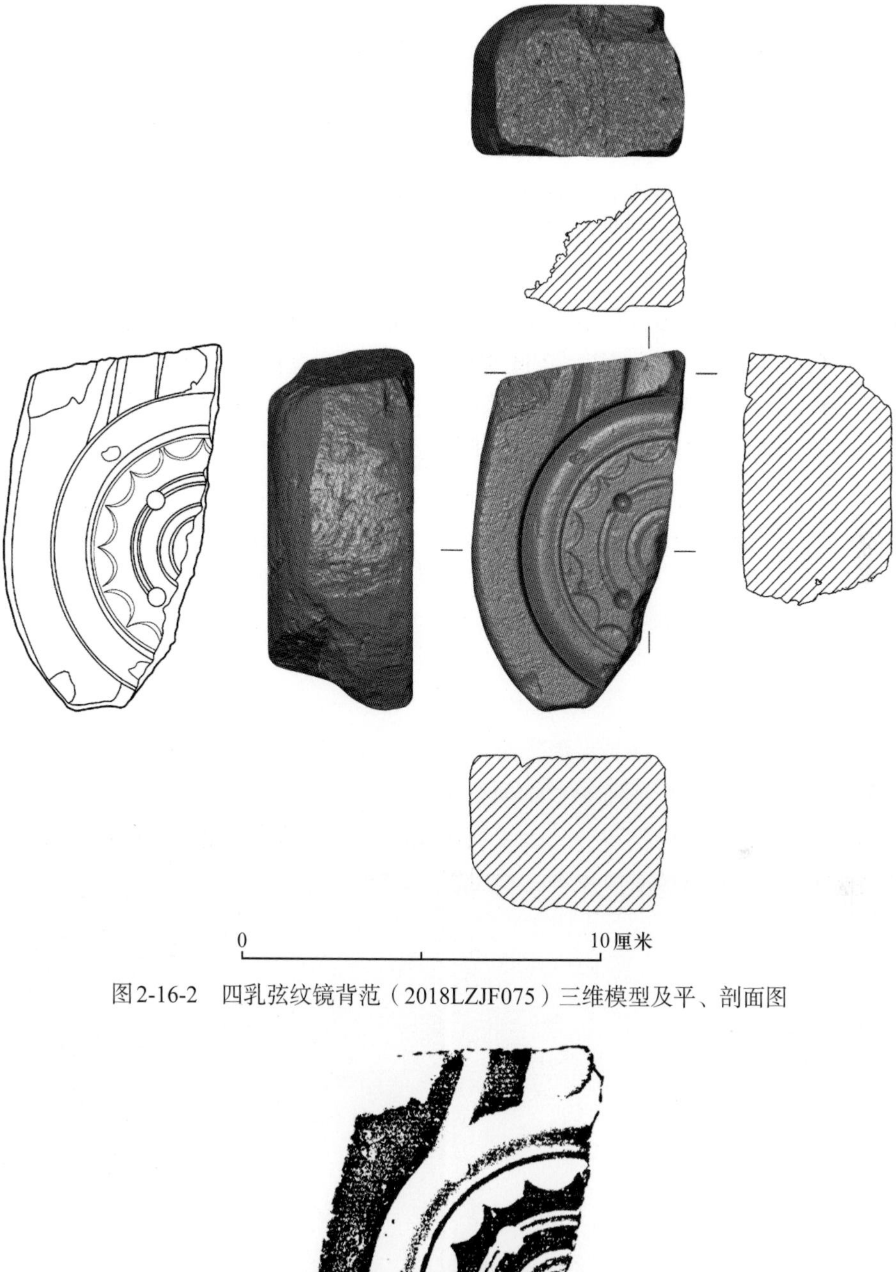

0　　　　　　　　　　　　　10厘米

图2-16-2　四乳弦纹镜背范（2018LZJF075）三维模型及平、剖面图

0　　　　　　　　　　　5厘米

图2-16-3　四乳弦纹镜背范（2018LZJF075）拓本

考察编号： 2018LZJF079（原编号"LQKBⅡH118：1"）

出土时间与地点： 2013年齐国故城阚家寨遗址BⅡ地点发掘出土。

特征描述： 残存右半部，不到整个镜范的二分之一，保存部分浇道、排气道、分型面和型腔。外形近似钵形。侧面上部大致垂直于正面，下部向背面略呈弧形内收，局部破损，可见横向线状的刮磨痕迹。背面平整。镜范正面覆有红褐色涂层。范体呈青灰色，断面可观察到大小不一且不连续的孔隙。浇道呈倾斜槽状，残长2.8、残深0.4厘米，浇道口残宽1.8厘米。排气道呈槽状，横剖面近三角形，冒口残，长5、排气口宽约1、深约0.1厘米。浇道和排气道表面覆有黑色薄层，平整光亮，推测是浇铸时接触高温所致。型腔外侧分型面宽约1.4厘米。匕形镜缘，下凹约0.3厘米。型腔面表面平整，与分型面的高差值为0.1厘米。型腔面覆有黑色薄层，平整光亮，推测是浇铸时接触高温所致。型腔面纹饰清晰，镜缘内侧约1厘米处为一周凸弦纹，弦纹内侧为凹下的内向连弧纹，下凹0.05厘米，残存六组。主纹区为弦纹，围绕乳丁排布，残存一枚乳丁，直径约0.6、深约0.11厘米。圆圈钮座，镜钮情况不明（图2-17-1~3）。

烧成方法： 还原焰烧成。

外形尺寸： 残长12、残宽6.4、厚4厘米。

重量： 222.1克

比重： 1.06

铸件复原： 四乳弦纹镜。匕形缘，圆圈钮座，钮形制不明。复原直径约8.1厘米。

收藏机构： 临淄齐故城冶铸业考古项目组

图2-17-1　四乳弦纹镜背范（2018LZJF079）

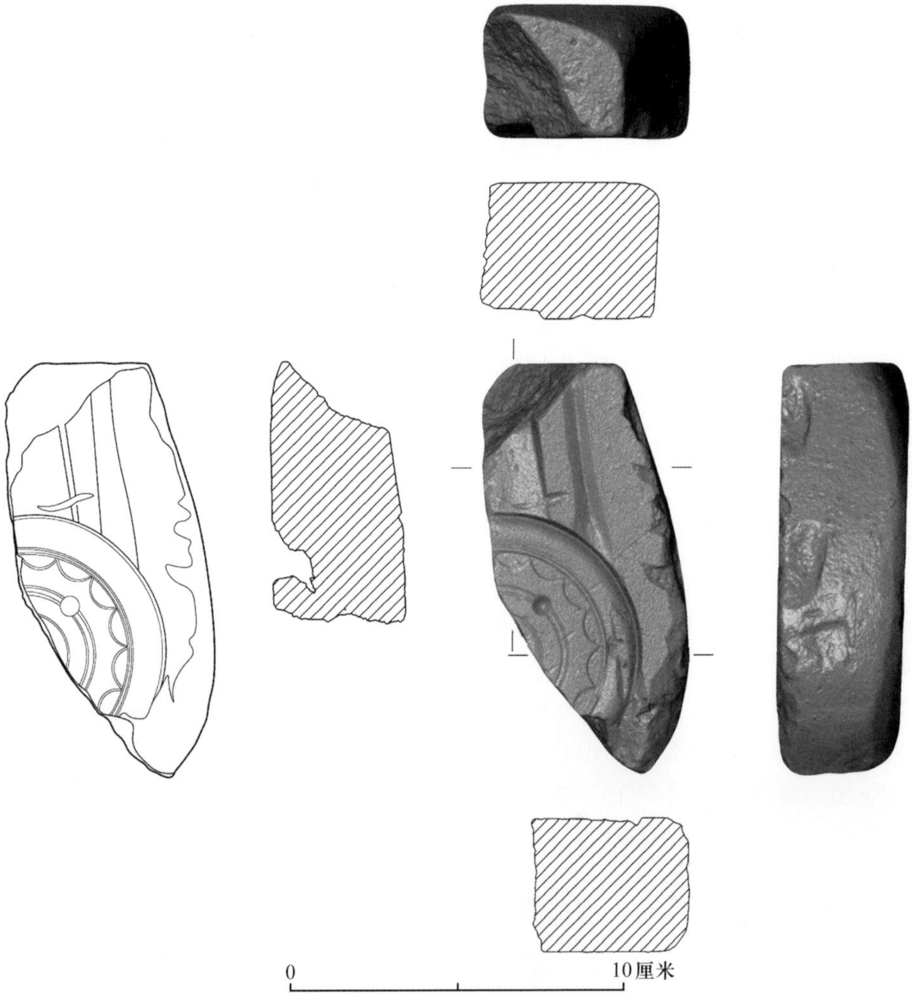

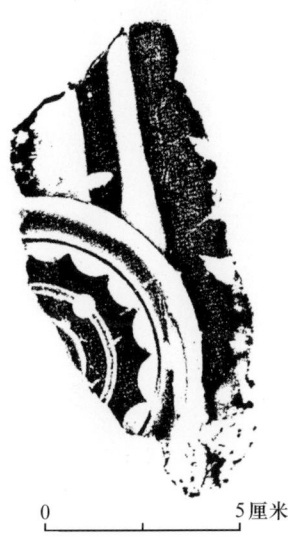

图 2-17-2　四乳弦纹镜背范（2018LZJF079）三维模型及平、剖面图

0 ——————— 10 厘米

图 2-17-3　四乳弦纹镜背范（2018LZJF079）拓本

0 ——————— 5 厘米

考察编号： 2018LZJF054（原编号"LQKBⅡH118：4"）

出土时间与地点： 2013年齐国故城阚家寨遗址BⅡ地点发掘出土。

特征描述： 残存左半部，约占整个镜范的五分之三，保存部分浇道、排气道、分型面和型腔。外形近似钵形。侧面上部大致垂直于正面，下部向背部略呈弧形内收。背部近平，附着有较多的深色土锈。镜范正面覆有红褐色涂层，平整光滑。范体呈青灰色，断面可观察到若干大小不一且不连续的孔隙。浇道呈倾斜槽状，长6.4厘米，浇口残宽约4厘米、深约1.4厘米。排气道呈弧形槽状，长约7.5、冒口宽约0.8、排气口宽约1.1、深0.1厘米。浇道和排气道冒口处覆有黑色薄层，平整光滑，推测是浇铸时接触高温所致。型腔外侧分型面宽约2.2厘米。匕形镜缘，下凹约0.3厘米。型腔表面平整，与分型面的高差值约为0.1厘米。型腔面呈红褐色，局部泛黑，并向范体略有渗透，应当也和浇铸时接触高温有关。型腔面花纹清晰，镜缘内1厘米处有一周弦纹，弦纹内侧为凹下的内向连弧纹，下凹约0.1厘米，残存九组；主纹区为弦纹，环绕乳丁排布，残存两枚乳丁。仔细观察，弦纹线条不是很流畅，有较明显的刻制的质感（图版16-1）。圆圈钮座，三弦钮（图2-18-1、2；图版13-1）。

烧成方法： 还原焰烧成。

外形尺寸： 长21、残宽11.6、厚4.9厘米。

重量： 754.1克

比重： 0.89

铸件复原： 四乳弦纹镜。匕形缘，圆圈钮座，三弦钮。复原直径约13.16厘米。

收藏机构： 临淄齐故城冶铸业考古项目组

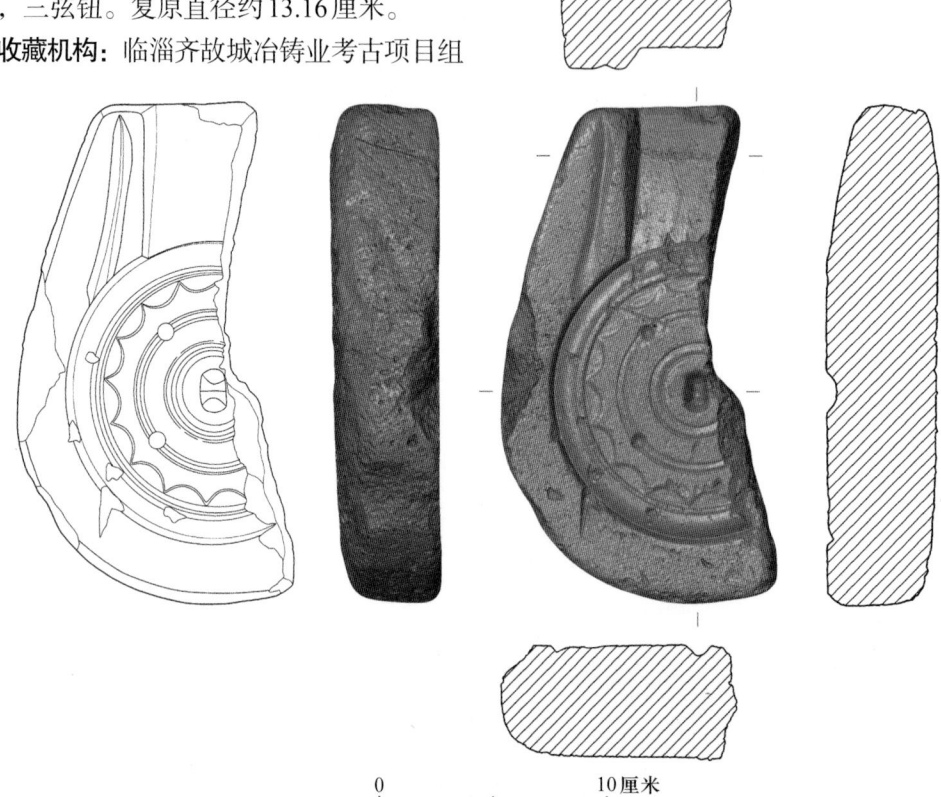

0　　　　　　　　10厘米

图2-18-1　四乳弦纹镜背范（2018LZJF054）三维模型及平、剖面图

图2-18-2　四乳弦纹镜背范（2018LZJF054）拓本

考察编号： 2018LZJF090（原编号"LQKB Ⅱ H146：4"）

出土时间与地点： 2013年齐国故城阚家寨遗址 B Ⅱ 地点发掘出土。

特征描述： 残存镜范上半部，保存部分浇道、排气道、型腔面。外形近似饼形。侧面大致垂直于正、背面。背面平整，附着有较多的深色土锈。镜范正面覆有红褐色涂层，局部脱落。范体大部呈青灰色，断面可观察到若干大小不一且不连续的孔隙。浇道呈倾斜槽状，残长5厘米，浇口残宽1.2、深约1.8厘米，浇道口残宽6.2厘米。排气道呈近三角形槽状，残长6、冒口残宽约0.6厘米。浇道和排气道表面覆有黑色薄层，平整光亮，推测是浇铸时接触高温所致。镜缘下凹，深度已不可测。型腔表面光滑平整，呈褐色，局部泛黑，当是浇铸时接触高温所致。型腔面纹饰清晰，镜缘内为凹下的内向连弧纹，下凹约0.1厘米，残存四组；主纹区为两道凹弦纹，环绕乳丁排布，残存一枚乳丁，乳丁直径0.86、深0.34厘米。钮座等不明。从镜范断面及残破面看，镜范正面涂层下有厚0.1～0.5厘米的浅红褐色层，局部泛灰，再下有厚1～1.8厘米的黑色层。这些不同颜色层的形成推测与镜范的制作及使用有关，其中浅红褐色层很可能是修补镜范时后加上的。在型腔右上部镜缘两侧有两处深约0.4厘米的残破面，其底部露出的黑色层上清晰可见两道线条状刻痕，且形成明显早于浅红褐色层，可证明该推测。黑色层推测是镜范涂层或脱范剂中的碳在烘烤或浇铸时遇高温向范体内渗透所致（图2-19-1、2）。

烧成方法： 还原焰烧成。

外形尺寸： 残长11、残宽13、厚5厘米。

重量： 343克

比重： 0.99

铸件复原： 四乳弦纹镜。钮座和钮形制不明。复原直径约13.76厘米。

收藏机构： 临淄齐故城冶铸业考古项目组

考察编号： 2018LZJF028（原编号"LQC-JF0036"）

出土时间与地点： 齐国故城内征集，时间不详。

特征描述： 残存左下部，约占整个镜范的三分之一，保存部分分型面和型腔。外形近似钵形，侧面上部大致垂直，下部呈弧形内收，背部近平，并可见数个指尖戳印痕迹。范体呈青灰色，质感较轻，断面可观察到若干大小不等且不连续的孔隙。分型面呈黄褐色，表面平整，宽3.5厘米。分型面和型腔面的高差值约0.1厘米，表面较平整，似经过人为打磨。匕形镜缘，下凹约0.3厘米。主纹区纹样不清，残存两个乳丁。主纹区外侧可见凹弦纹，凹弦纹内侧局部隐约可见内向连弧纹。隐约可见圆圈钮座，三弦钮。型腔面及分型面靠近镜缘处呈黑色，并向范体渗透，推测是浇铸时接触高温所致（图2-23-1、2）。

烧成方法： 还原焰烧成。

外形尺寸： 残长16.7、残宽14.3、厚4.4厘米。

重量： 649克

比重： 1.03

铸件复原： 四乳弦纹镜。圆圈钮座，三弦钮。复原直径约18.83厘米。

收藏机构： 齐文化博物院

图2-23-1　四乳弦纹镜背范（2018LZJF028）

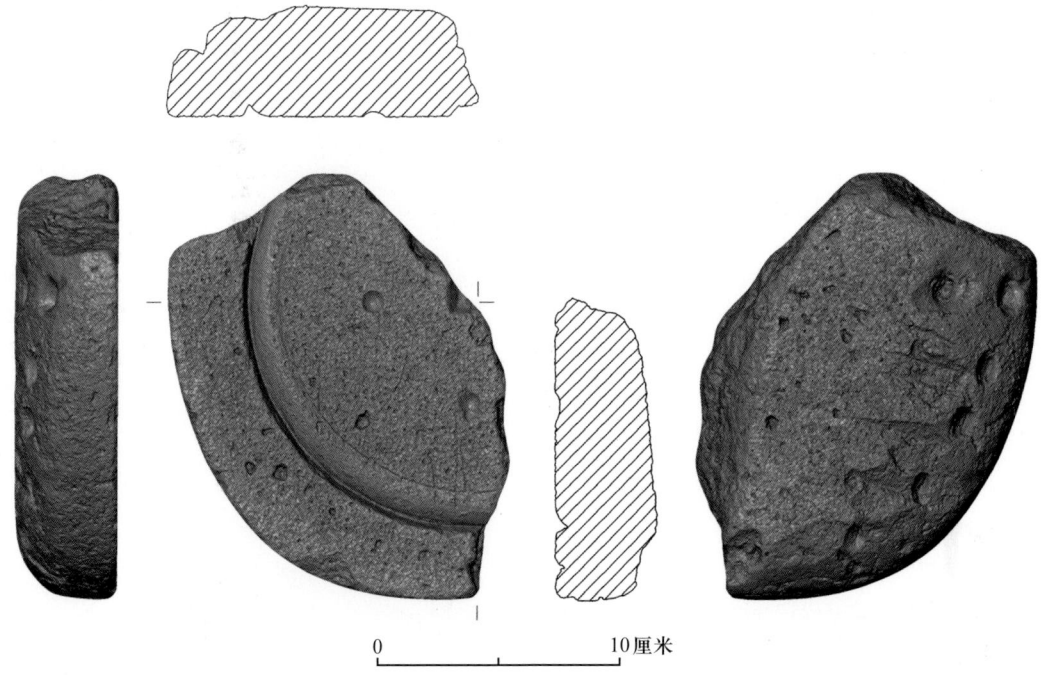

图2-23-2　四乳弦纹镜背范（2018LZJF028）三维模型及剖面图

（四）星云纹镜背范

此次考察星云纹镜背范1件，为目前临淄齐国故城内出土的唯一一件星云纹镜背范。

考察编号： 2018LZJF018（原编号"LQC-JF0028"）

出土时间与地点： 齐国故城内征集，时间不详。

特征描述： 残存下部，约占整个镜范的三分之一，保存部分分型面和型腔。外形近似钵形，侧面受损严重，下部呈弧形内收。范体中部呈青灰色，向外渐呈浅红褐色，质感较轻，断面可观察到若干大小不等且不连续的孔隙。分型面呈浅红褐色，表面受损严重，宽1.5厘米左右。分型面与型腔面高差值约0.2厘米。型腔呈灰黑色，表面局部破损。内向连弧纹缘，残存四组连弧纹，主纹区可见不规则分布的乳丁，残存十九枚，连峰钮残，钮座周围有一圈凹弦纹。该镜范背面平整，且中部呈黑色，从形状看很像浇铸痕迹，可知其曾作为镜面范使用过（图2-24-1；图版12-5）。

烧成方法： 还原焰烧成。

外形尺寸： 残长9.6、残宽11.8、厚3.4厘米。

重量： 187克

比重： 1.07

铸件复原： 星云纹镜。圆圈钮座，连峰钮。复原直径约10.24厘米。

收藏机构： 齐文化博物院

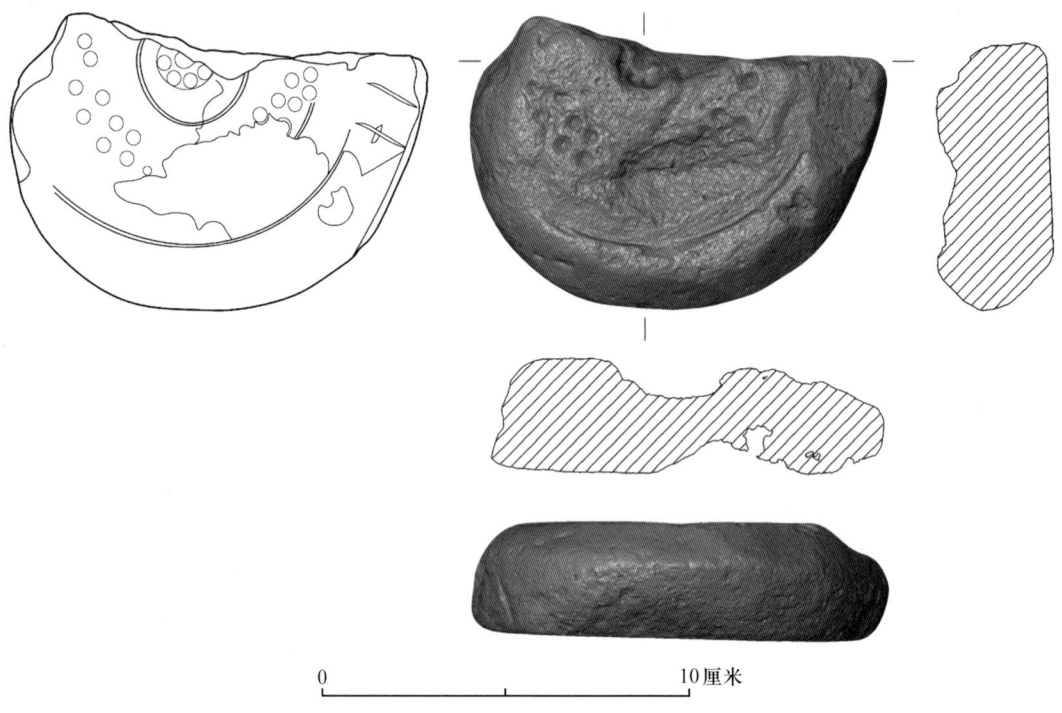

图2-24-1 星云纹镜背范（2018LZJF018）三维模型及平、剖面图

（五）花叶纹镜背范

此次考察花叶纹镜背范1件，为目前临淄齐国故城内出土的唯一一件花叶纹镜背范。

考察编号： 2018LZJF113（原编号"LQKBⅡH120：2"）

出土时间与地点： 2013年齐国故城阚家寨遗址BⅡ地点发掘出土。

特征描述： 残存镜范中部少许，保留部分型腔。镜范侧面不存，难以判断外形。范体呈浅灰色，局部泛红，断面可见若干大小不一且不连续的孔隙。型腔表面覆有浅红褐色涂层，平整光滑，花纹较清晰。主纹区外侧为凹下的内向连弧纹，残存一组，下凹约0.1厘米；主纹区为阴刻柿蒂形花叶，花叶一侧为枝叶花苞，另一侧残损不明；主纹区内侧为单线方框，内阴刻铭文，两邻边分别残存"相思"和"毋相"四字，铸件铭文为左旋读；方形钮座，螭虎形钮，钮坑深0.5厘米（图2-25-1、2）。

烧成方法： 还原焰烧成。

外形尺寸： 残长8、残宽6.9、厚5厘米。

重量： 147克

比重： 0.92

铸件复原： 花叶纹镜。方形钮座，螭虎形钮。直径不详。

收藏机构： 临淄齐故城冶铸业考古项目组

图2-25-1 花叶纹镜背范（2018LZJF113）

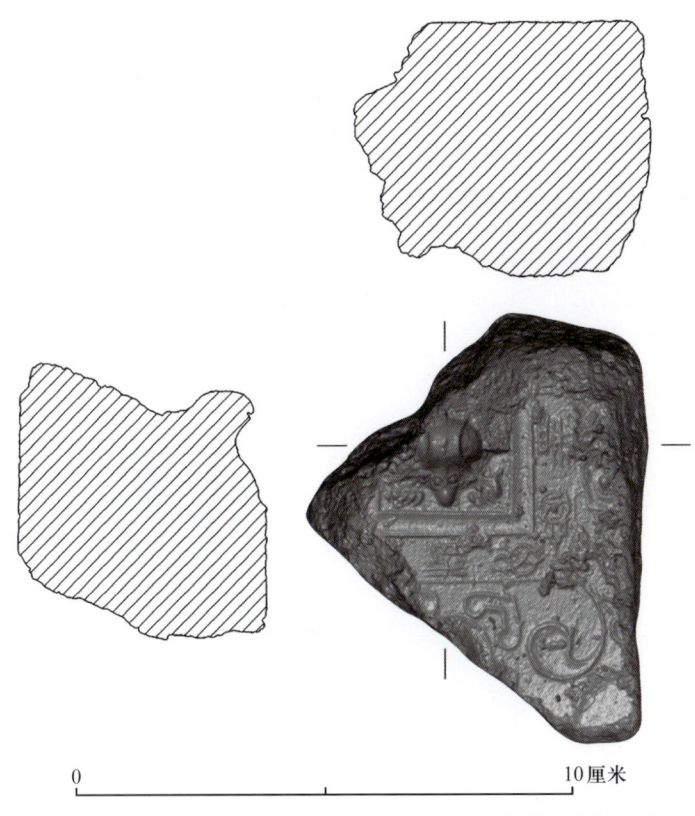

0   10厘米

图2-25-2 花叶纹镜背范（2018LZJF113）三维模型及剖面图

（六）草叶纹镜背范

此次考察草叶纹镜背范7件，这里全部做介绍。

1. 单列单层草叶纹镜背范

考察编号：2018LZJF052（原编号"LQKB Ⅱ T3696④：1"）

出土时间与地点：2013年齐国故城阚家寨遗址B Ⅱ地点发掘出土。

特征描述：残存左半部，约占整个镜范的二分之一，保存部分浇道、排气道、分型面和型腔。外形近似钵形。侧面上部大致垂直于正面，下部向背面呈弧形内收。背面近平，局部破损。镜范正面覆有红褐色涂层。范体呈青灰色，断面可观察到若干大小不一且不连续的孔隙。浇道呈倾斜槽状，长5厘米，浇口残宽约1.5、深约1.1厘米，浇道口残宽约2.2厘米。排气道呈平底宽槽状，残长3.8、排气口残宽1、深0.1厘米。浇道表面局部泛黑，推测是浇铸时接触高温所致。型腔外侧分型面宽约1.5厘米，与侧面之间有一宽0.3~0.4厘米的斜面。镜缘下凹约0.2厘米。型腔表面平整，与分型面的高差值约为0.1厘米。型腔面局部泛黑，推测是浇铸时接触高温所致。型腔纹饰清晰，镜缘内为凹下的内向连弧纹，下凹0.2厘米，残存八组；主纹区每边居中饰单列单层草叶纹，四角饰双枝花瓣纹；钮座四周为双线方框，方框上侧残存铭文"富"字，左侧残存铭文"见日之光"四字。钮残，钮座亦不明（图2-26-1、2；图版13-2）。

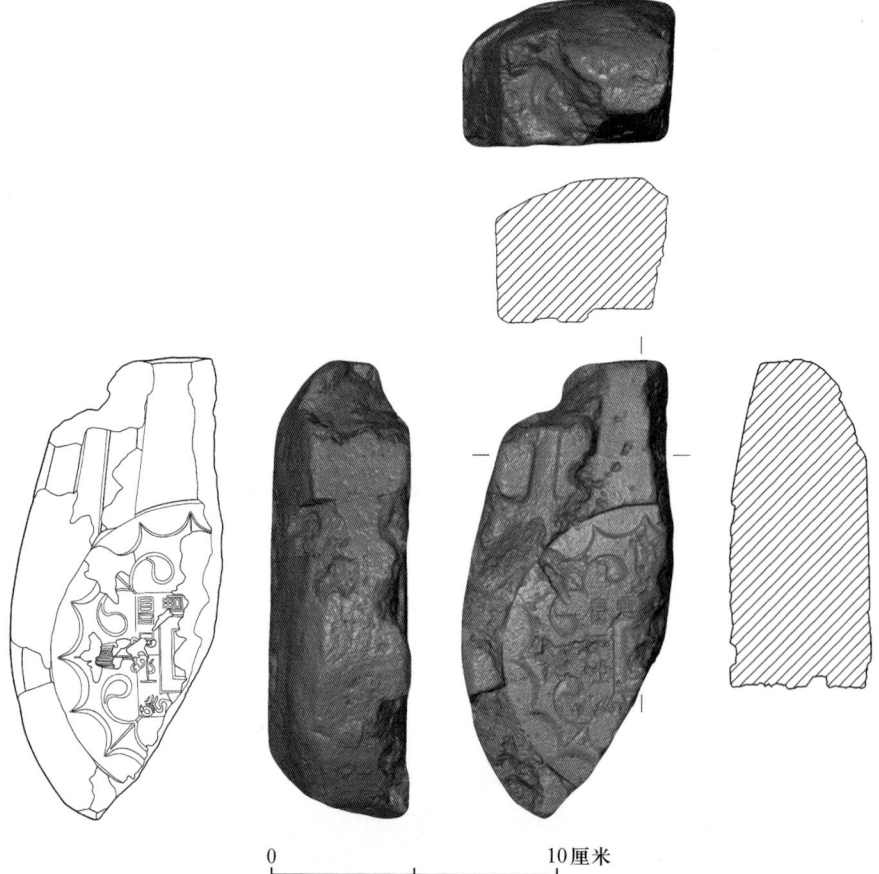

```
0          10厘米
```

图2-26-1   单列单层草叶纹镜背范（2018LZJF052）三维模型及平、剖面图

烧成方法：还原焰烧成。

外形尺寸：残长16.3、残宽8.5、厚5.3厘米。

重量：361.6克

比重：1.03

铸件复原：单列单层草叶纹镜。钮座和钮形制不明。复原直径约10.72厘米。

收藏机构：临淄齐故城冶铸业考古项目组

2. 四乳双列单层草叶纹镜背范

考察编号：2018LZJF007（原编号"LQC-JF0032"）

出土时间与地点：齐国故城内征集，时间不详。

特征描述：残存镜范下半部分，保存部分分型面和型腔，正面局部有破损。外形近似钵形，侧面上部近直，下部斜向内收，背面破损严重。范体呈青灰色，近正面处渐呈红褐色，质感较轻，断面可观察到若干大小不等且不连续的孔隙。分型面呈红褐色，光洁平整，与型腔面的高差值约为0.1厘米。型

图2-26-2　单列单层草叶纹镜背范（2018LZJF052）拓本

腔亦呈红褐色，局部泛黑，表面光滑平整。镜缘部分为凹下的内向连弧纹，残存八组，下凹约0.2厘米。主纹区为阴线刻出的草叶纹，每组纹样的中间，由外向内依次为桃形花苞、乳丁、双线方框；乳丁两侧均为单层草叶，草叶纹两侧为双瓣枝叶纹。柿蒂钮座，钮座四周为单线方框，外侧均有两字铭文，铭文为"见日□光天下大明"。半球形钮（图2-27-1、

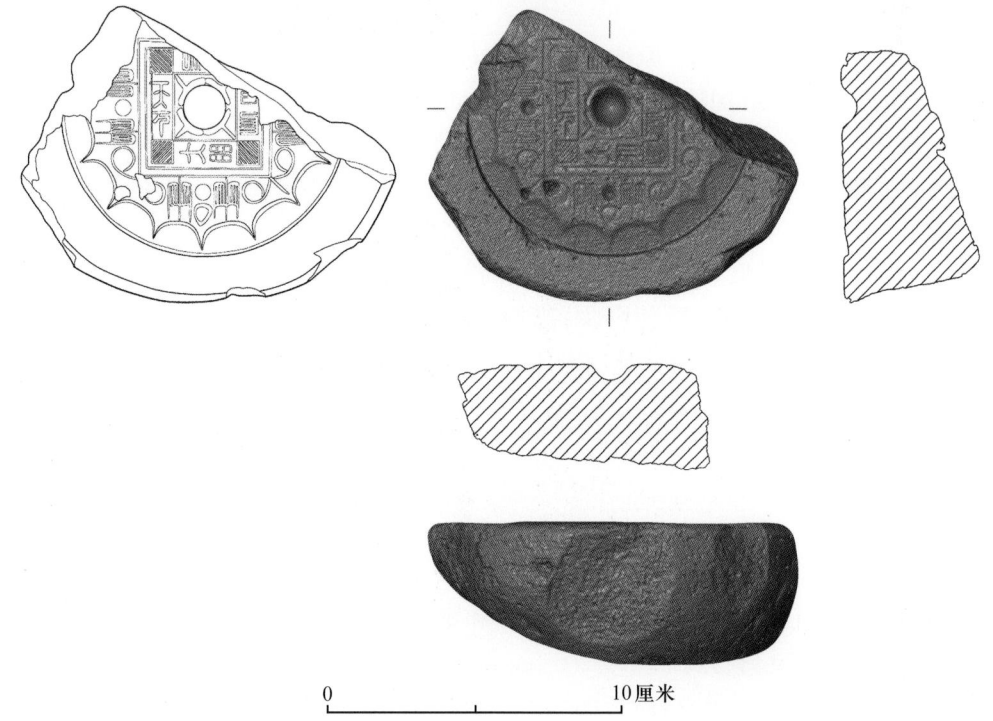

图2-27-1　四乳双列单层草叶纹镜背范（2018LZJF007）三维模型及平、剖面图

2；图版12-6）。

　　烧成方法：还原焰烧成。

　　外形尺寸：残长10、残宽12.9、厚4.8厘米。

　　重量：237克

　　比重：1.13

　　铸件复原：四乳双列单层草叶纹镜。柿蒂钮座，半球形钮。复原直径约10.06厘米。

　　收藏机构：齐文化博物院

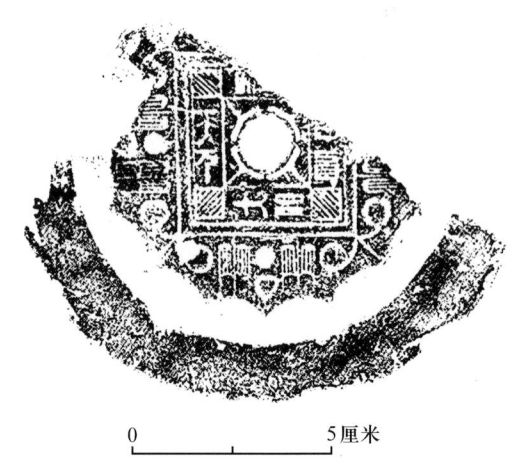

0 　　　　　　　　5厘米

图2-27-2　四乳双列单层草叶纹镜背范（2018LZJF007）拓本

　　考察编号：2018LZJF008（原编号"LQC-JF0038"）

　　出土时间与地点：齐国故城内征集，时间不详。

　　特征描述：残存镜范下部少许，保存部分分型面和型腔。外形近似钵形，侧面上部垂直，下部呈弧形内收，背面近平。范体呈青灰色，近正面处渐呈红褐色，质感较轻，断面可观察到若干大小不等且不连续的孔隙。分型面呈浅红褐色，表面平滑，宽2厘米。型腔表面泛黑，光滑平整。分型面与型腔面高差值约为0.2厘米。型腔四周的镜缘部分为凹下的内向连弧纹，残存四组，下凹0.25厘米。主纹区为阴线刻出的双列单层草叶纹，草叶纹之间为乳丁和桃形花苞，其内侧为双线方框，方框内角饰桃形花苞。镜钮及钮座不明（图2-28-1、2）。

　　烧成方法：还原焰烧成。

　　外形尺寸：残长7.1、残宽12.3、厚4.5厘米。

　　重量：194克

　　比重：1.14

　　铸件复原：四乳双列单层草叶纹镜。钮座和钮形制不明。复原直径约11.14厘米。

　　收藏机构：齐文化博物院

图2-28-1 四乳双列单层草叶纹镜背范（2018LZJF008）

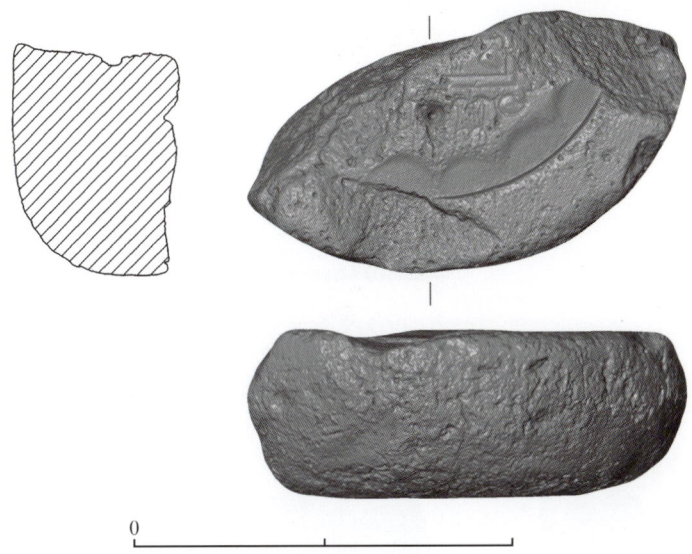

0

图2-28-2 四乳双列单层草叶纹镜背范（2018LZJF008）三维模型及剖面图

考察编号： 2018LZJF027（原编号"LQC-JF0041"）

出土时间与地点： 齐国故城内征集，时间不详。

特征描述： 残存左部，约占整个镜范的三分之一，保存部分浇道、左排气道、分型面和型腔，正反两面多处有破损痕迹。外形近似钵形，侧面上部近直，下部呈弧形内收，背部近平，可见一些刮痕。范体呈青灰色，质感略轻，断面可观察到若干大小不等且不连续的孔隙。浇道呈斜坡槽状，残长4.5、残宽3.1厘米。排气道呈条形槽状，平底，残长7.7、残宽0.9～1.2厘米。分型面呈浅红褐色，表面光洁平整，宽2.1厘米，分型面与型腔面高差值约为0.2厘米。型腔亦呈浅红褐色，表面平滑光亮，花纹清晰，但局部受损。镜缘部分为凹下的内向连弧纹，主纹区为阴线刻出的双列单层草叶纹和桃形花苞，以及乳丁等。镜钮及钮座不明。从镜范断面看，浇道和型腔面下有一厚薄不均的浅灰色层，最深约0.4厘米，其下为黑色层，黑色层再向范体内渗透，逐步过渡为青灰色。黑色层推测是镜范涂层或脱范剂中的碳在烘烤或浇铸时遇高温向范体内渗透所致。黑色层之上的浅灰色层说明镜范可能曾经多次烘烤或浇铸，即多次受热造成其内碳等成分散失，颜色等性状发生变化（图2-29-1、2）。

图2-29-1 四乳双列单层草叶纹镜背范（2018LZJF027）

0　　　　　　　　　10厘米

图2-29-2 四乳双列单层草叶纹镜背范（2018LZJF027）三维模型及剖面图

烧成方法： 还原焰烧成。

外形尺寸： 残长 17.8、残宽 9.9、厚 5.8 厘米。

重量： 517 克

比重： 1.18

铸件复原： 四乳双列单层草叶纹镜。钮座和钮形制不明。复原直径约 12.46 厘米。

收藏机构： 齐文化博物院

3. 四乳双列双层草叶纹镜背范

考察编号： 2018LZJF014（原编号"LQC-JF0040"）

出土时间与地点： 齐国故城内征集，时间不详。

特征描述： 残存镜范右上部，约占整个镜范的三分之一，保存部分浇道、右排气道以及部分分型面和型腔。外形近似钵形，侧面大致垂直，下部呈弧形内收，背面近平。范体呈青灰色，质感较轻，断面可观察到若干大小不等且不连续的孔隙。浇道呈斜坡槽状，长 6.7、残宽 1.7 厘米，浇口深约 1 厘米。排气道呈条形槽状，底近平，长 9、宽 1～1.2、深 0.08 厘米。分型面呈浅黄褐色，破损严重，表面覆有较多土锈。型腔较平整，覆有黑色层和土锈。分型面与型腔面高差值约 0.1 厘米。镜缘部分为凹下的内向连弧纹，残存五组。主纹区为阴线刻出的双列双层草叶纹，草叶纹之间为乳丁和桃形花苞，其内侧为双线方框，方框外角处饰双瓣枝叶纹。镜钮及钮座不明（图 2-30-1、2）。

烧成方法： 还原焰烧成。

图 2-30-1　四乳双列双层草叶纹镜背范（2018LZJF014）

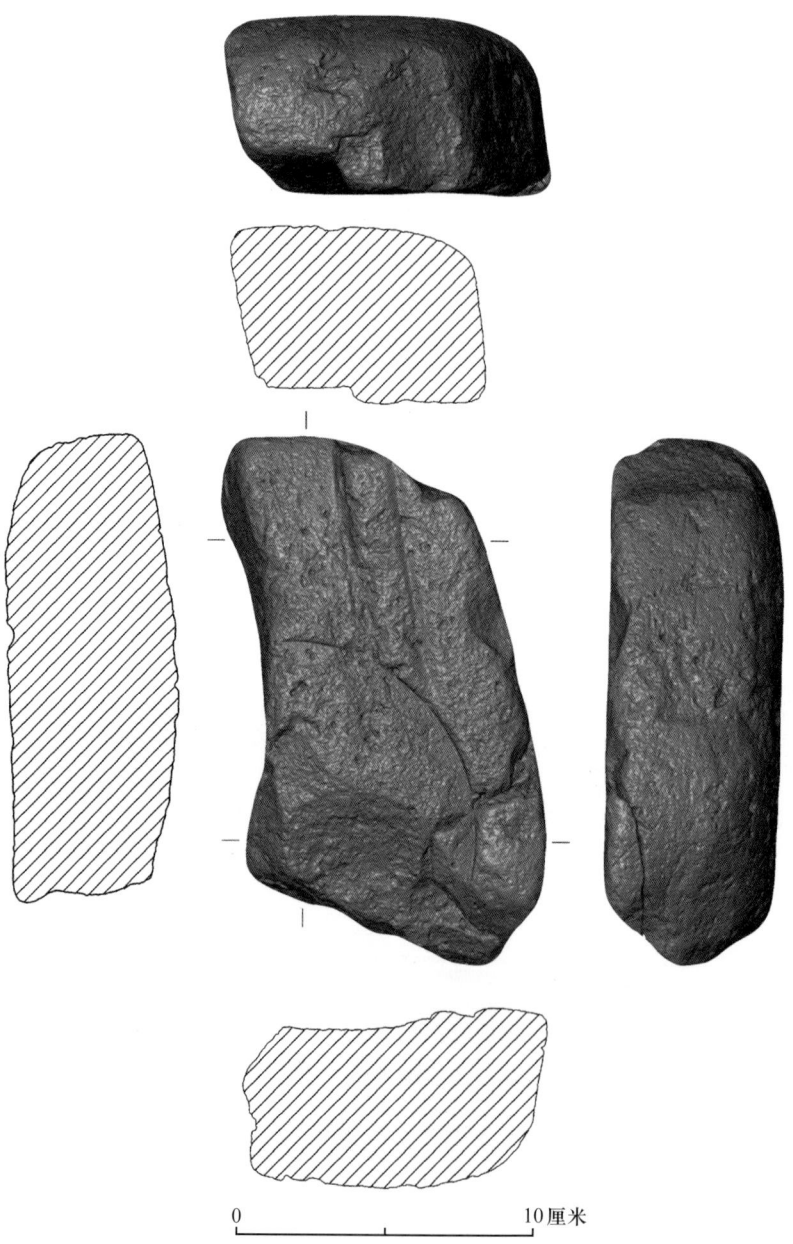

0　　　　　　　　　　　10厘米

图2-31-2　草叶纹镜背范（2018LZJF102）三维模型及剖面图

考察编号：2018LZJF106（原编号"LQC-JF0025"）

出土时间与地点：齐国故城内征集，时间不详。

特征描述：残存右上部，约占整个镜范的四分之一，保存部分浇道、右排气道以及分型面和型腔，正面局部破损。外形近似钵形，侧面上部较直，下部呈弧形内收，背面近平。范体呈青灰色，质感较轻，断面可观察到若干大小不等且不连续的孔隙。浇道呈斜坡槽状，长7.2、残宽2.7～4厘米，浇口深1.5厘米。排气道呈条形槽状，底近平，长9.5、宽1.1～1.2、深约0.08厘米。分型面呈浅红褐色，表面平滑，局部破损，宽2.4厘米。型腔表面平滑光亮，与分型面高差值约为0.2厘米。镜缘部分为凹下的内向连弧纹，下凹0.3厘米，残存三组。主纹区为阴线刻出的草叶纹，草叶纹两侧为双枝花瓣，内侧为双线方框。方框内残存铭文"日有"和"事"等字。方形钮座，镜钮不明。型腔及浇道和排气道表面覆有黑色层，推测是浇铸时接触高温所致。从镜范断面看，型腔面下有一厚约0.2～0.4厘米的浅灰色层，其下为黑色层，黑色层再向范体内渗透，逐步过渡为青灰色。黑色层推测是镜范涂层或脱范剂中的碳在烘烤或浇铸时遇高温向范体内渗透所致。黑色层之上的浅灰色层说明镜范可能曾经多次烘烤或浇铸，即多次受热造成其内碳等成分散失，颜色等性状发生变化（图2-32-1、2）。

烧成方法：还原焰烧成。

外形尺寸：残长12.8、残宽11.1、厚5.9厘米。

重量：458克

比重：1.16

铸件复原：草叶纹镜。方形钮座，钮形制不明。复原直径约13.05厘米。

收藏机构：齐文化博物院

图2-32-1　草叶纹镜背范（2018LZJF106）

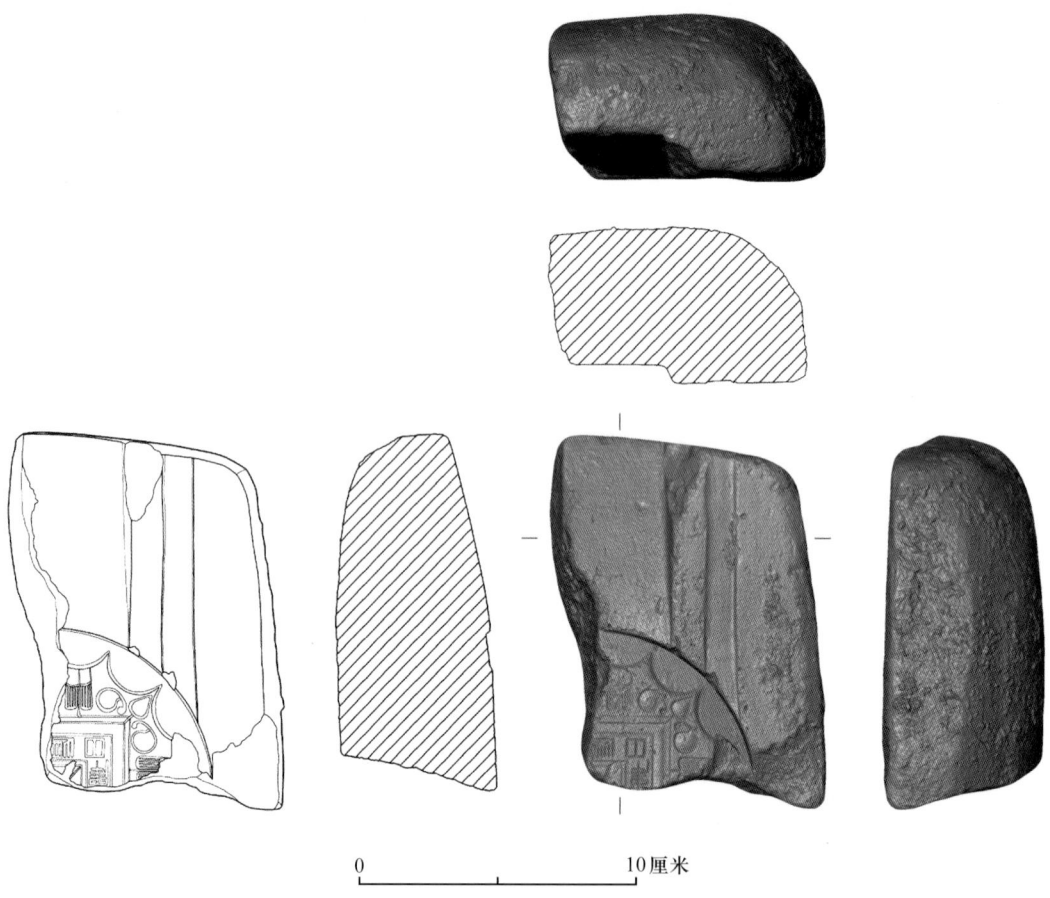

0 ————————— 10厘米

图2-32-2　草叶纹镜背范（2018LZJF106）三维模型及平、剖面图

（七）素面镜背范

此次考察素面镜背范19件，这里选择其中10件做介绍。

考察编号： 2018LZJF061（原编号"LQKBⅡH5：20"）

出土时间与地点： 2012年齐国故城阚家寨遗址BⅡ地点发掘出土。

特征描述： 残存上部，约占整个镜范的二分之一，保存浇道、排气道、部分分型面和型腔。外形近似饼形。侧面略斜直内收。背面平整。范体以青灰色为主，近表面处呈红褐色，局部还呈黑色。镜范断面可观察到若干大小不一且不连续的孔隙，孔隙大多为椭圆形，其长轴方向与水平方向一致。镜范正面、侧面覆有红褐色涂层，并附着有土锈等物质。浇道呈倾斜槽状，长6.6厘米，浇口残宽5.1、深0.4厘米，浇道口残宽5.5厘米。排气道呈弧形槽状，残长约5、排气口宽0.6、深约0.1厘米。浇道和排气道表面覆有黑褐色薄层，推测是浇铸时接触高温所致。型腔外侧分型面宽约2.1厘米，与型腔面高差值约0.2厘米。镜缘较平。型腔局部覆有黑褐色薄层，其下有约0.6厘米厚的红褐色层，再下有约1

厘米的黑色层，红褐色层与黑色层之间局部有厚约0.1厘米的浅灰色层。这些不同颜色层的形成应与镜范的制作及使用有关，其中黑色层推测是镜范涂层或脱范剂中的碳在烘烤或浇铸时遇高温向范体内渗透所致。黑色层之上的红褐色和浅灰色层很可能说明镜范曾经过多次烘烤或浇铸，即多次受热造成其内碳等成分散失，颜色等发生变化。钮部呈圆坑下凹，因残损且覆盖土锈，形制不明（图2-33-1、2）。

烧成方法：还原焰烧成。

外形尺寸：残长12.7、残宽14.8、厚4.7厘米。

重量：611克

比重：1.18

铸件复原：素面镜。钮形制不明。复原直径约11.32厘米。

收藏机构：临淄齐故城冶铸业考古项目组

图2-33-1　素面镜背范（2018LZJF061）

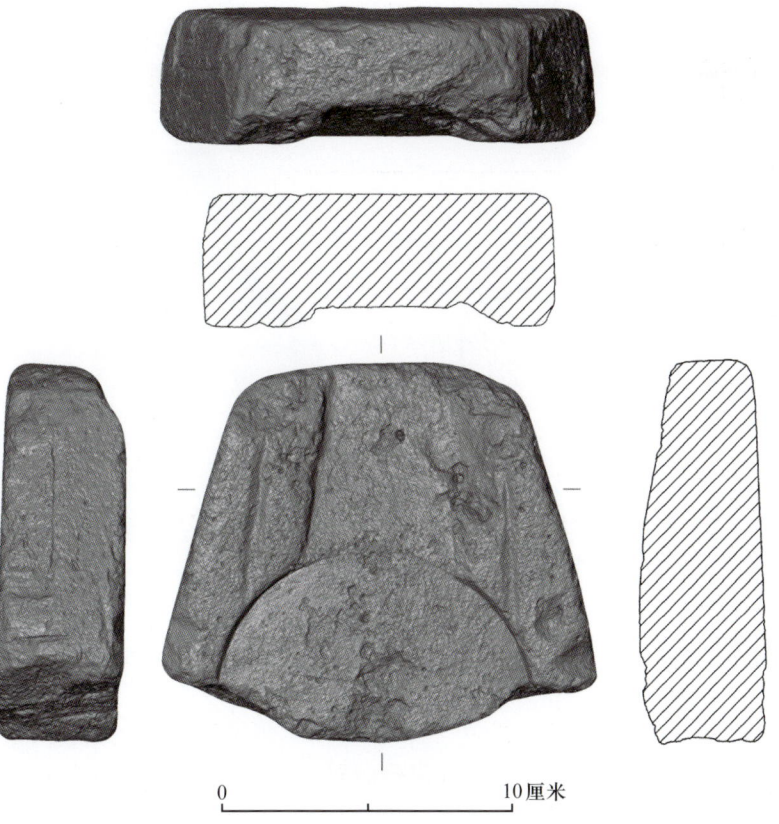

0　　　　　　　　　10厘米

图2-33-2　素面镜背范（2018LZJF061）三维模型及剖面图

考察编号： 2018LZJF051（原编号"LQKB Ⅱ H82：1"）

出土时间与地点： 2013年齐国故城阚家寨遗址B Ⅱ地点发掘出土。

特征描述： 残存右半部，约占整个镜范的五分之三，保存右排气道、部分浇道及部分分型面和型腔面。外形近似饼形。侧面与正、背面大致垂直，与背面连接处略呈圆角。侧面平整，残存若干横向线状刮磨痕迹。背面近平，局部附着有深色土锈。镜范正面覆有红褐色涂层，平整光滑。范体呈青灰色，断面可观察到若干大小不一且不连续的孔隙。孔隙大多呈椭圆形，其长轴方向与水平方向一致。浇道呈倾斜槽状，残留右边少许，浇口残失，残长4.5、残深0.9厘米，浇道口残宽0.5厘米。右排气道呈弧形槽状，长5.4厘米，冒口宽0.2、排气口宽0.5、深约0.05厘米。型腔外侧分型面宽1.2～2.3厘米。镜缘下凹约0.15厘米。型腔表面平整，中部微鼓，与分型面高差值为0.08厘米。型腔面局部泛黑，推测是浇铸时接触高温所致。型腔上部接近浇道处有一小片颜色较鲜艳的黄褐色细泥，与镜范本体明显不同，推测与镜范修补有关（图版15-4）。钮坑直径约0.85、深0.25厘米，三弦钮（图2-34-1、2；图版14-2）。

烧成方法： 还原焰烧成。

外形尺寸： 长13.8、残宽9.8、厚4厘米。

重量： 319.6克

比重： 0.98

铸件复原： 素面镜。三弦钮。复原直径约7.78厘米。

收藏机构： 临淄齐故城冶铸业考古项目组

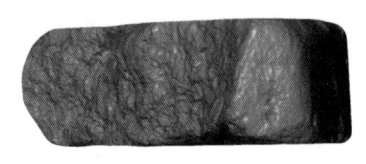

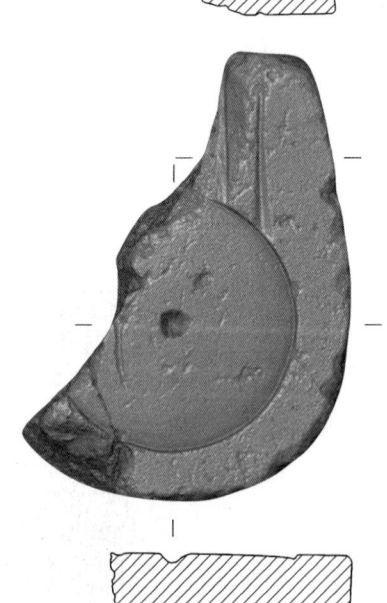

0 　　　　　　　　　　10厘米

图2-34-1　素面镜背范（2018LZJF051）三维模型及剖面图

图2-34-2　素面镜背范（2018LZJF051）拓本

考察编号： 2018LZJF111（原编号"LQKBⅡH82：3"）

出土时间与地点： 2013年齐国故城阚家寨遗址BⅡ地点发掘出土。

特征描述： 残存左上部，约占整个镜范的三分之一，保存左排气道、部分浇道及部分分型面和型腔面。外形近似钵形。侧面上部大致垂直于正面，下部向背面呈弧形内收。背面近平，附着有黑色土锈。镜范正面与侧面覆有红褐色涂层，平整光滑。范体呈青灰色，从断面可观察到若干大小不一且不连续的空隙，并可见若干微小的横向褶皱。浇道呈倾斜坡状，长6厘米，浇口残宽0.5、深1.1厘米，浇道口残宽1.6、高出型腔面约0.15厘米。左排气道呈弧形槽状，长6.75厘米，冒口宽0.5、排气口宽1厘米，深0.15厘米。浇道和排气道表面覆有黑色薄层，平整光亮，可见有反射光的矿物质，并向范体有0.1～0.2厘米的渗透，推测是浇铸时接触高温所致。分型面残宽1.4～2.2厘米。镜缘下凹0.3厘米。型腔面覆有黑色薄层，向外漫溢至分型面，并向范体有约0.2厘米的渗透，推测是浇铸时接触高温所致（图2-35-1、2）。

图2-35-1　素面镜背范（2018LZJF111）

烧成方法：还原焰烧成。

外形尺寸：残长12.4、残宽9.2、厚4.1厘米。

重量：272.7克

比重：1.09

铸件复原：素面镜。钮形制不明。复原直径约12.28厘米。

收藏机构：临淄齐故城冶铸业考古项目组

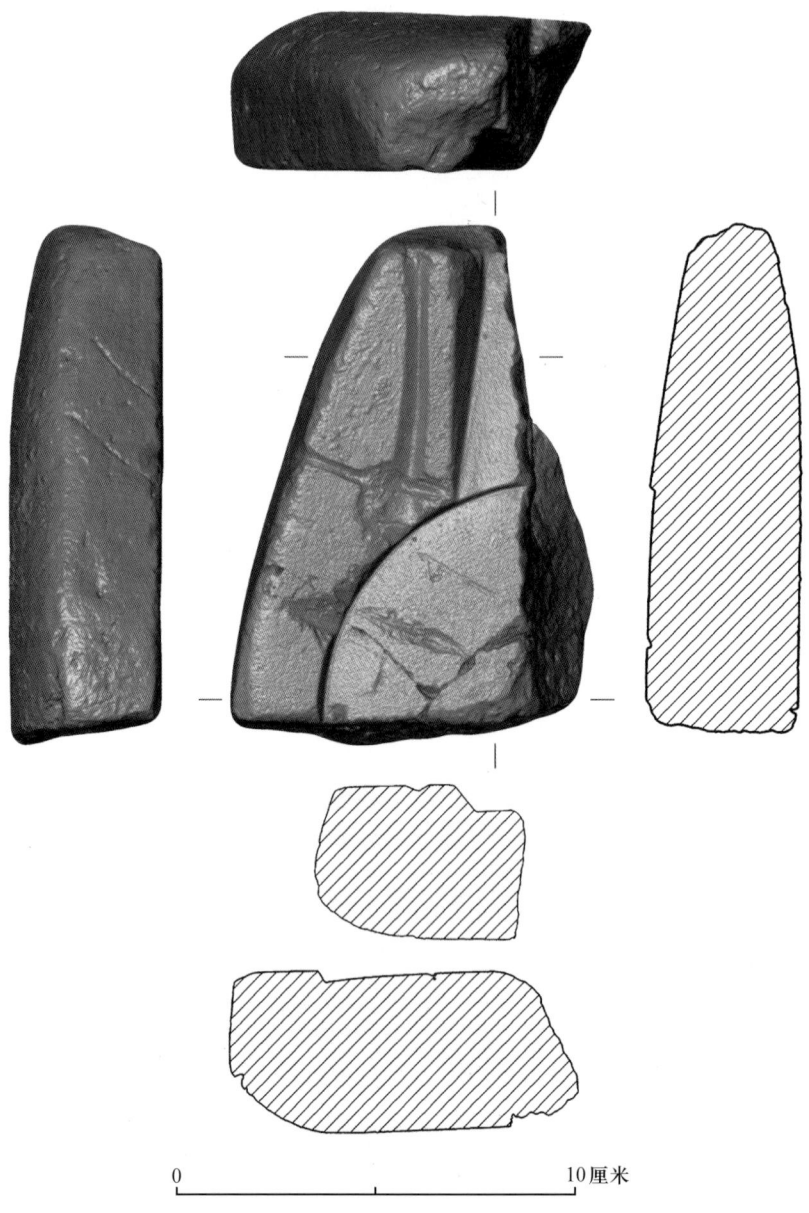

0　　　　　　　　　　　　　　10厘米

图2-35-2　素面镜背范（2018LZJF111）三维模型及剖面图

考察编号： 2018LZJF098（原编号"LQKBⅡH116：1"）

出土时间与地点： 2013年齐国故城阚家寨遗址BⅡ地点发掘出土。

特征描述： 残存右部，不到整个镜范的一半，保存部分浇道、排气道、分型面及型腔。外形近似饼形。侧面上部大致垂直于正面，下部向背面略呈弧形内收。背面完全破损，表面不存。镜范正面覆有红褐色涂层。范体呈青灰色，靠近正面处渐变为浅红褐色，断面可观察到若干大小不一且不连续的孔隙。浇道呈倾斜槽状，长5厘米，浇口残宽1.6、深约0.75厘米，浇道口残宽约0.3厘米。排气道呈近三角形槽状，长5.7、冒口宽约0.2、排气口宽约0.35、深约0.1厘米。浇道和排气道表面覆有黑色薄层，平整光亮，推测是浇铸时接触高温所致。型腔外侧分型面宽1.3～2.4厘米。匕形镜缘，下凹约0.15厘米。型腔表面平整，与分型面的高差值约0.1厘米。型腔面覆有黑色薄层，平整光亮，推测是浇铸时接触高温所致。型腔面残存三条直线刻划纹，其中两条平行，指向圆心，余下一条与两条平行线垂直。这些线条打破黑色薄层，应是镜范浇铸使用后刻划上去的，有可能和镜范改制有关（图2-36-1、2）。

烧成方法： 还原焰烧成。

外形尺寸： 残长11.5、残宽5.3、厚2.8厘米。

重量： 87.7克

比重： 0.97

铸件复原： 素面镜。匕形缘，钮形制不明。复原直径约6.5厘米。

收藏机构： 临淄齐故城冶铸业考古项目组

图2-36-1 素面镜背范（2018LZJF098）

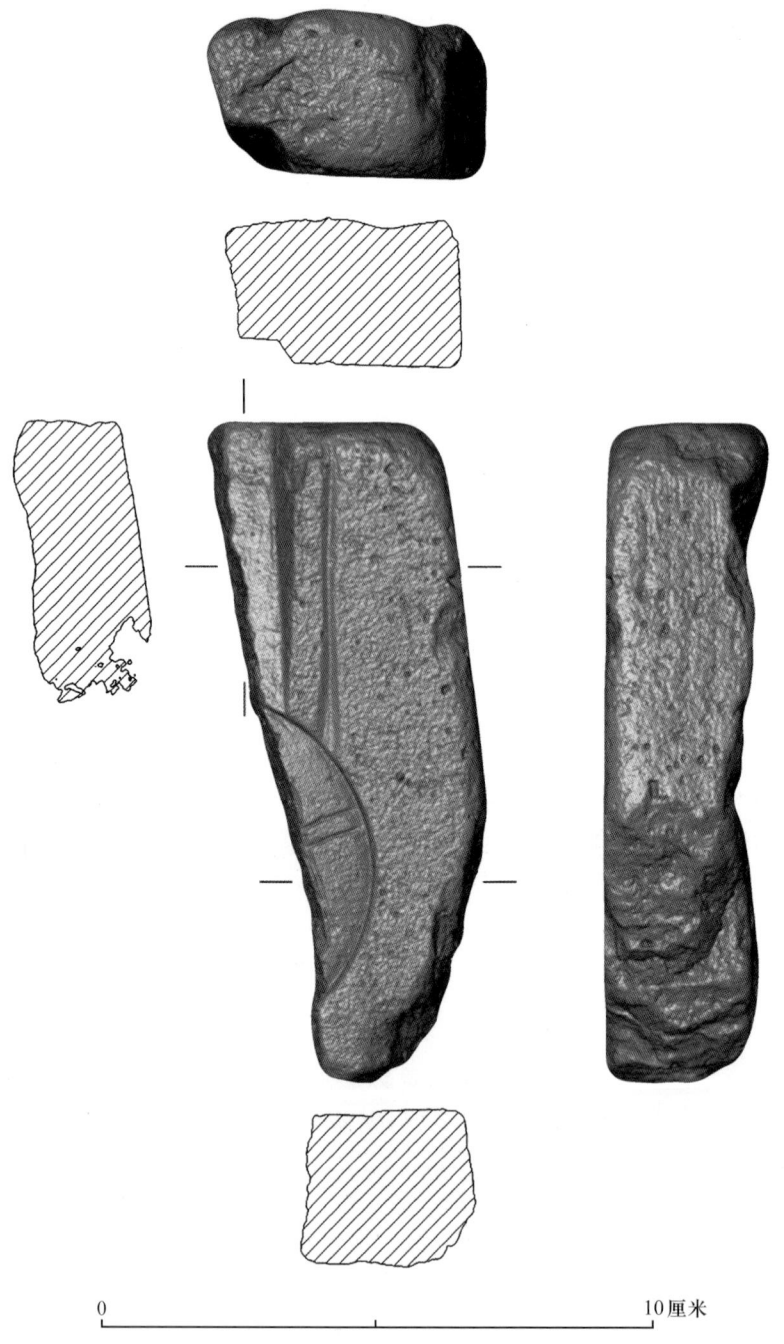

0　　　　　　　　　　　　　　　　　　　　　10厘米

图2-36-2　素面镜背范（2018LZJF098）三维模型及剖面图

考察编号： 2018LZJF076（原编号"LQKBⅡH147：13"）

出土时间与地点： 2014年齐国故城阚家寨遗址BⅡ地点发掘出土。

特征描述： 残存左下部，约占整个镜范的三分之二，保存部分排气道、分型面和型腔。外形近似钵形。侧面上部大致垂直于正面，下部向背面呈弧形内收。背面较平略鼓。镜范表面覆有红褐色涂层，局部脱落。范体呈青灰色，断面可观察到若干大小不一且不连续的孔隙。排气道呈弧形槽状，残长1.4、排气口残宽约0.5、深约0.05厘米。型腔外侧分型面宽1.6厘米。镜缘下凹约0.1厘米。型腔表面平整，与分型面的高差值约为0.05厘米。型腔面局部泛黑，推测是浇铸时接触高温所致。三弦钮，钮坑长轴长约0.9、短轴长约0.7、深约0.3厘米（图2-37-1、2）。

烧成方法： 还原焰烧成。

外形尺寸： 残长10、残宽8、厚3.1厘米。

重量： 150克

比重： 1

铸件复原： 素面镜。三弦钮。复原直径约7.52厘米。

收藏机构： 临淄齐故城冶铸业考古项目组

图2-37-1　素面镜背范（2018LZJF076）

考察编号： 2018LZJF093（原编号 "LQKB Ⅱ T3494⑤：2"）

出土时间与地点： 2013年齐国故城阚家寨遗址 B Ⅱ 地点发掘出土。

特征描述： 残存右部，约占整个镜范的三分之一，保存部分排气道、浇道、分型面和型腔。外形近似饼形。侧面大致垂直于正、背面。背面近平。镜范正面覆有浅红褐色涂层，局部脱落。范体呈青灰色，断面可观察到若干大小不一且不连续的孔隙。浇道呈倾斜槽状，残长1厘米，浇道口残宽1.7、残深0.2厘米。排气道呈弧形槽状，残长2厘米，排气口宽0.5、深0.1厘米。浇道和排气道表面覆有黑色薄层，平整光亮，推测是浇铸时接触高温所致。型腔外侧分型面宽约1.2厘米。匕形镜缘，下凹约0.15厘米。型腔表面平整，与分型面的高差制约0.1厘米。型腔面覆有黑色薄层，推测是浇铸时接触高温所致（图2-39-1、2）。

烧成方法： 还原焰烧成。

外形尺寸： 残长8.5、残宽5.7、厚3.3厘米。

重量： 111克

比重： 1.11

铸件复原： 素面镜。匕形缘，钮形制不明。复原直径约7.1厘米。

收藏机构： 临淄齐故城冶铸业考古项目组

图2-39-1　素面镜背范（2018LZJF093）

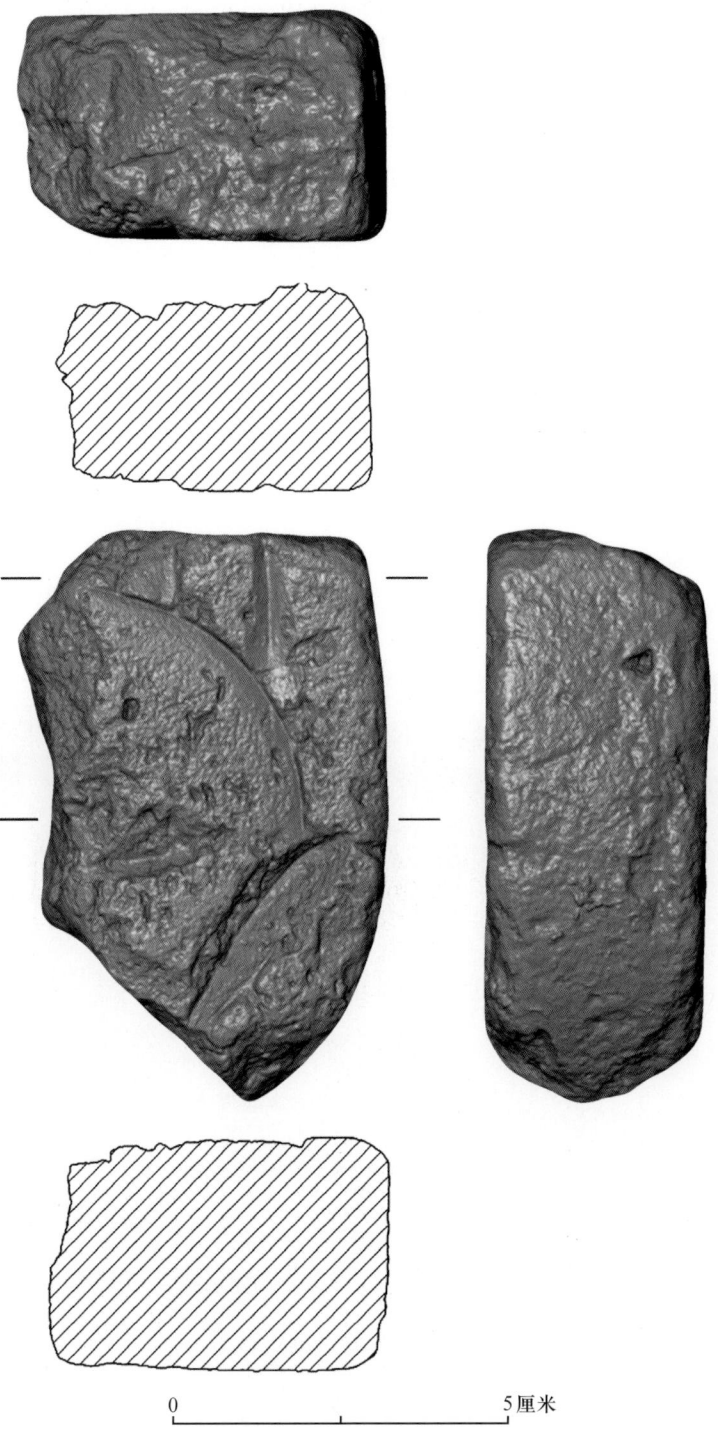

0   5厘米

图2-39-2　素面镜背范（2018LZJF093）三维模型及剖面图

考察编号： 2018LZJF005（原编号"LQC-JF0016"）

出土时间与地点： 齐国故城内征集，时间不详。

特征描述： 残存右部和下部，约占整个镜范的三分之二，保存部分浇道、右排气道以及部分分型面和型腔。外形近似钵形，侧面大致垂直，有横向线条状刮削痕，下部呈弧形内收，背面光滑平整。范体呈青灰色，近正面处渐呈红褐色，质感较轻，断面可观察到若干大小不等且不连续的孔隙。浇道呈斜坡槽状，残长5.2、残宽1.5～1.7厘米，浇口深约0.8厘米。排气道呈弧形槽状，长6.3、宽0.2～0.5、深约0.06厘米。分型面呈浅红褐色，表面平滑，宽1.8厘米。型腔面亦呈浅红褐色，表面平滑，与分型面高差值约0.08厘米。匕形镜缘，下凹约0.1厘米。三弦钮（图2-40-1、2）。

烧成方法： 还原焰烧成。

外形尺寸： 长13.1、残宽9.9、厚3.3厘米。

重量： 245克

比重： 1.09

铸件复原： 素面镜。匕形缘，三弦钮。复原直径约6.4厘米。

收藏机构： 齐文化博物院

图2-40-1　素面镜背范（2018LZJF005）

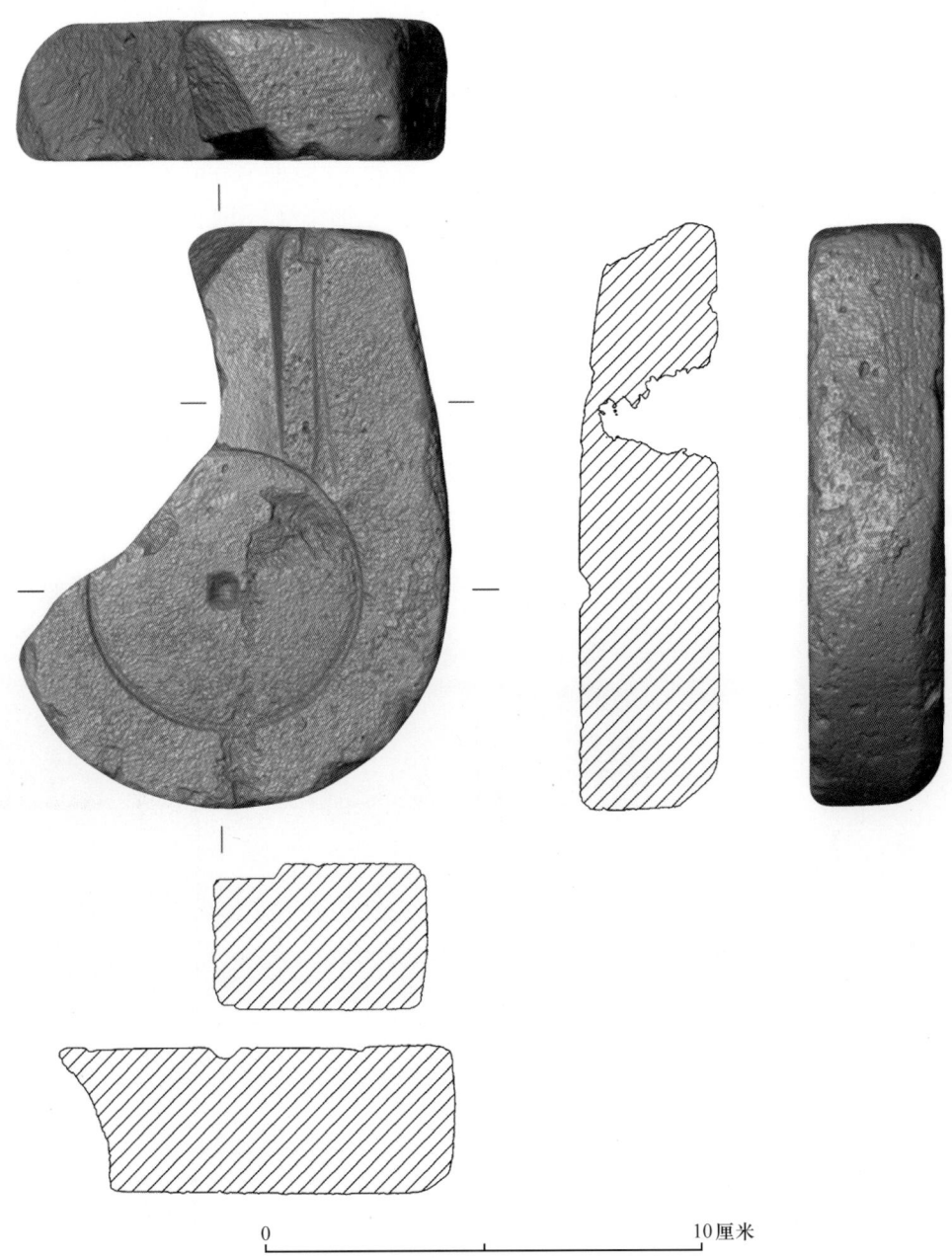

0　　　　　　　　　　　　　10厘米

图2-40-2　素面镜背范（2018LZJF005）三维模型及剖面图

考察编号：2018LZJF006（原编号"LQC-JF0049"）

出土时间与地点：齐国故城内征集，时间不详。

特征描述：残存右部，约占整个镜范的二分之一，保存部分浇道、右排气道以及部分分型面与型腔面。外形近似板状，侧面较直，下部略向内斜收，可见数道横向线条状刮削痕迹，背面平整。范体呈青灰色，近正面处局部泛红，质感较轻，断面可观察到若干大小不等且不连续的孔隙。浇道呈斜坡槽状，长5.5、残宽0.9厘米，浇口深约0.8厘米。排气道呈近三角形槽状，长约5.9、宽0.5～0.9、深约0.1厘米。分型面呈红褐色，光洁平整，宽1.8厘米。型腔呈红褐色泛黑，光滑平整。匕形镜缘，下凹约0.1厘米。三弦钮（图2-41-1、2）。

烧成方法：还原焰烧成。

外形尺寸：长13.1、残宽5.6、厚3厘米。

重量：145克

比重：0.91

铸件复原：素面镜。匕形缘，三弦钮。复原直径约6.42厘米。

收藏机构：齐文化博物院

图2-41-1　素面镜背范（2018LZJF006）

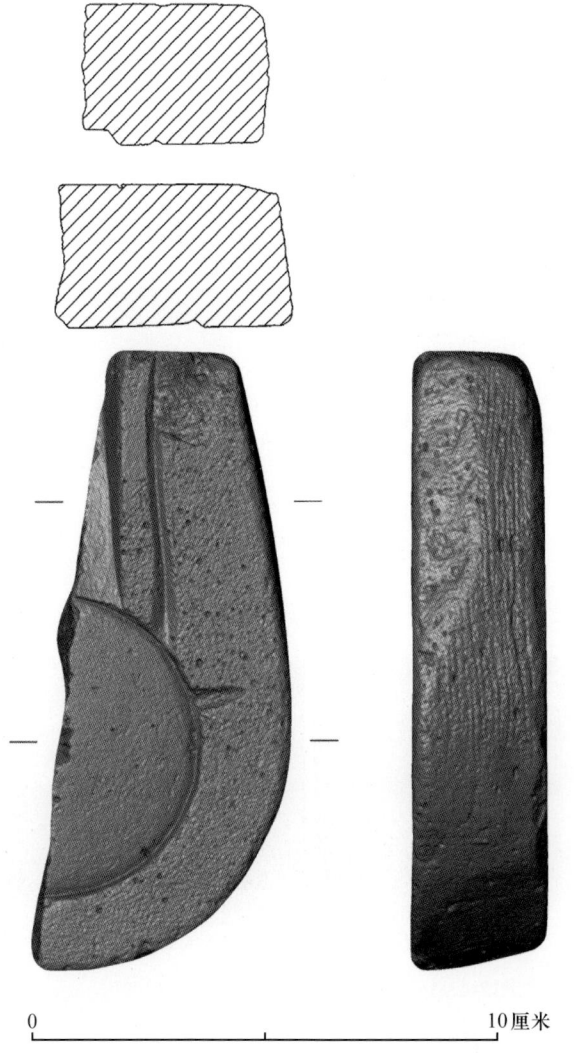

0　　　　　　　　　　　　10厘米

图2-41-2　素面镜背范（2018LZJF006）三维模型及剖面图

考察编号：2018LZJF32/33（原编号"LQC-JF0063/65"）

出土时间与地点：齐国故城内征集，时间不详。

特征描述：残存镜范下部少许，保存部分分型面和型腔。外形近似钵形，侧面大致垂直，下部呈弧形内收，背面近平，可见9个指尖戳印痕迹。范体断面可观察到若干大小不等且不连续的孔隙。分型面呈浅红褐色，表面光滑平整，宽1.7～2厘米。型腔呈红褐色泛黑，表面平滑，局部破损。匕形镜缘，下凹约0.3厘米，缘壁上残留一小粒铜渣。分型面与型腔面高差值约为0.2厘米。镜钮及钮座不明。从镜范断面看，自上而下依次为浅红褐色层、浅灰色层、黑色层和浅灰色层。黑色层推测是镜范涂层或脱范剂中的碳在烘烤或浇铸时遇高温向范体内渗透所致。浅红褐色和浅灰色层说明镜范可能曾经多次烘烤或浇铸，即多次受热造成其内碳等成分散失，颜色等性状发生变化（图2-42-1、2）。

烧成方法：还原焰烧成。

外形尺寸：残长10.1、残宽19.1、厚5厘米。

重量：427克

比重：1.2

铸件复原：素面镜。匕形缘，钮形制不明。复原直径约16厘米。

收藏机构：齐文化博物院

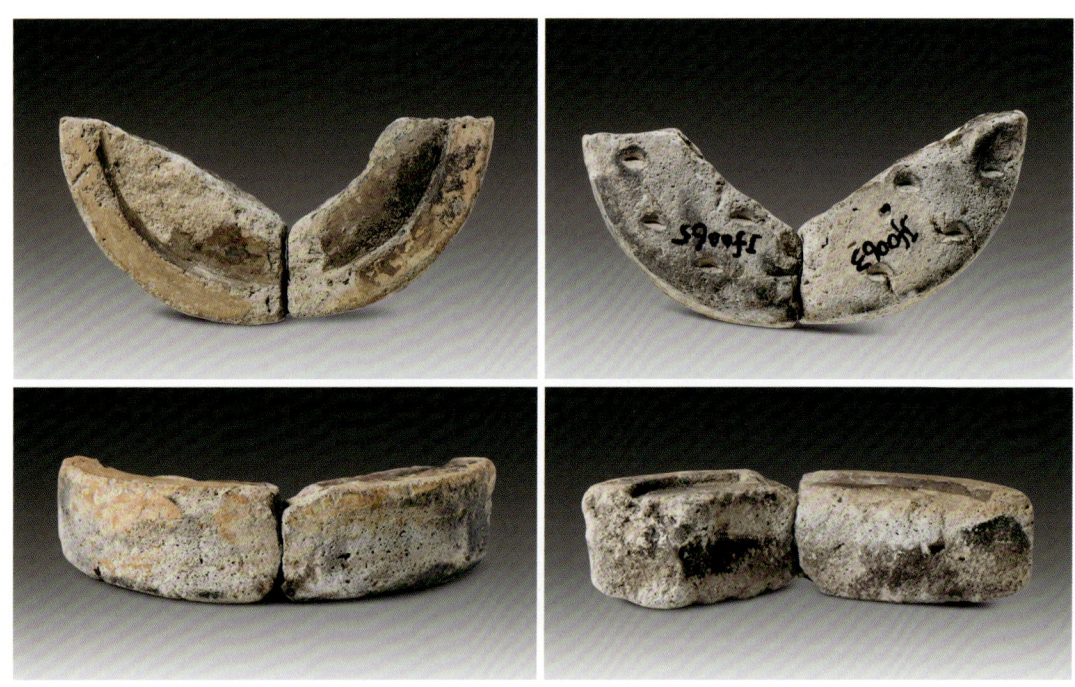

图2-42-1　素面镜背范（2018LZJF32/33）

0　　　　　　　　10厘米

图2-42-2　素面镜背范（2018LZJF32/33）三维模型及剖面图

二、镜　面　范

此次考察镜面范95件，这里选择其中11件做介绍。

考察编号： 2018LZJF019（原编号"LQC-JF0017"）

出土时间与地点： 齐国故城内征集，时间不详。

特征描述： 残存右上部，约占整个镜范的三分之一，保存部分浇道，分型面和型腔。外形近似板状，侧面较直，下部略内斜，背部近平，可见多个指尖戳印痕以及一道折线状刻划痕。范体呈青灰色，近正面处渐呈红褐色，质感较轻，断面可观察到若干大小不等且不连续的孔隙。浇道呈弧形坡状，残存二分之一左右，残长3、残宽1.9、残深约0.8厘米，表面光滑。浇道下方近型腔处局部泛黑并向范体渗透，推测是浇铸时接触高温所致。分型面和型腔呈红褐色，二者在一平面上，表面平滑（图2-43-1、2）。

烧成方法： 还原焰烧成。

外形尺寸： 残长14.3、残宽7.3、厚2.8厘米。

重量： 224克

比重： 1.95

铸件复原： 不详。

收藏机构： 齐文化博物院

图2-43-1　镜面范（2018LZJF019）

图2-43-2　镜面范（2018LZJF019）三维模型及剖面图

考察编号： 2018LZJF053（原编号"LQKBⅡH5：26"）

出土时间与地点： 2012年齐国故城阚家寨遗址BⅡ地点发掘出土。

特征描述： 残存上部，约占整个镜范的二分之一，裂为2块，保存浇道及部分分型面和型腔。外形近似饼形。侧面较直，表面附着有灰黑色膜，与背面交接处略呈弧形。侧面可见一道宽约1厘米的横向浅沟，推测是用来系绳以固定合范。背面较平整，局部破损，表面呈橙红色。左上角和右上角各有一直径0.6~0.7厘米的圆孔，左上角圆孔深约2厘米，右上角圆孔深1.6厘米。中部左侧边缘处亦有一同样大小的圆孔，残深0.5厘米。圆孔看起来是用旋转工具制作的，用途可能与范的固定有关。断面凹凸较小，可见范体呈灰白色，靠近外表处呈红褐色，中间局部有厚约1厘米的灰黑色层。断面还可观察到有若干大小不一且不连续的孔隙，孔隙多为椭圆形，其长轴方向与水平方向一致。正面呈灰色，有刮擦痕迹。浇道呈弧形坡状，长5.6厘米，浇口宽5.3、深1.1厘米。浇道表面覆有红褐色薄层，局部泛黑，推测是浇铸时接触高温所致。分型面与型腔面位于同一平面，破损严重，表面多已脱落（图2-44-1、2）。

烧成方法： 还原焰烧成。

外形尺寸：残长12.9、残宽16.6、厚4厘米。

重量：416.5克

比重：0.94

铸件复原：不详。

收藏机构：临淄齐故城冶铸业考古项目组

图2-44-1　镜面范（2018LZJF053）

0　　　　　　　　　　10厘米

图2-44-2　镜面范（2018LZJF053）三维模型及剖面图

考察编号： 2018LZJF077（原编号"LQKB Ⅱ H5：40"）

出土时间与地点： 2012年齐国故城阚家寨遗址B Ⅱ地点发掘出土。

特征描述： 残存左半部，约占整个镜范的二分之一，保存部分分型面及型腔面。外形近似钵形。侧面上部大致垂直，下部呈弧形内收。侧面、背面平整。镜范正面覆有红褐色涂层。范体呈青灰色，断面可观察到若干大小不一且不连续的孔隙。型腔外侧分型面宽约1.5厘米，与型腔面位于同一平面。型腔面覆有黑色薄层，厚约0.05厘米，与分型面相接处颜色略深，并可见有反射光的矿物质。黑色薄层应是浇铸时接触高温所致，从其形状看，并非十分规整的圆形，推测可能与该范多次使用有关。型腔左上侧有一竖条状黑色层，应为合范浇铸时的排气道位置。镜范断面附着一块长1.7厘米，宽1厘米的片状铜渣（图2-45-1、2）。

烧成方法： 还原焰烧成。

外形尺寸： 残长16.6、残宽9.4、厚4.5厘米。

重量： 334克

比重： 0.78

铸件复原： 复原直径约11.38厘米。

收藏机构： 临淄齐故城冶铸业考古项目组

图2-45-1　镜面范（2018LZJF077）

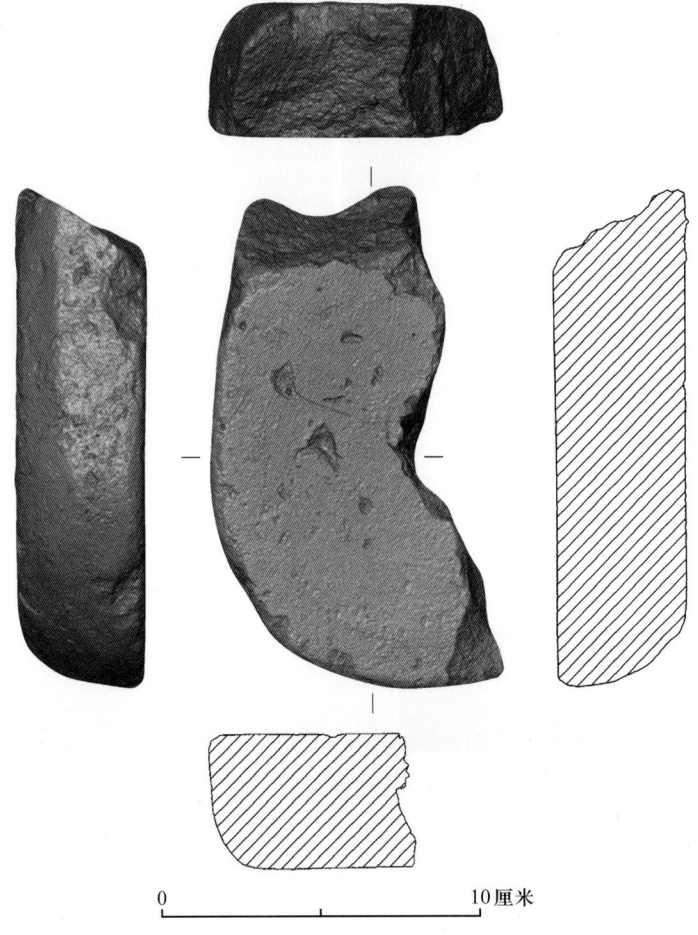

0　　　　　　　　　　　　10厘米

图2-45-2　镜面范（2018LZJF077）三维模型及剖面图

考察编号： 2018LZJF083（原编号"LQKBⅡH5∶42"）

出土时间与地点： 2012年齐国故城阚家寨遗址BⅡ地点发掘出土。

特征描述： 残存镜范右上部，保存部分浇道、分型面和型腔面。外形近似饼形。侧面微鼓。背面平整。镜范正面覆有红褐色涂层，平整光滑。范体呈青灰色，近正面处渐呈红褐色，从断面可观察到若干大小不一且分布不匀的孔隙。浇道呈弧形坡状，底部较平，长3、浇口残宽2.7、深0.9厘米。分型面与型腔面位于同一平面。分型面最窄处宽约1厘米。浇道及型腔面覆有黑色薄层，平整光滑，并可见有反射光的矿物质，推测是浇铸时接触高温所致。浇道右侧有一竖条状黑色层，应是合范浇铸时的排气道位置（图2-46-1、2）。

烧成方法： 还原焰烧成。

外形尺寸： 残长10.7、残宽6.1、厚2.7厘米。

重量： 98克

比重： 0.89

铸件复原： 复原直径约10.04厘米。

收藏机构： 临淄齐故城冶铸业考古项目组

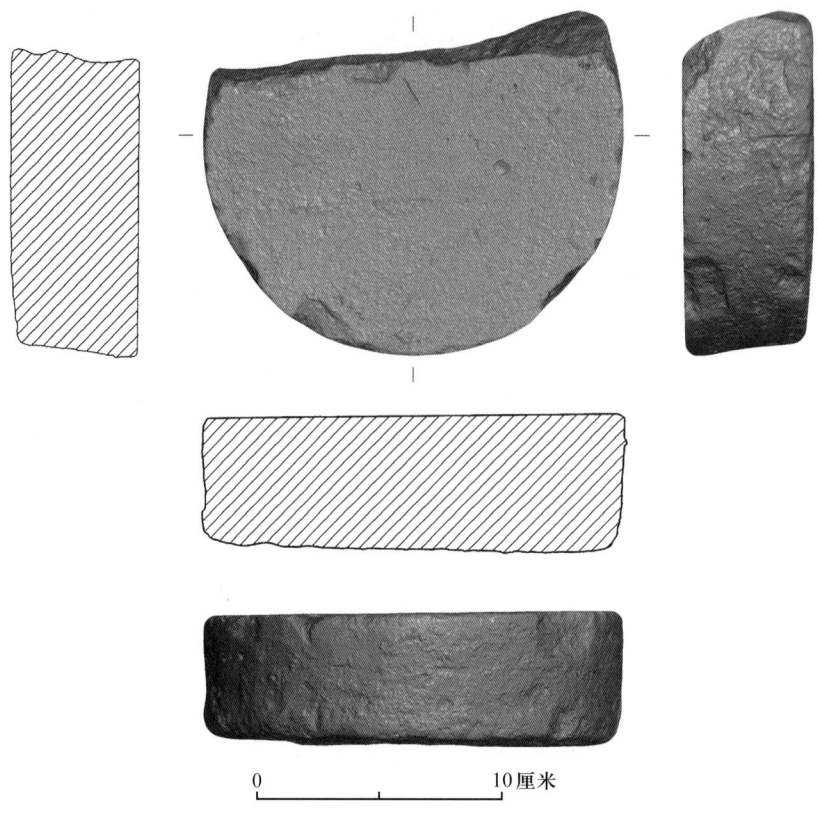

0   10厘米

图2-47-2　镜面范（2018LZJF070）三维模型及剖面图

考察编号： 2018LZJF099（原编号"LQKBⅡH81：12"）

出土时间与地点： 2013年齐国故城阚家寨遗址BⅡ地点发掘出土。

特征描述： 残存右半部，约占整个镜范的二分之一，保存部分浇口、分型面及型腔面。外形近似饼形。侧面大致垂直于正、背面，与背面连接处呈弧形内收。背面平整，局部附着有土锈。镜范正面覆有红褐色涂层，平整光滑。范体呈青灰色，质地较密，断面可观察到若干大小不一且不连续的孔隙。孔隙大多为椭圆形，其长轴方向与水平方向一致。浇道残存右半部，呈弧形坡状，长2.7、残宽1.6、深约0.9厘米。型腔外侧分型面宽0.8～2.3厘米，与型腔面位于同一平面。型腔面在8厘米的范围内测得有约0.08厘米的凹曲度。浇道和型腔表面均覆有黑色薄层，推测是浇铸时接触高温所致。浇道右侧亦有一竖条状黑色层，应是合范浇铸时的排气道位置（图2-48-1；图版11-3）。

烧成方法： 还原焰烧成。

外形尺寸： 残长12.7、残宽7、厚3.1厘米。

重量： 188.6克

比重： 1.11

铸件复原： 复原直径约8.3厘米。

收藏机构： 临淄齐故城冶铸业考古项目组

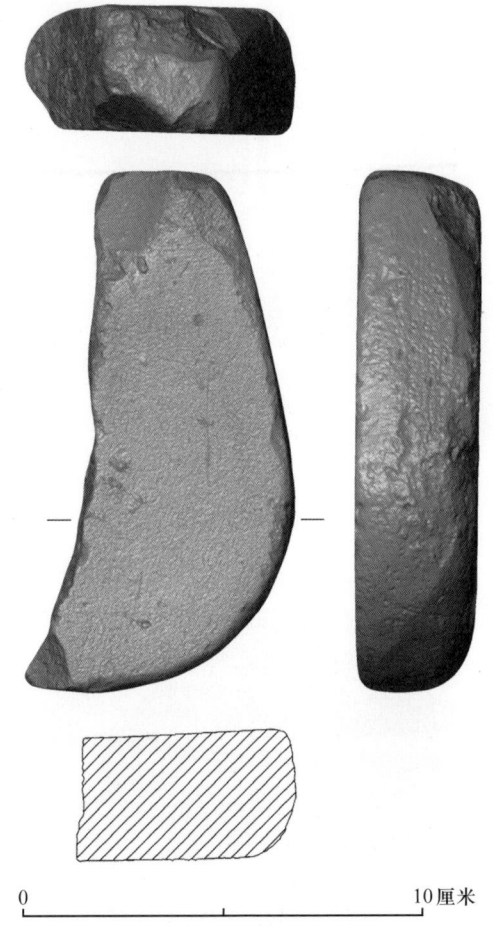

图2-48-1 镜面范（2018LZJF099）三维模型及剖面图

考察编号： 2018LZJF057（原编号"LQKBⅡH81：31"）

出土时间与地点： 2013年齐国故城阚家寨遗址BⅡ地点发掘出土。

特征描述： 残存下半部，约占整个镜范的二分之一，保存部分分型面和型腔面。外形近似钵形，侧面大致垂直于正面，与正面连接处有宽约0.4厘米的抹角折边，近背面略呈弧形内收。侧面、背面平整。镜范正面覆有红褐色涂层，平整光滑，但局部脱落，侧面涂层还可见微量有反射光的矿物质。范体呈青灰色，断面可观察到若干大小不一且不连续的孔隙。分型面与型腔面位于同一平面，二者界限不分明。镜范底部中央有一弧形斜坡状凹槽，长1.4、宽1、深0.4厘米，表面亦覆有红褐色涂层，用途不明（图2-49-1、2）。

烧成方法： 还原焰烧成。

外形尺寸： 残长9.2、残宽9.8、厚3.5厘米。

重量： 201.6克

比重： 1.06

铸件复原： 复原直径约9.5厘米。

收藏机构： 临淄齐故城冶铸业考古项目组

图 2-49-1 镜面范（2018LZJF057）

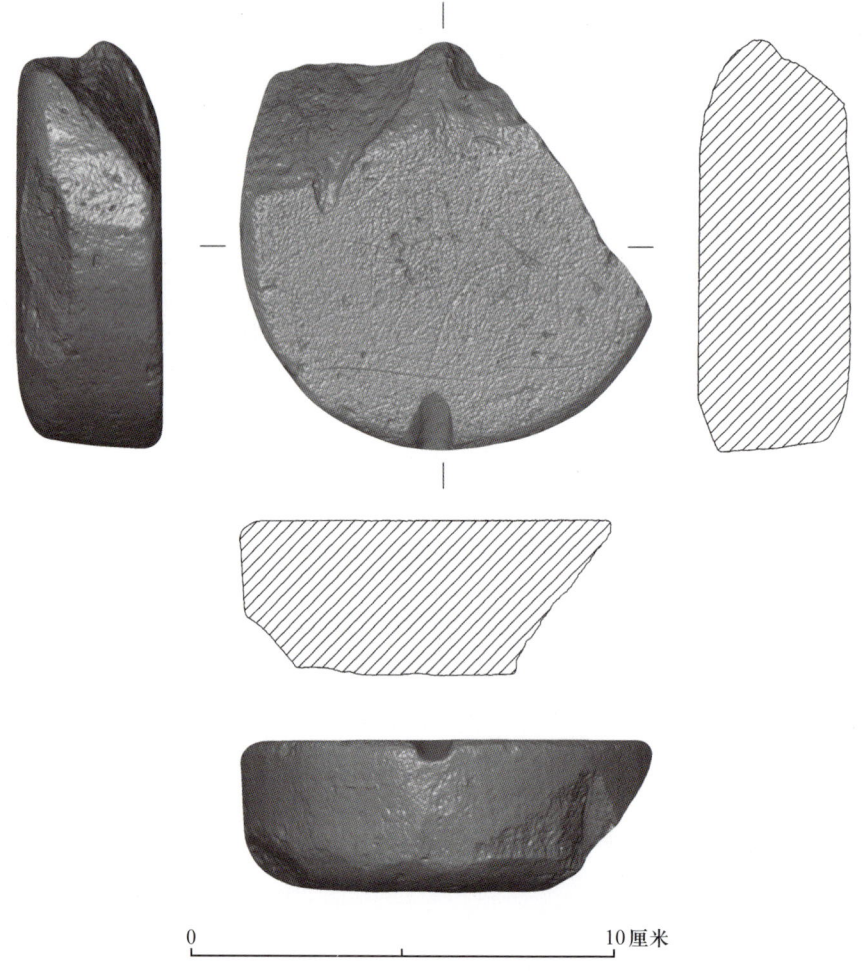

0   10厘米

图 2-49-2 镜面范（2018LZJF057）三维模型及剖面图

考察编号： 2018LZJF059（原编号"LQKB Ⅱ H82∶22"）

出土时间与地点： 2013年齐国故城阚家寨遗址 B Ⅱ 地点发掘出土。

特征描述： 残存右上部，约占整个镜范的三分之一，保存部分浇道、分型面和型腔面。外形近似饼形。侧面大致垂直于正、背面，与正面连接处有一道宽0.6厘米的抹角折边，与背面连接处略呈弧形内收。侧面平整，残留有若干横向线状刮磨痕迹。背面平整，残留约11处指尖抠痕，最深达0.4厘米。镜范表面覆有浅红褐色涂层，平整光滑。范体呈青灰色，可观察到若干大小不一且不连续的孔隙。孔隙大多呈椭圆形，其长轴方向与水平方向一致，并可见若干细小的横向褶皱。浇道保存右半部分，呈弧形坡状，长4.7厘米，浇口残宽3.3、深1.8厘米。分型面与型腔面位于同一平面，二者界限不分明。浇道及型腔局部泛黑，推测是浇铸时接触高温所致（图2-50-1、2）。

烧成方法： 还原焰烧成。

外形尺寸： 残长12.9、残宽9.9、厚3.6厘米。

重量： 318.4克

比重： 1.03

铸件复原： 不详。

收藏机构： 临淄齐故城冶铸业考古项目组

图2-50-1　镜面范（2018LZJF059）

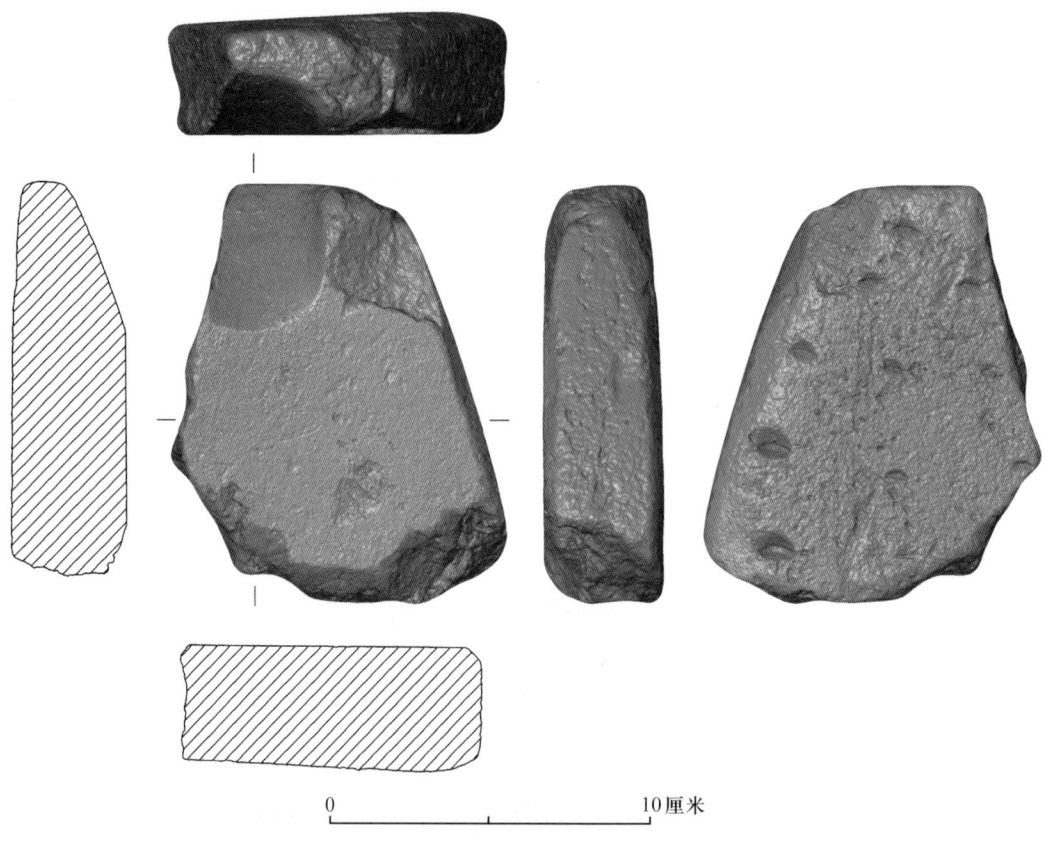

0　　　　　　　　　　　10厘米

图2-50-2　镜面范（2018LZJF059）三维模型及剖面图

考察编号： 2018LZJF106（原编号"LQKB Ⅱ H118：3"）

出土时间与地点： 2013年齐国故城阚家寨遗址B Ⅱ地点发掘出土。

特征描述： 镜范保存较完整。外形近似长方饼形。侧面上部大致垂直于正面，下部向背面略呈弧形内收。背部近平。镜范表面大多呈青灰色，背面和侧面局部呈红褐色，背面还局部泛黑。镜范正面平整，附着不少土锈。该镜范未见明显浇铸使用痕迹，另外，与一般的镜面范相比，其不仅体量较小，而且上部未见浇道，底部也很平（图2-51-1、2）。

烧成方法： 还原焰烧成。

外形尺寸： 长10.4、宽8.4、厚3.6厘米。

重量： 228.9克

比重： 0.95

铸件复原： 不详。

收藏机构： 临淄齐故城冶铸业考古项目组

图2-51-1　镜面范（2018LZJF106）

0　　　　　　　　　　　　10厘米

图2-51-2　镜面范（2018LZJF106）三维模型及剖面图

考察编号：2018LZJF091（原编号"LQKBⅡT3696③：1"）

出土时间与地点：2013年齐国故城阚家寨遗址BⅡ地点发掘出土。

特征描述：残存右半部，不到整个镜范的二分之一，保存部分浇道、分型面和型腔面。外形近似钵形。侧面上部大致垂直于正面，下部向背面呈弧形内收。背面平整。镜范正面覆有红褐色涂层，平整光滑。范体呈青灰色，断面可观察到若干大小不一且不连续的孔隙。浇道呈弧形坡状，长3.1厘米，浇口残宽3、深约0.8厘米。分型面与型腔面位于同一平面。浇道及型腔面覆有黑色薄层，推测是浇铸时接触高温所致。镜范右上部亦有一些黑色层，应是合范浇铸时的排气道位置（图2-52-1、2）。

烧成方法：还原焰烧成。

外形尺寸：残长13.1、残宽8.1、厚4.1厘米。

重量：255.3克

比重：0.95

铸件复原：复原直径约8.32厘米。

收藏机构：临淄齐故城冶铸业考古项目组

图2-52-1　镜面范（2018LZJF091）

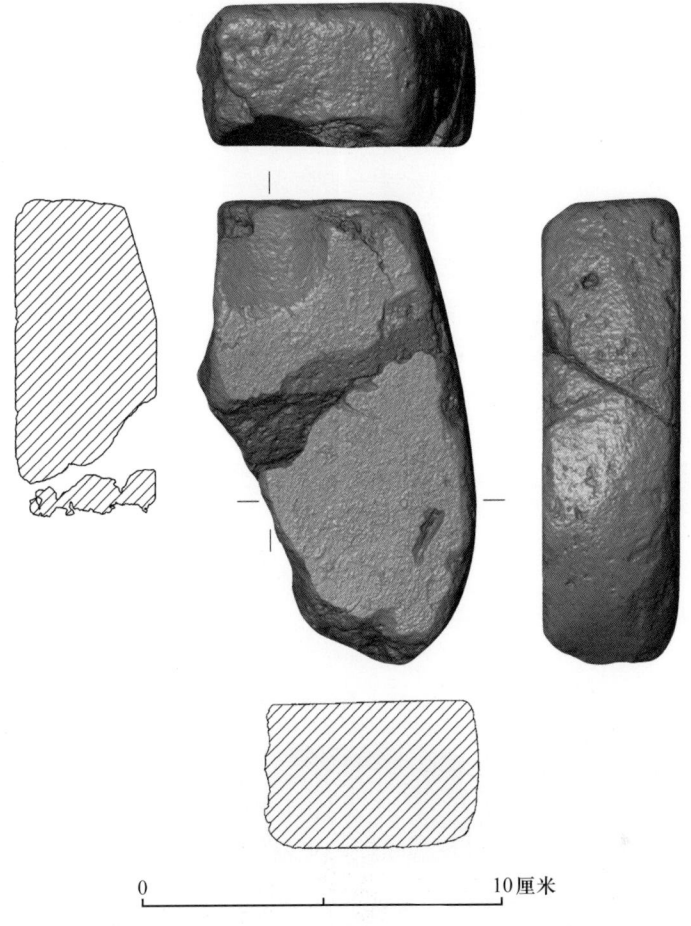

0　　　　　　　　　　　　　　　　　　10厘米

图2-52-2　镜面范（2018LZJF091）三维模型及剖面图

考察编号： 2018LZJF036（原编号"LQC-JF0014"）

出土时间与地点： 齐国故城内征集，时间不详。

特征描述： 残存右半部，约占整个镜范的二分之一。保存部分分型面和型腔，浇道仅剩右侧少许。外形近似扁钵形，侧面大致垂直，下部呈弧形内收，背部近平。范体呈青灰色，近正面处渐呈红褐色，质感较轻，断面可观察到若干大小不等且不连续的孔隙。分型面平整光滑，呈红褐色，宽1.5～2厘米。型腔与分型面在同一平面上，表面平整光滑，亦呈红褐色，局部覆有黑色层，推测是浇铸时接触高温所致。型腔右边缘处有一人为凿刻的圆形小凹坑，直径约1.2、深约0.2厘米，用途不明（图2-53-1、2）。

烧成方法： 还原焰烧成。

外形尺寸： 长14.6、残宽6.7、厚4厘米。

重量： 295克

比重： 1.3

铸件复原： 复原直径约7.64厘米。

收藏机构： 齐文化博物院

图2-53-1　镜面范（2018LZJF036）

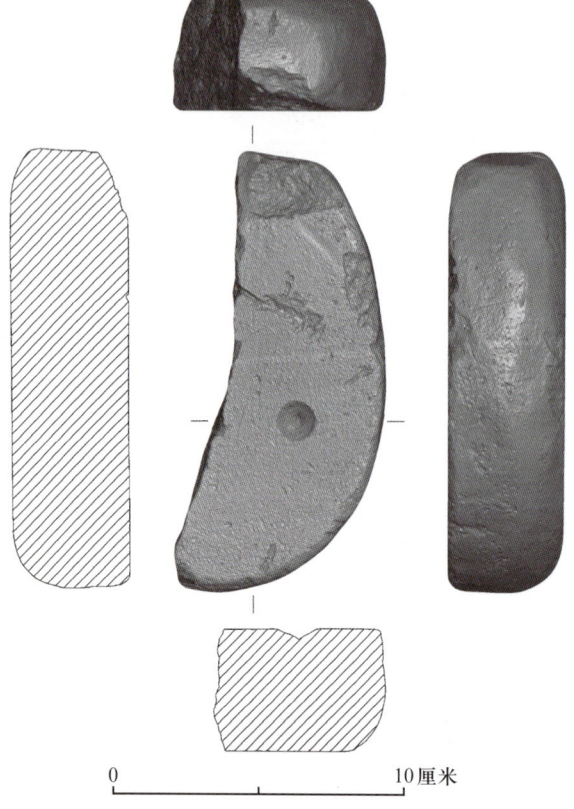

0　　　　　　　　　　　10厘米

图2-53-2　镜面范（2018LZJF036）三维模型及剖面图

三、特殊镜范

此次考察特殊镜范4件，这里全部做介绍。

考察编号： 2018LZJF011（原编号"LQC-JF0020"）

出土时间与地点： 齐国故城内征集，时间不详。

特征描述： 残存镜范下部少许，为双面镜背范，一面为四乳弦纹，另一面为蟠螭纹，双面都保存部分分型面和型腔。整体呈饼形，侧面较直。范体呈青灰色，质感较轻，断面可观察到若干大小不等且不连续的孔隙。四乳弦纹镜背范分型面较为平整，宽约2厘米。型腔表面光滑平整。匕形镜缘，下凹约0.4厘米。主纹区可见弦纹和乳丁。镜钮及钮座不明。型腔面和分型面靠近镜缘处覆有黑色层，并向范体渗透，推测是浇铸时接触高温所致。蟠螭纹镜背范分型面破损严重，宽约2厘米。型腔表面较平整。匕形镜缘，下凹约0.3厘米。主纹区可见蟠螭纹和乳丁，以弦纹与镜缘、钮座相隔。镜钮和钮座不明。型腔面和分型面亦覆有黑色层，并向范体渗透，推测同样是浇铸时接触高温所致（图2-54-1、2）。

图2-54-1　特殊镜范（2018LZJF011）

烧成方法：还原焰烧成。

外形尺寸：残长8.1、残宽8.2、厚4.7厘米。

重量：174克

比重：1

铸件复原：复原直径约12.04厘米（四乳弦纹）和13.44厘米（蟠螭纹）。

收藏机构：齐文化博物院

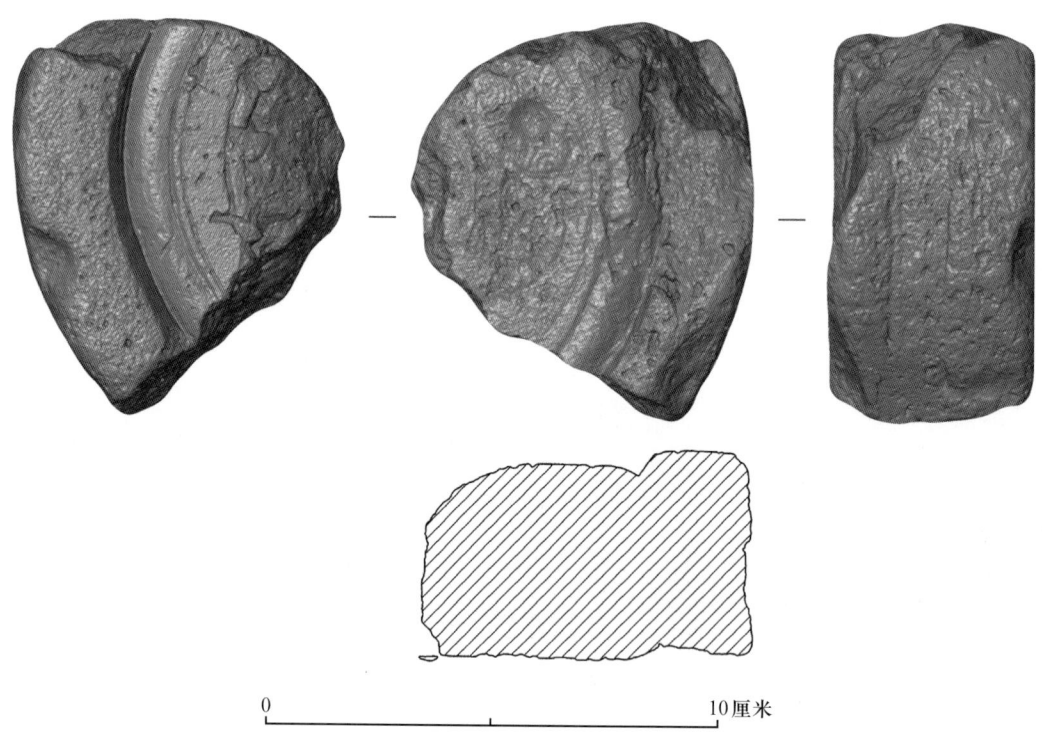

图2-54-2　特殊镜范（2018LZJF011）三维模型及剖面图

考察编号：2018LZJF063（原编号"LQKB Ⅱ H25：2"）

出土时间与地点：2012年齐国故城阚家寨遗址BⅡ地点发掘出土。

特征描述：残存上部，约占整个镜范的四分之一。外形近似饼形，侧面较直。范体中部呈灰色，靠近外表处渐呈红褐色，断面可见大小不一且不连续的孔隙。孔隙多为椭圆形，其长轴方向与水平方向一致，并可见若干细微的横向褶皱。为双面镜范，正面为镜背范，背面为镜面范。背面即镜面范一面为镜范右上部，保留部分浇道、分型面及型腔面，表面覆有红褐色涂层，局部脱落。浇道呈弧形坡状，长3厘米，浇口残宽3、深约1厘米。分型面与型腔面位于同一平面，二者界限不分明。浇道和型腔表面局部呈黑色，推测是浇铸时接触高温所致。正面即镜背范一面为镜范左上部，保留部分浇道、分型面及型腔面。浇道呈倾斜槽状，浇道口一端被磨平不存，残长2.8、残宽3厘米。浇道表面覆有黑色薄层，推测是浇铸时接触高温所致。匕形镜缘，下凹约0.15厘米，内残存红褐色涂层。残存分型面最窄处宽1.7厘米，与型腔面近位于同一平面，二者表面均无涂层。推测镜背范一面经过刮削、打磨，导致型腔面、分型面、排气道及浇道下部不存，目的是改制镜范以再利用。但可能因改制不成功，后又对背面进行改制，形成新的镜面范（图2-55-1、2）。

烧成方法： 还原焰烧成。

外形尺寸： 残长9.5、残宽7.4、厚2.7厘米。

重量： 117克

比重： 0.91

铸件复原： 不详。

收藏机构： 临淄齐故城冶铸业考古项目组

图2-55-1　特殊镜范（2018LZJF063）

0　　　　　　　　　　　10厘米

图2-55-2　特殊镜范（2018LZJF063）三维模型及剖面图

考察编号： 2018LZJF058（原编号"LQKBⅡH82：4"）

出土时间与地点： 2013年齐国故城阚家寨遗址BⅡ地点发掘出土。

特征描述： 残存左上部，约占整个镜范的四分之一，保存部分分型面和型腔面。外形近似钵形，侧面与正、背面大致垂直，近底部略内收。背面不太平整，保留八个深约1厘米的指压凹坑，底部可见指甲痕。范体呈青灰色，从断面可见若干大小不一且不连续的孔隙。镜范正面覆有红褐色涂层，局部脱落，略显斑驳。分型面上部较宽，向下渐趋变窄，最窄处宽约1.4厘米。匕形镜缘，下凹约0.4厘米。型腔面局部泛黑，与分型面基本位于同一平面。该范不仅体量较大，而且形制特别，从匕形镜缘看当为镜背范，但其型腔面与分型面几无高差，上部亦未见排气道等结构，故又与一般的镜背范特点不符，而似镜面范。该镜范分型面、型腔内（包括镜缘位置）均覆有浅红褐色涂层，似已是成品，其为何做成如此形制，原因不明（图2-56-1、2）。

烧成方法： 还原焰烧成。

外形尺寸： 残长21.8、残宽18.7、厚5.3厘米。

重量： 1066.6克

比重： 0.97

铸件复原： 复原直径约36.23厘米。

收藏机构： 临淄齐故城冶铸业考古项目组

图2-56-1　特殊镜范（2018LZJF058）

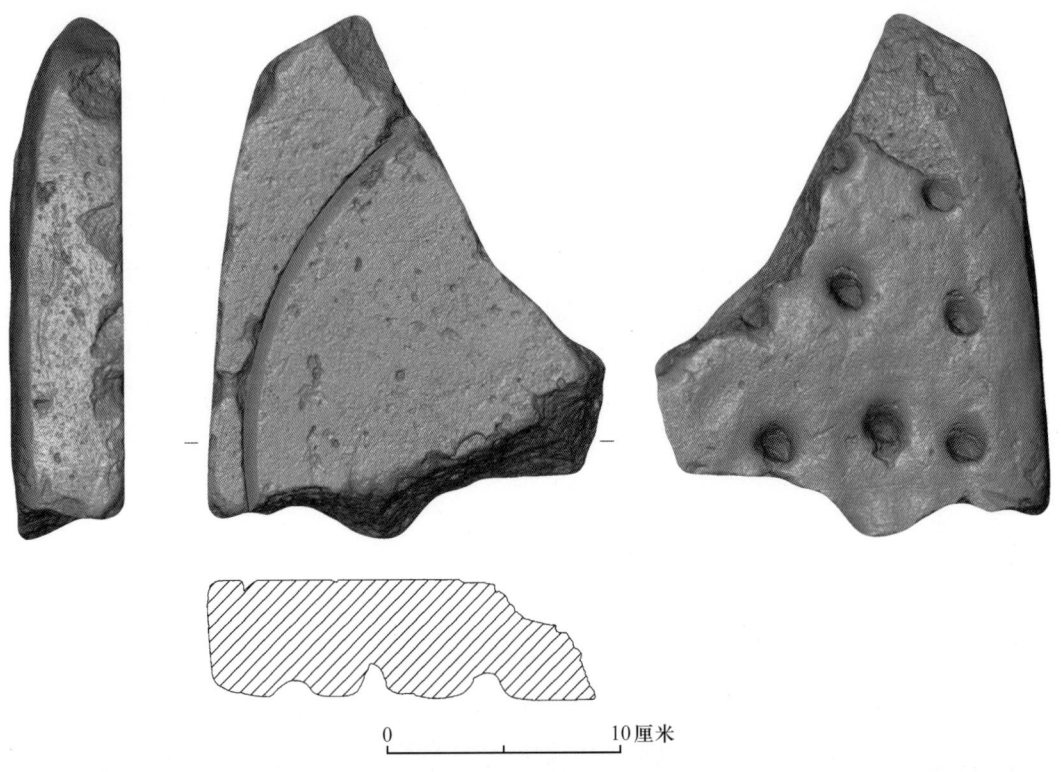

图2-56-2　特殊镜范（2018LZJF058）三维模型及剖面图

考察编号：2018LZJF065（原编号"LQKBⅡT3594⑤：1"）

出土时间与地点：2013年齐国故城阚家寨遗址BⅡ地点发掘出土。

特征描述：保存镜范大部，顶部残，保存分型面和型腔面。外形近似饼形。正、背面平整，略有残损。侧面大致垂直于正、背面，与正面相交处有一宽约0.5厘米的抹角折边，局部可见明显横向线状刮削痕迹。范体呈青灰色，断面可观察到若干大小不一且不连续的孔隙。镜范正面光滑细腻，似有涂层，下半部及下侧面呈灰黑色，推测是接触高温所致。镜范正面下部距底端1.4厘米处，有一横向的平面近长方形的弧底凹坑，长1、宽0.6、深0.2厘米，凿刻而成，并对表面进行了简单的打磨，具体用途不明。该范上部连接顶端处有一弧形凹槽状坑，与镜面范上常见的浇道形状相似，但其表面粗糙，有明显的割锉痕，可能是未完成的浇道。推测该范原先是要做成镜面范，但浇道没有做成，又于正面下部凿刻一长方形的凹坑，是何目的不清楚（图2-57-1、2）。

烧成方法：还原焰烧成。

外形尺寸：残长11.2、宽9、厚3.3厘米。

重量：314.1克

比重：1.26

铸件复原：不详。

收藏机构：临淄齐故城冶铸业考古项目组

图2-57-1　特殊镜范（2018LZJF065）

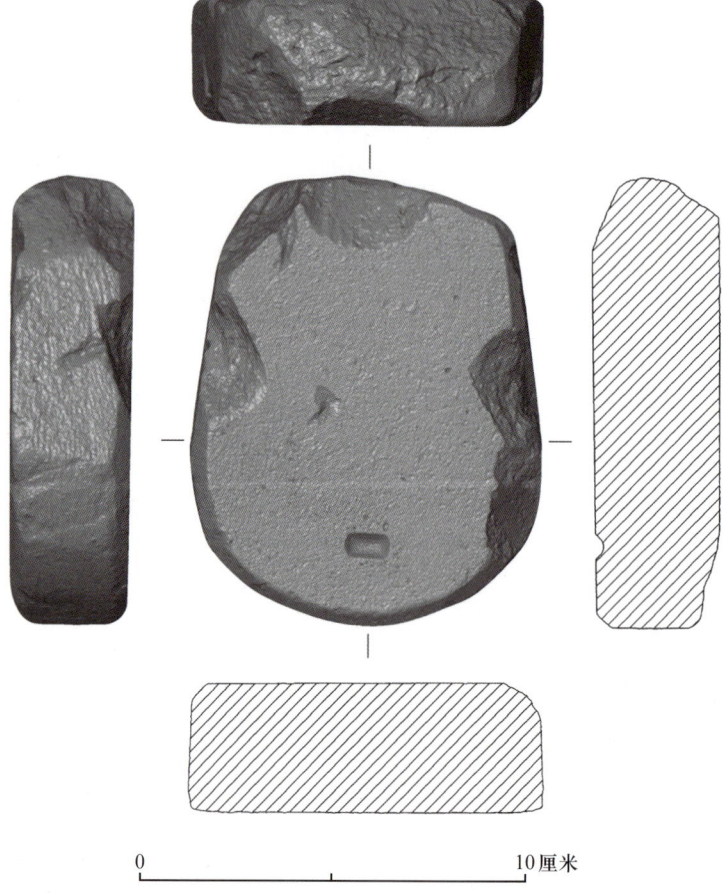

0　　　　　　　　　　　　　10厘米

图2-57-2　特殊镜范（2018LZJF065）三维模型及剖面图